U0077246

擁抱個別差異的新典範
——融合教育【第3版】

鈕文英　著

作者簡介

鈕文英

- **現職：**國立高雄師範大學、國立屏東大學、國立臺南大學特殊教育學系兼任教授
- **學歷：**國立臺灣師範大學教育心理系學士
  美國堪薩斯大學特殊教育研究所碩士、博士
- **經歷：**國中啟智班教師、特殊教育組長、國立高雄師範大學特殊教育學系專任教授（2013 年 8 月 1 日退休）
- **專長：**身心障礙者的課程與教學、正向行為支持、融合教育、研究方法與論文寫作
- **著作：**啟智教育課程與教學設計（2003，心理出版社）
  邁向優質、個別化的特殊教育服務（2013，心理出版社）
  擁抱個別差異的新典範——融合教育（第 3 版；2022，心理出版社）
  單一個案研究法——研究設計與後設分析（2015，心理出版社）
  身心障礙者的正向行為支持（第 3 版；2022，心理出版社）
  單一個案研究法——設計與實施（2019，心理出版社）
  論文夢田耕耘實務（2020，雙葉書廊）
  質性研究方法與論文寫作（第 3 版；2021，雙葉書廊）
  研究方法與設計——量化、質性與混合方法取向（第 3 版；2021，雙葉書廊）
  其他期刊和編纂類書籍中的文章約 100 多篇
- **翻譯：**應用行為分析（2012，學富文化）
  美國心理學會出版手冊第七版（2022，雙葉書廊）
- **校閱：**智能障礙定義、分類和支持系統——美國智能及發展障礙協會定義指南第 11 版（2011，財團法人心路社會福利基金會）
  融合教育課程與教學實務（2017，華騰文化）
- **學位論文指導：**自 1997 年至 2021 年 12 月底共指導完成 86 篇博碩士論文

第 3 版序

「差異」並不表示「缺陷」，差異其實指的是「多樣性」，它促成團體的「平衡」，它也是「學習的資源」。每個人不是沒有能力，而是各有稟賦，各有不同的能力，如此才能襯托出世界的多采多姿，生命的豐富美麗。「容忍和接納」差異只是個開始；「同理與了解」差異是一種進步；等到「讚揚及欣賞」差異融入我們每一個人的生命時，才有可能建立一個尊重多元價值，相互學習與支持的社群。

老子名言：「高層之臺，始於累土；千里之途，始於足下。」開始跨出寫這本書的首步是在 1997 年，時光荏苒，終於走到最甜美的一步——寫序，是一種感動，也是一份欣喜；感動於自我毅力的投注，欣喜於本身思考的成長。我早在 1984 年擔任國中啟智班教師時，即已關心融合教育這個理念。當時，我初出茅廬、滿懷熱忱，對身處弱勢的身心障礙學生充滿關愛與疼惜。雖然我與當初一同在啟智班奮鬥的夥伴盡力教導學生，學校行政部門也能支持配合，但由於教育安置上的差異（分屬普通班和啟智班），儘管孩子們可以在啟智班愉快的學習，卻始終與學校裡的普通班同學有隔閡，也因此使這些啟智班的孩子們有著揮之不去的自卑感。我和同事們在困惑、挫折之餘，不免思考：難道啟智班的孩子真的不能和普通班孩子在一起學習？我們的社會難道不是追求平等和互助？或者，難道普通班學生不能也從啟智班學生身上學到點什麼？

後來，受到美國教育改革運動的影響，臺灣特殊教育開始採取「回歸主流」的新政策，促使我進一步思索「打破普通教育與特殊教育藩籬」的可能性，我和同事也立刻嘗試了新的作法——讓少數能力較好的學生部分課程回歸至普通班上課。於 1991 年，我赴美進修，當時正是融合教育在美國進行大辯論的時代，我有幸躬逢其盛，見識了融合教育這個運動的發展歷程。於 1996 年學成歸國，我旋即至大學任教，仍持續關心融合教育在臺灣和國外的發展。我發現近年來，由於生物學家的呼籲，人們終於理解**生物多樣性**（biological diversity）的價值；許多國家也已簽訂國際公約，以維護人類賴以生存的「生物多樣性」。事實上，人類食、衣、住、行、育、樂等六大需求，都與地球上的生物多樣性息息相關，生物多樣性無疑是人類文明的基礎。「差異」是自然界的資產，人類社會何嘗不是如此？Popper（1990/1992）便指出，**一個開放的社會一定是「多元文化」的社會**；他甚至認為，文化多元不僅是開放社會的特點，也是開放社會不斷改善、進化的活力泉源。

如果看人類，人們也會發現：世界上沒有完全相同的兩個人，即使是同卵雙胞胎。J. R. Harris（2006/2007）即告訴世人：人類的大腦有許多精巧的心智器官，這些心智器官造就了人類的個別差異；他還透露一個重要訊息：個別差異有演化上的意義——它有利於人類的生存。在歷經戰爭與滅種的悲劇之後，透過知識的進展，人們終於逐漸體認：**多元**與**差異**是人類生存與幸福的重要資產。然而在教育上，我們卻仍無法完全擺脫「將人規格化」的傳統迷思；「社會達爾文主義」的幽靈，仍盤據在許多人的心中。因此，一種**擁抱個別差異**（embracing diversity）的新典範，在教育中被大力鼓吹。Page（2007）在《差異：多樣性的力量如何創造更好的團體、公司、學校與社會》中，提出**多樣性勝過能力**的各種證據。融合教育根基於**公平正義**的精神，是**擁抱和欣賞個別差異**的一種教育理念。它不但主張提供特殊需求學生公平的教育機會，更強調差異所提供的教育價值，其最終目標在**建立一個尊重多元價值、相互學習與支持的社群**。猶記得在一間蒙特梭利幼兒園的牆上看到一段話：「彩虹之美，因多色共存；人生之美，因多人共榮。」我心中頓時浮現出下面的想法：**彩虹之美，因多色互存；人生之樂，因多人共學；融合之益，因擁抱差異，適性而教**。

由晚近幾年融合教育的國外文獻發現：討論已較少爭辯「是否應該」推廣融合教育，取而代之的是「如何實踐」融合教育的理想。而臺灣的融合教育仍處於萌芽階段，需要更多實際的經驗累積，以進行融合教育的扎根工作。這 20 多年來，我透過在大學的任教科目以及學術研究計畫，戮力於融合教育的實證研究，以發展適合臺灣生態環境的運作模式與策略。於 1998 年，夫婿與友人在南部創辦理念學校「大津融合中小學實驗班」，我也曾參與協助；在一次討論中，我提議實施融合教育，獲得大家的認同，而**面對差異，我們教孩子接納；面對特殊，我們教孩子欣賞**即成為學校的教育主張。雖然 5 年後，學校在人事不安和財務不繼的情況下，忍痛決定停辦，但畢竟在融合教育的推動路途上留下了可貴的經驗。藉由本書，我整理了這些年來閱讀和實際研究的心得，期待能在未來融合教育的推展上貢獻一點力量。

本書第 1 版於 2008 年出版，共 18 章，首先探討融合教育的基礎和現況，為後續理念與作法篇扎根；包括融合教育的發展與意涵、融合教育的相關法規、融合教育實施態度與成效的分析三章。之後探討融合教育的理念與作法，包括 15 章，我先從鉅觀的角度討論融合教育的實施，在此建構出**生態的融合教育實施模式**（參見第 4 章圖 4-6），作為臺灣實施融合教育的藍圖；然後在接下來的 14 章中，從生態的觀點，細步地於第 5 至 13 章，從班級經營的意涵和教師心態的準備、學生個別差異的了解、特殊需求學生需求的分析、與相關人員的合作和特教資源的運用、物理和心理環境的安排、生活程序和行為的管理、課程與教學的設計、教學評量的實施、轉銜計畫的發展等九方面，討論普通教育教師如何經營融合班級；於第 14 和 15 章，由特殊教育服務的介入、學校行政支援的提供兩方面，闡述學校如何實施融合教育。而後進一步於第 16 和 17 章，擴展討論面向至主管教育行政機關如何推展融合教育，及師資培育單位如何因應融合教育趨勢培育師資；最後在第 18 章從鉅視體系敘述融合社會的營造。走筆至此，更深刻體悟 John Dewey 所云：「教育……標記人類經驗科學與藝術最完美和緊密的結合」（引自 Vargas, 2020, p. 1）。融合教育的實施需要整合**科學方法**與**藝術思維**。

本書第 1 版的出版並不表示我寫作的旅程已經結束，而是開啟另一段「活到老、學到老、寫到老、修到老」的旅程，而此旅程也未因我 2013 年 8 月 1 日的退休畫上「句號」。我「一生懸命」看待我的寫作生涯，它是由於我對「學習的熱情」而存在，它不會因為書的出版而停止，而我終於在 2015 年更新本書為第 2 版。寫作過程令我印象深刻的是，在高雄氣爆的當晚，還在外面修改本書的內容，本想再做晚一點完成我預定的進度，但是我的生理時鐘告訴我：「我已疲憊不堪，電腦螢幕上的文字正漂浮在我搓揉後的眼淚裡，應該回家休息了，明天一早精神飽滿再做才有效率。」因而躲過每日騎機車必走之三多和凱旋路的氣爆災難。8 月 1 日早晨 6 點多，在例行道路上騎機車想至一家早餐店用餐兼修書，而一路騎來，多條道路被封鎖，後來才得知此令人痛徹心扉的意外。之後的幾天我一直在想：人生無常，在有限的生命中，我要專注於每一個當下，享受書寫中的每一個「字」，帶給我「創造奇蹟」的媒介；欣賞生活中的每一個「景」，提供我「看見自己」的機會。

雖然我 2013 年退休後，已無法像退休前每年開設「融合教育專題研究」課程，但是我仍然激勵自己**透過寫作成為永遠的初學者**，時刻準備、超前部署，以迎接下一次的課程，在 2022 年終於獲得出版社的首肯更新成第 3 版書，包括加入新的融合教育相關文獻與研究；更新特殊教育法規、特殊教育學生的定義和診斷標準；增加附錄、名詞釋義；以及自費 8 萬元請人設計「擬訂融合教育方案」之應用程式，並錄製說明影片，期待能讓特殊教育教師以更便捷的方式，與普通教育教師共同擬訂融合教育方案等。除此，我依據美國心理學會（American Psychological Association, 2020）第 7 版更新參考文獻、文獻引註及編輯格式。

而在編排設計上，於每一章的開始，配合各章主題呈現**插畫**和**雋語**，這些雋語是我多年來閱讀和研究的深切體悟；而後透過**導讀案例**，帶進各章目標。本文中除了使用文字和插畫闡述融合教育的理念和實務外，還藉著**人物素描**讓讀者更貼近特殊教育需求學生；經由**示例**傳達融合教育的實際作法；並且將一些運作過程中會用到的資源納入**附錄**；最後以**總結**終了。另外，我在第一次出現的中譯專業術語後**加註原文**，並且提示臺灣文獻的不同譯法；用**不同字體**呈現文本的重點，並做前後文的相互對照；以及整理**名詞釋義**和**索引**，期待達到工具書的效果，讓讀者方便使用，並能快速掌握重點。

作為一位作者，我的角色就是持續學習，熟悉新事物；而寫作就是化新奇為熟悉的過程，以深入淺出的方式介紹新事物。我深深期許本書能將融合教育的理論與實務密切結合，讓「融合教育理想的實踐」不再遙不可及，而能夠有落實的機會。限於篇幅，我將參考文獻、名詞釋義、附錄、索引，以及「擬訂融合教育方案」之應用程式置於雲端，隨書附送。我還製作教學簡報檔，大專校院教授「融合教育專題」、「特殊教育導論」等相關課程的教師，需要者可以逕向心理出版社索取。

回首撰寫本書的過程，我腦海浮現出浸淫浩瀚文獻，每天帶著電腦，利用零碎時間在鍵盤上筆耕的我。我深刻體會「滴水成涓，積沙成塔」的力量，哪怕是學校和家庭兩頭忙碌，我能寫作的時間是那麼地少，但憑藉著一個信念——**改變是一種過程，每一次偉大的改變都是因為我們在過程中點點滴滴做了許多小事情**，我終於完成了這本書。本書得以順利出版，要感謝的人實在太多了。首先，我要感謝洪雅慧、余欣庭、魯翠儀小姐鼎力繪製每一章的插圖，讓本書大為增色。還要對 20 多年來與我一起做融合教育實務研究的教育人員致上最誠摯的謝意，包括國小資源教師，有黃慈愛、蔡志浩、林慧蓉、陳香吟、陳啟文、李桂英、陳鈴冠、洪惠娟、顏瑞隆等九位老師；原先在國小教書，而後至國立臺灣師範大學任教的林月仙老師；以及協助專案研究的助理林淑玲、莊竣博、陳秀冠，我從他們的身上確實獲益良多！此外，在協助經營理念學校「大津融合中小學實驗班」的過程中，一起共事的許多老師、家長、基金會董事，乃至於學生；所有參與我研究的師生群，以及研究所課堂中的學生們，和研習場合的在職教師們，他們提供給我成長的養分，與撰寫本書的動力和啟示。其次，前後期工讀生林蓓芝、余庭嘉、劉淑棋小姐，他們幫忙找資料、打字和做索引等瑣碎工作；博士班學生林敬修協助校對文字；心理出版社林敬堯總編的協助出版、陳文玲執編的細心編輯，我也要在此一併致謝。最後，更要感謝外子、婆婆，在天上的父母和公公，以及一對可愛兒女，即使他們不太理解我為什麼要這麼辛苦，但仍然支持我，他們都是這本書的幕後功臣。

踏著眾多前輩的足跡前進，讓我時常感受到「前人種樹，後人乘涼」的恩情；因此，也期待這本書能成為後進者繼續開疆闢土的墊腳石，踏著它，擴展對於融合教育的視框，以及發現實踐融合教育的方法。我雖已盡力撰寫和細心校對，但疏漏在所難免，尚祈方家不吝指教。希冀由於我的「拋磚」，能引發許多真正的「寶玉」，讓融合教育能在臺灣成長茁壯。第 3 版書的完成不是終點，未來我還會繼續增修此書，期盼能為特殊教育界竭盡一己棉薄之力。

鈕文英

2022 年 1 月 13 日

擁抱個別差異的新典範
——融合教育

目次

第一篇：融合教育基礎與現況篇 1

01 融合教育的發展與意涵 3

第 1 節　融合教育的發展 5

第 2 節　融合教育的緣起 18

第 3 節　融合教育的內涵 29

第 4 節　融合教育的爭辯 36

02 融合教育的相關法規 43

第 1 節　美國融合教育的相關法規 44

第 2 節　臺灣融合教育的相關法規 66

03 融合教育實施態度與成效的分析 81

第 1 節　融合教育實施成效之分析 82

第 2 節　相關人員對實施融合教育之觀感 96

第 3 節　融合教育實施成效之相關因素 116

第二篇：融合教育理念與作法篇 121

04 融合教育的實施 123
第 1 節 實施融合教育的基本理念 124
第 2 節 實施融合教育作法與策略的相關文獻 127
第 3 節 實施融合教育作法與策略的整合模式 135

在微視體系（融合班）和居間體系（教師－家長）中實施融合教育

05 普通教育教師如何經營融合班（一）：班級經營的意涵和教師心態的準備 143
第 1 節 融合班級經營的意涵與模式 144
第 2 節 教師在經營融合班級上心態和作法的準備 152

06 普通教育教師如何經營融合班（二）：學生個別差異的了解 159
第 1 節 發現學生在特殊需求上的差異 160
第 2 節 了解學生在心理特質上的差異 247
第 3 節 覺知學生在優勢能力上的差異 250

07 普通教育教師如何經營融合班（三）：特殊需求學生需求的分析 257
第 1 節 分析特殊需求學生適應融合班之需求的重要性 258
第 2 節 分析特殊需求學生適應融合班之需求的方法與工具 260
第 3 節 分析特殊需求學生適應融合班之需求的整合模式 271

08 普通教育教師如何經營融合班（四）：與相關人員的合作和特教資源的運用 279
第 1 節 與一般學生家長的溝通和合作 280
第 2 節 與特殊需求學生家長的溝通和合作 283
第 3 節 與一般學生的溝通和合作 292
第 4 節 特殊教育相關資源的運用 325

09 普通教育教師如何經營融合班（五）：物理和心理環境的安排 329
第 1 節 融合班級中物理環境的安排 330
第 2 節 融合班級中心理環境的營造 337

10 普通教育教師如何經營融合班（六）：生活程序和行為的管理 353
第 1 節 融合班級中學生之生活程序的管理 354
第 2 節 融合班級中學生情緒行為的輔導 364

11 普通教育教師如何經營融合班（七）：課程與教學的設計 401
第 1 節 融合教育課程與教學的發展 402
第 2 節 融合教育課程與教學調整的意涵、重要性與相關因素 411
第 3 節 融合教育課程與教學調整方法和原則的相關文獻 418
第 4 節 整合的融合教育課程與教學調整模式 455
第 5 節 融合教育課程與教學調整的相關研究 509

12 普通教育教師如何經營融合班（八）：教學評量的實施 519
第 1 節　融合教育教學評量的方法 520
第 2 節　融合教育評量調整的意義與作法 525
第 3 節　融合教育評量調整作法的相關研究 542

13 普通教育教師如何經營融合班（九）：轉銜計畫的發展 551
第 1 節　轉銜的意涵與重要性 552
第 2 節　轉銜計畫的擬訂與實施 554

在微視體系（學校）和居間體系（學校－家庭、社區，特殊與普通教育教師間）中實施融合教育

14 學校如何實施融合教育（一）：特殊教育服務的介入 571
第 1 節　特殊教育教師在實施融合教育上扮演的角色 572
第 2 節　特殊與普通教育教師合作實施融合教育的模式 575
第 3 節　特殊與普通教育教師合作實施融合教育的作法 595

15 學校如何實施融合教育（二）：學校行政支援的提供 607
第 1 節　學校在實施融合教育上的角色和作法 608
第 2 節　學校行政支援融合教育實施之研究 616

在外圍體系中實施融合教育

16 主管教育行政機關如何推展融合教育 619

第 1 節　主管教育行政機關在推展融合教育上的角色和作法 620

第 2 節　主管教育行政機關推展融合教育的相關研究 629

17 師資培育單位如何因應融合教育趨勢培育師資 631

第 1 節　人員準備對實施融合教育之重要性 632

第 2 節　融合教育人員準備課程的規畫 633

第 3 節　融合教育師資培育與在職進修課程之研究 643

在鉅視體系中實施融合教育

18 融合社會的營造 647

第 1 節　社會文化的重建對營造融合社會之重要性 648

第 2 節　營造融合社會可採取的作法 649

學生學習資料

參考文獻

名詞釋義

附錄

索引

「融合教育方案」之擬訂過程與應用程式

學生學習資料請於心理出版社網站下載

網址：https://reurl.cc/veRqyo

解壓縮密碼：9789860744526

學生學習資料目次

參考文獻

名詞釋義

附錄

附錄 1　連續性安置或服務模式
附錄 2　轉介前介入的流程
附錄 3　充權賦能的模式
附錄 4　融合與其他相關名詞之比較
附錄 5　融合教育相關法規
附錄 6　《第 504 條款》和《IDEA》間的比較
附錄 7　證據本位實務的意涵與反思
附錄 8　融合安置下特殊需求學生學業表現的國外研究
附錄 9　比較融合和隔離安置、抽離式資源方案間特殊需求學生學業表現的國外研究
附錄 10　融合安置下特殊需求學生社會互動和行為表現的國外研究
附錄 11　比較融合和隔離安置下特殊需求學生社會互動和行為表現的國外研究
附錄 12　比較融合安置和抽離式資源方案間特殊需求學生社會互動和行為表現的國外研究
附錄 13　特殊需求學生對於不同安置形態之觀感的國外研究
附錄 14　融合方案對一般學生實施成效的國外研究
附錄 15　比較參與和未參與融合方案之一般學生表現的國外研究
附錄 16　探討融合教育對提升教師專業能力成效的國外研究
附錄 17　臺灣學前階段特殊幼兒在普通班適應狀況的研究
附錄 18　臺灣學齡階段特殊學生在普通班適應狀況的研究
附錄 19　臺灣教育人員對融合教育實施成效觀感的研究
附錄 20　國外教育人員對實施融合教育觀感的研究
附錄 21　家長對實施融合教育之態度的國外研究
附錄 22　臺灣一般學生對特殊學生態度之研究

附錄 23　美國部分州、學區和學校採取的融合教育方案實例
附錄 24　Wang 的調整教育方案模式
附錄 25　融合教育實施成效相關因素之研究
附錄 26　最佳的融合教育運作實務
附錄 27　國小融合班教師班級經營策略之研究
附錄 28　認識與教育特殊需求學生的相關書目和影音材料
附錄 29　《精神異常診斷與統計手冊第 5 版》之修訂內涵
附錄 30　《國際功能、障礙和健康分類系統》對障礙鑑定與服務提供的意涵
附錄 31　美國智能和發展障礙協會智能障礙第 12 版定義的內容與意涵
附錄 32　執行功能的意涵與介入
附錄 33　情緒行為障礙類型的文獻
附錄 34　國小特殊需求學生在普通班適應狀況量表和幼兒學習適應量表
附錄 35　普通班特殊需求學生多元智力量表
附錄 36　特殊需求學生喜惡事物調查問卷
附錄 37　特殊需求學生對自我和環境觀感的訪談問卷
附錄 38　社交計量工具之編製與資料之分析
附錄 39　特殊需求學生在普通班活動與表現的觀察記錄工具
附錄 40　特殊需求學生身心狀況對其在普通班學習和生活之影響
附錄 41　特殊需求學生在普通教育課程表現的差異分析
附錄 42　普通班特殊需求學生個別化教育（支持）計畫及教師促進學生融合的策略芻議
附錄 43　同儕介入策略檢核表
附錄 44　教科書中身心障礙者意象之分析
附錄 45　同儕助教記錄工具舉例
附錄 46　臺灣教導一般學生接納身心障礙者之課程研究
附錄 47　國外教導一般學生接納身心障礙者之課程研究
附錄 48　臺灣運用同儕中介策略協助身心障礙學生之研究
附錄 49　國外運用同儕中介策略協助特殊需求學生之研究
附錄 50　特殊教育相關資源
附錄 51　對正義的不同理論觀點
附錄 52　班級氣氛檢核表
附錄 53　教室物理和心理環境安排檢核表
附錄 54　家長委託教師監督用藥的同意書
附錄 55　醫藥資料蒐集記錄工具
附錄 56　生活程序管理檢核表
附錄 57　目標行為問題原因與功能觀察記錄工具

附錄 58 目標行為問題之正向行為支持計畫——架構
附錄 59 目標行為問題之正向行為支持計畫——空白表
附錄 60 正向行為支持計畫評鑑工具
附錄 61 社會技能和認識差異教學方案
附錄 62 普通班人際互動課程舉例
附錄 63 肯定和敵對行為管教方式之比較
附錄 64 國外普通班特殊需求學生行為介入之研究
附錄 65 臺灣普通班身心障礙學生行為介入之研究
附錄 66 適異性教學的流程
附錄 67 融合教育課程與教學規畫相關因素量表
附錄 68 圖畫組體舉例
附錄 69 自我監控記錄工具
附錄 70 多元智力的教學方法
附錄 71 融合情境中有效教學行為與技巧之文獻
附錄 72 融合教育課程與教學調整策略之文獻
附錄 73 課程與教學調整方案適切性量表
附錄 74 全方位課程設計的過程
附錄 75 融合教育課程與教學調整策略檢核表
附錄 76 四個與「課程和教學調整」相關名詞之比較
附錄 77 功能性學科的內涵
附錄 78 造句指引和寫作大綱舉例
附錄 79 不同層次的認知、情意和動作技能領域目標舉例
附錄 80 教材調整策略適用對象一覽表
附錄 81 作業調整策略適用對象一覽表
附錄 82 課程與教學調整計畫示例
附錄 83 普通班課程單元調整計畫
附錄 84 普通教育教師實施課程與教學調整策略的國外研究
附錄 85 相關人員對課程與教學調整策略觀感的國外研究
附錄 86 對身心障礙者「易讀」教材、評量工具或資訊之設計
附錄 87 另類評量模式
附錄 88 教學評量調整策略適用對象與檢核表
附錄 89 教學評量調整策略決策計畫工具
附錄 90 相關人員對教學評量調整觀感的國外與臺灣研究
附錄 91 規畫從特殊教育轉銜至普通教育環境之評量工具文獻
附錄 92 普通班生態環境調查問卷及適應國小普通班所需重要行為和能力量表

附錄 93　普通班教師需求調查問卷
附錄 94　特殊需求學生適應普通教育環境所需能力與行為
附錄 95　高中身心障礙學生轉銜能力量表與轉銜計畫記錄工具
附錄 96　最佳轉銜實務的品質指標
附錄 97　教練模式之意涵與實施
附錄 98　協同成員間對課程與教學觀點一致性量表
附錄 99　融合教育知識與態度問卷
附錄 100　普通教育教師課程與教學規畫實施現況問卷
附錄 101　普通班特殊需求學生個別化教育計畫示例
附錄 102　普通班相關人員的介入或支持計畫
附錄 103　國外和臺灣透過專業合作介入普通班中特殊需求學生之研究
附錄 104　學校規畫融合教育方案的助力和阻力分析
附錄 105　學校融合教育方案評鑑量表
附錄 106　臺灣學校行政支援融合教育實施之研究
附錄 107　美國特殊兒童學會特殊教育教師的專業能力標準

索引

一、中英索引
二、英中索引

「融合教育方案」之擬訂過程與應用程式

一、「融合教育方案」之擬訂過程說明（影音檔）
二、「融合教育方案」之擬訂過程說明（簡報檔）
三、擬訂「融合教育方案」之應用程式
四、擬訂「融合教育方案」之應用程式操作說明示例

表次

表 1-1　從「最少限制環境」朝向「融合教育」的思維 …………… 7
表 1-2　實施融合教育的階段 ……………………………………12
表 1-3　國際融合教育的發展沿革 ………………………………14
表 1-4　二元系統和一元系統的比較 ……………………………19
表 1-5　融合教育與非融合教育之比較 …………………………31
表 1-6　融合與其他相關名詞之比較 ……………………………38
表 1-7　融合教育中爭論的焦點 …………………………………40
表 2-1　《IDEIA 2004》前後有關「學習障礙鑑定和介入」之比較 …54
表 2-2　問題解決與標準介入模式之優點與限制 ………………55
表 2-3　臺灣《特殊教育法》內涵之轉變 ………………………67
表 2-4　《特殊教育法》（1984/2019）之主要向度和條文重點 ……73
表 3-1　教育人員和家長對實施融合教育關注的議題 …………… 115
表 3-2　融合教育實施成效之相關因素 ………………………… 117
表 4-1　符合和不符合融合教育之教育信念的比較 …………… 125
表 4-2　融合教室中高影響力的實務 …………………………… 134
表 5-1　與教師班級經營相關的因素 …………………………… 149
表 6-1　針對智能障礙危險因子提供的預防支持 ……………… 172
表 6-2　泛自閉症的嚴重度 ……………………………………… 189
表 6-3　「情緒行為障礙」名詞使用之沿革 …………………… 194
表 6-4　不同年齡層的人普遍害怕的事物 ……………………… 202
表 6-5　憂鬱症者的特徵 ………………………………………… 204
表 6-6　餵食和飲食異常的類型與診斷標準 …………………… 210
表 6-7　睡眠—清醒異常的類型與診斷標準 …………………… 211
表 7-1　課程計畫過程中須思考的問題 ………………………… 265
表 7-2　〈分類整理〉單元所需能力和行為及學生表現的差異分析 276
表 8-1　教師與家長溝通時宜避免和宜採用的語彙 …………… 288
表 8-2　家長促進孩子友誼發展的架構 ………………………… 290
表 8-3　同儕介入的內涵與策略 ………………………………… 294
表 8-4　模擬和體驗障礙活動舉例 ……………………………… 299
表 8-5　學生依能力進行異質分組的方式 ……………………… 307
表 8-6　合作學習的類型 ………………………………………… 309
表 9-1　無障礙的學校和教室環境設計的層面和內涵 ………… 331
表 9-2　環境調整的策略內涵 …………………………………… 333

表 10-1　正向行為支持和行為改變技術之比較 ······ 367
表 10-2　個體和環境背景因素的內涵 ······ 373
表 10-3　目標行為問題之立即前事、後果和功能間的關係 ······ 375
表 10-4　前事控制策略的內涵和舉例 ······ 381
表 10-5　針對目標行為功能教導的替代技能示例 ······ 384
表 10-6　Syracuse 社會技能課程的調整作法 ······ 385
表 10-7　社會技能之成分與內容 ······ 386
表 10-8　特殊需求學生行為問題處理的迷思與事實 ······ 394
表 11-1　適異性課程與過去課程的差異 ······ 405
表 11-2　全方位設計和特殊教育思維的比較 ······ 409
表 11-3　美國普通和特殊教育課程的發展 ······ 410
表 11-4　問題解決之步驟與例子 ······ 425
表 11-5　學習風格的情境要素 ······ 440
表 11-6　建構教學與過去教學之比較 ······ 442
表 11-7　活動分析 ······ 444
表 11-8　有效教學行為的概念架構 ······ 446
表 11-9　對證據本位實務之迷思與事實 ······ 454
表 11-10　全方位課程的設計指引 ······ 457
表 11-11　全方位課程設計的原則、意義與示例 ······ 458
表 11-12　全方位課程的教學方法 ······ 459
表 11-13　普通教育教師實施的課程與教學調整策略類型和舉例 ··· 460
表 11-14　基本的課程與教學調整策略之內涵 ······ 460
表 11-15　針對個別學生所做的課程與教學調整之層次、作法和意涵 ······ 465
表 11-16　針對學生「學習動機不足」採取的調整策略 ······ 472
表 11-17　針對學生「注意力困難」採取的調整策略 ······ 473
表 11-18　針對學生「視、聽、觸、動覺和知覺困難」採用的調整策略 ······ 473
表 11-19　針對學生「閱讀困難」運用的調整策略 ······ 474
表 11-20　針對學生「理解、整合和連結困難及與課程有關知能或經驗不足」採取的策略 ······ 475
表 11-21　針對學生「書寫、口語、拼寫和書寫表達困難」採取的調整策略 ······ 476
表 11-22　針對學生「肢體動作困難」採取的調整策略 ······ 477
表 11-23　調整目標行為發生的時間、地點和環境狀況 ······ 480
表 11-24　提供目標行為所需支持的類型 ······ 481

表 11-25 教學提示的類型、意涵和示例 …… 483
表 11-26 教材調整的內涵 …… 493
表 11-27 作業的調整內涵 …… 496
表 11-28 教學方法、活動和教具的調整內涵檢核表 …… 502
表 12-1 評量的調整管道和策略內涵 …… 532
表 12-2 臺灣實施評量調整遭遇的困難 …… 547
表 13-1 貫環境方案的設計示例 …… 562
表 13-2 促進技能類化的方法 …… 562
表 14-1 實施融合教育的人員和扮演的角色 …… 573
表 14-2 特殊教育教師從隔離到融合和合作實務所經歷的轉變 … 573
表 14-3 心理健康諮詢、行為諮詢和過程諮詢模式之比較 …… 578
表 14-4 不易合作的人之特徵和因應策略 …… 584
表 14-5 六種合作教學模式的意義、優點和限制 …… 588
表 14-6 兩位協同教師在一節課中角色和責任分配情形舉例 …… 589
表 14-7 特殊教育助理員合作支持的策略 …… 592
表 14-8 與特殊教育助理員合作之方式 …… 593
表 15-1 教師對融合教育的關注類型、階段和焦點及因應策略 … 612
表 17-1 對於「教師專業準備」的舊觀念和新觀念 …… 634
表 17-2 普通教育教師宜具備之專業知能 …… 637
表 17-3 特殊教育教師宜具備之專業知能 …… 640
表 17-4 特殊教育助理員宜具備之專業知能 …… 641
表 17-5 特殊教育相關專業人員宜具備之專業知能 …… 643
表 17-6 學校行政人員宜具備之專業知能 …… 644

圖次

圖 1-1 普通和特殊教育改革的階段 ……10
圖 1-2 特殊教育的歷史轉變 ……15
圖 1-3 治療典範和支持典範 ……25
圖 1-4 融合教育促成了解和接納差異的良性循環 ……28
圖 2-1 以 RTI 為基礎的問題解決服務模式 ……55
圖 2-2 《IDEIA 2004》中轉銜的基本理念和其間的關聯性 ……59
圖 2-3 學校本位的正向行為支持系統 ……62
圖 2-4 臺灣法律之位階關係 ……66
圖 4-1 設計反應性課程的架構 …… 129
圖 4-2 融合班級中最佳的教學實務 …… 130
圖 4-3 融合學校中最佳的教育實務 …… 131
圖 4-4 增進常態化和融合的實務 …… 132
圖 4-5 E. M. Horn 等人「讓兒童成功就學加上課程架構」的模式 133
圖 4-6 生態的融合教育實施模式 …… 136
圖 4-7 學生支持的網絡 …… 140
圖 5-1 T. E. C. Smith 等人所提的班級經營內涵 …… 146
圖 5-2 Friend 和 Bursuck 所提的班級經營內涵 …… 147
圖 5-3 融合班級經營模式 …… 150
圖 5-4 反省性思考的流程 …… 154
圖 6-1 美國 2010 年智能障礙定義的架構…… 167
圖 6-2 決策有效或正確診斷、分類或計畫支持系統之四項要素 168
圖 6-3 美國智能障礙 2010 年定義的概念架構…… 169
圖 6-4 支持模式 …… 171
圖 6-5 個別化支持系統的評量、計畫、監控和評鑑之過程 …… 171
圖 6-6 學習障礙的類型 …… 179
圖 6-7 泛自閉症者的連續譜系 …… 186
圖 6-8 語言的結構 …… 228
圖 6-9 溝通的過程 …… 228
圖 6-10 創造力的要素 …… 243
圖 6-11 針對高危險群學生的教育方法 …… 246
圖 7-1 功能－生態取向的評量方法舉例 …… 261
圖 7-2 使用課程本位測量發展和實施課程調整方案的流程 …… 263
圖 7-3 Hoover 和 Patton 所提的課程調整流程 …… 264

圖 7-4　學生概念教學需求的評量模式 …… 267
圖 7-5　功能學業評量的 VAIL 模式 …… 268
圖 7-6　生態的調整模式 …… 269
圖 8-1　家庭系統概念架構圖 …… 284
圖 8-2　朋友圈的內容 …… 302
圖 10-1　輔助科技服務的介入範圍 …… 357
圖 10-2　為學生選擇輔助科技的完整取向 …… 359
圖 10-3　背景因素對目標行為問題的影響管道 …… 370
圖 10-4　行為問題的不適當學習循環 …… 377
圖 10-5　目標行為問題的功能評量 …… 378
圖 10-6　目標行為問題的功能評量示例 …… 379
圖 10-7　前事控制策略的運用 …… 380
圖 10-8　不同層次的社會技能訓練方案 …… 390
圖 10-9　正向行為支持策略架構 …… 393
圖 11-1　普通和特殊教育安置與課程的發展歷史 …… 403
圖 11-2　適異性閱讀教學的四層模式 …… 406
圖 11-3　課程與教學之間的關係 …… 412
圖 11-4　課程與教學設計之流程圖 …… 413
圖 11-5　學生的學習活動占全部學校活動時間之百分比 …… 415
圖 11-6　問題解決的策略 …… 427
圖 11-7　學習策略的教學流程 …… 431
圖 11-8　多元智力和調整策略 …… 434
圖 11-9　呈現多元智力教學計畫時所思考的問題 …… 436
圖 11-10　McLaughlin 提出的課程計畫過程 …… 450
圖 11-11　融合教育課程與教學調整的模式 …… 455
圖 11-12　針對個別學生實施的介入和調整策略 …… 462
圖 11-13　課程與教學調整的作法和層次 …… 464
圖 11-14　A. de Boer 和 Fister 提出的課程調整方法 …… 468
圖 11-15　體育活動的調整模式 …… 470
圖 11-16　訊息輸入、處理和輸出的過程 …… 471
圖 11-17　由少至多之提示系統 …… 486
圖 11-18　作業調整策略需個別調整的程度圖 …… 496
圖 11-19　課程與教學調整的管道和策略內涵 …… 507
圖 11-20　課程與教學調整策略的舉例說明 …… 508
圖 12-1　評量、教學和學習的循環 …… 521
圖 12-2　融合教育評量調整模式 …… 529

圖 12-3 評量調整的管道和策略所需調整之程度圖 …… 535
圖 12-4 教學評量調整的決策流程 …… 537
圖 12-5 差距模式 …… 538
圖 12-6 教學評量調整的差異促進效果 …… 540
圖 13-1 人生各階段的轉銜和面臨的議題 …… 553
圖 13-2 轉銜評量在轉銜計畫發展和實施過程中扮演的角色 …… 555
圖 13-3 轉銜評量和轉銜計畫的內容 …… 556
圖 13-4 規畫特殊需求學生轉銜至普通班所需準備措施 …… 561
圖 13-5 轉銜至普通教育環境所需準備能力的類型 …… 565
圖 14-1 成功的融合教育方案必備之要素 …… 574
圖 14-2 提供普通教育教師的支持服務內涵 …… 575
圖 14-3 特殊教育與普通教育教師合作的模式 …… 576
圖 14-4 諮詢模式 …… 577
圖 14-5 教師輔助團隊問題解決模式 …… 581
圖 14-6 諮詢、合作和團隊三者間的關係 …… 582
圖 14-7 合作諮詢的基礎 …… 583
圖 14-8 合作教學模式 …… 586
圖 14-9 透過合作教學促成普通和特殊教育教師的互動 …… 587
圖 14-10 同儕教練模式 …… 593
圖 14-11 融合情境中的連續性服務模式 …… 594
圖 14-12 設計與實施介入或支持計畫的過程 …… 596
圖 15-1 學校系統因應融合教育所做改變之過程與內涵 …… 609
圖 15-2 合作計畫的過程 …… 610
圖 15-3 有效運用特殊教育助理員的三項要素 …… 615
圖 16-1 融合教育評鑑模式 …… 629
圖 17-1 洋蔥圈——改變層次的模式 …… 635

插畫次

插畫 1-1　二元系統造成的問題 ……20
插畫 1-2　倡議融合前的特殊教育安置思維 ……21
插畫 1-3　什麼是真正的融合教育？ ……22
插畫 1-4　差異指的是「多樣性」 ……25
插畫 1-5　什麼是高品質的教育 ……28
插畫 1-6　融合與隔離、回歸主流、最少限制的環境、統合和以普通教育為首之差異 ……37
插畫 5-1　不要放棄任何突破的機會 …… 153
插畫 5-2　什麼是障礙？ …… 153
插畫 6-1　執行功能 …… 181
插畫 6-2　教育人員因材施教了嗎？ …… 249
插畫 6-3　從多元智力的觀點來看身心障礙者 …… 252
插畫 6-4　鼓勵學生覺知自己的優勢能力 …… 253
插畫 6-5　如何看待個別差異 …… 255
插畫 7-1　了解學生是所有介入服務的基礎 …… 258
插畫 7-2　實施融合教育的作法 …… 271
插畫 7-3　個別化教育計畫是教導身心障礙學生的路線圖 …… 277
插畫 8-1　親師會議宜注意之處 …… 287
插畫 8-2　一般同儕在實施融合教育中扮演的角色 …… 292
插畫 8-3　協助一般學生了解身心障礙同儕 …… 296
插畫 8-4　如何提升學生的學習記憶量 …… 306
插畫 8-5　環境的支持會讓身心障礙者不會「失能」 …… 323
插畫 9-1　營造無障礙的環境 …… 331
插畫 9-2　提升學生的自我價值感 …… 338
插畫 9-3　教師對學生的觀點 …… 339
插畫 9-4　透過部分參與的原則讓身心障礙學生參與班級活動 …… 341
插畫 9-5　習得的被動依賴 …… 342
插畫 9-6　公平和平等之區別 …… 345
插畫 10-1　如何將特殊教育相關服務融入課程中 …… 361
插畫 10-2　行為問題的症狀替代 …… 364
插畫 10-3　如何看待和處理學生的行為問題 …… 365
插畫 10-4　行為問題可能是孩子僅有或是最有效的溝通方式 …… 366
插畫 10-5　身心障礙者的行為問題 …… 372

插畫 10-6 因應師生間的緊張關係 …… 396
插畫 11-1 現在和過去服務理念之比較 …… 407
插畫 11-2 教師是課程的魔法師 …… 416
插畫 11-3 勤不一定能補拙 …… 422
插畫 11-4 另闢蹊徑 …… 433
插畫 11-5 教師採取的教學方法 …… 435
插畫 11-6 發掘身心障礙者的優勢能力 …… 436
插畫 11-7 教學速度 …… 504
插畫 12-1 傾聽是了解的開始 …… 524
插畫 12-2 如何看待學生的學習結果 …… 524
插畫 12-3 藉由評量調整讓學生不同的聰明才智充分展現 …… 527
插畫 12-4 什麼是適合的評量標準 …… 531
插畫 14-1 特殊與普通教育教師間關係的建立 …… 584
插畫 14-2 特殊與普通教育教師間的合作 …… 591
插畫 15-1 願景在實施融合教育的重要性 …… 610
插畫 16-1 融合教育代表著一種價值觀 …… 621
插畫 17-1 培育教師擁有新的視框來實施融合教育 …… 634
插畫 18-1 融合教育促成社會統合 …… 649

第一篇

融合教育基礎與現況篇

本篇首先探討融合教育的基礎和現況，為後續理念與作法篇扎根；包括融合教育的發展與意涵、融合教育的相關法規、融合教育實施態度與成效的分析三章。

融合教育基礎與現況篇

1. 融合教育的發展與意涵
2. 融合教育的相關法規
3. 融合教育實施態度與成效的分析

融合教育理念與作法篇

4. 融合教育的實施

在微視體系（融合班）和居間體系（教師－家長）中實施融合教育

5. 普通教育教師如何經營融合班（一）：班級經營的意涵和教師心態的準備
6. 普通教育教師如何經營融合班（二）：學生個別差異的了解
7. 普通教育教師如何經營融合班（三）：特殊需求學生需求的分析
8. 普通教育教師如何經營融合班（四）：與相關人員的合作和特教資源的運用
9. 普通教育教師如何經營融合班（五）：物理和心理環境的安排
10. 普通教育教師如何經營融合班（六）：生活程序和行為的管理
11. 普通教育教師如何經營融合班（七）：課程與教學的設計
12. 普通教育教師如何經營融合班（八）：教學評量的實施
13. 普通教育教師如何經營融合班（九）：轉銜計畫的發展

在微視體系（學校）和居間體系（學校－家庭、社區，特殊與普通教育教師間）中實施融合教育

14. 學校如何實施融合教育（一）：特殊教育服務的介入
15. 學校如何實施融合教育（二）：學校行政支援的提供

在外圍體系中實施融合教育

16. 主管教育行政機關如何推展融合教育
17. 師資培育單位如何因應融合教育趨勢培育師資

在鉅視體系中實施融合教育

18. 融合社會的營造

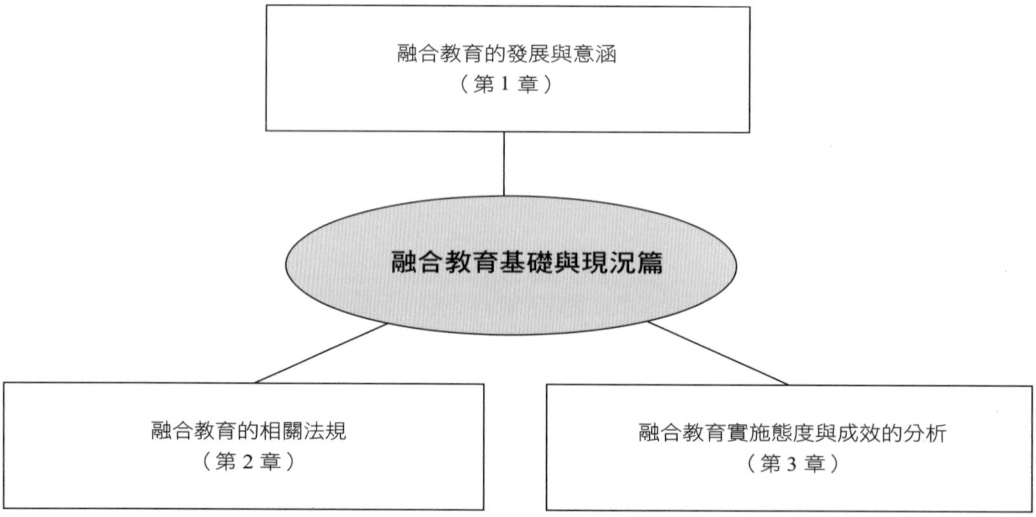

融合教育的發展與意涵
（第 1 章）

融合教育基礎與現況篇

融合教育的相關法規
（第 2 章）

融合教育實施態度與成效的分析
（第 3 章）

第 1 章
融合教育的發展與意涵

第 1 節　融合教育的發展
第 2 節　融合教育的緣起
第 3 節　融合教育的內涵
第 4 節　融合教育的爭辯

世界上只有一個兒童，而這個兒童的名字叫做「所有兒童」。
（Sandburg；引自 Falvey & Givner, 2005, p. 1）

導讀案例和本章目標

阿偉在幼兒園階段，每天都喜歡上學，很快樂地學習；但是在進小學之後，他開始有挫折感。阿偉在國小三年級時被鑑定為學習障礙（簡稱學障，learning disabilities），從此他被抽離部分時間到資源班（resource room）上課。每次他去資源班時，他總感到困窘，因為他的同學取笑他「阿達」，去「資源回收班」上課。當他知道學障就是沒有辦法學好課程時，他便希望不要去資源班上課，讓自己不會再被稱為笨蛋，他告訴父母他的想法。阿偉的父母親很困擾，他們擔心阿偉如果沒有到資源班接受補救教學，就喪失了接受特殊教育服務（簡稱特教服務）的機會，而且成績會一落千丈，他們心想：「特教服務一定要以抽離的形態被提供嗎？有沒有可能將特教服務融入於普通班中呢？」

阿偉父母親的疑惑讓讀者思考以下問題：資源方案（resource program）存在著什麼問題？在融合教育（inclusive education）實施過程中，特殊教育教師如何提供特教服務？它和回歸主流（mainstreaming）的作法有何不同？

從本章內容讀者可以學習到：（1）融合教育的發展；（2）融合教育的緣起；（3）融合教育的意義，以及它與回歸主流、最少限制的環境（least restrictive environment，簡稱LRE）、統合（integration）、以普通教育為首（regular education initiative, REI）等相關名詞之比較；（4）融合教育的爭辯。

在討論融合教育的過程中，會出現**特殊學生**（exceptional students）、**身心障礙學生**（students with disabilities）、**特殊教育學生**（special education students），以及**特殊需求學生**（students with special needs）這些相關名詞，我先釐清如下：特殊學生包含**身心障礙學生**〔例如：智能障礙（intellectual disability，簡稱智障）〕和**資賦優異學生**（簡稱資優，gifted and talented students）。特殊教育學生是指，接受法規所授予之特殊教育安置或服務的學生。特殊需求學生則意味，學生在感官、溝通、肢體動作、認知或學習、情緒或行為等方面有特殊需求，包含身心障礙學生、資賦優異學生和高危險群學生（students at-risk），這些**高危險群學生**雖不符合法規所認定，具有接受特殊教育安置或服務的資格，但是在融合教育強調「預防失敗」的教育思維下，及早介入有助於因應他們的特殊需求，避免問題的惡化；紐西蘭和澳洲兩國將之稱為**特殊教育需求學生**（students with special education needs, SEN）。

第 1 節　融合教育的發展

本節從國際融合教育的發展開始探討，進而討論臺灣的發展，並呈現此發展過程中的重要事件。

壹、國際融合教育的發展

依據文獻（Karagiannis et al., 1996a; S. B. Stainback & Smith, 2005），我將國際融合教育的發展分成 1900 至 1970 年、1971 至 1980 年和 1981 至 1990 年三個年段。再者，我新增 1991 至 2020 年此年段，介紹如下。

一、1900 至 1970 年

於 1950 年代之前，身心障礙學生之安置強調隔離（separation），以特殊教育班（簡稱特教班）、特殊教育學校（簡稱特教學校）與教養機構為主；而至 1950 年代美國**民權運動**，於 1960 年代末期和 1970 年代初期，**教育機會均等運動**的興起及歐陸**常態化**（**normalization**）原則的引進，才逐漸打破此種教育的藩籬。三者的影響逐漸擴及至公立學校教育，使得少數種族學生在特殊教育安置中占有不均衡比例的情形備受批評，而教育界也興起改革的聲浪，**回歸主流**運動就此展開，也為身心障礙學生接受教育的權利奠定社會基礎（李慶良，1995；Schulz & Carpenter, 1995）。

常態化原則自丹麥 Bank-Mikkelsen 在 1950 年代提出後，再經由瑞典 Nirje 及美國 Wolfensberger 的極力倡導，它包括三方面的意涵：第一是**均等**，亦即身心障礙者的生活形態和條件與一般人愈相近愈好；第二是**生活品質**（**quality of life**），意指身心障礙者應有機會創造與追求好的生活品質；第三是**人權**，是指身心障礙者應被視為有價值的人，而且與一般人享有相同的人權（Renzaglia et al., 2003）。常態化指的不只是提供身心障礙者參與的**機會**，還包括對他們抱持正向的**社會態度**和**社會期望**，它促成**反標記化**（**anti-labelling**）的運動，強調避免給予身心障礙者不適當的標記（黃金源，1993；Falvey, 1989）。Nirje（1969）進一步將常態化原則引申為改變服務提供的模式，主張**社區本位**（**community-based**）的服務，並強調環境提供支持的重要性。Wolfensberger（1983）指出，常態化原則的最高目標是發展有價值的社會角色，也就是藉由增進身心障礙者的社會形象和能力，以建立、提升或捍衛他們的社會角色，因此他主張以**社會角色價值化**（**social role valorization**）取而代之。直至 Haring 和 McCormick

（1986）又將其意涵擴展為身心障礙者的教育、住宿、就業、社交、休閒的形態，以及機會與活動應盡可能與一般人相似。Gargiulo 和 Bouck（2021）進一步擴充常態化原則為，讓身心障礙者和一般人一樣擁有**自我決策**（self-determination）的權力。常態化原則的衝擊形成三個走向：（1）**去機構化**（**deinstitutionalization**）**運動**，即大型教養機構解體，而採社區家園的形式；（2）**支持性就業**（**supported employment**）取代庇護性（sheltered）就業；（3）**回歸主流與統合**運動的產生（Nirje, 1993）。

1950 年美國全國智障兒童協會成立，它使得公立學校開始感受到身心障礙兒童家長，在爭取其子女應有受教權利的強大壓力。1954 年，《**Brown 控訴 Board of Education**》成為美國最高法院建立反對隔離的判例，1967 年規定採用特殊與普通教育雙軌安置不同種族學生是具種族歧視性的（A. P. Turnbull et al., 2020）。L. Dunn（1968）提出他對當時特教班嚴厲的批評，包括：（1）沒有研究證明，學生在特教班學習比在普通班效果好；（2）特教班帶給學生負向的標記（label）；（3）特教班多為少數種族（例如：非裔、墨裔）的輕度障礙學生，此現象容易引發政治隔離之聯想。另外，L. Dunn 指出，鑑定（identification）存在著種族歧視的問題，很多在特教班的學生應該可以在普通班學習，普通教育教師也可以提供適當的教育服務，因此興起「回歸主流」運動。由此可知，**錯誤的鑑定與隔離安置**，是引發回歸主流運動的重要因素。

二、1971 至 1980 年

之後，1972 年《**Larry P. 控訴 Riles**》的判例規定，禁止濫用智力測驗於少數種族的學生，並且主張非歧視性的測驗，更促使社會大眾重新思考隔離式特殊教育安置的問題，注意到教育機會的均等（Yell, 2019）。

美國 1975 年的《**殘障兒童教育法案**》（Education of All Handicapped Children Act, EHA，即《94-142 公法》）規定，在**最少限制的環境（LRE）**下，提供身心障礙學生**免費而適當的公立學校教育**（free appropriate public education，簡稱 FAPE）。這項主張乃根據 M. C. Reynolds（1962）的「連續性特殊教育方案」；之後，E. Deno（1970）延伸為**階梯式服務**（**cascade of services**）模式，如附錄 1。接著，擴展為**連續性安置**（**continuum of placements**; M. C. Reynolds, 1972；引自 M. C. Reynolds, 1978）。連續性安置或階梯式服務係將「全時制在普通班學習」列為隔離最少的安置，而「全時制在機構、醫院治療」為隔離最多之安置，之後將隔離最少至最多的安置形態以連續系統表示；LRE 不只是重新討論將身心障礙學生安置在普通或特殊教育系統，並且探討安置形態的選擇，甚至討論兩個教育系統是否有必要平行並存（Ysseldyke et al., 2000）。

由於法規中並沒有訂定明確的教育安置標準，因此要如何決定 LRE 就引起相當大的爭議（鍾素香，2000；Yell, 2019）；這也就是為何會出現許多法院判例，而法官對最少限制環境的解釋就成為決定的依據。S. J. Taylor（1988, 2001）批判 LRE 的原則有以下七項概念的缺失：（1）限制的環境（例如：隔離的特教學校）被合法化；（2）假定要得到更深入的服務，就必須到愈隔離的安置中；（3）依據**準備的模式**，亦即身心障礙學生必須有足夠的教育準備度，才能安置在普通班級中；（4）強調由專業人員決定身心障礙學生的安置，他們比別人有更大的決定權；（5）允許侵犯個人的權利；（6）隱含身心障礙學生應該隨著其發展和改變的情形，移動其教育安置；（7）著重在安置地點，而不是身心障礙學生需要多少的服務和支持，以增進其成功融合於普通教育環境中。

Tucker（1989）批判 LRE 的狹義解讀，已經導致安置學生在**較少花費**（**less required energy**）和**最少阻力環境**（**least resistant environment**）的現象（這兩個是另外的 LRE）。他主張**安置不等同於方案**，人們不能反過來設定一個前提：要獲得更深入的方案，就必須到愈隔離的安置中，因而允許更多限制的環境。提供身心障礙學生特教服務時，決定何謂最佳環境是困難的，尤其是當人們以「任何環境都可能合適」之觀點而論；複雜的社會、政治、經濟和教育因素皆會左右決策的過程，而且對於誰應該接受特教服務，以及應於何處獲得無客觀標準（Ysseldyke et al., 2000）。

S. J. Taylor（1988, 2001）認為，要朝向融合教育的方向發展，必須從「安置」轉變為強調「服務」。融合教育和 LRE 思維之比較如表 1-1。

表 1-1 從「最少限制環境」朝向「融合教育」的思維

最少限制環境的思維	融合教育的思維
‧著重在安置地點，身心障礙者必須有足夠的準備度，才能安置在普通班中。	‧提供足夠的支持與服務，讓身心障礙者能夠完全參與在社區生活中。
‧由專業人員決定身心障礙者社區參與的範圍。	‧由身心障礙者自己選擇社區參與的範圍。
‧假定融合安置是較好的選擇。	‧規定必須提供融合的機會。
‧最少限制的環境是一種有條件的安排。	‧融合教育是一種無條件的安排。
‧要求改變個人以參與社區。	‧要求改變服務系統。
‧障礙狀況是決定社區參與的重要因素。	‧意識到社區參與是人類的共同需求。
‧安置身心障礙者在社區中。	‧協助身心障礙者成為社區的一分子。

●註：綜合整理自 Falvey 和 Givner（2000）及 S. J. Taylor（1988, 2001）的文獻。

三、1981 至 1990 年

1980 年代有兩項影響特殊教育的事件，即**教育改革的運動**和**美國經濟赤字問題**。1983 年美國教育卓越委員會（National Commission on Excellence in Education）出版**《國家在危機中》**（*A Nation at Risk*），及系列的教育改革報告，針對公立學校普通教育的問題，例如：對學生學習成就日漸低落的問題提出改革方案，有很多的改革計畫類似特殊教育之作法，像是小班教學、同儕教導（peer tutoring）和精熟學習（mastery learning）等，期待學生能達到較高的成就標準，這一波改革被稱作**標準本位的改革**（**standards-based reform**；洪儷瑜，1993；Fisher & Kennedy, 2001; Hocutt et al., 1991）。教育改革之項目包括：提供給所有學生平等的教育機會，這些改革措施促進了將身心障礙學生安置在普通教育的行動；此外，由於 Reagon 總統任職晚期和 Bush 總統任內面臨的國家經濟赤字問題，他們一致的政策是減少教育經費，故主張將較昂貴的特殊教育納入花費較少的普通教育中；因此，當時以教育部次長 Will 為首及其他支持者，提議**以普通教育為首**，重新組合特殊和普通教育系統，以配合 Reagon 和 Bush 的經濟政策，降低特殊教育人數及其經費支出（洪儷瑜，1993；Kauffman, 1995）。

在這段期間，有兩個重要的法院判例，即 1983 年的**《Roncker 控訴 Walker》**，以及 1989 年的**《Daniel R. R. 控訴 State Board of Education》**。《Roncker 控訴 Walker》判例提出**可移動的原則**，強調身心障礙學生所需的特殊教育服務，在融合教育安置中被提供是可行的（Falvey, Grenot-Scheyer, et al., 1995）；《Daniel R. R. 控訴 State Board of Education》判例則主張，學校必須提供學生與教師**課程調整和支持服務**（Peterson & Hittie, 2010）。

在傳統的作法中，當學生能力無法符合教室中的要求和期望時，都會試著改變學生，讓他們可以符合環境中的期待。假使上述方法不可行時，便會將學生轉介出這樣的環境。1980 年代之後，**轉介前介入**（**pre-referral intervention**）的概念被提出，促使普通教育教師在提出正式轉介之前，須在特殊教育教師的協助下，為特殊需求學生擬訂介入計畫。如果介入有效，則不須提出轉介；如果無效，再考慮轉介，轉介前介入的流程如附錄 2。綜合文獻（D. Fuchs, 1991; Graden et al., 1985; Ysseldyke et al., 2000），轉介前介入具有下列五項特徵：（1）可以減少過度轉介和標記的情形；（2）符合「最少限制環境」的精神；（3）避免不必要的資源浪費；（4）特殊教育教師可提供諮詢服務，以提升普通教育教師因應班級中特殊需求學生，甚至一般學生問題的能力，因此它具有預防的功效；（5）鼓勵教師使用生態的觀點檢視學生的問題，亦即它們是學生和環境共同的結果。

除了美國，在此時期，聯合國提出**《兒童權利公約》**（The Convention on the Rights of Children,《CRC》, 1989）主張**禁止歧視兒童，考慮其最佳利益，保障其生命、生存與發展權**，以及**確保其參與權**。其中第 23 條指出，締約國體認身心障礙兒童應於確保其尊嚴、促進其自立、有利於其積極參與社會環境下，享有完整與一般之生活；承認身心障礙兒童有受特別照顧之權利，且應鼓勵並確保在現有資源範圍內，依據申請，斟酌兒童與其父母或其他照顧人之情況，對符合資格之兒童及其照顧者提供協助；有鑒於身心障礙兒童之特殊需求，並考慮兒童的父母或其他照顧者之經濟情況，盡可能免費提供協助，並應用以確保身心障礙兒童能有效地獲得與接受教育、訓練、健康照顧服務、復健服務、職前準備、休閒機會，促進該兒童盡可能充分融入社會與實現個人發展，包括其文化和精神之發展。

四、1991 年至 2020 年

之後根基於「以普通教育為首」的概念，融合教育被提出，Fried 和 Jorgensen（1998）指出，融合教育旨在朝向**公平**和**卓越**兩項目標來改革學校教育。它乃針對回歸主流運動興起以來，普通和特殊教育間彼此分立所招致的問題進行改革；主張以更融合的方式，將學生安置於普通教育環境中，在單一的教育系統中，傳遞教育服務給所有的學生，並增加特殊與普通教育教師的合作，**以共同計畫為基礎，合作諮詢（collaborative consultation）**、**合作教學（cooperative teaching**，或譯成**協同教學**）等方式來進行（蔡明富，1998；Fried & Jorgensen, 1998）。A. P. Turnbull 和 Turnbull（2001）表示，融合教育緣起於普通和特殊教育改革運動，最後結合成單一系統的改革，強調透過**普通和特殊教育的共同合作**，以及**充權賦能（empowerment）**的作法來達成；充權賦能即賦予身心障礙者和其家庭權能，決定服務提供的內容和方式，如圖 1-1。

Renzaglia 等人（2003）表示，融合的終極目標是創造身心障礙者滿足與成功的生活；融合不是地點，而是每個人皆能成為其生活的主動參與者，不只是被動的觀察者或他人決定的接受者；因此他們強調讓身心障礙者「充權賦能」，提供他們選擇和決定的機會。Polloway、Smith 等人（1996）則表示，充權賦能的成分包含**個人控制**、**自我效能**、**樂觀**、**自尊**和**隸屬感**五項，其模式如附錄 3。

這段期間，雖然少數判例支持隔離安置，但多數支持融合安置（Peterson & Hittie, 2010）。Etscheidt（2006）分析學前發展遲緩幼兒個別化教育計畫（individualized education program，簡稱 IEP）和個別化家庭服務計畫（individualized family service plan，簡稱 IFSP）的判例後發現，多數支持在融合環境中提供教育方案，因為此環境能提供學生許多助益，其中一項為一般同儕是發展遲緩幼兒重要的語言和社會楷模。

圖 1-1 普通和特殊教育改革的階段

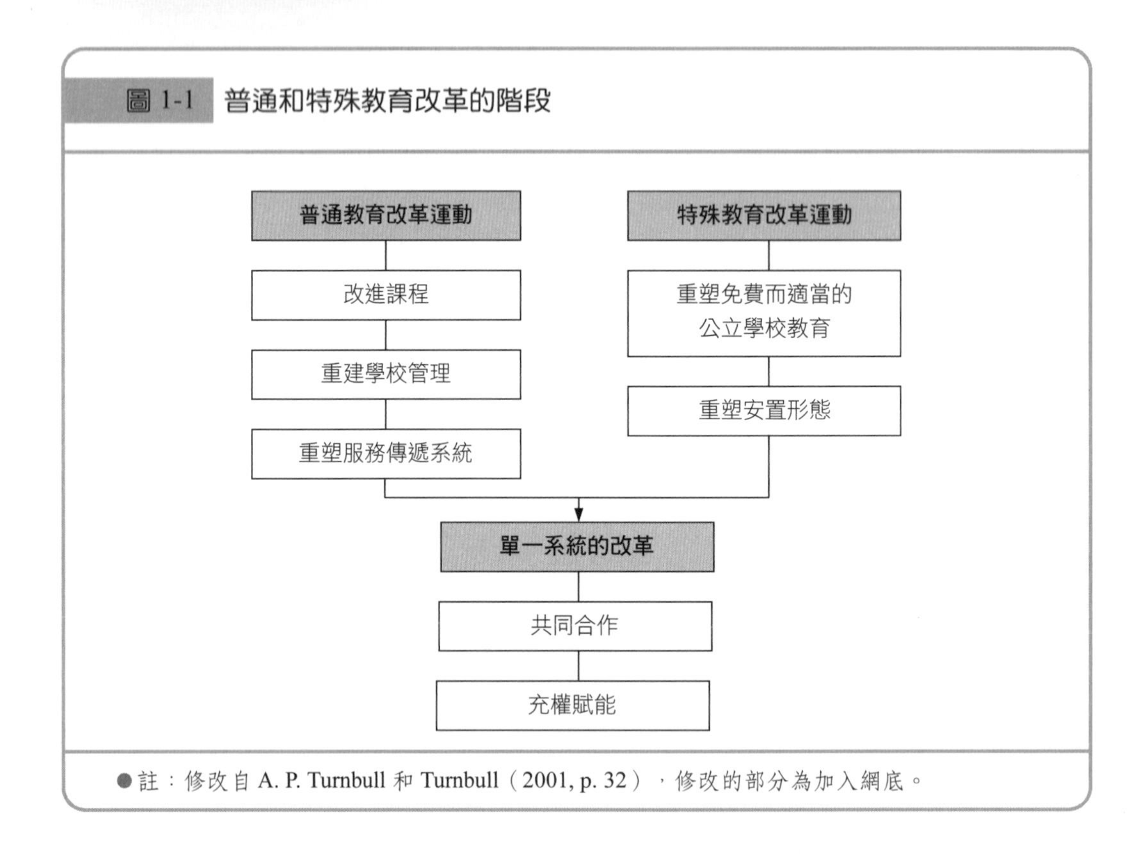

●註：修改自 A. P. Turnbull 和 Turnbull（2001, p. 32），修改的部分為加入網底。

另外，有五個重要判例，即《**Greer 控訴 Rome City School**》（1991）、《**Corey**》（1992）、《**Oberti 控訴 Board of Education of the Borough of Clementon School District**》（1993）、《**Sacramento City Unified School District 控訴 Rachel Holland**》（1994）及《**McLaughlin 控訴 Board of Education**》（2001），它們均主張無論學生的障礙程度多嚴重，學校應該優先考慮融合安置，並且提供學生與教師課程調整和支持服務；如果學校沒有調整課程，或是提供輔助和支持策略，就把身心障礙學生拒絕門外是違法的（Peterson & Hittie, 2010）。其中，在《Oberti 控訴 Board of Education of the Borough of Clementon School District》判例中，法官提出：「融合是一種權利，而非少數人的特權。」而《McLaughlin 控訴 Board of Education》判例中，法官裁定融合的教育安置是學生所需要的，學生應該被安置在鄰近的學校，並且施予有效的教學（Peterson & Hittie, 2010）。儘管教育費用、教師投注的時間，以及對其他一般學生的影響可能會被考慮，但都是以高標準來衡量；因此要以這些因素作為拒絕融合安置的理由，是很少被接受的（Lipsky & Gartner, 1997）。

Gartner和Lipsky（2000）指出，自從「以普通教育為首」以來，一直到1997年的**《身心障礙個體教育修正法案》**（Individuals With Disabilities Education Act Amendments, IDEA Amendments，即《105-17公法》，簡稱《IDEA 1997》）公布前，是實施融合教育的第一階段；《IDEA 1997》公布後，融合教育邁入第二階段，這兩個階段面對的議題已有改變，整理如表 1-2。其中第二階段強調**學校重建**（**school restructuring**），提及教導身心障礙學生是所有教師職責的一部分，特殊和普通教育教師共同分擔教導所有學生的責任，人員的發展著重在教導特殊和普通教育教師各自的專業知能，以及分享彼此的知能，並且發展他們之間的合作關係；由此可知，融合教育的發展已強調特殊和普通教育教師合作，共同分擔教導所有學生的責任。

Putnam等人（1995）調查37位教育工作者對未來身心障礙者教育的觀點，結果是他們認為2000年會持續往融合教育邁進，「融合」成為身心障礙者的權利，所有輕度障礙者將被安置在普通班，教師將增加使用**合作學習**（cooperative learning）和**教學科技**等教學取向，研究重點將放在如何配合學生特徵進行教學設計。Mitchell（2004）編輯《特殊教育需求與融合教育》一書，分成四個主題（系統和情境、融合教育、評量和教學策略、有效的實務），整理1974至2004年間的重要文獻，可供參考。

於2010年之後，立基於**學校重建**的運動，融合教育邁向**提供所有學生「高品質教育」**的階段，以學生**個別化**、**自我決策**和**優勢**為基礎，給予**證據本位的實務（evidence-based practices）**，讓他們達到能開展其潛能、具挑戰性的學習目標（Wehmeyer & Kurth, 2021）。《Endrew F. 控訴 Douglas County School District》（2018）判例指出，適當的教育是考慮學生的優勢和成長潛能，提供能達到具挑戰性學習目標的高品質教育。A. P. Turnbull 等人（2020）即指出，融合教育的發展分成三個階段：第一階段探討**於「哪裡」提供教育**，著重在讓學生進入融合的環境；第二階段討論**「如何」實施融合教育**，讓學生得以在融合環境中有成功的學習；第三階段不止於探究「如何」實施，還強調**教學生「什麼」**，讓他們能在調整和支持下學習符合實齡，達到能開展其潛能、具挑戰性的學習目標。

上述是美國融合教育的發展，而國際間亦朝向融合教育，聯合國（United Nations, UN）1993年提出**《聯合國身心障礙者機會平等的標準規則》**（UN Standard Rules on the Equalization of Opportunities for Persons With Disabilities），提出制定政策和採取行動的國際標準，包括：（1）提供無障礙的建築，讓身心障礙者可以到達和使用；（2）提供翻譯（interpreting services）和其他支持服務；（3）讓身心障礙者的家長和相關組織參與教育的過程；（4）保持課程的彈性，並且因應身心障礙者的需求做調整；（5）提供教師持續的訓練（M. Vaughn, 2002）。聯合國教科文組織（UN Education Scientific

表 1-2 實施融合教育的階段

第一階段議題	第二階段議題
*應該實行融合教育嗎？	*要如何實行融合教育？
*融合教育被視為僅是「以特殊教育為首」。	*融合教育是以「重建」為基礎的全校性／全地區性議題。
*融合教育被視為與「普通教育改革」平行的運動。	*融合教育是與「普通教育改革」有緊密關係的運動。
*融合教育的實施被視為特殊教育人員的責任。	*融合教育的實施是行政人員、普通和特殊教育人員共同的責任。
*融合教育有益於某些特殊教育學生。	*融合教育有益於所有學生。
*學生必須有足夠的準備度才能夠被安置在普通班。	*不管學生的障礙程度如何，所有的學生都能融合於普通班。
*為融合於普通班的特殊需求學生，提供詳盡的調整計畫。	*提供調整計畫給那些融合於普通班中，有需要支持和協助的特殊需求學生。
*安排特殊教育助理員（paraprofessionals，簡稱特教助理員）協助融合於普通班的特殊需求學生。	*安排特教助理員支持在普通班中的所有學生。
*學生隸屬於普通教育或特殊教育教師。	*特殊和普通教育教師共同分擔教導所有學生的責任。
*評量（assessment）聚焦在學生個人的進步。	*評量必須與課程和教學相結合。
*為特殊需求學生擬訂特別的學習成果和標準。	*為特殊需求學生擬訂的成果和標準，須考慮在普通班中為一般學生所設定的成果和標準。
*從事融合教育的教師應該是自願的。	*教導身心障礙學生是所有教師職責的一部分。
*人員的發展著重在教導普通教育教師特殊教育專業知能。	*人員的發展著重在教導普通和特殊教育教師各自的專業知能，以及分享彼此的知能，並且發展他們之間的合作關係。
*強調協助特殊需求學生適應普通教育環境。	*強調讓所有學生充權賦能。
*融合教育的焦點放在國小階段。	*融合教育的焦點擴大到國中和高中階段。
*保障父母合法申訴程序的權利。	*擴展家長的權利到成為教師教育孩子的夥伴。
*在普通班以外的地點提供特殊教育與相關服務（related services）。	*將特殊教育與相關服務統合於普通教育課程和活動中。
*經費被提撥給教育安置形態。	*經費是跟隨著特殊需求學生。
*學生全天留在融合班中。	*普通班提供所有學生共同學習的環境，教育人員通常在普通班中給予額外的支持服務；然而融合教育是植基於「服務提供」的概念，而不是「特定地點」。

●註：修改自 Gartner 和 Lipsky（2000, pp. 49–50），修改處為微調議題的順序。

and Cultural Organization, UNESCO, 1994）發布《**薩拉曼卡宣言**》（*Salamance Declarative*），重申平等的受教權，重視和回應每位兒童的獨特性，並呼籲各國**實踐融合教育**，讓特殊需求兒童在適性的支持服務下，進入普通學校和班級，和一般兒童共同學習，進一步創造友善的社群，建立融合的社會，達到全民教育的目標。Dyson 等人（1994）指出，此宣言是國際倡導學校採取融合教育的基礎。國際智障者協會聯盟（International League of Societies for Persons With Mental Handicap）於 1995 年更名為**融合國際**（**Inclusion International**）組織，以「所有人都享有教育權」和「融合教育」兩個教育主題，作為 1995 至 1998 年間倡導的重點，呼籲世界各國政府不但要保障兒童教育權，同時應全力支持讓所有兒童在「普通教育」系統內接受教育（Booth, 1998）。1997 年聯合國建立「教育增能的網絡」（Enabling Education Network, EENET），以形成各國在普通教育系統內，教育所有兒童的溝通網路平臺（Miles, 2002）。

《身心障礙者權利公約》（The Convention on the Rights of Persons With Disabilities,《CRPD》，2006）第 3 條指出一般原則包括：（1）**尊重固有尊嚴**，包括自由做出自己選擇之個人**自主**及**自立**；（2）**不歧視**；（3）**充分有效參與及融合社會**；（4）**尊重差異**，接受身心障礙者是人之多元性之一部分與人類之一分子；（5）**機會均等**；（6）**無障礙**；（7）**男女平等**；（8）**尊重逐漸發展之能力，並保持身分認同之權利**。接著於第 5 至 30 條說明如何提升社會意識，以促進對身心障礙者權利與尊嚴之尊重；以及確保身心障礙者（特別是婦女和兒童）平等與不歧視，無障礙，生命權，危險情況與人道緊急情況時的保障及安全，在法律之前獲得平等承認，獲得司法保護，人身自由與安全，免於酷刑或殘忍、不人道或有辱人格之待遇或處罰，免於剝削、暴力與虐待，保障人身完整性，遷徙自由與國籍，自立生活與融合社區，個人行動能力，表達與意見之自由及近用資訊，尊重隱私，尊重家居與家庭，教育，健康，適應訓練與復健，工作與就業，適足之生活水準與社會保障，參與政治與公共生活，參與文化生活、康樂、休閒與體育活動。

而在教育上，《CRPD》（2006）提出，身心障礙者**不因身心障礙而被排拒於普通教育系統**、免費與義務小學或中等教育之外；可以於自己生活之社區內，在與其他人平等基礎上，**獲得融合、優質及免費之小學及中等教育**；**提供合理之對待**以滿足個人需求；身心障礙者於普通教育系統中獲得必要之協助，以利其獲得有效之教育；符合充分融合之目標下，於最有利於學業與社會發展之環境中，提供有效之個別化協助措施；確保身心障礙者能夠於**不受歧視及與其他人平等**基礎上，獲得**一般高等教育**、**職業訓練**、**成人教育**及**終身學習**，以促使身心障礙者能夠學習生活與社會發展技能，促進其充分及平等地參與教育及融合社區。

UNESCO（2015）發布《**2030 年教育仁川宣言**》（*Education* 2030 *Incheon Declarative*），指出邁向 2030 年的全球教育願景——**確保融合和平等的優質教育，讓全民享有終身學習的機會**。此宣言再次呈現國際倡導優質融合教育的決心。茲將國際融合教育的發展沿革整理如表 1-3。

綜觀特殊教育的發展，Polloway、Smith 等人（1996）指出有以下四個階段，即相對隔離、統合或回歸主流、融合，以及充權賦能與自我決策；其教育理念分別為**機構本位**、**服務本位**、**支持本位**，以及**充權賦能與自我決策**；而融合教育是強調支持本位而出現的理念，如圖 1-2。之後，Wehmeyer 和 Kurth（2021）指出 2010 年邁向**高品質教育**階段。

表 1-3　國際融合教育的發展沿革

年代	主要的教育措施或事件
1900 至 1970 年	‧設置特教學校或教養機構以提供身心障礙者教育與訓練。 ‧特教班普遍設立，特教學校和教養機構亦持續增加。 ‧1950 年代美國「民權運動」，與之後 1960 年代末期和 1970 年代初期「教育機會均等運動」的興起，以及歐陸「常態化原則」的引進，促成「去機構化、反標記化」，以及「回歸主流與統合運動」的產生。 ‧1950 年美國全國智能障礙兒童協會成立，特殊兒童家長努力爭取其子女應有受教權。 ‧1954 年《Brown 控訴 Board of Education》成為美國最高法院建立反對隔離的判例，1967 年規定採用雙軌安置不同種族學生是具種族歧視性的。 ‧1968 年，L. Dunn 嚴厲地批評當時的特教班安置，促使「回歸主流」運動興起。
1971 至 1980 年	‧《Larry P. 控訴 Riles》（1972）判例規定禁止濫用智力測驗於少數種族的學生。 ‧《殘障兒童教育法案》（1975）立法保障，身心障礙者在 LRE 下接受 FAPE。
1981 至 1990 年	‧1980 年代教育改革運動和美國經濟赤字問題，促進將身心障礙學生安置在普通教育的行動。 ‧「轉介前介入」的概念被提出。 ‧Will（1986）主張「以普通教育為首」，提議重新組合特殊和普通教育系統。 ‧有兩個重要判例強調，身心障礙學生所需的特殊教育服務，在融合教育安置中被提供是可行的；以及學校必須提供學生與教師課程調整和支持服務。 ‧《CRC》（1989）主張確保身心障礙兒童的尊嚴，享有完整與一般之生活。
1991 至 2020 年	‧根基於「以普通教育為首」的概念，提出「融合教育」。 ‧為促使融合教育理想的實現，提出「學校重建」運動。 ‧UNESCO（1994）發布《薩拉曼卡宣言》，是國際倡導學校採取融合教育的基礎。 ‧將「充權賦能與自我決策」的概念納入融合教育中。 ‧《CRPD》（2006）確保身心障礙者接受融合、優質及免費之小學及中等教育，以及獲得一般高等教育、職業訓練、健康照顧、支持服務、成人教育和終身學習，以促使他們充分地融入社會與實現個人發展。 ‧UNESCO（2015）發布《2030 年教育仁川宣言》，確保融合和平等的優質教育。

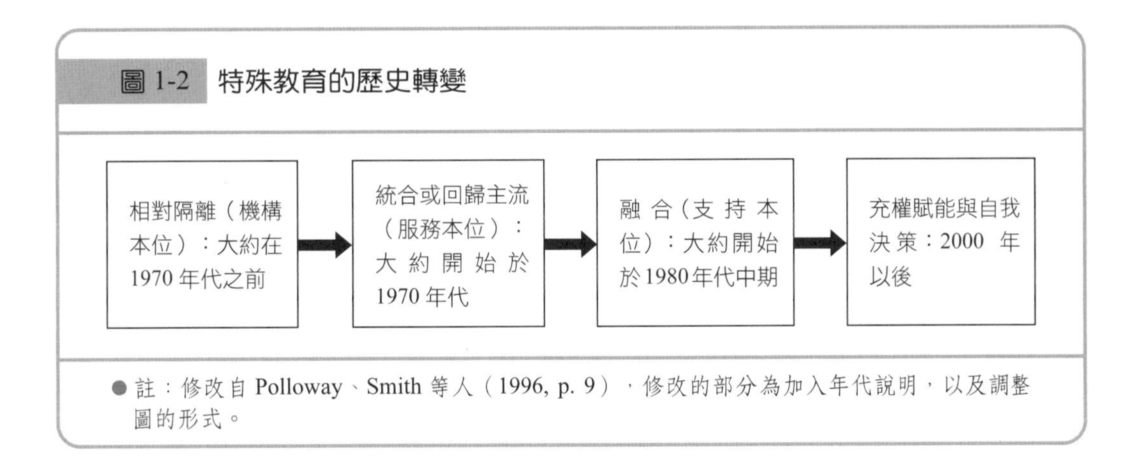

圖 1-2　特殊教育的歷史轉變

● 註：修改自 Polloway、Smith 等人（1996, p. 9），修改的部分為加入年代說明，以及調整圖的形式。

Peterson 和 Hittie（2010）則將特殊教育的歷史歸納成四個階段：第一個階段為**滅絕**，亦即為了保護社會，將不同者予以殺害。第二個階段為**隔離**，亦即為了保護社會，保護身心障礙者免於受傷害，和提供他們特殊化的服務，因此將他們隔離至不同的地方，例如：隔離學校、老人安養之家。第三個階段為**悲憫**，亦即身心障礙者被社會所接納，但被視為沒有能力，無法對社會產生貢獻，必須接受強勢者的施捨和協助。第四個階段為**社群（community）**，每一個人皆被接納為社會中的一員，都有其能力和價值，都能對社會產生貢獻。Bauer 和 Brown（2001）指出，在融合學校和班級中須建立一種**社群感**，是一種對所有學生**接納和關照的社群**。在此社群中，所有的學生都隸屬於這個班級，成為生命共同體，相互接納和尊重，願意分享彼此的想法和價值觀，互相支持與協助（Schaps et al., 2004）。Knoblock（1996）表示，融合教育主要在建立所有人的學習環境，藉著融合教育的實施，以尋求**接納和關照社群**的實現。

總而言之，回顧融合教育的發展沿革，1960 年代的「常態化」、「反標記化」與「去機構化」原則，為的是要將身心障礙者從大型養護機構中解放出來，讓他們也享有教育的權利；1970 年代的「回歸主流」、「最少限制環境」與「階梯式服務模式」，主要是讓輕度障礙者能接受較好的教育服務。1980 年代的「以普通教育為首」，則著重於提升普通教育的品質，以減少特殊教育學生的人數。至 1990 年代的「融合教育」，則主張重建學校，讓每一位學生在教育的主流環境裡；若他們有特殊需求，就將其所需的特殊教育服務或支持系統帶進學校或教室裡給他們。進入 2000 年代，強調融合不是地點，而是「服務」，讓身心障礙者「充權賦能」，提供他們選擇和決定服務形態與內容的機會。於 2010 年之後，融合邁向**提供所有學生「高品質教育」**的階段，讓他們達到能開展其潛能，具挑戰性的學習目標。

貳、臺灣融合教育的發展

臺灣身心障礙學生的教育安置方式，由隔離式特教學校，進展到普通學校特教班安置，再擴展到部分時間制資源班，或巡迴輔導方式，在在顯示身心障礙學生的安置朝向「最少限制環境」的目標而努力。而就回歸主流安置作法來說，首推 1967 年實施視覺障礙（簡稱視障）學生混合教育為先驅。

之後，一些秉持回歸主流、統合、融合教育理念的實驗計畫陸續進行，例如：自 1986 年起，輔仁大學生活應用科學系附設托兒所進行學前特殊需求幼兒與一般幼兒混合就讀計畫（蘇雪玉，1988、1991、1996）；1989 年起，新竹師院學前特殊教育班實施融合教育實驗，並於 1992 年將學前融合教育班延伸至國小階段（吳淑美，2004）；臺灣師範大學特殊教育中心亦自 1995 年起，於附設學前班實施特殊需求幼兒與一般幼兒融合教育計畫；1998 年財團法人融合教育文教基金會成立「大津融合教育中小學實驗班」，是第一個在體制外學校從事融合教育實驗者，鈕文英（2002a）曾發表其兩年的發展與成效研究。上述回歸主流方案與融合教育計畫的執行，無非是在最少限制的環境下，讓身心障礙和一般學生安置在一起，使其有社會互動的機會，並促進一般學生了解和尊重身心障礙學生。之後，1997 年《特殊教育法》修正公布，法令中雖然沒有出現融合一詞，但已揭櫫「最少限制環境」的原則。第 2 章再詳述臺灣與融合教育相關的法規。

雖然臺灣已開始朝向「融合教育」發展，然而實務操作層面仍存在著許多問題，例如：綜合 1997 至 2008 年的文獻（王天苗，1999；吳淑美，2004；林貴美，2001a；秦麗花，2000；鈕文英，2000b；鍾梅菁，1999），臺灣在推展融合教育上，有下列阻力有待克服：（1）身心障礙學生家長由於擔心孩子被排拒和無法獲得良好的服務，不願意讓孩子在普通班接受教育；（2）普通教育教師的特教知能以及課程和教學調整的理念或實務較不足，以至於對融合教育抱持猶疑、消極的態度；（3）行政系統未能提供充分的支持以實施融合教育；（4）普通教育與特殊教育的合作基礎未完全建立、合作知能未充分養成；（5）教育經費、師資培育、教師資格皆以雙軌制為主；（6）特殊教育相關專業人員人力不足，能提供的特教相關服務資源較不夠；（7）社會人士或一般學生家長對身心障礙學生缺乏了解；（8）特教服務多以抽離的方式提供給身心障礙學生，較少將特教服務融入普通班級。

又例如：李麗娟（2004）比較臺灣與英國之融合教育支援服務系統後發現，英國融合教育漸與特教制度建立合作模式，教育政策趨向單一，其特教服務對象為不分類的特殊需求學生；臺灣雖已具有融合教育的雛形，唯普通與特殊教育政策仍壁壘分明，特殊教育政策未具體說明應如何配合普通教育改革，特教服務對象則以有實際障礙來分類。另外，李麗娟指出，英國對特殊需求學生的支援服務兼具預防與治療的功能；臺灣則較偏重治療服務。

2009 年為提升特殊教育之教育品質、保障特殊教育學生受教權益、因應社會發展趨勢及教育精緻化潮流，第二次修訂《特殊教育法》，於第 18 條明確指出「融合」的精神：「特殊教育與相關服務措施之提供及設施之設置，應符合適性化、個別化、社區化、無障礙及融合之精神。」再者，教育部（2011）鼓勵各縣市推動融合教育，並且編印《成功的多元融合——臺灣各縣市推動融合教育特色與成效》。林坤燦（2012）將融合教育現場教師的成果，集結成《融合教育現場教師行動方案》。

除此，2014 年 8 月 1 日實施**十二年國民基本教育實施計畫**，並於同年 11 月頒布**《十二年國民基本教育課程綱要總綱》**（2014/2021），陸續發布各領綱，在 2019 年 8 月正式上路，因此又稱為 **108 課綱**，是臺灣第一次將十二年國民教育連貫發展。《十二年國民基本教育課程綱要總綱》本於**全人教育**的精神，以**自發**、**互動**、**共好**（合稱**自動好**），以**成就每一個孩子——適性揚才**、**終身學習**為願景，兼顧個別特殊需求、尊重多元文化與族群差異，訂定**啟發生命潛能**、**陶養生活知能**、**促進生涯發展**、**涵育公民責任**四項總體課程目標，貫穿十二年國民基本教育，考量各學習階段特性，結合核心素養加以發展。除此，為兼顧特殊教育學生的特殊需求，訂定**《十二年國民基本教育特殊教育課程實施規範》**（2019）、**《十二年國民基本教育身心障礙相關之特殊需求領域課程綱要》**（2019）及**《十二年國民基本教育資賦優異相關之特殊需求領域課程綱要》**（2019），強調因應融合趨勢，特殊教育學生應首要考量以普通教育課程進行相關的課程調整及教材鬆綁外，並需視學生需求加設**特殊需求領域課程**，以因應普通教育課程的不足，達到實施個人能力本位與重視學校本位課程的目標。

雖然《特殊教育法》（1984/2019）已揭示特殊教育與相關服務措施之提供及設施之設置，應符合融合之精神，但是未具體說明如何落實「融合」精神。臺灣融合教育僅由特殊教育界來倡議，普通教育法令和政策未配合共同推動融合教育。此外，普通和特殊教育兩個系統在經費、資源分配、服務措施和師資培育等方面分開處理，尚未整合成一個系統。再者，臺灣融合教育在研究和實務層面上側重於身心障礙學生，較少探討資優學生，以及沒有特殊教育資格但有特殊需求的學生。

除了教育系統推展融合教育外，為了落實聯合國《CRC》（1989）和《CRPD》（2006），臺灣訂定**《兒童權利公約施行法》**（2014/2019）及**《身心障礙者權利公約施行法》**（2014），分別成立兒童及少年福利與權益推動小組，和身心障礙者權益推動小組，以落實這兩個公約的執行。

第 2 節 融合教育的緣起

從上述融合教育的發展沿革可知，融合教育的緣起是針對回歸主流運動興起以來，普通和特殊教育間產生的問題進行改革，主張以更融合的方式，將學生安置於普通教育環境中，在單一融合的教育系統中，傳遞教育服務給所有的學生，並增加特殊教育與普通教育教師的合作，以共同計畫、合作教學等方式來進行。此外，根據 Bracer 於 1978 年的分析，融合教育的理論基礎可從道德—哲學、心理—教育、法規—立法等三項觀點加以探討（引自 Pruitt, 1997）。其中法規—立法部分，於第 2 章再探討，以下即從普通和特殊教育分立產生的問題，以及道德—哲學和心理—教育兩項觀點這三方面，呈現融合教育的緣起。

壹、普通和特殊教育分立產生的問題方面

普通和特殊教育分立所產生的問題包括：隔離產生的負面影響、特殊學生鑑定與安置存在的問題、抽離式（pull-out）資源方案服務產生的問題、美國財政赤字問題四方面，詳細討論如下。

一、隔離產生的負面影響

Optow（1990）指出，長期的隔離會讓很多人透過四種過程，將隔離的安置與服務合理化：第一種是**比較的過程**，例如：對身心障礙者存在著偏見，表達被身心障礙者傳染的恐懼，以貶抑的態度對待和教導身心障礙者，表示將身心障礙者安置在特殊教育學校（班）是正確的選擇。第二種是**有條件的過程**，像是設定進入普通班的條件，僅能在隔離的環境中才能提供特殊教育服務。第三種是**團體的過程**，舉例來說，很多人都主張隔離，因此隔離安置對身心障礙者而言是最佳的選擇。第四種是**拒絕的過程**，比如忽視或隱瞞隔離的負面效果，將隔離視為正常的現象，學校可以因為經費不足和身心障礙者的障礙程度嚴重，而拒絕提供服務。

W. C. Stainback 和 Stainback（1984）認為，「隔離但均等」的二分法不應存在，且二元系統的運作是無效率的，因為在二元系統的運作下，須決定誰該安置於特殊教育，誰該安置於普通教育，這種作法不但助長標記，而且沒有產生什麼教育的價值；另一方面，在分類過程中，往往耗費大量的時間、經費及人力，而且二元系統助長不

必要的競爭。W. C. Stainback 和 Stainback 進一步指出，若要獲致最大教育成效，教育人員間宜分享他們的專業並集合他們的資源，然而二元系統的模式卻阻撓這種合作關係。他們表示，就教育方案與學生需求的關係而言，教育方案宜配合學生的需求，而非學生配合教育方案的要求；但隔離安置的作法卻本末倒置，將無法配合普通教育方案要求的學生，標記為偏差或特殊，之後送進特殊教育安置，而非針對問題所在調整普通教育方案，以滿足學生的需求，因此他們提出合併特殊和普通教育系統的主張，並比較二元系統和一元系統的差異如表 1-4。

表 1-4　二元系統和一元系統的比較

關注點	二元系統	一元系統
學生的特徵	・分為特殊學生和一般學生。	・學生的智力、心理和生理等特徵是連續性的。
個別性	・強調特殊學生的獨特性。	・強調所有學生都是獨特的。
診斷	・投注大量經費在類別的鑑定上。	・強調界定所有學生特定的學習需求。
焦點	・學生必須配合普通教育方案，否則將被轉介接受特殊教育方案。	・調整普通教育方案因應所有學生的需求。
教育服務的形式	・透過鑑定，採分類的安置。	・依據學生的學習需求決定服務形態。
課程	・由於學生受限於被鑑定的類別，導致能夠獲得的服務有限。	・依據每一位學生的需求，提供所有的服務。
教學策略	・使用特殊策略來教導特殊學生。	・根據學生的學習需求選擇教學策略。
專業關係	・造成教育人員間的競爭和疏離。	・透過共享彼此的資源、專業和分擔責任，促成教育人員間的合作。

● 註：修改自 W. C. Stainback 和 Stainback（1984, p. 107），修改的部分為調整關注點呈現的順序。

Will（1986）也指出，特殊教育方案在執行上有一些限制：（1）以教育資源分配來說，特殊教育方案強調提供服務給有特殊教育資格的學生，使得一些在普通班級中有學習或行為問題，但未取得特殊教育資格的學生，無法獲得特殊教育的協助，我認為正如插畫 1-1，他們掉入海中，載浮載沉；（2）從預防觀點來看，特殊教育服務的對象僅限於符合鑑定標準的學生，亦即著眼於治療，而忽略早期預防；（3）就期望水準而言，特殊教育方案易降低家長及教師對身心障礙者學習結果的期望；（4）從家長對特殊教育方案的認知來看，許多家長認為特殊教育系統中，符合資格的嚴格要求是

插畫 1-1　二元系統造成的問題

二元系統造成部分在普通班級中有學習或行為問題，但未取得特殊教育資格的學生，無法獲得特殊教育的協助，他們掉入海中，載浮載沉。

學校人員故意刁難，有些家長則認為學校並不鼓勵他們參與其子女教育方案的設計。因此，Will 倡導普通和特殊教育教師間建立責任分擔與夥伴關係，共同評量學生的教育需求，發展有效的教學策略，以支持普通教育中有學習困難的學生。

M. C. Reynolds 等人（1987）認為，假使特殊教育完全獨立於教育系統之外，將會耗費過多的時間、人力和經費，而且是無效率的；特殊教育方案強調依學生的障礙類別進行安置，但此種分類安置的過程，對輕度障礙學生而言顯然是有瑕疵的，有些類別在教學的安排上有共通之處，無需截然劃分。D. Fuchs 和 Fuchs（1994）也表示，特殊教育的問題源自於其本身與普通教育的分立，當特殊教育的發展與普通教育愈趨分離，擁有其各自的教師、行政人員、教師資格檢定程序、教育方案和經費時；即使問題是雙方面的，但二者卻愈傾向用單方面的力量來解決；所以特殊教育和普通教育間建立合作關係，將可減低二元系統分立的負面影響。融合教育的支持者認為所有學生，不論是一般學生、特殊需求學生或低成就學生，均能從融合的安置中獲益（Fulk & Hirth, 1994）。

二、特殊學生鑑定與安置存在的問題

L. Dunn（1968）指出，特殊學生鑑定存在**種族歧視**的問題，很多**輕度障礙學生**被誤判並接受**隔離的安置**。Podemski 等人（1995）提及**過度轉介和鑑定**的現象，有超過 80%的一般學生被鑑定為學障；美國學障兒童的出現率在 1989 年時已占特殊兒童比率的 45%，到了 1994 年更攀升至 50%，原因在於學障定義的不明確，導致許多普通教育教師為了免除教育責任，而將班級中有學習問題的學生全歸為學障類，使其接受特殊教育。除此，一些文獻（Gartner & Lipsky, 1987; M. C. Reynolds et al., 1987; Sailor et al., 1996; S. B. Stainback & Stainback, 1996b）指出，不只鑑定安置有很多問題，**隔離安置提供的特殊教育服務瑣碎且成效不佳**；沒有研究證明輕度障礙學生在特教班學習比在普通班效果好。

早期關注於少數種族學生被鑑定為身心障礙，並接受隔離特教安置**超出比例**（over-representation）的問題；2000 年之後，還關注於少數種族學生被鑑定為特定障礙，不同性別、社經地位和語言差異學生在鑑定安置上超出比例的問題（Oswald & Coutinho, 2006），例如：非裔和男性被鑑定為情緒行為障礙者的比例較高（Artiles et al., 2012; Skiba et al., 2014）。除此，關切上述特徵學生獲得特殊教育服務**比例過低**（underrepresentation）的問題（Artiles et al., 2012; Skiba et al., 2014），像是少數種族（例如：非裔）、女性、社經地位低下的學生較少被鑑定為資優，而獲得資優方案（Artiles et al., 2012）；女性自閉症和情緒行為障礙者則較少接受社會技能訓練（S. Hardin, 2014; Ratto et al., 2018）等。H. Daniels（2004）表示，倡議融合前的特殊教育安置思維是，**以障礙類別進行安置與介入**（如插畫 1-2），以至於相關人員為了讓學生得到更深入的特教服務，故提報特殊學生身分的鑑定，而沒有身分者就無法獲得特教服務。

三、抽離式資源方案服務產生的問題

因應回歸主流的趨勢，而有資源方案的設立，以協助普通班級中的輕度障礙學生

插畫 1-2　倡議融合前的特殊教育安置思維

倡議融合前的特殊教育安置思維是「以障礙類別進行安置與介入」。

（W. J. Harris & Schutz, 1990）。然而資源方案多以抽離的方式提供服務，在特殊教育服務未能融入普通班級，普通班的環境未能調整時，身心障礙學生就像是 Biklen（1992）和何素華（2001）所云，「回歸主流中的孤島」（如插畫 1-3）。Walther-Thomas 等人（2000, p. 18）整理過去評鑑資源方案成效的研究發現：資源方案對身心障礙學生的助益很少。綜合文獻（胡永崇，2000a；Bunch, 1997; Walther-Thomas et al., 2000），抽離服務可能會面臨以下的問題：第一，學生可能會因為離開原班接受抽離服務，而錯失在普通班的課程學習、減少與原班同儕互動的機會，甚至受到標記的負面影響。第二，如果資源教師與普通教育教師使用不同的教學方法，或是彼此沒有溝通協調，可能會造成學生學習上的混淆，或是學習經驗的不連貫。第三，普通教育教師與資源教師在權責上可能產生混淆，對於學生學習行為輔導，兩類教師各自應具備之職責常難以明確劃分。第四，普通教育教師可能將有行為或學習問題之學生，皆推給資源教師去輔導，而普通教育教師未學到輔導的知能；如此會造成學生接受抽離服務時都沒有問題，而回到原班則問題仍舊存在。

全美州教育委員會協會（National Association of State Boards of Education, NASBE）（1992）批評回歸主流造成以下三個問題：（1）對身心障礙學生的期望較低；（2）並未提供普通教育教師幫助班上身心障礙學生的支持性服務；（3）採抽離服務使身心障礙學生失去一些學習重要課程的機會。針對這些缺失，該協會也提出下列兩項建議：（1）建立共同的教育信念，以支持所有的學生；（2）普通和特殊教育教師間建立合作的夥伴關係，共同評量學生的學習需求，實施教學方案，並發展有效的教學策略。

插畫 1-3　什麼是真正的融合教育？

當特殊教育服務未能融入普通班級，普通班的環境未能調整時，身心障礙學生就像是「回歸主流中的孤島」。人們不能因為錯誤的作法，就認為融合教育的理念不正確。

四、美國財政赤字問題

在 Reagan 總統任職晚期和 Bush 總統任內，國家面臨經濟赤字問題，以至於教育經費大幅縮減。為因應此財政困境，乃提出將教育費用較昂貴的特殊教育，納入普通教育系統中的措施，以節省教育經費的支出（洪儷瑜，1993）。

貳、道德－哲學方面的觀點

依據道德－哲學的觀點，融合教育緣起於從社會模式看待身心障礙、特殊教育的典範轉變為成長和支持典範、重視社會正義公平、尊重個人特質的獨特性，以及強調社會多元化的價值五方面，分述如下。

一、從社會模式看待身心障礙

P. Townsend（1979）曾表示：「如何解釋貧窮，隱含了政策的處方。」（p. 64）同樣地，政策制定者如何看待身心障礙，指引政策的方向。Kuo（2015）指出，身心障礙議題的探討主要來自於**特殊教育**與**障礙研究**（disability studies）兩大學術領域；特殊教育根基於**心理、醫療模式**，強調身體損傷和心理困擾對身心障礙者能力的影響，並且保留隔離安置，假定採取直接、明顯、個別和特殊化的補救教學與行為介入，能提升身心障礙者的適應技能及學業表現，這些是特殊教育的主要目標。

障礙研究則從**社會模式**看待身心障礙，主張它是社會、文化建構出的概念，而非個體的缺陷所致（C. Barnes et al., 2012; S. Tomlinson, 2019），是社會的問題（Hodkinson, 2015）。Kasnitz 和 Shuttleworth（2001）認為，「障礙」應該是動詞（即 disable），而不是形容詞（即disabled）；換言之，「身心障礙者」更貼切的說法應是「被社會所障礙的人」，被社會制度的不全或公共設施的不足所障礙，例如：無障礙空間的缺乏，使得某些人在活動空間被限制。障礙研究批判**能力主義**（ableism），意指一個人的能力決定其身分、安置和處遇（Goodley, 2014）。舉例來說，用「正常、身體健全」描述一般人，如此會貶抑身心障礙者，因為會給人正常和異常、健全和不健全等的比較。李智良即指出，只有當他寫得不好時，被看成「因為是精神病患，所以不能好好表達自己」；而當他寫得好時，就只是他「也能寫得很好，不像精神病患完全沒有理性」，而不把「寫得好」歸為精神病患身分裡的一部分（引自李智良、盧勁馳，2014，第 97 頁）。Hehir（2005）指出在特殊教育政策和實務中宜消除能力主義。

Kleege（2005）以盲人的觀點，批判當代視覺文化的諸多前提，他提及明眼人過於誇大視覺的價值，視覺主義者把「看」當成理解世界或人類生存的根本面向，例如：

辨識「方」和「圓」，把看得見與看不見當成天差地別，其實是一種歧視；同樣地，聽覺主義者將「聽」當成理解世界或人類生存的基礎（劉人鵬，2014）。由此可知，視覺和聽覺主義者忽略人們認識世界之感官經驗的多樣性，不一定倚靠視覺或聽覺才具備從事某些活動（例如：跳舞）的能力，亦可以是觸覺等。劉人鵬指出，中國字的「聰」是「聽力」、「聽覺」，而「明」是「視覺」、「目力」，「聰明」一詞譬喻減去聾、盲之意；海倫・凱勒也曾以她的經驗說明：她用「我被帶去看一位女人」，用「看」而不是「拜訪」蘊含看或聽的經驗，否定像她這樣既盲又聾的人不同的互動方式和能力，例如：她以「振動」理解聲音。

障礙研究的目標設定在，讓身心障礙者獲得非歧視性的教育，接納其個別差異，讓社會大眾覺察和質疑何謂「正常」的價值觀（C. Barne, 2002; Valle & Connor, 2019）。障礙研究主張完全融合，提供尊重和欣賞個別差異的機會，且強調服務的提供宜以倫理為基礎，考慮身心障礙者的觀點（Kuo, 2015）。

二、特殊教育的典範轉變為成長和支持典範

Dyson和Millward（1997）認為，融合教育的思潮應是**特殊教育典範**（**paradigm**，或譯成「**派典**」）轉移的開始，它代表著特殊教育要從傳統的**精神醫學**，轉移到**互動或組織**的典範，「精神醫學」強調，身心障礙學生有其缺陷，需專業的教師才能協助，因此需要隔離的環境加以治療；但「互動或組織」則強調，障礙是一種相對概念，個體之間的差異是「連續性」，而不是一分為二的絕對觀，因此承認個別差異，也主張每位學生都可以學習，學習失敗是因為學校組織未提供彈性教育措施所致。

Armstrong（2018）指出，特殊教育從**缺陷典範**轉為**成長典範**，強調身心障礙學生只是部分能力的限制，而不是全面的損傷；如果能提供其所需的支持服務，他們是可以成長的。另外，Hodapp 和 Dykens（1994）表示，特殊教育從**治療典範**轉為**支持典範**，從以「異常」（disorder）和「缺陷」（deficit）的角度看待身心障礙者，轉變成以「差異」（difference）的視框看待他們，如圖1-3。這種典範的改變也反映在對身心障礙者的觀點，以及特殊教育評量和教學實務中，例如：Straus（2013）指出，自閉症不是病，不是認知出了問題，而是一種神經心理的差異，有自己的認知風格與世界觀，是一種文化。如同聾文化，最近「自閉症文化」也逐漸形成，不是問除了自閉之外他們能做什麼，而是自閉症使得他們能做什麼。如插畫1-4，差異指的是「多樣性」。由上述典範的轉變可知，過去的思維是「身心障礙學生因功能的限制而無法進入普通班級」，現在的思維是**普通教育存有問題而無法讓身心障礙學生進入普通班級**。D. Schwartz（2005, p. 1）即主張：「融合是一種哲學，而不是地點。」

圖 1-3　治療典範和支持典範

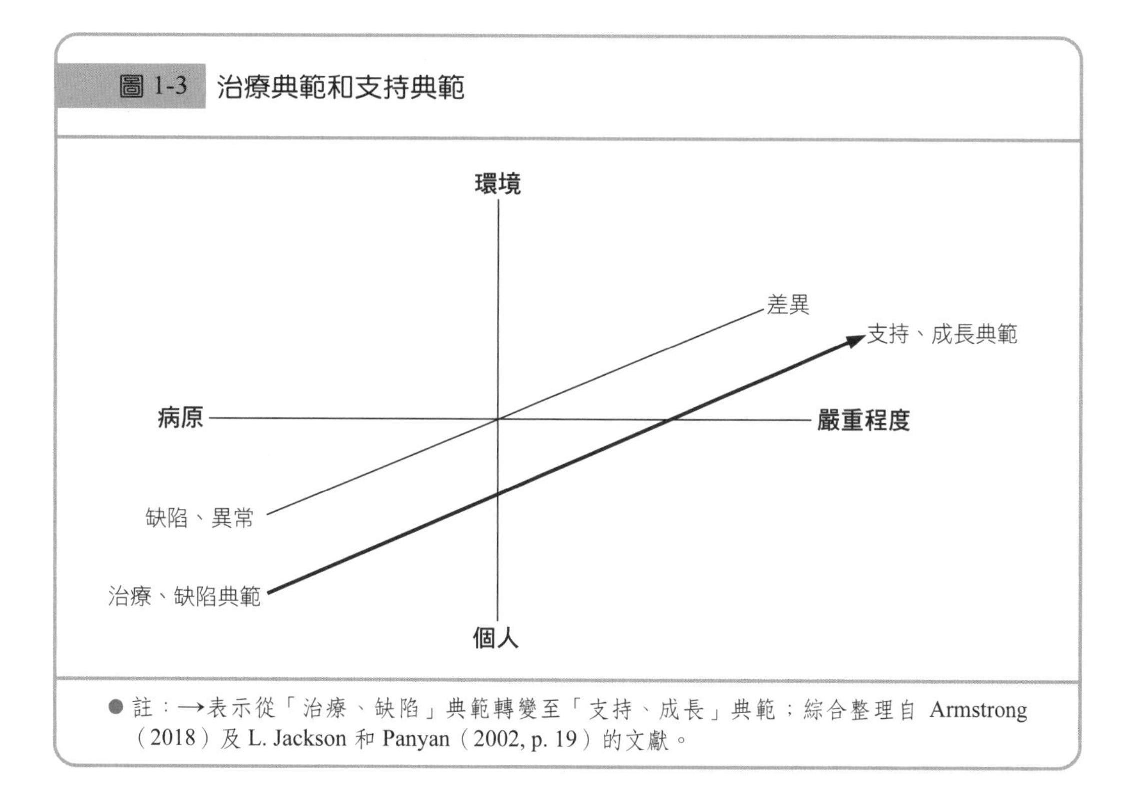

● 註：→表示從「治療、缺陷」典範轉變至「支持、成長」典範；綜合整理自 Armstrong（2018）及 L. Jackson 和 Panyan（2002, p. 19）的文獻。

不管白貓還是黑貓，其實我們都一樣——會抓老鼠！

插畫 1-4　差異指的是「多樣性」

「差異」並不表示「缺陷」，差異其實指的是「多樣性」，它促成團體的「平衡」，它也是一種「學習的資源」。每個人不是沒有能力，而是各有稟賦，各有不同的能力；如此才能襯托出世界的多采多姿，生命的豐富美麗。「容忍和接納」差異只是個開始；「同理與了解」差異是一種進步；等到「讚揚及欣賞」差異融入我們每一個人的生命時，才有可能建立一個尊重多元價值，相互學習與支持的社群。

除了以差異的視框看待身心障礙者，Florian（2014）進一步指出，個別差異存在於所有學生本身，普通和特殊教育不是分別針對「多數和一些」，而是應共同合作，支持「每一位學生」。Shogren 和 Wehmeyer（2017）還指出，受到**正向心理學**（positive psychology）的啟迪，第三階段的融合教育支持和開展所有（包含身心障礙）學生的**優勢能力**。

三、重視社會正義公平

融合教育是基於社會正義、人權和平等的思想，主張任何人都可以被教導，而我們有責任提供每位個體相同的學習機會；身心障礙者有權利與一般人共同學習，參與普通教育中的學習活動（Forest & Pearpoint, 1992; Heffernan, 1993）。

四、尊重個人特質的獨特性

每個人在智力、心理、生理等方面的特質是獨一無二的，每位學生的教育需求也是獨特的，無法採用標記、分類的方法截然劃分為特殊和一般兩種，因此 IEP 和服務對每個學生而言都是同等重要的（Safford & Rosen, 1981）。W. C. Stainback 和 Stainback（1984）認為，IEP 不應是一種特權，僅提供「特殊學生」；而應給有特殊需求的全部學生，不管其為資賦優異、身心障礙、少數種族或一般學生。如果每位學生的個別教育需求均能獲得滿足，則特殊教育的標記是可以去除的（Trosko, 1992）。

五、強調社會多元化的價值

融合教育的理念源自於強調社會多元化的價值，認為所有的人不論其心智、能力的高低，家庭社經地位的差異，文化背景的不同等，均有其獨特的價值，都應在同一環境下共同學習（Collier, 2011; L. Zionts & Baker, 1997）；正因為有這些差異，使得班級的學習更加豐富。

參、心理—教育方面的觀點

依據心理—教育的觀點，融合教育緣起於為未來融合的環境做準備，以及它具有讓所有學生獲益，和提升教師專業知能的優點，分述如下。

一、為未來融合的環境做準備

融合教育強調，在單一的教育系統中傳遞教育服務，提供每位學生在自然融合的環境中與同儕一起學習、生活、工作和遊戲，如此有助於其適應未來融合的環境（林貴美，2000；Heffernan, 1993）。一些文獻認為，身心障礙者在融合班級中除了學習核心課程外，也能參與同儕的課外活動，增進其社會能力，有助於其未來的社會適應（K. E. Allen & Cowdrey, 2015; Jenkinson, 1997; York & Vandercook, 1991）。另外，融合教育協助家長及專業人員對身心障礙學生的特殊需求有較深入了解，以便對其未來發展有正確期待，並為他們日後在一般環境下所需的功能做準備（Buysee & Bailey, 1993）。

W. C. Stainback和Stainback（1990）認為，如果學校要教導學生扮演好各種角色，例如：成人、公民、社區成員、家庭成員等，那麼學校必須提供學習的典範，融合教育能提供學生經驗到各種不同環境中所需實用技能的機會，而且在融合教育中其組成分子的異質性，裨益學生直接體認社會本質的多樣性，容忍個體間的不同，彼此尊重。

二、所有學生均能獲益

學生的學習主要透過遊戲及人際互動，因此，社會性的學習活動對身心障礙學生來說，是其課程相當重要的一部分。從社會互動的觀點來看，融合教育可提供身心障礙學生和一般同儕更多互動的機會（McCay & Keyes, 2001）；透過同儕示範（peer modeling）、同儕教導和同儕增強（peer reinforcement），身心障礙學生得以增進其社會互動能力與適當行為表現（Heward, 2016; Thurman & Widerstrom, 1990）。而一般學生亦能在其中獲得自尊、道德與社會認知的成長，以及對不同特質個體的尊重（Diamond et al., 1994; Staub & Peck, 1995; York, Vandercook, et al., 1992）；正如插畫 1-5，社會能力或人格教育宜與學業或功能性學科能力並重，取得平衡。**社會建構論**（**social constructivism**）者表示，表現較弱者若能常與表現較佳者共學並獲得協助，則將有較大的進步機會；另外，能力較好者也可以從幫助別人的過程中，將學得的知識再表達或實作出來，而讓自己受益，進而創造強弱共存與雙贏的教育理想（邱上真，1999；Mallory & New, 1994）。

Pearpoint（1989）認為，融合教育的實施能反映真實生活中，人類異質特徵的存在，從中學習接納個體間的差異，並透過與各種不同特質之同儕的互動中，建立友誼、互助合作。在此過程中，有助於達成以下幾個教育目標：（1）增進對個體特質的尊重；（2）增加對個體間差異性的接受度；（3）認識個體間的優勢及需求，有助於學生彼此間的學習與互動；（4）促進個體能力的成長；（5）提供不同文化的學習經驗；（6）提升個體情緒的安定感和隸屬感；（7）促進社區的成長，亦即讓人們在「支持性的關係」中學習、工作和生活（Berres, 1996a; Falvey, 1995; W. C. Stainback & Stainback, 1990; Villa & Thousand, 2005）。N. B. Miller 和 Sammons（1999）表示，融合教育促成**了解和接納差異**的良性循環，如圖 1-4。

插畫 1-5　什麼是高品質的教育

高品質的教育宜在學業或功能性學科能力，與社會能力或人格教育間取得平衡。（Wehmeyer, Sands, et al., 2002, p. 189）

圖 1-4　融合教育促成了解和接納差異的良性循環

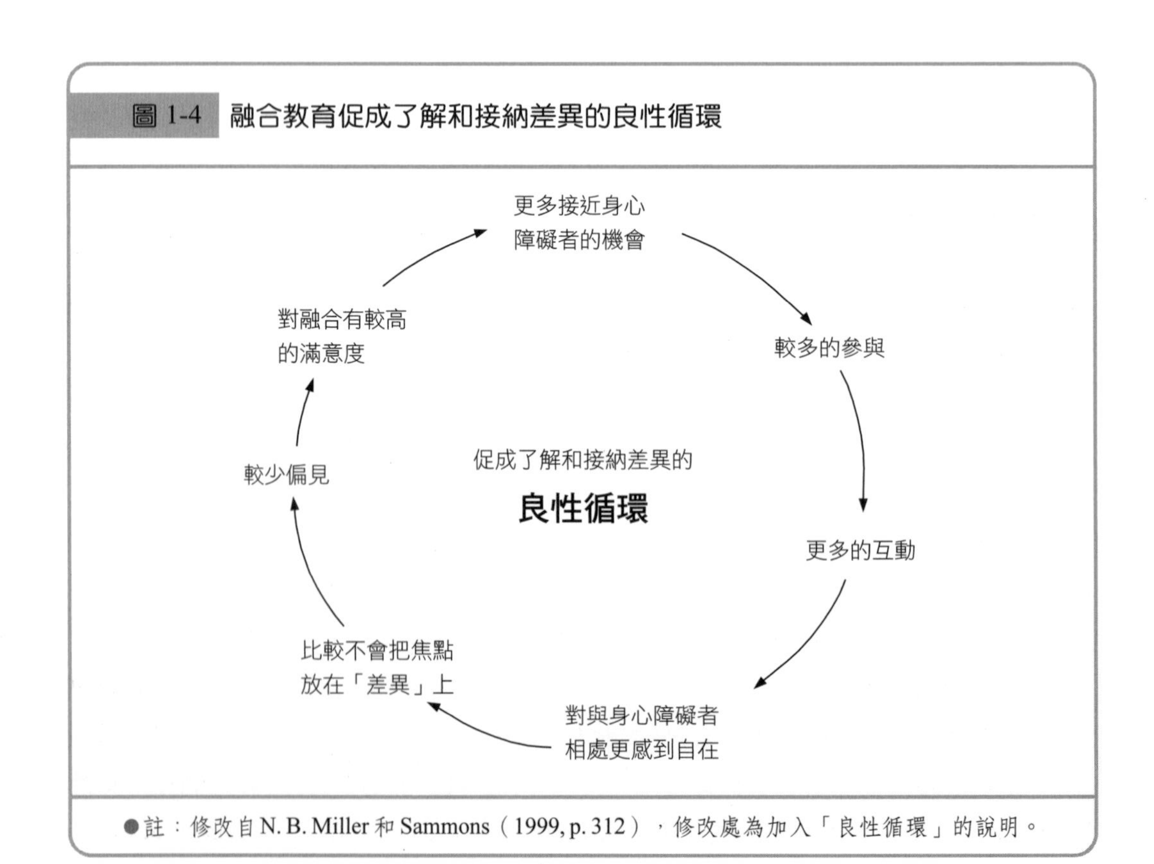

●註：修改自 N. B. Miller 和 Sammons（1999, p. 312），修改處為加入「良性循環」的說明。

三、提升教師的專業知能

對教師而言，融合教育的實施能突破教師一人孤立於教室中，鮮少與同事互動的情形，而提供教育人員間更多合作和相互學習的機會；如此不但能增進教育人員的專業知能，也有助於特殊教育效率的提升（Sailor et al., 1996; W. C. Stainback & Stainback, 1990）。

綜合上述文獻，實施融合教育的理由為：（1）特殊與一般學生間的特質與教育需求其實是同多於異的，且特殊教育的教學方法與普通教育沒有太大的不同，好老師可以教導所有學生；（2）特殊學生的鑑定與安置有很多問題，特殊教育提供的服務支離破碎，且成效不佳；（3）隔離產生許多問題，融合教育能減少隔離和標記的不良影響；（4）融合教育符合公平的價值觀，亦即每位學生都有依據自己能力學習的權利，不應有任何理由受到區別待遇，並且能尊重個人特質的獨特性；（5）特殊教育的典範改變，從認定是特殊學生功能的限制而無法進入普通班級，轉變到普通教育存有問題而無法讓特殊兒童進入普通班級；因此，若能改善普通教育，就無需特殊教育；（6）融合教育讓教育資源分享，使所有學生都獲利，進而為未來融合的環境做準備；（7）融合教育提供教育人員間更多合作的機會，有助於特殊教育效率的提升（Falvey & Grenot-Scheyer, 1995; Gartner & Lipskey, 1987; Karagiannis et al., 1996b; Slee, 1995; W. C. Stainback & Stainback, 1996b; K. A. Waldron, 1996）。

上述論點是針對美國融合教育的緣起，至於臺灣融合教育的觀念是如何產生的，劉博允（2000）比較臺灣與美國融合教育相關政策之異同後發現，美國融合教育的產生是受到民權運動的影響，開始反思以往的隔離安置政策，並且受到多元文化教育理念和社會建構論的影響，而後在國際組織的宣導努力下，逐漸落實；臺灣在推行融合教育上，則是受到美國和國際間教育思潮的影響，並且為了進行特殊教育改革，於是在立法和政策研擬的過程中，逐漸朝向融合教育的精神。

第 3 節　融合教育的內涵

了解融合教育的緣起之後，接著探討融合教育的內涵，從融合教育的意義，以及與融合相關名詞之比較兩方面呈現。

壹、融合教育的意義

美國教育重建和融合中心（National Center on Educational Restructuring and Inclusion, NCERI, 1994）指出，融合教育並非刪除特殊教育服務，亦不是為少數特殊學生之利益而犧牲其他學生；融合教育不是回歸主流的舊瓶新裝，亦不僅限於非學業性的活動上，而是在普通班級中提供教師與學生必要的支持服務，並協助做個別化的課程調整，以確保特殊需求學生在課業學習、行為和社會能力的成功，使其成為一個有貢獻且完全參與的社會一分子。Sailor等人（1996）指出，融合教育是建立在以下六個原則上：（1）**零拒絕**；（2）**特殊學生在住家附近的學校受教育**；（3）**按自然比例安排特殊學生在普通班級中**；（4）**特殊學生在與自己年齡相近的班級受教育**；（5）**普通教育與特殊教育教師共同合作**；（6）**教育服務是建立在了解學生能力的優勢，並且從優勢來進行教學**。

Sebba和Ainscow（1996）表示，融合教育源自於一個原則——**社區中的所有學生都應該在一起學習，它是一種過程，並且是一種持續演進的過程**。綜合文獻（吳淑美，2004；Beninghof & Singer, 1997; P. Gardner, 2002; Giangreco & Ayres, 1998），融合教育強調特殊與一般學生的相似性，而不是差異性，所以主張在相同環境下提供特殊教育的方法，讓不同特質及能力的所有學生，一起學習和生活，並且在普通班中提供他們所有的特殊教育和相關服務，以符合其能力和需求，使特殊及普通教育合併為一個系統。整合文獻（Ainscow, 1995; Ferguson, 1996; Giangreco et al., 2010; Ryndak et al., 2000; J. D. Smith, 1998; S. B. Stainback, Stainback, & Moravee, 1992），融合教育的指標和特徵包括：（1）每個學生隸屬於班上（不因其障礙分到特別一組）；（2）建立相互依存和支持的網絡；（3）按照學生的需求，而非「特殊學生」的標記提供服務；（4）每個學生的個別差異受到尊重和欣賞，個別差異提供豐富的學習資源；（5）不是把學生抽離，再給予特殊教育服務，而是在普通班級中提供服務，亦即**融入式的服務**，教師可藉由調整教室生態、促進對個別差異的理解、鼓勵自然的支持網絡、調整課程和評量等，以符合學生的需求；（6）普通及特殊教育教師能充分合作；（7）共享教育資源；（8）行政充分的支持；（9）學生和父母完全的參與。不過也有文獻澄清，融合教育的安置雖然是在普通班，但並非指全時間都在普通班上課；如果學生有一些極為個別的需求，須在另外一個地點和時間提供服務，則還是有可能抽離出來接受服務（鄒啟蓉，2004a；McGregor & Vogelsberg, 1998）。我從安置、服務對象和服務形態三方面，比較融合教育與非融合教育如表1-5。

表 1-5　融合教育與非融合教育之比較

向度	融合教育	非融合教育
安置方面	1. 融合安置是一種無條件的安排，計畫方案作為實施融合教育的準備，而不是等學生準備好了才能實施融合教育。 2. 安置特殊需求學生於住家附近的學校，適齡的普通班級，與一般學生一起學習，並且依據學生的學習需求決定服務形態。 3. 在安置特殊需求學生於普通班級之前，有事先的計畫與準備。	1. 融合安置是有條件的安排，特殊學生必須有足夠的準備度，才能安置在普通班中。 2. 透過鑑定，採分類的安置，安置特殊學生於特教班或特教學校，再安排部分課程進入普通班與一般學生一起學習；或是安置特殊學生於不適齡的普通班（例如：安置學生於比其年齡小的班級中）。 3. 集中安置特殊學生在少數擁有特殊教育資源的普通學校，或是具備特殊教育知能之教師的班級中。 4. 將特殊學生安置在普通班級中，而沒有事前的計畫與準備。
服務對象方面	1. 學生的智力、心理和生理等特徵是連續性的。 2. 強調所有學生都是獨特的。 3. 服務班級中全部有特殊需求的學生，而不僅限於鑑定合格的特殊學生。 4. 特殊教育服務帶進普通班級中，使所有學生均能獲益。	1. 分為特殊學生和一般學生。 2. 強調特殊學生的獨特性。 3. 僅服務班級中的特殊學生。 4. 為了照顧特殊學生而犧牲一般學生的教育。
服務形態方面	1. 學校確認所有學生都能學習，同時也是學校與班級中的成員，規畫適合學生需要的課程與支持服務。 2. 調整普通教育環境，讓特殊需求學生能夠成功地融入普通班級。 3. 特殊教育服務帶進普通班級中。 4. 調整普通教育方案因應所有學生的需求。 5. 發現和開展特殊需求學生的優勢，並且運用其優勢來迂迴弱勢。 6. 所有學生都能選擇適合他們的課程和教學，而且是採取正向積極（proactive）的取向，即盡可能事前就將課程規畫成有彈性，能適應個別差異的需求。	1. 以安置特殊學生在普通班為目標，而不是以特殊學生的學習需求為考量，並且減少或取消提供給特殊或其他學生的特殊教育服務，犧牲所有學生的教育。 2. 對所有的學生提供相同的課程與教學，忽略每位學生獨特的學習需求。 3. 以抽離方案的方式提供特殊教育服務，亦即抽離式的服務，由特殊教育教師負責，普通教育教師未參與其中。 4. 特殊學生必須配合普通教育方案，否則將被轉介接受特殊教育方案。 5. 服務的焦點僅針對特殊學生的弱勢，使用特殊化的策略教導他們克服弱勢。

（續）

表 1-5（續）

向度	融合教育	非融合教育
服務形態方面	7. 特殊和普通教育教師協同合作，學校行政上提供適當的訓練或支持。	6. 只有對特殊學生才做課程的調整和修改，而且是採取被動反應（reactive）的取向，即事後進行調整和補救。 7. 融合教育是普通或特殊教育教師的職責，在沒有提供適當訓練或支持的情況下，要求普通教育教師教導特殊學生；或是特殊教育教師抽離特殊學生提供特教服務。

●註：綜合整理自吳淑美（2004）、Halvorsen和Neary（2001）、Kochhar等人（2000）、Skidmore（2004）及UNESCO（2004, 2009）的文獻。

至於融合的程度，K. A. Waldron（1996）表示可分為四級，各有其倡導者：（1）第一級，只有輕度障礙學生全時參與普通班級，中重度障礙學生被安置在普通學校中的另外一間教室（Lilly, 1986; Lilly & Pugach, 1987）；（2）第二級，輕、中度障礙學生全時參與普通班級，重度和極重度障礙學生被安置在普通學校中的另外一間教室（M. C. Reynolds & Wang, 1983; M. C. Reynolds et al., 1987）；（3）第三級，除了非常少數的極重度障礙學生外，所有學生都參與普通班級，而極重度障礙學生也盡可能被安置在另外一間正常態化、符合其實齡的教室中（Gartner & Lipsky, 1987）；（4）第四級，不管其障礙程度如何，所有學生完全進入普通班，特殊教育教師、專家和特教助理員在教室中協助最需要幫助的學生，普通教育教師則負責安排身心障礙學生與一般學生的共學與互助（W. C. Stainback & Stainback, 1984）。K. A. Waldron 指出，這四級的倡導者有共同的主張，所有的身心障礙學生都應該被安置在居家附近的學校，即使其中部分學生要被安排在另外一間教室。第一、二、三級都屬於**部分融合**或**選擇性的融合**；而第四級是屬於**完全融合**，Kelly（1993）指出，融合是建立在**零拒絕**上。雖然四級倡議者彼此意見不盡相同，但所有都認為融合教育需要修改課程以適合學生的個別需求，以及普通與特殊教育教師的協同合作（Wilgosh & Scorgie, 1995）。

貳、與融合相關名詞之比較

與融合相關的名詞有回歸主流、最少限制的環境、統合、以普通教育為首等，我分開解釋這些名詞，最後再綜合比較融合和這些名詞間的異同。

一、回歸主流

回歸主流緣起於 1950 年代美國**民權運動**，以及 1960 年代末期和 1970 年代初期，**教育機會均等運動**和歐陸**常態化原則**（Schulz & Carpenter, 1995）。L. Dunn（1968）嚴厲批評當時的特教班，包括：鑑定存在著種族歧視的問題，特教班多數安置的是少數種族學生，會帶給學生負向的標記，且易引發政治隔離之聯想，很多安置在特教班的智障學生應該可以在普通班學習，普通教育教師也可以提供適當的教育服務。除此，沒有研究證明學生在特教班的學習效果比在普通班好，因此興起「回歸主流」運動（Schulz & Carpenter, 1995）。回歸主流認為，「障礙」是存在於個體內在中的異常或損傷，可以將學生分為身心障礙和一般學生。在社會—文化本質上，回歸主流主張有一群人被視為主流群體，另一群不是，學校透過教育服務，將不屬於主流群體的人推進主流群體的活動和情境中。

回歸主流是一種**有條件的安排**，依據**準備模式**，也就是由專業人員考慮學生之障礙狀況決定是否能回歸，身心障礙學生必須有足夠的教育準備度，才能安置在普通班中；並且假定要得到更深入的服務，就必須到愈隔離的安置中（Winzer, 2000）。M. C. Reynolds 和 Birch（1982）提出**物理空間**、**社交活動**和**教學**三個層次的回歸主流。在早期發展上，回歸主流的對象係指**輕度障礙學生**，他們有特殊教育需求時，被抽離接受**資源方案**的協助，他們的教育責任在特殊教育教師身上；晚期回歸主流才針對安置在特教學校（班）的中重度障礙學生，安排他們部分時間回歸普通班；其教育目標為，身心障礙學生在主流的環境裡接受教育，與一般學生有共學和互動、共享相同教育資源，學校提供資源方案的服務，讓身心障礙學生獲益（邱上真，1999；Winzer, 2000）。

二、最少限制的環境

最少限制的環境緣起於 1975 年訂定的**《殘障兒童教育法案》**，立法保障身心障礙者在**最少限制的環境**下，接受**免費而適當的公立學校教育**（Yell, 2019）。最少限制的環境認為，「障礙」是存在於個體內在中的異常或損傷，可以將學生分為身心障礙和一般學生，主張有一群人被視為主流群體，另一群不是，它乃根據 E. Deno 於 1970 年提出的**階梯式服務**模式，將「全時制在普通班學習」列為隔離最少的安置，而「全時制在機構、醫院治療」為隔離最多之安置，之後將隔離最少至最多的安置形態以連續系統來表示（Yell, 1995）。

最少限制的環境之對象係指身心障礙學生，它是一種**有條件的安排**，依據**準備模式**；學生的障礙狀況決定安置地點，安置地點決定服務形態，身心障礙學生必須有足夠的教育準備度，才能安置於普通班中，並且假定要得到更深入的服務，就必須到愈隔離的安置中，他們的教育責任在特殊教育教師身上（S. J. Taylor, 1988）。最少限制的環境之教育目標為，盡可能提供身心障礙學生常態化的環境，亦即他們的教育、住宿、就業、社交與休閒的形態和活動，應盡可能與一般人相似（D. D. Smith & Luckasson, 1995）。

三、統合

統合緣起於 1950 年代美國**民權運動**，以及 1960 年代末期和 1970 年代初期，**教育機會均等運動**和歐陸**常態化原則**的引進（Polloway, Smith, et al., 1996; Winzer, 1993）。統合認為「障礙」是存在於個體內在中的異常或損傷，可以將學生分為身心障礙和一般學生，統合主張有一群人被視為主流群體，另一群不是，學校透過教育服務，將不屬於主流群體的人，統合於主流群體的活動和情境中。統合的對象係指身心障礙學生，它是一種**有條件的安排**，由專業人員考慮學生之障礙狀況決定是否能統合，身心障礙學生必須有足夠的教育準備度，才能統合於普通班中；並且假定要得到更深入的服務，就必須到愈隔離的安置中，他們的教育責任在特殊教育教師身上（C. Clark et al., 1997; Mittler, 2000）。

P. Zionts（1997）表示統合是一個概括的名詞，意味「合在一起而成整體」（p. 5）。統合的作法為，安排身心障礙學生在有一般同儕參與的情境中，讓他們接觸，包括視學生障礙狀況，安排他們全部或部分時間進入普通班，與一般學生擁有共學和互動的機會；而這樣的接觸不見得是在教學活動中，可能是在午餐時間、課外活動時間等，並且不見得是在普通班中，也有可能是在特教學校（班）中（Garcia & Albin-Metcalfe, 1998; P. Zionts, 1996, 1997）。

Meijer 等人（1994）將統合的層次分為六個：（1）**物理的統合**，是指在空間的安排上，促使身心障礙者與一般人有接觸；（2）**專門術語的統合**，亦即不使用標記與歧視身心障礙者的用語；（3）**行政的統合**，意味讓身心障礙者與一般人適用相同的法律架構；（4）**社會的統合**，意指身心障礙者與一般人的社會接觸是頻繁且密集的；（5）**課程的統合**，是指身心障礙與一般學生使用相同的課程架構；（6）**心理的統合**，也就是所有的學生在同一個時間、地點，採用相同的計畫一起接受教育。統合的教育目標為，提供身心障礙學生擁有與一般學生共學和互動的機會，以及給予抽離式的特殊教育服務，協助他們做好統合於普通教育安置的準備，或是產生更佳的適應（Hegarty, 1993; Winzer, 2009）。

四、以普通教育為首

以普通教育為首緣起於 1980 年代教育改革——**標準本位的改革運動**，以及為因應**美國經濟赤字問題**（Fisher & Kennedy, 2001; Kauffman, 1995），W. C. Stainback 和 Stainback（1984）首先為之開路，主張將特殊教育併入普通教育中，使教育的實施是單一系統的。之後，1986 年教育部次長 Will 主張「以普通教育為首」，促進了將身心障礙學生安置在普通教育的行動（Kauffman, 1995）。它的發展背景主要在配合美國經濟政策，降低接受特殊教育的人數及經費支出，是一種**「由上而下」的普通教育改革運動**（Heffernan, 1993; McLaughlin, 1995）。

綜合文獻（Belcher, 1995; D. Fuchs & Fuchs, 1994; T. J. Lewis et al., 1994），以普通教育為首的基本思維是，所有的學生都是獨特的，並沒有截然的普通和特殊之分，以人為的標準硬將學生分為普通或特殊，會徒增鑑定上之困難，以及不必要的分類與標記；特殊和普通教育並沒有兩套不同的教學方法，二者的基本教學過程和方法相同；而所有的學生都是獨特的，都需要個別化教學。依據上述文獻，以普通教育為首的教育目標是，提升學生（包含身心障礙學生）的學業成就水準，以達到標準本位改革運動的訴求；特殊和普通教育教師間建立責任分擔與夥伴關係，共同評量學生的教育需求，調整普通教育課程，發展有效的教學策略，以支持普通班中有學業學習困難的學生。然而，只強調提升學生的學業成就水準，忽視教育更重要的本質，正如 Deal 和 Peterson（1999, p. 64）所云：「若學校不能提供除了增進學業成就以外更深層的內涵，則學校無法給予教師、學生或家長值得懷念的差異。學校需要更精深的靈魂，帶領他們精神的航行。」

五、融合

融合是「消費者取向」的改革運動，其提倡者多為特殊教育的消費者、其家長或特殊教育工作人員，針對普通和特殊教育間產生的問題進行改革，並且依據「從社會模式看待身心障礙、主張成長和支持的典範、重視社會正義公平、尊重個人特質的獨特性、強調社會多元化的價值」等道德一哲學觀點，以及在心理一教育層面上，具有為未來融合的環境做準備、讓所有學生獲益，以及提升教師專業知能的優點。

總括來說，融合具有以下六點意涵：（1）以**學生特質**來說，融合指出學生的能力、心理等特質是連續性的，而非絕對的；（2）從**安置場所**來看，融合主張安置特殊需求學生於住家附近的學校，適齡的普通班級；（3）由**診斷評量**觀之，融合教育主要在評量影響教學或學習有關的因素，用來調整課程和學習環境，提供適性的教學；（4）就**服務形態**而言，特殊教育和相關服務進入普通班級中，以支持特殊需求學生融合於普通班級；（5）自**人員間的關係**來看，特殊和普通教育教師間是一種協同合作與責任分擔的關係；（6）從**服務對象**而言，融合教育服務班級中的所有學生，而不僅限於鑑定合格的特殊需求學生。

總結上述，融合與隔離和其他相關名詞之差異如插畫 1-6，融合與其他相關名詞之比較如表 1-6。我並從出現年代、發展背景、基本思維、教育目標、服務對象、障礙本質、安置場所、對特殊學生的教育責任、教育服務形式、教育服務傳遞方式與內涵 10 個向度，詳細說明融合與這些名詞的意涵，如附錄 4。

第 4 節　融合教育的爭辯

在融合教育發展的過程中，有許多爭論，贊成和反對者均有，茲整理兩方的觀點如下。

壹、贊成融合教育的觀點

贊成融合教育者認為它有許多優點，綜合文獻（Choate, 2003; Karagiannis et al., 1996b; McCracken, 1993; J. D. Smith, 1998; J. W. Thomas et al., 1998; Wang, 1992; Ware, 1995），融合教育具有下列幾項優點：（1）能減少標記的不良影響；（2）將特殊教育服務帶進普通班級裡，使所有學生都獲利；（3）能增加身心障礙學生的獨立程度；（4）能增加身心障礙學生與一般學生相處的能力，在融合班級中學習的身心障礙者，較不會排斥與一般人接觸；（5）能讓身心障礙學生接受與其年齡相當的課程，提升其學習能力；（6）為身心障礙學生將來的工作和社區生活做準備；（7）能增進一般學生對身心障礙學生的了解與接受，讓一般學生有機會學習到了解、尊重和欣賞人與人之間在文化、能力和興趣等方面的差異；（8）能增進家長對身心障礙學生未來的期待；（9）能增進普通和特殊教育教師間的合作。

隔離

特殊教育

特教學校（班）、特殊化課程

以「方形木樁」比喻特殊教育學生安置於特教學校（班），由特殊教育教師設計特殊化課程。

普通教育

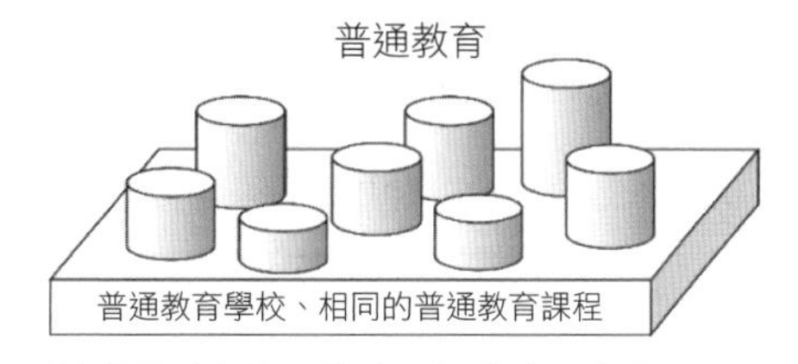

以「圓形木樁」比喻一般學生，安置於普通教育學校，由普通教育教師提供普通教育課程。

回歸主流、最少限制的環境和統合

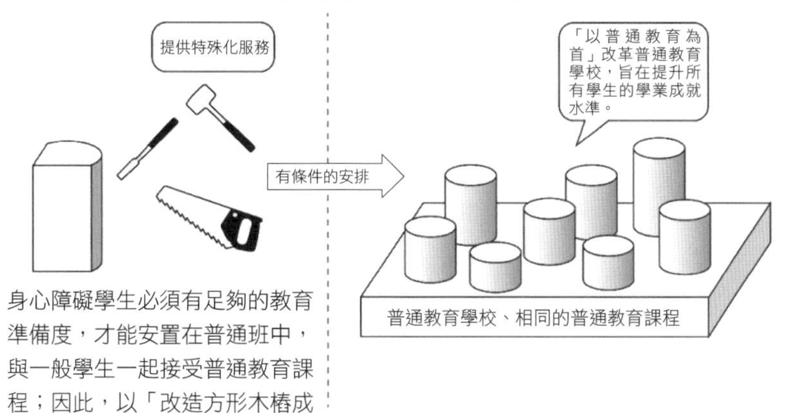

身心障礙學生必須有足夠的教育準備度，才能安置在普通班中，與一般學生一起接受普通教育課程；因此，以「改造方形木樁成圓形」比喻提供特殊化服務，改變學生以適應主流的普通班環境，普通班維持不變，一種課程適用於所有學生。

融合教育

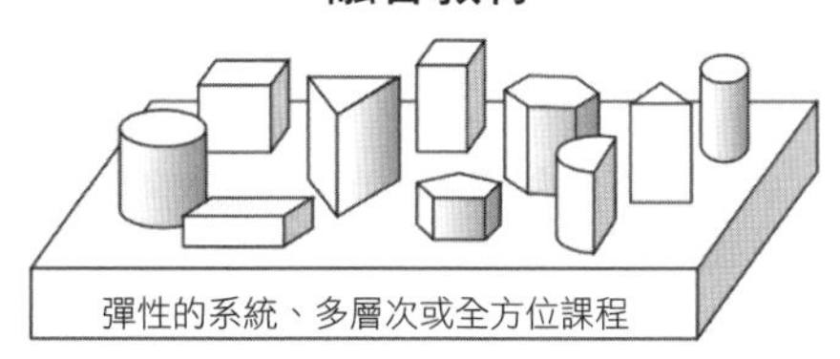

障礙是人類差異的一項要素，以「不同形狀的木樁」比喻學生的多樣性。

每位學生都能學習，重建學校、使教育系統保持彈性，以及設計多層次或全方位課程，以適應所有學生的不同學習目標或需求。

插畫 1-6　融合與隔離、回歸主流、最少限制的環境、統合和以普通教育為首之差異

融合教育在建構一個擁抱、欣賞學生多樣性的學校。

●註：參考 Farkas（2014）的概念重新繪圖，並加入融合與隔離和相關名詞之差異比較。

表 1-6 融合與其他相關名詞之比較

融合與相關名詞之比較	相同處	差異處
融合與回歸主流之比較	皆主張將身心障礙學生與一般學生安置在普通班。	1. 回歸主流、最少限制的環境和統合皆表示「障礙是存在於個體內在中的異常或損傷，可以將學生分為身心障礙和一般學生」；而融合主張「障礙是人類差異的一項要素，學生的智力、心理和生理等特徵是連續，而非絕對的」。
融合與最少限制的環境之比較	盡可能提供身心障礙學生常態化的環境，亦即他們的教育、住宿、就業、社交與休閒的形態、機會與活動，應盡可能與一般人相近或相似。	2. 回歸主流、最少限制的環境和統合皆是「有條件的安排」，身心障礙學生必須有足夠的教育準備度，才能安置在普通班中；並且假定要得到更深入的服務，就必須到愈隔離的安置中；而融合是「無條件的安排」，安置身心障礙學生在住家附近學校適齡的普通班，主張重組學校和教室組織、課程與教學，支持所有學生。
融合與統合之比較	盡可能提供身心障礙學生常態化的教育環境。	3. 回歸主流、最少限制的環境和統合皆主張「二元系統」，透過鑑定，採分類的安置；而融合採「一元系統」，依據學生的學習需求（而非標記）決定服務形態。 4. 回歸主流、最少限制的環境和統合的服務對象皆是「身心障礙學生」；而融合的服務對象是班級中的「所有學生」。 5. 回歸主流、最少限制的環境和統合強調身心障礙學生的教育責任是在「特殊教育教師」身上；而融合主張「特殊和普通教育教師協同合作」，學校行政上提供適當的訓練或支持，以支持普通班中所有學生。
融合與以普通教育為首之比較	1. 都主張一元系統。 2. 都主張普通教育的改革。 3. 所有的學生都是獨特的，並沒有截然的普通和特殊之分。 4. 皆主張特殊和普通教育教師協同合作。	1. 以普通教育為首的服務對象是普通班中「有學業學習困難的學生」；而融合的服務對象是班級中的「所有學生」。 2. 以普通教育為首的提倡主要在配合美國國家經濟政策，降低特殊教育人數及經費支出，是「由上而下的改革運動」；融合是「消費者取向的改革運動」，其提倡者多為特殊教育的消費者或其家長，或實際從事特殊教育的人員。 3. 以普通教育為首的主要目標是提升所有（含身心障礙）學生的「學業成就水準」；而融合的目標除學業外，也強調學生「社會技能（social skills）和正向同儕關係的提升」。

●註：綜合整理自 C. Clark 等人（1995, 1997）、Farrell（2004）、McLaughlin（1995）及 Winzer（1993, 2000, 2009）的文獻。

S. W. Davis（1994）以整體的觀點指出，完全融合的實施可使身心障礙學生在下列幾方面得到益處：（1）**物理的融合**，校內的特殊與普通教育方案可加以融合；（2）**社會的融合**，增加身心障礙與一般學生的互動；（3）**學業的融合**，身心障礙與一般學生可同時運用學校資源；（4）**社會生活的融合**，可使身心障礙者與一般人共同生活、工作和休閒。

貳、反對融合教育的觀點

反對融合教育者（Braaten et al., 1988; Hallahan et al., 1988; Kauffman et al., 1988; Keogh, 1988; Lieberman, 1988; Mesinger, 1985; Vergason & Anderegg, 1992）主張：（1）有特教班，才有經費；（2）融合教育未獲所有普通教育教師，甚至特殊教育教師的支持；（3）缺乏實證研究資料支持融合教育，比較特教班和普通班安置成效的研究有方法上的問題，不足採信；（4）融合教育降低教育品質；（5）學校不能為融合而融合，而應考慮個別學生的需求，和普通班教學對學生的幫助程度；（6）融合不一定能減少標記；（7）融合不一定能增進身心障礙與一般學生互動的能力，反而造成挫敗的經驗；（8）普通與特殊教育的合作基礎尚未建立，合作技術尚未養成；（9）教育經費、師資訓練、教師資格皆以雙軌制為主；（10）部分學生較適合接受特殊教育。

在學術與實務界中，部分融合的爭議較少，而完全融合的爭議則頗大（Reganick, 1993）。綜合反對者的觀點（Kauffman, 1995; Kauffman et al., 1995），反對完全融合的理由如下：第一，完全融合只是概念上的改革，因為：（1）部分學生仍然需要隔離式的特殊教育；（2）並非每一位教師都有能力教導所有學生；（3）特殊教育經費需要分開編列，否則經費會喪失；（4）以抽離方式提供特殊教育有時是必要的；（5）有多種教育安置選擇才能保證高品質的教育。第二，完全融合只是一項政治謀略，因為政府想要藉此刪減教育經費，其實完全融合有下列弔詭之處：（1）融合教育的提倡者以「種族融合」訴求身心障礙者的融合，其實此作法未考慮身心障礙者的特殊需求，他們需要更深入的協助，而不僅是被安置在普通班即可；（2）隔離有時對教學是必要的，它與種族隔離不同；（3）融合教育主張去除標記，但標記並非一無是處，有時也有必要；（4）融合教育的提倡者認為特殊教育安置提供的服務經常是重複、片段且無效率，但事實上融合教育更無效率；（5）融合教育被認為可以提高教育品質，但事實上身心障礙學生的教育品質會更差。第三，完全融合是一項漏洞百出的教育政策，因為它：（1）沒有考慮普通教育教師的反應；（2）秉持不合邏輯的前提，即「普通教育做得好，身心障礙學生自然受益」；（3）缺乏具體的實施方案；（4）對實證研究結果做選擇性的解釋，即選擇「支持融合教育」的研究結果。Kauffman 和 Badar（2014）總結指出，不是透過融合解決教育的問題，真正要解決的問題核心是「有效教學」。

此外，文獻（Odom et al., 1999; Vergason & Anderegg, 1992）主張，多元、彈性且符合融合精神的安置模式，保有隔離的安置給有需要的特殊需求學生，並且為融合安置做有計畫的準備。綜合文獻（劉博允，2000；P. G. Cole, 1999; Kavale & Forness, 2000; Miles & Singal, 2010），將融合教育中爭論的焦點整理於表 1-7 中。

表 1-7 融合教育中爭論的焦點

爭論的焦點	贊成完全融合的觀點←→反對完全融合的觀點
融合的對象	所有學生都能完全融合←→僅部分學生能融合
融合的時間	所有時間融合於普通班←→部分時間於普通班和特殊教育安置
融合教育對一般學生的影響	對一般學生是正面積極的經驗←→會降低一般學生的教育品質
融合教育對特殊學生的影響	融合教育能減少標記的不良影響，和增加學習機會。←→融合教育不一定能減少標記，反而造成挫敗的經驗，甚至降低教育品質。
公平和權利議題	融合教育讓身心障礙者有公平接受教育的權利←→融合教育可能會剝奪一般學生的學習機會，甚至讓他們受到傷害，這對其是不公平的。
需求議題	融合教育能讓身心障礙者與一般人學習和生活的需求得到滿足←→融合教育沒有考慮到身心障礙者的特殊需求，部分特殊需求須在隔離的環境中才能獲得。
道德義務的議題	融合教育是一種道德義務，最終希望達到的目標是具有社會正義和民主的社區。←→將融合教育視為道德義務只是一種膚淺的論點，並沒有提出「如何成功實施融合」之有研究為基礎的論證。
「所有教師能教導所有學生」的論點	身心障礙學生的教育需求並沒有明顯不同於一般學生，所有教師只要做一些調整，都能教導所有學生。←→普通教育教師尚未準備好教導所有學生
「特殊教育並不特殊」的論點	如果所有教師能教導所有學生，則特殊教育將不特殊；而且可將特殊教育普及於普通教育中，以建立符合所有學生需求的教育環境。←→特殊教育是深入、目標導向和個別的，所以它還是很特殊。
融合教育成果的研究證據	支持融合較隔離安置具有相等甚至更好的教育成效←→不支持融合較隔離安置具有相等甚至更好的教育成效
經費的支出	實施融合教育將整合、有效率地使用教育經費。←→實施融合教育無法有效率地使用教育經費，甚至是喪失特殊教育經費。

比較分析贊成和反對融合教育者的觀點會發現，他們都有一個重要的共同目標——為特殊需求學生提供最好的教育環境與服務；只是贊成者重視的是，**社會正義原則**與**教育機會均等**，以及對**個別差異**的正向評價；而反對者則指陳，**學校的準備度**還不足以實施融合教育，很多人反對完全融合，並且主張**多元、彈性的安置模式**，保有隔離的安置給有需要的特殊需求學生。Walther-Thomas 等人（2000）表示，很多持反對立場的人，並不是反對「融合」的概念，而是反對「實施品質低劣的融合方案」。Bricker（1995）指陳，如果身心障礙者只是身在普通班中，隨班陪別人上課，並沒有真正融入群體中，也未得到引導和介入，則他們雖然身體沒有被隔離，但實質上已經被隔離了，如此就違背融合的真意。S. Vaughn 和 Martin（1995）認為，身心障礙學生接受什麼樣的教育，比他們在哪裡接受教育來得重要，所以他們提出要實施**負責任的融合**；G. R. Taylor（1999）認為，實施融合要有清楚的課程目標。融合教育是植基於**服務提供**的概念，而不是一個「特定的地點」；因此，關鍵議題不是「安置地點」，而是這個安置是否能讓學生獲得**最有效的教育服務**（Lloyd, 2008; Warnock & Norwich, 2010）。現在教育工作者應強調的是，**在各種情境中提供學生所需的介入**，而不是著重「在特定的地點提供服務」（Kavale & Forness, 2000）。多篇文獻（林貴美，2001b；Berres, 1996b; Ferguson, 1997; Fisher, Sax, & Jorgensen, 1998; Lipsky & Gartner, 1996）表示，融合教育要徹底實施，學校必須為所有學生重新建構，在學校結構和教育實務上要有很根本的改變，因此提出**學校重建**的概念，以促使融合教育理想的實現。

總結

融合教育的發展歷經 1960 年代的「常態化」、「反標記化」與「去機構化」原則，為的是要將身心障礙者從大型養護機構中解放出來，讓他們也享有教育的權利；1970 年代的「回歸主流」、「最少限制環境」與「階梯式服務模式」，主要是讓輕度智障者能接受較好的教育服務。1980 年代的「以普通教育為首」，則著重於提升普通教育的品質，以減少特殊教育學生的人數。直至 1990 年代的「融合教育」，它緣起於針對回歸主流運動中，普通和特殊教育分立產生的問題進行改革，並且依據「從社會模式看待身心障礙、主張成長和支持的典範、重視社會正義公平、尊重個人特質的獨特性、強調社會多元化的價值」等道德—哲學觀點，以及在心理—教育層面上，具有為未來融合的環境做準備、讓所有學生獲益，和提升教師專業知能的優點，主張以更融合的方式，將學生安置於普通教育環境中，在單一融合的教育系統中，傳遞教育服務給所有學生；並且增加特殊與普通教育教師的合作，以共同計畫、合作教學、合作諮詢等方式，將學生所需的相關服務或支持系統帶進學校或教室裡給他們，由此可知融合學校是所有孩子的學校。從融合教育的意涵來看，導讀案例中阿偉父母親的疑惑便可迎刃而解，融合教育強調融入式的特殊教育服務，可以避免抽離式資源方案衍生的問題。

第 2 章
融合教育的相關法規

第 1 節　美國融合教育的相關法規

第 2 節　臺灣融合教育的相關法規

融合教育是對於所有孩子的教育改革策略（Malloy, 1994, p. 1），而法規就是實踐此教育改革的利器。

導讀案例和本章目標

阿德是一位腦性麻痺症者（cerebral palsy, CP），認知能力正常；但下肢障礙狀況嚴重，必須靠輪椅代步，且有溝通上的困難。阿德今年要就讀國小一年級，他的父母親安排他就讀學區內的一所小學，開學第一天他們帶阿德到校，發現班級教室的出入口不夠寬敞，輪椅不容易出入，他們必須先抱起阿德，收起輪椅，才能讓輪椅進入門口，之後再將輪椅張開，讓阿德坐上去。除此，阿德還有上肢運筆的困難，上課和考試時寫字的速度會比較慢。學校告訴阿德的父母親要不要讓阿德轉到另一所學校的特教班，該班的教室寬敞，有阿德需要的輔助科技設備，他們心想真的要讓阿德轉到特教班嗎？學校不能改善這樣的環境嗎？

阿德的案例讓人們思考以下問題：（1）阿德的父母親做什麼樣的安置決定對阿德最適合？（2）學校能不能因為沒有阿德所需要的無障礙環境和設備而拒絕其入學？學校能不能設法改善環境？法規上是怎麼說的？

從本章內容，讀者可以學習到：（1）國外融合教育的相關法規和判例；（2）臺灣融合教育的相關法規。

第 1 節 美國融合教育的相關法規

融合教育除了緣起於普通和特殊教育分立所產生的問題，以及植基於道德—哲學和心理—教育的觀點外，相關法規的訂定也是促使特殊教育邁向融合趨勢發展的關鍵（Meijer et al., 1994）。以美國為例，聯邦憲法的**法律均等保護**和**法律正當程序**（due process）兩項原則，就是其保障身心障礙學生教育權利的法律基礎，美國的法規系統呈現於附錄 5。以下探討中央層級的普通和特殊教育法案，以及州層級的教育法案三方面。

壹、中央層級的普通教育法案

以下介紹美國三個重要的中央層級普通教育法案如下。

一、1965 年的《初等及中等教育法案》

《初等及中等教育法案》（Elementary and Secondary Education Act, ESEA，亦即《89-10 公法》，1965）通過後，身心障礙兒童的教育問題開始受到關注，各界普遍認為身心障礙兒童應以在普通學校接受教育較適當；在此法案中的《第 1 款》（Title I），是美國規模最大的補救教育方案，乃從州政府到學區提供協助給低成就和社經地位低落的學生；之後於 1981 年，此法案更名為《教育增進和鞏固法案》（Educational Improvement and Consolidation Act），《第 1 款》易名為《第 1 章》（Chapter I），持續提供補救教育方案，並且強調家長的參與（Schmidt & Harriman, 1998）。1994 年，《初等及中等教育法案》被重新簽署為《改進美國學校法案》（Improving America's School Act, IASA），它提供一個促進學校改革，納入多種資源於學校系統中，以邁向融合教育的管道（Kleinhammer-Tramill & Gallagher, 2002）。《改進美國學校法案的第 1 款》（Title I of the Improving America's Schools Act，亦即《103-328 公法》）表示，所有孩子都有機會獲得州政府規定的知識與技能，以及達到這些知識與技能的表現標準（McLaughlin et al., 1999）。

二、1994 年的《2000 年目標：全美國人教育法案》

之後，Clinton 總統於 1994 年，簽署《2000 年目標：全美國人教育法案》（Goals 2000: Educate America Act，即《103-227 公法》），主張所有學生都應有機會參與能達到較高標準、具挑戰性的課程，以及接受學習成效的評量過程，以確保學校達到其教育責任；總之，此法案期待達到既**公平**又**卓越**，二者平衡的教育目標（Kleinhammer-Tramill & Gallagher, 2002）。《全美國人教育法案》包含以下八項重要主張（National Education Goals Panel, 1997；引自 Mittler, 2000）：（1）**學前教育準備**，亦即所有孩童在入學前皆已準備好求學所需的條件；（2）**完成教育比率**，亦即增加完成高中教育之學生比率，至少要達到 90% 以上；（3）**學生成就和成為公民**，亦即學生能精通具挑戰性的學業技能，以成為負責任、有生產力的公民，並且願意進一步學習；（4）**師資教育和專業發展**，亦即教師有機會參與訓練方案以改善其教學技巧；（5）**數學及科學能力**，亦即與全球其他學生相比，美國學生的數學和科學成就均是頂尖的；（6）**成人讀寫能力和終身學習**，亦即所有美國成人都能具備基本的讀寫能力（literacy），在全球經濟競爭中能與他人相抗衡，並且能持續不斷學習；（7）**安全、有紀律、無酒精、無毒品的學校**，亦即每所學校將完全脫離毒品、酒精和暴力的威脅，而且提供能協助學生學習之有紀律的環境；（8）**家長參與**，亦即每所學校須增進家長參與其子女學校教育的機會。此外，《全美國人教育法案》強調與家長、社區形成夥伴關係，以及建立**和學校相連的服務統整網絡**（Skrtic & Sailor, 1996），這個服務網絡的建立有助於學校的重建，促使融合教育的實現。

三、2001 年的《不放棄任何一個孩子法案》

美國最重要的教育智庫 Thomas B. Fordham 基金會，於 1998 年發表《國家仍在危機中》（*A Nation Still at Risk*），對當前的教育提出批判與改革意見，建議政府採取兩大重要並行的改革策略，一為**標準、評量和績效責任**，另一為**多元、競爭和選擇**（劉慶仁，2002b）。此報告書促成 2001 年《不放棄任何一個孩子法案》（No Child Left Behind Act，簡稱《NCLB》，或譯為《不讓任何一個孩子落後》）的公布，其主要目的為，確保所有的孩子都擁有公正、平等和有效的機會，獲得高品質的教育，並且至少在基本的學業成就上，要達到精熟的程度。綜合文獻（劉慶仁，2002a、2002b；United States Department of Education, 2002），《NCLB》有以下五項重要的原則。

1. **建立高品質的師資**：為了建立高品質的師資，《NCLB》具體描述專業教師須具備的條件，包括：（1）大學畢業；（2）通過州政府的檢定考試；（3）具有任教科目的專業能力；而州政府必須在 2005 至 2006 年間達成上述目標。《NCLB》將「艾森豪專業發展」以及「降低班級規模」兩項計畫，合併為新的「州教師品質補助計畫」，新計畫著重以科學研究為基礎的實用知識，培訓、召募高品質的教師。
2. **對於教育成果具有績效責任**：為了加強教育成果的績效責任，《NCLB》規定各州必須在 2005 至 2006 年間，評鑑每一所公立學校中，所有學生在閱讀和數學方面的進步，這些評量必須和各州的學習內容及成就標準相搭配；以及確保所有學生在 12 年內，達到熟練程度的全州進步目標。Browder 等人（2003, p. 54）即表示：「對所有學生進行績效評量的基礎在於：評量應該能反映所有學生對於重要的生活成果已準備到什麼程度。」《NCLB》還要求各州和學校提供家長其孩子學習優、弱勢；教師的專業背景；以及學校中所有學生，包括不同種族、性別、移民、身心障礙、英語能力受限和低收入戶學生表現的資料，以確保家長知道孩子學習表現與學校的資料。對於未能達到州所訂**年度進步指標**，被視為「需要改善」的學區和學校，《NCLB》要求它們結合家長、學校人員、教育主管人員和專家，共同發展學校革新計畫。州政府必須確保學校在發展與實施革新計畫時，給予技術協助，包括確認問題的所在，以及分析並重新分配學校的經費，有效運用資源幫助學生學習。
3. **強調教育計畫和實務須以科學研究為基礎**：《NCLB》強調教育計畫和實務須以科學研究為基礎，即**證據本位實務**，如此才能獲得良好的教育成效。《NCLB》指出有研究顯示，在學前就具有語言和閱讀技能的學生，進入小學後閱讀能力較優，且在往後的學業成就上亦較高；還有研究指出，學生在年幼時期若能獲得良好的教學，就能預防未來可能發生的閱讀問題；因此《NCLB》將閱讀列入優先介入的項目，強調透過**早期閱讀方案**，例如：早期閱讀優先計畫，讓所有學生都有好的開始，此計畫都有科學研究為基礎。另外，數學和科學能力是一個國家經濟發展的基礎，「數學和科學合夥計畫」是《NCLB》中，用來改善數學和科學教育的重要計畫。附錄 7 呈現「證據本位實務的意涵與反思」。

4. **給予家長更多的教育選擇權**：《NCLB》主張提供更多的教育選擇權給家長，假如其孩子所就讀的學校是「需要改善或不安全者」，那麼家長可以選擇其他公立學校就讀，或是學區必須提供「輔助性服務」的補助款給他們，這些服務包括家庭教師和課後輔導等。另一方面，新法案也支持更多**特許學校**（**charter school**）的成立，補助私立學校的學生，以及提供「在家自行教育」（home schooling）的家庭一些保障。其中特許學校是美國自 1990 年以來，興起的接受公費的私辦學校，是經由州政府立法通過，特別允許教師、家長、教育專業團體，或其他非營利機構等，經營由政府負擔部分經費的學校，除了必須達到雙方約定的教育成效外，不受例行教育行政規定的約束（吳清山、林天祐，1998）。
5. **賦予州、學區和學校更多的彈性使用經費**：《NCLB》賦予各州政府、學區和學校更多的彈性，來運用聯邦政府所撥下的教育經費，以便達成更佳的教育成果。

美國 2005 年之後，與融合教育有關的重要普通教育法規尚有：2008 年的**《高等教育機會法案》**（Higher Education Opportunity Act，簡稱《HEOA》，即《110-315 公法》），以及 2015 年的**《每個學生都成功法案》**（Every Student Succeeds Act，簡稱《ESSA》，即《114-95 公法》），詳述於附錄 5「融合教育相關法規」。

貳、中央層級的特殊教育法案

以下介紹美國重要的中央層級特殊教育法案。

一、1973 年的《第 504 條款》和 1990 年的《美國身心障礙者法案》

1973 年的《復健法案第 504 條款》（Section 504 of the Rehabilitation Act，即《93-112 公法》），要求不得歧視身心障礙者，禁止其享有應有的公民權和使用公共設施；並且主張所有身心障礙者，應該在**最少限制的環境**中接受教育，且得到**合理的調整**（Peterson & Hittie, 2010），這些調整包括物理環境和教學的調整，並將之擬訂成

調整計畫（L. J. Miller & Newbill, 1998）。至 1990 年的《美國身心障礙者法案》（The Americans With Disabilities Act，簡稱《ADA》，即《101-336 公法》），它是《第 504 條款》的延伸，主要規定所有身心障礙者享有參與就業、公眾設施、交通、政府機構和大眾系統等無障礙環境的權利，此項法案對身心障礙者的福利服務，做出更進一步的保障（引自 Peterson & Hittie, 2010）。由於《第 504 條款》和《ADA》對身心障礙的定義較 1990 年的《身心障礙個體教育法案》（Individuals With Disabilities Education Act，簡稱《IDEA 1990》）寬廣，亦即只要有限制個人主要日常活動的身體或心理損傷者都定義為障礙；所以有些不被納入《IDEA 1990》的身心障礙學生〔例如：注意力不足／過動症（attention deficit/hyperactivity disorder，簡稱 AD/HD）、有學習困難但未達智力和成就間顯著差距、適應欠佳、有酒精或藥物濫用歷史、有健康需求和其他疾病（像是愛滋病）〕，能夠獲得《第 504 條款》和《ADA》規定的服務（T. E. C. Smith, 2001）。「《第 504 條款》和《IDEA》間的比較」呈現於附錄 6。

另外，民權辦公室（Office of Civil Right）指出，《ADA》（1990）有下列關於**評分**（grading）的指引（Salend & Garrick Duhaney, 2002）：學區在評分、排名次、授獎、畢業文憑授予上，不能以不同於一般學生的方式對待身心障礙學生；但可以使用「調整的評分系統」，前提是它能應用在所有學生身上。如果身心障礙學生修習沒有學分的普通教育課程，或是修習不要求精熟的課程，則他們的評分方式可以不同於一般學生，依據其 IEP 的達成狀況來評分。在學生之成績單上，學區可以用符號或某種術語（例如：基本或實用的課程）表示學生接受調整的普通教育課程；但不能註記只對身心障礙學生所採用的方案（例如：資源方案、在家教育等）。經告知家長和學生，並且徵得其書面同意後，學區方可允許中學後教育機構在給學生的成績單上，註記學生接受的是特殊教育課程。

二、1975 年的《殘障兒童教育法案》

1975 年頒布《殘障兒童教育法案》（《EHA》），規定 3 至 21 歲（美國有些州未服務 3 至 5 歲兒童，故有些文獻是寫 6 至 21 歲）的身心障礙者在「最少限制的環境」中，學校透過為他們擬訂 IEP，以確保他們接受**免費而適當的公立學校教育（FAPE）**的權利；學校除了提供身心障礙學生特殊教育外，尚須提供其所需要的**相關服務**（Gearheart et al., 1992; Yell, 2019）。

三、1986 年的《殘障兒童教育修正法案》

而 1986 年的《殘障兒童教育修正法案》（Education for All Handicapped Children

Act Amendments，即《99-457 公法》），是《EHA》的第一次修正法案，主要是將法案中的特殊教育受益年齡向下延伸嬰幼兒期。此修訂法中，即根據早期介入的原則，對出生至 2 歲的發展遲緩嬰幼兒和其家庭實施**個別化家庭服務計畫**（IFSP）；然而，有些州延長 IFSP 的適用年齡至 5 歲，3 至 5 歲間的發展遲緩嬰幼兒適用 IFSP 或 IEP，則授權委員會視學生的狀況做個別決定（Strickland & Turnbull, 1990）。

四、1990 年的《身心障礙個體教育法案》

至 1990 年的《ADA》及《身心障礙個體教育法案》（《IDEA 1990》），這兩項法案對身心障礙者的教育和服務做出更進一步的保障（Smith, 2016）。《IDEA 1990》是《EHA》的第二次修正法案，更動法案名稱，採用**以人為先的語言**，亦即用「students with disabilities」取代「disabled students」，更強調尊重障礙者為獨立的個體（Peterson & Hittie, 2010）。此外，《IDEA 1990》主張服務應以家庭導向、社區本位，以及重視統合，並且要求學校負責訂定**個別化轉銜計畫**（**individualized transition plan，簡稱 ITP**），納入學生的 IEP 中（National Council on Disability, 1995）。ITP 必須在學生 16 歲前，且每年被訂定；此外，如果學生情況允許，教師可以提早在該生 14 歲時，或更早為其訂定此計畫。轉銜服務包括多方面的結果，例如：職業訓練、就業、社區參與、升學和其他成人生活的目標，教師可與學生、家長、學校其他行政人員、雇主，以及校外其他輔導機構的人員共同合作，且必須考慮學生的需要和興趣，學生和其家長對未來的期待，以訂定和實施 ITP（Rae, 2020）。

由上述的討論可知，《IDEA 1990》和《第 504 條款》充分將融合教育中「常態化」的理念，落實在身心障礙者的各種服務措施中，並且透過 IEP 和**調整計畫**的擬訂，保障身心障礙學生接受 FAPE（T. E. C. Smith et al., 2016），如附錄 6。

五、1997 年的《身心障礙個體教育修正法案》

1997 年的《身心障礙個體教育修正法案》（《IDEA 1997》），乃《EHA》的第三次修正法案，要求特殊教育經費不能只贊助隔離的教育安置，身心障礙學生應該盡可能與一般同儕一起接受教育，有機會參與公立教育系統中的普通教育課程，若有需要再做調整；同時強調身心障礙學生的教育成果應該與一般學生近似，並且提供身心障礙學生參與各州成就測驗的機會，但必須做評量調整，亦即所有學生都參與「標準本位的改革」中，達到既公平又卓越的目標；倘若 IEP 委員會決定某生不需要參加此類評量，則必須提出不克參加的理由或其他替代方案（King-Sears, 1997c; Nolet &

McLaughlin, 2005）。另外，此法案提及在 IEP 中，須描述學生身心障礙狀況對其接受普通教育方案之影響，以及因應學生需求所提供的支持服務，並邀請普通教育教師參與 IEP 的團隊（Lipsky & Gartner, 1998a）。除此，《IDEA 1997》指出，學校不能擅自對學生做出停學或退學的處分，除非學生的行為問題嚴重，而且此行為和障礙沒有關聯；法案還明確提出對行為問題實施**功能評量**（**functional assessment**）的重要性，強調將學生進一步地轉介到其他安置之前，學校必須實施功能評量，並依其結果發展**行為介入計畫**（**behavioral intervention plan**，簡稱 **BIP**），而後執行之（Peterson & Hittie, 2010）。

六、2004 年的《身心障礙個體教育增進法案》

美國 2004 年修正公布之《身心障礙個體教育增進法案》（Individuals With Disabilities Education Improvement Act of 2004，即《108-446 公法》，簡稱《IDEIA 2004》），乃《EHA》的第四次修正法案。H. R. Turnbull（2005）表示《IDEIA 2004》的修訂緣起於 2001 年公布的《不放棄任何一個孩子法案》（NCLB）；Finn 等人 2001 年編輯之**《重新思考新世紀的特殊教育》**（*Rethinking Special Education for a New Century*）報告書；以及卓越特殊教育總統委員會（President's Commission on Excellence in Special Education，簡稱 PCESE）於 2002 年提出的**《新世紀：為孩子和其家庭復甦特殊教育》**（*A New Era: Revitalizing Special Education for Children and Their Families*）報告書，《IDEIA 2004》即呼應三者的主張。前面已闡述《NCLB》，以下探討 Finn 等人和 PCESE 的報告書，作為後續陳述《IDEIA 2004》內涵的背景脈絡。

W. F. Horn 和 Tynan（2001）在 Finn 等人（2001）編輯的報告書中，批評《IDEA》（1990, 1997）造成身心障礙學生的依賴感，對自我產生低期待，減損對自我學習的責任感，以至於學習成果不佳。Finn 等人表示，《IDEA》調整的哲學（僅應用於身心障礙學生，一般學生無法獲得），尤其是在行為管教上的調整，讓身心障礙學生覺得他們被賦予與眾不同的規則，導致他們終身依賴特殊的調整，而不是更獨立，以達到更高的標準；如此與「統合」的理念背道而馳，造成他們與一般人更多的隔離。Finn 等人建議，加強身心障礙學生的個人責任，以達到獨立的目標。

PCESE（2002）提出六點主要的研究發現：第一，特殊教育承受複雜的規定、過多的書面作業、日趨增加的行政要求等方面之壓力，造成較重視過程，而忽略了結果、有效教學和學生的成就表現。第二，特殊教育依據的是「等待學生失敗」之模式，較少使用有科學研究為基礎之預防、早期介入和處理攻擊行為的策略。第三，教育工作者和政策制定者常常將普通和特殊教育視為兩個分立的系統，不將身心障礙學生視為普通教育的學生。第四，來自訴訟的壓力造成一種「順從的文化」，導致學校的「第一要務——教育每一個孩子」已不再是關注的焦點。第五，很多鑑定身心障礙者的方法缺乏效度，造成每年有很多人接受錯誤的鑑定。第六，特殊教育系統未呈現**證據本位的實務**。B. G. Cook 和 Schirmer（2003）主張，特殊教育的特殊性在於徹底實施有效、證據本位的實務。PCESE 進而提出下列三點建議：（1）強調**結果**而不是「過程」，主張特殊教育不是一個地點，而是一種有績效責任的服務；（2）根據**預防**而不是「等待學生失敗」的模式；（3）首先要將身心障礙學生視為**普通教育的學生**。

《IDEIA 2004》共包含：（1）《第 1 款》，裡面有四個部分，《A 部分》是一般條款，《B 部分》是對全體身心障礙兒童的教育協助，《C 部分》是身心障礙嬰幼兒，《D 部分》是改進身心障礙兒童教育的全國性活動；（2）《第 2 款》，國家特殊教育研究中心；（3）《第 3 款》，生效日期（Mandlawitz, 2004）。在經費上，《IDEIA 2004》提出到 2011 年，增加特殊教育方案經費的比例到 40%；2005 年先補助 12.36 億美元，而後每年增加 2.3 億美元，直到 2011 年能達到 40% 的比例（T. E. C. Smith, 2005）。綜合文獻（Boehner & Castle, 2005; Council for Exceptional Children [CEC], 2004; Gartin & Murdick, 2005; Mandlawitz, 2004; T. E. C. Smith, 2005; Weishaar, 2006; Yell, 2019; Yell & Katsiyannis, 2004），我將從特殊教育人員、鑑定程序、學障的鑑定、免費而適當的公立學校教育（FAPE）、早期介入服務（early intervening services）、私立學校、身心障礙嬰幼兒的服務，以及家長參與和法律正當程序八大方面，探討《IDEIA 2004》的修訂內涵。

（一）特殊教育人員

《IDEIA 2004》配合《NCLB》**建立高品質師資**的主張指出，特殊教育教師必須具備大學的學歷，通過州政府特殊教育教師之資格檢定；如果該教師有任教核心學科，還須具備該學科（例如：英文、數學）的專業認證。

相關服務人員和特教助理員也須符合州政府所認可的資格，特殊教育助理員係被州政府所認可或經過州承認合格，並且符合能提供身心障礙學生特殊教育的條件者，他們須受過適當的訓練與監督；相關服務人員則須符合其所屬專業的認證。《NCLB》明確規範，學校和學區必須清楚列出其雇用、培訓與評鑑特教助理員的相關規定，並且詳列出特教助理員須負責的工作項目。另外，《IDEIA 2004》強調增加高品質合格特殊教育人員的比率，以及編列經費支持其專業成長。

（二）鑑定程序

《IDEIA 2004》指出，州政府必須建立政策和程序，預防不同種族的人被過度鑑定為身心障礙學生。在鑑定程序上，《IDEIA 2004》做了以下的增修。

1. 《IDEA 1997》僅提出，各州或地方教育機構將執行初始的鑑定評量，以決定學生是否能得到特殊教育和相關服務的資格；而《IDEIA 2004》修改成：家長、州或地方教育機構任何一方，均能提出執行初始鑑定評量的請求，H. R. Turnbull（2005）指出，這意味《IDEIA 2004》賦予家長新的責任，以加強家長的參與。
2. 評量必須在接受家長同意後的 60 天內完成，或是依照州所設定的時間表。
3. 《IDEA 1997》將篩選（screening）認定為鑑定評量，需要家長的許可；《IDEIA 2004》則修改成：篩選不算是鑑定評量，不需要家長的許可。
4. 《IDEA 1997》指出，如果可行的話，評量必須以學生的母語或其他語言呈現；而《IDEIA 2004》修改成，評量必須以最能產生正確訊息的語言和形式提供給學生。
5. 如果學生轉學，則原學校和新學校必須協調完成學生的評量。
6. 如果家長不同意其孩子接受評量，拒絕孩子獲得特殊教育和相關服務的資格，或是不回應地方教育機構之徵求同意程序；地方教育機構將不會違反提供FAPE的要求。
7. 《IDEA 1997》指出，不能因學生缺乏閱讀或數學的教學或其英語能力受限，就將他們鑑定為身心障礙；《IDEIA 2004》則維持此主張，但進一步補充：若學生缺乏合適的閱讀教學，包括閱讀必要成分的教學，則不能將他們判定為身心障礙學生。
8. 《IDEIA 2004》增加每三年會重新鑑定評量一次，除非家長和地方教育機構認為沒有必要；另外，一年不會進行超過一次的重新鑑定評量，除非家長和地方教育機構同意這麼做。

（三）學障的鑑定

過去採用**智力—成就差距模式**鑑定學障學生，綜合文獻（胡永崇，2005；Brown-Chidsey & Steege, 2010; Fletcher et al., 2004; Siegel, 2003）發現，採用此模式做鑑定容易產生以下四項問題。

1. 導致「等待學生失敗」的情況，違反「及早介入、避免惡化」之教學倫理。
2. 許多接受學障鑑定之學生的智商可能易受低估，使其智力與成就間難以產生明顯的差距，尤其是智商較低、有行為問題的學生，或是來自社經地位低、文化差異之家庭的學生，因而失去接受特教服務的機會。此外，年級較高的學障學生，可能因行為、動機及長期學習問題，而使智商受低估；年級較低者則可能因學業表現與一般學生差距較小，不易顯現智力與成就間明顯的差距，因而喪失接受特教服務的機會。

3. 過度以智力—成就差距模式作為鑑定標準，容易忽略學障學生間異質性高之特質。
4. 智力—成就差距模式缺乏效度和信度，包括計算差距使用之智力和成就測驗是否具有效度和信度，況且對智力的構念尚有爭議，對於什麼樣的智力和成就測驗最有效度和信度並無共識；差距之設定標準缺乏理論依據，差距大小對教師教學的啟發性不大，文獻間或各地方政府間對其計算方式也存在著歧見。

針對智力—成就差距模式的問題，亦有文獻（Kavale et al., 2005; Mastropieri & Scruggs, 2005）持不同的觀點，認為學障錯誤鑑定的問題，並非起因於差距模式的效度和信度不當，而是地方政府未落實執行所致；解決之道不應因噎廢食，捨棄差距模式，而是應制定一致且適當的差距計算公式和差距標準，然後落實執行它。

《IDEIA 2004》進一步指出，學障鑑定不一定要符合智力與成就之間的嚴重差距，可以使用**對有科學研究為基礎之介入的反應**（**response to scientific, research-based intervention**，簡稱 **RTI**）程序來鑑定，也可以採用其他有研究證據的鑑定程序。RTI 又稱為**處遇效度**（**treatment validity**；王瓊珠，2004；L. S. Fuchs & Fuchs, 1998b）、**教學反應**（**response/responsiveness to instruction**；胡永崇，2005；Case et al., 2003）、**介入反應**（**response to intervention**；吳清山、林天祐，2006），以下稱為「介入反應」（RTI）；它是指對有科學研究證據的介入沒有明顯進步反應的學生，則可以接受進一步的鑑定。比較《IDEIA 2004》前後，有關「學習障礙鑑定和介入」如表 2-1。

Bender 和 Shores（2007）指出，有「問題解決」與「標準介入」兩種介入反應鑑定模式，其優點與限制如表 2-2。RTI 模式具有下列六項特徵：（1）對所有學生進行**全面篩選**，篩選出有學習困難或高危險群學生；（2）主張特殊和普通教育教師間的協同合作介入，包括特殊教育教師提供教學諮詢、合作教學；（3）將焦點放在可以改變的因素，強調解決問題；（4）**以介入作為測試的手段**，結合教學和評量，使用直接的**課程本位評量**（**curriculum-based assessment**，詳見第 7 章第 2 節）；（5）依據學生的需求，建立多層次的介入和支持系統，以及進行長期經常的評量，以監控學生的進步情形；（6）採用**適異性課程**（**differentiated curriculum**，或譯為**區分性課程**、**差異化課程**，詳見第 11 章）、證據本位實務，並且進行高品質的教學（Brown-Chidsey & Steege, 2010; Fletcher et al., 2004; S. Vaughn, Linan-Thompson, & Hickman, 2003）。Swanson 和 Finnan（2003）主張，找出教導不同需求之學生的方法，會比花大量精力在鑑定和標記學生更具有價值，所有學生都應該有機會接受實質、有高品質的教育。由此可知，特殊教育的思維已從「依障礙類別做鑑定與安置→介入」，轉變為**介入反應→鑑定與安置**的處理流程，此種以 RTI 為基礎的問題解決服務模式如圖 2-1。

表 2-1 《IDEIA 2004》前後有關「學習障礙鑑定和介入」之比較

比較項目	《IDEIA 2004》之前	《IDEIA 2004》之後
基本的思維	依據障礙類別做鑑定與安置，學生被安置後才能獲得介入；學生未取得特殊教育資格之前，無法接受介入。	採取「先介入反應，再鑑定與安置」的思維，掌握「及早介入、解決問題、避免惡化」的原則，當學生一開始出現困難的先兆時，就提供介入，積極回應學生的需求。
篩選和鑑定	1. 未對所有學生進行全面篩選。 2. 擬訂明確的鑑定標準，採用「智力—成就差距模式」做學障鑑定，「低成就」是指學生成就和智力的差距。 3. 使用標準化的測驗，在短時間內做評量。 4. 由具特殊教育和相關專業的「多專業」團隊執行。	1. 對所有學生進行全面篩選，篩選出有學習困難或高危險群學生。 2. 學障鑑定不一定要符合智力與成就之間的嚴重差距，可以使用「對有科學研究為基礎之介入的反應」程序來鑑定，也可以採用其他有研究證據的鑑定程序。「低成就」是指學生對有效教學的無反應或反應不足。 3. 以介入作為評量的手段，結合教學和評量，使用直接的課程本位評量，在提供介入的時段內，透過觀察、診斷評量等多種方式，蒐集學生的學習資料。 4. 由包括特殊和普通教育教師的「問題—解決」團隊執行。
介入	1. 由特殊教育教師介入。 2. 介入對象為有學障資格的學生。 3. 介入聚焦於學生個人的問題與缺陷。	1. 由特殊和普通教育教師協同合作介入，包括提供教學諮詢、合作教學等。 2. 介入對象為有學習困難或高危險群，需要支持的學生。 3. 依據學生的需求，建立多層次的介入和支持系統，將焦點放在調整生態環境及其他可改變的因素，強調解決問題，採用適異性課程、科學研究為基礎之介入，並且進行高品質的教學。
進步狀況的監控	很少監控學生的進步情形。	進行長期經常的評量，以監控學生的進步情形。

●註：綜合整理自 Brown-Chidsey 和 Steege（2010）、Fletcher 等人（2004）、S. Vaughn 和 Bos（2014）及 S. Vaughn、Linan-Thompson 和 Hickman（2003）的文獻。

表 2-2 問題解決與標準介入模式之優點與限制

模式	優點	限制
問題解決模式	1. 基於個別學生需求做決定。 2. 在選擇介入方法與資源分配上允許較多彈性。	1. 處理個別層次的學習問題將耗費許多時間。 2. 要求教師與團隊成員具備證據本位實務的知識與專業能力。
標準介入模式	1. 具有「清楚、科學過程」的教學策略與評量文獻。 2. 已準備好標準的介入，只要學生有需求立刻就能取得。 3. 各層次間的進展具有結構性。	1. 介入的選擇欠缺彈性。 2. 可能需要額外人員的加入，介入依賴是否擁有充分可取得的資源。

●註：取自 Bender 和 Shores（2007, p. 15）。

圖 2-1 以 RTI 為基礎的問題解決服務模式

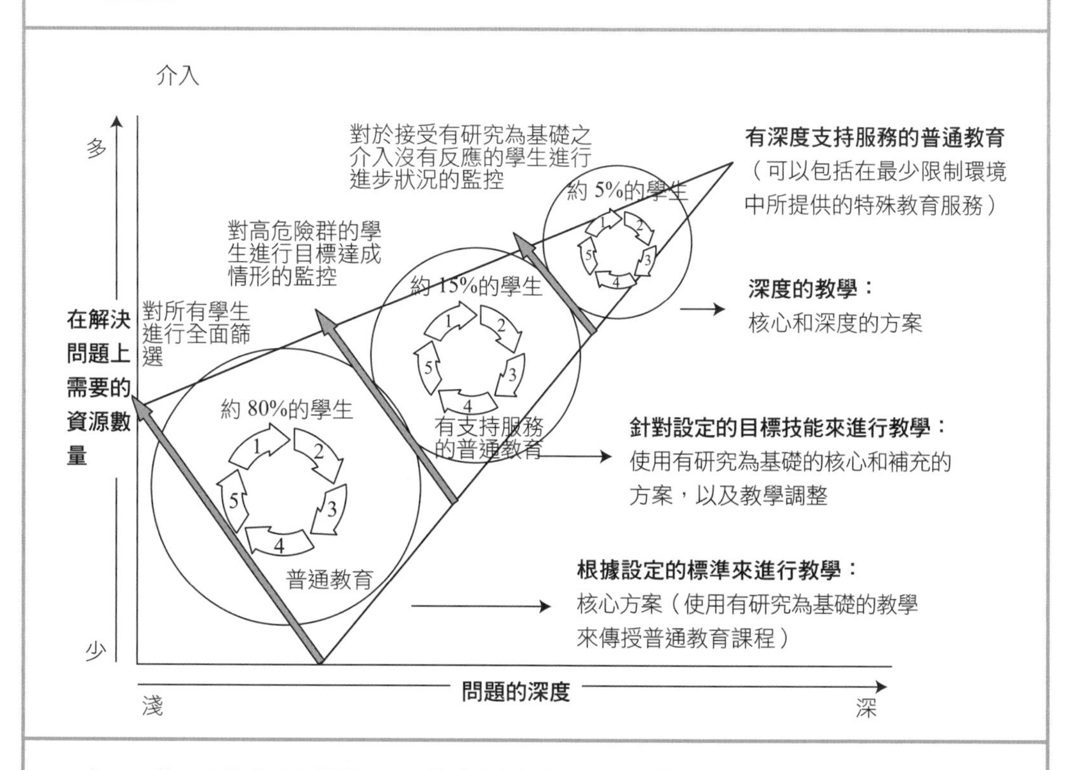

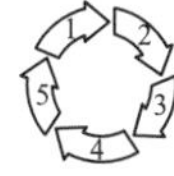

註：1 是「確認問題」，2 是「分析問題」，3 是「發展計畫」，4 是「執行計畫」，5 是「評鑑計畫」；修改自 K. Cox（2005, para. 18），修改處為加入對何種學生所做介入、資源數量、問題深度，以及註解說明。

Bryant 等人（2020）綜合文獻指出，特殊教育是**更深入和支持性的方案**，具備**證據本位**（validated，使用有研究為基礎的實務）、**個別化決策**（individually determined，配合個別的需求進行教學）、**明顯度**（explicit，直接針對內容和技能應用介入方法）、**策略性**（strategic，協助學生應用方法引導他們的學習）、**系列性**（sequential，以前面技能學習的精熟程度為基礎，規畫未來的課程與教學），以及**持續監控**（monitored，經常和系統性監控學習進步情形）等六個特徵。RTI 的架構乃及早提供含特殊教育特徵的大範圍初級預防的介入；若無反應，則再提供小範圍二級預防的介入；若再無反應，則再提供更深入、個別支持性的特殊教育方案。

綜合文獻（邱上真，2006；胡永崇，2005；Bender & Shores, 2007; Brown-Chidsey & Steege, 2010; D. Fuchs et al., 2003; Volpiansky, 2005），RTI 模式具有下列四項優點：（1）發現高危險群的學生，給予及時的協助，避免問題的惡化；（2）避免將智力與成就之間未達顯著差距的學習困難學生，排除在介入服務之外；（3）結合評量、教學和進步監控，能有效加強轉介前介入的實施；（4）減少在學障的鑑定過程中，由於教學不當因素所造成的錯誤鑑定和不當標記。

相對地，RTI 可能存在以下六項疑問（Kavale et al., 2005; Mastropieri & Scruggs, 2005; Yell, 2019）：第一，需要有充足訓練的人員執行RTI模式。第二，如何確知該介入是有科學研究為基礎及決定的標準。第三，如何建立介入的層次，以及跨越層次的標準；學生接受「證據本位介入」有無反應的決定標準及何時做決定。第四，是否有具效度和信度的工具來實施 RTI 模式，例如：是否採取標準化、以研究為基礎之介入程序，是否有標準化的課程本位評量等。第五，RTI模式是否能確實鑑定出學障學生，以及區分出非學障學生；是否能區分學障、智障、情緒行為障礙、AD/HD和低成就學生。第六，如何將介入整合於普通教育中；在提供以研究為基礎之介入上，特殊與普通教育教師的權責如何劃分，以及如何運作，皆有待釐清。Gresham（2005）指出，RTI 模式除了可以運用在鑑定學障學生外，也可以用來鑑定情緒行為障礙學生。

（四）免費而適當的公立學校教育（FAPE）

在提供 FAPE 方面，我從個別化教育計畫（IEP）、轉銜、相關服務、獲取教學材料、評量、轉學、行為介入和藥物使用八方面來探討。

1.個別化教育計畫（IEP）

在 IEP 成員方面，《IDEIA 2004》規定包括：（1）身心障礙學生的家長；（2）不少於一位的普通教育教師（如果身心障礙學生現在或未來將安置在普通班）；（3）不少於一位的特殊教育教師或特殊教育服務提供者；（4）一位地方教育機構代表；（5）一位能解釋評量結果和如何應用此結果在教學上的人員；（6）家長或地方教育機構認為了解該位身心障礙學生，或是能符合他特殊需求的其他專家，包括提供特教相關服務的人員；（7）學生本身（如果適合的話）。《IDEIA 2004》比較大的修改，是將《IDEA 1997》中「至少一位」的描述改成「不少於一位」，亦即若該生有多位普通或特殊教育教師，不要求所有教師都一定參與 IEP 會議。在參加 IEP 會議方面，《IDEIA 2004》指出，於家長和地方教育機構同意且此次會議不會討論到某位 IEP 成員負責之課程或服務的情況下，該成員可以不參加 IEP 會議。即使此次會議會討論到該成員負責的課程或服務，但是在家長和地方教育機構同意，並且該成員於 IEP 會議之前繳交書面意見的情況下，則他得以不參加會議；值得注意的是，家長的同意必須以書面的方式呈現。同樣地，在家長和地方教育機構同意的情況下，IEP 的修正內容可以不用召開 IEP 會議，以書面的方式呈現。另外，《IDEIA 2004》還增加家長參與 IEP 會議的方式，例如：可採用視訊會議、電話或其他彈性的方式。

《IDEIA 2004》對 IEP「現況描述」的規定稍有改變，《IDEA 1997》中強調將學生的現況描述聚焦於「教育表現」；而在《IDEIA 2004》中則改為**學業成就與功能性表現**，此改變是為了更清楚界定與擴大原本只有「教育」焦點的現況描述。原本在《IDEA 1997》中要求敘述學齡學生的障礙情況如何影響他參與「普通課程」和進步幅度，以及學前特殊需求幼兒的障礙情況如何影響他參與**日常活動**；《IDEIA 2004》則改為**普通教育課程**，此修正凸顯出《NCLB》所強調——以「學業」為課程的焦點，學前特殊需求幼兒的部分則沒有改變。

在學年和短期目標方面，原本《IDEA 1997》要求須為所有學生訂定學年和短期目標；《IDEIA 2004》則改為只須訂定學年目標，只有那些要接受**替代評量**（alternate assessment；評量的內容與一般學生不同，詳見第 14 章）的學生，才須擬訂短期目標。另外，《IDEIA 2004》已澄清學年目標為「學業與功能性目標」，此目標要能促進學生參與普通教育課程和提升其進步幅度，以及因應他們源自於障礙的其他教育需求。此修正反映出「減少書面作業」的需求，並且凸顯出《NCLB》所強調者——以**學業**為課程的焦點，有人認為短期目標的擬訂會阻礙身心障礙學生參與普通教育課程。不過，也有部分人士認為刪除短期目標會減損「目標的個別化」。此外，《IDEA 1997》

提到 IEP 中須載明服務和調整的開始日期、次數和地點；而《IDEIA 2004》增加說明服務和調整的持續時間。

另外，針對 18 至 21 歲的學生，《IDEIA 2004》增加**多年期的 IEP**，但不超過三年，而且每一年必須檢核一次；除此，發展此種 IEP 時，必須經過家長的知情同意。《IDEIA 2004》已在 15 個州進行多年期 IEP 的試探性方案，以研究此種作法的效果。在報導學生進步狀況方面，原本《IDEA 1997》要求在學年結束前，描述學生充分達到設定目標的進步狀況；《IDEIA 2004》則拿掉「充分」一詞，僅要求定期檢核 IEP，但不超過一年必須檢核一次，且在年度結束前，描述學生達到年度目標的進步狀況，學校可以透過一季或其他的定期學習表現報告，來呈現 IEP 達成情形的資料給家長，它可以與成績單同時使用。若學生的學習表現未達預定目標，則須修正 IEP。

2. 轉銜

《IDEIA 2004》指出，轉銜目標是在確保所有的身心障礙兒童，能獲得符合其獨特需求，以及為其**未來進階教育**、**就業**和**獨立生活**做準備的特殊教育和相關服務。

> 最遲在兒童 16 歲時，IEP 中必須包括「適當、可評量的中學後目標」，此目標是依據適齡之「轉銜評量」（transition assessment）訂定的，而轉銜評量乃評量兒童訓練、教育、就業和獨立生活技能等方面的能力和需求；除此，還必須包括能協助兒童達到上述目標的「轉銜服務」（涵蓋課程學習），並且每年更新。轉銜服務是為身心障礙兒童安排的一組協調性活動，此活動是在「結果導向」的過程內設計的，此過程必須聚焦在改善「學業和功能性的成就」，以促進兒童從學校轉銜到學校後的活動，包括中學後的進階教育、職業教育、統合的就業（包含支持性就業）、持續和成人教育、成人服務、獨立生活或社區參與；它的發展須依據兒童的「需求」，並且須考量其「優勢、喜好和興趣」。

相較於《IDEA 1997》，《IDEIA 2004》有以下六點主要改變：（1）將「身心障礙學生」改成**身心障礙兒童**，由此可看出轉銜服務應更早開始提供；（2）增加轉銜目標在為**進階教育**做準備；（3）指出最遲在兒童 **16 歲**時，IEP 中必須包括**適當、可評量的中學後目標**，刪除《IDEA 1997》中，「當身心障礙學生 14 歲時，學校必須於 IEP 中反映其轉銜服務需求」這段文字；（4）增加轉銜服務必須要聚焦在改善**學業和功能性的成就**；（5）學生從中學轉銜到中學後的活動中，《IDEIA 2004》將「職業訓練」改成**職業教育**；（6）除了喜好和興趣外，增加轉銜服務的發展還必須考量兒童的**優**

勢；（7）將轉銜服務是在「成果（outcome）導向」的過程內設計，改成**結果**（result）導向，「結果」比「成果」更為正式和具體，強調要有明確、訴諸文字的轉銜結果為導向。《IDEIA 2004》中轉銜的基本理念和其間的關聯性如圖 2-2。

圖 2-2 《IDEIA 2004》中轉銜的基本理念和其間的關聯性

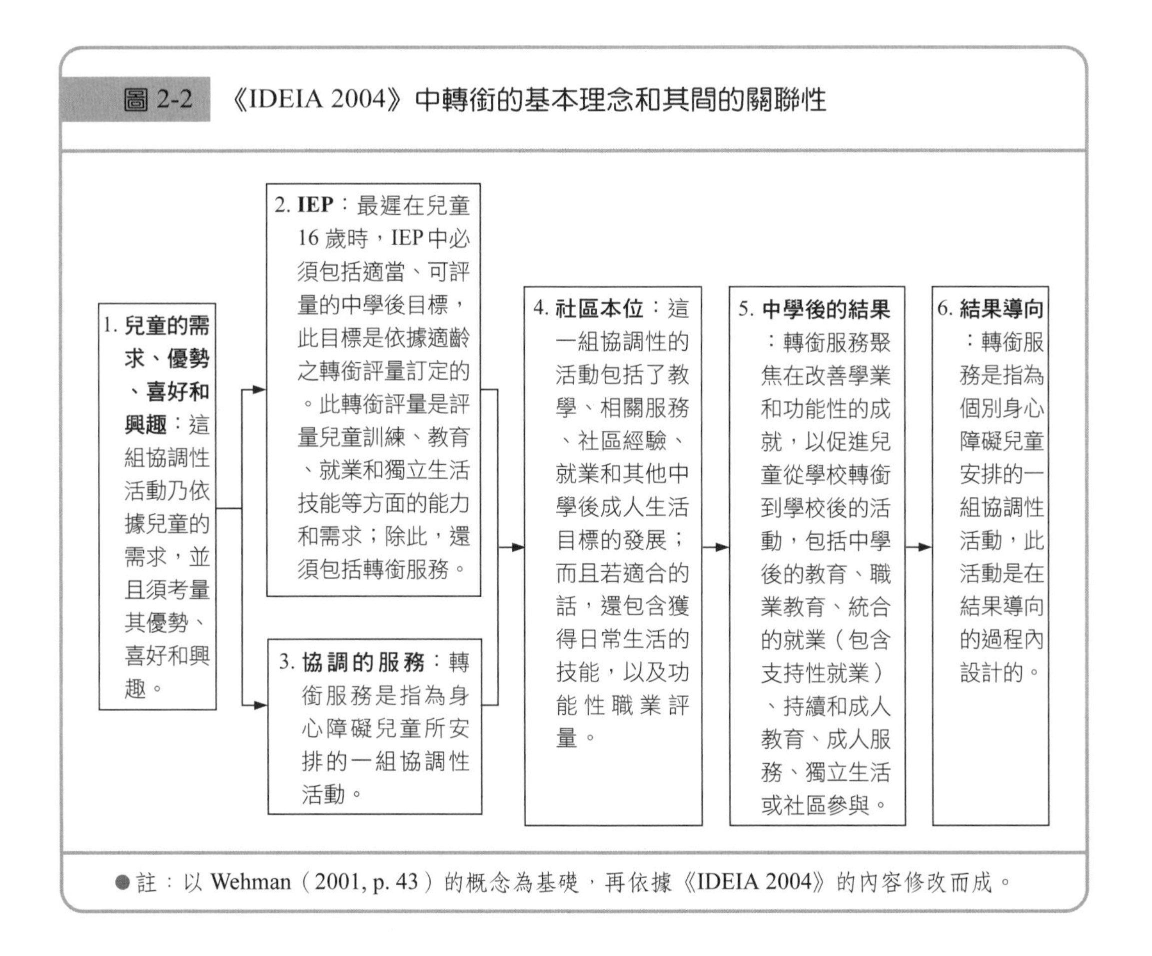

●註：以 Wehman（2001, p. 43）的概念為基礎，再依據《IDEIA 2004》的內容修改而成。

3.相關服務

在相關服務方面，《EHA》（1975）主張對於身心障礙學生的鑑定和評量，應由多種專業人員組成的團隊來執行；相關服務是指：

> 交通及發展、矯正或支持性服務，包括說話病理和聽力服務、心理服務、物理和職能治療服務、休閒服務、做診斷或評量以外的醫學服務與諮商服務等，它們能協助身心障礙學生從特殊教育中獲益，並且包括早期鑑定和評量。

《IDEA 1990》增加**學校社會工作服務**；界定**輔助科技器具**（assistive technology device，簡稱輔具）的意涵；補充諮商服務中包含**復健諮商服務**，休閒服務中包括**治療性的休閒服務**（H. R. Turnbull et al., 2006）；補述此相關服務包括**學校健康服務**、**社會工作服務**，以及**家長諮商和訓練**（Bateman & Linden, 2006）。《IDEA 1997》中增加**定向和行動服務**（**orientation and mobility services**），並且擴大「說話病理服務」為**說話語言病理服務**。《IDEIA 2004》則又增加**學校護理服務**和**翻譯服務**。另外，《IDEIA 2004》在輔具的提供上，加入「它不包括手術植入的醫療器具，或是這類器具之更換」的條文；這源自於在許多法律正當程序中，家長提出學校要為其聽覺障礙（簡稱聽障）孩子負擔電子耳植入的醫療服務，於是立法說明並不包括此服務。《IDEIA 2004》還提及特殊教育、相關服務及輔具和服務須有**同儕檢核的研究**為基礎，此規定反映《NCLB》**證據本位實務**的精神。

4.獲取教學材料

《IDEIA 2004》增加州政府必須採用**國家教學材料易取得標準**（**National Instructional Materials Accessibility Standard, NIMAS**），提供教學材料給視障者，或其他閱讀印刷字體有困難的身心障礙者。另外，州政府須確保，「國家教學材料獲取中心」（National Instructional Materials Access Center, NIMAC）能夠即時提供教學材料給視障者，或其他閱讀印刷字體有困難的身心障礙者。

5.評量

《IDEIA 2004》主張所有的身心障礙學生，與一般學生一樣，都必須定期接受**全州或全學區的評量**，以了解他們在普通教育學科上的基本學力；它亦提到 IEP 必須描述身心障礙學生在接受全州或全學區評量時所需**評量調整**（**assessment accommodation**）；對於障礙程度較重度者，如果他們的 IEP 決定其需要接受**替代評量**，則須敘述做此決定的理由（Thurlow et al., 2005），於第 12 章會詳述評量調整和替代評量。州政府應提供全國性的研究數據，以設計具有效度和信度、合適之替代評量系統（K. Briggs, 2005），例如：喬治亞州政府規定，接受替代評量的學生，須由 IEP 團隊決定其障礙程度是否能夠參與全州或全學區評量；若 IEP 團隊決議其在接受評量調整後仍無法參與時，才可接受替代評量，同時這些學生必須參與替代性課程（alternative curriculum；詳見第 11 章），並且只能獲得特殊教育證書（Georgia Department of Education, 2005）。文獻（Kleinert et al., 2002; Kleinert & Kearns, 2017）指出，替代評量內容最好是對學生來說有意義，能促進他們成功轉銜的目標，並且能與 IEP 結合。Kleinert 等人

（1999）調查 331 位肯塔基州的學校教師對替代評量的觀感後顯示，教師了解替代評量的好處，而且認為它對教學方案設計和學生學習成果有正向的效益；但是他們也表示要花費許多時間完成評量檔案，而且關注評分信度，以及替代評量似乎更強調評鑑教師的教學效能。

6. 轉學

有關轉學方面，《IDEIA 2004》增加：學生轉學到同州或不同州的學校時，新的地方教育機構必須提供 FAPE，並且依據之前擬訂的 IEP 給予服務，同時諮詢家長必要時重新評量，直到新的地方教育機構採用原來的 IEP 或發展和實施新的 IEP 為止。新學校有責任向原學校要求，提供實施特殊教育和相關服務的 IEP 和其他紀錄，原學校必須立即回應這樣的要求。

7. 行為介入

在行為介入方面，《IDEIA 2004》維持《IDEA 1997》的規定：學校不能擅自對學生做出「停學」或「退學」的處分，除非學生的行為問題嚴重；如果身心障礙學生違反「學生行為規範」，學校人員可以提出將學生暫時安置到適合之**中介替代的教育單位**（interim alternative educational setting, IAES）、另一個環境，或提出「停學」的處分，但以不超過 10 天為原則，而且此處理方式也同樣運用在一般學生身上；另外在學生停學期間，學校仍應繼續提供服務，讓他們仍能達成 IEP 的目標，並且須以功能評量為基礎設計 BIP，或檢視和調整之前的計畫處理其行為問題。不同處是《IDEIA 2004》的 10 天是「學校日」，扣除了假日會較長，並且加入「此決定會考慮身心障礙學生個別的狀況」；而《IDEA 1997》的 10 天是「日曆天數」。

若學校計畫提出「改變安置超過 10 天」的處分，《IDEIA 2004》維持《IDEA 1997》的規定：此處分也同樣運用在一般學生身上，只能改變安置到 IAES 45 天；而且在學生停學的期間，學校仍應繼續提供服務，讓他們仍能達成 IEP 的目標，並且須以功能評量為基礎設計 BIP，或檢視和調整之前的計畫處理其行為問題。差異處是決定此處分的條件，《IDEIA 2004》使得要對身心障礙學生，採取不同於一般學生的行為管教方法，相較於《IDEA 1997》更加困難，因為《IDEA 1997》要證明的是行為和障礙沒有關聯，安置和 IEP 是適切的，只要有任何證據證明行為和障礙有關聯，安置和 IEP 不適切，就可以對身心障礙學生採取不同於一般學生的行為管教方法，亦即不能改變安置超過 10 天。而《IDEIA 2004》則要證明的是行為和障礙有直接、實質的關聯，亦即障礙會影響他們控制自己的行為，或阻撓他們對行為結果和影響的了解；而且行為問題是導因於未執行 IEP，或發展和實施 BIP 的直接結果，才能對身心障礙學生採取不同於一般學生的行為管教系統，而且會做跨時間和跨情境的資料蒐集，例如：學障學生的低自我概念導致其無法控制行為，出現引起注意的行為問題，這樣的關聯性就不夠直接。Turnbull III（2005）表示，《IDEIA 2004》使得「行為和障礙之因果關聯性」的證明較為困難。

《IDEIA 2004》還主張，建立全校性（school-wide）的**正向行為支持**（**positive behavior support，簡稱 PBS**）系統；Walker 等人（1996）指出，此支持系統包括**初級、次級和三級預防**。我綜合文獻，整理出學校本位的 PBS 系統，如圖 2-3。

圖 2-3 學校本位的正向行為支持系統

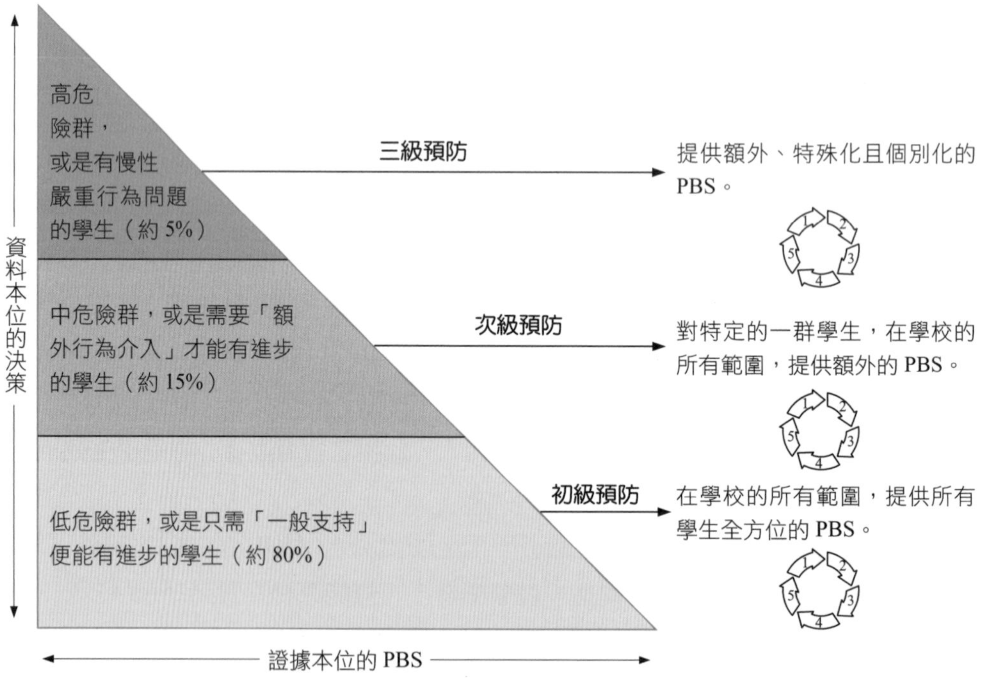

註：1 是「確認問題」，2 是「分析問題」，3 是「發展計畫」，4 是「執行計畫」，5 是「評鑑計畫」；綜合整理自 Harlacher 和 Rodriguez（2018）、Horner 和 Sugai（2007）、Safran 和 Oswald（2003）及 Walker 等人（1996）的文獻。

8. 藥物使用

在藥物使用方面，《IDEIA 2004》增加：州政府將禁止州和地方教育機構人員，把要求兒童進行藥物治療作為其上學、接受評量或服務的必要條件。這個條文將不會禁止教師或其他學校人員與家長分享其孩子在班級中的學業和功能性表現、行為，或是其在特殊教育評量和相關服務上的需求。

（五）早期介入服務

《IDEIA 2004》強調早期鑑定和介入，包括透過**早期鑑定**（例如：全面篩選）、**及早預防**（例如：教室本位的介入）、**早期介入**（例如：證據本位實務）來達成。舉例來說，《IDEIA 2004》增加下列三項條文促進早期介入服務。

1. 受虐兒、來自吸毒和暴力家庭的嬰幼兒等高危險群兒童，也應接受早期介入服務。
2. 強調**預防失敗**的觀點，增加對英語能力受限兒童、**州照護兒童**（**ward of state**）和無家可歸兒童的定義；其中州照護兒童是指，由州或公立兒童福利機構收養和照護的兒童。另外，州教育機構要發掘，可能是身心障礙之無家可歸和州照護兒童；地方教育機構須建立跨州、傳遞移民兒童健康和教育資訊的電子交換系統。
3. 地方教育機構可以運用上至 15% 聯邦補助的年度教育經費，再結合其他經費，替普通班未被鑑定為須接受特殊教育和相關服務，但需要額外學業與行為支持的幼兒園至 12 年級的學生（特別聚焦於幼兒園至 3 年級），即處於高危險群的學生，發展和實施整合的早期介入服務，以協助他們成功適應普通教育環境。早期介入服務是**全學校的取向**，包括證據本位早期閱讀方案、PBS 等（H. R. Turnbull, 2005）。

（六）私立學校

《IDEIA 2004》主張，私立學校應有相同的機會獲得聯邦政府的經費補助，地方教育機構在與私立學校的代表會商之後，將完整而徹底地調查有多少身心障礙學生被安置在私立學校中。地方教育機構必須與私立學校的代表和家長會商下列事務：如何發現身心障礙學生，聯邦政府的經費補助比例，如何、何時和誰提供服務。

（七）身心障礙嬰幼兒的服務

《IDEIA 2004》指出，《C 部分》的經費主要在協助州政府，為身心障礙嬰幼兒和其家庭，建立和維持一個協調、多專業的、跨機構的早期介入服務系統。州政府在建立身心障礙嬰幼兒的服務系統時，必須包括以下四方面。

1. 在實際運用的範圍上，服務乃以有科學證據的研究為基礎，讓身心障礙嬰幼兒，包含無家可歸的兒童能夠受惠。
2. 採用嚴謹的標準做鑑定，發現需要接受服務的兒童，以減少對未來服務的需求。
3. 促進大眾了解早產兒的父母，或是家中有其他生理危險因子兒童的父母，這些生理危險因子容易造成兒童學習或發展的問題。
4. 對服務人員提供嬰幼兒社會和情緒發展的訓練課程。此外，《IDEIA 2004》補充在兒童鑑定的過程中，仍然可以接受IFSP。《IDEIA 2004》還強調服務的彈性，主張在家長的書面同意下，州教育機構和《C部分》的負責機構可以發展聯合系統，讓已達 3 歲，可以接受《B 部分》服務的兒童，持續接受《C 部分》的學前服務，直到他們進入幼兒園。州教育機構和《C部分》的負責機構必須每年告知家長他們有權選擇讓其孩子接受《B 部分》或《C 部分》的服務，並且解釋二者的差異處，以及接受《C 部分》服務可能須負擔的費用。

（八）家長參與和法律正當程序

《IDEA 1997》中對家長的定義為「法定監護人和代理父母」；《IDEIA 2004》則擴展對「家長」的定義，包括領養或寄養父母、監護人、與孩子住在一起的人，或是合法提供孩子相關福利的人。為了鼓勵家長的參與，《IDEIA 2004》提出，政府可以補助經費給家長團體，支持他們辦理家長訓練課程，和提供家長相關資訊。

在法律正當程序方面，《IDEIA 2004》增加必須在兩年內提出法律正當程序；而且家長有義務告知地方教育機構其孩子的問題，以及對此問題計畫採取的解決方式，和他們期待地方教育機構為其孩子做些什麼；H. R. Turnbull（2005）表示，這意味《IDEIA 2004》加強家長新的責任。另外，《IDEIA 2004》補充，家長在提出**法律正當程序的聽證會**之前，必須與地方教育機構舉行**聽證會前的解決會議**，以調解兩方的意見；而州和地方教育機構應訓練相關人員有能力處理家長提出的法律正當程序。主持聽證會的官員必須了解聯邦和州法規，並且有能力執行聽證會，和依據法規做裁決；而在裁決時，應考慮孩子是否已接受 FAPE。另外，如果州或地方教育機構在訴訟的程序中戰勝，法庭也可以授予其律師費用。

總之，《IDEIA 2004》呼應《NCLB》、Finn 等人（2001）及 PCESE（2002）報告書的主張，H. R. Turnbull（2005）指出它傳達以下六項原則：**強調績效責任**、**建立高品質的師資**、**使用有科學研究為基礎之介入**、**賦予地方政府使用經費上的彈性空間**、**建立安全的學校**，以及**提供家長參與和選擇的機會**。

參、州層級的教育法案

除了全美國的教育法案外，某些州還訂定該州的法案，來促成融合教育的實現，例如：佛蒙特州政府在 1990 年通過《230 法》，以改革特殊教育和普通教育，其目的在增進學校符合所有學生需求的能力（Vermont Department of Education, 1995）。為了達成這個目的，佛蒙特州教育廳指出立法採取如下的措施：（1）重新建立學校的組織、課程、課表等，以更能符合所有學生的需求；（2）發展**教學支持系統**，以早期鑑定出高危險群的學生，以及發展符合這些學生需求的學校能力；（3）於每一所學校中發展**教學支持團隊**，這個團隊的目的是藉由問題合作的方式，以發展出解決方法來協助教師；（4）師資培育過程中增加面對所有學生所需的技能；（5）根據每一學區全部的入學人數來給予經費，而不是根據被鑑定為身心障礙學生的人數，以減少為獲補助而產生學生被過度鑑定為身心障礙學生的情況（Thousand & Villa, 1995b）。在 1996 年，佛蒙特州教育廳擴充修正《230 法》成為《157 法》，明確宣示佛蒙特州政府和地方學區的政策是發展和維持一個統整的教育制度，以使所有的學生能於普通教育環境中獲得成功，並藉由此法擴充教學支持系統和團隊（ISS/IST），成立**教育支持系統**（**educational support system**，簡稱 **ESS**）和**教育支持團隊**（**educational support team**，簡稱 **EST**），其作法主要為：（1）每一所公立學校應發展和維持 ESS，提供支持和醫療服務給特別需要協助的學生和其家庭；（2）ESS 統合於普通教育的課程中，以增進普通教育因應所有學生需求的能力；（3）ESS 提供的程序和方法包含教育的選擇、支持服務、諮詢或人員訓練、在合適且聯邦及州的法律下，為學生安置班級的選擇做準備；（4）藉由 ESS 確保家庭、社區和醫療衛生間的合作；（5）EST 由不同教學和支持服務的人員所組成，用以檢核班級內有關的調整策略和醫療服務，並協助教師對學生擬訂計畫、提供服務和採取調整策略（Vermont Department of Education, 2000）。

總括來說，美國融合教育的推動因法令的制定而愈趨周全，逐步涵蓋至全體特殊兒童；融合的對象從輕度至重度，從少數障礙類型至不分類型；其方式由部分時間的安置乃至全部時間的安置；其範圍由特殊教育機構而至與社區環境的融合。

第 2 節 臺灣融合教育的相關法規

臺灣是大陸法系國家，以**成文法**（statutory law）為法治基礎，與以**判例法**（case law）為基礎的英美法系不同。成文法是指由各國的立法機關根據憲法的授權，按照一定的立法程序制定的具有普遍效力的法律條文；判例法則是指以個案判例的形式，表現出的法律規範，簡單而言，作為判例的先例對其後的案件具有法律約束力，可以成為日後法官審判類似案件的基本準則。

臺灣法規分為**憲法**、**法律**和**命令**三個層級，以《中華民國憲法》為基礎，所有規範皆不可違背在其上位階的規定。《中華民國憲法增修條文》（1991/2005）第 10 條提及：「國家對於身心障礙者之保險與就醫、無障礙環境之建構、教育訓練與就業輔導及生活維護與救助，應予保障，並扶助其自立與發展。」依據《中央法規標準法》（1970/2004），臺灣法律之位階關係如圖 2-4。

《教育基本法》（1999/2013）於第 4 條揭示：「人民無分性別、年齡、能力、地域、族群、宗教信仰、政治理念、社經地位及其他條件，接受教育之機會一律平等。對於……身心障礙者……之教育，應考慮其自主性及特殊性，依法令予以特別保障，並扶助其發展。」

臺灣自 1984 年訂定《特殊教育法》之後，於 1997 年進行第一次修訂；之後於 2009 年為提升特殊教育之教育品質、保障特殊教育學生受教權益、因應社會發展趨勢及教育精緻化潮流，第二次修訂《特殊教育法》；再於 2013、2014 和 2019 年分別做部分條文的修訂。我從法規內容、服務對象、教育階段、特殊教育實施場所、特殊教育經

圖 2-4 臺灣法律之位階關係

憲法

↓

法律：法、律、條例或通則

↓

命令
1. **法規命令**：規程、規則、細則、辦法、綱要、標準或準則
2. **行政規則**：要點、手冊、原則、基準、須知、程序、措施、範圍或注意事項

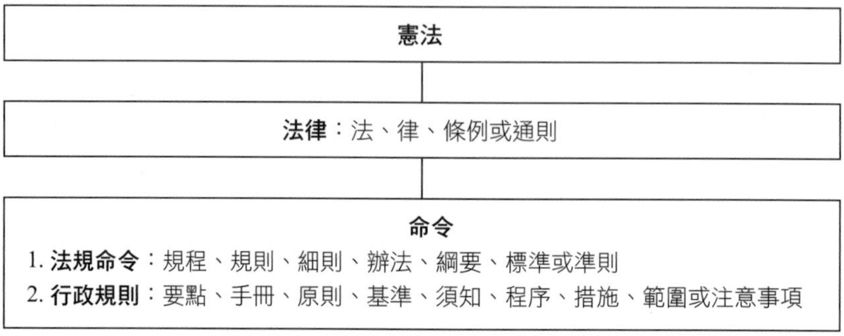

費、行政組織、實施人員、相關支援組織、實施原則、支持服務、家長參與和支持，以及特殊教育評鑑 12 方面，呈現自 1984 年至 2019 年，《特殊教育法》之轉變情形如表 2-3。

表 2-3 臺灣《特殊教育法》內涵之轉變

項目	年代		
	1984	1997	2009（2013、2014 和 2019 年增修部分條文）
法規內容	總則、資賦優異教育、身心障礙教育和附則四章共 25 條。	未分章共 33 條。	總則、特殊教育之實施（包含通則、身心障礙教育及資賦優異教育三節）、特殊教育支持系統和附則四章共 51 條。
服務對象	1. 身心障礙學生（11 類）：智能不足、視覺障礙、聽覺障礙、語言障礙、肢體障礙、身體病弱、性格異常、行為異常、學習障礙、多重障礙、其他顯著障礙。 2. 資賦優異學生（3 類）：一般能力優異、學術性向優異、特殊才能優異。	1. 身心障礙學生（12 類） （1）將「性格異常和行為異常」合併稱為「嚴重情緒障礙」。 （2）將智能不足改成「智能障礙」。 （3）增加「自閉症」和「發展遲緩」。 2. 資賦優異學生（6 類） （1）將特殊才能優異改為「藝術才能優異」。 （2）增加「其他特殊才能」、「創造能力」和「領導能力」優異。 3. 對身心障礙及社經文化地位不利之資賦優異學生，加強鑑定與輔導。	1. 2009 年身心障礙學生（12 類）：將「嚴重情緒障礙」改成「情緒行為障礙」，「其他顯著障礙」改為「其他障礙」。 2. 2013 年身心障礙學生（13 類）：增加「腦性麻痺」。 3. 資賦優異學生（6 類） 4. 對身心障礙及社經文化地位不利之資賦優異學生，並視需要調整評量工具及程序。
教育階段	1. 學前 2. 國民教育 3. 國民教育完成後	1. 學前（3 歲） 2. 國民教育 3. 國民教育完成後	1. 學前（2013 年下修至 2 歲） 2. 國民教育 3. 高級中等教育 4. 高等及成人教育
特殊教育實施場所	1. 家庭，幼稚園，特殊幼稚園（班），特教學校幼稚部，國小、國中、高中以上的特教學校（班）。 2. 少年監獄、少年輔育院及社會福利機構可申請附設私立特殊教育班。	除前述場所外，增修如下。 1. 特教班包含自足式特殊教育班、分散式資源班和巡迴輔導班。 2. 增加醫院、托兒所、其他成人教育機構、其他適當場所。	除前述場所外，增修如下。 1. 合併幼稚園和托兒所為幼兒園。 2. 刪除特殊幼稚園（班）。 3. 修改「特教學校幼稚部」為「特教學校幼兒部」。 4. 增加專科以上學校。

（續）

表 2-3（續）

項目	年代		
	1984	1997	2009（2013、2014 和 2019 年增修部分條文）
特殊教育實施場所	3. 師範大學（學院）、教育學院、師範專科學校或設有教育系（所）之大學，得於其附屬中小學或幼稚園設特殊教育實驗班。	3. 將少年監獄和少年輔育院，合併為少年矯正學校。 4. 增加醫療機構附設特殊教育班。 5. 改成設有特殊教育系（所）之師範大學（學院）或一般大學得附設特殊教育學校（班）。	5. 除了特殊教育學校外，高級中等以下各教育階段學校身心障礙教育之實施，得設特殊教育班（集中式特殊教育班、分散式資源班、巡迴輔導班），及特殊教育方案；資賦優異教育之實施，得設分散式資源班、巡迴輔導班，及特殊教育方案。 6. 經主管機關許可在家實施非學校型態實驗教育之身心障礙學生，亦可獲得法規中的支持服務。
特殊教育經費	中央和地方：從寬編列	中央：3% 地方：5%	中央：4.5% 地方：5%
行政組織	無專責單位	設專責單位，且各級政府承辦特殊教育業務人員及特殊教育學校之主管人員，應優先任用相關專業人員。 1. 中央：教育部特殊教育小組 2. 地方：教育局（處）特殊教育科（課） 3. 學校：特殊教育處（室或組）（於 1999 年《各級主管教育行政機關提供普通學校輔導特殊教育學生支援服務辦法》（2013 年廢止）提出，學校設立特殊教育推行委員會，處理校內特殊教育學生之學習輔導等事宜）	設專責單位，特殊教育學校及設有特殊教育班之各級學校，其承辦特殊教育業務人員及特殊教育學校之主管人員，應進用具特殊教育相關專業（即修習特殊教育學分 3 學分以上）者。 1. 中央：教育部特殊教育小組（2013 年併入「學生事務及特殊教育司」，改為「特殊教育科」） 2. 地方：教育局（處）特殊教育科（課） 3. 學校：特殊教育推行委員會
實施人員	1. 特殊教育教師 2. 行政人員	1. 增加普通班教師、特殊教育相關專業人員和助理人員。 2. 加強推動師資培訓及在職訓練。	同 1997 年，僅將助理人員分成教師助理員和特殊教育學生助理人員（合稱「特殊教育助理員」，簡稱「特教助理員」）。

（續）

表 2-3（續）

項目	年代		
	1984	1997	2009（2013、2014 和 2019 年增修部分條文）
相關支援組織	中央：為諮詢學者專家意見，得聘特殊教育諮詢委員。	1. 師範校院：特殊教育中心。 2. 各級主管教育行政機關為促進特殊教育發展及處理各項權益申訴事宜，應聘請專家、學者、相關團體、機構及家長代表為諮詢委員（於特殊教育子法內稱為特殊教育諮詢委員會）。 3. 地方：特殊教育學生鑑定及就學輔導委員會。	1. 師範校院：特殊教育中心。 2. 中央和地方：特殊教育諮詢會、特殊教育學生鑑定及就學輔導會、特殊教育行政支持網絡（包括特殊教育資源中心）、特殊教育學生申訴評議會。
實施原則	1. **就學安置**：完成國民教育之身心障礙學生在升學時，各級學校不得以身心障礙為由拒絕。 2. **服務措施提供及設施設置**： （1）符合個別化之精神。 （2）課程、教材及教法應保持彈性。 （3）學校（班）應主動聯繫醫療及社會福利有關機構，提供學生學業、生活、職業之輔導。	1. **就學安置**：除前述原則，增加： （1）特教學校（班）之設立，應力求普及，以小班、小校為原則，並朝社區化方向發展。 （3）教育安置採最少限制環境的原則。 （4）入學年齡及修業年限、教育階段及年級安排保持彈性。 2. **服務措施提供及設施設置**： （1）符合無障礙、個別化之精神。 （2）結合社區資源、參與社區各類方案。 （3）課程、教材及教法保持彈性，並且擬訂 IEP。 （4）專業團隊合作進行為原則，集合衛生醫療、教育、社會福利、就業服務等專業共同提供。 （5）強調早期療育。	1. **就學安置**： （1）各級學校及試務單位不得以身心障礙為由，拒絕學生入學或應試。 （2）就近入學。 （3）特教學校之設立，應以小班、小校、符合社區化為原則，並以招收重度及多重障礙學生為優先；特教學校（班）之設立，應力求普及，符合社區化之精神。 （4）入學年齡及修業年限、教育階段、年級安排、教育場所及實施方式保持彈性。 2. **服務措施提供及設施設置**： （1）符合適性化、個別化、社區化、無障礙、營造最少限制環境及融合之精神。 （2）課程、教材、教法及評量應保持彈性，並且為身心障礙學生擬

（續）

表 2-3（續）

項目	年代		
	1984	1997	2009（2013、2014 和 2019 年增修部分條文）
實施原則			訂 IEP（或個別化支持計畫），為資賦優異學生擬訂個別化輔導計畫。 （3）以團隊合作進行為原則，並得視需要結合衛生醫療、教育、社會工作、獨立生活、職業重建相關等專業人員共同提供。 （4）強調早期療育。
支持服務	提供身心障礙學生以下支持服務： 1. 聯繫醫療及社會福利有關機構，提供學業、生活、職業之輔導。 2. 提供交通工具。 3. 提供復健服務。 4. 減免學雜費。 5. 給予助學金及其個人必需之教育補助器材外，並得給予公費待遇。	1. 除前述服務，增加以下支持服務給身心障礙學生： （1）無障礙之學習環境及適當之相關服務。 （2）交通工具或補助交通費。 （3）獎學金或教育補助費。 （4）個人必需之教科書。 （5）學習及生活需要之教育輔助器材及相關支持服務。 （6）集合衛生醫療、教育、社會福利、就業服務等專業，共同提供課業學習、生活、就業轉銜等協助。 （7）資優教學得聘任具特殊專才者為特約指導教師。 （8）提供升學考試適當服務措施。 （9）對就讀幼兒教育機構之身心障礙幼兒，得發給教育補助費。	除前述服務，增修以下支持服務： 1. 結合衛生醫療、教育、社會工作、獨立生活、職業重建相關等專業人員，共同提供學習、生活、心理、復健訓練、職業輔導評量及轉銜輔導與服務等協助。 2. 實施身心障礙成人教育，並鼓勵身心障礙者參與終身學習活動。

（續）

表 2-3（續）

項目	年代		
	1984	1997	2009（2013、2014 和 2019 年增修部分條文）
支持服務		（10）對失學者辦理學力鑑定及實施免費成人教育。 （11）申訴服務。 2. 提供學校或班級支持服務： （1）身心障礙學生就讀之普通班減少班級人數。 （2）普通學校輔導特殊教育學生之有關評量、教學及行政支援服務。	
家長參與和支持	無	1. 各級學校應提供特殊教育學生家庭資訊、諮詢、輔導、親職教育等支援服務。 2. 身心障礙學生家長得列席鑑定及就學輔導委員會，共同決定其孩子的教育安置。 3. 學校應邀請身心障礙學生家長參與訂定其孩子的 IEP。 4. 特殊教育學生家長至少一人為該校家長會委員。 5. 家長代表應為特殊教育學生鑑定及就學輔導委員會之一，以及作為各級主管教育行政機關為促進特殊教育發展及處理各項權益申訴事宜之諮詢委員。	1.《特殊教育法》授權各級主管機關訂定之法規，應邀請家長團體參與訂定。 2. 各級學校應提供特殊教育學生家庭諮詢、輔導、親職教育及轉介等支持服務。 3. 身心障礙學生家長至少應有一人為該校家長會常務委員或委員。 4. 高級中等以下各教育階段學校特殊教育推行委員會應有身心障礙學生家長代表參與；高等教育階段學校還可以有身心障礙學生代表參與。 5. 學校應邀請身心障礙學生家長參與訂定其孩子的 IEP（或個別化支持計畫），必要時家長得邀請相關人員陪同參與。

（續）

表 2-3（續）

項目	年代		
	1984	1997	2009（2013、2014 和 2019 年增修部分條文）
家長參與和支持			6. 學校得邀請資優學生家長參與訂定其孩子的個別化輔導計畫。 7. 各該主管機關辦理身心障礙學生鑑定及安置工作召開會議時，應通知有關之學生家長列席，該家長並得邀請相關專業人員列席。 6. 各級主管機關的特殊教育諮詢會、特殊教育學生鑑定及就學輔導會應有家長代表。
特殊教育評鑑	無	至少每兩年評鑑一次。	至少每四年評鑑一次，或依學校評鑑週期併同辦理。

●註：因地方組織不能設委員會，所以 2009 年法規改成特殊教育諮詢會、特殊教育學生鑑定及就學輔導會。

由表 2-3 可知，從 25 條增加至 51 條，就服務對象而言，服務的類別逐步增多。依教育階段觀之，由三階段改為四階段，逐步向下延伸至 2 歲，向上擴充至成人教育階段，將高級中等學校階段與高等教育及成人教育分開，更進一步保障高等及成人階段特殊教育學生之權益。以特教實施場所來看，場所的數量和形態加多及加廣；且學前教育朝融合方向發展，2009 年法規刪除特殊幼兒園（班）。從特教經費論之，由不確定的從寬編列，轉變為明確的比例，並增加地方特教經費的比例。自行政組織言之，從無專責單位，轉變為有專責單位，而且強調承辦及主管人員應有特殊教育相關專業。

由實施人員來看，人員的數量和形態加多及加廣，並且加強推動師資培訓及在職訓練。從相關支援組織來說，支援組織從局限於中央，擴充至各級主管教育行政機關及師範校院；並且整合相關資源，建立特教行政支持網絡。以實施原則言之，就學安置從完成國民教育之升學時，各級學校不得以身心障礙為由拒絕，轉變為各級學校及試務單位不得以身心障礙為由，拒絕學生入學或應試；**就近入學**；特教學校（班）之設立以**小班**、**小校**、**普及**、**符合社區化**為原則；以及保持實施的**彈性**。服務措施之提供及設施之設置，擴充實施原則為強調**早期療育**、**適性化**、**個別化**、**彈性化**、**社區化**、**團隊合作**、**無障礙**、**營造最少限制環境及融合**之精神。就支持服務而論，提供服務之層面加廣，從只提供特殊教育學生，擴充至提供學校或班級支持服務，而服務數量亦增多。自家長參與和支持觀之，從沒有提供家長參與和支持，轉變至提供家長支持服務，以及擴充家長參與的範圍。由特教評鑑來說，從沒有明文規定評鑑，轉變至明定至少每四年評鑑一次。

我從實施原則、組織、經費和獎勵、鑑定、安置、早期介入、實施人員和單位、轉銜輔導、課程與評量、教育輔助器材和相關專業與支持服務、行政支援、家長和學生權益的保障與申訴，以及評鑑 13 方面，整理《特殊教育法》（1984/2019）中與融合教育相關的條文重點，以及根據它訂定的法規命令和行政規則於表 2-4。至於這些法規命令和行政規則中，與融合教育相關的條文重點，以及其他法規呈現在附錄 5。

表 2-4 《特殊教育法》（1984/2019）之主要向度和條文重點

向度		條文重點
實施原則	第 10 條	學前及國民教育階段特殊教育學生以就近入學為原則。
	第 18 條	特殊教育與相關服務措施之提供及設施之設置，應符合適性化、個別化、社區化、無障礙及融合之精神。→**《教育部補助大專校院改善無障礙校園環境原則》（2003/2017）**
	第 24 條	各級學校對於身心障礙學生之評量、教學及輔導工作，應以專業團隊合作進行為原則，並得視需要結合衛生醫療、教育、社會工作、獨立生活、職業重建相關等專業人員，共同提供學習、生活、心理、復健訓練、職業輔導評量及轉銜輔導與服務等協助。→**《特殊教育支援服務與專業團隊設置及實施辦法》（2012/2015）**
組織	第 7 條	各級主管機關為執行特殊教育工作，應設專責單位。→**《特殊教育法施行細則》（1987/2020）**第 2 條：專責單位指各級主管機關所設具有專責人員及預算，負責辦理特殊教育業務之單位
	第 5 條	各級主管機關應設立特殊教育諮詢會。→**《教育部特殊教育諮詢會設置辦法》（2011）**
	第 6 條	各級主管機關應設立特殊教育學生鑑定及就學輔導會。→**《教育部特殊教育學生鑑定及就學輔導會組織及運作辦法》（2012）**
	第 44 條	各級主管機關應建立特殊教育行政支持網絡。→**《特殊教育法施行細則》（1987/2020）**第 16 條：特殊教育行政支持網絡，包括為協助辦理特殊教育相關事項所設特殊教育資源中心；其成員由主管機關就學校教師、學者專家或相關專業人員聘任（兼）之。→**《特殊教育行政支持網絡聯繫及運作辦法》（2011）**
	第 45 條	高級中等以下各教育階段學校應成立特殊教育推行委員會，並應有身心障礙學生家長代表。→**《高級中等以下學校特殊教育推行委員會設置辦法》（2011/2013）** 高等教育階段學校得成立特殊教育推行委員會，並應有身心障礙學生或家長代表參與。→**《大專校院特殊教育推行委員會組成與運作方式參考原則》（2013）**

（續）

表 2-4（續）

向度		條文重點
經費和獎勵	第 9 條	各級政府應從寬編列特殊教育預算，在中央政府不得低於當年度教育主管預算百分之四．五；在地方政府不得低於百分之五。地方政府編列預算時，應優先辦理身心障礙教育。中央政府應補助地方辦理身心障礙教育之人事及業務經費。→**《教育部補助直轄市縣（市）政府辦理身心障礙教育人事及業務經費辦法》（2012/2017）→《教育部國民及學前教育署補助辦理國民小學及國民中學學生學習扶助作業要點》（2002/2020）、《教育部補助大學校院特殊教育中心經費實施要點》（2008/2017）、《教育部補助國民及學前教育署補助高級中等學校及特殊教育學校特殊教育經費作業要點》（2006/2019）、《教育部表揚優良特殊教育人員實施要點》（2006/2017）、《教育部表揚提供身心障礙學生校外實習及就業愛心楷模廠商實施要點》（2005/2012）**
	第 32 條	各級主管機關應依身心障礙學生之家庭經濟條件，減免其就學費用。→**《身心障礙學生及身心障礙人士子女就學費用減免辦法》（1999/2016）** 對於就讀學前私立幼兒園或社會福利機構之身心障礙幼兒，得發給教育補助費，並獎助其招收單位。→**《就讀私立幼兒園社會福利機構之身心障礙幼兒及招收單位獎補助辦法》（2010/2013）** 身心障礙學生品學兼優或有特殊表現者，各級主管機關應給予獎補助。→**《特殊教育學生獎補助辦法》（1999/2018）**
	第 33 條第 4 項	身心障礙學生無法自行上下學者，由各主管機關免費提供交通工具；確有困難提供者，補助其交通費；其實施辦法及自治法規，由各主管機關定之。→**《身心障礙學生無法自行上下學交通服務實施辦法》（2012/2013）**
	第 40 條	高級中等以下各教育階段主管機關應補助學校辦理多元資優教育方案。→**《高級中等以下學校辦理特殊教育方案及補助獎勵辦法》（2012）→《教育部國民及學前教育署補助高級中等以下學校辦理資優教育作業要點》（2016/2018）** 資賦優異學生具特殊表現者，各級主管機關應給予獎助。→**《特殊教育學生獎補助辦法》（1999/2018）**
	第 43 條	為鼓勵大學校院設有特殊教育系所者設置特殊教育中心，中央主管機關應編列經費補助之。→**《教育部補助大學校院特殊教育中心經費實施要點》（2008/2017）**
鑑定	第 3 條	身心障礙指因生理或心理之障礙，經專業評估及鑑定具學習特殊需求，須特殊教育及相關服務措施之協助者；其分類如下：智能障礙、視覺障礙、聽覺障礙、語言障礙、肢體障礙、腦性麻痺、身體病弱、情緒行為障礙、學習障礙、多重障礙、自閉症、發展遲緩、其他障礙。
	第 16 條	各級主管機關應依鑑定基準辦理身心障礙學生及資賦優異學生之鑑定。→**《身心障礙及資賦優異學生鑑定辦法》（2002/2013）**
	第 17 條	幼兒園及各級學校應主動或依申請發掘具特殊教育需求之學生，經監護人或法定代理人同意者，依前條規定鑑定後予以安置，並提供特殊教育及相關服務措施。 各主管機關應每年重新評估前項安置之適當性。監護人或法定代理人不同意進行鑑定安置程序時，幼兒園及高級中等以下學校應通報主管機關。 主管機關為保障身心障礙學生權益，必要時得要求監護人或法定代理人配合鑑定後安置及特殊教育相關服務。

（續）

表 2-4（續）

向度	條文重點
鑑定	第 41 條　各級主管機關及學校對於身心障礙及社經文化地位不利之資賦優異學生，應加強鑑定與輔導，並視需要調整評量工具及程序。→**《特殊教育法施行細則》（1987/2020）**第 13 條：應依身心障礙及社經文化地位不利資賦優異學生之身心狀況，保持最大彈性，予以特殊設計及支援，並得跨校實施。
安置	第 11 條　高級中等以下各教育階段學校身心障礙教育之實施，得設特殊教育班（集中式特殊教育班、分散式資源班、巡迴輔導班），以及特殊教育方案。→**《特殊教育法施行細則》（1987/2020）第 5 條**：特殊教育方案必要時得採跨校方式辦理。→**《高級中等以下學校辦理特殊教育方案及補助獎勵辦法》（2012）**→**《教育部主管之高級中等學校輔導身心障礙學生實施要點》（2004/2012）**→**《高級中等以下學校辦理特殊教育方案及補助獎勵辦法》（2012）**
	第 30 和 37 條　高等教育階段之身心障礙和資賦優異教育以特殊教育方案實施。
	第 35 條　學前教育階段及高級中等以下各教育階段學校之資賦優異教育，以分散式資源班、巡迴輔導班，以及特殊教育方案實施。
早期介入	第 23 條　為推展身心障礙兒童之早期療育，其特殊教育之實施，應自 2 歲開始。→**《特殊教育法施行細則》（1987/2020）**第 7 條：為推展身心障礙兒童早期療育，直轄市、縣（市）政府應普設學前特殊教育設施，提供適當之相關服務。→**《發展遲緩兒童早期療育服務實施方案》（1997/2019）**
實施人員和單位	第 13 條　各教育階段之特殊教育由各主管機關辦理為原則，並得獎助民間辦理。→**《民間辦理特殊教育獎助辦法》（1987/2011）**→**《教育部獎助民間團體辦理高等教育階段特殊教育活動及私立大專校院辦理身心障礙者推廣教育專班作業原則》（2002/2017）**
	第 34 條　各主管機關得依申請核准或委託社會福利機構、醫療機構及少年矯正學校，辦理身心障礙教育。
	第 43 條　為辦理特殊教育各項實驗研究並提供教學實習，設有特殊教育系之大學校院，得附設特殊教育學校（班）。
	第 14 條　高級中等以下各教育階段學校為辦理特殊教育，應設專責單位，依實際需要遴聘及進用特殊教育教師、特殊教育相關專業人員、教師助理員及特教學生助理人員。→**《高級中等以下學校特殊教育班班級及專責單位設置與人員進用辦法》（2012/2020）**
	第 30-1 條　高等教育階段學校應訂定特殊教育方案協助身心障礙學生，並得設置專責單位及專責人員，依實際需要遴聘及進用相關專責人員。→**《特殊教育法施行細則》（1987/2020）**第 11 條：高等教育階段特殊教育方案是指，學校應依特殊教育學生特性及學習需求，規畫辦理在校學習、生活輔導及支持服務等；其內容應載明下列事項：依據、目的、實施對象及其特殊教育與支持服務、人力支援及行政支持、空間及環境規畫、辦理期程、經費概算及來源、預期成效。前項第 3 款特殊教育與支持服務，包括學習輔導、生活輔導、支持協助及諮詢服務等。**《高等教育階段學校特殊教育專責單位設置及人員進用辦法》（2013）**
	第 20 條　各級學校得聘任具特殊專才者協助教學。→**《各級學校聘任特殊專才者協助教學辦法》（2012）**

（續）

表 2-4（續）

向度		條文重點
實施人員和單位	第 15 條	各級主管機關應加強辦理特殊教育教師及相關人員之培訓及在職進修。→**《特殊教育法施行細則》（1987/2020）**第 6 條：特殊教育相關人員包括各教育階段學校普通班教師、行政人員、特殊教育相關專業人員、教師助理員及特教學生助理人員。→**《高級中等以下學校特殊教育班班級及專責單位設置與人員進用辦法》（2012/2020）**→**《師資職前教育課程教育專業課程科目及學分對照表實施要點》（2013）**
	第 7 條	特殊教育學校及設有特殊教育班之各級學校，其承辦特殊教育業務人員及特殊教育學校之主管人員，應進用具特殊教育相關專業（即修習特殊教育學分 3 學分以上）者。→**《特殊教育法施行細則》（1987/2020）**第 2 條：指修畢由大學開設之特殊教育學分 3 學分以上，或參加由各級主管機關辦理之特殊教育專業研習 54 小時以上。
	第 28-1 條	為增進前條團隊之特殊教育知能，以利訂定個別化教育計畫，各主管機關應視所屬高級中等以下各教育階段學校身心障礙學生之障礙類別，加強辦理普通班教師、特殊教育教師及相關人員之培訓及在職進修，並提供相關支持服務之協助。
轉銜輔導	第 12 條	為因應特殊教育學生之教育需求，其教育階段、年級安排、教育場所及實施方式，應保持彈性，得視實際狀況，調整其入學年齡及修業年限。→**《特殊教育學生調整入學年齡及修業年限實施辦法》（1988/2014）**
	第 29 條	高級中等以下各教育階段學校應提供身心障礙學生適當之升學輔導。→**《身心障礙學生升學輔導辦法》（1999/2013）**→**《教育部補助大專校院招收及輔導身心障礙學生實施要點》（2000/2021）**、**《身心障礙學生適性安置高級中等學校實施要點》（2012/2016）**
	第 31 條	各級學校應提供整體性與持續性轉銜輔導及服務。→**《特殊教育法施行細則》（1987/2020）**第 14 條：特殊教育學生已重新安置於其他學校，原就讀學校應將個案資料隨同移轉，以利持續輔導。**《各教育階段身心障礙學生轉銜輔導及服務辦法》（2010）**→**《各教育階段身心障礙學生個案轉銜服務資料通報注意事項》（2002/2012）**
	第 30 條	政府應實施身心障礙成人教育，並鼓勵他們參與終身學習活動。→**《身心障礙成人教育及終身學習活動實施辦法》（2010/2013）**
	第 38 條	高級中等以上教育階段學校得參採資賦優異學生在學表現及潛在優勢能力，以多元入學方式辦理。
課程與評量	第 19 條	特殊教育之課程、教材、教法及評量方式，應保持彈性，適合特殊教育學生身心特性及需求。→**《特殊教育課程教材教法及評量方式實施辦法》（1986/2010）**→**《教育部獎助製作特殊教育教材教具實施要點》（2005/2019）**
	第 22 條	各級學校及試務單位不得以身心障礙為由，拒絕學生入學或應試，並應提供考試適當服務措施。→**《身心障礙學生考試服務辦法》（2012）**

（續）

表 2-4（續）

向度	條文重點	
課程與評量	第 28 條	高級中等以下各教育階段學校應以團隊合作方式，對身心障礙學生訂定個別化教育計畫。→**《特殊教育法施行細則》（1987/2020）**第 9 條：個別化教育計畫指運用團隊合作方式，針對身心障礙學生個別特性所訂定之特殊教育及相關服務計畫；其內容包括下列事項：一、學生能力現況、家庭狀況及需求評估。二、學生所需特殊教育、相關服務及支持策略。三、學年與學期教育目標、達成學期教育目標之評量方式、日期及標準。四、具情緒與行為問題學生所需之行為功能介入方案及行政支援。五、學生之轉銜輔導及服務內容。前項第 5 款所定轉銜輔導及服務，包括升學輔導、生活、就業、心理輔導、福利服務及其他相關專業服務等項目。參與訂定個別化教育計畫之人員，應包括學校行政人員、特殊教育及相關教師，並應邀請學生家長及學生本人參與；必要時，得邀請相關專業人員參與，學生家長亦得邀請相關人員陪同。第 10 條：前條身心障礙學生個別化教育計畫，學校應於新生及轉學生入學後 1 個月內訂定；其餘在學學生之個別化教育計畫，應於開學前訂定。前項計畫，每學期應至少檢討一次。
	第 36 條	高級中等以下各教育階段學校應訂定資賦優異學生個別輔導計畫。
	第 27 條	高級中等以下各教育階段學校，對於就讀普通班之身心障礙學生，應予適當教學及輔導。→**《高級中等以下學校身心障礙學生就讀普通班之教學原則及輔導辦法》（2011/2020）**→**《教育部主管之高級中等學校輔導身心障礙學生實施要點》（2004/2012）**
	第 30 條	高等教育階段之身心障礙教育，應訂定個別化支持計畫。→**《特殊教育法施行細則》（1987/2020）**第 12 條：個別化支持計畫內容包括下列事項：一、學生能力現況、家庭狀況及需求評估。二、學生所需特殊教育、支持服務及策略。三、學生之轉銜輔導及服務內容。
教育輔助器材和相關專業與支持服務	第 23 條	身心障礙教育之實施，各級主管機關應依專業評估之結果，結合醫療相關資源，對身心障礙學生進行有關復健、訓練治療。→**《特殊教育法施行細則》（1987/2020）**第 7 條：結合醫療相關資源是指，各級主管機關應主動協調醫療機構，針對身心障礙學生提供有關復健、訓練治療、評量及教學輔導諮詢。
	第 33 條第1至3項	學校、幼兒園及社會福利機構應依身心障礙學生在校（園）學習及生活需求，提供下列支持服務：教育輔助器材、適性教材、學習及生活人力協助、復健服務、家庭支持服務、校園無障礙環境、其他支持服務。經主管機關許可在家實施非學校型態實驗教育之身心障礙學生，適用前面五項服務。→**《身心障礙學生支持服務辦法》（1999/2013）**→**《教育部補助大專校院招收及輔導身心障礙學生實施要點》（2000/2021）**〔非學校型態實驗教育的法規有：**《高級中等以下教育階段非學校型態實驗教育實施條例》（2014/2018）**→**《高級中等教育階段非學校型態實驗教育未取得學籍學生受教權益維護辦法》（2019）**〕

（續）

表 2-4（續）

向度		條文重點
行政支援	第 8 條	各級主管機關應每年定期舉辦特殊教育學生狀況調查及教育安置需求人口通報，出版統計年報。→**《特殊教育法施行細則》（1987/2020）**第 3 條：應建立及運用各階段特殊教育通報系統，並與衛生、社政主管機關所建立之通報系統互相協調妥善結合。統計年報，應包括特殊教育學生與師資人數及比率、安置與經費狀況及其他特殊教育通報之項目。
	第 27 條	學校應減少身心障礙學生就讀之普通班學生人數，或提供所需人力資源及協助。→**《高級中等以下學校身心障礙學生就讀普通班減少班級人數或提供人力資源與協助辦法》（2011/2015）**
	第 24 條	各級主管機關應提供學校輔導身心障礙學生有關評量、教學及行政等支援服務，並適用於經主管機關許可在家及機構實施非學校型態實驗教育之身心障礙學生。→**《特殊教育支援服務與專業團隊設置及實施辦法》（2012/2015）**
	第 42 條	各級主管機關為改進特殊教育課程、教材教法及評量方式，應進行相關研究。
家長和學生權益的保障與申訴	第 21 條	對學生鑑定、安置及輔導如有爭議，學生或其監護人、法定代理人，得提起申訴。→**《特殊教育學生申訴服務辦法》（1999/2018）**→**《教育部特殊教育學生申訴評議會設置要點》（2012/2016）**
	第 46 條	各級學校應提供特殊教育學生家庭諮詢、輔導、親職教育及轉介等支持服務。身心障礙學生家長至少應有一人為該校家長會常務委員或委員，參與學校特殊教育相關事務之推動。
評鑑	第 47 條	高級中等以下各教育階段學校辦理特殊教育之成效，主管機關應至少每四年辦理一次評鑑，或依學校評鑑週期併同辦理。直轄市及縣（市）主管機關辦理特殊教育之績效，中央主管機關應至少每四年辦理一次評鑑。→**《高級中等以下學校特殊教育評鑑辦法》（2011/2020）**、**《直轄市及縣（市）主管機關辦理特殊教育績效評鑑辦法》（2012/2019）**

舉例來說，《特殊教育法》（1984/2019）第 27 條表示：「高級中等以下各教育階段學校，對於就讀普通班之身心障礙學生，應予適當教學及輔導；其教學原則及輔導方式之辦法，由各級主管機關定之。」第 33 條指出：「學校、幼兒園及社會福利機構應依身心障礙學生在校（園）學習及生活需求，提供下列支持服務：教育輔助器材、適性教材、學習及生活人力協助、復健服務、家庭支持服務、校園無障礙環境、其他支持服務。」另外，根據第 27 條擬訂之《高級中等以下學校身心障礙學生就讀普通班之教學原則及輔導辦法》（2011/2020），第 3 條指陳：「學校對就讀普通班之身心障礙學生，應依下列教學原則辦理：一、提供身心障礙學生得與普通班學生共同接受融合且適性之教育。二、提供身心障礙學生充分參與校內外學習機會，提升學習成效。三、以團隊合作方式，為身心障礙學生訂定個別化教育計畫、編選適當教材、採取有

效教學策略及實施多元評量方式。」其第 8 條規定：「學校應提供教師輔導就讀普通班之身心障礙學生有關教學、評量及行政等支援服務。」導讀案例中阿德父母的疑惑便可獲得解答，依照法規，學校應建立或改善整體性之設施設備，使身心障礙學生對校園設施及設備均能達到可進入、可使用之程度，以及有關教學、評量及行政等支援服務。

總結

美國中央自從 1975 年頒布《EHA》以來，歷經《EHA 1986》、《IDEA 1990》、《IDEA 1997》，直至《IDEIA 2004》，總共經歷四次修正。在此期間尚有 1990 年的《ADA》、2001 年公布的《NCLB》，以及州層級的教育法案等，融合教育的推動因法令的制定而愈趨周全，逐步涵蓋至全體特殊教育學生。從法規的演變脈絡可以發現：第一，強調「結果」而不是「過程」，主張特殊教育不是一個地點，而是一種服務，並且是有績效責任的服務，所有學生都參與「標準本位的改革」，以達到「公平」和「卓越」的目標；因此主張建立高品質的特殊教育師資，使用證據本位實務，以及所有身心障礙學生都必須定期接受「全州或全學區的評量」，若有必要，可以接受評量調整；對於障礙程度較重度者，如果他們的 IEP 決定需要接受替代評量，則須敘述做此決定的理由。第二，根據「預防」而不是「等待學生失敗」的模式，因此強調早期鑑定和介入，並且主張學障的鑑定不一定要用「智力—成就差距模式」，可以採取「介入反應」程序來鑑定。第三，首先要將身心障礙學生視為普通教育的學生；因此，主張必須建立政策和程序來預防不同種族的人，過多被鑑定為身心障礙學生；在 IEP 中，須描述學生身心障礙狀況對其接受普通教育方案之影響，以及因應學生需求所要提供的支持服務，並邀請普通教育教師參與為身心障礙學生擬訂 IEP 的團隊中，且在學生 16 歲前的 1 年內決定個別化轉銜計畫；主張建立安全的學校，和實施全校 PBS；另外，學校不能擅自對學生做出停學或退學的處分，除非學生的行為問題嚴重，而且須確保此行為和障礙沒有直接、實質的關聯，不是因為未實施IEP，或是依據「功能評量」設計之 BIP 的直接結果。第四，賦予地方政府使用經費上的彈性空間。第五，提供家長參與和選擇。臺灣《特殊教育法》（1984/2019）的修訂內容包括：就服務對象而言，服務的類別逐步增多。就教育階段觀之，向下延伸至 2 歲，向上擴充至成人。以特教實施場所來看，其數量和形態加多及加廣；且學前教育朝融合方向發展。從特教經費論之，由不確定的從寬編列，轉變為明確的比例。自行政組織言之，從無專責單位，轉變為有專責單位，而且強調承辦及主管人員應有特殊教育相關專業。以實施原則言之，服務措施及設施應符合適性化、個別化、社區化、無障礙及融合之精神。就支持服務而論，提供服務之層面加廣，從只提供特殊教育學生，擴充至提供學校或班級支持服務，而服務數量亦增多。

第3章 融合教育實施態度與成效的分析

第1節 融合教育實施成效之分析
第2節 相關人員對實施融合教育之觀感
第3節 融合教育實施成效之相關因素

遭遇阻礙時，怨天尤人於事無補，它只會讓我們產生逃避的心態，不採取建設性的行動解決問題（DiGiulio, 2006）。成功始於認清途中的阻礙，及找出待改變的關鍵因素。

導讀案例和本章目標

大華被鑑定為中度智能障礙，即將從幼兒園畢業，進入國小就讀，他的父母親正煩惱要讓他念特教班或普通班。他們認為普通班可以讓大華學習與一般學生互動；但又擔心大華跟不上班級學習進度，普通班教師無法接納他，提供他特別的協助，也擔憂一般同儕排斥和欺負大華。另一方面，大華的父母親表示特教班雖然有專業的特殊教育教師、較完善的設備，但是又憂慮大華在隔離的環境中，欠缺和一般同儕的互動，會愈來愈封閉，他們想知道到底融合教育實施的成效如何？普通教育教師對於實施融合教育的態度如何？以作為他們決定大華安置形態的參考。

由大華父母親的疑惑可思考以下問題：大華父母親做什麼樣的安置決定對大華最適合？融合教育實施的成效如何？和融合教育實施成效相關的因素有哪些？

從本章中讀者可以了解到：（1）融合教育實施成效之分析；（2）相關人員對實施融合教育之觀感；（3）融合教育實施成效之相關因素。

第 1 節　融合教育實施成效之分析

關於融合教育實施成效之分析，我從國外和臺灣兩方面的實證研究來做分析。

壹、國外的研究

自從融合教育被倡導以來，相關的研究一直在擴充。部分研究使用標準化成就測驗、課程本位評量、問卷調查、觀察、訪談相關重要他人等方式，從特殊需求學生、一般學生、教師，以及成本效益的角度，分析融合教育的實施成效。我整理 1985 年至 2020 年的文獻，從融合教育對特殊需求學生的實施成效、特殊需求學生對於不同安置形態之觀感、融合教育對一般學生的實施成效、融合教育對提升教師專業能力的成效，以及融合教育之成本效益分析五方面，呈現國外有關融合教育實施成效之評鑑研究。值得注意的是，這些研究探討的特殊需求學生以身心障礙學生為主。

一、融合教育對特殊需求學生的實施成效

以下從學業表現，以及社會互動和行為表現兩方面，探討融合教育對特殊需求學生的實施成效。我回顧文獻發現，探討融合教育對特殊需求學生學業及社會互動和行為表現的成效研究，多出現在 2010 年之前；2010 年之後的研究多集中於如何實行融合教育，得以發揮其最大的效益，這在「第二篇：融合教育理念與作法」中會探討。

（一）學業表現

探討融合教育對特殊需求學生學業表現的成效研究，大致可分成三類：第一種是探討融合安置下特殊需求學生的學業表現；第二種是比較融合和隔離安置下特殊需求學生的學業表現，此處的隔離安置包括特教學校、特教班，或是特殊化的教室情境等；第三種是比較融合安置和抽離式資源方案間特殊需求學生的學業表現；其中學業表現包含了學業成績和學習態度兩方面，詳細討論如下。

1.探討融合安置下特殊需求學生的學業表現

我整理探討融合安置下特殊需求學生的學業表現的研究，依年代先後，同一個年代者再依作者字母順序排列，如附錄 8 共有九篇，三篇在探討身心障礙學生的學業表現（Carlson & Parshall, 1996; Shinn et al., 1997; Zigmond et al., 1995）；另有三篇針對學障學生（J. M. Baker & Zigmond, 1995; Banerji & Dailey, 1995; Chase & Pope, 1993），一篇針對重度障礙學生（T. M. Hollowood et al., 1994），兩篇針對發展障礙學生（E. W. Carter, Sisco, et al., 2008; J. McDonnell et al., 2003）。其中有六篇顯示身心障礙學生的學業分數有進步，IEP 上的目標能達到精熟的程度，學習態度、學習動機、專注參與學習的時間、完成作業的比例都提升了；僅有兩篇研究（J. McDonnell et al., 2003; Zigmond et al., 1995）呈現，身心障礙學生的學業表現沒有明顯進步；而一篇研究（E. W. Carter, Sisso, et al., 2008）顯示，發展障礙學生的學業表現變異頗大，造成變異的因素在於他們接受的教學形態，有接受普通或特殊教育教師小組或一對一教學的發展障礙學生，有較佳的學業表現。另外，J. M. Baker 和 Zigmond 指出，雖然五所學校都提供好的教育方案讓學障學生受益，但是未提供「特殊設計的教學」以符合他們的學業需求；他們進而指出，融合教育不是一個安置地點，而是要提供系統的支持和服務，並且提出實施融合教育的建議：一為提供更多的資源以加強服務的連續性，例如：特殊教育教師可以在另一間安靜的教室實施更深入、直接和特殊的教學，使個別需求能夠被達到；二為結合普通教育教師共同重建學校。

2. 比較融合和隔離安置下特殊需求學生的學業表現

我整理比較融合和隔離安置下特殊需求學生學業表現的研究，依年代先後，同一個年代者再依作者字母順序排列，如附錄 9 共有五篇。兩篇在比較融合和隔離安置下重度障礙學生的學業表現（P. Hunt, Farren-Davis, et al., 1994; Keefe & VanEtten, 1994），另各有一篇針對輕度障礙（S. Deno et al., 1990）、身心障礙學生（Roach, 1995）和特殊需求學生（Myklebust, 2006）。這五篇均顯示融合安置下的身心障礙學生，比隔離安置者在學業上有較高的主動反應，學業分數有較多的進步，有高品質的IEP，並且較能達到其目標，專注參與學習的時間和行為更提升。Keefe和VanEtten即表示，在融合安置中，最有利的影響力量就是**同儕示範**（引自 Lipsky & Gartner, 1997, p. 186）。Myklebust 進一步分析特殊需求學生在普通班表現較佳的因素包含：學生有獲得支持、有較佳的功能表現，以及父母未離異等。由此可知，要增進融合教育對特殊需求學生的成效，教師提供支持、營造良好的同儕示範是非常重要的一環。

3. 比較融合安置和抽離式資源方案間特殊需求學生的學業表現

我比較融合安置和抽離式資源方案間特殊需求學生學業表現的研究，依年代先後，同年代者再依作者字母順序排列，如附錄 9 共有九篇比較融合和抽離式資源方案間學障、語障、資優及不分類身心障礙學生的學業表現。其中六篇顯示融合安置下的身心障礙學生，比接受抽離式資源方案者有較佳的學業表現，和專注參與學習的行為（C. M. Cole et al., 2004; D. Fuchs et al., 1993; Jenkins et al., 1994; Marston, 1996; Rea et al., 2002; N. L. Waldron & McLeskey, 1998）；有一篇（Marston, 1996）還顯示，融合安置合併接受部分時間抽離式資源方案的國小學障學生，比僅接受其中一種方案者有更佳的閱讀表現。一篇（Affleck et al., 1988）呈現兩種安置間，身心障礙學生的學業表現只有些微差異，然而融合安置對學生較有利及更符合成本效益；一篇（L. G. Daniel & King, 1997）顯示兩種安置間，特殊需求學生（如學障、語障、資優等）的閱讀表現有顯著差異，但是數學、語言和拼寫的表現則無明顯差異。一篇（Fore et al., 2008）顯示，在融合和非融合安置中接受特殊教育的高中學障生，其學業表現無顯著差異。

尚有一些後設分析（meta-analysis）和描述分析的研究，例如：E. T. Baker 等人（1994）分析不同安置下身心障礙學生表現之研究後發現，在融合安置下，身心障礙學生學業能力有較佳的表現。Holloway（2001）回顧 1986 至 1996 年間，比較融合安置和抽離式資源方案間學障學生閱讀成就表現的研究顯示：融合安置合併接受部分時間抽離式資源方案的學生，比僅接受其中一種方案者表現更佳。

綜合上述文獻，實施融合教育之後，有較多研究顯示，特殊需求學生有較佳的學業表現，和專注參與學習的行為；然而也有一些研究呈現，特殊需求學生無明顯的進步，還沒有非常一致的結果。

（二）社會互動和行為表現

探討融合教育對特殊需求學生社會互動和行為表現（包含了人際互動、社會地位、自我概念和適應行為等）的研究，大致可分成三類：一是探討融合安置下特殊需求學生的社會互動和行為表現，二是比較融合和隔離安置下特殊需求學生的社會互動和行為表現，三是比較融合安置和抽離式資源方案間特殊需求學生的社會互動和行為表現，詳述如下。

1.探討融合安置下特殊需求學生的社會互動和行為表現

我整理探討融合安置下特殊需求學生的社會互動和行為表現的研究，依年代先後排列，同一個年代者再依作者字母順序排列，如附錄 10 共有 18 篇在探討學障、輕度障礙、中重度障礙和不分類身心障礙學生的社會互動和行為表現及相關因素。有八篇顯示身心障礙和一般學生，在教室內外產生更多正向的互動，發展愈來愈多的友誼，自尊、同儕接受、社會能力均有提升，適應行為表現和一般學生相當（Banerji & Dailey, 1995; Fewell & Oelwein, 1990; C. H. Kennedy & Itkonen, 1994; Lamorey & Bricker, 1993; A. McDonnell et al., 1991; J. McDonnell et al., 2003; McGee et al., 1993; York, Vandercook, et al., 1992）；一篇呈現泛自閉症〔autism spectrum disorders, ASD，或譯為「自閉光譜（譜系或類群）症」〕學生的同儕接納度和一般學生及其他身心障礙學生相當（Boutot & Bryant, 2005）。A. McDonnell 等人指出，由於重度障礙學生被安置在居家附近的學校，所以比安置在特教學校或班級者，在校內外有更多與一般同儕互動的機會。然而有研究呈現某些重度障礙學生受歡迎，某些不受歡迎（I. M. Evans et al., 1992）；干擾行為和一般學生出現頻率相當的輕度障礙學生，較容易被其一般同儕拒絕（C. Roberts & Zubrick, 1992）；學障學生受同儕喜愛的程度和自我概念逐步下降（S. Vaughn et al., 1996）；重度障礙學生和一般學生的互動頻率逐漸減少（I. M. Evans et al., 1992）。

尚有一篇研究（Donahue, 1994）觀察三位融合安置下的學障學生，他們在普通班和資源教室中，與教師和同儕的言談類型，結果發現有三種：第一種是**新來者**，亦即不了解教室文化，無法參與班級活動；第二種是**移民者**，是新來者的變型，他不只不了解教室文化，且是從另一個不熟悉的文化移民進來，會談論偏離課程主題的內容，表現干擾行為，一般學生不喜歡讓他加入合作小組中；第三種是**冒充者**，他了解自己的弱處，為了不讓別人發現他的弱處，會對不同對象採用不同的言談策略。

有研究進一步分析，融合安置中身心障礙學生社會互動和行為表現差異的因素，A. McDonnell 等人（1991）表示，安置於普通班之**中重度障礙學生的人數和特徵**（例如：溝通能力、是否有嚴重的行為問題），以及**是否安置於居家附近的普通班**，在放學後能否擁有與一般同儕互動的機會，和他們社會融合的數量及品質有關聯，這也呼應 Sailor 等人（1996）所提「在住家附近學校接受教育」的原則。Roberts 和 Zubrick（1992）則顯示，輕度障礙學生**是否有干擾行為**，攸關他們的被接納度，而一般學生被同儕拒絕或接納的主因為其學業行為。C. H. Kennedy 和 Itkonen（1996）指出，對於身心障礙學生而言，參與普通班級是決定其社會網絡組成和穩定的重要因素，教師在營造身心障礙學生參與班級扮演著極重要的角色。Kozleski 和 Jackson（1993）針對一位個案進行之縱貫研究發現，教師的介入對於促進學生互動能力發揮極大的功能。C. H. Kennedy 和 Itkonen（1994）及 Kontos 等人（1998）皆認為，**教師是否安排身心障礙學生和一般學生接觸的機會，以及對他們之間的互動提供有系統的策略引導和協助**，維繫身心障礙學生社會融合的成效。E. W. Carter、Sisco 等人（2008）的研究呈現，在小組的教學形態、未接受特殊教育教師或特教助理員的直接協助，以及選修課程中，發展障礙學生與一般同儕的互動最多。由此可知，在班級中，學生間互動和關係之建立可藉由教師有計畫的推動而提升，包括安排小組教學，增加學生間接觸的機會，以及策略引導和協助等。

2. 比較融合和隔離安置下特殊需求學生的社會互動和行為表現

我整理比較融合和隔離安置下，特殊需求學生社會互動和行為表現的研究，依年代先後，同一個年代者再依字母順序排列，如附錄 11 共有 14 篇比較融合和隔離安置下聽障、中重度和多重障礙，以及不分類身心障礙學生的社會互動和行為表現。這 14 篇中僅一篇顯示，兩種安置下的身心障礙學生，他們之間在認知、語言、社會互動等方面的發展和表現並沒有明顯的差異（K. N. Cole et al., 1991）；其他研究均顯示，融合安置下的身心障礙學生，比隔離安置者擁有較佳的社會能力、語言能力、自我控制能力和情緒表現，與一般同儕有較多的遊戲和互動，接受較多的同儕支持，並且和一般同儕間建立廣泛的友誼網絡，以及與他們維持較長久的社會關係（Buysee & Bailey, 1993; Cartledge et al., 1996; D. A. Cole & Meyer, 1991; Foreman et al., 2004; Guralnick & Groom, 1988; Guralnick et al., 1996; Holahan & Costenbader, 2000; Hundert et al., 1998; P. Hunt, Farren-Davis, et al., 1994; Jenkins et al., 1989; C. H. Kennedy et al., 1997; Odom & Diamond, 1998; Roach, 1995）。

其中有四篇研究還分析在融合教育下，身心障礙學生社會互動和行為表現差異的因素；三篇研究（K. N. Cole et al., 1991; Holahan & Costenbader, 2000; Hundert et al., 1998）均表示，**障礙程度**是一項因素，較重度的身心障礙兒童在融合和隔離兩種安置下，社會和情緒方面進步的速率相同，K. N. Cole等人的研究則認為，他們在隔離安置下的表現較好；而在融合班中的輕度障礙者，社會和情緒發展有明顯進步。Hundert等人更進一步補充，在兩種環境下，輕度障礙者的生活自理、知識和理解並無差異。由此可知，融合教育對增進身心障礙者社會和情緒的發展，扮演非常重要的角色，對輕度障礙者更是如此。另外，Holahan 和 Costenbader 發現**全天融合、獲得多量相關服務**的特殊需求幼兒，比半天融合、獲得少量相關服務者，在社會和情緒表現有更多的進步。此研究呼應 Schnorr（1997）的說法，身心障礙學生「在融合班級中學習和活動」，而不是部分時間被抽離出去，乃形成其隸屬感以及與同儕關係的重要基礎。另一篇研究（Guralnick & Groom, 1988）表示，障礙學生**是否能獲得與相同實齡一般同儕的互動機會**，以及**班級中障礙學生的人數**，會影響他們與一般同儕的社會互動；人數愈多，互動次數和品質則愈差，這呼應 Sailor 等人（1996）所提**自然比例**的原則。

3. 比較融合安置和抽離式資源方案間特殊需求學生的社會互動和行為表現

我整理比較融合安置和抽離式資源方案間，特殊需求學生社會互動和行為表現的研究，依年代先後，同一個年代者再依作者字母順序排列，如附錄 12 共有五篇，結果呈現不一致的情形。兩篇研究（Madge et al., 1990; Rea et al., 2002）顯示，融合安置中的學障學生，比接受抽離式資源方案者有較佳的社會和行為表現；然而 Daniel 和 King（1997）則呈現，融合安置中的特殊需求學生有較多的行為問題和較低的自尊。這些研究分析造成不一致的因素主要為，學生是否接受個別化的方案服務，獲得充分的調整和支持。尚有後設分析比較不同安置間，身心障礙學生社會互動和行為表現的差異，例如：E. T. Baker等人（1994）後設分析不同安置下身心障礙學生表現之研究後發現，在融合安置下，身心障礙學生在社會能力方面有較佳的表現。Elbaum（2002）針對 1975 至 1999 年間，後設分析不同安置下學障學生自我概念的 36 篇研究後發現，普通班和資源方案、普通班和特教班、資源方案和特教班，以及普通班和特教學校四種安置形態間，學障學生的自我概念沒有顯著差異；僅在特教班和特教學校兩種安置間，學障學生的自我概念有顯著差異，特教班的學障學生，比特教學校者有較低的自我概念；之後的追蹤分析發現，普通班中的學障學生**是否有得到適當的特殊教育支持和服務**，攸關他們自我概念的高低。

總括來說，融合安置中的特殊需求學生有較佳的社會能力、溝通能力，能和一般同儕建立友伴關係，產生較佳的社會互動；這其中**特殊需求學生的人數和特徵**（例如：

障礙程度、溝通能力、是否有嚴重的行為問題）；**安置地點**（是否在居家附近）；**融合於普通班時間的長短**；以及**教師是否給予特殊需求學生和同齡一般學生接觸的機會，與對他們之間的互動是否提供系統的策略引導和協助**，均扮演決定性的角色。

二、特殊需求學生對於不同安置形態之觀感

我回顧文獻發現，探討特殊需求學生對於不同安置形態之觀感多出現在2010年之前；2010年之後的研究多集中於如何實行融合教育，得以提升特殊需求學生對融合安置的觀感，增進他們的適應，這在「第二篇：融合教育理念與作法」中，會引註一些研究加以探討。我整理特殊需求學生對不同安置形態之觀感的研究，依年代先後，同一個年代者再依作者字母順序排列，如附錄13共有10篇，其中僅各一篇的研究參與者為資優和身心障礙學生，其他均為學障學生。探討的安置形態以單方面了解研究參與者對接受抽離式資源方案的觀感和經驗者最多（四篇）；比較研究參與者對抽離式資源方案和融合方案之觀感者次之（兩篇）；有兩篇探討身心障礙學生對隔離和融合班兩種安置的觀感；另有一篇了解資優學生在融合安置下的學習經驗。

研究發現在特教學校的智障學生，比在普通班者，覺得自己的朋友較少，而且感到較孤獨（Heiman, 2000）。從特教班轉安置到融合班之身心障礙學生，表達可以提升自我的概念，免除在特教班裡會產生的羞愧與自卑（Fitch, 2003）。一篇探討資優學生在融合安置下的學習經驗顯示，多數學生表達沒有更深入的學習（Knight & Becker, 2000）。至於探討特殊需求學生對於抽離式資源方案觀感的研究，結果呈現變異的情形，部分研究中的特殊需求學生顯示，接受抽離式資源方案，讓他們感覺被標記，會失去朋友，產生負面的自我概念、憤怒和挫敗的情緒，會成為被攻擊和揶揄的對象，而且不為教師、同學和家人所了解及欣賞；並認為接受的課程是重複、低層次和沒有挑戰性的，與他們的生活沒有關聯，以及是無效的（Guterman, 1995; D. K. Reid & Button, 1995）。部分研究中的特殊需求學生表達喜歡來資源教室上課，抽離式資源方案能提供支持、愉快和安靜的學習環境，讓他們能夠獲得所需要的協助；然而這些研究也顯示，他們覺得很困窘，會成為同學揶揄的對象，而且會喪失參與原班級學業和休閒活動的機會，也關注來資源教室上課時，要如何完成原班級的作業（Albinger, 1995; Padeliadu & Zigmond, 1996）。Klingner、Vaughn、Schumm等人（1998）的研究顯示，雖然有較多的學生認為抽離式資源方案可作為安置的選項之一，但有更多的學生認為融合方案較能達到他們學業和社會學習的需求。

上述研究中部分指出，學生表示接受抽離式資源方案讓他們感到困窘；然而Jenkins和Heinen（1989）顯示，年齡愈大的學生愈喜歡抽離模式，部分原因為抽離較不會讓

他們感覺困窘。由此可知，了解學生對於接受之安置或服務的感受很重要，尤其是否讓他們產生負面的觀感值得關切。而研究顯示，抽離式資源方案是否給學生困窘的感受呈現不一致的結果，這可能與普通教育教師對學生接受抽離式資源方案的態度；以及在融合安置中如何提供特殊教育服務有關，如果特殊需求學生被孤立在角落中，學習與其他同學不同的課程，那種困窘是比抽離接受資源方案更大。由此可知，設計融合教育服務模式時須了解和關注特殊需求學生的觀感。

Broer 等人（2005）調查 16 位 19 至 29 歲間的智障學生，在融合班接受特教助理員支持服務的觀感，他們描述特教助理員的角色像母親、朋友、保護者和主要教學者，雖然獲得了特教助理員的主要支持，但是他們表達有孤獨感，被隔離，希望能隸屬於班級中，獲得友誼和普通班教師的關注。Broer 等人建議提供特教助理員之協助時，須考慮支持服務的社會效度（social validity，意指此服務目標和程序對身心障礙學生的必要及適切性）、了解身心障礙學生的觀感，讓他們有機會決定自己所需的支持服務，以及促進普通班教師參與提供支持服務。

三、融合教育對一般學生的實施成效

關於融合教育對一般學生的實施成效，部分研究單方面探討融合教育對一般學生實施成效的研究，部分研究比較參與和未參與融合方案之一般學生的表現，我即從這兩部分詳細說明如下。我回顧文獻發現，探討融合教育對一般學生的實施成效研究，多出現在 2010 年之前；2010 年之後的研究多集中於如何實行融合教育，得以讓所有學生皆獲益，這在「第二篇：融合教育理念與作法」中，會引註一些研究加以探討。

（一）探討融合教育對一般學生的實施成效

我整理探討融合教育對一般學生實施成效的研究，依年代先後，同一個年代者再依作者字母順序排列，如附錄 14 共有 12 篇。這些研究和 Peltier（1997）系統回顧文獻的結果均發現，一般學生並不會因身心障礙學生的融合而減損其學業表現，以及與教師接觸和課程參與的時間，也不會從身心障礙學生身上學到不適當的行為；一般學生學習到六項正面的結果：（1）減少對人類差異的恐懼，能體驗不同身心障礙者的處境，對他們發展出較正向而實際的觀感；（2）增長社會認知，亦即能培養同理心，設身處地理解他人的感受；（3）藉由關懷和協助他人的機會，讓他們發現自己的價值和長處，增進自我概念；（4）發展和應用問題解決技能於真實情境中；（5）藉由扮演服務角色、擔負責任的機會，進而有利於個人價值觀（例如：關懷、協助他人）的發展；（6）提升與同儕的社會關係。

另外，有些研究顯示，**身心障礙學生的特徵**（例如：身體外表、行為特徵和溝通能力）會影響一般學生與他們的相處，Peck 等人（1990）指出，部分學生表達剛開始會因為中重度障礙同儕的身體外表和行為特徵（例如：咳嗽、流口水），而有不舒服的感受；Helmstetter等人（1994）表示，部分學生認為中重度障礙同儕溝通上的困難，會是建立友誼的一項阻礙。尚有研究分析攸關一般學生學習成效的因素，例如：Helmstetter等人發現，**一般學生與身心障礙學生有愈多的接觸和實質的互動**，則愈能產生正向的結果；Hendrickson 等人（1996）的研究顯示，**教師引導一般學生了解身心障礙學生**，能促進一般學生的學習，他們進一步指出，建立合作學習小組、分享身心障礙學生的障礙狀況，以及安排統合的社會活動三項策略，能促進一般學生與重度障礙學生的互動。Manset 和 Semmel（1997）及 Cozzui 等人（2004）總結過去的研究一致發現，透過特殊和普通教育教師的合作，一般學生沒有因為身心障礙學生的出現而有負面影響，而且增加學科課程之外的正向學習與經驗；不過，值得注意的是，要達到上述正向的結果，一般學生是需要被教導和支持的。

（二）比較參與和未參與融合方案之一般學生的表現

我整理比較參與和未參與融合方案之一般學生表現的研究，依年代先後，同一個年代者再依作者字母順序排列，如附錄 15 共有八篇，結果發現，與前述探討融合教育對一般學生實施成效的研究相同，亦即一般學生並不會因身心障礙學生的融合而減損其學業表現（Sharpe et al., 1994）；一般學生在有身心障礙學生同組，接受合作學習下數學之學習表現，和沒有身心障礙學生同組者相當（P. Hunt, Staub, et al., 1994）；甚至Saint-Laurent等人（1998）及C. M. Cole等人（2004）的研究指出，參與融合方案的一般學生在閱讀和數學表現上，顯著地高於參與非融合方案者。Huber等人（2001）進一步分析，有身心障礙學生參與課程之高、中和低成就一般學生學業表現的差異，結果發現：在閱讀表現上，有身心障礙學生參與之一般學生和無身心障礙學生參與者，整體無明顯差異；但是，低成就的一般學生從融合教育之課程調整和支持中，獲得較大的助益，顯著地高於無身心障礙學生參與者；而高成就的一般學生則在閱讀表現上退步。他們提醒，融合班級中的課程調整是否多聚焦於身心障礙和低成就的一般學生，忽略高成就的一般學生，這是在師資培訓適異性課程的設計中需注意之處。

除此，參與融合方案的一般學生習得更多正面態度與行為（Capper & Pickett, 1994; Diamond et al., 1997; Diamond & Carpenter, 2000）；Capper 和 Pickett 進而指出，未參與融合方案的一般學生較容易對身心障礙學生有刻板印象，以及抱持負面的態度。

總括上述融合教育對一般學生的成效，研究呈現較為一致的結果：一般學生沒有因為身心障礙學生的出現而有負面影響，反而增加學科課程之外的正向學習與經驗；不過，要獲致正向結果的前提是，一般學生必須獲得教導和支持。

四、融合教育對提升教師專業能力的成效

我回顧文獻發現，探討融合教育對提升教師專業能力的成效研究，多出現在 2010 年之前；2010 年之後的研究多集中於如何實行融合教育，得以提升特殊與普通教育教師間的合作和他們的專業能力，這在「第二篇：融合教育理念與作法」中，會引註一些研究加以探討。關於融合教育對提升教師專業能力的成效方面，我整理 12 篇研究，依年代先後，同一個年代者再依作者字母順序排列，如附錄 16。結果發現多數研究因實施融合教育，採取的特殊和普通教育教師合作模式，對提升他們專業能力有正面的成效。就融合教育對提升普通教育教師專業能力的成效而言，研究呈現正面的效果，包含獲得許多和其他專業人員合作的機會；更能察覺所有學生的需要；對認知缺陷的容忍度提高；對班級之正面影響力和處理教室問題之自信心增加；並且增加教學的效能，能解決多數的教室問題；而團隊合作被視為重要的支持來源（Giangreco, Dennis, et al., 1993; McLeskey & Waldron, 2002b; L. Phillips et al., 1995; Pugach & Johnson, 1995b; Roach, 1995; Salend et al., 1997; Villa et al., 1996; Walther-Thomas, 1997）。其他研究也發現，在特殊教育教師的協助和提供在職訓練下，普通教育教師覺得提升教學的自信心，因應個別差異的專業能力也成長（Minke et al., 1996; M. Wood, 1998）。

就融合教育對提升特殊教育教師專業能力的成效而言，附錄 16 的研究亦呈現正面的效果，例如：特殊教育教師藉由合作使他們成為學校社群中重要的一員；更加了解普通教育系統；增加自己在普通班對一般學生的教學知能；從合作中學習到合作的知能，和普通教育教師的教學方法；能夠嘗試新的教學方法，與避免單獨教學產生的無力感；以及從與一般學生的接觸，並察覺特殊需求學生的進步而感到快樂（Rice & Zigmond, 2000; Salend et al., 1997; Villa et al., 1996; Walther-Thomas, 1997）。

雖然融合教育的實施增長普通教育教師的專業能力，但有研究提出，一些特殊和普通教育教師合作面臨的議題包含：合作小組呈現無法溝通和解決教學風格差異的問題；行政人員未能完全支持合作教學；教師之時間無法充分協調，以及學生的課表不能配合教師的時間；特殊教育教師關注他們在普通班扮演附屬的角色，對普通教育課程內容的了解、普通教育教師的態度和教學時間的安排；以及憂慮融合教育的實施會導致特殊需求學生喪失獲得特殊化服務和教學的機會等（L. Phillips et al., 1995; Walther-Thomas, 1997; Weiss & Lloyd, 2003）。

五、融合教育之成本效益分析

McLaughlin和Warren於1994年指出，辦理融合教育之初所需費用龐大，但隨著時間的演進，費用逐漸減少，甚至少於隔離形式的服務形態（引自McGregor & Vogelsberg, 1998）。Salisbury和Chambers（1994）也表示，將身心障礙學生安置於學區內的融合學校，比安置於學區外的特殊教育學校和班級，較為經濟。Halvorsen、Neary、Hunt和Piuma於1996年探討實施融合教育所需費用，以及這些費用對融合班級學生的相對效益後發現，融合教育的影響層面不止於身心障礙學生，由於特殊教育教師帶來的支持服務，也為一般學生帶來許多附加價值（引自McGregor & Vogelsberg, 1998）。除了費用的減少，與為一般學生帶來的附加價值外，還有研究提出，融合教育的實施可以減少轉介學生接受特殊教育的比例，以及增進普通教育教師的專業知能（Pugach & Johnson, 1995b; Self et al., 1991）。

綜合國外融合教育實施成效評鑑之研究可以發現，在特殊需求學生的學業、社會能力和行為表現，以及特殊需求學生對安置形態觀感的研究方面，支持和不支持融合教育成效的證據均有，並沒有一致的結果；而在一般學生的實施成效方面，研究呈現較為一致的結果：一般學生沒有因為身心障礙學生的出現而有負面影響，而且增加學科課程之外的正向學習與經驗。不過，值得注意的是，不是將特殊需求和一般學生安置在同一個班級，就可以自然獲致正向的學習與經驗，要達到上述正向結果，一般學生是需要被教導的。另外，在融合教育對提升教師專業能力成效方面，研究呈現較為一致的結果：因實施融合教育採取的特殊和普通教育教師合作模式，確實能提升特殊和普通教育教師的專業能力；然而，他們提出一些在合作上關注的議題。在融合教育之成本效益分析方面，研究顯示短期內融合教育的成本效益不明顯；但是長期觀之，則可顯現出其效益，不過前提是，須實施高品質的融合方案。Kavale和Forness（2000）檢視融合教育研究後總結，融合教育的正面效果並非自然發生，而是需要**縝密的計畫**和**完整的配套措施**。

Salend和Garrick Duhaney（1999）表示，造成融合教育對特殊需求學生的成效，以及他們對安置形態觀感結果不一致的可能原因為**融合方案的品質**，亦即是否實施高品質的融合方案。Odom（2000）指出，學前融合方案的品質呈現在兩方面：一為**學前普通教育環境的品質**，亦即讓所有學生都能獲益；另一為**能因應特殊需求學生的需求做調整的程度**，亦即讓特殊需求學生能獲益。我認為Odom的說法不僅應用在學前融合方案，其他教育階段也是如此。除此，這些研究存在著方法上的問題，包括：（1）部分研究的參與者少，取樣範圍多為國小學障和中重度障礙學生，針對中學以上、其他障礙類別（例如：感官和肢體障礙）學生的研究較有限，而且取樣程序有瑕疵，未隨機取樣；（2）在團體比較的研究中，未對融合方案提出具體、證據本位的定義，有些研究的融合方案未完全涵蓋融合的要素；（3）在安置形態比較的研究中，無法完全控制無關的干擾變項，使比較之組別（例如：融合和隔離安置）保持除了安置形態外其他條件的均等；（4）部分調查研究未了解研究參與者提出此觀點的情境脈絡，例如：教師表達不贊成融合的情境脈絡（可能是未獲得學校的支持）；團體比較研究未詳述比較之組別的情境脈絡（例如：教師採用的課程和教學方法），以至於無法非常肯定總結——融合的服務模式優於隔離者；（5）部分採取問卷和訪談蒐集研究參與者觀感的研究中，研究參與者可能有「社會喜愛效應」（social desirability effect）的心向，未真正表達他們對融合教育的看法（Manset & Semmel, 1997; McGregor & Vogelsberg, 1998; Salend & Garrick Duhaney, 1999; R. L. Simpson, 2004; Zigmond, 2003）。

另外，Zigmond（2003）指出一些安置形態成效比較的研究，只呈現哪種安置形態對整體特殊需求學生的效果優於另一種，而未分析安置形態對不同特殊需求學生的差異；除此，既然學生有個別差異，那麼沒有哪一種安置是絕對的優勢，而應該是依據學生的需求選擇最適合的安置，所以這些研究欲回答哪一種安置對特殊需求學生有較佳的成效，本質上是錯誤的研究問題。因此，關鍵議題不是安置的地點，而是這個安置適合哪些特徵的學生，是否能讓學生獲得最有效、符合其需求的教育服務。

再者，本節有關融合教育方案成效評鑑的研究，焦點多放在成果；而 Scruggs 和 Mastropieri（1995）主張評鑑融合教育的成效，不能只看結果，實施過程的評鑑也很重要，主張用四個要素，即其所稱的 **PASS 變項**來評鑑融合教育的實施過程，包括**優先選擇的目標**（prioritized objectives）、**調整教學**（adapted instruction）、**教師的教學表現**（SCREAM，詳述於第 11 章第 3 節），以及**系統地監控進步情形**（systematic monitoring of progress）。Dymond（2001）建議，結合重要參與人員的多元觀點，採取多種評量方法和指標，評鑑融合教育的實施過程和結果，過程的指標有學校氣氛、課程計畫結構、行政領導、人事配合、課程與教學、團隊合作、學校參與等；結果的指標有學校成果（例如：學生學業和功能性技能的習得情形、IEP 目標上的進步狀況）、社會關係的發展、行為表現、重要參與人員的滿意度，以及課程成本費用等。因此，未來在檢視融合教育方案的成效時，宜從融合教育的實施過程和結果兩方面，採用多種評量方法和指標來評鑑。

貳、臺灣的研究

關於臺灣融合教育的實施成效，依照國外文獻闡述的融合教育意涵，臺灣並未真正做到融合教育，僅是將特殊需求學生安置於普通班，部分學生接受抽離式的資源方案而已，和「高品質的融合教育」還有很大的距離。臺灣許多研究冠上融合班、融合情境、融合教育等名詞，我為尊重原作者的用法，保留這些名詞的使用；然而讀者在閱讀這些研究結果時，宜注意這些研究所謂的「融合」尚未符合融合教育的意涵。臺灣融合教育實施成效的研究，焦點放在特殊學生在普通班的適應狀況，而且很少研究在比較不同安置形態間學生表現的差異，也較少單獨探討將特殊學生安置於普通班後，一般學生的表現，以及特殊學生對於安置形態的觀感。以下從學前階段特殊幼兒、學齡階段特殊學生在普通班的適應狀況，以及教育人員對融合教育實施成效的觀感三方面，探討臺灣融合教育的實施概況。值得注意的是，這些研究探討的特殊學生偏向身心障礙學生。

一、學前階段特殊幼兒在普通班的適應狀況

臺灣 1990 至 2021 年間，探討學前特殊幼兒在普通班適應狀況的研究共有 11 篇，我依年代先後，同一個年代者再依作者姓氏筆畫由少至多排列，整理於附錄 17。多數研究在探究特殊幼兒的社交技巧、人際互動和社會地位。結果發現同儕對於自閉症幼兒有著舉足輕重的影響力，同儕是他們在語言、社會、遊戲、大小肌肉等發展領域極佳的模仿對象（蔡淑玲，1997）。特殊幼兒在社交技能、人際互動上的進步情形不太相同；但在生活常規上有較明顯的進步（甘蜀美、林鋐宇，2006）。一般幼兒多用口語，特殊幼兒則多用非口語行為與人互動，甚至和成人的互動多於和同儕，尤以聽障、智障和語障幼兒最明顯；一般幼兒的正向行為頻率顯著高於特殊幼兒，且一般幼兒比特殊幼兒有較多的口語和分享行為（洪馨徽，2000；盧明、林菁，1996；蕭惠伶，2000；羅翠菊，2003）。羅翠菊進一步指出，語障幼兒在與同儕語言互動的歷程，經常出現談話磋商技巧差、較不客氣或命令式的語言，且對同儕發出的訊息較無回應，和同儕的互動結果往往無法融入團體而成為邊緣人；在合作遊戲中傾向扮演著年齡較小的角色，及從事較少的工作。融合班中的一般幼兒大都能以較正向、積極的態度來與特殊幼兒相處，而且願意提供協助；但一般幼兒與特殊幼兒之間互動不多，若有，也只是短暫的接觸，而且互動仍以日常生活協助為主，非同伴關係，還常因為特殊幼兒較缺乏互動反應而中斷（何嘉詒，2015；許碧勳，2001）。至於造成特殊幼兒表現

差異的因素，可以歸納為**特殊幼兒的特徵**、**一般幼兒的特徵**、**教師的引導**，以及**環境和活動的安排狀況**四方面。

就特殊幼兒的特徵而言，有**障礙類別和程度**、**溝通能力**、**行為表現**、**互動經驗**、**人格特質**，以及**和父母親互動的習慣**等因素，例如：蕭惠伶（2000）的研究呈現不同障礙類別的特殊幼兒之社交技能表現有顯著差異，其中感官和肢體障礙（簡稱肢障）幼兒之社交技巧顯著高於心智障礙幼兒。蘇雪玉（1988、1991）的研究顯示，輕度障礙幼兒的發展有顯著的進步；反之，中度障礙幼兒則未見進展。許碧勳（2001）和蕭惠伶的研究指出，有較多攻擊、不合群行為，或是有溝通互動困難的特殊幼兒，較不容易被一般幼兒所接納。就一般幼兒的特徵而言，有**與特殊幼兒的熟悉度**、**人格特質**和**衝突解決策略**等因素，例如：洪馨徽（2000）的研究指出，熟識的幼兒間互動狀況較好。就教師的引導而言，包括**教師和學生間的熟悉度**、**教師的中介行為**等因素；盧明和林菁（1996）及曾葆賢（2004）的研究顯示，教師的引導是影響一般和特殊幼兒間社會互動的重要因素。就環境和活動的安排狀況而言，包括**教具陳列方式的開放度**、**教具的數量**、**空間的擁擠度**、**學習區內活動之性質（動態或靜態）**，例如：蕭惠伶和曾葆賢均指出，角落活動屬於靜態者，一般幼兒和特殊幼兒間較不會有互動產生；若活動性質屬於動態者，兩者較會產生互動。

二、學齡階段特殊學生在普通班的適應狀況

臺灣 1990 至 2021 年間，探討學齡階段特殊學生在普通班適應狀況的研究共有 10 篇，我依年代先後，同一個年代者再依作者筆畫由少至多排列，整理於附錄 18。其中，僅黃琬珺（2001）比較兩種安置形態（隔離和融合）下智障學生的行為表現；其他研究僅調查特殊學生在普通班的適應狀況。另外從研究參與者來看，有兩篇針對智障，各有一篇針對自閉症、亞斯伯格症、學障、視多障、低成就資優、身心障礙學生；從教育階段來看，五篇國小、三篇高中、兩篇國中。多數研究呈現特殊學生在普通班的適應狀況不佳，包括有學習行為和適應、人際互動和社會適應上的問題，以及有特殊行為問題，而且不同類別的特殊學生，其適應問題有些不同（王碧慧，2006；林月仙，2001；林照香，2010；胡金枝，2006；陳冠杏，1998；陳慧萍，2006；黃琬珺，2001；黃韻如，2004）；僅林怡慧（2006）有不一樣的結果：高中身心障礙學生的學校生活適應大都優於一般學生，但此差異未達統計顯著水準。值得注意的是，此研究問卷是由學生填答，恐有「社會喜愛效應」的情形。這些研究發現，學生障礙類別、學校硬體措施和行政支援，以及師長態度等因素，與特殊學生的學校適應有密切關係。

上述研究為小範圍的調查研究，僅有一篇做大範圍的次級資料分析（secondary data analysis）。鄭津妃和張正芬（2014）以特殊教育長期追蹤資料庫 97 學年度的國中學生與教師問卷為材料，其中一項目的在探討國中身心障礙學生於融合教育下的學校適應狀況，結果發現，在學校適應中，學業是所有身心障礙學生最主要的適應困難，以智障學生最為明顯，學障學生次之；其次是同儕關係，以自閉症學生的困難較大；再來是師生關係。常規適應為所有學生表現最佳的向度，自我適應為次佳，二者均在適應佳的範圍；其中，情緒行為障礙學生最顯弱勢，其次為智障與學障學生。

三、教育人員對融合教育實施成效的觀感

我整理出六篇教育人員對融合教育實施成效的觀感如附錄 19，蘇燕華（2000）、葉蕙境（2004）及陳麗君（2007）的研究參與者為國小普通班教師，他們對實施融合教育的成效，呈現正負向複雜的情形，部分教師肯定融合教育的理想，相信融合教育有助於身心障礙學生的適應與學業學習，而且對一般學生的影響是正面多於負面，然而教師也反應，兼顧一般學生的受教權是教師心中的兩難，融合的結果會造成學生互動質量不佳，學業進步有限的情形；部分教師表示，融合教育的實施增進他們對特教領域的了解，學習新的教學技巧；但也有部分教師則反應出壓力、無助、愧疚和沒成就等感覺。張亞思（2003）的研究參與者為國小特殊教育教師，呈現普通班教師特教專業知能普遍不足的問題；由此可知，充實普通班教師的特教專業知能，以及支持與協助他們在普通班中教導特殊需求學生是亟需要的，期能兼顧一般學生的受教權，與特殊需求學生的需求，讓融合教育的崇高理想得以實現。另外，蔡實（2002）的研究參與者為國小教師和行政人員，結果發現融合教育政策的推展，仍有相當程度的改善空間。程鈺菁（2019）的研究參與者為學前普通班級特教巡輔教師，他們皆肯定融合教育實施成效，最為肯定者分別為「跨專業團隊合作」和「教師專業知能」。

第 2 節　相關人員對實施融合教育之觀感

從前一部分的描述可知，教育人員與家長對實施融合教育，以及一般學生對特殊需求學生的態度，是影響融合教育實施成效的重要因素。以下探討教育人員與家長對融合教育的觀感，以及一般學生對特殊學生的態度，最後整理出教育人員與家長對融合教育關注的議題，以作為有效實施融合教育的參考。

壹、教育人員對實施融合教育之觀感

關於教育人員對實施融合教育之觀感，我從國外和臺灣兩方面的實證研究來做分析。

一、國外的研究

我回顧文獻發現，探討教育人員對於融合教育觀感的研究多出現在 2010 年之前；2010 年之後的研究多集中於如何實行融合教育，得以增進教育人員對融合教育的觀感，這在「第二篇：融合教育理念與作法」中，會引註一些研究加以探討。關於教育人員對實施融合教育之觀感，研究參與者有普通教育教師、特殊教育教師與行政人員，探討的範疇包括：實施融合教育的接受度和任教感受、教學困擾和支持需求，以及造成實施融合教育觀感差異的相關因素等方面。以下從教育人員對實施融合教育之接受度和感受，以及教育人員對實施融合教育的教學困擾和支持需求兩部分來探討，並且在第一部分會分析造成實施融合教育觀感差異的相關因素。

（一）教育人員對實施融合教育之接受度和任教感受

我整理 1990 至 2020 年間，國外有關教育人員對於融合教育觀感之研究，依年代先後，同一個年代者再依作者字母順序排列，如附錄 20 共有 43 篇，探討的範圍包括實施融合教育的接受度、教學困擾和支持需求，以及造成實施融合教育觀感差異的相關因素等方面。其中研究參與者多數為普通教育教師，少數為特殊教育教師、特教助理員與行政人員，詳細討論如下。

國外教育人員對於實施融合教育接受度的探討上，研究結果呈現出正向與負向態度互現的情形；甚至出現 Scruggs 和 Mastropieri（1996）所云，多數教師同意融合教育的理念，但願意任教身心障礙學生者相對減少，而做**課程與教學調整（curricular and instructional adaptation）**的意願又更加降低之情形。Idol（2006）即指出，多數教師對實施融合教育的態度是正向的，只是對於如何有效實施抱持保留的態度。

至於「造成教育人員對融合教育接受度和感受差異的相關因素」有：**教育人員的特徵、教育人員對融合教育的了解和擔憂、特殊學生的特徵**，以及**教育環境的支持情形**四方面。就教育人員的特徵而言，有研究提及**專業背景、訓練和能力，任教階段，教導特殊學生的經驗**三方面的因素。以專業背景和訓練來說，有研究指出，特殊教育教師比普通教育教師，對融合教育的態度趨於正向和支持（H. K. Cochran, 1998; Familia-Garcia, 2001; Kuester, 2000; Trosko, 1992）；當普通教育教師自覺專業訓練不足，不能滿足身心障礙學生的差異需求時，自我效能的預期和自信心便會降低，甚至容易產生高度的壓力感，對於融合教育就傾向於拒絕；反之，當教師自覺專業訓練足夠時，對於融合教育的態度就會更正向，對自己的教學便會產生較高的自信心（Avramidis et al., 2000; Bennett et al., 1997; S. W. Davis, 1994; A. de Boer et al., 2011; Engelbrecht et al., 2003; Forlin, 2001; Kuester, 2000; Siegel & Jausovec, 1994; M. G. Smith, 2000; Soodak et al., 1998; Stoiber et al., 1998）；在能力上，會使用**適異性教學**（**differentiated instruction**）的普通教育教師，對於融合教育有較高的接受度（Soodak et al., 1998）。以任教階段來說，H. K. Cochran（1998）指出，國小教師又比中學教師抱持更正向的態度。以教導特殊學生的經驗來說，正在實施融合教育的教師，比尚未實施者對於融合教育抱持更正向的態度（Avramidis et al., 2000; McLeskey et al., 2001）；與身心障礙學生有正向接觸經驗，以及有教導經驗者，對融合教育抱持愈正向的態度（Bennett et al., 1997; Kalyva et al., 2007; Kuester, 2000; Praisner, 2003）。

就「教育人員對融合教育的了解和擔憂」而言，Gates 和 Yell（1994）以及 Buell 等人（1999）表示，教師對融合教育的接納度，以及其教學的自信程度會因其是否了解融合教育方案，和其對方案的覺知而有差異。相關研究指出，普通教育教師擔憂本身知識與技能不足，教學時間不夠（S. W. Davis, 1994），融合安置可能對學生帶來負面效果和問題，例如：學生安全問題、一般學生與特殊學生課業問題、一般學生的需求被忽略（S. W. Davis, 1994; Downing et al., 1997; S. Vaughn et al., 1994）、工作量會增加、教師角色的改變等（S. Vaughn et al., 1994）。特殊教育教師則對自我角色的改變感到徬徨（S. Vaughn et al., 1994），憂慮特殊需求學生能否繼續獲得相關治療與諮詢服務（Belcher, 1995），以及喪失對班級的掌控和他們的角色功能（Downing et al., 1997），這些都會影響教育人員對融合教育的接受度。

就「特殊學生的特徵」而言，研究提及，**障礙類別和程度**、**行為表現**兩方面的因素。以障礙類別和程度來說，有研究指出，教師對於障礙程度較輕微之身心障礙學生的接納度，比障礙程度較嚴重者高，教師認為重度障礙學生不適合安置於普通班（Agran et al., 2002; S. W. Davis, 1994; Kuester, 2000）；面對感官或肢障學生的普通班教師，對於融合教育有較高的接受度（Soodak et al., 1998）。以行為表現來說，教師對於較不守常規、有嚴重行為問題的學生接納度較低（B. G. Cook, 2001; Fletch-Campbell, 2001）；甚至會造成他們的壓力感（Engelbrecht et al., 2003; Forlin, 2001; M. Williams & Gersch, 2004）。Norwich（2008）以美國、荷蘭及英國三個國家的 132 位教師及行政人員為對象，探討他們對重度障礙學生安置於普通班的看法，結果多數提到安置所面臨的兩難情況：雖然將重度障礙學生安置於普通班，他們較不會有被排除的感覺；但相對地較不易獲得需要的特殊教育服務、他們的情緒行為問題可能造成他人的傷害等。Norwich還提到，教師及行政人員會考慮安置重度障礙學生於特教學校，首要理由為學生特徵（如是否有傷害他人的嚴重情緒行為問題、是否有重度的健康照護需求）。

就「教育環境的支持情形」而言，研究提及**教學時間是否足夠、是否有特殊教育教師的合作實施、特殊學生家長是否配合、是否獲得學校的支持和訓練、經費資源是否容易取得**五方面的因素。有研究表示教學時間不夠會影響普通教育教師對融合教育的接受度（S. W. Davis, 1994），甚至會造成他們的壓力感（M. Williams & Gersch, 2004）。能和特殊教育教師合作的普通教育教師，對融合教育有較高的接受度（Soodak et al., 1998）。特殊學生家長不配合會形成教師很大的壓力感，此壓力會影響教師對融合教育的接受度，是實施融合教育的阻礙（Downing et al., 1997; Engelbrecht et al., 2003）。有機會接受特殊教育概念的校長，對融合教育抱持愈正向的態度（Praisner, 2003）；接受愈多訓練和支持的教師，對實施融合教育的能力感受愈高，成效的滿意度愈佳，態度也愈正向（Gemmel-Crosby & Hanzlik, 1994）；反之，支持不夠會讓教師產生很大的壓力（Engelbrecht et al., 2003），而提供專業訓練可以降低這些壓力（Forlin, 2001）。Downing等人的研究指出，經費資源取得有限，是實施融合教育的阻礙。

除了上述造成教育人員對融合教育接受度和感受差異的因素外，尚有一些研究提出其他因素，包括：（1）**班級結構**（例如：班級大小、師生比、特殊與一般學生的比例等）；（2）**是否有支持性服務與人員的協助**；（3）**學校空間無障礙的情形**，是否有學生需要的輔助科技和設備；（4）**普通與特殊教育教師間的合作方式與溝通情形**，是否有足夠的時間溝通與討論；（5）**是否有縝密的計畫和系統的實施等**（Bender et al., 1995; Boyer & Bandy, 1993; Pearman et al., 1992; Vlachou & Barton, 1994）。

（二）教育人員對實施融合教育的教學困擾和支持需求

另外，有一些研究探討普通班教師對於實施融合教育的教學困擾和支持需求，結果顯示，普通班教師表達在獲得經費資源上有限制（Downing et al., 1997）；專業訓練不足，故有困難進行有效的班級經營，以因應身心障礙學生的需求，包括不知如何提升身心障礙學生的隸屬感，以及他們與一般學生的互動和關係（Marchant, 1995; York, Vandercook, et al., 1992）；有困難設計課程與教學調整策略，兼顧一般學生和身心障礙學生的需求（Graham et al., 2003; Heflin & Bullock, 1999; Meikamp & Russell, 1996）；對於感官、肢體和健康上有限制或問題的學生，教師表達有困難使用輔助科技和調整設備、顧及身心障礙學生的安全（Forlin, 2001; Singh, 2001; S. Vaughn et al., 1994），以及處理身心障礙學生的情緒和行為問題（Gates & Yell, 1994; Heflin & Bullock, 1999）；找不出時間進行課程調整、與合作團隊討論，無法有效運用時間處理班級事務（S. W. Davis, 1994; Forlin, 2001; Heflin & Bullock, 1999）等。

此外，Werts等人（1996）的研究發現，普通教育教師對於專業訓練和資源的需求遠高於已獲得者，顯示需求和獲得之間有一段差距。一些現況調查的研究也顯示，教師在實施融合教育上需要支持與協助，例如：Rao和Lim（1999）調查68位接受職前訓練的新加坡教師對教導身心障礙學生的意見，結果顯示他們需要行為管理、教學策略、班級計畫，和課程與教學調整方面的協助。Pearman等人（1997）調查教師認為，何種支持模式最能協助其提升能力，以滿足所有學生的需求，在同一學區的558位教職員中，大部分認為最優先的是訓練與經費，例如：諮詢或合作模式的訓練、課程的調整、班級人數的縮減及支持合作教學的計畫時間等。而Liston等人（2009）對特教助理員的調查研究亦呈現，他們不僅要協助身心障礙學生，亦要支持普通班教師，64%的人表示非常需要持續的專業發展。

二、臺灣的研究

臺灣1990至2021年間，有關教育人員對於融合教育觀感之實證研究頗多，探討的範圍包括實施融合教育的態度，覺知的滿意度、教學困擾、支持需求，以及造成實施融合教育態度差異的相關因素等方面。其中研究參與者多數為普通教育教師，少數為特殊教育教師與行政人員，特教助理員則較有限。教育階段則以調查國小教育人員居多，共42篇；國中次之，共11篇；學前再次之，共五篇；高中一篇；另有同時調查國中小教育人員，共三篇。以下從教育人員對實施融合教育的態度和相關因素，以及覺知的滿意度、教學困擾和支持需求兩方面，探討臺灣教育人員對實施融合教育的觀感。

（一）教育人員對實施融合教育的態度和相關因素

臺灣教育人員對於實施融合教育接受度的探討上，研究結果呈現出正向與負向態度互現的情形。進一步分析教育人員對融合教育態度差異之相關因素，研究顯示教師對於身心障礙學生融合於普通班的接受度，會因**學生的人數和特徵**，以及**需要支持或協助的程度**而有差異；人數愈多，障礙程度愈重，需要支持程度愈多者，教師的接受度愈低，例如：王彥茹（2019）的研究指出，身心障礙學生人數愈多，教師的壓力愈大，接受度愈低。黎慧欣（1996）的研究顯示，教師認為適合安置於普通班級的身心障礙學生，以輕度障礙且本身不致造成認知學習困難的類型為主。魏俊華等人（2005）及郭秀鳳（1996）的研究均顯示，學前教育教師傾向輕度障礙幼兒適合在普通班上課；

而重度障礙的幼兒則宜全時安置在隔離的特教班、特教學校或社會福利機構。徐瓊珠（2006）的研究發現：國小普通班導師對身心障礙學生就讀普通班的整體態度是正向的，但認同度並非很高；最認同學障學生就讀普通班，其次是聽障、自閉症，最後則是 AD/HD 學生。有研究（吳幸祝，2002；林穎昭，2009；蘇燕華，2000；饒敏，1996）發現：身心障礙學生的行為問題是決定教師對他們接受度的關鍵因素之一，例如：蘇燕華表示，受訪的 12 位普通班教師中，大多數認為如果身心障礙學生表現嚴重傷害或干擾行為，應該限制其就讀普通班的權利；吳幸祝的研究呈現，國小普通班導師能接受輕度且無伴隨攻擊或情緒問題的自閉症學生；相反地，如果自閉症學生有情緒行為問題，則會減少對他們的接納度。此外，溫惠君（2001）探討智障學生之融合程度，及其與特殊教育績效之關係後發現，融合程度較不受學生智力的影響，而與學生之人格特質、適應行為關係密切，行為問題會影響智障學生融合的程度，而正面的同儕力量可提升融合程度。

除了學生因素會影響教師對於融合教育的接受度外，**教師的專業背景和經驗、是否接受特教和行政支持**，以及**家長參與和配合的狀況**也會產生影響。在教師的專業背景上，黎慧欣（1996）的研究顯示，特殊教育教師比普通教育教師，認為身心障礙學生適合安置於普通班的比率較高。一些研究亦顯示，特殊教育教師比普通教育教師，修畢特教學分或受過特殊訓練的教師，比未修畢特教學分或受過特殊訓練者，對於融合教育較持正面態度（王淑霞，2001；白惠蘭，2006；江信摑，2002；吳永怡，2003；林敬鯉，2001；林穎昭，2009；郭秀鳳，1996；陳良青，2004；張英鵬，2001；黃延圳，2004；鄭佩玲，2003；劉文瑤，2006；鄭雅莉，2001；蘇昭昇，2003）；愈不容易產生教學困擾（林少雀，2004；張錦蕙，2005），工作壓力的感受程度較低（陳秀珍，2006）；在「班級經營」方面的支援服務需求較低（王裕玫，2004），或是較有意願和自信心教導身心障礙學生（鄭雅莉，2001），對融合教育較採積極而正向的因應方式（黃承熹，2005；鄭雅莉，2001）；有特教背景、了解障礙學生身心特性和融合教育者，比沒有特教背景、不了解者支持融合教育（楊瑞文，2002）。

在教師的任教經驗上，一些研究呈現有見過，甚至有任教身心障礙學生經驗，或是實施融合教育年資較長之教師，對融合教育的因應方式及實施態度上，比沒有任教經驗，或是實施融合教育年資較短者正向積極（何宜霖，2013；林穎昭，2009；陳良青，2004；張英鵬，2001；黃延圳，2004；黃承熹，2005；蔡佳芬，2004；鄭佩玲，2003；蘇昭昇，2003）；實施融合教育的教學困擾，和工作壓力感受較低（林春梅，2004；林敬鯉，2001；林碧珠，2006）；黃馭寰（2002）的研究則進一步指出，與聽障學生有愉快相處經驗的普通班教師，對學生的接納態度較高。除了專業背景和任教身心障礙學生的經驗外，鄭佩玲、蘇昭昇及洪雪玲（2003）三篇研究進一步顯示，有接受特教和行政支持之教師，對於教學生態環境的滿意度，以及身心障礙學生和融合教育的態度上，比未接受特教支持者積極；蘇昭昇的研究還指出，普通班教師對身心障礙學生的教育態度，會因家長的參與和配合狀況而有差異。

總括來說，普通班教師實施融合教育的態度，會受到**學生的特徵，需要支持或協助的程度，教師本身的背景和經驗、是否接受特教和行政支持**，以及**家長參與和配合**等因素而有差異。一些研究雖然也有探討教師性別、年齡、任教年資、任教地區等變項，但沒有一致的結果。

除了教師的觀感外，還有研究調查校長對融合教育的觀感。劉城晃（2012）調查817 位國小校長對融合教育之態度後發現，他們自陳具有中高程度之融合教育專業知能、支援服務、角色知覺與態度，而在融合教育實施困擾則未達中等程度。其中資深之國小校長在這些層面的觀感，都比資淺者佳，且較不會感到困擾。

（二）教育人員對實施融合教育的滿意度、教學困擾和支持需求

臺灣探討教育人員對實施融合教育之滿意度、教學困擾及支持需求的研究頗多，多數是針對普通班教師進行問卷調查或訪談，以下分成滿意度、教學困擾，以及支持需求兩部分詳加討論。

1.教育人員對實施融合教育的滿意度、教學困擾和壓力

臺灣 2000 年至 2021 年間，一些研究探討普通班教師對於實施融合教育的滿意度，例如：劉江裕（2005）調查中部地區公立國小，238 位融合班教師的工作滿意度後發現，他們的滿意度只有中等程度；工作滿意各向度由高而低的順序為：進修成長、參與及領導、教學與環境、工作報酬及人際互動。黃啟榮（2006）調查中部地區 302 位國小聽障融合教育教師的工作滿意度後發現，未達高滿意程度；工作滿意各向度由高而低的順序為：人際關係、學校行政、教學工作環境、專業進修、教師工作本身。黃淑菁（2014）調查高屏地區國小特殊教育教師對實施融合教育之滿意度，以「特殊與普通教育教師的互動」得分最高，「特殊需求學生與普通班同儕的互動」得分最低。而在 2010 年之後，研究探討普通班教師對融合教育支援服務和特教支持系統、不分類身心障礙資源班支援服務，以及特教巡迴輔導服務的滿意度（方信斌，2012；李彥璋，2013；彭崇瑋，2014；蔡依玲，2012；蔡秀慧，2012；顏敏玲，2014），方信斌、李彥璋和蔡依玲三篇研究呈現滿意度由高至低排序為：評量、行政與教學支持服務；蔡秀慧的排序為：評量支持服務、行政支持服務、特教知能成長和家長參與。

臺灣 2000 至 2022 年間，一些研究探討普通班教師實施融合教育的教學困擾後顯示，普通班教師面對身心障礙學生被安置在其班上，教學困擾的感受偏高；我整理困擾的向度包括以下五方面：第一個是**心理社會向度方面的困擾**，涵蓋教師本身的專業知能和態度不足，他們不了解身心障礙學生的特質，對自身教學效能的預期低，教學自信心不足；班級人數過多，學校未減少班級人數；身心障礙學生的安全問題，其能力和需求與一般學生差距大，以及缺乏學習意願；一般學生家長的負面態度；促進一般學生與身心障礙同學的互動，以及處理一般學生的不當行為與態度；身心障礙學生家長的不配合或壓力；行政和特殊教育人員提供的支持不足；缺乏有效的夥伴支持等（王天苗，2002；尹麗芳，2001；汪慧玲、沈佳生，2010；李榮珠，2004；李慶輝，2005；吳南成，2010；吳勝智，2004；林少雀，2004；林琪，2022；林鈺涵，2004；卓怡君，2006；邱上真，2000；邱俐純，2006；姚佩如，2003；陳國洲，2004；彭志宏，2004；馮淑珍，2005；曾澼儀，2005；張順淳，2006；楊芳美，2006；楊智雯，2000；蔡淑玲，1997；賴雅雯，2006；黎慧欣，1996；盧安琪，2001；鄭啟清，2006；鄭雅文，2003；鍾裕勝，2014；鍾梅菁，2000；蘇意湘，2020；蘇燕華，2000）。

第二個是**物理向度方面的困擾**，包含教室空間規畫困難、校園欠缺無障礙環境的規畫、缺乏身心障礙學生所需的特殊設備和輔助科技等（王裕玫，2004；曲俊芳，1998；吳國維，2005；吳南成，2010；卓怡君，2006；林少雀，2004；林琪，2022；許素貞，2004；彭志宏，2004；鄭雅文，2003）。

第三個是**課程與教學向度方面的困擾**，涵蓋上課時數過多；教材太多、太難；教學時間不足，有課程進度的壓力；對身心障礙學生的課程設計、教學和評量、作業指導有困難，無法同時兼顧所有學生的學習；特殊教育相關專業服務不足等（王天苗，2002；王裕玫，2004；王淑華，2022；曲俊芳，1998；汪慧玲、沈佳生，2010；李榮珠，2004；李慶輝，2005；邱上真，2000；吳南成，2010；卓怡君，2006；林少雀，2004；許俊銘，2004；許素貞，2004；陳國洲，2004；彭志宏，2004；馮淑珍，2005；黃瑛綺，2002；楊芳美，2006；張順淳，2006；張錦蕙，2005；蔡文龍，2002；蔡淑玲，1997；賴雅雯，2006；鄭啟清，2006；鍾梅菁，2000；謝秀霞，2002）。

第四個是**行為和程序向度方面的困擾**，含括師生關係不佳，有困難做教室管理，以及處理身心障礙學生的情緒行為問題等（王天苗，2002；王裕玫，2004；李榮珠，2004；許俊銘，2004；馮淑珍，2005；陳怡融，2021；黃瑛綺，2002；張順淳，2006；楊芳美，2006；蔡淑玲，1997；盧安琪，2001）。

第五個是**組織向度方面的困擾**，涵蓋行政事務繁重、工作壓力太大、人力資源不足、不清楚社會資源的資訊、與其他帶班教師的溝通有困難、團隊合作不確實等（王天苗，2002；汪慧玲、沈佳生，2010；李榮珠，2004；林少雀，2004；林美香，2004；林鈺涵，2004；黃瑋苓，2005b；楊芳美，2006；盧安琪，2001；鄭啟清，2006；鍾裕勝，2014；鍾梅菁，2000；蘇燕華，2000）。

其中，邱上真（2000）還比較國中和國小教師困擾處的差異，問卷調查129位國小普通班教師，和149位國中普通班教師，他們在協助身心障礙學生最感困難之處為何時，有較多比例的國小教師在較多項目上表示有困難；國小教師認為有困難的項目大都集中在與學生個人有關的問題，例如：學生程度落後太多、學生沒有學習動機、學生個別差異太大等因素；而需要趕進度、教學時間不夠，班級人數太多，上課時數太多，教材太多，課程不易變動，這些項目均有七成以上的教師表示有困難；其中後三項是國小教師感到與國中教師不同困難的部分。邱上真進一步指出，學生能力太差、對特殊教育需求學生的特質不了解、學生受同儕影響是國中教師感到不同困難的部分。

2.教育人員對實施融合教育覺知的支持需求

在教育人員對實施融合教育覺知的支持需求上，臺灣2000至2020年間，部分研究調查普通班教師在實施融合教育的支持需求；部分研究從調查普通班教師對支持服務供應的滿意度分析支持需求；部分研究從調查普通班教師對融合教育支持服務供需現況的觀感，以分析最需要但最少被滿足的支持服務。

調查普通班教師在實施融合教育的支持需求方面，於學齡教育階段，邱上真（2000）的研究指出，國小普通班教師亟需得到協助的內容包括：認識特殊需求學生的學習特質，處理個別差異的技巧，選擇有效的教學策略，實施學習輔導的技巧，編製輔助式教材的技巧，減少班級人數、上課時數，學校行政的支援等。彭慧玲（2003）的研究顯示，國小普通班教師認為重要的融合教育專業知能，依序為班級經營、親師合作、專業合作、融合教育理念、課程與教學。邱明芳（2003）的研究表示，中部三縣市國小普通班教師對於實施融合教育，最需要的學校行政支援有：提供障礙學生學習空間、規畫無障礙學習空間、減少班級人數（屬「學校行政運作」向度）、提供校內特教知能研習、建立特教諮詢管道、提供校外特教知能研習（屬「專業知能」向度）、提供教學設備、學校提供教材、提供教師多元教學資訊（屬「課程與教學」向度）、協助處理親師溝通問題、提供家長諮詢服務、辦理身心障礙學生家長親職教育活動（屬「親職教育」向度）。游文彬（2005）的研究顯示，教導各障礙類別的臺北縣國小普通教師，對「IEP擬訂和執行的知能」，以及「學生功能性課程設計的知能」

需求最高；教導智障者的普通教師對「了解從行政方面可獲得協助的資訊之知能」、「配合特殊教育需求學生建立常規的原則與方法的知能」，及「教導智障學生教學實務的知能」需求最高。徐瓊珠（2006）的研究顯示，國小教師對身心障礙學生就讀普通班需要的協助，包含人力支援、專業人士的介入、學校行政的支持、特殊教育專業知能的提升、家長的配合與信任，以及一般同儕對身心障礙學生的接納。

於學前教育階段，林少雀（2004）的研究呈現，臺北縣幼兒園教師認為實施融合教育的需求，依序為設備、在職訓練、人力支援、行政協調和空間需求。李秀珠（2005）調查 56 位任教於高雄市學前融合班之普通和特殊學前教育教師，結果發現在專業成長方面，教師認為各類別特殊需求幼兒教學策略運用方面的研習為最大教學支援需求，其次是特殊需求幼兒行為問題介入與處理課程；無障礙環境設施的提供和校內特殊教育的宣導與融合班教材教具的提供，是融合班教師最需要的前兩項行政支援；特殊教育專業人員協助諮商輔導和身心障礙家長團體協助親職教育推展，是融合班教師最需要的前兩項社會支援；在專業團隊方面，以心理師到校協助特殊需求幼兒心理諮商和校護協助特殊需求幼兒身體健康維護需求最高。

調查普通班教師對支持服務供應現況和滿意度的觀感上，陳綠萍（2001）的研究發現，臺北市國小教師與學校行政人員，對於辦理認識特殊兒童活動、特教班教師為身心障礙學生家長提供諮詢服務，與建立身心障礙學生轉介程序等項目的支持服務都超過八成以上，滿意程度高、需求程度不急切；但對於教育局派巡迴教師和專業治療師到校輔導師生，以及給予身心障礙學生之教學績優教師獎勵等項目上，支持服務都低於六成以下，滿意程度低，需求程度很急切。謝秀霞（2002）的研究發現，臺中縣國中小學的行政人員和教師表示，特殊教育推行委員會的功能發揮、學校行政支持、特殊與普通教育教師的互動等支持服務皆達到 85%以上；專業人員的配合、專業成長研習活動、教師獎勵制度等則仍待建立。劉淑秋（2003）調查中部縣市國小教師對就讀普通班聽障生支持服務的滿意度情形，結果發現專業人員支持服務的滿意度最低。

調查普通班教師對融合教育支援服務供需現況的觀感上，潘廣祐（2006）、黃慧瑜（2016）、陳宜慧（2005）及王銘得（2005）分別調查臺北縣和高雄市國小普通班教師、南部五縣市和高雄縣市的國中普通班教師，融合教育支援服務供需現況，結果發現融合教育支援服務需求與實際供給之間有差異，即教師對於教學支援需求期望程度高，而能獲得的支援服務卻相形較少，造成供需之間產生落差。潘廣祐的研究顯示，供需差異最大的前五項依序排列為：地區特殊教育資源中心提供教學諮詢與輔導服務、大學院校特殊教育中心提供教學諮詢與輔導服務、特教巡迴輔導教師到班級提供教學諮詢與服務、需要時特教助理員能入班協助、相關專業人員協助擬訂 IEP。王銘得的研究指出，供需差異最大的前五項依序排列為：學校行政協助班級導師規畫特教學生的轉銜輔導，了解班上身心障礙學生申請特教輔具的程序，參與特教相關宣導活動，辦理特教學生鑑定、安置、輔導的程序，以及減少融合班的學生人數。黃慧瑜的研究顯示，國小普通班教師在「評量方式」與「適應行為」的需求程度顯著高於獲得現況。上述四項研究是針對所有特殊需求學生實施融合教育支持服務供需現況的調查，有研究針對特定類別特殊需求學生調查支持服務供需現況，例如：張素玉（2004）以高屏地區國小班級有聽障學生的教師為研究參與者，了解國小普通班聽障學生支援服務需求與獲得現況後發現，他們獲得的行政支援，明顯地少於其所需求的程度。黃瑋苓（2005a）指出，就讀國小普通班重度腦性麻痺學生，其相關服務現況與需求之間的落差有：專業團隊合作模式未形成、專業團隊的服務未落實、無障礙環境的改善、教學策略調整能力的改善、情緒控制與社交技巧教學的加強，以及家庭支援服務的提供。

貳、家長對實施融合教育之態度

關於家長對實施融合教育之態度，我從國外和臺灣兩方面的實證研究來分析。

一、國外的研究

我回顧文獻發現，探討家長對於融合教育態度的研究多出現在 2010 年之前；2010 年之後的研究多集中於如何實行融合教育，得以增進家長對融合教育的態度，這在第二篇：融合教育理念與作法中，會引註一些研究加以探討。我整理 1980 至 2021 年間家長對實施融合教育之態度的研究，依年代先後，同一個年代者再依作者字母順序排列，如附錄 21 共 25 篇。其中，有 16 篇調查身心障礙學生家長對實施融合教育的態度；四篇調查一般學生家長對實施融合教育的態度；四篇同時調查特殊學生和一般學生家長對實施融合教育的態度，兩篇是做家長對融合教育態度的文獻和後設分析；探討的範圍包括對實施融合教育的接受度、覺知的滿意度和成效、關注的議題，以及造成實施融合教育觀感差異的相關因素等方面，詳細討論如下。

大部分的研究發現，不論其孩子是否有障礙、特殊需求，或者是否參加融合教育方案，家長一般對融合教育都持正面、贊同的態度，認為融合教育對於身心障礙與一般孩子均有助益；而且融合教育的實施能促使身心障礙孩子的家長擴展其社交圈，並增加他們對其身心障礙孩子的正面期望（Erwin & Soodak, 1995; Roach, 1995）。家長認為融合教育對於特殊孩子的助益有：提供他們能提高其學習之有趣和具創造性的環境，增進其學業、動作、語言和溝通技能，提升其自我概念，促進他們與一般同儕的友誼關係，體驗到隸屬感、被接納和愉悅的感覺。家長認為融合教育對於一般孩子的助益有：提升他們的社會能力，增進他們對人類差異的接受度，讓他們能從幫助他人中感受到自己的重要性，和發現自己的長處；另外，一般學生家長並不認為其孩子會學到特殊學生的不適當行為，反而學習到適當的行為；並且孩子得到教師的注意量，不會因為有特殊學生的出現而受限。

雖然許多研究結果顯示，家長大都支持融合教育的理念與作法；不過部分研究進一步分析「與家長對融合教育態度的相關因素」，包括**特殊需求孩子的特徵**、**家長對教育方案目標的信念**，以及**教師和學校對其孩子的態度與支持**三方面。就特殊需求孩子的特徵而言，研究提及**年齡**、**障礙狀況**、**行為表現**，以及**孩子接受融合或隔離方案的經驗**四項因素（Gibb et al., 1997; A. L. Green & Stoneman, 1989; Palmer et al., 1998; A. P. Turnbull & Ruef, 1997）。A. L. Green 和 Stoneman 及 A. P. Turnbull 和 Ruef 的研究顯示，孩子的年齡與家長對實施融合教育的態度有關聯，年幼孩子比年長孩子的家長，對融合教育持更為正向的態度；A. L. Green 和 Stoneman 及 Palmer 等人兩篇研究顯示，孩子的障礙狀況會影響家長對實施融合教育的態度，孩子是輕度的認知障礙（cognitive disabilities）、有較少行為問題、比較不需要特殊化服務者，其家長較傾向支持融合教育；家長對於重度智障、情緒行為障礙和有行為問題孩子的融合表達更多的關注。除了孩子本身的特徵外，一些研究（A. L. Green & Stoneman, 1989; J. McDonnell, 1987; L. J. Miller et al., 1992; Palmer et al., 1998; Ryndak et al., 1995）表示，家長對融合教育的態度，會受到其孩子接受融合或隔離方案的經驗影響；曾經有融合教育經驗之孩子的父母，比沒有者更能接受融合教育；接受隔離安置之重度障礙孩子的家長，對於融合安置持較負面的觀點；而接受融合安置之重度障礙孩子的家長，對於融合教育較持正向的觀點，而且支持融合安置。Holahan 和 Costenbader（2000）即指出，孩子的學前安置與未來安置亦有相關，如果孩子在學前即安置於特教班，則較多家長傾向於讓孩子進入國小特教班。

就家長對教育方案目標的信念而言，Palmer 等人（1998）的研究指出，家長對教育方案目標的信念會影響其對融合教育的觀感，看重社會能力目標的家長傾向於融合方案；而看重學業目標者傾向於孩子能獲得連續的特殊化服務，以因應其學業需求。

就教師和學校對其孩子的態度與支持而言，S. K. Green 和 Shinn（1994）的研究指出，家長最重視的是教師的態度，教師對其孩子的態度與支持攸關家長對融合教育的滿意度，而不是其孩子學業進步的情形。另兩篇研究（Giangreco et al., 1991; Norwich et al., 2005）的研究指出，家長表示教師和家長、學校與家庭間的關係和合作非常重要，親師關係良好會增加家長對融合教育的滿意度。

另外，有部分研究提及家長對融合教育所關心的問題。對身心障礙孩子的家長而言，他們比較擔心在融合的環境中，教師是否能接納其孩子，是否具備專業能力有效地教導其孩子；孩子是否會面臨一般同儕的拒絕，是否能獲得適合的IEP，是否會失去特殊化課程和個別化教學的機會（尤其是學前孩子）；是否會喪失醫療復健服務，無法獲得適當的介入，例如：功能性的**社區本位教學**（**community-based instruction**，尤其是重度障礙孩子的家長）；特殊與普通教育教師合作的情形（A. de Boer et al., 2010; Fisher et al., 1998b; Garrick Duhaney & Salend, 2000; S. K. Green & Shinn, 1994; Guralnick, 1994; Kalyva et al., 2007; Leyser & Kirk, 2004; Palmer et al., 1998; Wolpert, 1996; York & Tundidor, 1995）。Lowenbraum等人（1990）的研究指出，幾乎有三分之一的家長是因為班級人數較少、有更多特殊化的服務，和教師的素質較優，而要求他們的孩子與輕度障礙學生融合在同一個班級。由此可知，**班級人數、教師的素質**，和**是否有特殊化的服務**是家長關注的焦點。另外，Guralnick及Daniel和King（1997）兩篇研究分別指出，有行為問題之孩子的母親，以及孩子接受叢集融合方案（安置較高比例的特殊需求學生在一個班級中）之家長，對於融合教育方案表達更多的關注。由此得知，**特殊和一般學生的比例**，以及**孩子的行為問題是否獲得適當的介入**是家長關切的議題。還有一些身心障礙學生家長提出需要投注時間爭取好的融合教育方案，在爭取的過程可能會有挫敗的經驗，以及教師和行政人員欠缺有效實施融合教育的訓練（A. P. Turnbull & Ruef, 1997）；以及關注**親師溝通，與融合教育方案實施的穩定性**，像是師資、經費的穩定性等，他們希望學校在對方案做任何改變時，能聽取他們的想法（Giangreco et al., 1991）。值得注意的是，家長的擔憂可能會妨礙融合教育的實施，例如：Galant和Hanline（1993）的研究指出，特殊需求幼兒的家長很可能因為要避免其孩子受到嘲弄或孤立，同時也限制了孩子在融合教育中發展友誼及獲得其他協助的機會。

對一般學生的家長而言，他們比較擔心融合教育方案對其孩子的教學效能，具體來說，有些孩子受到忽略、無法從教師處獲得足夠的協助，以及模仿身心障礙同學不適當的行為；有些教師不合格或是未經訓練，沒有足夠的能力教導身心障礙學生（Garrick Duhaney & Salend, 2000; Peck et al., 1989; Riechart et al., 1989; York & Tundidor, 1995）；另有家長對於「重度智障、情緒行為障礙和有行為問題孩子」的融合表達更多的關注（A. L. Green & Stoneman, 1989）。值得注意的是，家長的擔憂可能會妨礙融合教育的實施，例如：York 和 Tundidor（1995）指出，一般學生的家長可能因為擔心其孩子受忽略，而拒絕身心障礙學生的入班。

二、臺灣的研究

臺灣探討家長對實施融合教育觀感的研究，不像探討教育人員者多，我整理 1990 至 2021 年間的 11 篇研究發展，探討的層面包括對實施融合教育的接受度，與造成接受度差異的相關因素，以及對學校提供之支持服務的觀感；調查的家長包括一般和特殊孩子的家長，而孩子的年齡層為學前和國小。在造成家長對融合教育接受度差異的相關因素上，有研究指出，和**孩子是否有障礙**，以及障礙程度有關。在孩子是否有障礙上，郭秀鳳（1996）、鄭雅莉（2001）及李郁菁（2008）除了以幼教工作者為調查對象外，還以一般和特殊幼兒家長為對象，調查他們對學前融合教育的態度；郭秀鳳和李郁菁的研究結果指出，特殊幼兒家長對融合教育的態度比一般幼兒家長更為正向；鄭雅莉的研究結果指出，一般和特殊需求幼兒家長對融合教育皆抱持正向的看法，皆表示願意將自己的孩子送至融合班，但是特殊需求幼兒家長顯現更強烈的意願。林麗莉（2011）的研究發現，一般幼兒的家長與家人的態度從反對到支持，並且對孩子與特殊幼兒的相處有正向的看法；家長肯定融合班的經驗滿足一般與特殊幼兒在學習上的需求。何淑玓（2003）研究國小融合班家長對實施融合教育的態度後發現，身心障礙學生家長的融合教育態度偏正向；而一般學生家長的態度則呈現正負互現的情形。而在障礙程度上，沈佳生和汪慧玲（2013）的調查發現，輕度障礙幼兒的家長對融合教育之滿意度比中重度障礙者高。

此外，有研究指出和**孩子正接受的安置形態**有關，例如：黎慧欣（1996）的研究顯示，普通班的身心障礙學生家長較特教學校（班）者，贊同全盲、中度聽障與肢障三類學生安置於普通班以及支持融合教育。**孩子本身的特徵**亦會造成家長對於實施融合教育態度的差異，郭秀鳳（1996）、張英鵬（2001）、王子婕（2018）及黎慧欣的研究均顯示，學前和國小家長認為適合安置於普通班級的身心障礙孩子，以輕度障礙，而且本身不致造成認知學習困難、較少行為問題、比較不需要特殊化服務者的類型為主。張英鵬進一步指出，家長認為最不適合安置於普通班，排序前四名者為多重障礙、中重度智障、聽障和情緒行為障礙幼兒；除了上述類別外，郭秀鳳還表示，嚴重發展遲緩和視障幼兒也不適合安置於普通班。

在調查家長對於學校提供之支持服務的觀感上，郭秀鳳（1996）的研究顯示，家長認為特殊教育教學資源和教師專業能力缺乏，是實施學前融合教育之主要問題，急需學校在這兩方面提供支援。張慧美（2004）研究國小一年級身心障礙兒童入學適應服務需求及現況後發現，家長表示學校提供的服務遠不及需求程度。許碧勳（2001）的研究顯示，教師多數將焦點放在幼兒身上，缺乏與家庭互動，沒有讓家長參與並了解融合教育的實施情況，以至於一般幼兒家長對融合教育心存疑慮，擔心特殊需求幼兒分散教師對其孩子的注意，剝奪其孩子的學習權益；以及擔憂特殊需求幼兒會有攻擊行為，其孩子會模仿特殊需求幼兒的言行。

總括來說，雖然融合教育有許多優點，但是家長關注和擔憂的議題可能會減損他們對融合教育感受到的優點與信心，甚至妨礙融合教育方案的發展與實施。因此，不論在實施融合教育之前或之後，學校都須深入了解家長的看法，以及他們擔憂的問題；進而積極與他們溝通，化解其疑慮與擔憂。

參、一般學生對特殊學生之態度

關於一般學生對特殊學生之態度，我從國外和臺灣兩方面的實證研究來做分析。

一、國外的研究

關於一般學生對特殊學生的態度，1985 至 2020 年間，多數研究探討一般學生對身心障礙同儕的態度，我回顧文獻後發現有不一致的結果。部分研究呈現一般學生對身心障礙同儕趨於正面的態度（例如：Fisher et al., 1998a; Peck et al., 1990; York, Vanderco-ok, et al., 1992），以 Fisher 等人的研究來說，他們調查兩所中學 1,413 位一般學生對身心障礙同儕的態度後果發現，多數持積極、正向的態度。然而，也有部分研究顯示，一般學生對身心障礙同儕的態度並不是那麼正面（例如：Cappelli, 1995; Nabors, 1997; Sale & Carey, 1995; Smoot, 2003），甚至未與身心障礙同儕建立友誼（Blackman, 2016）。Cappelli 調查國中小一般學生對於 23 位聽障同儕的接納度後發現，聽障學生比一般學生更容易受拒絕。Sale 和 Carey 的研究了解 592 位一般學生對身心障礙和疑似學生的接納度，結果發現實施完全融合未減少一般學生對身心障礙同儕的負面觀點。Nabors 調查 40 位學前一般幼兒，對喜愛玩伴的提名後發現，19 位特殊幼兒接受一般幼兒喜愛玩伴提名的比例非常低，但也沒有得到非常顯著的負向提名。Guralnick（1997）指出，特殊幼兒的同儕社會網絡比一般幼兒局限，而且容易受到社會排斥。Smoot（2003）使用社交計量法（sociometry），調查喬治亞州國小、國中和高中的 286 位一般學生，以及 61 位輕度智障學生，以了解一般學生對於智障同儕的接納度；結果發現有 85% 的一般學生被正向提名一次，而只有 43% 的輕度智障學生被正向提名一次，之間達到顯著差異。

至於造成一般學生對身心障礙同儕態度差異的相關因素，有研究表示有兩方面的因素：一為**身心障礙學生本身的特徵**，另一為**一般學生的特徵和接觸身心障礙同儕的**

經驗。就身心障礙學生本身的特徵而言，有研究提及**障礙狀況**、**行為表現**和**溝通能力**三方面的因素。以障礙狀況來說，B. G. Cook 和 Semmel（1999）以及 Burton 和 Hirshoren（1999）指出，一般學生對身心障礙同儕之接納度，會受到身心障礙同儕的障礙程度所影響，一般學生對重度障礙同儕之接納度高於對輕度障礙者；這是因為輕度障礙者在外表和身體狀況上與一般學生無明顯差異，一般學生易以本身的標準來評量其學習和行為表現，而較無法接納他們不符合期待的表現。然而也有研究指出，障礙程度並非最重要的因素，例如：Lederberg 等人（1985）表示，聽障程度並非影響一般幼兒與聽障幼兒社會互動的唯一要素，他們之間的熟識程度也會影響其互動的頻率。由此可知，身心障礙學生的障礙狀況，剛開始雖然會影響一般學生對他們的接納度，但是只要教師運用策略讓他們彼此熟識，建立他們之間的關係，障礙狀況的影響力將會減少。

以行為表現而言，相關研究（Eichinger et al., 1992; Nabors, 1997; Safran, 1995）指出，不管身心障礙學生的障礙狀況，只要他們有攻擊行為，就會成為一般學生討厭的對象。Peck 等人（1990）的研究指出，一般學生表達剛開始會因為中重度障礙同儕的身體外表和行為特徵（例如：咳嗽、流口水），而有不舒服的感受。Siperstein 和 Leffert（1997）比較各 20 位被一般學生接納和排斥的智障同儕間的差異後發現，被一般學生接納的智障同儕表現出高比率適當的社會行為。

就溝通能力觀之，Helmstetter 等人（1994）的研究顯示，部分一般學生認為中重度障礙同儕溝通上的困難，會是建立友誼的一項阻礙。Hanson 等人（1998）綜合文獻指出，身心障礙學生的障礙狀況、行為表現和溝通能力會影響他們的被接納度，以及是否能隸屬於融合班級中。

就一般學生的特徵而言，有研究提及**性別**和**接觸身心障礙同儕的經驗**兩項因素，例如：M. A. Townsend 等人（1993）的研究顯示，女生對於身心障礙同儕的態度較男生正向，有接觸經驗者比沒有接觸經驗者表現出積極正向的態度；然而 Smoot（2003）的研究指出，一般學生對於智障同儕的接納度，不會因為他們性別的不同而有顯著差異，他也指出教育階段不是影響因素。Okagaki 等人（1998）指出，在自由活動時間，一般幼兒與特殊需求幼兒有實際正向的接觸經驗，有助於建立他們對特殊需求幼兒的正向態度。MacMillan 等人（1996）表示，不是讓一般學生和身心障礙學生接觸，就可以自然建立一般學生對身心障礙同儕的正向態度，互動的特性和品質會影響一般學生對身心障礙同儕的態度；如果身心障礙學生的社會行為不適當，一般學生對他們便會傾向負面的態度，因此須教導身心障礙學生適當的社會行為，以促進他們的社會融合。

二、臺灣的研究

臺灣1990至2020年間，有關一般學生對特殊學生態度之研究，共22篇，我依年代先後，同一個年代者再依作者姓氏筆畫由少至多排列，整理於附錄22。其中調查國小一般學生12篇；國中五篇；高中四篇。其中，有七篇研究是調查一般學生對智障同儕的態度；三篇對聽障者；兩篇對視障者；一篇對自閉症者；一篇對學障者；一篇對情緒行為障礙者；六篇則是調查對不分類身心障礙同儕的態度，或探討一般學生和他們間的互動。

綜合整理上述的研究發現，探討一般學生對特殊學生態度差異的相關因素包括**一般學生的特徵**、**特殊學生的特徵**、**家庭和學校環境的特徵**三方面。在一般學生的特徵方面，探討的有一般學生的**性別**、**年級**、**接觸特殊學生的程度**、**擔任幹部**、**學業成就**和**宗教信仰**六項因素。在特殊學生的特徵方面，探討的有特殊學生的**性別**、**障礙類別**、**行為表現**、**學業成就**、**社會地位**和**溝通能力**六項因素。在家庭和學校環境的特徵方面，探討的有**家庭社經地位**、**學校所在的地區**、**安置形態**、**導師的態度和班級經營**四項因素。以下詳細分析這三方面因素的研究發現。

（一）一般學生的特徵方面

以**性別**來說，除了涂添旺（2002）的研究發現，不同性別的國小學生，對視障同儕的態度沒有差異外，其他研究均顯示，女生對於身心障礙同儕的態度較正向。就**年級**而言，有不一致的結果；部分研究（呂美玲，2004；馮文祺，2014；黃富廷，1994；葉振彰，2006；張靜雯，2003；楊麗香，2003）顯示，年級不同不會造成態度的差異；但楊麗香（2003）的研究發現，年級會隨著接觸程度與教育安置的不同，而有不同結果；其他研究則有不一致的結果，多數顯示愈低年級的學生對身心障礙同儕的態度較為正向；但曾目哖（2004）的研究呈現：高中三年級學生比一、二年級態度積極；鄭麗月（2001）的研究顯示，高年級學生對行為問題的包容度，高於中、低年級學生。

從**接觸特殊學生的程度**來說，大部分的研究顯示，與身心障礙同儕接觸的程度愈高，對他們的態度則愈正向（吳勝儒，2000；李玉琴，2002；林東山，2005；林乾福，2003；張君如，2004；張靜雯，2003；葉振彰，2006；謝建全等人，2001）；曾目哖（2004）的研究呈現，經常溝通、偶爾溝通者比不曾溝通者態度積極；曾經參與服務障礙者社團的學生比不曾參與者積極。楊麗香（2003）的研究進一步發現，接觸程度與性別、年級有交互作用存在，黃富廷（1994）的研究發現，接觸經驗之有、無，和性別產生交互作用，在國中女生方面，有接觸經驗者態度較佳；而在國中男生方面，則以無接觸經驗者態度較佳。此外，也有研究（彭源榮，2003；黃崑發，2002）顯示，接觸程度並不會造成態度上的差異，甚至有研究（孔秀麗，2008；邱佩瑩，1993）認為，無接觸經驗或接觸愈少者愈接納他們。

以**擔任幹部**來說，林真鍊（2004）、林東山（2005）及葉振彰（2006）的研究發現，擔任班級幹部的學生對身心障礙同儕的態度較正向，可能是因為擔任幹部與身心障礙同儕接觸較頻繁，認識較深，也較能接納他們；但涂添旺（2002）以及馮文祺（2014）的研究則呈現有無擔任幹部的學生，對視障同儕的態度並無顯著差異。在**學業成就**方面，探討此變項的四篇研究（呂美玲，2004；林東山，2005；涂添旺，2002；葉振彰，2006）均顯示，學業成績高分組者較低分組和中等組者的態度為佳。在**宗教信仰**上，唯一有探討的研究（黃崑發，2002）呈現，有宗教信仰之高中學生與無宗教信仰者，對視障同儕之態度無顯著差異；但信仰佛教之高中學生對視障同儕的態度，在情感方面比信仰道教者積極，在認知與行為傾向方面則無顯著差異。

（二）特殊學生的特徵方面

探討特殊學生特徵和一般學生對其態度關聯性的研究相對較少，還需要更多研究的探討。從**障礙類別**來看，探討此變項的一篇研究（林東山，2005）表示，學生對生理、感官障礙之身心障礙同學的接納態度，顯著高於學障和智障者。就**行為表現**而言，身心障礙學生出現行為問題會造成一般學生與他們相處的困擾，並且影響他們的被接納度（涂添旺，2002；郭淑玲，2004；鄭麗月，2001）。就**溝通能力**而言，郭淑玲（2004）的研究指出，國中一般學生與身心障礙學生相處時，遭遇到的困難來自於和他們溝通上的困難；張君如（2004）的研究表示，口語表達能力佳的聽障學生，一般學生對他們的接納度較高。就**性別**、**學業成就**和**社會地位**這些因素而言，張君如的研究顯示，聽障學生的性別、學業成就和社會地位，與一般學生對其態度具有顯著正相關；女生、學業成就高，以及社會地位佳的聽障學生，一般學生對他們的接納度較高。

（三）家庭和學校環境的特徵方面

在**家庭社經地位**因素，探討此變項的四篇研究中，有三篇（林乾福，2003；彭源榮，2003；張靜雯，2003）顯示，不同家庭社經地位的國中學生，對於智障同儕的態度沒有差異；然而楊麗香（2003）的研究卻呈現，父親的社經地位並不會影響國小高年級學生對於智障同儕的融合態度；但是母親的社經地位則有影響，而且中低社經地位的國小高年級學生，對於智障同儕的融合態度優於高社經地位者。就**學校所在的地區**來看，兩篇研究（彭源榮，2003；黃崑發，2002）顯示，在城市學校的學生對身心障礙同儕的態度，比在鄉村學校者傾向正面、積極的態度；但呂美玲（2004）的研究則指出，學校城鄉差距對國小學生對資源班同儕的態度並無顯著差異。

從**安置形態**來看，探討此變項的三篇研究（林乾福，2003；彭源榮，2003；楊麗香，2003）均表示，校內設有特教班的國中學生，對智障同儕的態度比未設者積極；楊麗香的研究則進一步指出，教育安置以學校設有資源班的國小高年級學生，對智障同儕的融合態度優於學校設有特教班別的學生，可能的因素是校內的特殊教育教師有進行特教宣導，提供服務。另從**學校提供的服務**而言，李沅芳（2013）的研究即指出，接受特教宣導程度愈多的一般學生，對智障同儕的接納度愈高。

最後，值得注意的是，會造成一般學生對於身心障礙同儕態度不一致的研究結果，可能與**導師的態度和班級經營**有關；邱佩瑩（1993）即指出，導師的接納是影響自閉症學生在校適應的最大關鍵。郭淑玲（2004）表示，國中一般學生與身心障礙同儕相處時，也會遭遇困難，主要來自於溝通上的困難；身心障礙學生的行為特質，會造成一般學生的困擾，以及不知如何適切協助，這些都亟需教師給予適當的引導；如果未善加引導和協助，則可能會造成一般學生對於身心障礙同儕的負面態度。

從上述融合教育研究的分析可以發現，許多研究以融合（或融合教育）為標題，但是未釐清融合教育的定義，甚至將融合和回歸主流或統合劃上等號。張嘉文（2010）訪談 25 位校長發現，大部分校長將回歸主流視為融合。我認為如果題目冠上融合（或融合教育），就要釐清融合教育的定義，是否按自然比例安置特殊需求學生於住家附近的學校、適齡的普通班級、與一般學生一起學習，並且藉由特殊和普通教育教師的合作，依據學生的學習需求決定服務形態。假如研究中的該位特殊需求學生未按自然比例安置於住家附近的學校、適齡的普通班級，則研究題目宜寫成「普通班（或普通教育情境）」。除此，須清楚說明實施之融合教育方案的內涵和作法。在做研究時，可以於「名詞釋義」中先說明融合教育的「理論定義」，而後闡述本研究的「操作性定義」，例如：本研究所指的國小融合教育，乃於研究期間，安置有身心障礙學生的國小普通班，這些身心障礙學生抽離接受資源方案提供的特殊教育服務，任教身心障礙學生的普通班教師獲得資源教師的諮詢服務，但未符合理論定義般，服務普通班中所有特殊需求學生。同樣地，在做教育人員對於實施融合教育態度的研究時，如果研究只調查教育人員對於身心障礙學生就讀（或安置）於普通班的態度，未探討教育人員對於身心障礙學生融合教育的理念與作法之態度，則研究題目宜寫成「教育人員對身心障礙學生就讀（或安置）普通班的態度」；而如果研究還探討教育人員對身心障礙學生融合教育理念與作法之態度（例如：對於特殊與普通教育教師進行合作教學的態度），則研究題目才可以寫成「教育人員對身心障礙學生實施融合教育的態度」。

肆、相關人員對實施融合教育關注的議題

綜合上述教育人員和家長對於融合教育觀感之研究，特別是在關注議題上，再加上其他文獻（M. N. Carr, 1993; Dinnebeil et al., 1998; Ghesquiere et al., 2002; Guralnick, 2001; K. J. Miller & Savage, 1995; J. Murphy, 1995; Roach, 1995），分成班級結構、學生、教師與家長，和教育環境四個向度，整理教育人員和家長關注的議題如表 3-1。

表 3-1　教育人員和家長對實施融合教育關注的議題

向度	議題	家長	教育人員
班級結構	1. 學生人數、師生比	*	*
	2. 特殊學生與一般學生的比例	*	*
學生	1. 一般學生對特殊學生的接納情形	*	*
	2. 特殊學生的障礙類型和程度	*	*
	3. 特殊學生的安全問題（例如：特殊學生的身體不會受到傷害）	*	*
	4. 一般學生與特殊學生間的互動	*	*
	5. 一般學生的獲益情形（例如：一般學生是否被忽略、被攻擊，是否會模仿身心障礙同學不適當的行為）	*	*
	6. 特殊需求學生的獲益情形（例如：特殊學生是否獲得適當的課程與教學，他們的特殊需求像是醫療需求是否能被滿足，行為問題是否獲得適當的介入）	*	*
教師與家長	1. 教師對融合教育和特殊學生的態度（例如：教師的態度是否正向積極）	*	
	2. 教師的專業能力（例如：教師的能力是否足以因應學生的需求、是否能經營一個融合的班級）	*	*
	3. 普通與特殊教育教師間的合作與溝通（例如：是否有特殊教育教師的合作實施，普通與特殊教育教師是否清楚自己的角色與職責，是否有足夠的時間溝通與討論）		*
	4. 家長的支持與配合		*
	5. 親師溝通情形（例如：親師溝通是否順暢）	*	*
教育環境	1. 特殊教育經費的提撥和分配（例如：特殊教育經費是否充分，是否能獲得所需的經費）	*	*
	2. 學校空間的無障礙情形	*	*

（續）

表 3-1（續）

向度	議題	家長	教育人員
教育環境	3. 設備與資源的充分性（例如：是否有學生需要的輔助科技和設備；是否引進需要的人力和物力資源）	*	*
	4. 課程的彈性（例如：課程或教材、教學方法、評量方法等因應個別差異的情形）	*	*
	5. 特殊教育相關專業服務的提供（例如：特殊學生是否能獲得其所需的治療服務）	*	*
	6. 教學時間的充分性（例如：教學時間是否充分）	*	*
	7. 融合教育計畫和執行的適當性（例如：是否有縝密的實施計畫，是否有充分的準備時間，是否有系統和穩定的實施）	*	*
	8. 學校行政的支持與協助（例如：是否提供教師充分的訓練，是否支持教師解決班級經營問題，是否提供家庭支持）	*	*

●註：「*」表示該項議題是此人員所關注的。

第 3 節 融合教育實施成效之相關因素

除了上述研究外，尚有一些研究討論美國部分州、學區和學校之融合教育方案的運作過程或策略，以及文獻討論實施融合教育的助力和阻力，從中分析出與融合教育實施成效有關之因素。以下呈現融合教育方案實例的運作過程或策略分析，以及融合教育實施的助力與阻力分析兩部分，最後彙整出融合教育實施成效之相關因素。

壹、融合教育方案實例的運作過程或策略分析

我茲舉 1990 至 2021 年，美國部分州、學區和學校採取的融合教育方案為例，按年代先後呈現其方案的運作過程或策略，以及其方案帶來的啟發，如附錄 23 共 24 篇。歸納這些州、學區和學校的融合教育措施可以發現，在實施融合教育上，它們帶來以下九點的啟發：（1）學校須支持融合教育的願景，並傳達此願景給所有人員；（2）學校須讓全體教職員參與融合教育的實施；（3）立法和政策的配合是促進融合教育實施的動力；（4）師資的訓練和支持是實施融合教育必需的準備措施；（5）學校須重

視特殊與普通教育教師的合作和相互學習，並且安排他們共同計畫的時間，安排相關支持服務人員的加入，以及促進人員間的團隊合作；（6）州和學區須調整經費補助方式，以促進融合教育的實施；（7）學校促進家長的參與和合作；（8）運用「介入反應」（RTI）模式的概念，根據學生的需求範圍和程度，提供不同層次的支持；（9）學校定期評鑑融合教育方案的成效，並且從過程和成果兩方面來評鑑。其中，Wang的調整教育方案模式圖如附錄 24。

貳、融合教育實施的助力與阻力分析

除了上述研究外，尚有一些研究或文章討論與融合教育實施成效有關之因素，它們有些從如何有效實施融合教育的視框分析相關因素；有些從反面，亦即阻礙融合教育實施的角度分析相關因素，我整理自 1990 至 2021 年的 14 篇研究，依年代先後，同一個年代者再依作者字母排序如附錄 25。

從上述融合教育實施成效評鑑，以及相關人員實施融合教育態度兩方面的探討，加上表 3-1 和上述融合教育實施成效相關因素之研究，我從學校位置和班級結構、教師、學生、家長、行政人員和教育環境六個向度，歸納出與融合教育實施成效有關的因素如表 3-2，作為擬訂融合教育方案的參考。

表 3-2　融合教育實施成效之相關因素

向度	相關因素
學校位置和班級結構	1. 學校和住家鄰近的情形（學校是否在學生的住家附近） 2. 學生人數、師生比 3. 特殊需求學生與一般學生的比例
教師	1. 普通教育教師對融合教育和特殊需求學生的態度 2. 普通教育教師的教學經驗 3. 普通教育教師的專業能力與準備度 4. 普通與特殊教育教師的角色與職責的澄清、合作方式與溝通情形 5. 親師溝通的情形 6. 班級經營的情形

（續）

表 3-2（續）

向度	相關因素
學生	1. 一般學生對特殊需求學生的接納度 2. 特殊需求學生的需求類型和程度 3. 特殊需求學生和一般學生的身體安全 4. 一般學生與特殊需求學生間的互動狀況 5. 一般學生的獲益情形 6. 特殊需求學生的獲益情形
家長	1. 家長對融合教育的了解與支持程度 2. 家長的支持和配合程度
行政人員	1. 行政人員對融合教育的了解與支持程度 2. 行政人員對實施融合教育意義和願景的界定情形（例如：是否清楚和正確地界定融合教育的意義和願景） 3. 行政人員的領導和溝通能力（例如：安排一個能讓教職員和家長有充權賦能感受、充分參與的環境，與教職員和家長充分溝通如何實施融合教育的觀點）
教育環境	1. 特殊教育經費的提撥和分配 2. 學校空間的無障礙情形 3. 設備與資源的充分性 4. 課程與教學的適異性、彈性和符合證據本位的情形 5. 特殊教育相關專業服務的提供 6. 人員間討論和合作時間的充分性 7. 融合教育計畫和執行的適當性 8. 學校行政的支持與協助情形

總結

對於導讀案例中大華父母的疑問，綜合本章關於國外和臺灣融合教育實施態度和成效分析可以發現，在特殊學生的學業、社會能力和行為表現，以及特殊學生對安置形態觀感的研究方面，支持和不支持融合教育成效的證據均有，沒有一致的結果；而在一般學生的實施成效方面，研究呈現較為一致的結果：一般學生沒有因為身心障礙學生的出現而有負面影響，而且增加了學科課程之外的正向學習與經驗；不過，值得注意的是，不是將身心障礙和一般學生安置在同一個班級，就可以自然獲致正向的學習與經驗；要達到上述正向的結果，一般學生是需要被教導的。另外，融合教育對提升教師專業能力成效的研究方面，呈現較為一致的結果：因實施融合教育，所採取的特殊和普通教育教師合作模式，確實能提升特殊和普通教育教師的專業能力；然而研究提出一些在合作上關注的議題。在融合教育之成本效益分析方面，研究顯示短期內融合教育的成本效益不明顯；但是長期觀之，則可顯現出其效益，不過前提是須實施高品質的融合方案。造成特殊學生成效，以及對安置形態觀感不一致的可能原因為「融合方案的品質」。融合方案的品質也會影響教育人員和家長對融合教育，以及一般學生對特殊需求學生的態度。而在確保融合方案的品質上，我從學校位置和班級結構、學生、教師、家長、行政人員，以及教育環境六個向度，整理出與融合教育實施成效有關的因素，作為擬訂融合教育方案的參考。要實施高品質的融合方案，會面臨很多的阻礙；從分析融合教育實施態度和成效評鑑之研究，教育人員可以認清朝向融合教育途中的阻礙，及找出待改變的關鍵因素，如此才有可能成功實現融合教育的理想。

第二篇

融合教育理念與作法篇

根據前面基礎與現況篇，本篇接著探討融合教育的理念與作法，包括15章。第4章先從鉅觀的角度討論融合教育的實施，然後在接下來的14章中，從生態的觀點，詳細地於第5至13章，從班級經營的意涵和教師心態的準備、學生個別差異的了解、特殊需求學生需求的分析、與相關人員的合作和特教資源的運用、物理和心理環境的安排、生活程序和行為的管理、課程與教學的設計、教學評量的實施、轉銜計畫的發展等九方面，討論微視體系中，普通教育教師經營融合班級的實務；於第14至15章，由特殊教育服務的介入，以及學校行政支援的提供兩方面，闡述學校如何實施融合教育。而後進一步於第16和17章，擴展討論的面向至外圍體系，呈現主管教育行政機關如何推展融合教育，以及師資培育單位如何因應融合教育趨勢培育師資。最後在第18章從鉅視體系敘述融合社會的營造。

融合教育基礎與現況篇

1. 融合教育的發展與意涵
2. 融合教育的相關法規
3. 融合教育實施態度與成效的分析

融合教育理念與作法篇

4. 融合教育的實施

在微視體系（融合班）和居間體系（教師－家長）中實施融合教育

5. 普通教育教師如何經營融合班（一）：班級經營的意涵和教師心態的準備
6. 普通教育教師如何經營融合班（二）：學生個別差異的了解
7. 普通教育教師如何經營融合班（三）：特殊需求學生需求的分析
8. 普通教育教師如何經營融合班（四）：與相關人員的合作和特教資源的運用
9. 普通教育教師如何經營融合班（五）：物理和心理環境的安排
10. 普通教育教師如何經營融合班（六）：生活程序和行為的管理
11. 普通教育教師如何經營融合班（七）：課程與教學的設計
12. 普通教育教師如何經營融合班（八）：教學評量的實施
13. 普通教育教師如何經營融合班（九）：轉銜計畫的發展

在微視體系（學校）和居間體系（學校－家庭、社區，特殊與普通教育教師間）中實施融合教育

14. 學校如何實施融合教育（一）：特殊教育服務的介入
15. 學校如何實施融合教育（二）：學校行政支援的提供

在外圍體系中實施融合教育

16. 主管教育行政機關如何推展融合教育
17. 師資培育單位如何因應融合教育趨勢培育師資

在鉅視體系中實施融合教育

18. 融合社會的營造

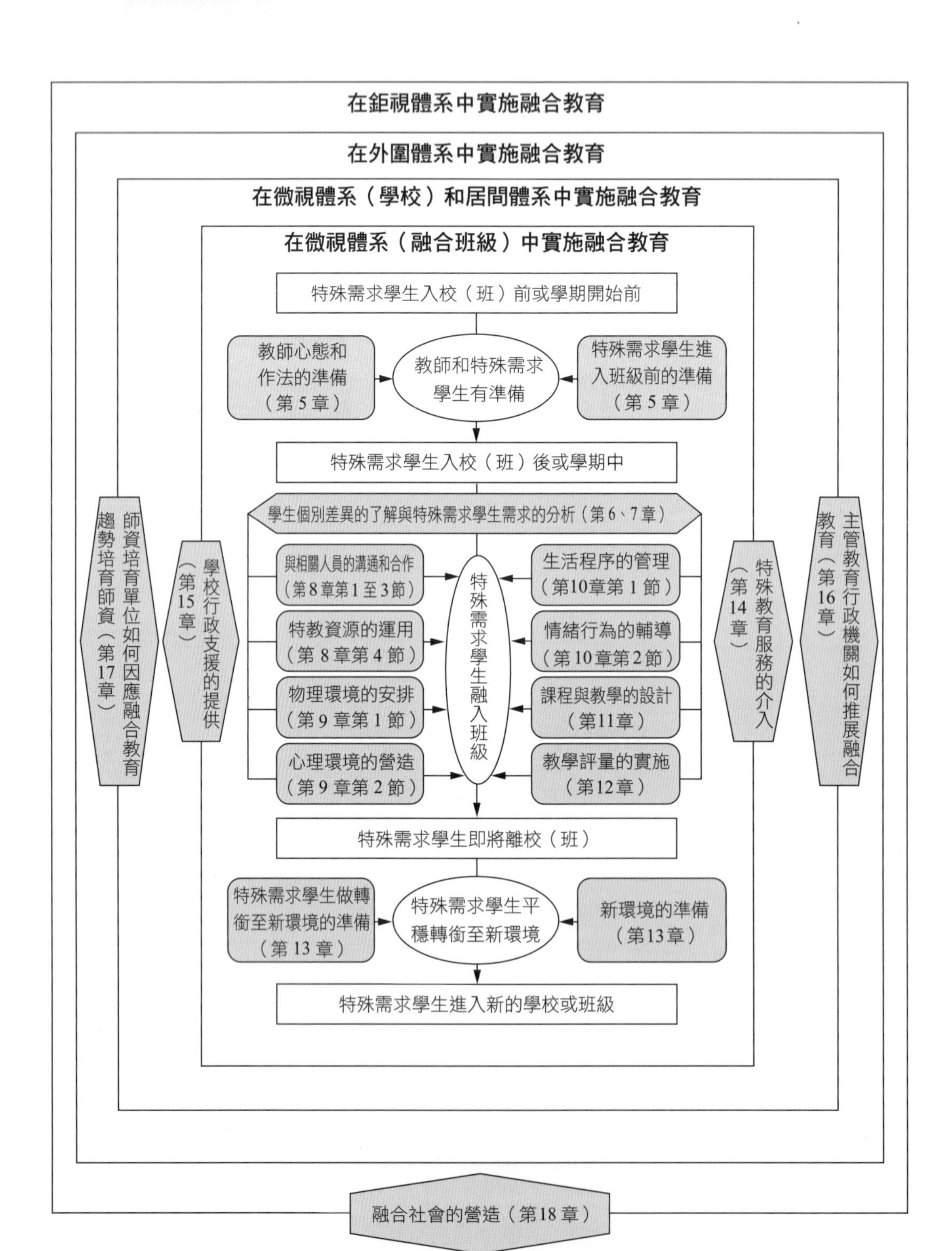
在鉅視體系中實施融合教育
在外圍體系中實施融合教育
在微視體系（學校）和居間體系中實施融合教育
在微視體系（融合班級）中實施融合教育
特殊需求學生入校（班）前或學期開始前
教師心態和作法的準備（第5章）
教師和特殊需求學生有準備
特殊需求學生進入班級前的準備（第5章）
特殊需求學生入校（班）後或學期中
學生個別差異的了解與特殊需求學生需求的分析（第6、7章）
與相關人員的溝通和合作（第8章第1至3節）
特教資源的運用（第8章第4節）
物理環境的安排（第9章第1節）
心理環境的營造（第9章第2節）
特殊需求學生融入班級
生活程序的管理（第10章第1節）
情緒行為的輔導（第10章第2節）
課程與教學的設計（第11章）
教學評量的實施（第12章）
特殊需求學生即將離校（班）
特殊需求學生做轉銜至新環境的準備（第13章）
特殊需求學生平穩轉銜至新環境
新環境的準備（第13章）
特殊需求學生進入新的學校或班級
師資培育單位如何因應融合教育趨勢培育師資（第17章）
學校行政支援的提供（第15章）
特殊教育服務的介入（第14章）
主管教育行政機關如何推展融合教育（第16章）
融合社會的營造（第18章）

第 4 章 融合教育的實施

第 1 節 實施融合教育的基本理念
第 2 節 實施融合教育作法與策略的相關文獻
第 3 節 實施融合教育作法與策略的整合模式

只有遭受阻撓的溪流，才會譜出潺潺的樂章；同樣地，雖然每日面對的教學挑戰常變動不羈，但只要願意換個角度看，每個挑戰不正意味著另一個新的學習嗎？

導讀案例和本章目標

王老師任教國中一年級，他的班上有一位中度智障學生（婷婷），對於婷婷的學習，他不知道從何著力提高其學業表現。資源教師建議王老師調整對婷婷的目標和評量；但是王老師表示：「幫婷婷調整目標和評量，我擔心別的同學和家長會說我偏心；而且要是改變考試的內容，讓婷婷得高分後，甚至是比其他同學還要高時，這對其他同學是不公平的。我也不能為了教婷婷，調整其他同學的目標和評量配合她，這樣對家長難以交代。像婷婷這樣的特殊孩子，應該放在特教班；在普通班只是被放牛吃草。」

由王老師的案例可思考以下問題：您認同王老師的說法嗎？將特殊需求學生放在普通班，對於他們沒有任何助益嗎？身為特殊教育教師的您，如何因應王老師對於公平性的疑慮？實施融合教育的基本理念為何？

從本章的內容讀者可以學習到：實施融合教育的基本理念、作法與策略的相關文獻，以及我依據文獻建構之實施融合教育整合模式，亦即以生態模式為基礎之「生態的融合教育實施模式」。

第 1 節　實施融合教育的基本理念

在實施融合教育的基本信念上，教育人員首先須了解、尊重與欣賞學生的個別差異，而班級中學生的個別差異包括學生不同的性別、心理特質、智力傾向、學習風格、特殊需求（例如：認知、感官、動作、情緒、行為的需求）、家庭背景、宗教、種族和文化等（Sapon-Shevin, 1992; Tileston, 2004a）。之後，教育人員願意學習和改變，設計適合的策略來因應學生的個別差異，這當中教育人員抱持**多元而彈性的思考**是很重要的，綜合文獻（Churton et al., 1997; Clough, 1998; T. Cook, 2004; E. Daniels & Stafford, 1999; Ferguson, 1997; Fitch, 2003; Giangreco & Doyle, 2000; Jha, 2007; Kameeui & Carnine, 1998; Nind et al., 2005; Onosko & Jorgensen, 1998），從對學生、學習、課程與教學，以及評量四個向度，整理出符合和不符合融合教育的教育信念如表 4-1。

表 4-1　符合和不符合融合教育之教育信念的比較

向度	融合教育主張的教育信念	非融合教育主張的教育信念
對學生的觀點	1.不會限制對學生的期待，主張所有學生都能學習和成功，只是以不同的方式表現成功，而教師須給予學生學習的機會。	1.限制對學生的期待，主張僅部分學生能夠學習和成功。
	2.從寬廣而多元的角度來看學生的能力，以全人的角度來看所有學生，視他們在很多智力領域具有優點。	2.從單一的角度來看學生的能力，發現其與共同標準之間的差距、缺陷與限制。
	3.學生之間在有效的學習方式，以及表達他們對概念的理解上是不同的。	3.學生之間在有效的學習方式，以及表達他們對概念的理解上是相似的。
	4.以正面且積極的態度，欣賞學生之間的差異，個別差異被視為豐富的教學資源。	4.以消極的態度，或是能力分組的方式，來因應學生之間的差異。
對學習的觀點	1.以寬廣的角度看學習，學習不只是課業的學習，還包括做人、做事、與人共處、學習態度和方法等方面。	1.以單一的角度看學習，較重視課業的學習。
	2.重視學習內容對學生的意義，以及和其生活間的連結。	2.強調標準化課程，並不重視學習內容對學生的意義。
對課程與教學的觀點	1.普通教育教師、特殊教育教師、特殊教育相關服務人員、學校行政人員，以及家長等形成合作小組，共同分擔教育學生的責任。	1.教師是教學的領導者，一般學生由普通教育教師負責，特殊需求學生由特殊教育教師負責。
	2.教學是師生均扮演主動角色，互相學習，共同解決問題。	2.學生是被動的學習者，從教師身上學習，教師是問題的解決者。
	3.重視與尋求方法來促進同儕互動和合作學習。	3.不重視同儕的互動和合作，而是強調競爭。
	4.安排不同能力的學生在一起。	4.將能力相似的學生安排在一起。
	5.教學配合所有程度的學生。	5.教學配合中等程度的學生。
	6.同年級學生不一定學習相同的課程，課程安排會考慮個別的能力、需求和興趣。	6.課程內容的安排是配合學生的年級，基本上同年級的學生學習相同的課程。

（續）

表 4-1（續）

向度	融合教育主張的教育信念	非融合教育主張的教育信念
對課程與教學的觀點	7.學生可依不同速度學習。	7.學生被期待以相同的速度學習。
	8.不僅重視外顯課程，也看重潛在課程。	8.僅重視外顯課程。
	9.所有學生都能參與教學活動，只是參與的方式和層次有所不同。	9.將特殊教育和隔離的安置畫上等號，亦即不能配合普通班級課程和活動的學生，被隔離接受特殊教育的安置；特殊、深入和個別化的服務只有在隔離的特殊教育安置下才能夠被提供。
	10.不被教材所限制，而是使用教材來教導學生符合其需求和有意義的學習目標。	10.強調將教材教給學生，或是被教材所限制。
	11.強調學生的「學習」，亦即重視學生在所學知識和技能上理解、保留和應用的情形；而不在於其記得多，不會被教學進度所限制。	11.強調「教學」，教師被教學進度所限制；強調教得多，而不重視學生在所學知識和技能上理解、保留和應用的情形。
	12.特殊教育是一種服務，而不是安置地點，我們可以在普通班級內提供大部分的教學支持和特殊教育服務。	12.大部分的教學支持在普通班級外被提供。
對評量的觀點	1.從多元的角度來看學生的成就。	1.從單一的角度來看學生的成就。
	2.依個別而適合的標準評量學生，並且鼓勵學生跟自己比賽。	2.依相同的標準評量所有的學生。
	3.教育系統的成功是展現在努力符合每一位學生的需要；而學生的成功是展現在個人和團體的目標均能達成。	3.教育系統的成功是呈現在學生的成績表現上；而學生的成功是展現在達到共同的標準。

由表 4-1 可知，融合教育主張了解、尊重與欣賞學生的個別差異，將個別差異視為豐富的教學資源，並且採取多元而彈性的思考看待學生、學習、課程與教學，以及評量，普通教育教師、特殊教育教師、特殊教育相關服務人員、學校行政人員，以及家長等形成合作小組，共同因應學生的個別差異，分擔教育學生的責任，以及重視與尋求方法來促進同儕互動和合作學習。融合教育的教育信念與**好的學校**不謀而合，例如：

Coots 等人（1995, pp. 12–14）綜合文獻，加上他們的修正意見，指出一所好的學校具有下列 10 項特徵：（1）所有學生都能在一個安全、具吸引力和沒有偏見的學校中接受教育；（2）是一個融合、異質，能反映學生不同能力和學習風格之教育環境；（3）所有學生都有相同的機會獲得支持和協助；（4）能提供廣泛的支持服務來滿足學生的個別需求；（5）教職員和父母共同合作，提供教育服務給學生；（6）教師對所有學生保持高度的期待，而且準備因應個別差異大的班級；（7）採取全面而多元、能反映學生需求、符合學生實齡的課程內容和教學策略；（8）所有學生都有機會學習共同的知識和高層次的技能；（9）重視與尋求方法促進同儕互動和關係；（10）評量方法是寬廣的，能提升學生的優勢與潛能。

第 2 節　實施融合教育作法與策略的相關文獻

融合教育的最終目標是服務所有學生，讓他們得到高品質的教育，King-Sears（1997b, p. 1）即指出：「融合教育是服務所有學生的最好教育實務。」有許多文獻提出實施融合教育的最佳實務，我整理九篇文獻的論述如下，最後再統整其相似之處。

壹、Waxman 等人提出的最佳融合教育運作實務

Waxman 等人（1985）從課程與教學的層面，探討最佳融合教育運作實務；他們綜合過去的研究，提出八項成功調整教學的要素：（1）教學要配合學生的能力和需求；（2）學生以個別的速度達到教學目標；（3）監控學生的進步情況，並且提供持續的回饋；（4）讓學生參與計畫和監控他們自己的學習；（5）使用廣泛的教材和教學策略；（6）學生互相協助學習；（7）教導學生自我管理（self-management）的技能；（8）教師與其他人員形成合作小組共同教學。

貳、NCERI 提出的最佳融合教育運作實務

NCERI（1994）列舉六種在教室中實施融合教育的方式：第一種是**多層次教學**（**multi-level instruction**）。第二種是**合作學習**，採取異質分組，強調小組合作。第三種是**活動本位的學習**（**activity-based learning**），主張學習不只是在教室中進行，也鼓勵學生在社區等自然情境中學習，而評量是依據學生的學習表現和實際的工作成果。

第四種是**精熟學習和成果本位的教育（outcome-based education）**，亦即將焦點集中在學生應該學習的特定內容，並且提供足夠的機會，讓學生精熟它；教師採取多元的教學方法，注重再學習、再教學的過程，以及考慮學生的學習風格。第五種是**科技的應用**，例如：採用電腦輔助教學（computer-assisted instruction）以加強學生概念的學習，和支持學生以其速度來學習；而電腦亦可成為特殊需求學生的輔助科技，像是閱讀機、盲用電腦打字機、同時轉譯機等。第六種是**同儕支持和教導**，運用同儕教導特殊需求學生學習困難之處，並且給予心理支持。

參、Udvari-Solner 和 Thousand 提出的最佳融合教育運作實務

Udvari-Solner 和 Thousand（1995）提出與融合教育相關聯的教育實務，包括**成果本位的教育、多元文化教育（multicultural education）、建構學習（constructivist learning）、統整的主題課程（interdisciplinary or thematic curriculum）、真實評量（authentic assessment）、混齡分組（multi-age grouping）、同儕中介教學（peer-mediated instruction）、教學人員形成合作小組**。Udvari-Solner 和 Thousand（1996）進一步提出**反應性課程（responsive curriculum）**，是指能反映學生個別差異需求的課程，強調學校的重建，其理論基礎為 **Vygotsky 的理論（社會建構論）、建構學習、多元智力**（multiple intelligences）理論。運用於班級中的教育實務包括：在教室設計上採取**混齡分組**，在課程取向上，主張**多元文化教育、統整的主題課程、教導社會責任和教導學生成為同儕中介者**；在教學實務上，運用**同儕中介教學、使用科技、社區本位教學**，以及**真實評量**。反應性課程的設計架構如圖 4-1。Udvari-Solner 等人（2005）再加入**全方位設計**（universal design，簡稱 UD，或譯為「通用設計」）的作法。

肆、King-Sears 提出的最佳融合教育運作實務

King-Sears（1997b）提出在學業教學上，最好的融合教育實務包括了**合作學習、學習策略的教學、適異性教學、自我決策、明顯的教學（explicit instruction）、課程本位評量、類化技術（generalization techniques）、共同合作、正向積極的行為管理（proactive behavior management）、同儕支持和友誼** 10 項，其中合作是指教學人員間及學生之間的合作。這 10 項融合教育實務是以**共同的願景、對轉變會經過的歷程有心理準備、人員的儲備**，和**持續支持**四個要素為基礎；以及在實施的過程中，透過**創**

圖 4-1　設計反應性課程的架構

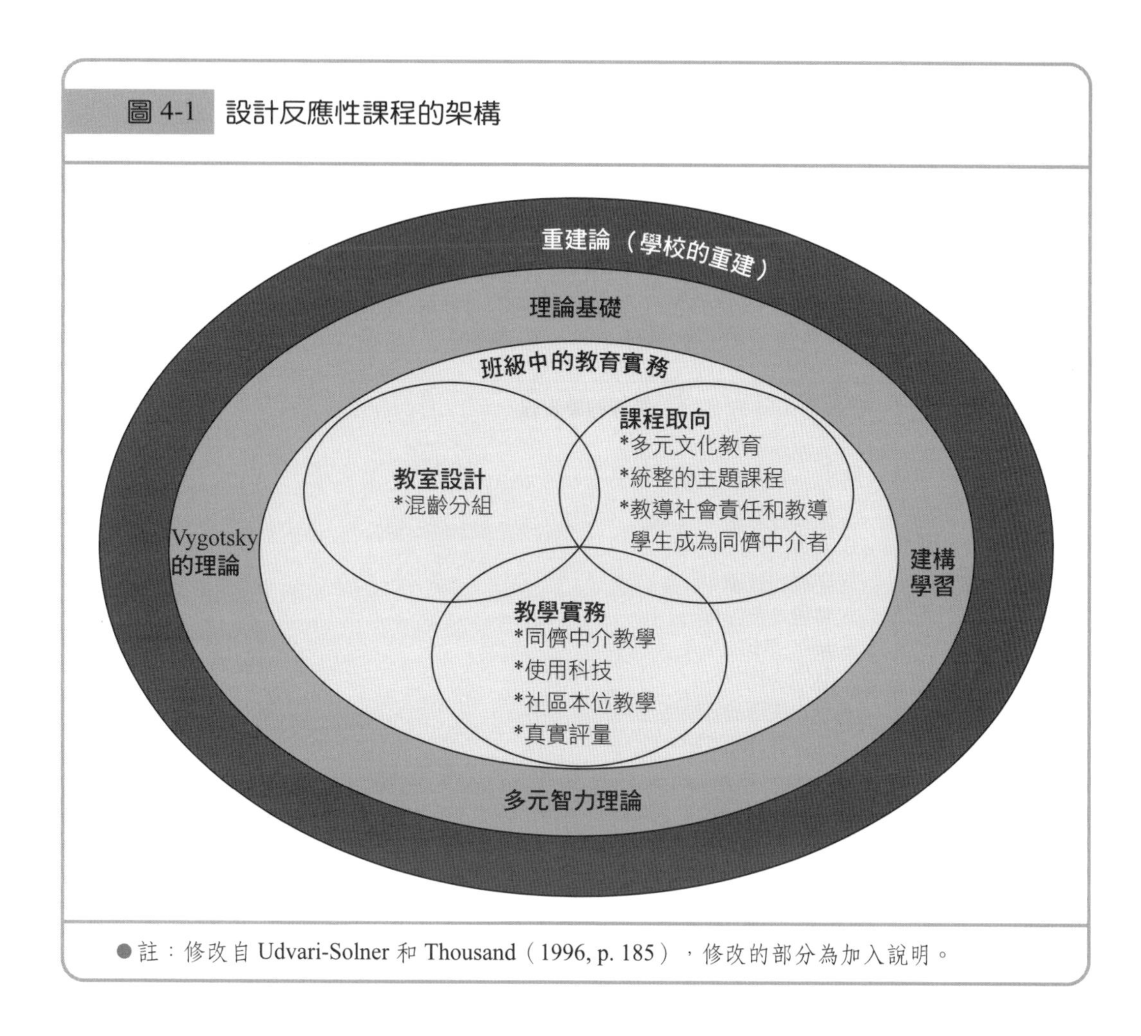

●註：修改自 Udvari-Solner 和 Thousand（1996, p. 185），修改的部分為加入說明。

造和合作的問題解決、**持續的改進**、**增強**和**進步**達到融合教育的理念。融合班級中最佳的教學實務如圖 4-2。

伍、McGregor 和 Vogelsberg 提出的最佳融合教育運作實務

McGregor 和 Vogelsberg（1998）綜合文獻，提出四項最佳的融合教育運作實務：（1）**發展統整的課程內容**；（2）學生的智力和學習風格是多元的，因此教師宜**允許學生以多元的方式學習**；（3）**教導學生思考、解決問題和理解所學的概念**；（4）**評量宜與學習和教學結合**。

圖 4-2 融合班級中最佳的教學實務

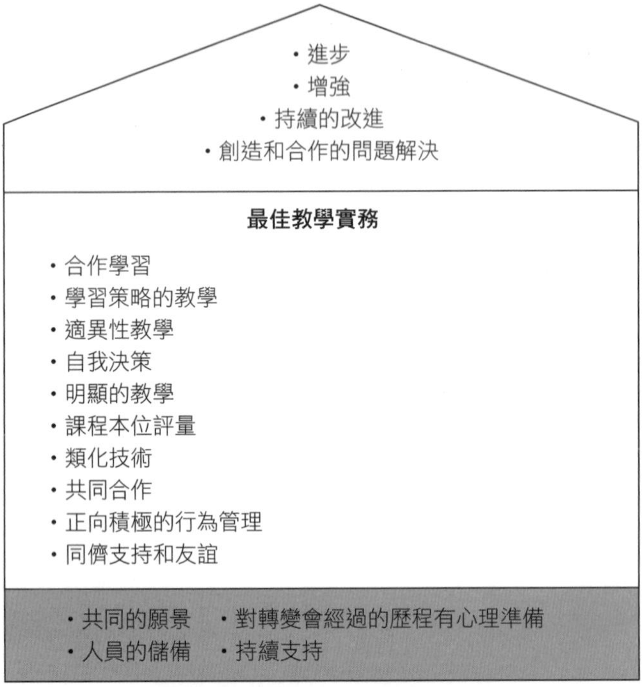

●註：修改自 King-Sears（1997b, p. 4），修改的部分為加入「最佳教學實務」一詞。

陸、Peterson 和 Hittie 提出的最佳融合教育運作實務

Peterson和Hittie（2003, 2010）從學業教學、社會和情緒學習，以及感官或身體需求和學習三方面，探討融合教育的最佳實務；而**多層次教學**、**鷹架教學**（**scaffolding teaching**）、**多元智力的教學**和**配合學生的學習風格**（**learning style**）**設計教學活動**是融合教學的四大支柱。其中在學業教學上，最好的融合教育實務包括**統整的主題單元**、**教室工作坊**、**真實學習**（**authentic learning**）、**小組活動**、**藉由參與和操作學習事物**、**反映性的評量**（**reflective assessment**）。其中，真實學習強調有意義的學習應該讓學生在真實情境中體驗，鼓勵學生主動建構知識，並且將所學的知識與生活連結在一起，而統整的主題課程、教室工作坊、小組活動，以及藉著參與和操作來學習事物，均屬

於真實學習的方法；反應性的評量強調使用適合的方式，例如：**檔案評量**（portfolio assessment）、**實作評量**（performance-based assessment）等，而不是只用紙筆測驗，讓學生展現對其有意義的學習結果。在社會和情緒學習上，最好的融合教育實務包含了**歡迎所有學生、整個學校欣賞所有學生、班級會議、提供選擇、建立同儕夥伴關係、朋友圈**（circle of friends）；在感官或身體需求和學習上，最好的融合教育實務涵蓋**欣賞所有學生、美觀的環境、安全的空間、無障礙的建築、全方位設計**（UD）、**輔助科技**，與**社區聯繫**（Peterson & Hittie, 2003），如圖 4-3。

圖 4-3　融合學校中最佳的教育實務

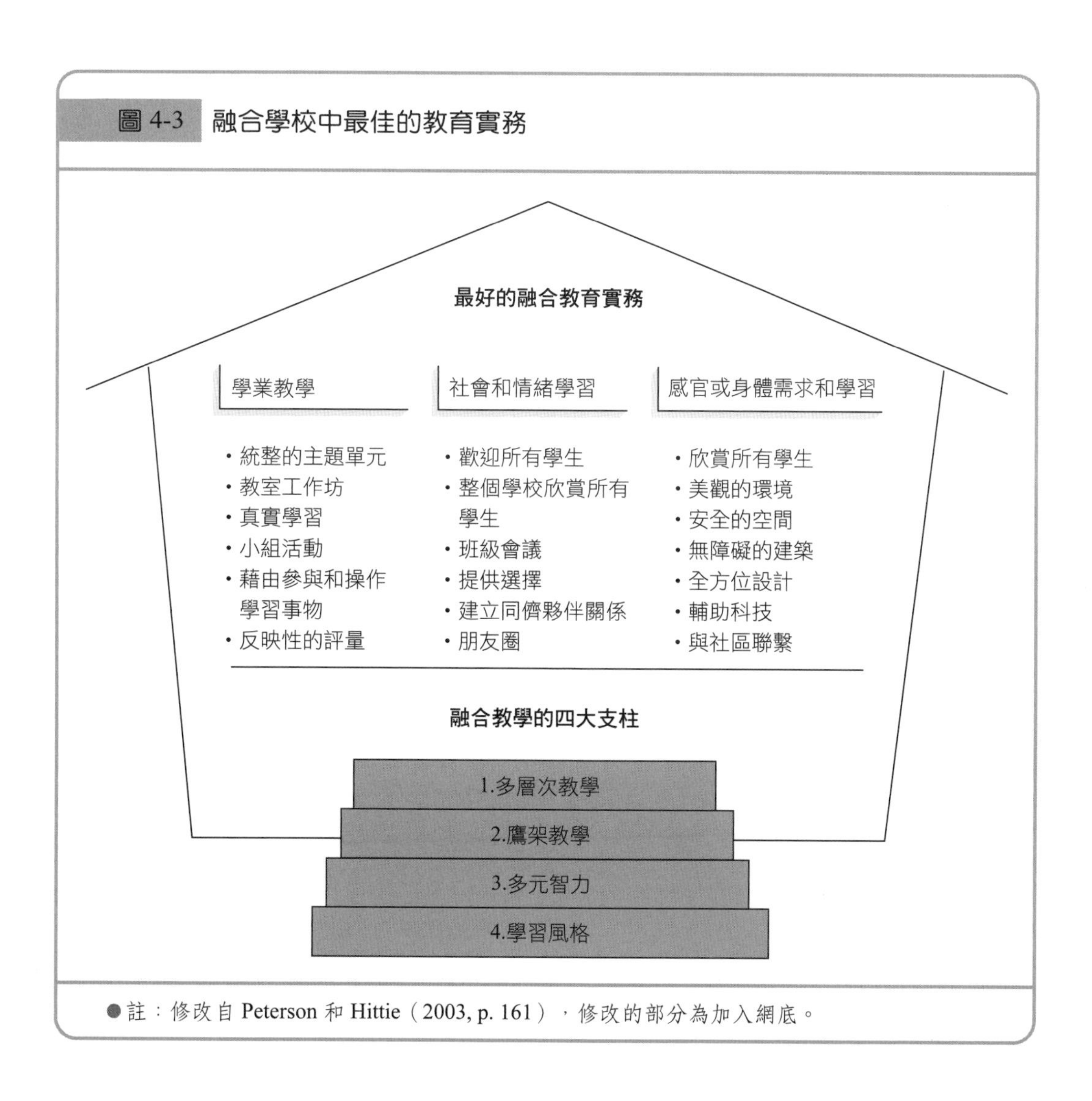

●註：修改自 Peterson 和 Hittie（2003, p. 161），修改的部分為加入網底。

柒、Renzaglia 等人提出的最佳融合教育運作實務

Renzaglia 等人（2003）提出促進身心障礙者生活的常態化，能提升他們的社區融合；其中**PBS**、**UD**、**個人中心的計畫**（person-centered planning）、**生態評量**（ecological assessment，透過生態評量了解身心障礙者適應環境的需求）和**自我決策技能**，是增進常態化和融合的最佳實務，如圖 4-4。這些最佳實務中，Renzaglia 等人表示「PBS」是基礎，因為身心障礙者如果有嚴重的行為問題，將妨礙他們的社區融合，透過 PBS 得以建立身心障礙者的正向行為，增進他們的被接納度。

圖 4-4 增進常態化和融合的實務

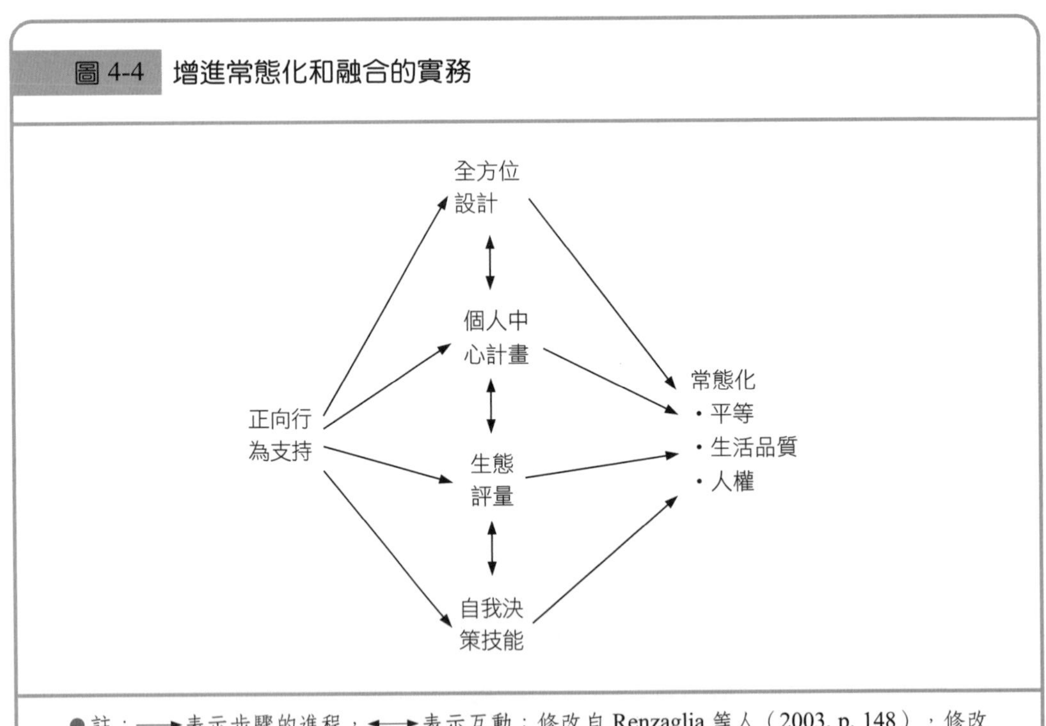

●註：──►表示步驟的進程，◄──►表示互動；修改自 Renzaglia 等人（2003, p. 148），修改的部分為說明「常態化」的內涵。

捌、E. M. Horn 等人提出的調整策略

E. M. Horn 等人（2016）提出**讓兒童成功就學**（children's school success）加上**課程架構**的模式，作為學前教育教師提供所有學前幼兒高品質課程的指引，它包括三層：第一層是**全方位的學習設計**；若有學生的學習需求未被因應，則進入第二層——**適異性課程**；若還有個別學生的學習需求未被因應，則進入第三層——**個別化教學**，每一層的內涵如圖 4-5。整個教學過程中，教師需要經常**監控學生的學習進步情形**。此模式需要**合作團隊**共同實施，以及**家庭—專業人員形成夥伴關係**。

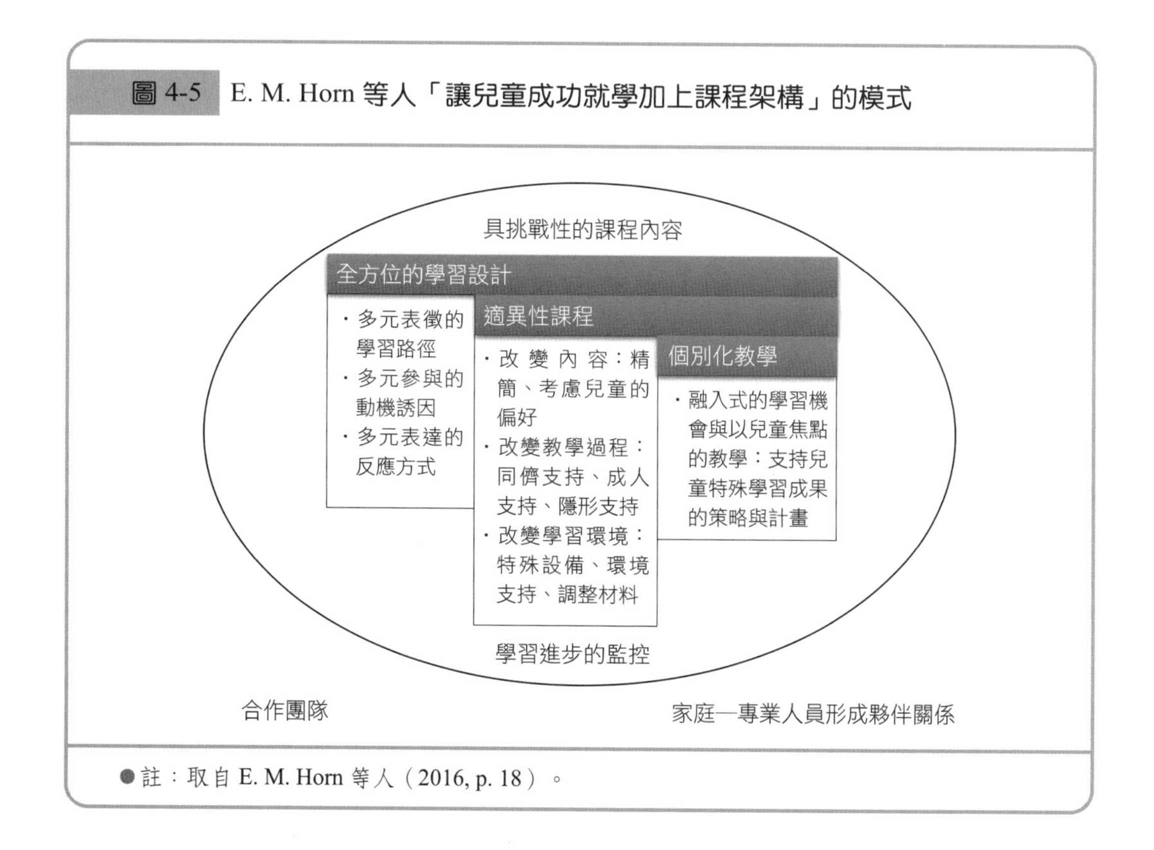

圖 4-5　E. M. Horn 等人「讓兒童成功就學加上課程架構」的模式

●註：取自 E. M. Horn 等人（2016, p. 18）。

玖、McLeskey 等人提出的最佳融合教育運作實務

McLeskey 等人（2019）從**共同合作**、**評量**、**社會／情緒／行為**、**教學**四方面，提出 22 項**融合教室中高影響力的實務**（high leverage practices for inclusive classrooms），並邀請一些作者闡述這些實務的運作方式，我整理如表 4-2。

表 4-2 融合教室中高影響力的實務

層面	內涵
在「共同合作」方面高影響力的實務	1. 與專業人員合作，以促進學生的成功。 2. 組織和增進與專業人員和家庭有效的會議運作。 3. 與家庭合作，以支持學生的學習和確保所需的服務。
在「評量」方面高影響力的實務	1. 使用多元的評量資訊，以全面了解學生的優勢和需求。 2. 與重要他人解釋和溝通評量資訊，以進一步合作設計和實施教育方案。 3. 使用學生評量資料、分析教學實務和進行必需的調整，以增進學生的學習成果。
在「社會／情緒／行為」方面高影響力的實務	1. 建立一致、有組織和尊重的學習環境。 2. 提供正向和建設性的回饋，以引導學生的學習與行為。 3. 教導社會行為。 4. 執行功能評量，以發展個別化的正向行為支持計畫。
在「教學」方面高影響力的實務	1. 界定長期和短期學習目標並依優先性排序。 2. 針對特定學習目標設計系統化的教學。 3. 針對特定學習目標調整課程與教材。 4. 教導認知和後設認知策略，以支持學習和獨立。 5. 提供鷹架的支持。 6. 採用明顯教學。 7. 使用彈性的分組。 8. 採取增進學生主動參與的策略。 9. 運用輔助和教學科技。 10. 提供深入的教學。 11. 教導學生維持新學習的技能，並類化它們至不同的時間和情境中應用。 12. 提供正向和建設性的回饋，以引導學生在教學中的學習表現。

● 註：綜合整理自 Alber-Morgan、Helton 等人（2019）、Alber-Morgan、Konrad 等人（2019）、Benedict 等人（2019）、Bruhn 等人（2019）、Budin 等人（2019）、Friend 和 Barren（2019）、Hagiwara 和 Shogren（2019）、Heward（2019）、Hughes 等人（2019）、Israel（2019）、Kamman 和 McCray（2019）、Kearns 等人（2019）、Konrad 等人（2019）、Lembke 等人（2019）、B. P. Lloyd 等人（2019）、Maheady 等人（2019）、Mariage 等人（2019）、McDaniel 等人（2019）、K. M. O'Brien 等人（2019）、Scheeler 等人（2019）、State 等人（2019）及 Washburn 和 Billingsley（2019）的文獻。

綜合上述九篇文獻的看法，彙整成附錄 26「最佳的融合教育運作實務」，包括以下 18 項：（1）運用多元的評量資訊（例如：生態評量），全面了解學生的優勢和需求；（2）採用同儕關係與協助策略；（3）建立一致、有組織和尊重、欣賞所有學生的學習環境；（4）讓學生充權賦能；（5）運用全方位設計的概念，建立安全、無障礙、美觀的學校和教室環境；（6）提供支持服務；（7）採取PBS；（8）教導學習行為和策略及社會行為；（9）依據學生的智力傾向設計課程；（10）針對學生的學習困難提供鷹架；（11）配合學生的學習風格進行教學；（12）安排課程與教學，讓學生達到真實的學習；（13）因應學生需求設計課程與教學調整策略和採用多元教學方法；（14）運用 UD 概念發展課程；（15）採取有效的教學行為與技巧；（16）實施真實而多元的評量；（17）整合上述策略形成學生個人中心IEP，根據學生優勢和需求界定目標並依優先性排序；（18）由教學人員形成合作小組和家庭形成夥伴關係，共同執行IEP，其中前 17 項和家庭形成夥伴關係與融合班的班級經營有關，於 7 至 13 章中詳述；而教學人員形成合作小組則是班級經營的最大執行力量，於第 14 章中詳述，這些實務聚焦在融合班級經營策略。除上，Villa 和 Thousand（2021）提出融合教育金字塔，最底層是行政領導與支持，於第 15 章中詳述。

第 3 節 實施融合教育作法與策略的整合模式

欲實施融合教育，首先須設計作法與策略；正如 Early Childhood Research Institute on Inclusion（1998）所云：「計畫方案作為實施融合教育的準備，而不是等學生準備好了才去實施融合教育。」（p. 1）在實施融合教育的作法與策略方面，我根據**生態模式**（**ecological model**）的觀點，發展出**生態的融合教育實施模式**。生態模式主要奠基於生態心理學、社區心理學，以及歐洲一些教育學者的觀點，認為個體存在於一個複雜的社會系統，必須扮演很多不同的角色，與其他人互動（Kauffman & Landrum, 2018）。根據生態模式的觀點，每一個人都是生態體系的一部分，這些生態體系包括家庭、學校、社區及社會文化中的物理與心理條件。環境因素會影響個體，同樣地，個體因素也會影響環境，如圖 4-6。Rimm-Kaufman 和 Pianta（2000）指出，隨著特殊需求學生的轉銜（例如：從國小轉銜至國中階段），其生態體系會跟著有部分的變動。

總括文獻（Beveridge, 2005; Bronfenbrenner, 1979; Ramey & Ramey, 1999），生態體系中有四個重要向度，包含：第一，**個體的特質與觀點**，圖中核心部分是個體，即特殊需求學生。特質是指個體的生理狀況、智力水準、情緒或人格特質、學習能力與動機、先前經驗等，觀點是指個體本身對學習目標的看法與態度等。第二，**生態體系的特性與重要他人的觀點**，生態體系由內而外，層層相扣，包括**微視體系**（**microsystem**）、**居間體系**（**mesosystem**）、**外圍體系**（**exosystem**）和**鉅視體系**（**macrosystem**）四種。微視體系是最接近個體之體系，每位特殊需求學生都隸屬於幾個微視體

圖 4-6 生態的融合教育實施模式

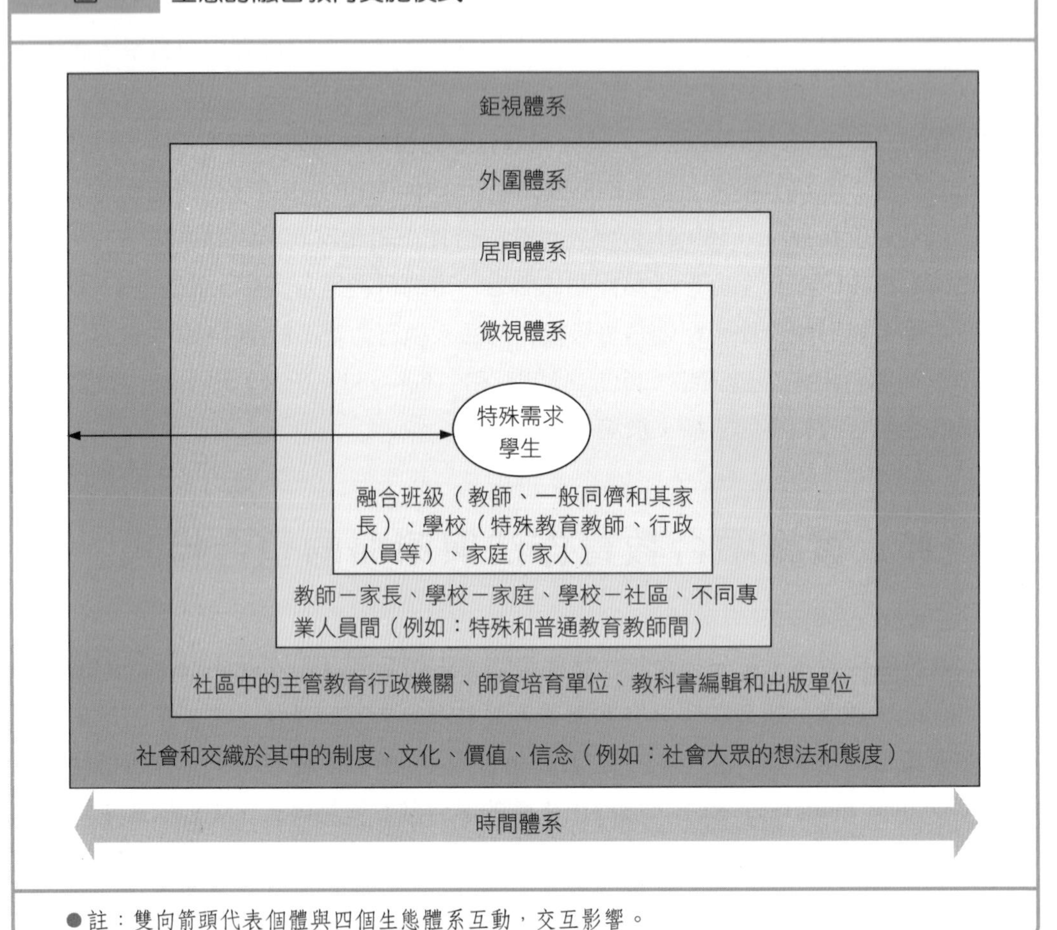

● 註：雙向箭頭代表個體與四個生態體系互動，交互影響。

系，例如：家庭、班級和學校等，其中的家長、班級教師、一般同儕、特殊教育教師、學校行政人員等均為此個體的重要他人，特殊需求學生和這些重要他人的關係會影響其適應。居間體系是指個體所處微視體系之間的關聯性，如學校－家庭、教師－家長之間的關係等，其間之連結愈強，對個體的影響力愈大。外圍體系是微視和居間體系所存在的較大體系，例如：社區中的主管教育行政機關、師資培育單位，以及教科書編輯和出版單位等，它會影響微視和居間體系，進而影響個體。鉅視體系是指外圍體系所存在的較大體系，例如：社會和交織於其中的制度、文化、價值、信念等，會間接影響個體。此外，這些體系中重要他人（例如：家長、教師及同儕）對個體的期待與態度也是需了解的。個體和這四個生態體系會受到**時間體系**（chronosystem）

的影響，隨著時間的演進，因環境事件和生涯轉銜議題，而和手足關係產生變化。第三，**個體與生態體系間互動的特性與品質**，例如：在家庭中的親子關係、學校中的師生關係、同儕關係。第四，**不同生態體系間互動的特性與品質**，例如：學校—家庭、學校—社區之間的關係。Peck（1993）指出，生態體系會影響融合教育的實施。

Odom 等人（1996）也從生態的角度，提出融合教育的研究議題應涵蓋：微視體系（例如：教室內的教學與管理）、居間體系（例如：專業人員間的合作）、外圍體系（例如：教育政策），以及鉅視體系（例如：社會文化）；由此可知，此生態模式可作為實施、評鑑與研究融合教育的架構。接下來我從這四個體系，建構此模式中的融合教育作法和策略如下。

壹、微視體系和居間體系

特殊需求學生的微視體系主要是融合班級、學校和家庭，融合班級中重要他人為教師、一般同儕和其家長；學校中的重要他人為特殊教育教師和學校行政人員；家庭中重要他人為父母、兄弟姊妹等家人；而居間體系是指個體所處微視體系之間的關聯性，例如：學校－家庭、教師－家長、學校－社區之間的關係，不同專業人員間（例如：特殊和普通教育教師間）的溝通與合作等。以下從融合班級、學校和家庭這三個層面，探討在微視體系中實施融合教育的作法；並且在其中呈現融合教育在居間體系中實施的作法。

一、融合班級方面

特殊需求學生入班後，最終目標就是希望他們能「**融合於班級中**」，O'Hanlon（1993）曾表示：融合教育的實施應該讓學生在其班級中，達到**物理、社會和功能的融合**。物理的融合是指學生能否順利地進入班級上課，這是融合教育的最低標準，例如：肢體或多重障礙的學生藉由輔助科技、校園無障礙設施的規畫，以及交通工具的提供，可以進入普通班接受教育；社會的融合是指特殊需求學生能夠被班級中其他同學所接納，並能與他們產生正向的溝通和互動；功能的融合是指特殊需求學生在班級中能夠學習，其功能表現能夠得到最大的發揮。Schumaker 和 Deshler 即表示：「唯有教師和學生學習到新的策略，發展新的態度，並且協同合作，融合教育的實施才能讓所有學生獲益。」（引自 Switlick, 1997b, p. 262）

要讓特殊需求學生達到物理、社會和功能的融合，普通教育教師是班級經營的靈魂人物（M. Wood, 1998）。除了教師以外，一般學生也扮演關鍵性的角色；Bauer 和

Shea（1999）即指出，在普通班級中，為身心障礙學生建立「自然支持來源」，是融合教育成效的要素之一，而其中一般學生是普通班級中最大的自然支持來源。至於如何營造同儕這項最大的自然支持來源，促進身心障礙學生的關係與互動，還得仰賴普通班教師的班級經營。除此，一般學生家長對於融合教育的了解與支持程度，會影響其孩子對班上特殊同儕的接納度和協助意願，進而影響融合教育的實施，這也端視普通班教師與他們的溝通和互動。本書第 5 章第 1 節先介紹班級經營的意涵，接著從第 5 章第 2 節至 13 章，說明普通教育教師經營融合班級的策略。

二、學校方面

融合教育的推展不應只是教師單打獨鬥，而是需要整個學校教職員的共同參與，包括特殊教育和普通教育教師的協同合作，並且學校應持續不斷地改革教育實務（Hopskin, 1995; Pugach, 1995），目標在形成一個**單一整合的系統**，融入特殊教育和相關服務於普通班級中，使所有學生都能成功地學習（Burrello et al., 2000; Purnell & Claycomb, 2001）；Grenot-Scheyer、Fisher 和 Staub（2001）即提出融合的理念與**學校更新**是相關聯的。Porter 和 Stone（1999）指出，學校應該支持普通教育教師發展因應個別差異的有效方法，並且形成學校本位的服務團隊，協助他們解決問題。由此可知，特殊教育教師以及學校行政的支持與協助，是學校系統實施融合教育的兩大支柱，於是在第 14 和 15 章探討學校如何實施融合教育，分成特殊教育服務的介入，以及學校行政支援的提供兩方面來敘述。

三、家庭方面

許多文獻（Mayberry & Lazarus, 2002; Moore, 2000）指出，特殊需求學生家長的參與和配合度，會影響其孩子的學習和適應狀況。學校和家庭、教師和家長之間的溝通和合作，攸關家長對融合教育的態度和參與度，進而影響融合教育的實施成效（Giangreco et al., 1991; Kalyanpur & Harry, 1999; T. E. C. Smith et al., 2016）。至於如何提高家長的了解、參與和支持度，還需要教師和學校的善加引導，我會在第 8 章「與相關人員的合作和特教資源的運用」中，詳細闡述教師和家長之間的溝通和合作；在第 15 章「學校行政支援的提供」中，深入討論學校如何協助家庭參與孩子的教育；這些都是在居間體系中實施融合教育的作法。

居間體系中，除了教師和家長、學校和家庭的溝通與合作外，還包括學校和社區的聯繫、不同專業人員間（例如：特殊和普通教育教師間）的溝通與合作。關於特殊和普通教育教師間的溝通與合作，即包含於本章第 2 節最佳的融合教育運作實務之一

——教學人員形成合作小組，我會在第 14 章「特殊教育服務的介入」中詳細討論。而學校和社區的聯繫，則會在第 15 章「學校行政支援的提供」中詳述。

貳、外圍體系

外圍體系是微視和居間體系所存在的較大體系，例如：社區中的主管教育行政機關、師資培育單位，以及教科書編輯和出版單位等，它會影響微視和居間體系，進而影響個體。

一、主管教育行政機關方面

融合教育的成功運作需要整個教育體系的重建和教育行政的支持，作為學校實施的後盾；我將在第 16 章探討「主管教育行政機關如何推展融合教育」。

二、師資培育單位方面

Bradley 和 King-Sears（1997）表示，最重要的改革是信念和行動的轉變，要產生信念和行動的轉變，須從師資培育和在職訓練著手；我將在第 17 章探討「師資培育單位如何因應融合教育趨勢培育師資」。

三、教科書編輯和出版單位方面

普通班級使用的教科書均是為一般學生所設計，未考慮特殊需求學生的需求，也未給予教師如何調整課程的建議。因此，為協助融合班教師因應個別差異設計課程與教學，建議教科書編輯和出版單位能開發具調整功能之教科書，因應學生不同需求而有不同的設計，例如：有補救教材和延伸教材的設計，並且給予教師如何選擇和調整課程的建議。

參、鉅視體系

鉅視體系是指外圍體系所存在的較大體系，例如：社會和交織於其中的制度、文化、價值、信念等，會間接影響個體。融合教育的短程目標是讓特殊需求學生融合於學校，長程目標是讓他們融合於社會生活；我將在第 18 章討論「融合社會的營造」。

Walther-Thomas 等人（2000）提及，在因應特殊需求學生的學業和社會情緒等需求上，學校可以提供來自班級、校內社團和方案，甚至是社區的支持，形成「學生支持的網絡」，如圖 4-7。由此可知，此支持網絡運用生態體系中，來自微視（例如：教師、一般同儕、學校）、居間（例如：學校－社區、不同專業人員間的合作），以及外圍體系（例如：社區中的企業、成人志工者、服務方案）的支持。學校在設計實施融合教育的支持網絡時，可以從這四個體系去構想。

圖 4-7 學生支持的網絡

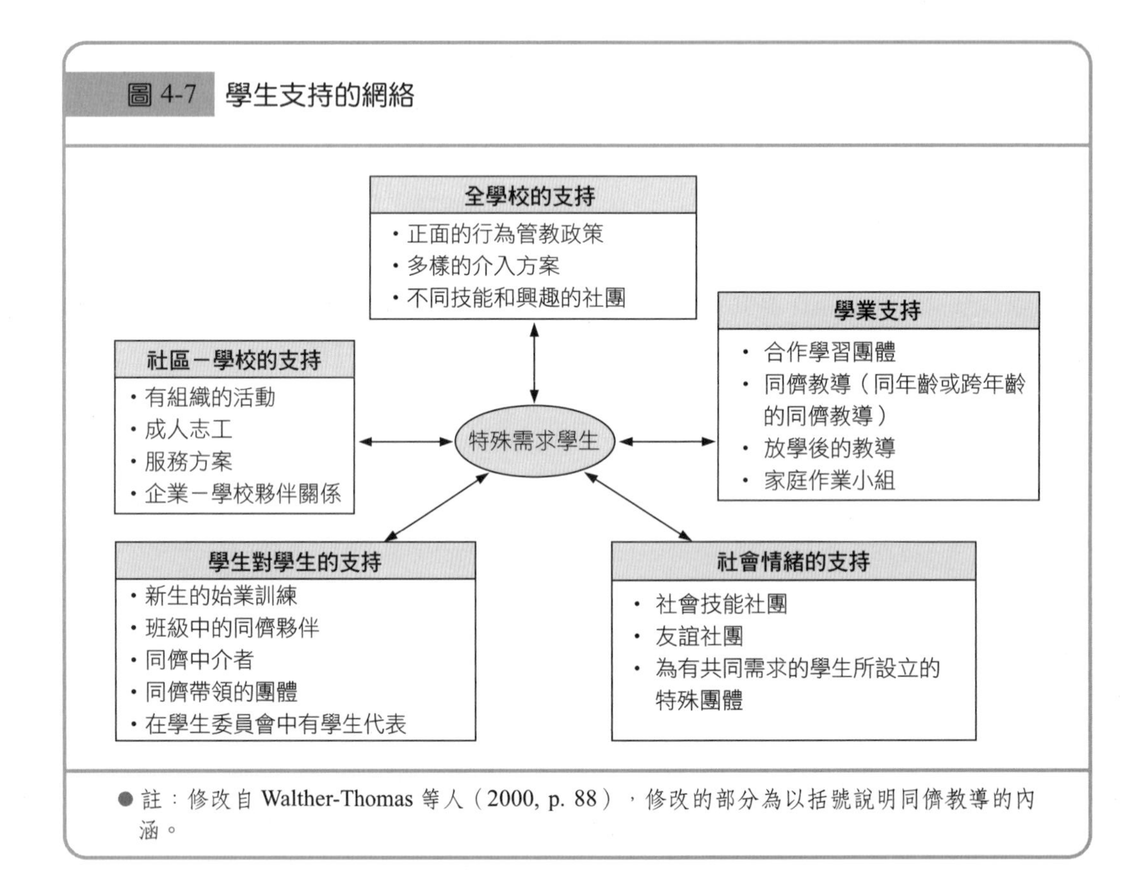

● 註：修改自 Walther-Thomas 等人（2000, p. 88），修改的部分為以括號說明同儕教導的內涵。

總結

本章探討實施融合教育的理念、作法與策略；在實施融合教育的基本理念上，融合教育主張了解、尊重與欣賞學生的個別差異，將個別差異視為豐富的教學資源，並且採取多元而彈性的思考看待學生、學習、課程與教學，以及評量；普通教育教師、特殊教育教師、特殊教育相關服務人員、學校行政人員，以及家長等形成合作小組，共同因應學生的個別差異，分擔教育學生的責任，以尋求方法促進同儕互動和合作學習。本章導讀案例中王老師的想法顯示多數普通班教師的憂慮，對身心障礙學生的教學效能沒有信心，不知如何面對一般學生和其家長的質疑。班上有身心障礙學生確實會帶給普通班教師很大的挑戰，但只要願意換個角度看，每個挑戰不正意味著另一個新的學習嗎？況且融合教育的實施並非僅由普通班教師負責，而是有特殊教育教師的協同合作，以及學校行政人員提供適當的訓練或支持。本書即在建構實施融合教育的作法與策略，它乃根據生態模式，發展出「生態的融合教育實施模式」，包括微視體系（融合班級、學校和家庭）、居間體系（包含學校－家庭、教師－家長、學校－社區之間的關係，特殊和普通教育教師間的溝通與合作）、外圍體系（例如：社區中的主管教育行政機關、師資培育單位，以及教科書編輯和出版單位），和鉅視體系（社會和交織於其中的制度、文化、價值、信念等）。王老師的憂慮會在後面的章節中得到答案。

第 5 章

普通教育教師如何經營融合班（一）：班級經營的意涵和教師心態的準備

第 1 節　融合班級經營的意涵與模式

第 2 節　教師在經營融合班級上心態和作法的準備

我們創造的世界是我們思想的進程；若不改變我們的思想，世界便不能被改變。（Einstein；引自 Teele, p. 51）

導讀案例和本章目標

劉老師為國小一年級的導師，任教的班上有一位 AD/HD 學生，對於班上有身心障礙學生，他表示了他的態度：「我會去看一些書籍，其實我認為不見得是身心障礙的孩子會造成問題，一般的孩子也會有情緒上的問題，我也很希望能給他們協助；可是我覺得自己的經驗、能力或者專業知識不足，這時候我會去圖書館，或者是上網尋求一些協助。」

由劉老師的案例可以發現：劉老師保持開放和接納的心態去迎接身心障礙學生在自己的班上，並且抱持願意學習、主動尋求資源的態度，這是有效經營融合班級的基礎。

從本章的內容讀者可以學習到：班級經營的意涵與模式，以及教師在經營融合班級上心態和作法的準備。

第 1 節　融合班級經營的意涵與模式

本節首先探討班級經營的意義，而後討論其功能和重要性，接著分析其內涵和相關因素，最後呈現融合班級經營的模式。

壹、班級經營的意義

吳清山等人（1990，第 3 頁）指出：「班級是一個複雜的小社會，也是學校最基層的小團體。」他們認為班級經營就是：

> 教師或師生遵循一定的準則，適當而有效地處理班級中的人、事、物等各項業務，以發揮教學效果，達成教學目標的歷程。（第 8 頁）

Sanford 等人（1983）指出，班級經營的概念是比「學生行為管教」更寬廣的，它包括教師為了促進學生參與班級活動、與他人合作，以及建立一個有效能之學習環境所需的工作項目。Murdick 和 Petch-Hogan（1996）也指出，班級經營包含學校環境所有層面的經營，而不只是在學生不適當行為的控制。W. Doyle（1986）提出，班級經營是建立和維持一個教學及學習環境所必需的準備和過程，它是由師生及同學間互動形成的班級學習環境。Everston等人（2022）進一步將班級經營視為教師一連串的行為和活動，旨在培養學生參與班級活動感和與同儕合作，其範圍包括了安排物理環境、建立和維持班級秩序、監控學生的進步狀況、處理學生的不適當行為、培養學生的工作責任，以及引導學生的學習。

T. E. C. Smith 等人（2016）表示，班級經營是系統地建構班級環境的過程，以促使有效教學和學習。T. E. C. Smith 等人進一步指出，班級經營具有六個特質：（1）**多向度性**，亦即每日的教學中，包含廣泛、多向度的活動；（2）**同時性**，意味在同一段時間裡，有很多不同的事件發生；（3）**立即性**，是指教室中的事件常迅速發生；（4）**不可預測性**，意指無法預期教室事件何時發生；（5）**公開性**，意指很多學生會目擊教室中發生的事件，他們也在觀看教師如何處理這些事件；（6）**歷史性**，亦即隨著時間的進展，各種事件（經驗、例行活動、規則）將形塑整個班級的行為和氣氛。

總括來說，班級經營不只是「學生行為管教」，它是有系統地建構班級環境的過程，以建立和維持一個有效的教學和學習環境，目的在促進學生參與班級活動、和他人合作，以及提高學生的學習效果。

貳、班級經營的功能與重要性

班級經營就在處理班級的人、事、物，它是教師每天必須面對的課題與挑戰，班級經營得好，教師的教學工作才能勝任愉快，也才會擁有自信與自尊。綜合文獻（Everston et al., 2022; V. Jones & Jones, 2021），班級經營具有下列五項功能：（1）布置良好而有效的學習環境和教室氣氛；（2）維持良好的班級常規和秩序；（3）預防學生不適當行為的發生；（4）增進教師與學生、學生與學生間的情感交流，進而形成班級群體；（5）增進學生參與班級活動、和他人合作，促使教學目標的達成，提高學生的學習效果。

許多文獻指出，班級經營的良窳，關係著學生的學習結果和融合教育的實施成效（Friend & Bursuck, 2019; Murdick & Petch-Hogan, 1996; T. E. C. Smith et al., 2016）。前面第 3 章回顧之多數研究指出，不是將特殊需求和一般學生安置在同一個班級，兩者就可以自然獲致正向的學習與經驗，要達到上述正向的結果，端賴普通班教師的班級經營；對於特殊需求學生而言，參與普通班級是決定其社會網絡組成和穩定的重要因素，教師在營造特殊需求學生參與班級扮演著極重要的角色（C. H. Kennedy & Itkonen, 1994; Kontos et al., 1998; Manset & Semmel, 1997）。另外，教師對特殊需求學生的態度與支持攸關其家長對融合教育的滿意度，而不是其孩子學業進步的情形（S. K. Green &

Shinn, 1994）；一般學生對於身心障礙同儕的態度與普通班教師的態度和班級經營有關（邱佩瑩，1993；郭淑玲，2004）。

參、班級經營的內涵

吳清山等人（1990）指出，班級經營所涉及的人、事、物等事項，範圍廣泛，內容繁多，而且可能會因學校、班級差異而稍有不同，但其主要內容可包括**行政經營**、**教學經營**、**自治活動**、**常規輔導**、**班級環境**和**班級氣氛**六方面。

Murdick 和 Petch-Hogan（1996）指出，有效的融合班級經營包括**課程的組織**、**每日學校生活作息的建立**、**物理環境的建構**、**教學的安排和個別化**、**學生學習結果的評量**，以及**學生學習結果的溝通**六個層面。T. E. C. Smith 等人（2001）指出，班級經營包括**心理社會**、**物理**、**行為**、**教學**、**程序**和**組織**六個向度的經營與管理，每一個向度涵蓋的內容如圖 5-1。T. E. C. Smith 等人指出，在進行班級經營時，宜注意以下五項原則：（1）事先計畫；（2）營造正向的班級氣氛；（3）採取正向積極的行為管理；（4）保持一致的態度；（5）能夠綜觀全班，察覺班級行為的現況，以及能夠同時處理一件以上的事情。

Friend 和 Bursuck（2002）提出班級經營包括以下四個成分：（1）**班級組織**（物理環境、班級例行性活動、班級氣氛、班級常規、時間的使用）；（2）**教學分組**（全

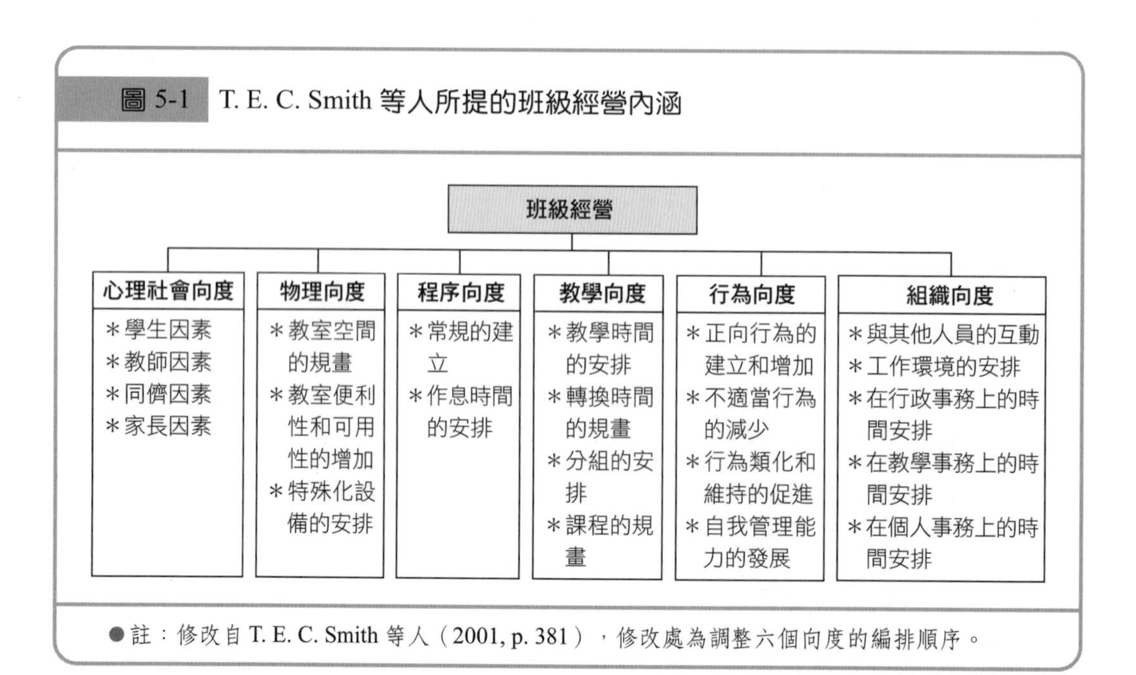

圖 5-1 T. E. C. Smith 等人所提的班級經營內涵

●註：修改自 T. E. C. Smith 等人（2001, p. 381），修改處為調整六個向度的編排順序。

班教學、小組教學、一對一教學、同儕中介教學）；（3）**教學材料**（教科書、教具和模型、科技器材）；以及（4）**教學方法**〔直接教學（direct instruction, di）、非直接教學（indirect instruction）、鷹架教學、課堂中的獨立練習活動、家庭作業（homework）、評鑑學生的表現〕，如圖 5-2。

圖 5-2　Friend 和 Bursuck 所提的班級經營內涵

●註：修改自 Friend 和 Bursuck（2002, p. 121），修改的部分為加入網底。

V. Jones 和 Jones（2021）從普通班教師實施全面班級經營所需的技能，探討班級經營的內涵，提出五項要素：（1）**發展穩固的理論**（了解班級經營的理論與方法、了解學生的需求）；（2）**建立人際關係**（建立正向的師生、同儕關係，與家長合作）；（3）**引起動機和教學**（配合學生的需求，將促發學習動機的方法融入教學策略中）；（4）**組織和管理**（開始整個學年的作息和活動、採取方法來擴展學生專注學習的行為）；（5）**協助學生評鑑和矯正降低學習成效的不適當行為**（使用問題解決的方法、實施行為介入策略、採取全校性的學生行為管理方案）。

比較上述六篇文獻的說法，Friend 和 Bursuck（2002）所提的班級組織類似於 T. E. C. Smith 等人（2001）的物理向度、心理社會和程序向度，而教學分組、教學材料和教學方法類似於 T. E. C. Smith 等人所提的教學向度；他們所提的班級經營內涵少了行為和組織兩個向度。Murdick 和 Petch-Hogan（1996）所提課程的組織、教學的安排和個別化、學生學習結果的評量，以及學生學習結果的溝通，類似於 T. E. C. Smith 等人所指的教學向度；每日學校生活作息的建立，類似於 T. E. C. Smith 等人所指的程序向度；物理環境的建構，類似於 T. E. C. Smith 等人所指的物理向度，Murdick 和 Petch-Hogan 所提的班級經營內涵少了心理社會、行為和組織三個向度。吳清山等人（1990）所提的行政經營、教學經營、自治活動、常規輔導、班級環境和班級氣氛，類似於 T. E. C. Smith 等人所指的組織、教學、行為、程序、物理和心理社會向度中的部分內容。V. Jones 和 Jones（2021）所提的建立人際關係、引起動機和教學、組織和管理，以及協助學生評鑑和矯正降低學習成效的不適當行為，類似於 T. E. C. Smith 等人所指的心理社會、教學、程序和行為向度，而這些層面的經營，必須以「發展穩固的理論」為基礎。由此可知，T. E. C. Smith 等人所陳述的班級經營內涵是比較完整的，而教師在進行班級經營時，宜以 V. Jones 和 Jones 所提的「發展穩固的理論」為基礎，亦即了解班級經營的理論與方法，以及學生的需求。這些班級經營的作法將在第 7 至 12 章詳述。

肆、班級經營的相關因素

影響教師班級經營的因素可以分成學生和其家庭、教師本身，以及班級和學校三方面，如表 5-1。

表 5-1　與教師班級經營相關的因素

學生和其家庭因素	教師本身的因素	學校和班級因素
1. 學生的家庭環境，以及父母的教養方式和參與配合度 2. 學生的特徵（例如：年齡或年級、性別、種族或文化、障礙類別和程度等特徵）	1. 教師的專業背景和能力 2. 教師的教育信念 3. 教師過往的教學經驗	1. 學校的生態環境和條件（例如：規模、空間、資源、設備、師生比等） 2. 學校的文化，以及對教師的要求和期待 3. 學校提供行政支援的情形 4. 班級特徵（例如：班級空間的大小、班級座位的安排、設備和資源、班級文化及成員間的互動和關係）

●註：綜合整理自 S. L. Bull 和 Solity（1993/2013, p. 18）、Everston 等人（2022）、Frederickson 和 Cline（2015）及 V. Jones 和 Jones（2021）的文獻。

伍、融合班級經營的模式

鈕文英（2006）的研究在了解班級中安置有身心障礙學生，且被推薦具成效的 32 位國小融合班教師，其運用的班級經營策略是什麼，他們認為與融合班班級經營策略相關的條件為何，最後彙整出國小融合班班級經營模式，如附錄 27，我依據此模式稍微修正如圖 5-3。

比較鈕文英（2006）及 T. E. C. Smith 等人（2001）所提班級經營內涵可以發現，鈕文英之「物理環境的安排」即 T. E. C. Smith 等人的物理向度；「生活程序的管理」即其程序向度；「情緒與行為的輔導」即其行為向度；「課程與教學的規畫」即其教學向度；至於「教學評量的實施」，T. E. C. Smith 等人將之納入教學向度中的課程規畫；T. E. C. Smith 等人的心理社會向度包括教師、學生、同儕和家庭因素四個部分，鈕文英將之區分成「教師心態和作法的準備」（針對教師因素）、「與相關人員的溝通和合作」（針對同儕、家庭和其他任課教師因素）、「心理環境的營造」（針對學生因素）三項策略；鈕文英增加「特教資源的運用」，以及「學生身心狀況對其在普通班學習和生活影響的了解」兩項策略，並且強調班級經營的動態歷程，納入「轉銜」的概念，增加「特殊需求學生進入班級前的準備」、「特殊需求學生做轉銜至新環境的準備」，以及「新環境的準備」三項策略。然而，鈕文英未單獨列出 T. E. C. Smith 等人的「組織」向度，而是將部分納入上述策略中。組織向度是指教師在經營班級時，

圖 5-3 融合班級經營模式

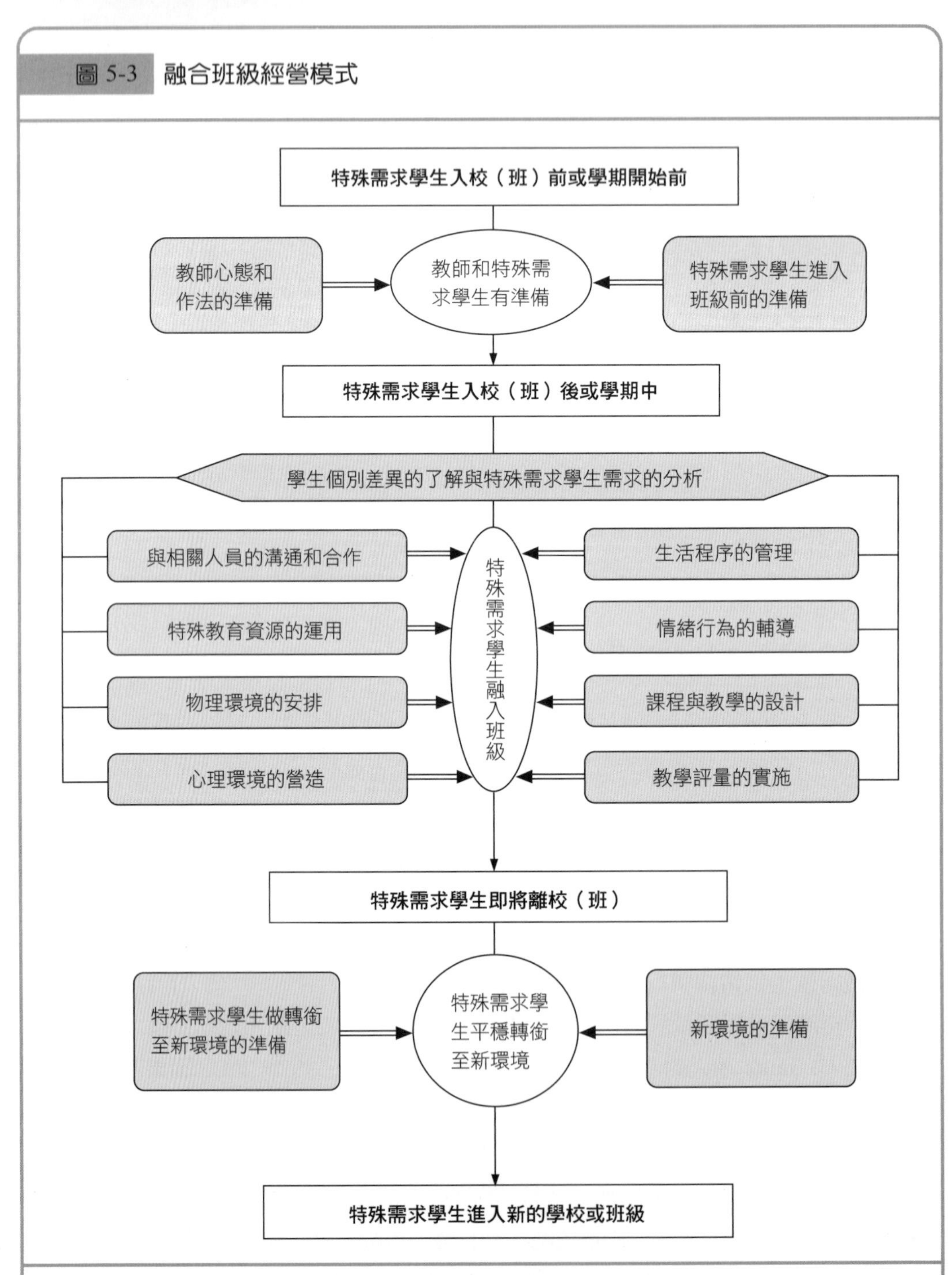

● 註：□表示「時間點」，⬭表示「班級經營的目標」，⬡表示「為其他策略的基礎」，▢表示「班級經營的策略」，→表示「時間的進程」，⇒表示「達到」；修改自鈕文英（2006，第 175 頁），修改處為刪除班級經營策略的內涵和相關條件，以及將身心障礙學生改成特殊需求學生。

還須與其他人員互動，安排自己的工作環境和時間，如此才能使工作有效率；它包括與其他人員（其他任課教師、特殊教育教師）的互動，工作環境的安排，以及在行政、教學和個人事務上的時間安排五個部分（T. E. C. Smith et al., 2001）。T. E. C. Smith 等人提出下列組織向度策略的建議：（1）了解其他人員扮演的角色和責任，主動尋求協助，並且與他們發展良好的關係；（2）保持辦公桌清爽、有組織，避免雜亂；（3）使用電腦讓工作有效率；（4）列出每日工作項目，有計畫地安排工作。

從圖 5-3 可看出：此模式從特殊需求學生入校（班）前或學期開始前、入校（班）後或學期中，以及即將離校（班）三段時間進程，呈現參與教師的班級經營策略。在普通教育教師如何經營融合班級方面，本書即依據此模式，於下一節先敘述教師在經營融合班級上心態和作法的準備，並且附帶討論特殊需求學生進入班級前的準備；接著於第 6 章探討學生個別差異的了解，包括學生在特殊需求、心理特質和能力上的差異；而後於第 7 章討論特殊需求學生需求分析的方法，透過分析普通班生態環境的特性和學生的身心特質，才能進一步檢視學生身心狀況對其在普通班學習和生活的影響，以及界定他們的需求；進而以特殊需求學生的需求為基礎，設計班級經營的策略，包括於第 8 章呈現普通教育教師如何與相關人員合作，以及運用特殊教育相關資源；第 9 章闡述物理和心理環境的安排；第 10 章描述生活程序和行為的管理；第 11 和 12 章說明課程與教學的設計，以及教學評量的實施；最後於第 13 章探討轉銜計畫的發展。第 4 章第 2 節所述最佳融合教育運作實務之前 17 項，均能使用在班級經營中：運用生態評量、擬訂 IEP（呈現於第 7 章）；採用同儕關係與協助策略（呈現於第 8 章）；歡迎、欣賞所有學生，讓學生充權賦能，運用全方位設計的概念建立安全、無障礙、美觀的學校和教室環境（呈現於第 9 章）；提供支持服務和 PBS（呈現於第 10 章）；教導學習行為和策略、依據學生的智力傾向設計課程與教學方案、針對學生的學習困難提供鷹架、配合學生的學習風格進行教學、安排課程與教學讓學生達到真實的學習、因應學生的需求設計課程與教學調整策略、運用 UD 的概念發展課程、採取有效的教學行為與技巧（呈現於第 11 章）；實施真實而多元的評量（呈現於第 12 章）。

第 2 節 教師在經營融合班級上心態和作法的準備

要建立一個成功的融合環境，教師扮演非常重要的角色（S. Fox et al., 2004; Trump & Hange, 1996）。Katafiasz（1997/1998）即指出：「在教室裡，教師擁有很大的權力——營造課室氣氛的權力，讓孩子在教室裡悲慘或喜樂的權力。」（第 14 單元）Schulz 和 Carpenter（1995）表示，要建立一個成功的融合環境，教師扮演非常重要的角色，其中三項必備的要素是**教師的態度**（例如：對融合教育的態度）、**期望**（例如：教師對學生的期望是否適切）和**能力**（例如：課程與教學調整的知識與能力）。Goldenberg（2004）進一步顯示，教師的信念和態度與行為是互動的，進而影響學生的學習成果，故它是融合教育班級經營的要素。信念是存在於內心的思考，而態度是表現在外，對於人事物所持的觀感。人本主義者 Combs（1961）也提出，人們怎麼看自己、看別人、看這個社會，將會影響人們採取的行動與表現的行為，進一步決定自己成為怎樣的一個人。如果教師對於班上安置有特殊需求學生，抱持著負面的想法——自認倒楣，甚至排拒他們，此負面的想法將會影響教師採取的行動，進而影響學生的學習表現，甚至產生惡性循環。反之，如果教師對於班上安置有特殊需求學生，抱持著正面的想法——以開放和接納的心態迎接特殊需求學生在自己的班上，將之視為增長專業知能的機會，如此便願意學習，採取積極的行動，努力教導他們；誠如春山茂雄（1994/1996）於《腦內革命》中所言，正面思考的真髓在於我們能將原來被認為不好的事情，視為發生於自己身上者都是「良機」。

在信念和態度上，除了對特殊需求學生抱持正面的想法外，Ormsbee 等人（1997）表示教師還須具備**有效能的教師心向**，包括相信所有的學生都能夠被教導；相信自己有能力對學生的生活產生正向的改變，而且不放棄嘗試各種方法；對學生的學習負責任；願意反省自己的教學，並且再學習。正如插畫 5-1 中 Hilton 所言，成功和行動有關（引自 Cumming, 2000/2002, p. 62）。

除此，Breeding 和 Whitworth（1999）指出，教師是否能同理學生的困難，會影響教師採取介入策略的意願。Olson 等人（1997）訪談 10 位經同事及校長推薦為「有效經營融合教育」的普通班教師，了解他們成功的背後因素，這些教師形容自己是：（1）寬容、彈性、能夠自我省思；（2）為班級中的所有學生負責；（3）積極地與特殊教育教師合作；（4）對班級中的學生建立個別的期待。Breeding 和 Whitworth 的**同理**及 Olson 等人的**寬容、彈性，和對班級中的學生建立個別的期待**是指，教師能夠站

插畫 5-1　不要放棄任何突破的機會

成功和行動有關，成功的人不會原地打轉；成功的人會犯錯，但是不會放棄。（Hilton；引自 Cumming, 2000/2002, p. 62）

在學生的角度了解其困難，並且對學生抱持適當而彈性的期望，以寬廣而多元的向度來檢視學生的能力和成就。這正呼應第 4 章第 1 節融合教育的基本理念，亦即融合教育主張了解、尊重與欣賞學生的個別差異，將個別差異視為豐富的教學資源，並且採取多元而彈性的思考看待學生、學習、課程與教學，以及評量。正如插畫 5-2：如果教

插畫 5-2　什麼是障礙？

教師與學生站在同樣的高度，從其視框來看他們的能力，或許會發現：「原來他們在帶領我們漫步於其花園中，品味每一株生命。」

師抱持著限制和缺陷的角度來看學生，以單一的思考模式來檢視學生的學習和成就，局限於現有的課程，則會認為學生的個別差異是教學的阻礙；反之，如果教師能與學生站在同樣的高度，從其視框來看他們的能力，或許會發現原來他們在帶領教師漫步於其花園中，品味每一株生命；而且當教師秉持著寬廣而多元的教育信念時，教師會發現學生的個別差異將不再是教學的阻礙，反而是豐富的教學資源。

此外，Olson 等人（1997）還提出，「有效經營融合教育」的普通班教師，願意接受和面對自己專業能力上的限制，並且尋求資源學習和自我突破，例如：願意積極地與特殊教育教師合作；還能持續自我省思班級經營作法的適切性，不斷地改進和更新。Hull 等人（2002）提出**反省性思考**的流程，包括形成問題、蒐集和解釋資料以了解問題的原因，之後依據這些資料擬訂策略因應此問題，接著評鑑因應策略的成效，最後記錄整個過程，此反省性思考的流程是持續、循環的，如圖 5-4。

圖 5-4 反省性思考的流程

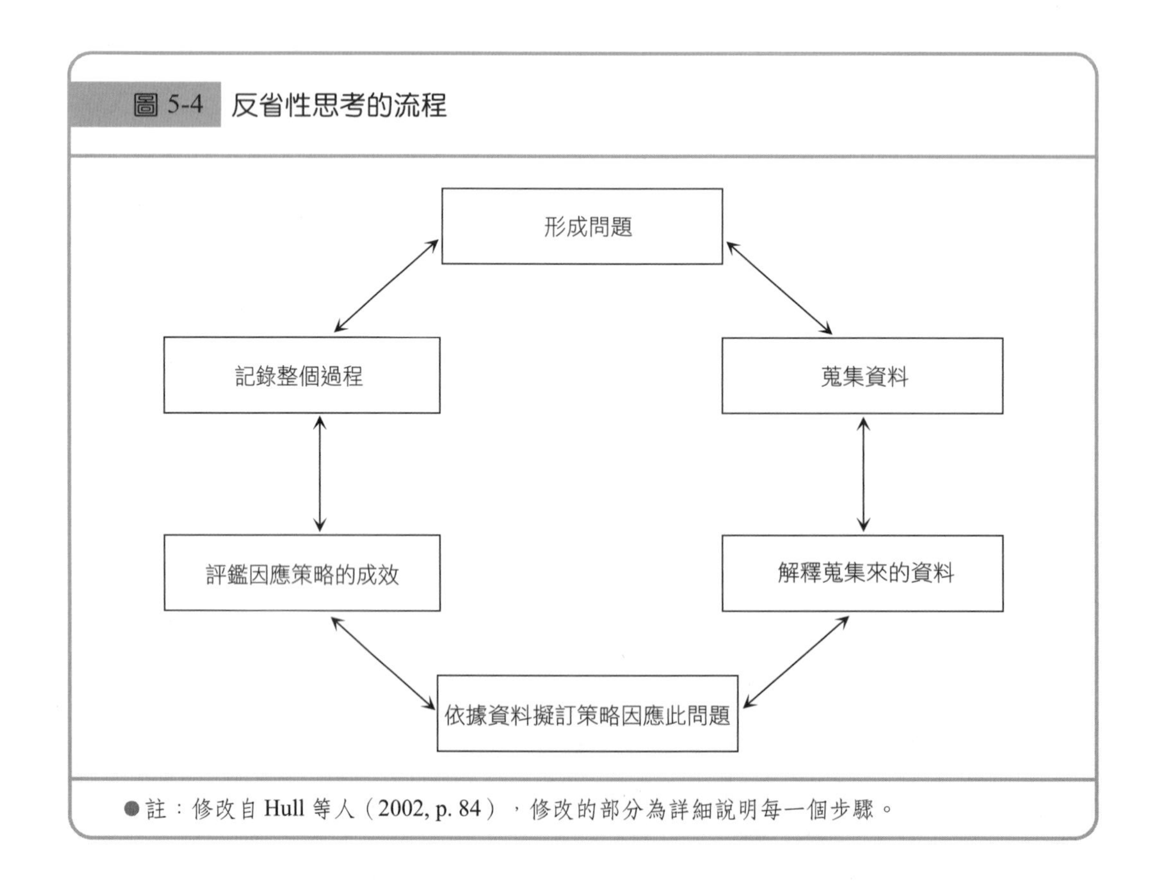

●註：修改自 Hull 等人（2002, p. 84），修改的部分為詳細說明每一個步驟。

一些實證研究也顯示教師信念和態度的重要性，例如：林怡君（2002）的研究指出，當教師對於情緒行為障礙學生融合進入普通班的整體態度愈正向時，不僅在行為上是面對目標，採取策略來因應，也伴隨較多正面、愉快與平靜的情緒。又例如：B. J. Scott 等人（1998）回顧 1982 至 1996 年間，普通教育教師實施教學調整策略的研究發現，教師對融合教育的態度、對教學效能的自我評價和專業訓練，會影響其採取調整策略的意願和頻率。鈕文英（2006）探究於班級經營上被推薦具成效的 32 位國小融合班教師，其運用的班級經營策略，他們表示保持開放和接納的心態，迎接身心障礙學生在自己的班上，並且願意學習，努力協助他們。還有教師以過去曾帶過身心障礙學生的經驗表示，雖然努力協助學生，但要保持樂觀的心情去面對結果，因為學生的進步可能不會非常立即和明顯。

> 普通班的老師也不用怕班上有這樣的孩子，有開放的心最重要，最主要是有心，有心就會有方法，主要是心態的問題。如果說有特殊的技巧，每個孩子都不一樣，背景不同，所以方式也不一樣，方法就是要依孩子的問題而改變。（I1MT3-10B）
> 你沒有辦法拒絕，你就應該好好的接受，而且也應該努力的幫助他這樣子，就像我也沒有辦法拒絕我的成長背景一樣，我就接受它，但是我要去超越它這樣子。（I1NT8-6B）
> 我可能比較樂觀啦，樂觀地面對結果，有時甚至在你帶的這兩年中看不到明顯的進步；如果沒有發芽，我也努力過。（I1NT5-5D）

除了心態上的準備外，預先準備班級經營的作法也很重要。鈕文英（2006）指出，受訪的教師會尋求班級經營作法上的準備，第一次帶身心障礙學生的參與教師，會主動參與相關的研習活動，詢問校內特教教師；校內若沒有特教教師者，則詢問巡迴特教教師；或是尋求教師團體（例如：慈濟教師會、福智教師會）的協助；主動詢問念特殊教育的朋友；向圖書館或朋友借書來看，上網找資料等。若這位身心障礙學生為舊生，參與教師還會詢問校內曾帶過該生之教師，尋求他們的經驗和建議；另外，曾帶過身心障礙學生的參與教師，還會回顧過去帶身心障礙學生的經驗，整理出一些心得，作為帶此位身心障礙學生的基礎。

鈕文英（2006）指出，融合班教師班級經營策略相關條件之一是：教師具備同理心，能夠保持彈性，並且自我省思，例如：當 ST4 被問到何種態度是經營融合班級之教師須具備的，他表示：「能同理學生的困難，設身處地了解和接納學生的困難。」（I1ST4-15B）MT3 則指出：「保持彈性的思考，不要要求所有的學生都一定要達到相同的標準。」（I2MT3-2A）ST6 覺得「自我省思」很重要，他說：

我天天自省，去年我帶班遇到瓶頸，原本很煩躁，覺得學生一直帶不上來，差點和家長起衝突；後來察覺到自己沒有尊重孩子的起點和本質，只是一味想依自己進度，我覺得這層領悟帶給自己很大的成長。（I2ST6-1D）

鈕文英（2006）還提出另一項融合班教師班級經營策略的相關條件，即參與教師表示，要影響一般學生和家長，教師須身教示範接納而適切的態度和行為。

我覺得如果我的態度很正，不偏不倚，家長也比較沒有話可說；如果說我今天是站在比較自我的立場，也排拒這個特殊孩子的話，其他家長就會跟著學。所以我給家長的態度就是說，我們班既然有○○〈自閉症學生的名字〉這個孩子，那我們就接受他，讓他更好，我也讓其他孩子知道。（I1NT8-15C）

我叫○○〈黏多醣學生的名字〉上臺去寫字，剛開始小朋友會說○○不會啦，我就說他怎麼不會，他會，○○寫給他們看，然後就上去寫。多了兩三次這種經驗之後，小朋友就不會講這種話了；現在取代的是老師，○○太矮了，你要借一張椅子給他寫，或者是他怎麼樣，你應該要怎麼樣，他就可以表現的，他一定會。（I1ST14-7B）

另外，鈕文英（2006）指出，**教師預先準備和計畫**是班級經營策略相關條件之一，包括計畫如何建立班級常規、讓身心障礙學生融入班級，以及課前做充分的準備等。

我覺得上課順不順，其實一半的因素是控制在自己的準備嘛！當然孩子狀況多沒有錯；但是如果說你今天準備得夠充分的時候，你就有辦法轉。……你今天準備不夠的時候，可能孩子的干擾就是你一個藉口！（I1NT4-20C）

總括來說，教師的**信念和態度**是能力及行動的基礎，正如Holtz所云：「能力是你做事情的能力，動機決定你做什麼，態度決定你做得多好。」（引自Hammeken, 2000, p. 118）由此可知，教師在經營融合班級之前心態的準備是很重要的，包括以開放和接納的心態迎接特殊需求學生在自己的班上，將之視為增長專業知能的機會；具備**有效能的教師心向**；能夠站在學生的角度了解其困難，並且對學生抱持適當而彈性的期望，以寬廣而多元的向度來檢視學生的能力和成就；願意接受和面對自己專業能力上的限制，並且尋求資源學習和自我突破，例如：積極地與特殊教育教師合作；持續自我省思班級經營作法的適切性，不斷地改進和更新。當教師對於融合教育的態度愈正面時，在行為上便會面對目標，採取策略來因應；而不論教師過去是否帶過特殊需求學生，只要願意學習，主動尋求協助，甚至願意反省自己的教學，並且再學習，都能讓自己有較多作法的準備，以迎接特殊需求學生融合於班級中，如此也較能伴隨正面的結果。

除了教師在經營融合班級心態的準備外，還可以讓特殊需求學生進入班級前有所準備，尤其是進入新班級更須做妥善的準備。鈕文英（2006）指出，受訪教師表示在知道要接手身心障礙學生之後，會於學期開始前，讓身心障礙學生在進入這個環境前有所準備，包括帶領他們認識教室環境和教師，與其建立關係等，例如：ET4 和 ST8 在開學前，會先請家長帶孩子來學校認識教室環境，並先和孩子建立關係，ST8 還讓孩子幫忙布置教室，孩子在開學後就很有成就感地告訴同學哪一區是他布置的（I1ET4-2D、I1ST8-2A）。又例如：ST5 在知道他要接手一位升上三年級的自閉症學生時，就在開學前，邀集其他專任教師，請二年級導師和媽媽，向這位自閉症學生介紹他要擔任其導師，以及其他任課教師，並讓他認識其新班級，以減低其適應新環境的焦慮感；ST5 覺得這項策略非常有效（I1ST5-3B）。

總結

本章探討班級經營的意涵，以及教師在經營融合班級上心態的準備。班級經營是有系統地建構班級環境的過程，以建立和維持一個有效的教學和學習環境，目的在促進學生參與班級活動，和他人合作，以及提高學習效果。班級經營的良窳，關係著學生的學習結果和融合教育的實施成效。在普通教育教師融合班級經營的內涵上，包括教師在經營融合班級心態上的準備，讓特殊需求學生進入班級前有所準備；接著透過對學生個別差異和學生需求分析方法的了解，檢視學生身心狀況對其在普通班學習和生活的影響，以及界定他們的需求；進而以特殊需求學生的需求為基礎，設計班級經營的策略，涵蓋如何與相關人員合作、運用相關資源、物理和心理環境的安排、生活程序和行為的管理、課程與教學的設計，以及教學評量的實施。而教師在經營融合班級心態的準備上，由導讀案例劉老師的分享和本章的探討，包括以開放和接納的心態迎接身心障礙學生在自己的班上，將之視為增長專業知能的機會；具備「有效能的教師心向」；能夠站在學生的角度了解其困難，並且對學生抱持適當而彈性的期望，以寬廣而多元的向度來檢視學生的能力和成就；願意接受和面對自己專業能力上的限制，並且尋求資源學習和自我突破，例如：積極與特殊教育教師合作；持續自我省思班級經營作法的適切性，不斷地改進和更新。

第 6 章

普通教育教師如何經營融合班（二）：學生個別差異的了解

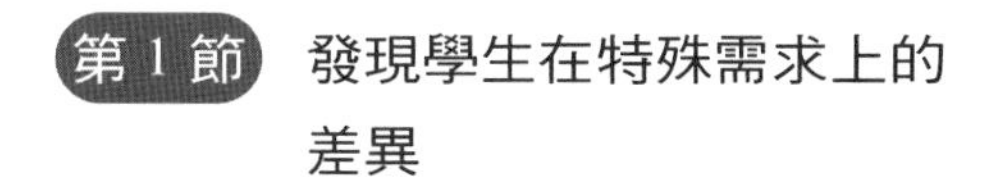

第 1 節　發現學生在特殊需求上的差異

第 2 節　了解學生在心理特質上的差異

第 3 節　覺知學生在優勢能力上的差異

學生間的個別差異蘊含著許多學習機會，它提供了免費、豐富和可持續更新的資源。我期待學校能夠善加運用差異來改進教育實務，而不是一味地排除差異。（Barth, 1990, p. 514）

導讀案例和本章目標

李老師在知道他要接手一位升上三年級、泛自閉症學生安安時，就在開學前，邀集其他專任教師，請二年級導師和媽媽向安安介紹他要擔任其導師，以及其他任課老師，並讓他認識其新班級，以減低其適應新環境的焦慮感。另外，李老師發現安安的優勢能力在繪畫，就讓他在開學前幫忙布置教室，乘機和安安建立關係。李老師覺得這項策略非常有效，他表示：「這樣做之後，學期開始安安就比較不會出現情緒和行為問題，出現問題都在沒有參與上次介紹的科任教師課上。」

李老師的案例讓人們思考到：了解學生的特殊需求、心理特質和能力很重要，它可以讓教師在班級經營上預先準備。從本章的內容，讀者可以學習到：學生在哪些方面呈現個別差異？學生在特殊需求、心理特質和優勢能力等方面上有什麼差異？

第 1 節 發現學生在特殊需求上的差異

英文用「exceptional students」代表「**特殊學生**」，「特殊」一詞比「障礙」更具有綜合性，Hardman 等人（2017, p. 4）表示：「特殊係指任何人的生理或行為表現，實質上高於或低於常態者，為了迎合這些人的個別需要，須給予額外的支持。」由此可知，特殊學生不只是**身心障礙學生**，也包含**資賦優異學生**；而在強調「預防失敗」的融合教育思維下，普通教育中**高危險群學生**，雖未被鑑定為特殊學生，但是及早介入有助於因應他們的特殊需求，避免問題的惡化。以下詳細介紹身心障礙、資賦優異，以及高危險群三類特殊需求學生。另外，我整理「認識與教育特殊需求學生的相關書目和影音材料」如附錄 28。

壹、身心障礙學生

在身心障礙學生的部分，我首先討論與身心障礙相關的名詞；而後從歷史的角度，呈現身心障礙類別的演變；最後闡述各類身心障礙的定義和特徵如下。

一、與身心障礙相關的名詞

與身心障礙相關的名詞有：**損傷**（**impairment**）、**遲緩**（**delay**）、**困擾**（**disturbance**）、**異常**（**disorder**）、**障礙**（**disability**）、**殘障**（**handicap**）。「損傷」意味罹患疾病，身體的某部分組織受到傷害或是有不足。「遲緩」是指與常模相較，個體的生理和心理發展較為緩慢，以至於需要特殊教育（Hallahan & Kauffman, 2015）。「困擾」意味個體的情緒與行為表現造成外在環境的困擾，例如：美國《IDEIA 2004》提出 14 個身心障礙類別，其中一項即**情緒困擾**（**emotional disturbance**）。「異常」通常用在心智功能不正常，以至於影響個體日常生活、學業學習、社會互動，或其他重要領域的表現，例如：美國精神醫學會（American Psychiatric Association, APA）從 1952 至 2013 年出版的《精神異常診斷與統計手冊第 5 版》〔*Diagnostic and Statistical Manual of Mental Disorders* (5th ed.)，簡稱《DSM-5》〕，雖然類別和內涵有所不同，但一直使用**精神異常**（mental disorders）這個名詞，其中《DSM-5》之修訂內涵，我整理於附錄 29。而「障礙」是一個概括的名詞，意味個體某項能力的減損，或是身體某部分組織或器官的缺損，造成執行生活中某些任務（例如：走路、看）的表現限制，是從個體與環境互動後的功能表現來定義障礙（Heward, 2016）。「殘障」是指有障礙或損傷的人與環境互動後產生的問題或不利（Heward, 2016）。一個人可能有「障礙」，但如果環境給予足夠的支持與協助（例如：手語翻譯），提供一個「有愛無礙」的環境，便不會造成其「殘障」。

二、身心障礙類別的演變

以下討論美國和臺灣有關身心障礙類別的演變。

（一）美國

美國 1975 年的《殘障兒童教育法案》指出，身心障礙包括以下 10 個類別：盲和聾（blindness/deafness）、重聽和聾（hard-of-hearing and deaf）、智能不足（mental retardation）、多重殘障（multiple handicaps）、形體損傷（orthopedic impairments）、其他健康損傷（other health impairments）、嚴重情緒困擾（seriously emotional disturbance, SED）、特殊學習障礙（specific learning disabilities）、說話損傷（speech impairment）、視覺損傷（visual impairment; Ysseldyke et al., 2000）。《IDEIA 2004》則指出，身心障礙包括以下 14 個類別：特殊學習障礙、智能不足、情緒困擾、說話或語言損傷（speech or language impairment）、泛自閉症、發展遲緩（developmental delay）、形體損傷、其他健康損傷、聽覺損傷（hearing impairment）、聾、視覺損傷（包含全

盲）、盲或聾、多重障礙（multiple disabilities）、頭部外傷（traumatic brain injury）；其中前四類障礙出現率較高，後10類出現率較低（引自D. D. Smith, 2007, pp. 11–12）。比較前後兩個法規中的身心障礙類別後發現，《IDEIA 2004》除了將《殘障兒童教育法案》中的「handicaps」改成「disabilities」，去掉「嚴重情緒困擾」中的「嚴重」二字，將「說話損傷」改成「說話或語言損傷」外；還增加了泛自閉症、發展遲緩和頭部外傷三個類別，並且將重聽和聾分開成聽覺損傷和聾兩個類別。

世界衛生組織（World Health Organization, WHO）於1980年制定《國際損傷、障礙和殘障分類系統》（*International Classification of Impairment, Disability and Handicaps*，簡稱《ICIDH》），作為WHO制定《國際疾病分類系統》（*International Classification of Diseases*，簡稱《ICD》）的重要補充；而後WHO於1993年起，著手建立新的分類標準，定名為《國際損傷、活動和參與分類系統》（*International Classification of Impairments, Activities and Participations*，簡稱《ICIAP》；WHO, 1998）。比較二者，《ICIDH》使用「損傷、障礙和殘障」三個向度；《ICIAP》採取「損傷、活動和參與」三個向度，並且加入「情境因素」（包括：環境和個人因素）。

接著WHO（2001）修正提出《國際功能、障礙和健康分類系統》（*International Classification of Functioning, Disability and Health*，簡稱《ICF》）。從《ICIDH》到《ICF》最大的改變是，移除原來具負面含意之「障礙」，而改成以具中性含意之**功能**，作為這套分類系統中之主要用語；採用**功能**、**障礙**和**健康**三個向度，功能涵蓋身體功能、社會活動和參與；障礙意味個體之身體構造或功能受損，造成其在社會活動和參與上的表現受限；健康是指個體生理、心理和社會等方面的健康情形；同時強調「情境因素」對個人功能表現之影響（Stucki et al., 2002）。《ICF》提出，身心障礙係指下列任一項身體構造或功能有顯著的損傷或障礙，影響個體社會活動和參與上的表現，在身體功能上包括以下八種：（1）心智功能；（2）感官功能及疼痛；（3）聲音與語言功能；（4）循環、造血、免疫與呼吸系統的功能；（5）消化、新陳代謝與內分泌系統的功能；（6）泌尿與生殖系統的功能；（7）與神經、肌肉、骨骼和動作相關的功能；（8）皮膚與皮膚相關的功能（WHO, 2001）。而在身體構造上包含以下八種和其相關的構造：（1）神經系統；（2）眼、耳；（3）聲音和語言；（4）循環、免疫和呼吸系統；（5）消化、新陳代謝和內分泌系統；（6）泌尿和生殖系統；（7）動作；（8）皮膚（WHO, 2001）。

比較《IDEIA 2004》和《ICF》對身心障礙的分類可以發現，《IDEIA 2004》採**障礙類別**；而《ICF》用**功能**來分類。我於附錄30整理《ICF》對障礙鑑定和服務提供的意涵。

（二）臺灣

臺灣《特殊教育法》（1984/2019）第 3 條對身心障礙的定義如下：

> 本法所稱身心障礙，指因生理或心理之障礙，經專業評估及鑑定具學習特殊需求，須特殊教育及相關服務措施之協助者；其分類如下：智能障礙、視覺障礙、聽覺障礙、語言障礙、肢體障礙、腦性麻痺、身體病弱、情緒行為障礙、學習障礙、多重障礙、自閉症、發展遲緩、其他障礙。

依據訂定之《身心障礙及資賦優異學生鑑定辦法》（2002/2013）第 2 條，鑑定各類身心障礙學生的負責單位、方法和原則如下：

> 身心障礙學生之鑑定，應採多元評量，依學生個別狀況採取標準化評量、直接觀察、晤談、醫學檢查等方式，或參考身心障礙手冊（證明）記載蒐集個案資料，綜合研判之。

而衛生福利部新修正的《身心障礙者權益保障法》（1980/2021），將從前認為須「保護」身心障礙者的觀念，修正為對於他們的「權益保障」。此外，對於直轄市、縣（市）政府受理身心障礙鑑定及評量，提供後續相關福利服務，應以單一窗口方式受理，分別組成專業團隊辦理鑑定與需求評量；而為使身心障礙之類別與國際接軌，參酌 WHO 於 2001 年公布之《ICF》，八大身體構造和功能的限制，修正為本法所稱之身心障礙類別；其第 5 條稱身心障礙者係指：

> 下列各款身體系統構造或功能，有損傷或不全導致顯著偏離或喪失，影響其活動與參與社會生活，經醫事、社會工作、特殊教育與職業輔導評量等相關專業人員組成之專業團隊鑑定及評估，領有身心障礙證明者：（1）神經系統構造及精神、心智功能；（2）眼、耳及相關構造與感官功能及疼痛；（3）涉及聲音與言語構造及其功能；（4）循環、造血、免疫與呼吸系統構造及其功能；（5）消化、新陳代謝與內分泌系統相關構造及其功能；（6）泌尿與生殖系統相關構造及其功能；（7）神經、肌肉、骨骼之移動相關構造及其功能；（8）皮膚與相關構造及其功能。

三、各類身心障礙的定義和特徵

依照相關文獻和法規，我討論各類身心障礙的定義和特徵如下，其中《特殊教育法》（1984/2019）將腦性麻痺從肢體障礙中獨立出來，而我仍將之置於肢體障礙中做介紹。

（一）智能障礙

人物素描 6-1　一位智能障礙者——胡一舟

1978 年的愚人節，老天爺跟胡家開了個玩笑，胡一舟在那一天誕生，因為第 21 對染色體多了一條，舟舟成了唐氏症（Down syndrome），智商只有 30；但舟舟的父親胡厚培是在 1 個月之後，才得知這個青天霹靂。胡厚培是武漢樂隊的低音提琴手，舟舟從小就跟著爸爸在樂團裡閒晃，誰都沒想到有一天奇蹟發生了，一位樂團同事逗舟舟玩，問舟舟想不想當指揮，沒想到平常話不多的舟舟，突然脫口說出他想指揮。那人乘機問舟舟要指揮哪首曲子，舟舟不假思索答說：「卡門。」當舟舟煞有其事的走上舞臺，將樂團老指揮的動作，唯妙唯肖地表演出來，眾人嘆為觀止；那一年舟舟 6 歲，而他的指揮天分，也在那一次之後一瀉千里，成為獲得國際社會肯定的指揮家。（整理自胡厚培、亞靜，2002）

從人物素描 6-1 可以發現，舟舟雖然是一位智障者；但「指揮」是他的優勢能力，當其優勢能力被發掘出來後，他創造出一片充滿音符的天空。以下探討智能障礙的名稱、定義和特徵。

1. 智能障礙的名稱

智障的名稱隨著特殊教育的發展與思潮，產生一些轉變，以下呈現國外和臺灣智障名稱的改變。

（1）國外的智能障礙名稱

國外對智障的名稱源自於歐洲，J. M. Itard 和 E. Seguin 草創智障養護措施之時，他們使用「idiot」或「idiocy」（譯為「白癡」）一詞來稱呼，例如：Seguin 於 1866 年出版《白癡與其生理學處理方法》（*Idiocy and Its Treatment by Physiological Methods*; Beirne-Smith et al., 2005）。之後，1875 年在美國成立的一個專業組織「白癡與低能者教養機構之醫療人員協會」（The Association of Medical Officers of American Institutions for Idiotic and Feebleminded Persons），由此有了「feebleminded」（譯為「低能」）一詞；後來這個協會更名為「低能研究協會」（American Association for the Study of the Feebleminded），然後再改為「智能缺陷協會」（The American Association on Mental Deficiency, AAMD），由此有了「mental deficiency」（譯為「智能缺陷」）一詞；若干研究智障之先驅學者，例如：Tredgold於1937年及Doll於1941年提出的智障定義，均採用「智能缺陷」一詞（Beirne-Smith et al., 2005）。

而後，Herber於1961年修訂智障定義時，使用「mental retardation」（譯為「智能不足」）一詞；AAMD 復於1987年再度改稱「美國智能不足協會」（The American Association on Mental Retardation, AAMR）；此外，WHO 於1978年則使用「mental subnormality」（譯為「智能低下」）一詞（Beirne-Smith et al., 2005）。Schalock、Luckasson等人（2007）使用「intellectual disability」（譯為「智能障礙」）取代「mental retardation」，因為「disability」一詞較能反映身心障礙定義的趨勢——**從個體與環境互動後的功能表現來定義障礙，以及著重於找出導致障礙的環境因素**。AAMR 也改為「美國智能和發展障礙協會」（The American Association on Intellectual and Developmental Disabilities, AAIDD）。《DSM-5》亦順應此趨勢，將「智能不足」更改為「智能障礙」（引自鈕文英，2013a）。自《IDEA 1990》以來，為了尊重智障者的人權，使用**以人為先的語言**（Peterson & Hittie, 2010），即採用「students with intellectual disability」，而非「intellectually disabled students」稱呼他們，強調身心障礙者是獨立具有優勢的個體，只是伴隨有某部分的障礙。

（2）臺灣的智能障礙名稱

臺灣於1962年，在臺北市中山國小成立第一所智能不足兒童特殊教育班，當時即用「智能不足」一詞；《九年國民教育實施條例》（1968）是臺灣教育法規正式使用智能不足之開端；這個名詞沿用很長的一段時間，一直到1990年修正公布之《殘障福利法》中，為了讓障礙類別的名詞統一，將智能不足改稱為「智能障礙」（陳榮華，1995），而後一直沿用至今。

2.智能障礙的定義

智障的定義隨著特殊教育的發展和思潮，也產生一些轉變，以下呈現美國和臺灣的智障定義。

（1）美國的智能障礙定義

美國智能障礙協會於 2010 年，提出第 11 版的智障定義（引自 Schalock et al., 2010, p. 1）：

> 智能障礙係指在智力功能（intellectual functioning）和適應行為（adaptive behaviors）上呈現顯著之限制，適應行為指的是概念、社會和應用三方面的技能，智能障礙發生於 18 歲之前。

第 11 版智障定義的架構如圖 6-1，我根據圖 6-1 詳細討論其要素，包含基本假設、診斷向度、支持輔助計畫，以及分類系統如下。

①基本假設

這個定義是建立於**生態和功能的模式**，它著眼於個體在其所處環境活動和表現的情形；就此觀點而言，智障是對現有功能或能力的一種描述，而不是先天或一成不變的狀態（Schalock et al., 2010）。Schalock 等人指出，此項定義應用之五項重要假設為：第一，確實的鑑定，考量個體文化、語言的不同，以及溝通、行為方面因素之差異。第二，適應行為的限制是指，個體與同年齡同儕相較下，以及在其平常生活環境中適應行為表現不佳，而且它們可當作支持輔助之項目。第三，特定適應行為之有限性通常和其他適應行為的優勢，或個體其他方面的能力同時存在。第四，經過一段時間適當的支持輔助後，智障者各方面能力通常會有所改善。第五，描述個體智力功能和適應行為上的限制，旨在發展個別化支持輔助系統。

Schalock 等人（2010）提到，評量時須加上評量小組的**臨床判斷**，以提升決策的品質、效度和正確性；而臨床判斷具有**系統**（是指有組織、系列和邏輯的）、**正式**（亦即清晰和有依據），以及**透明**（意指溝通清楚明確）三項特徵。Schalock 等人進一步指出四項臨床判斷策略：第一，澄清和明確描述在診斷、分類，或計畫支持系統上遭遇的問題；第二，全面、詳盡地蒐集影響個體的個人和環境因素，包括成長史、家庭史、教育史、可能的病原、障礙進展狀況等資料；第三，執行寬廣的評量，包括使用多種方法和來源，以及從個體本身和了解個體的報導者取得評量資料；第四，整合獲得的資料，以了解不同的評量資料是否有差異，若有差異，了解其原因，並且注意避免錯誤診斷。

綜合 Luckasson 等人（2002）及 Schalock 等人（2010）的文獻，臨床判斷包括以下指引：第一，考慮評量工具的測量標準誤，以及其優點和限制。第二，智力和適應行為的評量是否同等重要。第三，避免以個體的不適應行為和口語表現，推論其適應

圖 6-1 美國 2010 年智能障礙定義的架構

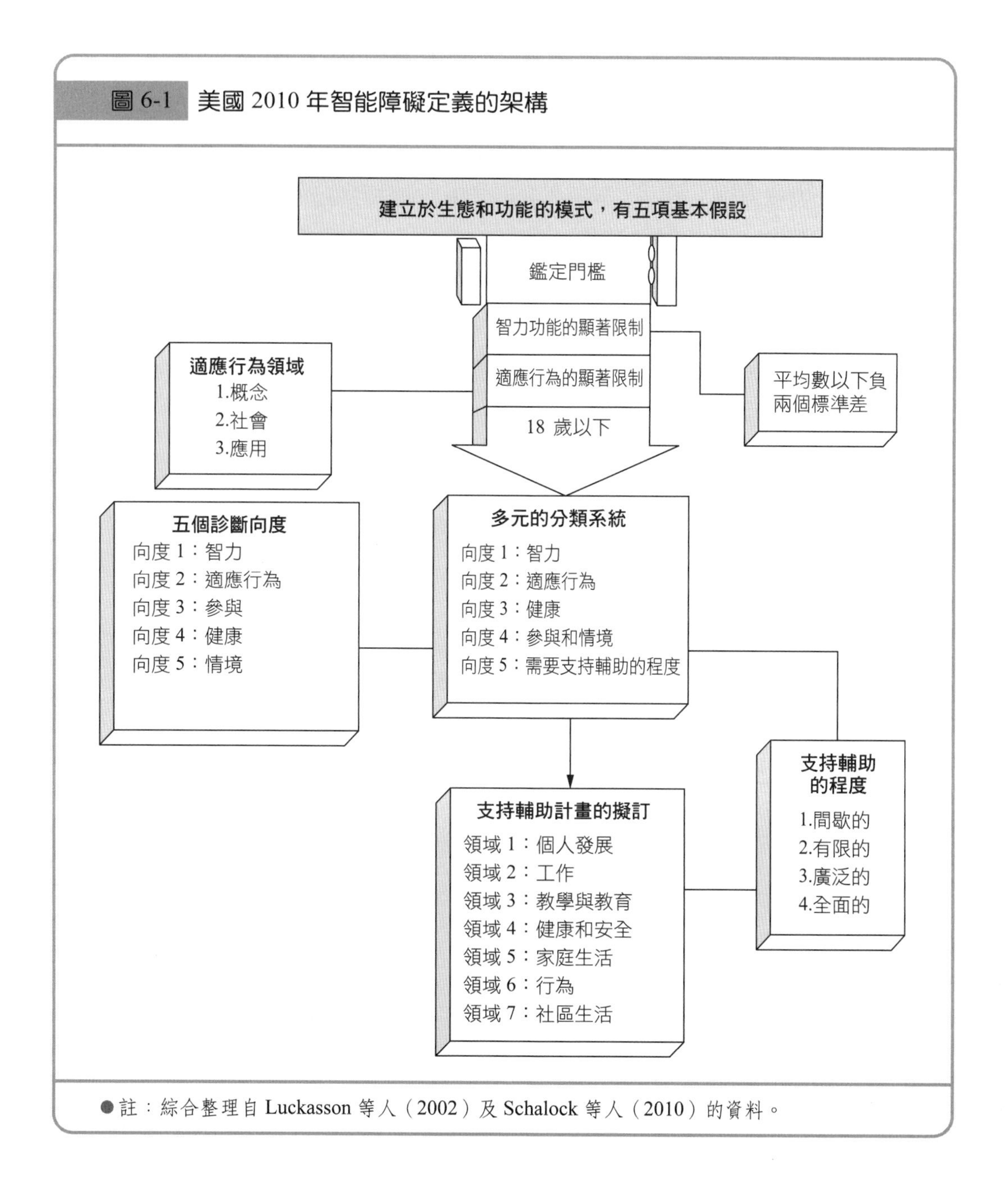

●註：綜合整理自 Luckasson 等人（2002）及 Schalock 等人（2010）的資料。

行為或是否有智障。第四，檢視評量是否符合以下原則：一為依據評量目的選擇適合的量尺、評量工具和方法；二為使用跨專業的評量小組，而且小組成員都已取得合法資格、具備執行評量的條件和沒有偏見；三為選擇具有高心理計量品質的評量工具；四為正確地實施評量，包含遵守評量的專業標準和倫理守則、考慮會影響評量效度的因素（例如：個體的文化、語言、性別，以及其他身體的障礙）、使用多種方法和來源取得評量資料、使用適當的常模參照（必須是新近的，並且包括與個體年齡、文化或種族相同的群體）、選擇適合的報導者（最了解個體、能提供正確評量資料的），以及依據評量工具的指導說明實施評量；第五，注意評量是否有練習效應、自我評量是否產生社會喜愛效應；第六，解釋評量結果時，宜注意個人和環境因素，例如：個體有無參與的機會、過去參與的經驗、個體的身體和心理健康狀況等會影響個體的表現；第七，注意評量結果是否有利於受評的個體。

總之，**臨床判斷**、**智障的最佳實務**（例如：生態觀點）、**專業標準**和**專業倫理**為構成有效或正確診斷、分類，或計畫支持系統決策或建議之四項要素（Schalock et al., 2010），如圖 6-2。

圖 6-2　決策有效或正確診斷、分類或計畫支持系統之四項要素

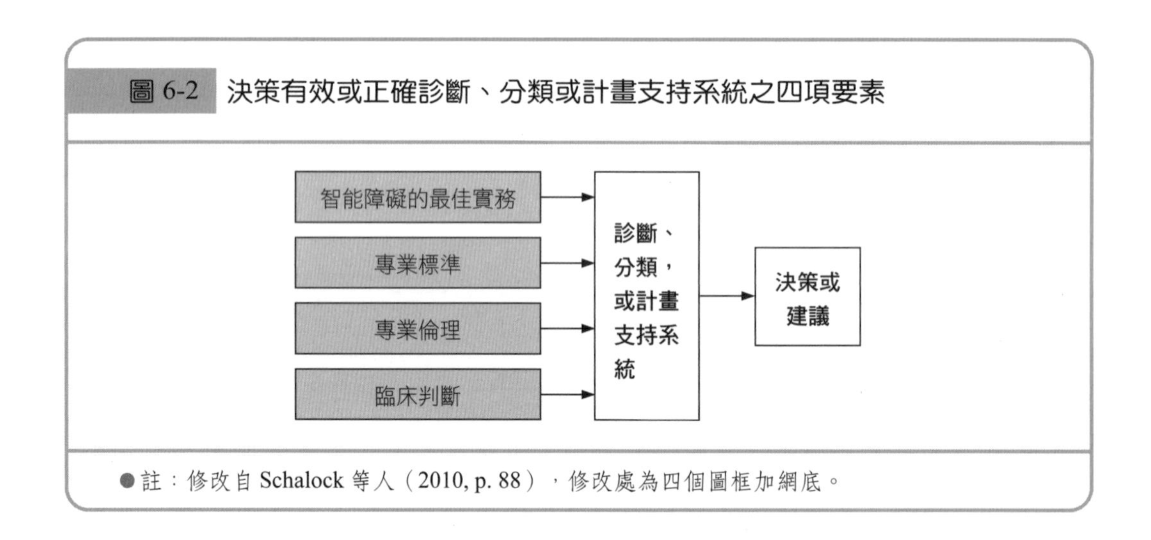

●註：修改自 Schalock 等人（2010, p. 88），修改處為四個圖框加網底。

②診斷向度

智障 2010 年定義的概念架構呈現在圖 6-3，圖 6-3 顯示，智力、適應行為、健康、參與，以及情境這五個診斷向度會影響人類功能表現，而人類功能表現關乎教學人員設計「支持系統」的範圍和程度；在經過一段時間支持後，智障者之障礙狀況通常會有改善（Schalock et al., 2010）。以下依據 Schalock 等人的文獻說明這五個診斷向度的內涵。

第一個診斷向度是**智力**，智力是一般心理能力，包括推理、計畫、解決問題、抽象思考、理解複雜觀念、快速學習，以及從經驗學習的能力；在檢視個體智力限制的同時，也要考慮其他四個向度。智力功能的限制是指個體在標準化智力測驗上的表現，至少低於平均數兩個標準差以下。

圖 6-3 美國智能障礙 2010 年定義的概念架構

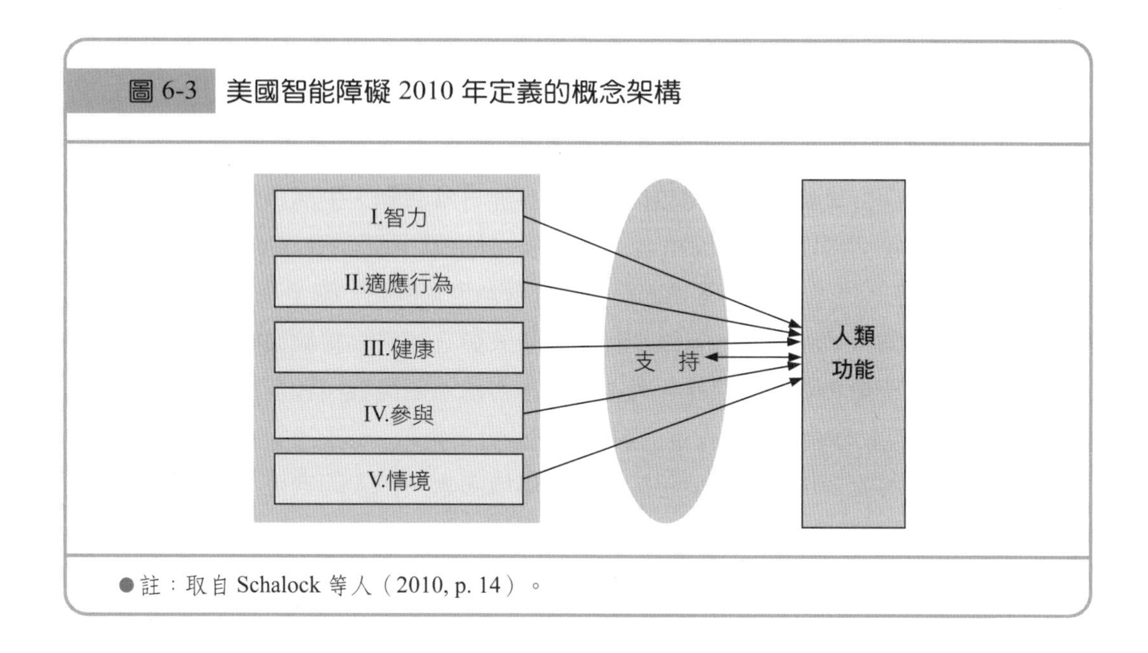

●註：取自 Schalock 等人（2010, p. 14）。

第二個診斷向度是**適應行為**，適應行為是指**概念**、**社會**和**應用**三方面的技能，它的限制會影響個體的日常生活運作，進而造成其生活適應上的困難。其中，「概念」包括語言，讀和寫，金錢、時間和數量概念；「社會」包含人際，社會責任，自尊，遵守法律，服從規則，免於被欺騙、犧牲或受操控，以及社會問題解決；「應用」涵蓋一般日常活動（自我照顧）、職業技能、金錢使用、安全、健康照顧、旅行或交通、進度表或作息表的安排，以及電話使用（Schalock et al., 2010）。適應行為的評量是依據個體平常、代表性的表現（不是最大幅度的表現），適應行為的限制和優勢是同時存在的；評量時宜考慮個體的發展階段（例如：嬰兒期、幼兒期、兒童期……），個體的優勢和限制乃表現在與同年齡同儕比較，以及其生活的社區和相同文化之環境中，並且可當作其個別化支持輔助需求之指標。在檢視個體適應行為限制的同時，也要考慮其他四個向度。適應行為有顯著的限制是指，在標準化評量工具（包括身心障礙者和一般人的常模）上，概念、社會和應用三方面適應行為領域至少有一項，或是三項的總分低於平均數兩個標準差以下；而完整的適應行為評量尚須系統地回顧個體的家庭史、醫療史、學校紀錄、雇用紀錄（若為成人）、其他相關紀錄和資訊，以及訪談個體的重要他人。另外，問題或不適應行為雖然會干擾個體的功能表現，但是它可能在溝通個體的某種需求，因此不將它視為適應行為的限制。

第三個診斷向度是**健康**，健康包括**身體健康**、**心理健康**和**社會幸福感**，它會影響個體在其他四個向度上的功能表現。其中病原包括**生物醫學**（例如：染色體異常）、

社會（例如：文化刺激不足、經濟不利）、**行為**（例如：母親在懷孕期間，從事危險或具傷害性的活動）和**教育**（例如：教育機會和協助不足）四方面危險因子，在母親產前、產中和產後出現，會影響個體的健康狀況。

第四個診斷向度是**參與**，參與包括個體：參加日常活動、生活事件與社會組織的範圍和表現；與生活周遭人（例如：家人、朋友、同儕和鄰居）互動的情形；以及在家庭、學校、社區、工作、休閒等方面扮演的社會角色（例如：學生、兄弟姊妹）上，是否表現符合對同年齡者的角色行為期待；評量人員宜透過直接觀察的方式了解個體在上述三方面的優勢和限制。除此，外在環境是否給予個體參與和互動的機會將影響其表現，參與和互動機會的缺乏會進而影響個體的社會角色，這是在評量時需注意的。

第五個診斷向度是**情境**，情境包括**個人**和**環境因素**，個人因素是指除了健康以外的其他個體因素，例如：性別、年齡、種族、動機、生活形態、習慣、教育程度、心理特質等；環境因素是指個體所處的物理、社會和態度環境。環境因素會與個人因素互動，進而影響個體的功能表現，例如：雇主的態度和建築物的無障礙程度會影響個體的功能表現。

③支持輔助計畫

支持需求是指，針對智能障礙者**個人能力**和**環境要求**間的不適配處，提供他們所需範圍和程度的支持系統，以協助他們參與環境要求的活動；而支持系統是促進個人發展、教育水準、興趣和幸福感，進而能提升個人功能表現採用的資源和策略（Schalock et al., 2010），支持模式如圖 6-4。

而此支持輔助計畫提供的「支持輔助程度」，可分成四種（Luckasson et al., 2002）：第一，**間歇的**支持，這是一種零星、因需要而定的支持輔助。這類智障者並非經常需要支持，有可能只是在關鍵時段需要短期的輔助（例如：失業或面臨緊急病況時）。第二，**有限的**支持，所需要的支持是經常性且有時間限制的，但並非間歇性的，和所需支持輔助的程度較高者相比，它所需的支持人力較少，成本也較低，如短期的就業訓練，或從學校轉銜到成人就業階段的支持輔助等。第三，**廣泛的**支持，在某些環境（例如：職場或家庭中）需要持續（例如：每天）的支持，且沒有時間的限制，例如：長期居家生活的支持。第四，**全面的**支持，所需要的支持輔助具有恆常、高深度、各種環境的普遍性，且可能終生需要之特性，這種支持通常比廣泛或有限的支持需要更多的人力與強制介入。支持系統是為提升個人功能表現所規畫使用的資源和策略。Schalock 等人（2010）進一步指出，個別化支持系統的評量、計畫、監控和評鑑之過程，如圖 6-5。

圖 6-4　支持模式

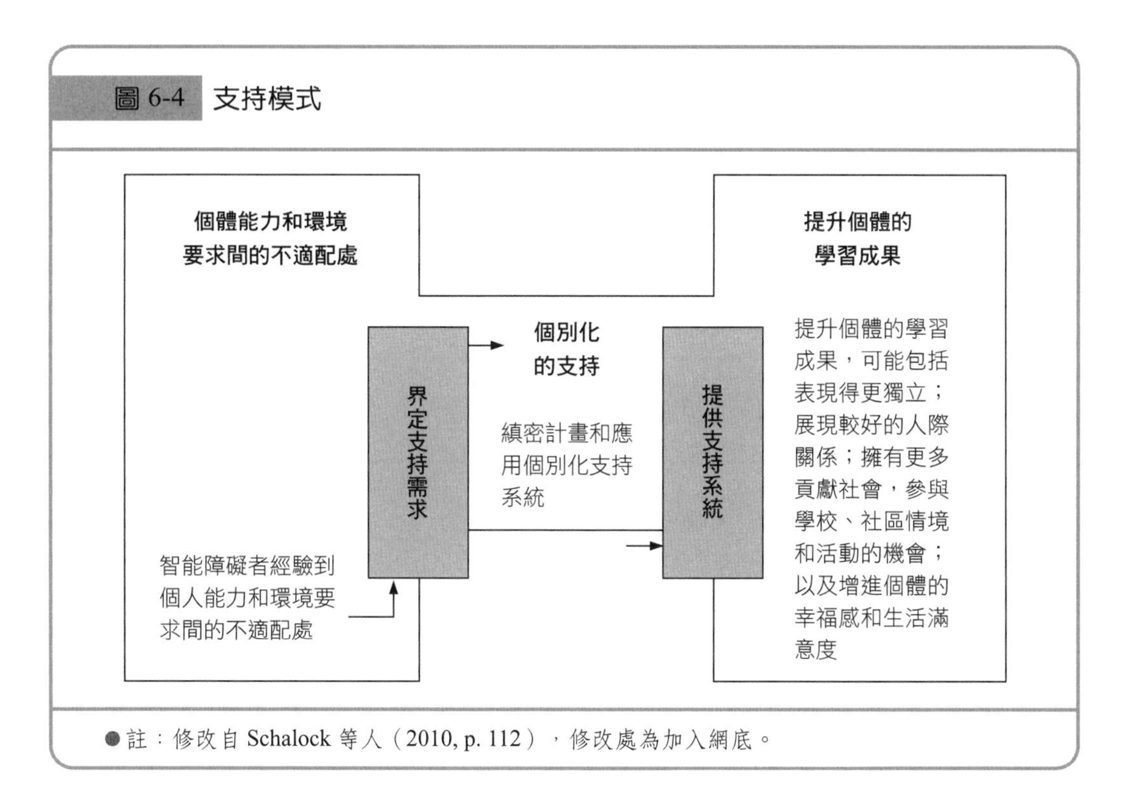

●註：修改自 Schalock 等人（2010, p. 112），修改處為加入網底。

圖 6-5　個別化支持系統的評量、計畫、監控和評鑑之過程

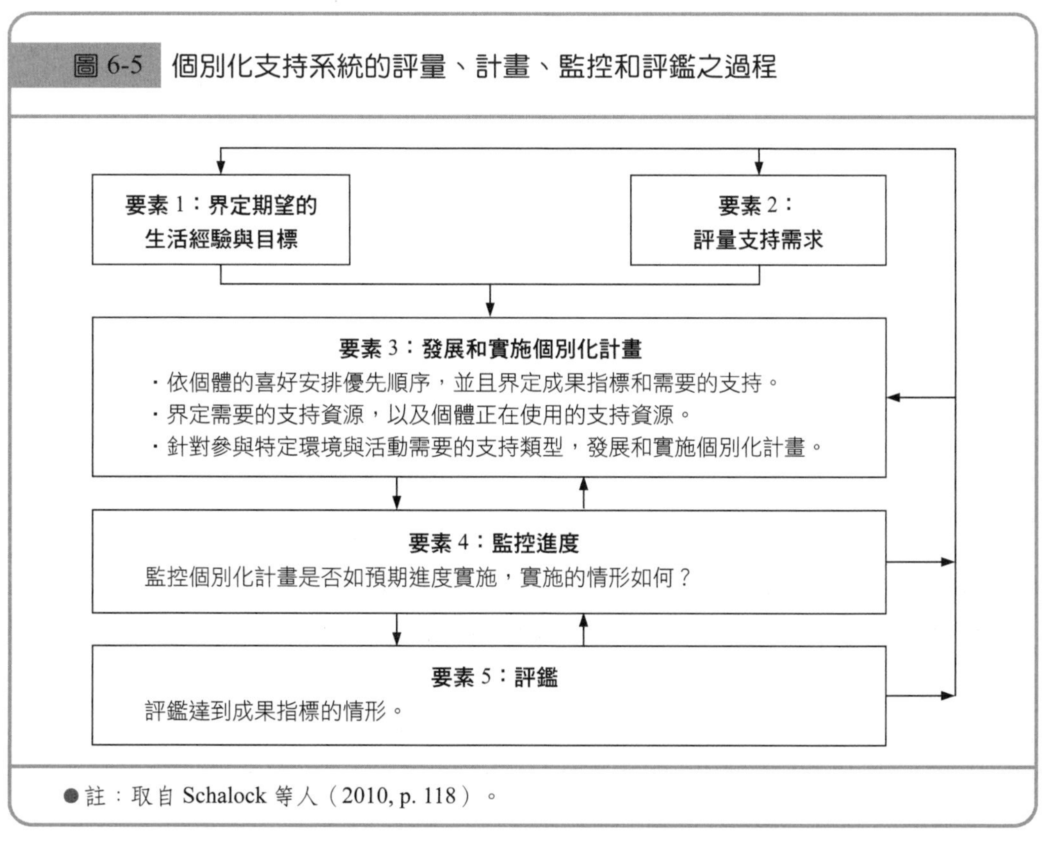

●註：取自 Schalock 等人（2010, p. 118）。

在圖 6-5 中的第二項要素——評量支持需求上，可以評量支持需求的類型和程度；在類型上，J. R. Thompson 等人（2015）發展**支持程度量表**（Support Intensity Scale）可供運用，包括三大部分，一為支持需求量表（含在居家生活、社區生活、終身學習、就業、健康與安全和社交活動上的需求）；二為補充的自我保護與倡議量表；三為特殊醫療和行為支持需求。除此，Schalock 等人（2010）補充**預防**也是一種支持形式，針對智障危險因子提供的預防支持示例如表 6-1。

表 6-1 針對智能障礙危險因子提供的預防支持

預防的形態	服務的接受者	針對危險因子提供的預防支持示例			
		生物醫學	社會	行為	教育
初級預防	智障兒童父母	1. 鉛中毒的篩選 2. 營養	預防家庭暴力	接納	社會技能
	智障青少年的父母	營養	家庭支持	成熟的自我照顧	性教育
	即將成為父母的人	1. 產前照顧和篩選 2. 產前營養	情緒和社會支持	避免物質濫用	指導父母教養技能
初級和次級預防	智障或高危險群的新生兒	新陳代謝篩檢	增進親子互動	增進父母對孩子接受度	轉介服務給高危險群的新生兒
	智障或高危險群的兒童	1. 營養 2. 鉛中毒的篩選	1. 家庭支持 2. 避免虐待和忽視	1. 避免災禍和傷害 2. 特殊教育 3. 職業訓練	早期介入
三級預防	智障成人	1. 身體和心理的健康照顧 2. 預防肥胖	社區融合	1. 運動和健身 2. 休閒活動	雇用

● 註：修改自 Schalock 等人（2010, p. 130），修改處為改變表格的形式。

④分類系統

第 11 版的定義主張多元的分類系統，可依據定義運用的功能範疇（例如：診斷、分類，或計畫支持系統），以及個體和其家庭之需求等因素，而採取智力、適應行為、需要支持輔助程度等向度來分類（Schalock et al., 2010）：從「智力」來分類，分成輕度（mild）、中度（moderate）、重度（severe）和極重度（profound）智障；依照「適應行為」來分類，由重度至輕度，分成第一級、第二級、第三級和第四級；按照「需要支持輔助程度」來分類，可分成間歇、有限、廣泛和全面的支持四種。

AAIDD 由 Schalock 等人（2021）修訂完成智障第 12 版定義，我整理於附錄 31。

（2）臺灣的智能障礙定義

依據《身心障礙及資賦優異學生鑑定辦法》（2002/2013），智障定義受到美國智能和發展障礙協會 2010 年定義之影響，呈現適應行為可能包含的項目，且不再提出智力水準為基礎的分類系統，其定義如下：

> 個人之智能發展較同年齡者明顯遲緩，且在學習及生活適應能力表現上有顯著困難者。前項所定智能障礙，其鑑定基準依下列各款規定：一、心智功能明顯低下或個別智力測驗結果未達平均數負二個標準差。二、學生在生活自理、動作與行動能力、語言與溝通、社會人際與情緒行為等任一向度及學科（領域）學習之表現較同年齡者有顯著困難情形。

3. 智能障礙的特徵

以下從生理動作、認知學習、情緒行為三方面說明智障者的特徵；至於語言特徵則放在語言障礙中說明。

（1）生理動作方面

智障者的生理成長，可能較同年齡者遲緩，而且附帶障礙之出現率較高。尤其是障礙程度愈重者，生理發展可能與一般人之差異愈明顯，且會伴隨身體或健康問題，例如：粗大動作和精細動作的發展較遲滯，有姿勢不良、感官知覺、平衡協調方面的問題；部分尚有生長損傷、癲癇（epilepsy）、呼吸、進食、脊椎側彎等問題（Beirne-Smith et al., 2005; Drew et al., 2006）。

（2）認知學習方面

我從認知發展、注意力、記憶力、學習能力和態度四方面，探討智障者的特徵。在認知發展方面，對智障者的認知發展有兩派觀點：一派是**發展論**；另一派是**差異論**（Mercer & Snell, 1977）。發展論者 Zigler（1969）指出，智障者與一般人的認知發展有量的差異，亦即發展速度較慢，以及最後達到的階段不同。依據 Inhelder（1968），若參照 Piaget 的**認知發展理論**（theory of cognitive development），輕度智障者可能會達到**具體操作期**（concrete operational stage），很難達到**形式操作期**（formal operational stage）；中度智障者則不會超過**前操作期**（preoperational stage），而重度或極重度智障者則停留在**感覺動作期**（sensorimotor stage），發展論者主張教育方案須依照學生的心理年齡來擬訂。差異論者 N. R. Ellis（1969）表示，智障者與一般人的認知發展有質的差異，亦即智障者在處理刺激的方式不同；因此，差異論者主張，運用特殊的教材教法幫助智障者減少此差異造成的影響。

綜合文獻（Krupski, 1986; Polloway et al., 2017），注意力可包含以下五個層面：**注意廣度、注意力的持續時間、注意的焦點、選擇性注意力，和注意力的轉移性（或彈性）**。綜合文獻（Beirne-Smith et al., 2005; Bergen & Mosley, 1994; Crane, 2002; Merrill, 1992），智障者在注意力方面具有下述四項特徵：①注意廣度較狹窄，不善於同時注意較多的事物；②注意力持續的時間較短；③注意力較不容易集中與維持，易受周圍聲、光、物之刺激影響；④有注意力分配的問題，不善於選擇性地注意相關的刺激；也較不會隨著注意焦點的轉變，而調整其注意力，可能會一直停留在注意前面的刺激，亦即注意力的彈性較差。

在記憶力方面，Crane（2002）整理文獻發現：智障者至少有兩方面記憶的困難，即**程序的記憶**（記憶過程步驟）和**陳述的記憶**（記憶閱讀材料中所陳述的新字詞和知識）。另外，他們在保留所學的內容上有困難，也就是有短期記憶能力的限制，尤其是在愈複雜的材料上（Beirne-Smith et al., 2005; Drew et al., 2006）。文獻（Beirne-Smith et al., 2005; Mercer & Snell, 1977）歸納智障者記憶能力困難的原因有兩方面：一為**中樞神經功能的缺損**；另一為**策略使用的限制**，例如：智障者較不會運用記憶策略（如複述、聯想、組織分類記憶的材料等）。

在學習能力和態度方面，智障者具有下述九項特徵。

①**對刺激的接收能力較為緩慢和薄弱，能接收的刺激數量較有限**，尤其是強度較弱或吸引力較低的刺激，更不容易引起智障者的反應，即使勉強引起，其持續時間也是短暫的（Friend & Bursuck, 2019; Mercer & Snell, 1977）。

②智障者**辨認學習能力較為薄弱**，他們在知覺、注意力、認知等方面的限制，加上刺激的數量、種類和呈現方式過於複雜，以及環境有干擾等，都是導致此現象的可能因素（Beirne-Smith et al., 2005; Zeaman & House, 1979）。

③**思考、理解及抽象化能力較弱，在概念的歸納、統整、推理、分類、應用與評鑑上有困難**（Crane, 2002; Kirk et al., 2015）。

④**智障者較不會運用有效的策略來學習**，例如：較不善於組織學習材料，較不會使用複習策略（如口頭複誦）來學習（Beirne-Smith et al., 2005）。

⑤**智障者較有困難從偶發學習**（incidental learning）**中習得技能**，偶發學習是相對於蓄意學習（intentional learning），意指學生未接受直接、有計畫之教學，未刻意努力尋求資訊或技能，只是無意間獲得某些經驗或機會，例如：被動地觀察別人的行為、看影片、聆聽別人的對話等而學習到的成果（Westwood, 2004）。

⑥**智障者隨機應變，解決問題的能力較弱**（Westling & Fox, 2014）。

⑦**智障者的時間管理與活動規畫能力較為有限**（Davies et al., 2002），加上本身生

理或動作、語言、適應行為等限制；而外在環境如果又沒有提供豐富的生活經驗，則他們將不易習得休閒技能和規畫休閒活動，其休閒生活品質將受影響。

⑧**學習遷移**（transfer of learning）或**類化**（generalization）的能力較為薄弱，亦即較有困難舉一反三（Drew et al., 2006）。其中學習遷移是指個體先前所習得的舊知識或技能，對新知識或技能學習的影響；或是將先前所習得的知識或技能，應用在真實情境中的情形（例如：將模擬情境所學，遷移至真實情境中應用的情形；Schunk, 2011）。而類化意指個體能在「未教導的刺激出現或情境中」，表現被教導的知識或技能（即刺激類化）；或是在「教導的刺激出現或情境中」，表現未被教導的新知識或技能（即反應類化；Maag, 2018）。遷移和類化兩個詞常被混用，遷移和類化相同處為，能夠在新知識或技能的學習上，應用舊知識或技能的能力；相異處為，遷移涵蓋的範圍大於類化，包含個體在模擬情境習得的知識或技能，能在真實情境中表現出來，以及產生類化效果。Langone（1990）指出，智障者的生活經驗愈是局限，發展類化能力則會愈加困難。

⑨在學習態度方面，智障者可能受之前失敗經驗的影響，對學習有失敗預期或習得的無助，學習動機與意願較低，較容易依賴他人解決問題，「自我導向」的學習態度較不足（Beirne-Smith et al., 2005; N. Hunt & Marshall, 2012）。Bybee和Zigler（1999）指出，對於那些很少獲得選擇與嘗試機會的智障者，這種**外在導向**尤其普遍。

（3）情緒行為方面

智障者的鑑定中提及適應行為的限制，他們在適應行為上的困難，會影響個人學習、人際關係與生活適應的狀況。盧台華（1993）以新修訂的「文蘭適應行為量表」與「魏氏兒童智力量表」為研究工具，比較 368 名國中小智障學生與 541 名國中小一般學生之適應行為後發現：①智障學生的適應行為側面圖不同於一般學生，其最顯著不足的領域為溝通，次領域為書寫；②智障學生的適應行為顯著低於一般學生，中度智障者的適應行為顯著低於輕度智障者；③智障學生的智力與適應行為有輕至中度之相關存在；④如果僅用智力為鑑定標準，約 8% 的學生被誤診為智障。智障者在情緒行為能力方面具有下述六項特徵。

第一，智障者在依循特定情境，決定適宜的行為表現較易出現困難，分辨情況的能力較為有限，因而表現出不適當的情緒表達和社會行為（Beirne-Smith et al., 2005）；另外，McAlpine（1991）的研究顯示，智障者較不善於辨識他人的臉部表情、察覺他人的情緒，智障程度愈重者愈為明顯。第二，智障者因其人際互動能力的限制，加上較少與一般人互動，其社交網絡較為狹窄，較常出現社會適應的問題（Beirne-Smith et al., 2005; Zetlin & Murtaugh, 1988）。第三，智障者較缺乏自信心，其自我概念較為消極（Hallahan et al., 2015），因此在面對挑戰性高的工作時，較無法持續嘗試和完成，例如：Kozub 等人（2000）比較 31 位 9 至 13 歲的智障者和一般人，在面對兩項具挑戰性的動作和作業之態度後發現，智障者的持續度較低。第四，智障者表現出的行為較固執刻板，彈性與應變的能力較不足（Horvath et al., 1993），例如：馮淑慧（2000）的研究發現，國小輕度智障兒童和相近心理年齡的普通兒童，在人際問題情境中使用的策略類別較低且負向，比較不利於良好人際關係的互動，而相近生理年齡的普通兒童使用的策略類別較高且正向，較利於良好的人際關係互動。第五，智障者對接納與讚美的需求較高，**制控信念**（locus of control）較為**外控**，**自我調整**（self-regulation）能力較弱，例如：較有困難自我節制衝動的情緒（Whitman, 1990），及管理自己的生活和行為（Copeland & Hughes, 2002）。第六，智障者伴隨精神障礙（psychosis）的比例較一般人高（Fletcher, 2000），也較容易因正向行為的限制，不知如何表達其需求而出現行為問題（例如：攻擊、退縮、其他不適當的行為；Dudley et al., 1999），適應新環境和新事物的能力較不足（Drew et al., 2006）。

上述特徵的描述，只是取樣部分智障者所做的分析，不見得所有智障者都是如此，他們之間還是有很大的個別差異，Prater（1999）提醒人們：不要因為這些特徵而對智障者產生刻板印象。況且了解智障者的特徵，重點不在於發現他們有何種限制，或是比較他們和一般人有何差異；而是研究有效的課程內容及教學方法，以提升智障者的學習成效。雖然智障者有上述特徵或限制，但他們也有優勢，即使非常重度的智障者也有，教師要找出他們的優勢能力。

（二）學習障礙

 **人物素描** 6-2　**一位學習障礙者**——Tom Cruise

Tom Cruise 在 7 歲時就被診斷為「閱讀困難」（dyslexia），他在求學時期常常轉學，為的只是要讓別人覺得，他的學習問題是因為不適應新的學校環境，這樣別人才不會發現他不會閱讀。Tom Cruise 曾說：「我試著將注意力集中在書上，但是讀完一頁後，我還是不知道我讀的是什麼……我（閱讀時）感到焦慮、緊張、挫折，腦中一片空白，我覺得自己很笨。」Tom Cruise 從小就夢想能夠在天空飛行；在拍攝《捍衛戰士》（*Top Gun*）時，他飾演的飛行員角色終於讓他有機會接受飛行訓練。然而，因為他無法閱讀劇本了解劇情，所以他常纏著導演或其他演員討論片中情節，希望透過這種迂迴的方式熟悉他的角色。（整理自 Hardman et al., 2017）

從 Tom Cruise 的故事可以發現，他有「閱讀困難」，但在口語表達和表演動作上有傑出的能力，顯現極大的內在能力的差異。我接著探討學障的名稱、定義、類型和特徵如下。

1.學習障礙的名稱

美國S. Kirk在1962年正式提出學障一詞，補救教育者稱學習障礙為「**教育殘障**」（**educationally handicapped**）；醫學背景的人士則稱**腦傷**（**brain injured**）、**輕微腦功能喪失**（**minimal brain dysfunction**）或**知覺損傷**（**perceptual impaired**）等；心理語言學者則使用**語言異常**（**language disorder**）或**心理語言障礙**（**psycholinguistic disability**；洪儷瑜，1996）。還有只描述特定類型的名詞，例如：**失語症**（**aphasia**）、**失用症**（**apraxia**）、**失認症**（**agnosia**）、**認名困難症**（**dysnomia**）、**閱讀困難症**（**dyslexia**）、**書寫困難症**（**dysgraphia**）、**計算困難症**（**dyscalculia**）、**感覺統合困難**（**dyspraxia**）、**視知覺歷程異常**（**visual processing disorder**）、**聽知覺歷程異常**（**auditory processing disorder**）等（G. Kemp et al., 2014; Lerner & Johns, 2012）。《IDEIA 2004》則使用**特殊學習障礙**。

《DSM-5》將《DSM-III》的「學業技能異常」和《DSM-IV》的「學習異常」，更名為**特殊學習異常**（specific learning disorder），並取消《DSM-IV》的閱讀異常、數學異常、書寫表達異常及其他未註明之學習異常等次類別，改以標記閱讀、書寫表達與數學異常的嚴重程度，以輕度、中度和重度三級做區分，因為它們通常是共存的（APA, 2013a）。

2.學習障礙的定義

以下說明美國和臺灣的學習障礙定義。

（1）美國的學習障礙定義

《IDEIA 2004》對於特殊學習障礙的定義如下（引自 Lerner & Johns, 2012, p. 10）：

具有了解與使用口語和書寫表達語言之一個或一個以上的基本心理歷程異常，且此項異常表現在不佳的傾聽、思考、說話、閱讀、書寫、拼字或數學計算能力上。特殊學習障礙包括知覺損傷、腦傷、輕微腦功能喪失、閱讀困難症和發展性失語症等狀況；但不包括由視覺、聽覺、動作障礙、智能障礙、情緒行為障礙，或是環境、文化和社經地位不利等因素所導致之學習問題。

上述定義包含下面三個概念：①造成聽、說、讀（識字和理解）、寫、思考及數學（計算和推理）上的學習困難，所有學障者都有學習困難，但不是全部有學習困難的人都有學障；②排除其他因素（例如：視障、聽障、智障、情緒行為障礙，或是環境、文化和社經地位不利等因素）；③導因於基本心理功能異常（Lerner & Johns, 2012）。Kirk 等人（2015）指出，有文獻使用**神經心理功能異常和（或）差異**（**neuropsychological dysfunctioning and/or differences**），稱呼基本心理歷程的異常（即心理能力，例如：記憶、聽知覺、視知覺、口語和思考）。

若比較學障與智障之間的差異，則有以下四點（洪儷瑜，1996；Mercer & Mercer, 2000）：第一，在學習上，智障者為各方面學業上的普遍低落；而學障者為在特定某些學業上的低落。第二，智障者是因智力低落形成學習上的問題；但學障者的智力正常，學習問題的導因不是智力低落，而是腦中樞神經功能失調所致。第三，在發生年齡上，智障者在受孕到 18 歲之間就可以發現；學障者則不著重在何種年齡才會發生，而是各年齡層皆可能會發生。第四，在類別上，智障者同質性高；而學障者異質性高，即涵蓋不同類別的特殊學習困難者。《IDEIA 2004》指出，學障的鑑定不一定要符合智力與成就間的嚴重差距，可以使用**介入反應**（RTI）程序來鑑定，也可以採用其他有研究證據的替代鑑定程序，此部分的討論請參閱第 2 章。

（2）臺灣的學習障礙定義

依據《身心障礙及資賦優異學生鑑定辦法》（2002/2013），學障的定義如下：

> 統稱神經心理功能異常而顯現出注意、記憶、理解、知覺、知覺動作、推理等能力有問題，致在聽、說、讀、寫或算等學習上有顯著困難者；其障礙並非因感官、智能、情緒等障礙因素或文化刺激不足、教學不當等環境因素所直接造成之結果。
>
> 前項所定學習障礙，其鑑定基準依下列各款規定：一、智力正常或在正常程度以上。二、個人內在能力有顯著差異。三、聽覺理解、口語表達、識字、閱讀理解、書寫、數學運算等學習表現有顯著困難，且經確定一般教育所提供之介入，仍難有效改善。

此定義相較於之前的定義，有以下五方面的修正：第一，涵蓋學障的可能原因為**神經心理功能異常**，導致注意、記憶、理解、推理、知覺或知覺動作等有顯著問題，以至於表現在聽、說、讀、寫或算等學習上有顯著困難；由此可知，學障者與學習困難者的學習低成就有差異，並且顯現神經心理功能異常和學習顯著困難間之因果關係。第二，**不列舉學障類型**，以免有遺漏之憾，並且使語句簡潔。第三，增加**知覺動作**、

推理和記憶問題的類型，不局限於學業學習的障礙，擴大學障涵蓋的範圍。第四，擴大「差距標準法」為**個人內在能力有顯著差異**，包括個人各項能力的差異、能力與成就之間的差異、個人各項成就表現的差異。第五，一般教育提供之介入仍難有效改善時，增加學障學生的特殊教育需求。

3. 學習障礙的類型

依據 Kirk 等人（2006），學障包括**神經心理或發展性**（**neuropsychological/developmental**）、**學業或成就**（**academic/achievement**）和**社交**（**social**）三種學習障礙，如圖 6-6。神經心理或發展性學習障礙又包含生物或遺傳、知覺－動作、視覺處理、聽

圖 6-6 學習障礙的類型

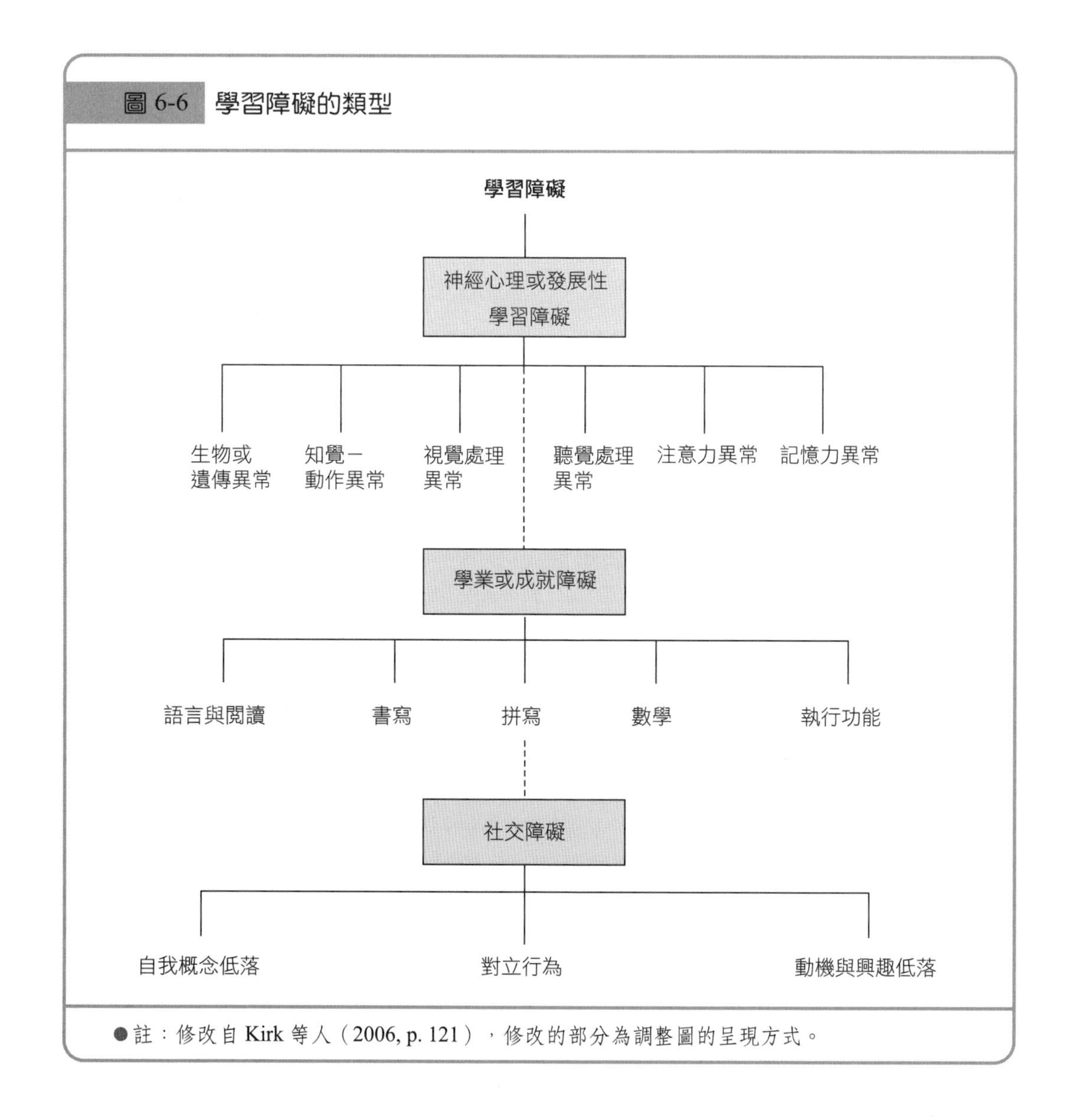

●註：修改自 Kirk 等人（2006, p. 121），修改的部分為調整圖的呈現方式。

覺處理、注意力和記憶力等方面的異常；這些異常會導致學生在語言與閱讀、書寫、拼寫、數學和執行功能（executive functions）等方面的學業或成就障礙；以及造成自我概念低落、對立行為（oppositional behaviors），和動機與興趣低落等方面的社交障礙。Johnson 和 Myklebust 於 1967 年將學障分成**語文**（聽語、閱讀、書寫和數學能力異常）和**非語文學習障礙**（例如：注意、記憶、知覺－動作異常等）兩種；Kirk 和 Chalfant 於 1984 年指出，學障包含**發展性**（例如：注意、記憶、知覺－動作異常等）和**學業性學習障礙**（閱讀、書寫、拼字、數學）兩種（引自楊坤堂，1995）。

4. 學習障礙的特徵

學障者看似聰明，至少智力正常；但對於某些課業的學習，卻有很大的困難；學障者也常因無法由外表辨識，而被稱為**隱性障礙**（洪儷瑜，1996）。以下從認知能力、學業表現，以及社會情緒與行為三方面，討論學障者的特徵。

（1）認知能力方面

心理歷程困難是多數定義共同認定的學障特徵，有知覺損傷（例如：視知覺、聽知覺、觸知覺等能力的損傷，像是有困難辨識相似的視覺材料、聽覺辨識能力較有限制、對聲音位置的區辨能力較困難等），注意和記憶、類化能力較有限，較不會使用學習策略，以及後設認知（metacognition）能力較不足等；所謂「後設認知」是「知其所以然」，而「認知」僅停留在「知其然」的層次（邱上真，2002a；洪儷瑜，1996；Bender, 2007; D. D. Smith & Taylor, 2010）。

此外，Kirk 等人（2015）指出，「執行功能限制」是學障者學業或成就障礙其中一種類型。執行功能源自於 1840 年代，一些科學家（例如：Harlow, 1848, 1868; Luria, 1966）對**腦額葉**（frontal lobe）**前額皮層**（prefrontal cortex）功能的了解（Barkley, 2012, p. 11）。Ozonoff 等人（1991）定義執行功能為個體能不受制於當下的環境狀況，代之以認知策略引導行為，進而能管理個人的行為、達到設定目標，以及用適當的方式解決問題的能力。Moran 和 Gardner（2007）從多元智力理論分析執行功能是**目標**（建立清楚的目標，hill）、**技能**（達到目標所需能力和技巧，skill），以及**意志**（開始和堅持達到目標所需的意志力，will）的整合（如插畫 6-1），執行功能強的人具備**內省智力**（intrapersonal intelligence）。Meltzer 和 Krishnan（2007）表示注意力和學習有困難的學生，他們的大腦如同**阻塞的漏斗**。我於附錄 32 整理「執行功能的意涵與介入」。

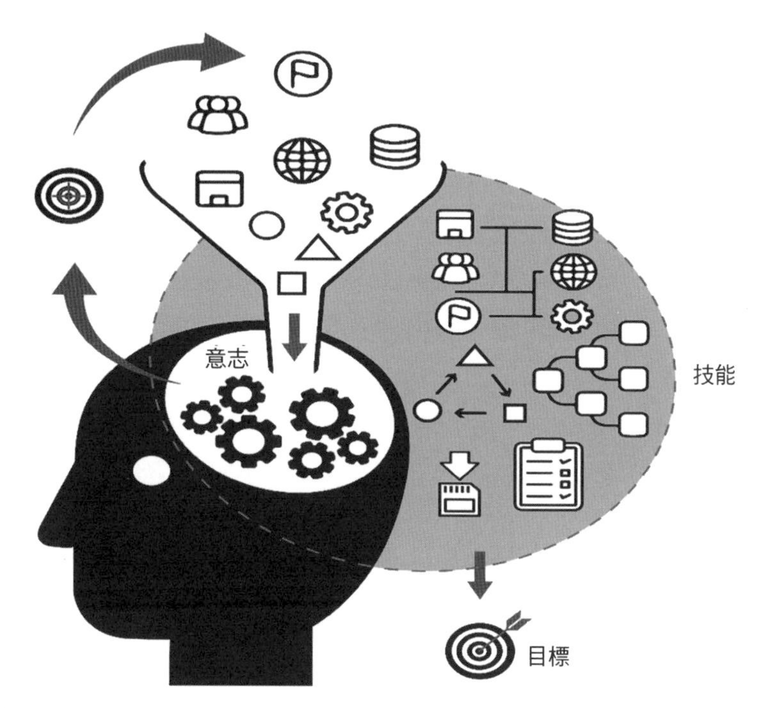

插畫 6-1　執行功能

執行功能是「目標、技能、意志」三個要素的整合。（Moran & Gardner, 2007）

（2）學業表現方面

學障者可能在聽、說、讀、寫、算等學習上有顯著困難，分述如下。

①聽

聽的能力包括下列八項連續的技能（Lerner & Johns, 2012）：辨識非語言聲音和語音、了解字義和概念、建立聽覺的字彙、了解句子、聽覺記憶、聽覺理解（包括：遵循指示、透過「聽」了解事件發生的順序、回憶細節、獲得主要概念，以及做推論和下結論）、關鍵性聽覺能力（是指能聽出重點，並且判斷其中不合理或錯誤之處），以及聽故事。學障者在「聽」方面可能出現的困難有：能接收之聽覺刺激的數量較局限，有困難集中於聽覺材料上複述他人說的話及念過的故事內容、 從口頭的故事中說出主要概念、有效地注意語言教學和指示（Lerner & Johns, 2012; Schloss et al., 2006）。

②說

學障者在「說」方面可能出現的困難有：說話中使用的語彙較有限；語意的範圍狹窄，較不會使用形容詞、副詞、連接詞等；語句較簡短、結構簡單、複雜度較小，語句中的語法不正確，有困難配合情境使用恰當的語彙和語句，甚至由於腦中樞神經功能嚴重失調，導致失語症（完全無法說話）、失用症（完全無法將語言使用在適當的情境）的情形（Bender, 2007; Mercer & Mercer, 2000）。

③讀

讀包括**認字**（**word recognition**）、**口語閱讀**（**oral reading**）和**閱讀理解**（**reading comprehension**）三方面（Lerner & Johns, 2012）。在認字方面，閱讀障礙者可能出現：認識的字彙有限、字形的辨識有困難等特徵（Schloss et al., 2006）。

在口語閱讀方面，閱讀障礙者可能出現以下幾種情形（周台傑，2000；洪儷瑜，1996；Bender, 2007; Lerner & Johns, 2012）：第一，不知從何閱讀起，有困難集中在閱讀材料上，容易受不相干刺激所干擾。第二，閱讀不流暢、速度慢，或是忽略標點符號，斷詞、斷句不當，一位閱讀障礙者表示：「我不能快讀，只能慢慢地讀。」第三，皺眉、慌張、咬脣等閱讀習慣。第四，以哭泣或其他問題行為逃避閱讀。第五，側頭閱讀或頭部抽搐，與閱讀書本的距離過近等行為。第六，閱讀時有跳字、跳行，或是迷失方向、位置，不知如何由上而下或由右至左閱讀。第七，閱讀聲音不當。第八，讀音錯誤，有替代（將句中的某個字以其他字替換）、遲疑（停頓超過 5 秒還是無法發出某個字音）、增加（任意在語句中加上某個字）、重複（重複念某個字音）、倒轉（將語句中的字序前後顛倒）。

一些研究指出，個體的**聲韻覺識**（**phonological awareness**）能力會影響閱讀（Lane et al., 2002），還有文獻指出，它會影響拼寫（spelling）能力（Lerner & Johns, 2012）。聲韻覺識是個體對語音內在結構的覺察和分析能力（Lane et al., 2002），它在拼音文字系統（例如：英文）扮演很重要的角色；但是它在「語素—音節」的中文裡，是否和閱讀有高度相關，則有不一致的研究發現，這可能是因為採用的中文聲韻覺識評量工具內容有差異（王瓊珠，2001）。

在閱讀理解方面，閱讀障礙者可能出現：有困難回答文章中有關基本事實的問題（例如：文章中的兔子叫什麼名字）、說出故事情節或文章主題等（Mercer & Mercer, 2000）。一位閱讀障礙者表示：「對語言中所包含的意義，我不能理解，我常常會問很多的問題。……所有數學上的公理、定律、規則，我完全不懂它為什麼可以這樣去定它。」

④寫

寫包括**拼寫**、**書寫**（handwriting）和**書寫表達**（written expression）三個部分；拼寫需要聲韻覺識、記憶和提取的能力（Lerner & Johns, 2012）；而書寫障礙者在這些能力上有困難，可能出現以下困難（白可，1997；洪儷瑜，1996；Bender, 2007; Lerner & Johns, 2012）：第一，寫出正確的字有困難，會遺漏或增多筆畫，部件的組合有問題，出現上下、左右錯置的情形；而英文字拼寫有困難的學生常會混淆 d、b、p、q 等字母，將「dog」寫成「god」。第二，需要較長的時間從頭腦中提取欲寫的字。第三，抄寫國字能力不好，一筆畫一筆畫地描寫，依賴視覺來監控手寫，有困難一邊寫國字一邊思考。第四，較不善於記憶部件和筆順。

綜合文獻（白可，1997；周台傑，2000；Bender, 2007; Lerner & Johns, 2012），在書寫方面，書寫障礙者可能出現：字的結構、筆順或速度的問題，例如：拿筆的方式不正確、有困難掌握筆畫的高低與長短、同一行中字的大小差距大、字無法對齊、字的結構歪斜散亂、常將字寫出格子或線外、寫的字別人看不懂（例如：將 d 寫成 cl）等問題。

在書寫表達方面，書寫障礙者可能出現：第一，一篇作文中每個句子的平均長度較短；第二，使用的字彙較局限；第三，字詞拼寫的正確性較低；第四，字詞使用較不恰當；第五，語法的正確性和抽象性，以及文句的邏輯性和通順度較不佳；第六，較無法配合主題、安排文章結構來寫作；第七，寫作技術較不成熟，例如：不善於分段敘寫、運用標點符號斷句，而在英文寫作中還包括不太會使用大小寫等（胡永崇，2000b；Mercer & Mercer, 2000; Schloss et al., 2006）。

上述書寫表達的困難是屬於寫作「成品」的問題，除此，學障者還有寫作「過程」的問題，包括很少計畫要如何書寫、有困難將想法轉換為文字、不知如何監控自己的寫作，以及鮮少修改文章的初稿等（Mercer & Mercer, 2000）。

⑤數學

數學障礙者的指標有：空間關係和身體知覺的概念不佳、視動和視知覺能力有問題、閱讀和語言（接收和表達性語言）有困難、有記憶方面的問題（例如：記憶數學公式或解題步驟有困難）、方位和時間的概念較有限、數學符號的辨識有困難、數學運算不佳、數學理解和推理能力有困難、數學運用和問題解決能力不佳、較不善於使用學習策略學習數學，以及在數學的學習上較常出現焦慮行為（Mercer & Mercer, 2000; Schloss et al., 2006）。

（3）社會情緒與行為方面

在社會情緒與行為方面，部分學障者有以下特徵：①由於在學業上的長期挫敗經驗，對學習能力的自我概念較低，學習動機較為薄弱，並且較容易產生預期失敗的心理；②對接納與讚許的需求較高，較為外控；③社會知覺能力較弱，對於他人非口語表達（例如：表情、動作、聲調）的理解能力較不足；④較有困難表現適當的社會技能（例如：在起始與他人的對話上有困難），對於社會情境的辨識，與預測行為後果的能力較有限，社會問題解決能力較不佳等（Kirk et al., 2015; D. D. Smith & Taylor, 2010）。

（三）泛自閉症

人物素描 6-3　一位自閉症者——Stephen Wiltshire

Stephen Wiltshire 於 1974 年生於倫敦，3 歲時被診斷為自閉症，從來不曾開口說話。Stephen 4 歲時，被送到學校並開始學習繪畫，透過繪畫代替語言與世界溝通。在他 8 歲時開始畫虛構的地震都市風景和汽車。他的老師鼓勵他在繪圖上的表現，並且持續地支持他；9 歲那年，他慢慢地學會了講話。他 10 歲時畫了一幅取名為「倫敦字母表」的一系列圖，系列地描繪倫敦地標。Stephen 被稱為「人腦照相機」，只要看過一遍的事物，他就可以巨細靡遺地畫出；他曾經搭直升機繞行倫敦上空一圈後，精準地畫出倫敦市中心。Stephen 的腦部成為許多人感興趣的事情，神經學家 Oliver Sacks 在其書中的<奇蹟>一章特別介紹過他。Stephen 的畫冊包括《繪畫》（*Drawings*）（1987）、《城市》（*Cities*）（1989）等。他的第三本書《浮動城市》（*Floating Cities*）還榮登《週日時報》（*Sunday Times*）的暢銷排行榜。（整理自 Brockett, 2014）

Stephen 是一位自閉症者，雖然社會互動上有困難，但卻有極佳的視覺記憶力，被稱為「人腦照相機」。以下介紹泛自閉症的名稱演變、定義、類型和特徵。

1. 泛自閉症名稱的演變

最早使用「自閉」這個名詞的是瑞士精神科醫師 Eugene Bleuler，他於 1913 年使用「自閉式思考」，描述精神障礙者在社會互動中的退縮行為（引自楊蕢芬，2005）。當時醫界多半認為：自閉症者的主要問題為思考缺乏現實感和邏輯性，固著於幻想，並且多沿用成人的診斷，認為這群兒童乃罹患精神疾病，常用的診斷名稱如**幼兒精神障礙**（early infantile psychosis）、**兒童期精神障礙**（childhood psychosis），或**兒童期思覺失調症**（childhood schizophrenia，schizophrenia 原譯為**精神分裂症**，衛生福利部已於 2014 年 5 月 21 日正式發文全國醫療機構將之改譯為「思覺失調症」，我認為此譯名減少貶抑感，並且更能呈現此症之病理，故全書用思覺失調症），這個趨勢直至 Kanner 醫生於 1943 年發表〈情感接觸的自閉困擾〉（*Autistic Disturbances of Affective Contact*）一文，才有所改變（Trevarthen et al., 1998）。Kanner（1943）雖然採用 Bleuler 的「自閉」一詞，命名為**幼兒自閉症**；但和 Bleuler 不同的是，他認為這群兒童的主要問題為情感接觸障礙，而不是思考障礙；他描述 11 名年齡小於 11 歲的兒童，他們多半在 30 個月以前即發病，而一般罹患思覺失調症的人發病較晚。之後，文獻亦有「兒童期自閉症」此名稱；另外，由於 Kanner 發現和命名幼兒自閉症，所以自閉症又稱為**肯納自閉症**（Kanner's autism）、**肯納症**（Kanner's syndrome; WHO, 1993）。

Kanner 雖然命名為「幼兒自閉症」，和成人思覺失調症不同，但他仍主張自閉症屬於「兒童期思覺失調症」，是早期思覺失調症的特徵；因此在 1970 年之前，均將自閉症歸類於「思覺失調症」中，例如：《精神異常診斷與統計手冊》（DSM）1952 年第 1 版（《DSM-I》），與 1968 年第 2 版（《DSM-II》），以及 WHO 於 1967 年出版的第 8 版《國際疾病分類系統》（ICD-8），均將自閉症歸類於「思覺失調症」中。

於 1970 年代以後，很多有關自閉症的研究（例如：Kolvin, 1971; Rutter, 1971）顯示：自閉症和思覺失調症在發生年齡、性別比率、心理特質，以及對治療的反應等都不同，因此建議將自閉症獨立出來。之後，WHO 於 1978 年出版的《ICD-9》，不再將自閉症列入思覺失調症中，而是改列為**源發於兒童期的精神障礙**，並且獨立出一個亞型——幼兒自閉症；1980 年《DSM-III》則進一步認為，自閉症和成人精神障礙無關，主張將自閉症歸類於**廣泛發展異常**（pervasive developmental disorders, PDD）中，獨立出一個亞型，名稱和《ICD-9》相同，意味自閉症主要是在成長過程中發生困難，而且是廣泛的困難，包括社會互動、語言溝通、行為動作等方面；1987 年《DSM》第 3 版修訂版（《DSM-III-R》）則進一步將「幼兒自閉症」改為「自閉症」，此分類和名稱一直沿用至第 4 版文本修訂版（《DSM-IV-TR》）中（引自楊蕢芬，2005）。

《IDEIA 2004》採用**泛自閉症**，Gillberg（2001）指出，它是從自閉症之診斷標準（社會互動、溝通、固執行為和興趣）的連續性來看，自最嚴重至較輕微的症狀，如譜系般。部分文獻（Golan et al., 2007; Wakabayashi et al., 2007）採用**泛自閉條件**（autism spectrum conditions），取代泛自閉症，強調其具備某些特徵，減低名稱給人的異常標記。《DSM-5》亦呼應《IDEIA 2004》，使用「譜系」概念，精神異常不再只是絕對的「類別」分類，而是連續、不同程度的診斷（APA, 2013b）。《DSM-5》刪除《DSM-IV-TR》中的「廣泛發展異常」，將其中的「自閉症」、「亞斯伯格症」（Asperger's syndrome），以及「其他不特定的廣泛發展異常」合併成「泛自閉症」；這三種診斷屬於同一狀況，只是症狀嚴重程度不同而已（APA, 2013a），如圖 6-7。由此可知，《DSM-5》不再區分次類別，因為此分類不具信度。

圖 6-7 泛自閉症者的連續譜系

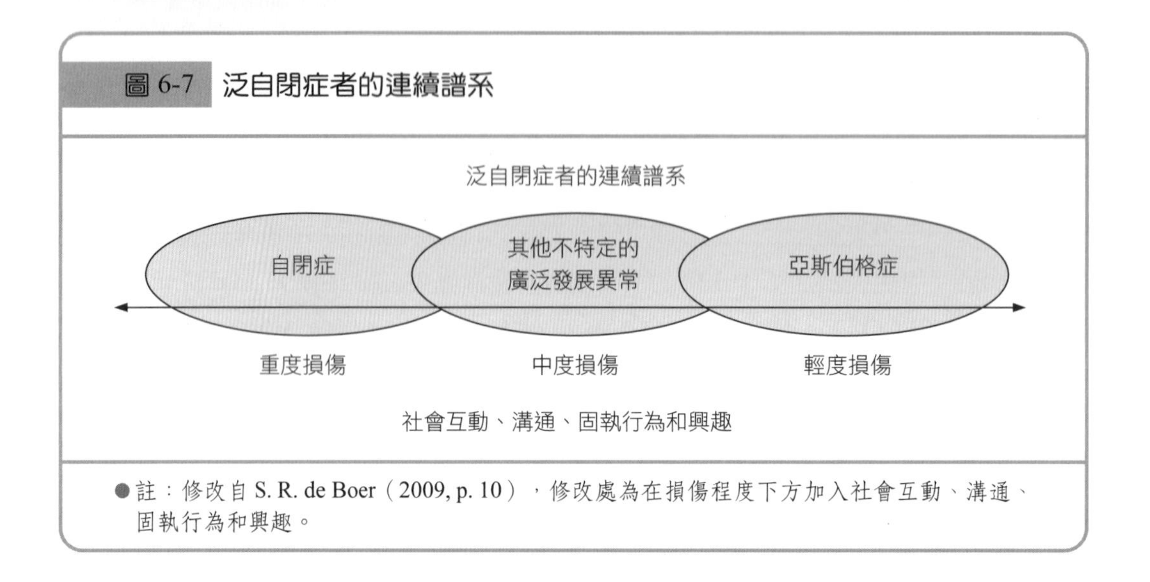

●註：修改自 S. R. de Boer（2009, p. 10），修改處為在損傷程度下方加入社會互動、溝通、固執行為和興趣。

2.泛自閉症的定義

《DSM-5》將《DSM-IV-TR》中社交、溝通和重複行為三個主要的自閉症診斷範疇統整成兩個：（1）**社會溝通與社交互動的限制**；（2）**局限的重複行為、興趣和活動**（引自鈕文英，2013a）。過去自閉症在溝通能力方面的限制，被視為亞斯伯格症及自閉症的差異處；但《DSM-5》認為溝通能力限制不是自閉症獨有的特徵，也不是出現在所有自閉症身上，頂多是影響其症狀的因素，而非診斷標準之一（引自鈕文英，2013a）。依據《DSM-5》，泛自閉症的定義如下（APA, 2013a, pp. 50–51）：

A.在多元情境中，個體目前或過去呈現以下社交溝通和互動上的不足（以下只是舉例，未全數列出）。

1. 在社交—情緒互惠上較不足，範圍從異常的社交接觸，有困難進行一來一往的對話，到較不主動與他人分享興趣、情緒或感情，以及不能起始社交互動或反應他人的主動交談。
2. 在用於社交互動的非言語溝通行為上較不足，範圍從不善於整合言語和非言語溝通，到視線接觸和肢體語言的異常，理解和使用手勢的欠缺，以及在社交互動上，完全沒有面部表情和非言語溝通。
3. 在發展、維持和理解人際關係上較不足，範圍從有困難調整自己的行為，以適應各種社交情境，到難以在想像力活動中分享、不善於交朋友，或是對同儕不感興趣。

B. 在行為、興趣或活動方面，個體目前或過去呈現局限、重複的形式，至少具有下列兩項症狀（以下只是舉例，未全數列出）。

1. 在動作表現、物品操弄和說話上呈現固著、重複的形式（例如：單一的固著動作、將玩具排成直線、丟擲物品、鸚鵡式語言、個人習癖的語句）。
2. 堅持常規或儀式化的行為形態、言語或非言語行為，沒有彈性（例如：微小的變動會引發劇烈的焦慮、有困難做轉換、僵化的思考形態、遵循固定的儀式、堅持走相同的路線或吃同樣食物）。
3. 有刻板、受限的興趣，其強度與焦點皆迥異於一般人（例如：強烈地依戀或占據不尋常的物品，並且極端地沉迷、不容中斷）。
4. 對感官刺激產生過多或過少的反應；或在有感官刺激的環境下，表現出不尋常的興趣（例如：對疼痛和冷熱明顯的無動於衷、對特定的聲音或材質非常厭惡、過度聞或摸特定物品、沉迷於某種燈光或動作）。

C. 上述症狀必須出現在早期發展階段（然而，它們可能直到社會要求已超乎個體有限能力時才會完全出現，或在個體晚期生活中，因為學到某些策略而被掩蓋）。

D. 上述症狀有損個體社會、職業或其他重要領域的功能表現。

E. 此困擾無法以智能障礙或全面的發展遲緩說明。智能障礙和泛自閉症經常同時出現，若要合併兩種診斷，社交溝通能力應該低於一般發展水準。

註：《DSM-IV-TR》中的「自閉症」、「亞斯伯格症」和其他不特定的廣泛發展異常，現在要被鑑定為「泛自閉症」；而個體有明顯的社會溝通能力不足，但未完全達到泛自閉症診斷標準者，應該被鑑定為「社交（語用）溝通異常」（social [pragmatic] communication disorder）。

《身心障礙及資賦優異學生鑑定辦法》（2002/2013）仍稱自閉症，其定義如下：

因神經心理功能異常而顯現出溝通、社會互動、行為及興趣表現上有嚴重問題，致在學習及生活適應上有顯著困難者。前項所定自閉症，其鑑定基準依下列各款規定：一、顯著社會互動及溝通困難。二、表現出固定而有限之行為模式及興趣。

《DSM-5》不再將《DSM-IV-TR》中的「雷特症」（Rett's syndrome）和「兒童崩解症」（childhood disintegrative disorder），包括於泛自閉症中，若個體合併有這些症狀，則記錄為泛自閉症合併雷特症或兒童崩解症（APA, 2013a）。雷特症最早於 1966 年由奧地利的 Andreas Rett 醫生發表醫學報告，但未得到醫界重視；直到 1983 年，Hagberg 等人發表 35 名雷特症個案，才開始得到注意（Dunn, 2001；引自楊蕢芬，2005）。Tanguay 指出，雷特症比自閉症更少見，盛行率約一萬分之一到一萬五千分之一，個案經常伴有重度或極重度的智障；此症最早只發現於女性，Zeev 等人於 2002 年亦發現男性個案（引自楊蕢芬，2005）。雷特症主要的特徵是個體出生時正常；但在出生正常發展一段時間後，顯現出下列症狀：（1）頭部在 5 至 48 個月間發展減緩；（2）以前習得的手部技能，在 5 至 30 個月間喪失能力，並發展出固定反覆的手部動作（例如：不斷扭轉手或洗手）；（3）喪失早期發展階段中已發展出的社會參與能力，對社會環境的興趣消失；（4）呈現出步伐或身體動作協調方面的問題；（5）有嚴重的表達和接收性語言障礙，並伴隨嚴重的心理動作障礙（APA, 2000）。

雷特症和自閉症的主要區別為：雷特症有愈來愈嚴重的動作、語言和智力退化的現象，症狀多發生在 4 歲前，通常在第一年或第二年出現；大部分雷特症者的復原十分有限，雖然有些會因治療後有些進步，他們進入兒童晚期和青少年時期會對社會互動有興趣，但溝通障礙和行為方面的問題通常會持續終生（APA, 2000）。Tanguay 於 2000 年的研究發現：48% 雷特症者的死亡，發生在其呼吸和動作功能失調時，26%的個案會突然不預期地死亡（引自楊蕢芬，2005，第 52 頁）。

3. 泛自閉症的類型

依據《DSM-5》，按照社會溝通能力的受損程度，以及行為形態局限、重複的嚴重度，給予泛自閉症**需要支持**、**需要實質的支持**，以及**需要非常實質的支持**三個等級的代號（APA, 2013a），如表 6-2。

4. 泛自閉症者的特徵

泛自閉症者的主要特徵包括社會溝通能力的限制、社交互動能力的不足，以及行為、興趣或活動呈現局限和重複的形式三方面，詳述如下。

（1）社會溝通能力的限制

以下從語音（phonology）、語意（semantics）、語法（syntax）和語用（pragmatics）四方面，探討泛自閉症者社會溝通能力的限制。在**語音**方面，部分泛自閉症者由於認知能力較不足，有困難學習語言，所以僅能使用一些聲音，甚至採取行為問題、手勢、動作或表情等方式溝通他們的需求。

在**語意**方面，有些泛自閉症者完全不能理解語句，有些則可以理解字面上的意義，視認知功能而定，智力較高的泛自閉症者尚能理解簡單語句的意義，但對深澀的片語、雙關語等則較難意會（Kuder, 2018; Notbohm, 2006）。部分泛自閉症者有**鸚鵡式語言**，有**立即和延後鸚鵡式語言**兩種（黃金源，2008），立即鸚鵡例如：泛自閉症者聽到別人說：「你要吃什麼？」便跟著說：「你要吃什麼？」延後鸚鵡例如：到學校後重複

表 6-2　泛自閉症的嚴重度

嚴重度	社會溝通能力	局限和重複的行為
等級 3：需要非常實質支持	言語和非言語的社交溝通技能嚴重不足，導致功能表現的嚴重損傷，很少主動和他人互動，即使有一些互動，也只是使用極少有意義的單字，進行不符常態的接觸。除此，很少回應他人的交談，即使偶有回應，也只是針對非常直接的社會接觸。	行為沒有彈性，對因應環境的變化有極度困難；局限、重複的行為明顯地干擾他們所有層面的功能表現；以及有困難做轉換、改變行動的焦點。
等級 2：需要實質支持	言語和非言語的社交溝通技能明顯不足，即使獲得支持，社會技能仍然有明顯損傷，較少主動和他人互動，即使有一些互動，也只是使用簡單的句子，交談符合他特殊、窄化興趣的主題，且會表現怪異的非言語社交溝通模式。除此，較少回應他人的交談，或是以異常的方式回應。	行為沒有彈性，對因應環境的變化有困難；局限、重複的行為經常出現，即使偶爾碰面的人也能觀察得到，且會干擾他們多數層面的功能表現；以及有困難做轉換、改變行動的焦點。
等級 1：需要支持	在沒有獲得支持的情況下，社交溝通技能的不足導致他們人際互動的困難，他們會使用完整的句子與人交談，但是不能做一來一往的互動；他們嘗試交朋友，可是使用的方式怪異；他們也會回應他人的交談，然而回應方式不符合社會期待，較難達到成功交友的目的。	行為無彈性，會顯著地干擾他們一個或多個層面的功能表現；以及有困難在多個活動之間做轉換。除此，組織和計畫的困難會阻礙他們的獨立。

● 註：取自 APA（2013a, p. 52）。

說他在家中看到的電視新聞內容，形成自言自語的情形。另外，泛自閉症者會使用「隱喻式語言」，是指說話的內容與所處情境無關，卻有隱含的意義（鳳華，2000），例如：每次說「坐車」就是要去麥當勞。由此可知，泛自閉症者通常只記得語音，而沒有真正了解語意。還有泛自閉症者當第一次學習一個字的意義後，便容易固定所學字的意義，難以變通（鳳華，2000），例如：有困難區辨「睡著」與「著作」二詞中「著」的不同意義。

在**語法**上，泛自閉症者有**代名詞反轉**的現象，亦即誤把自己稱呼為「你」，而把別人稱為「我」，這可能是因為泛自閉症者較有困難從語言結構中領悟正確代名詞的用法（鳳華，2000；Friend & Bursuck, 2019）。此外，研究顯示在語詞的表現上，泛自閉症者的詞彙出現以主語、述語、賓語出現率最高，而較少連接詞、形容詞、介詞，例如：較不會使用因果性的語言，像是「因為……所以……」。泛自閉症者會比智障者出現更多的不完整句及簡化句，也比智障者少使用複合句或複雜的詞句。

在**語用**部分，泛自閉症者有時容易模仿語音（例如：說髒話），但並不了解其意義和使用的情境；多以被動形式的語用為主，例如：回答別人的問題或回應別人的話；難以開始或結束主動的談話，且較不善於持續說話；即使有的泛自閉症者會主動問問題，也容易有重複問相同的問題，以及要周遭人用固定的方式回答（Bernstein & Tiegerman-Farber, 2001; Kuder, 2018）。

（2）社交互動能力的不足

Bellini（2011）指出泛自閉症者有非語言溝通、社交起始、社交互惠和社交認知四類社交互動能力的不足，詳述如下。

①非語言溝通能力的限制

非語言溝通是了解他人的非語言線索，而且能以表情、手勢和肢體語言表達自己的情感、想法及意圖（Bellini, 2011）。泛自閉症者非語言溝通能力的限制存在於以下四方面（Bellini, 2006; Moyes, 2001）：第一，有困難從他人的臉部表情、聲調和肢體語言，正確地解釋他人的情緒。第二，與人互動時很少眼神接觸。第三，泛自閉症者在與人互動時，有困難辨識何謂適當的身體距離，而此距離會因互動對象的性別和親疏，以及互動情境而有不同。第四，泛自閉症者有困難配合互動主題調整說話聲調，以及表現與情緒相符的臉部表情，說話和表情猶如木偶般機械化和空洞，較有困難經由語音的音調、節奏和音量，以及臉部表情來表現情緒或感受。

②社交起始能力的困難

社交起始是指以適當的方式主動地與他人互動（Bellini, 2011）。社交起始需要**依附關係**（attachment），文獻（鳳華，2000；B. S. Myers & Simpson, 2002）指出依附關係是嬰幼兒探索世界的開始，也是與父母建立親密關係的重要基石；然而泛自閉症者的依附關係是建立在對物品的依附，而非對人的依附，因此，部分泛自閉症者很少主動與他人互動。不過，亦有部分泛自閉症者表達想要與人互動的興趣；但是他們表現出來的互動行為有時不得體，或是難以被他人理解（B. S. Myers & Simpson, 2002; J. S. Safran, 2002）。

泛自閉症者社交起始的困難存在於以下四方面（Bellini, 2006; Moyes, 2001; B. S. Myers & Simpson, 2002）：第一，在邀請同儕參與活動或是參與同儕的活動上有困難。第二，較不善於運用適當方法尋求他人的注意和協助，以及問問題以尋求關於人或話題的資訊。第三，較有困難跟他人打招呼和向他人介紹自己。第四，在適當的時機開啟與他人的交談，以及用不干擾的方式參與兩人以上的交談上有困難。

③社交互惠能力的不足

社交互惠是指施與受的社交互動，其重要成分之一是**共享注意力**（**joint attention**）

（Bellini, 2011）。約 8 到 12 個月大的一般幼兒會發展出共享注意力，此能力讓幼兒在尚未發展語言能力前，能使用肢體語言與其他人分享他們的喜悅與有趣的事物，例如：當幼兒看到喜歡的玩具，會不時轉向母親，或是手指著他們所看到的有趣事物，藉由此種互動，幼兒與母親產生共鳴，並建立親密和分享的關係，而泛自閉症者則較有困難產生此種能力（鳳華，2000；B. S. Myers & Simpson, 2002）。泛自閉症者在社交互惠上的困難存在於以下七方面：一為與他人分享興趣、情緒或感情；二為尋求安慰或給別人安慰；三是在做事當下同時回答他人問題；四是與他人輪流交談和了解他人想結束交談的線索；五為回應他人的問題、稱讚、批評及邀請；六為允許他人加入遊戲和活動，協助完成作業；七是有禮貌地要求他人讓路等（Bellini, 2006; Moyes , 2001）。

④社交認知能力的局限

社交認知包含**了解他人觀點**、**知道他人為何有此觀點**，以及**自我覺知**（Bellini, 2006）。了解他人觀點即**心智理論**（theory of mind）；心智理論乃推論他人的心智狀態，例如：信念、願望和意圖等，並且使用這些訊息解釋、了解或預測他人說法或行為的能力（Baron-Cohen & Howlin, 1993; Hill, 2004）。知道他人為何有此觀點須具備**陳述性知識**，它在了解隱含的社會線索或成語上扮演重大的角色；陳述性知識是指，他人的話語可能表達不同層面的意義，同一個語詞會依據鄰近語句間的對應關係，以及言談情境而傳達不同的意義（Bellini, 2011），例如：一位老師對答非所問的學生說：「你是不是『該挖耳屎』？」此時教師要傳達的不是語詞表面意義，而是隱喻意義——「你是不是『該認真聽』？」自我覺知包含監控、調整和評價自我想法及行動的能力（Bellini, 2006）。

泛自閉症者在社交認知的困難存在於以下 10 方面：第一，依據字面意義解釋他人話語，較難了解隱喻、雙關或諷刺的話（Baron-Cohen & Howlin, 1993; Hill, 2004）；第二，有困難解讀他人口語表達的情緒和感受，以及給予適當回應（Bellini, 2006; Moyes, 2001），例如：評論他人臉上的斑點，而未敏感察覺別人對此評論的感受。Losh 和 Capps（2006）的研究指出：高功能的泛自閉症者相較於同年齡的一般人，較不會以因果架構組織和解釋情緒事件。第三，較難監控自己的情緒和焦慮，反省自己的行為，在處理生氣、輸贏、失望、自我控制等情緒管理的能力較不足（Bellini, 2006; Moyes, 2001）。第四，不恰當地注意事物的細節，而忽略重要的部分，例如：緊盯他人衣服上的鈕扣，而沒有注意他人的整體衣著和臉部表情（Notbohm, 2006）。第五，泛自閉症者不了解他人的經驗可能和自己有差異，例如：陳述事情時，只講部分內容，認為別人知道其他未講的部分或看法相同（Baron-Cohen & Howlin, 1993; Hill, 2004）。

第六，較有困難解讀他人的意圖（Baron-Cohen & Howlin, 1993; Hill, 2004），例如：難以了解同學嘲弄的行為，或體念別人的好意。舉例來說，一位泛自閉症者的親戚好意幫他在自己的公司安插一個輕鬆的工作，不需和別人互動，但是他認為自己應擔任管理者而感到生氣。第七，不善於預期他人對自己的行為可能會產生的想法，例如：在了解他人對自己的談話是否感興趣、他人想結束交談的線索上有困難；不斷地詢問他人的隱私，造成別人認為他們在性騷擾（Bellini, 2006; Hill, 2004; Moyes, 2001）。第八，較有困難理解他人可能會犯錯，以至於不原諒別人的無心過錯，認為別人是故意和他對立，而攻擊他人（Bellini, 2006; Moyes, 2001）。第九，較有困難理解和表達善意謊言，也不善於區辨好人或壞人，即使壞人詢問，也一樣誠實回答，導致貴重物品最後被偷走（Baron-Cohen & Howlin, 1993; Hill, 2004）。第十，由於執行功能的限制，思考和行動較缺乏彈性，解決問題的能力較為有限，較不知道如何處理人際互動的問題（例如：衝突、被批評；Bellini, 2006; Moyes, 2001）。

Bellini（2006）表示非語言溝通、社交起始、社交互惠和社交認知這四類社交互動能力的限制並不是完全互斥，有一些重疊之處，且彼此會互相影響，例如：要了解他人觀點之前，必須先解讀非語言線索；如果只了解同儕表情、解讀非語言線索，則屬於非語言溝通；如果了解同儕表情並適當回應，解讀非語言線索並了解他人的情緒和行為，則分別屬於社交互惠和社交認知。

（3）行為、興趣或活動呈現局限和重複的形式

泛自閉症者呈現局限和重複的行為、興趣或活動，包括以下四方面：第一，對感官刺激的反應異常，例如：有些人對聽覺、視覺或觸覺刺激有過度興奮、不滿、痛楚或驚恐的表現；但另一些人對感官刺激卻反應過弱，例如：他們會抓傷自己至流血而未有任何痛楚的表現（APA, 2013a; Notbohm, 2006）。第二，有興趣的物品或活動較為局限，並且以固著、重複的形式玩弄該項物品，或從事該項活動，其強度迥異於一般人，例如：極度沉迷、不容中斷，干擾到日常活動，甚至與人對話的主題及內容等都圍繞在自己專注的事物上，使得他們的人際關係受到影響（APA, 2013a; Ernsperger, 2003; Sicile-Kira & Grandin, 2004）。第三，對特別、非功能性的常規或儀式有較高的堅持度和固執性，有困難因應壓力和變化；因為這樣的特質，所以泛自閉症者適應新環境和新事物的能力較弱，易於焦慮，甚至憤怒（Maskey et al., 2013; B. S. Myers & Simpson, 2002）。

第四，泛自閉症者較易出現**固著行為（stereotypic behaviors）**，其內容和形式因人而異（APA, 2013a）。鈕文英（2022）綜合文獻，將之分為：①**動作的固著行為**，例如：口含手、踢腳、咬唇、搖晃或揮舞身體的任一部位（如頭、腿、手臂、手指等）、彎腰、玩舌、拍手、磨牙、撥弄耳朵或眼睛、吞吐空氣、不斷地旋轉物體（如碗盤、鐵盒等）；②**口語的固著行為**，例如：尖叫或發怪聲、重複問相同問題等；③

強迫的收集行為，例如：不斷地收集時刻表、地圖等；④**不當的戀物行為**，例如：經常攜帶布偶、石頭等在身上；⑤**固定形式而抗拒改變的行為**，例如：反覆聽同一首歌、坐固定位置、走固定的路、堅持固定流程等。一般而言，固著行為隨年齡或能力的增加，在內容和形式上會有所改變，但極少會全然不見（張正芬，1999、2000）。張正芬（2000）發現，不同教育階段泛自閉症者出現的固著行為有所不同，舉例而言，兒童期常見的是重複玩水、翻書等以感覺刺激為主的行為；學齡期則是走固定路線、坐固定位置、背時刻表、問相同問題等；青春期、成年期則是堅持固定流程，即做事的先後順序等。

除上，泛自閉症者尚具備以下特徵：第一，由 Frith（1989）所提**中央連貫性**（central coherence）理論來看，泛自閉症者具有薄弱的中央連貫性，中央連貫性是指能考量各情境不同的訊息，並加以整合處理的能力。泛自閉症者較擅長處理局部、片段的訊息，傾向注意細節，較不善於處理需要全盤考量、統整意義的工作（Frith & Happé, 1994）。此外，泛自閉症者較難理解抽象的概念，和把不同的事物綜合成有意義的概念或原理原則（鳳華，2000；Notbohm, 2006）。第二，泛自閉症者具有**執行功能的限制**，較難從錯誤中學習，傾向堅持採用錯誤的作法，並重複相同的錯誤（Prior & Hoffman, 1990）。第三，泛自閉症者**認知能力發展不均衡**，記憶能力優於理解和想像創作的能力，視覺學習能力優於聽覺學習能力。第四，泛自閉症者**學習遷移和應用的能力有限制**（Notbohm, 2006）。

（四）情緒行為障礙

人物素描 6-4　一位情緒行為障礙者——莊桂香

從事教職 28 年的莊桂香，20 多年前家庭發生變故、與先生感情生變，讓她身心遭受嚴重創傷，成天淹沒在恐懼與哀傷的情緒裡，導致罹患躁鬱症，每天晚上睡不著覺、不想吃東西，短短兩週體重就掉了 4 公斤，後來醫師卻誤診為憂鬱症。在服用抗憂鬱藥物後，反而造成躁鬱症嚴重發作，讓莊桂香的精神經常處在亢奮狀態，精力旺盛、感情澎湃，彷彿重回少女時代，每天都衣著光鮮亮麗，一擲千金，什麼東西都想買，甚至還曾經花了新臺幣三、四百萬元，一口氣買了三幢蘇州別墅；後來懊悔不已，急忙出售房子。之後醫師詳細診斷才發現是躁鬱症，在藥物控制、飲食均衡與運動規律下，回歸正常生活，後來莊桂香把罹病過程寫成《三種靈魂——我與躁鬱症共處的日子》一書。（整理自莊桂香，1995）

從莊桂香的故事可以發現：她罹患躁鬱症〔DSM-5 更名為雙極症（bipolar disorder）〕，屬於情緒行為障礙；然而在藥物控制、飲食均衡與運動規律下，又回歸到正常生活。以下探討情緒行為障礙的名稱、定義、類型和特徵。

1.情緒行為障礙的名稱

追溯歷史，情緒行為障礙這個名詞有不同的稱呼，有「情緒、行為」和「困擾、異常、殘障、障礙」的不同組合。我依照時間順序，整理出美國、英國和臺灣「情緒行為障礙」名詞使用之沿革如表 6-3。由表 6-3 可知，美國最新法規的名稱為「情緒困擾」；英國的名稱為「情緒和行為困難」；而臺灣最新法規的名稱為「情緒行為障礙」。不過，美國多個情緒行為障礙學會和團體認為情緒困擾此名稱會給人負面的感受，且未包含外顯行為，主張採用「情緒或（／）行為異常」，意味可能呈現內在情緒困擾或外在行為問題，也有可能二者皆有（Coleman & Webber, 2012; Kauffman & Landrum, 2018）。

表 6-3 「情緒行為障礙」名詞使用之沿革

提出者	名　詞
· Bower（1960）[a]及 Morse 等人（1964）[b]	· 情緒殘障（emotional handicaps）
· 美國《EHA》（1975）	· 嚴重情緒困擾（seriously emotional disturbance）
· 美國行為異常兒童學會（1985）[b]	· 行為異常（behavior disorders）
· 美國心理衛生和特殊教育聯合組織（1992）[a]及 Kauffman 和 Landrum（2018）	· 情緒或行為異常〔emotional or (/) behavioral disorders, E/BD〕
· 美國《IDEIA 2004》	· 情緒困擾（emotional disturbance）
· Hott 等人（2022）	· 情緒和行為障礙（emotional and behavioral disabilities）
· 英國[c]	· 情緒和行為困難（emotional and behavioral difficulties）或社會、情緒和行為困難
· 臺灣《臺灣省特殊教育推行辦法》（1980）	· 性格及行為異常
· 臺灣《特殊教育法》（1984）	· 性格異常、行為異常
· 臺灣《特殊教育法》（1984/1997）	· 嚴重情緒障礙
· 臺灣《特殊教育法》（1984/2019）	· 情緒行為障礙

● 註：特定註記表示此文獻來源，[a]取自 Kauffman 和 Landrum（2018）；[b]取自 D. D. Smith 和 Taylor（2010）；[c]取自 G. Thomas（2014）。Place 和 Elliott（2014）表示情緒和行為困難中，最重要的是個體有情緒上的困難，進一步造成行為表現的困難。

2.情緒行為障礙的定義

以下呈現美國和臺灣對情緒行為障礙的定義。

（1）美國的情緒行為障礙定義

美國《IDEIA 2004》使用「情緒困擾」，將之界定如下（引自 D. D. Smith, 2007, p. 238）：

> 持續一段時間，且明顯地具有下列所述特徵一種以上，以至於影響教育表現者：①並非由於智力、感官或健康因素導致學生無法學習；②無法與同儕和教師建立或維持滿意的人際關係；③即使在正常的環境下，仍表現出不適當的情緒或行為；④表現出一種普遍或全面不快樂或憂鬱的情緒；⑤傾向於發展出與個人或學校問題有關的身體症狀或恐懼。情緒困擾包括思覺失調症；但不包括不良社會適應者，除非他們已產生情緒困擾。

（2）臺灣的情緒行為障礙定義

依據《身心障礙及資賦優異學生鑑定辦法》（2002/2013），情緒行為障礙的定義如下，此法規稱「注意力不足／過動症」為「注意力缺陷過動症」，我認為「缺陷」一詞有貶抑的意味，故以「不足」取代之。另外，英文中用斜線標明前後兩部分間存在「或」及「和」的關係，意指有三種類型，即注意力不足型、過動或衝動型和合併兩種的綜合型，故我主張不能省略其中的斜線。

> 長期情緒或行為表現顯著異常，嚴重影響學校適應者；其障礙非因智能、感官或健康等因素直接造成之結果。前項情緒行為障礙之症狀，包括精神性疾患、情感性疾患、畏懼性疾患、焦慮性疾患、注意力缺陷過動症、或有其他持續性之情緒或行為問題者。第一項所定情緒行為障礙，其鑑定基準依下列各款規定：一、情緒或行為表現顯著異於其同年齡或社會文化之常態者，得參考精神科醫師之診斷認定之。二、除學校外，在家庭、社區、社會或任一情境中顯現適應困難。三、在學業、社會、人際、生活等適應有顯著困難，且經評估後確定一般教育所提供之介入，仍難獲得有效改善。

3.情緒行為障礙的類型

不同文獻對於情緒行為障礙有不同的分類方式，附錄 33 依時間順序呈現不同文獻的說法。以下依據《DSM-5》，詳述學生較常出現的 17 種情緒行為障礙：**注意力不足／過動症**，**干擾、衝動控制和品行異常**（disruptive, impulse-control, and conduct disorders），**憂鬱症**（depressive disorders）、**焦慮症**（anxiety disorders），**雙極症和相關異常**（bipolar and related disorders），**創傷和壓力相關異常**（trauma-and stressor-related disorders），**強迫症和相關異常**（obsessive-compulsive and related disorders），**餵食和飲食異常**（feeding and eating disorders），**排泄異常**（elimination disorders），**睡眠—清醒異常**（sleep-wake disorders），**物質相關和成癮異常**（substance-related and addictive disorders），**解離症**（dissociative disorders），**身體症狀和相關異常**（somatic symptom and related disorders），**性別苦惱症**（gender dysphoria；或譯成「性別不安症」），**人格異常**（personality disorders），**泛思覺失調症和其他精神障礙**（schizophrenia spectrum and other psychotic disorders），以及**動作異常**（motor disorders; APA, 2013a）。這些情緒行為障礙依據 Peterson 和 Hittie（2010），又可分為**外顯**和**內隱異常**（internalizing and externalizing disorders）兩大類。

（1）注意力不足／過動症

《DSM-5》將《DSM-IV-TR》中的「注意力不足和干擾行為異常」，更改為「注意力不足／過動症」（AD/HD），做了以下修改：①將症狀初次出現的年齡由 7 歲放寬到 12 歲之前；②取消亞型而用相對應的特徵陳述；③容許與「泛自閉症」同時診斷；④超過 17 歲之青少年和成人，其注意力不足及過動症狀的數目只要各五項（而非兒童的各六項）；⑤置 AD/HD 於「神經／發展異常」中，反映它與大腦發展有關（APA, 2013b）。依據《DSM-5》，AD/HD 的定義如下（APA, 2013a, pp. 59–60）：

A. 具有下列 1.和（或）2.的症狀

1. 下列九項注意力不足症狀中至少六項（若為超過 17 歲之青少年或成人，則至少五項），持續 6 個月以上，且其表現未達應有之發展水準，同時對於社交和學業或職業的活動有直接負面影響。

（1）經常不注意細節，或是在學校課業、工作或其他活動中粗心犯錯（例如：忽視或錯失細節、工作做得不正確）。

（2）在做作業或遊戲時，經常有困難維持注意力（例如：在聽講、對話或長時間閱讀中，有困難專注）。

（3）經常充耳不聞（例如：即使沒有明顯的干擾，亦會出現心不在焉的現象）。

（4）經常不能按照指示做完事情，並且不能完成學校作業、家庭事務，或工作場所的職責（例如：可以開始工作，但會迅速失焦或分心）。

（5）經常有困難規畫工作及活動（例如：有困難安排系列的工作、有次序地將物品歸位，工作雜亂、無組織，不善於時間管理，不能如期完成工作等）。

（6）經常逃避、不喜歡，或排斥參與需須全神貫注的任務（例如：學校作業或家庭事務，對於青少年或成人而言，像是準備報告、填表、檢視費時的文件）。

（7）經常遺失工作或活動必備之物品（例如：學校的材料、鉛筆、課本、用具、錢包、鑰匙、作業、眼鏡、手機等）。

（8）經常容易受外界刺激影響而分心（例如：對於青少年或成人而言，可能包括出現不相關的思考）。

（9）經常忘記需從事的日常活動（例如：做家事、完成差事；對於青少年或成人而言，包括回電、付帳、赴約）。

2. 下列九項過動或衝動症狀中至少有六項（若為超過 17 歲的青少年或成人，則至少五項），持續 6 個月以上，有適應不良現象，且其表現未達應有之發展水準。

（1）經常手忙腳亂或就座時扭動不安。

（2）在課堂或其他需就座的場合，時常離開座位。

（3）在不適當的場合，經常過度地四處奔跑或攀爬（青少年或成人可僅限於主觀感覺到「停不下來」）。

（4）經常有困難安靜地遊玩或從事休閒活動。

（5）經常處於活躍狀態，或像「馬達轉動」般地四處活動。

（6）經常多話。

（7）經常在他人未說完問題時即搶著回答。

（8）在需要輪流的情境時，經常有困難等待（例如：有困難排隊）。

（9）經常干擾他人（例如：貿然插話或闖入他人的遊戲）。

B. 數種注意力不足或過動—衝動的症狀會發生在 12 歲之前。

C. 數種注意力不足或過動—衝動的症狀發生於至少兩種情境（例如：在家、學校或職場；和朋友或其他親戚互動；在其他的活動裡）。

D. 有明確的證據顯示上述症狀會阻礙個體社交、學業或職業功能之表現，抑或降低其品質。

E. 這些症狀非發現於思覺失調症或另一個精神障礙的病程，同時也不能用其他精神異常的診斷做解釋〔例如：情緒異常（mood disorders，又譯為「情感障礙或情感疾患」）、焦慮症、解離症、人格異常、物質成癮或戒斷〕。

◎編碼類型

【1】綜合型：如過去 6 個月符合 A-1 和 A-2 之標準者。

【2】注意力不足型：如過去 6 個月符合 A-1 但不符合 A-2 之標準者。

【3】過動或衝動型：如過去 6 個月符合 A-2 但不符合和 A-1 之標準者。

◎編碼附註：對目前有症狀但未符合應有標準者（尤其是超過 17 歲之青少年和成人），可加註「已部分減輕」。

（2）干擾、衝動控制和品行異常

《DSM-5》中的干擾、衝動控制和品行異常，主要強調**情緒和行為自我控制的問題**，包括：**對立反抗症**（oppositional defiant disorder）、**品行異常**（conduct disorder）、**間歇爆發症**（intermittent explosive disorder）、**反社會人格異常**（antisocial personality disorder）、**縱火症**（pyromania）、**盜竊症**（kleptomania），以及**其他特定及不特定的干擾、衝動控制和品行異常**（APA, 2013a），詳述前六種如下。

①對立反抗症

依據《DSM-5》，對立反抗症的診斷標準如下（APA, 2013a, p. 462）：

A. 個體對至少一位不是他的手足之對象，在下列憤怒或易怒的情緒、違逆或爭辯的行為，以及懷恨或報仇的心理三類症狀中至少出現四項，持續 6 個月以上。

1. 憤怒或易怒的情緒：（1）經常亂發脾氣；（2）經常易怒，或是情緒容易被別人挑起；（3）經常憤怒或懷恨在心。
2. 違逆或爭辯的行為：（1）經常和成人爭論；（2）經常積極地反抗或拒絕成人的要求或原則；（3）經常有意地騷擾他人；（4）經常責怪他人的錯誤或不當行為。
3. 懷恨或報仇的心理：過去 6 個月內，至少出現兩次懷恨或報仇的行為。

註：對於不滿 5 歲的兒童，上述症狀出現在大部分的生活中，且持續 6 個月以上。而 5 歲以上的人，上述症狀每週至少出現一次，且持續 6 個月以上。這樣的症狀是比相同年齡或發展水準、性別、文化者出現的頻率和強度來得更高。

B. 這樣的行為在個體所處的每日社會情境（例如：家庭、同儕團體、職場）中，造成他本身和與他互動之其他人的困擾，或是已顯著影響個體的社會、教育、職業和其他生活重要層面的功能表現。

C. 此症狀不是發生於一種精神障礙、藥物使用、憂鬱症或雙極症的病程中，也不符合干擾情緒失調症的診斷標準。

②品行異常

依據《DSM-5》，品行異常的診斷標準如下（APA, 2013a, pp. 469–471）：

A. 在過去至少 12 個月中，重複和持續出現冒犯他人基本權利，抑或違反適齡社會常態或規則的行為，表現下列任一類別 15 項症狀中至少 3 項，其中至少一項在過去 6 個月出現。

1. 攻擊人和動物，包括：（1）經常霸凌、恐嚇，或威脅他人；（2）經常滋生打架爭端；（3）使用會引起他人身體嚴重傷害的武器（例如：棒子、磚頭、破瓶子、刀子、槍）；（4）殘酷地凌虐他人的肢體；（5）殘酷地凌虐動物的肢體；（6）直接在受害人面前行竊（例如：自背後襲擊、搶奪皮包、勒索、武裝搶劫）；（7）強迫他人和他進行性活動等行為。
2. 毀壞財物，包括：（1）故意縱火，想引起嚴重的傷害；（2）使用縱火以外的方式故意毀壞他人所有物。
3. 詐欺或偷竊，包括：（1）闖入別人的房子、建築物或汽車；（2）用欺騙的方法得到東西或喜愛的物品，抑或逃避他必須做的事（亦即使他人上當）；（3）在受害人未察覺的情況下，偷有價值的物品（例如：到商店假裝顧客順手牽羊，但不是強行闖入；抑或贋品詐騙）。
4. 嚴重違犯規定：（1）在 13 歲以前，就不管父母的禁止；（2）當和父母或監護人住在一起時，曾經至少兩次蹺家在外過夜；（3）在 13 歲以前，就經常逃學。

B. 這樣的行為困擾已顯著影響個體的社會、教育、職業和其他生活重要層面的功能表現。

C. 如果個體的年齡在 18 歲或以上，並不符合反社會人格異常的診斷標準。

註：如果個體有「正向社會情緒有限」的症狀，亦即在過去至少 12 個月中，表現以下至少兩項症狀：（1）缺乏悔意或罪惡感；（2）麻木無情，缺乏同理心；

（3）不關心自己不佳或有問題的表現；（4）很少對別人表達情感，或是情感的表達膚淺、不真誠或表面，則特別註記之。

③間歇爆發症

依據《DSM-5》，間歇爆發症的主要特徵為，突然出現攻擊行為，其診斷準則的主要改變有：加入發生於 6 歲以上（或相同發展水準者），以及攻擊行為不只包含身體攻擊，還含括口語攻擊（APA, 2013b）。間歇爆發症者在 3 個月中，平均每週有兩次口語攻擊和非傷害或破壞的身體攻擊；而 12 個月中有三次行為的爆發，造成物品的損壞，和（或）動物、他人身體的傷害（APA, 2013a）。此反覆爆發的攻擊行為強度，與刺激事件或此事件促發的社會心理壓力，在強度上不成比例；而且此爆發非事先深思熟慮（亦即基於衝動或憤怒），也不是為了要達到明確的目標（例如：金錢、權力、脅迫他人）。此反覆的爆發行為會引起個人顯著的困擾，或職業、人際關係功能受損，財物的損失，或觸法之虞（APA, 2013a）。

④反社會人格異常

依據《DSM-5》，反社會人格異常的診斷標準如下（APA, 2013a, p. 659）：

A. 於 15 歲開始，不尊重及侵犯他人的權益，在下列七項特徵中至少出現一項：（1）出現違反法律或社會規範的行為；（2）為了獲利或自娛，一再說謊、欺騙和操控；（3）做事衝動或不能事先計畫；（4）易怒，且經常攻擊他人或與他人打架；（5）行事魯莽，無視自己或他人的安全；（6）做事不負責任；（7）對自己的攻擊、違法或不負責行為，覺得不在意或無悔意。

B. 個體的年齡至少 18 歲。

C. 有證據顯示個體 15 歲以前為品行異常。

D. 反社會行為非僅發生於思覺失調症或雙極症發作的病程中。

⑤縱火症

依據《DSM-5》，個體縱火前會有緊張、升高的情緒；縱火時會有興奮、滿足與放鬆感，其縱火的目的不是為了賺錢，亦不在於掩飾罪行；此行為持續一段時間後，就會變成一種無法控制的習慣；它不是幻覺、缺乏認知判斷造成的結果，它亦不能用品行異常、反社會人格異常來解釋，也不能歸因於另一種醫學問題（APA, 2013a）。

⑥盜竊症

依據《DSM-5》，個體偷竊前會有緊張、升高的情緒；偷竊時會有興奮、滿足與放鬆感；偷竊後會有罪惡感，且害怕要承擔的後果；其偷竊的物品不是他所需要的，亦沒有什麼特別的價值，個體只是無法克制偷竊的衝動；此行為持續一段時間後，就會變成一種無法控制的習慣（APA, 2013a）。盜竊症不是幻覺、缺乏認知判斷造成的結果，它亦不能用品行異常、反社會人格異常來解釋，也不能歸因於另一種醫學問題（APA, 2013a）。

（3）焦慮症

《DSM-5》中的焦慮症包括：**泛慮症**（generalized anxiety disorder）、**分離焦慮症**（separation anxiety disorder）、**特殊恐懼症**（specific phobia）、**社會焦慮症**（social anxiety disorder）、**廣場恐懼症**（agoraphobia）、**恐慌發作**（panic attack）、**恐慌症**（panic disorder）、**選擇性緘默症**（selective mutism）、**「物質或藥物」和「另種醫療條件」所致的焦慮症**，以及**其他特定和不特定的焦慮症**（APA, 2013a），詳述前八種焦慮症如下。

①泛慮症

依據《DSM-5》，泛慮症是指，個體無法自制地全神貫注在憂慮的事物上，甚至出現頭痛和肚子痛等現象，他憂慮的並不是特殊的地點或東西，而是擔心一般的事物，如未來事情、課業表現、體能活動、社交活動、身體安危、別人觀感等，擔憂的日子比不擔憂者多，並且持續 6 個月以上，出現至少下列三項症狀，而兒童只要出現其中一項症狀：一為坐立不安、心神不寧，或是感覺亢奮、緊張；二為容易疲倦；三為有困難集中注意力，或是頭腦一片空白；四是易怒；五為肌肉緊張；六為睡眠困擾（難以入睡，或睡眠品質不佳；APA, 2013a）。此症狀並非物質成癮的結果，也不屬於其他生理問題（例如：甲狀腺機能亢進），或是精神異常（例如：社會焦慮症、恐慌症）；它們已顯著地讓個體苦惱，或影響他的社會、職業和其他生活重要層面的功能表現。

②分離焦慮症

依據《DSM-5》（APA, 2013a），分離焦慮症最明顯的特徵是，個體想盡辦法避免和他們所依戀的人（例如：父母）分離，為了怕分離，他們會拒絕上學或出門，不願自己單獨睡覺，不到別人家過夜；要是和依戀的人分離，或預期到分離的情況，會過分的緊張和痛苦，且會一再地訴說生理上的病症，例如：頭痛、胃痛或嘔吐；對於這種持續而極端的恐懼，個體會解釋成一旦和依戀的人分離就是永別。這種焦慮的症狀至少持續 6 個月以上；此情緒困擾造成個體的壓力和痛苦，妨礙他們的社交、學校課業，或是日常生活的重要活動，而且此困擾並不是源自於一般發展的不足、思覺失調症或是其他精神障礙。

③特殊恐懼症

總括文獻（Coleman & Webber, 2002; Sue et al., 2017），整理不同年齡層的人普遍害怕的事物像是噪音、失去支持、陌生人、分離、受傷、想像的動物、黑暗、孤獨、學校、自然事件（例如：打雷、地震）、人際交往的困窘事件等如表 6-4。

表 6-4 不同年齡層的人普遍害怕的事物

年齡	害怕的事物
出生至不滿 1 歲	噪音、失去支持、陌生人、突發事件、沒有預期和隱藏的物品
1 至 2 歲	分離、受傷、想像的動物、噪音、黑暗、個人環境的改變
3 至 5 歲	大型的動物（例如：大狗）、黑暗、分離、孤獨、面具、噪音、受傷、壞人
6 至 12 歲	分離、學校、受傷、自然事件（例如：打雷、地震）、人際交往的困窘事件、超自然的事物（例如：鬼、巫婆）
13 至 18 歲	受傷、人際交往的困窘事件

依據《DSM-5》，特殊恐懼症發生在所有年齡的人身上，它有五種類型：**動物型**、**自然環境型**（如高度、暴風雨）、**血液－注射－傷害型**、**情境型**（如密閉的空間）、**其他型**（如躲避會引起窒息的狀況）；個體會對上述特定刺激產生明顯、頻率或持久度不成比例，且持續的恐懼，他會盡可能躲避這種刺激；如果無法躲避，則會承受激烈的焦慮，一般而言，此狀況會持續 6 個月以上；這種情緒困擾造成個體目前的壓力和痛苦，妨礙他的社交、課業、職業，或日常生活的重要活動（APA, 2013a）。

④社會焦慮症

依據《DSM-5》（APA, 2013a），將原本《DSM-IV-TR》中的社交恐懼症，更名為「社會焦慮症」，這是因為社交恐懼症的定義太過狹隘，認為僅在他人面前表現得不自在或恐懼，就是社交恐懼症；而社會焦慮症的定義較寬廣，個體可能在各種社會情境產生明顯、頻率或持久度不成比例的恐懼，此狀況會持續 6 個月以上，例如：在公眾場合演講或表演、在別人面前用餐、參加親友的聚會、與權威人物說話、與人交談或借東西等總是感到壓力沉重，甚至會有生理上的反應，像是心跳加速、發抖、發冷發熱、冒汗、嘔吐等；這種情緒困擾造成個體目前的壓力和痛苦，妨礙他們在社交、課業、職業，或日常重要活動上的功能表現。此外，《DSM-5》移除《DSM-IV-TR》中「廣泛性」的註記，只有個體在「公開場合」講話或行動出現焦慮的狀況才屬於社會焦慮症，因為實務上很難評量是否在多數社會情境都會焦慮。

⑤廣場恐懼症

依據《DSM-5》，廣場恐懼症是指，個體對至少兩個地方或情況，例如：電梯、高處、空曠地方、大眾運輸工具、大庭廣眾場所等有特殊的恐懼，他們擔心會有恐慌發作，無法逃脫出來的情況，因此會出現躲避行為，此狀況會持續 6 個月以上；這種情緒困擾造成個體目前的壓力和痛苦，妨礙他們在社交、課業、職業，或日常重要活動上的功能表現（APA, 2013a）。

⑥恐慌發作

《DSM-5》取消《DSM-IV-TR》以「情境觸發程度」描述恐慌發作，只將之分為「預期型」及「非預期型」；恐慌發作經常是突然出現，通常在 5 到 10 分鐘之內，個體會極端地恐懼，害怕自己會失控，而且感到非常不舒服，甚至有瀕死的感覺，同時會出現如下的身心異狀：出汗、窒息、呼吸短促、顫抖、肌肉繃緊、頭痛、肚子痛、胸口痛、作嘔等會達到高潮，這種發作可能持續幾分鐘到幾個小時（APA, 2013a）。

⑦恐慌症

依據《DSM-5》，恐慌症最明顯的特徵是，一再出現無事實根據、非預期的恐慌發作（如上述恐慌發作的症狀），它和上述恐慌發作差異處為，個體經歷的通常是非預期型的恐慌發作；而個體為了逃脫讓他恐慌的狀況，會出現躲避行為，此狀況持續 1 個月以上；這種情緒困擾造成個體目前的壓力和痛苦，妨礙他們在社交、課業、職業，或日常重要活動上的功能表現（APA, 2013a）。

⑧選擇性緘默症

德國 Kussmaul 醫師最早於 1877 年指出選擇性緘默的症狀，他稱之為**自願不語症**（aphasia voluntals）；之後，英國 Trammer 醫師於 1934 年將這種症狀命名為「**elective mutism**」，其中 elective 有意志選擇的意涵，意指他們自願選擇緘默，1952 年的《DSM》初版首先納入它（T. Cline & Baldwin, 1994）。後來的研究發現，選擇性緘默症者在特定社會情境不語，並非他們故意拒絕說話，而是焦慮所致，即使想說話，也不能發出任何聲音；因此，Hesselman 醫師於 1983 年將「elective」改為「selective」，意指**非自願選擇性緘默**（T. Cline & Baldwin, 1994），《DSM-IV》正式改名為「selective mutism」，《DSM-5》延續此名稱。選擇性緘默症者智力和構音器官皆沒問題，但卻對某些人或是在特定環境中保持緘默，而對另一些人和在另一個環境中則講話流暢；較多發生於敏感、膽怯、退縮的兒童身上（Kauffman & Landrum, 2018）。依據《DSM-5》，選擇性緘默症的診斷標準如下（APA, 2013a, p. 195）：

A.在某些特定的社會情境中持續無法說話（在這個情境中個體被期待能說話，例如：學校），而在其他情境則能夠說話。

B.這樣的困擾已顯著地影響個體的教育或職業成就，或是社會溝通。

C.此困擾已持續至少 1 個月以上（並不包括入學的第一個月）。

D.無法說話並非源自於缺乏社會情境中口語表達的知識，或是對於口語表達不自在。

E.此困擾不能解釋為溝通異常〔communication disorders，例如：兒童期出現的語暢異常（fluency disorder）〕，也不會單獨發生在泛自閉症、思覺失調症或是另一種精神障礙的病程中。

（4）憂鬱症

《DSM-5》將憂鬱症從《DSM-IV-TR》的「情緒異常」中獨立出來，包含**重度憂鬱症**（major depressive disorder）、**持久的心情憂鬱症**、**干擾情緒失調症**（disruptive mood dysregulation disorder）、**經前苦惱症**（premenstrual dysphoric disorder，或譯成「經前不安症」）、**「物質或藥物」和「另種醫療條件」所致的憂鬱症**，以及**其他特定和不特定的憂鬱症**（APA, 2013a），詳述前四種憂鬱症如下。

①重度憂鬱症

依據《DSM-5》（APA, 2013a），重度憂鬱症為在 2 週期間，呈現表 6-5 五種或以上的情緒、認知和身體特徵，並且改變原有的行為或功能（例如：從社會人群中退縮；

表 6-5 憂鬱症者的特徵

向度	特徵
情緒特徵	1. 幾近每天看起來憂愁、悲傷、愛哭，或經常向別人抱怨自己憂傷。 2. 幾近每天對幾乎所有的活動，明顯地減少興趣、失去樂趣，或無精打采。
認知特徵	1. 幾近每天有負面的自我概念，覺得自己沒價值，想像自己是天生輸家。責備自己，過度或不適當的罪惡感。 2. 幾近每天思考能力或注意力減退，或有困難做決定。 3. 幾近每天出現自殺的念頭或企圖。
身體特徵	1. 幾近每天慢性疲倦，失去活力。 2. 幾近每天心理動作方面顯得焦躁或遲滯。 3. 幾近每天失眠或睡眠過多。 4. 當沒有控制體重時，胃口和體重改變，包括食慾增加或減少，1 個月內體重增加或減少超過 5%。

學業表現明顯低落；對別人的幽默無能力回應；健忘，並且無法完成學校課業和日常工作），進而影響個體的學習、工作、人際關係，甚至生活作息等，它包含單次和反覆發作；它並非醫藥所引起的生理狀況，也不能用精神障礙來解釋，且個體從未有躁症（manic disorder）的情形。若個體因喪親產生極度的哀慟反應，進一步引發無價值感、自殺意念、身體健康惡化、人際和工作功能變差，則可歸類於「尚待進一步研究之診斷」中的「持續且複雜之哀慟症」。

②持久的心情憂鬱症

依據《DSM-5》，持久的心情憂鬱症者多數時間出現憂鬱的心情，他們描述其心情為憂愁、悲傷的，且持續 2 年以上（兒童和青少年則至少 1 年），呈現如下至少兩種症狀：食慾增加或減少、失眠或睡眠過多、疲倦或失去活力、低自尊、注意力減退或有困難做決定，以及對人生感到無望，進而影響個體的學習、工作、人際關係，甚至生活作息等；它並非醫藥所引起的生理狀況，也不能用精神障礙來解釋（APA, 2013a）。

③干擾情緒失調症

依據《DSM-5》，干擾情緒失調症發生的年齡在 18 歲以前，個體會在兩種以上的情境（例如：學校、家庭），出現嚴重、週期的發脾氣，平均 1 週至少三次，且持續 1 年以上；即使症狀減輕，但好轉的狀況不會超過 3 個月；它並非藥物引起的生理反應，也不能歸因於另一種醫學或精神問題（APA, 2013a）。

④經前苦惱症

依據《DSM-5》，經前苦惱症是指，個體在過去 1 年多數月經週期裡，於月經開始前 1 週，在以下 11 項症狀中，至少出現五項，前四項中必須至少有一項，且已妨礙個體工作、學業或一般活動：情緒顯著改變、明顯易怒、心情明顯低落、特別焦慮緊張、活動的興趣減少、有困難專注、昏睡或易疲累、胃口顯著改變、嗜睡或失眠、感覺受控而無法自控，以及出現身體症狀（例如：乳房脹大或觸壓時有痛覺、關節或肌肉痠痛、體重增加等）；而這些症狀在月經開始後幾天內會緩解，在經期結束後至少 1 週後就無症狀（APA, 2013a）。

（5）雙極症和相關異常

《DSM-5》將雙極症（舊名「躁鬱症」）從《DSM-IV-TR》的「情緒異常」中獨立出來，更名為「雙極症和相關異常」；保留**第一型和第二型雙極症**，以及**循環性精神障礙**（cyclothymic disorder）；並加入**「物質或藥物」**和**「另種醫療條件」所致**，以及**其他特定與不特定的雙極症和相關異常**（APA, 2013a）。

依據 APA（2013a），**第一型雙極症**適用於有憂鬱特質的躁期或輕躁期發作，以及有部分躁期或輕躁期特質的各類憂鬱發作。在躁期發作期間，須符合以下診斷標準。第一，情緒異常的激昂、高張或易怒，以及在目標導向的活動上表現異常，持續至少 7 天以上，下列七項症狀中至少出現三項（若僅呈現易怒的情緒，則須具備至少四項）：自尊心過度膨脹或自大、睡眠需求減少、比平常話多或有持續說話的壓力、主觀認為自我思考飛躍、注意力分散、目標導向之活動量增加，以及過度且不顧後果地參與社會活動。第二，在重度憂鬱期間，下列症狀至少出現五項，且其中一項必須為第一或第二項症狀，且持續 2 週以上：一為幾近每天看起來憂愁、悲傷、愛哭，或經常向別人抱怨自己憂傷；二為幾近每天對幾乎所有的活動，明顯地減少興趣、失去樂趣，或無精打采；三為當沒有控制體重時，胃口和體重改變；四為失眠或睡眠過多；五為出現焦躁或遲滯的心理動作；六為慢性疲倦、失去活力；七為有負面的自我概念，覺得自己沒價值，或產生不適當的罪惡感；八為注意力減退，或有困難做決定；九為出現自殺的念頭或企圖。第三，個體出現明顯的社會功能障礙。第四，個體行為和態度有明顯的改變。第五，個體在重度躁期發作時，可出現幻聽與妄想的現象。第六，它並非物質濫用引起的生理反應，也不能歸因於另一種醫學問題。

至於輕躁期的發作，其診斷標準與躁期不同處在於，情緒高昂至少 4 天；無明顯的社會功能障礙；其他人可能發現個體的行為和態度有些改變；情緒異常的激昂、高張或易怒，以及在目標導向之活動上表現異常，持續 4 天以上（APA, 2013a）。

依據 APA（2013a），**第二型雙極症**適用於，曾重複出現重度憂鬱發作，以及至少一次輕躁期發作的人。《DSM-5》特別提出，個體若曾有過重度憂鬱發作，但其輕躁期症狀數目不符合診斷標準，則可以列作「其他註明之雙極症和相關異常」。另外，因為使用抗鬱劑或電療引發的躁期或輕躁期發作，亦可以構成第一或第二型雙極症的診斷。**循環性精神障礙**是指，成人於 2 年期間（兒童則為 1 年期間），歷經多次憂鬱和輕躁期症狀的循環，且憂鬱和輕躁期兩類症狀各出現一半以上的時間。

（6）創傷和壓力相關異常

《DSM-5》從《DSM-IV-TR》的「焦慮症」中獨立出「壓力症」，並將之更名為「創傷和壓力相關異常」；除創傷後壓力症（post-traumatic stress disorder, PTSD）和急性壓力症（acute stress disorder）外，加入適應症（adjustment disorders）、反應性依附症（reactive attachment disorder）、去抑制社交參與症（disinhibited social engagement disorder），以及其他特定與不特定的創傷和壓力相關異常（APA, 2013a）。

依據《DSM-5》（APA, 2013a），**創傷後和急性壓力症**是指，個體曾經驗到或親眼目擊他人經歷（意指不需親身經歷）的創傷事件，甚至於對生命安全具有威脅的事件，如天災、人禍、戰爭等，因而造成焦慮或壓力、憂鬱、暴躁易怒、認知扭曲、反應僵化等現象。二者主要的差異在於發病和持續時間，創傷後壓力症之症狀不一定在創傷事件後 4 週內出現，持續時間至少 1 個月；而急性壓力症之症狀是在創傷事件後 4 週內發生，且持續時間至少 2 天，最久是 4 週。

依據《DSM-5》，**適應症**是指，在壓力源發生的 3 個月內，出現憂鬱、焦慮的情緒，行為的困擾；這些症狀會造成個體的苦惱，妨礙他在社交、課業、職業，或日常重要活動上的功能表現；而在壓力源中止，或壓力後果結束後的 6 個月內，上述症狀會消失，屬於有時限的適應困難（APA, 2013a）。

依據《DSM-5》，**反應性依附症**意指，個體不能和主要照顧者產生依附關係，情感反應很少；而**去抑制社交參與症**意味，個體面對陌生人，表現出過度不適當的行為，例如：多話、過度熟稔的行為，缺乏應有的含蓄態度，甚至情願與不熟識的成人離開照顧者，其言行已逾越文化容許的社交界限；此行為不能解釋為AD/HD的過動或衝動行為（APA, 2013a）。

（7）強迫症和相關異常

《DSM-5》從「焦慮症」中移除**強迫症**，並將之獨立更名為「強迫症和相關異常」，它還移入**拔毛症**（trichotillomania）、**身體畸形症**（body dysmorphic disorder）；新增**摳皮症**（excoriation or skin picking disorder）、**囤積症**（hoarding disorder），以及**物質或藥物和另一醫療條件引起、其他特定與不特定的強迫症和相關異常**（APA, 2013a），詳述前五種強迫症和相關異常如下。

①強迫症

強迫症的症狀有**強迫思想**（obsessions，例如：強烈認為自己會死去）和**強迫行為**（compulsions，例如：強迫洗手）其中之一，或兩者都有（Kauffman & Landrum, 2018）。依據《DSM-5》（APA, 2013a），強迫思想是復發、持續的思考、推力或衝動，它並不是單純地擔憂現實生活中的問題，當個體經驗到這種干擾或不想要的思考時，會產生極度焦慮和苦惱的情緒；個體會嘗試忽略或壓抑它，抑或採取其他的思考或強迫行為，企圖淡化它。而強迫行為是重複的行為（例如：洗手、排列、檢查）或心理動作（例如：默默祈禱、唱數或碎念），個體感覺有一種驅力必須從事它們，以淡化強迫思想，或是它們已成為必須遵守的僵化規則；它們出現的頻率過多，其用意在防止或減輕緊張的情緒，或是用來防範災難的事件，不過這種行為是不切實際的，無法真正地沖淡思考或防止災難，並且會干擾正常的生活；而年幼的孩子無法說出這種重複行為或心理動作的目的。此種強迫思想或強迫行為非常耗時，每天出現至少 1 小時，而且此困擾已顯著地影響個體的社會、職業或其他領域的功能表現；如果個體有其他的精神症狀，強迫思想和行為與這些精神症狀不能混為一談，例如：飲食異常者會貪食無厭，憂鬱症者會反覆地內疚，這種貪食與內疚並不算是強迫症；除此，它也不是由於藥物引起的生理現象。

強迫症中的強迫行為和固著行為相同的是，皆表現重複的行為或心理動作；不同的是，強迫行為是個體感覺有從事它們的驅力，以淡化強迫思想，其用意在防範災難或減輕緊張情緒，每天出現至少 1 小時；而從事固著行為的個體沒有強迫思想，其用意不受限於減輕緊張情緒，還有取得感官自娛的功能，不見得每天出現至少 1 小時。

②拔毛症

依據《DSM-5》，拔毛症的主要特徵為，個體通常會因焦慮情緒，不由自主、重複地拔除身上的毛髮，造成明顯的毛髮缺少；個體拔毛前會有壓力，拔毛時有興奮、滿足與放鬆感，甚至有些人會喜歡上玩弄毛髮；此行為持續一段時間後，就會變成一種無法控制的習慣，它會造成個體的壓力和痛苦，妨礙他們在社交、課業、職業，或日常重要活動上的功能表現。它不能用另一種精神異常來解釋，也不能歸因於另一種醫學問題（APA, 2013a）。

③身體畸形症

依據《DSM-5》，身體畸形症者因為關心自己的外表而有重複行為（例如：重複看鏡子、過分修飾自己的外表、搔抓皮膚，或尋求他人對自己外表的認可）或心理行動（例如：比較自己與別人的外表）。身體畸形症的相關診斷有「肌肉型身體畸形症」，意指個體擔心的是自己的肌肉太瘦弱（APA, 2013a）。

④摳皮症

依據《DSM-5》，摳皮症者一再摳皮膚造成皮膚傷害，持續 4 週以上，他們會重複嘗試減少或停止摳皮行為，仍然無效，它會造成個體目前的壓力和痛苦，妨礙他們在社交、課業、職業，或日常重要活動上的功能表現。此行為無法歸因於另一種醫學狀況、物質使用，或是衝動、抽搐、固著動作所造成的結果（APA, 2013a）。

⑤囤積症

依據《DSM-5》（APA, 2013a），囤積症者不顧所有物的實際價值，持續囤積它們，並且有困難拋棄之，只因為自覺必須保留這些物品，以及拋棄它們會產生痛苦感，以至於生活空間凌亂；即使不凌亂，也是因為第三者的介入整理；它會造成個體的壓力和痛苦，妨礙他們在社交、課業、職業，或日常重要活動上的功能表現。此行為無法歸因於另一種醫學狀況、物質使用，也不能用另一種精神異常來解釋（例如：強迫症中強迫思考造成的囤積行為）。

（8）餵食和飲食異常

《DSM-5》將《DSM-IV-TR》的「飲食異常」，更名為「餵食和飲食異常」（feeding and eating disorders），包含**神經性厭食症**（anorexia nervosa）、**神經性暴食症**（bulimia nervosa）、**暴飲暴食症**（binge eating disorder）、**迴避或限制食物攝入量症**（avoidant/restrictive food intake disorder）、**異食症**（pica）、**反芻症**（rumination disorder），以及**其他特定和不特定的餵食與飲食異常**（APA, 2013a）。各種餵食和飲食異常的診斷標準如表 6-6。

（9）排泄異常

《DSM-5》將「排泄異常」獨立成一個類別，它包含**遺尿症**（enuresis）和**遺糞症**（encopresis）、**其他特定及不特定的排泄異常**（APA, 2013a）。依據《DSM-5》，遺尿症的診斷標準如下：①重複出現遺尿的現象；②至少 1 週出現兩次，並且持續 3 個月以上，或是出現社會、學業、職業，或其他重要功能的損傷；③實齡至少是 5 歲以上（或相同的發展層次）；④這樣的行為並非藥物引起的生理反應，也不能歸因於另一種醫學問題（APA, 2013a）。

依據《DSM-5》，遺糞症的診斷標準如下：①不管是有意或無意，重複出現遺糞的現象；②至少 1 個月出現一次，並且持續 3 個月以上；③實齡至少是 4 歲以上（或相同的發展層次）；④此行為並非藥物引起的生理反應，也不能歸因於另一種醫學問題，亦非源自於便祕產生的生理機轉反應（APA, 2013a）。

（10）睡眠—清醒異常

《DSM-5》將《DSM-IV-TR》的「睡眠異常」，更名為「睡眠—清醒異常」，是指關於入眠、睡覺，以及清醒過程中的各類異常，包括**失眠症**（insomnia）、**嗜睡症**（hypersomnolence）、**猝睡症**（narcolepsy）、**呼吸有關的睡眠異常**（breathing-related sleep disorders）、**異睡症**（parasomnias）、**物質或藥物引起的睡眠異常**，以及**其他特定和不特定的失眠症、嗜睡症及睡眠—清醒異常**（APA, 2013a）。前五種睡眠—清醒異常的診斷標準如表 6-7。

（11）物質相關和成癮異常

《DSM-5》將《DSM-IV-TR》的「物質相關的異常」，更名為「物質相關和成癮異常」，保留酒精、大麻、咖啡因、鴉片、吸入物、幻覺劑，以及鎮定劑、安眠藥或抗焦慮劑有關的異常；而其修改重點包含：①更改「尼古丁」為「菸草」有關的異常；②整合「安非他命」、「古柯鹼」和「苯環利定」為「興奮劑」有關的異常；③刪除「多重物質」有關的異常；④增加**非物質有關的異常——嗜賭症**（gambling disorder）；⑤整合「物質濫用和依賴」為「物質使用所致的異常」；⑥要求的診斷準則較多和嚴格（APA, 2013a）。

表 6-6 餵食和飲食異常的類型與診斷標準

類型	診斷標準
神經性厭食症	1. 拒絕維持下限的體重，例如：一再節食，導致體重低於同年齡、同身高孩子 85% 的體重；或是正在成長中的孩子，其體重的增長低於一般孩子體重增長的 85%。 2. 極端害怕自己體重增加或變胖，甚至已經體重不足還憂心忡忡。 3. 因為對自己的體重或體型不滿意，所以對自我有不佳的評價，或是否認自己體重過輕的嚴重性。
神經性暴食症	1. 一再出現暴飲暴食的情況，包括以下兩種特徵：（1）個體在一段時間（如 2 小時）內，吃下遠超出一般人在同一時段、同一種情境中所能吃的食物；（2）在這種暴飲暴食的情況中，個體感到完全失控，例如：一吃就不知道停止，也不知道什麼可以吃，能吃多少。 2. 一再使用不適當的補救行為來防止體重的增加，例如：自我催吐、使用瀉藥、節食或禁食，以及過度的運動。 3. 暴飲暴食和不適當的補救行為平均每週至少發生一次，且持續 3 個月以上。 4. 評價體型對個人產生深刻不利的影響。 5. 這種困擾除了在厭食症發作的情況下不會發生外，其他情況都會發生。
暴飲暴食症	一再出現暴飲暴食的情況，例如：在一段時間（如 2 小時）內，個體完全失控地吃下遠超出一般人在同一時段、同一種情境中所能吃的食物，呈現出以下特徵：（1）比一般人吃得更快速；（2）吃到已腹脹到不舒服；（3）即使不飢餓，還是吃大量的食物；（4）因為擔心引人側目，所以會一個人用餐；（5）暴飲暴食後，會產生憂鬱、厭惡自我和罪惡感的情緒；然而，暴飲暴食症者不會出現不適當的補救行為來防止體重的增加。暴飲暴食的狀況每週至少發生一次，且持續 3 個月以上。
迴避或限制食物攝入量症	1. 個體會害怕和迴避某種類型或顏色的食物，食欲差，食物攝入量少，飲食速度慢，此令人困擾的餵食或飲食經驗必須具備以下至少一種特徵：（1）由於食物的攝取量不充足，所以營養不良；（2）成人呈現體重下降的現象，而兒童呈現體重不增的狀況；（3）心理功能衰退；（4）為了維持營養均衡和身體健康，必須依賴補給品。 2. 此種飲食困擾並非源於食物不足、身體或心理疾病等因素。 3. 個體未出現身體意象扭曲的症狀。
異食症	1. 持續吃沒有營養的物品或東西（例如：菸頭、紙、繩、泥土、布條、鐵釘、橡皮筋、迴紋針等）1 個月以上。 2. 吃無營養物品的行為就個體的發展來說是不適合的。 3. 這種行為並非個體環境文化所允許的。
反芻症	1. 重複反芻和咀嚼食物，並且持續 1 個月以上。 2. 這種行為並非由於胃腸疾病或其他醫學的症狀（例如：食道回流）。 3. 這種行為不會發生在厭食和貪食發作的情況下。

● 註：整理自 APA（2013a, pp. 329–350）。

表 6-7　睡眠—清醒異常的類型與診斷標準

類型	診斷標準
失眠症	即使有足夠的睡眠機會，每週至少有三個晚上，仍然重複出現難以睡眠的現象，持續至少 3 個月，包含下列症狀之一：（1）難以入眠；（2）有困難維持睡眠，頻繁地醒來，或是醒來後難以再入眠；（3）很早醒來，清醒後便難以入眠。個體因此產生困擾，進而導致社會、學業、職業或其他重要功能的損傷，這種現象並不單獨發生在猝睡症、呼吸有關的睡眠異常、晝夜節律睡眠—清醒異常、異睡症的狀況下，不是由於物質或藥物作用的結果，共存的精神異常和醫學症狀亦不足以解釋為失眠的主因。
嗜睡症	個體自陳儘管主要睡眠時間長達 7 小時，每週至少有三個晚上，仍然出現過度想睡的現象，持續至少 3 個月，包含下列症狀之一：（1）一天內反覆睡眠或進入睡眠；（2）雖然每天主要睡眠時間超過 9 小時，但仍然無法恢復體力；（3）突然睡醒後難以保持完全清醒。個體因此產生困擾，進而導致社會、學業、職業或其他重要功能的損傷，這種現象並不單獨發生在猝睡症、晝夜節律睡眠—清醒異常、呼吸有關的睡眠異常、異睡症的狀況下，不是由於物質或藥物作用的結果，共存的精神異常和醫學症狀亦不足以解釋為嗜睡的主因。
猝睡症	一天內反覆出現一個無法抗拒想睡的階段，陷入睡眠或小睡，每週至少有三個晚上，持續至少 3 個月。
呼吸有關的睡眠異常	包含阻塞睡眠的呼吸暫停通氣不足症、中樞睡眠呼吸暫停症、睡眠相關的通氣不足症，以及晝夜節律睡眠－清醒異常四種，這四種的病因分別為，與睡眠有關的呼吸症狀（如肺部換氣不足、睡眠時呼吸中止）；腦中樞呼吸暫停、二氧化碳濃度升高；日夜節律系統的改變，或內在日夜節律和個人睡眠—清醒作息失調，造成個體持續或反覆的睡眠中斷，以至於出現想睡或失眠的情形；個體因此產生困擾，進而導致社會、學業、職業或其他重要功能的損傷。這種現象不能被另一種精神異常解釋，也不是由於藥物的作用或其他醫學症狀所致。
異睡症	包含非快速眼動睡眠—清醒異常、快速眼動睡眠行為異常、夢魘症和腿部不寧症，其中非快速眼動睡眠—清醒異常又包括夢遊症和睡眠驚恐症，夢遊症是指，個體重複出現夢遊的現象，當他在夢遊時，面無表情，別人與他說話沒有反應，而且很難被叫醒；當清醒時，不知道他做了些什麼。睡眠驚恐症是指，個體經常從睡眠中驚醒，伴隨有呼吸急促、流汗、心跳快速等恐懼的現象，而且混亂、不知身在何處，無法回憶夢的細節。快速眼動睡眠行為異常是指，睡眠期間反覆出現清醒伴隨聲音和（或）複雜動作的情形。夢魘症是指，個體經常從睡眠中驚醒，且能回憶夢的細節。腿部不寧症意指，在休息或不活動期間，個體出現移動腿部的衝動，通常伴隨腿部不舒服和不愉快的狀況。個體因這些異睡症狀產生困擾，進而導致他社會、學業、職業或其他重要功能的損傷，此症狀並不能被另一種精神異常解釋，也不是藥物作用的結果，抑或其他醫學因素所致。

● 註：整理自 APA（2013a, pp. 329–350）。

（12）解離症

依據《DSM-5》（APA, 2013a），解離症包含解離失憶症（dissociative amnesia）、解離身分症（dissociative identity disorder）、失自我感或失現實感症（depersonalization/derealization disorder）、其他特定的解離症，以及不特定的解離症。解離症者的特徵為，遭遇很大的心理衝擊、創傷或壓力後，產生分離的主觀經驗、情緒和記憶，包括神經功能異常或肢體麻痺、癲癇、失憶、失明、失聰等症狀；經診斷後發現，他們的身體狀況良好，只是藉由身體反應來逃避心理的創傷）。

依據APA（2013a），**解離失憶症**者是短暫的失憶，他們和「器質性失憶者」（例如：老年失智症）不同的是，他們並沒有忘記失憶之前和現在的事件，而器質性失憶者一概不記得從小到大發生的事。如果失憶的人突然離家漫遊，等他恢復記憶回家後，對於離家這段期間的經歷完全沒有印象，不知去了哪裡、怎麼去的，這種稱為有**解離漫遊**（dissociative fugue）的解離失憶症，被歸類於解離失憶症中。**解離身分症**（之前稱為「多重人格症」）是指，個體記不起自己的重要資料，無法回憶每天的事件（不僅限於在「創傷」期間才出現），具有兩種以上不同身分或人格狀態，完全控制他的行為，這樣的身分困擾症狀可以被觀察和報導。**失自我感或失現實感症**是指，個體持續經驗到由自己心智或身體脫離出來的一種感受，彷彿自己是個外在的觀察者。

（13）身體症狀和相關異常

《DSM-5》將《DSM-IV-TR》的「身體型異常」，更名為「身體症狀和相關異常」，包括：身體症狀異常（somatic symptom disorder）、疾病焦慮症（illness anxiety disorder）、功能性神經症狀異常（functional neurological symptom disorder）、人為症（factitious disorder）、受心理因素影響的其他病症，以及其他特定與不特定的身體症狀和相關異常（APA, 2013a）。

依據《DSM-5》，**身體症狀異常**是指，個體持續 6 個月以上，出現一項以上的身體症狀，並且經常抱怨身體疼痛及不適，例如：腹瀉、偏頭痛、心悸等，造成生活上的困擾，但醫師找不出確切的病理因素；換言之，個體對於這些身體症狀或自身健康有過多的思考、感覺和行為，至少符合下列一項：第一，過度、不成比例地強化身體症狀之嚴重度；第二，持續且高度地憂慮自身健康狀況；第三，投注過多時間和精力在身體症狀和健康狀況上（APA, 2013a）。

依據《DSM-5》（APA, 2013a），**疾病焦慮症**包含**慮病症**（hypochondriasis）和**疼痛症**（pain disorder），慮病症是指，個體過度、不成比例地憂慮自己是否有罹患某個疾病，但醫師找不出確切的病理因素；而疼痛症是指，個體不成比例地誇大自己的疼痛，但醫師找不出致痛的生理因素。

功能性神經症狀異常〔《DSM-IV-TR》稱之為**轉化症**（conversion disorder）〕意指，個體不成比例地強調自己神經方面的病癥（例如：昏厥），造成生活上的困擾，但和實際的病理因素不完全搭配（APA, 2013a）。

依據APA（2013a），**人為症**又稱作**裝病症**，是指個體其實並沒有真正生病，但運用各種方法，故意製造或假裝身體／心理的症狀，經常不停地去看醫生，此行為動機是**為了取得病患角色，並無外在誘因**（例如：獲得經濟利益、逃避法律責任），這是**加諸於自我的人為症**。如果個體裝病是要詐領保險金、逃學，或逃避某些責任，表示裝病有附帶價值，就不是人為症。還有一種裝病是宣稱個體所照顧的人生病，而這個病人必須要仰賴他的照顧（例如：母親與小孩的關係），這是**加諸於他人的人為症**。裝病的原因包括：一種是個體在成長過程中受到忽略，故希望變成病人或照顧者，獲得重視、彌補某方面情感的不足，以及取得相互依賴感；另一種是藉由裝病騙過醫生，以得到快感。

（14）性別苦惱症

依據《DSM-5》（APA, 2013a），以**性別不適配**（gender incongruence）取代《DSM-IV-TR》的「性別認同」（gender identity），因為性別認同症帶有負面的標記，且它是以二分法（男、女），而不是以多元角度看待性別角色；除此，性別認同症的診斷缺乏「排除條款」，亦即就算已經轉換性別，且心理認同和適應良好，但仍然被診斷為性別認同症。性別不適配則強調核心問題為，個體感受到或展現的性別（可以是男、女、跨性或其他）和法定的性別（社會定義的男性或女性）不一致時，造成困擾的狀況；因此，《DSM-5》將《DSM-IV-TR》的性別認同症，更名為「性別苦惱症」，並且新增兩個亞型，即「有性發展異常」和「無性發展異常」，因為有研究顯示，有性發展異常的人出現「性別不適配」時，變性的比例高於無性發展異常的人。此更名可以免除負面標記，且以多元角度看待性別角色。另外，《DSM-5》新增**性別已轉換**之個案的註記，這些個案持續接受賀爾蒙療法、性別轉換手術或心理治療，他們如無困擾可以不被診斷為性別苦惱症。

性別苦惱症的診斷刪去《DSM-IV-TR》（2000）的排除標準——個體不能感受到文化優惠某種性別，以及增加症狀須達到持續 6 個月以上期間，且會伴隨重大苦惱，抑或社會、職業、其他重要領域的功能損傷或風險。性別不適配是指個體出現下列八項症狀中的至少六項：①強烈渴望成為異性（或是不同於法定性別的其他性別選擇）；②男孩強烈偏好女性打扮，女孩明顯偏好男性衣著，並且強烈抗拒穿著符合自身法定性別的衣著；③在假扮或幻想遊戲中，強烈偏好跨性別的角色；④強烈偏好典型的異性玩具、遊戲或活動；⑤明顯喜歡異性玩伴；⑥男孩極度拒絕典型的男性玩具、遊戲或活動，女孩激烈抗拒典型的女性玩具、遊戲或活動；⑦強烈厭惡個人的性器官；⑧強烈渴望擁有符合個人感受之性別主要和（或）次要性徵（APA, 2013a）。

（15）人格異常

依據《DSM-5》，人格異常者表現出僵化的內在經驗和外在行為模式，持續出現在個人與社會情境中，而且偏離其所屬文化對一般人的期待；一般人格異常的診斷標準如下（APA, 2013a, pp. 646–647）：

A. 個體的內在經驗和行為偏離其所屬文化的期待甚遠，持續了一段時間，而且表現在下列領域中至少兩項：認知（亦即對自我、他人和事件的觀感和詮釋）、情感（情緒反應的範圍、強度、傾向和適切性）、人際功能、衝動控制。
B. 此行為持續出現在個人與社會情境中，缺乏彈性且普遍存在。
C. 這樣的行為已讓個體產生苦惱的情緒，並且造成其社會、職業或其他重要領域功能的受損。
D. 這樣的行為相當穩定且持久，它的發生至少可追溯至青春期或成年早期。
E. 此症狀不是發生於另一種精神異常的病程和結果中。
F. 此困擾並不是源自於藥物對身體所帶來的直接效應，或是一般的醫學狀況（例如：頭部外傷）。

《DSM-5》將《DSM-IV-TR》人格異常的 10 種類型，分類組合成以下五種，並且綜合文獻（APA, 2013a; S. C. Shea, 2017），整理其特徵如下：第一種為**一般的人格異常**。第二種為**人格異常 A 群（自我中心的）**，包含**妄想型**（paranoid）、**孤僻型**（schizoid）、**思覺失調症型**（schizotypal）人格異常，妄想型的人對他人不信任，例如：解釋別人的動機為惡意，抱怨臨床工作人員或醫療系統；孤僻型的人與社會關係疏離、情感表達範圍局限；思覺失調症型人格異常者表現出對親密關係的不安，以及維持關係能力的不足，並且有認知扭曲及行為偏離常態的狀況。第三種為**人格異常 B 群（情緒化和偏離常軌的）**，包含**反社會型**、**邊緣型**（borderline）、**表演型**（histrionic）、**自戀型**（narcissistic）人格異常，反社會型者不尊重及侵犯他人的權益，會評論他人的表現；邊緣型者對人際關係、自我形象、情感表現等很不穩定，且非常容易衝動；表演型者表現過度情緒化，以及表現戲劇性的行為和裝扮以引起注意；自戀型者自大、操縱欲強、被讚美的需求高，以及缺乏同理心。第四種為**人格異常 C 群（焦慮和害怕的）**，包含**逃避型**（avoidant）、**依賴型**（dependent）、**強迫型**（obsessive-compulsive）人格異常，逃避型者體驗到廣泛且持久的社交不適、對他人的評價極度焦慮，以及感到能力不足；依賴型者的表現過度畏縮，廣泛且持續依賴及順從他人；強迫型者過度執著於秩序、完美主義，以及思考與人際關係的控制，因而失去彈性和效率。第五種為其他人格異常，包含另一醫療條件所致、其他特定和不特定人格異常。

（16）泛思覺失調症和其他精神障礙

在《DSM-5》泛思覺失調症和其他精神障礙中，包括**思覺失調症**（schizophrenia）、**思覺失調形式症**（schizophreniform disorder）、**短暫的精神障礙**（brief psychotic disorder）、**妄想症**（delusional disorder）、**思覺失調情感症**（schizoaffective disorder）、**思覺失調症型異常**（schizotypal disorder，《DSM-IV-TR》稱之為「思覺失調症型人格異常」）、**物質或藥物引起的精神障礙**、**另一醫療條件引起的精神障礙**，以及**特定和不特定的泛思覺失調症與其他精神障礙**（APA, 2013a）。另外，新增**緊張症**（catatonia），其診斷標準如下（APA, 2013a, p. 119）：

出現以下三項以上症狀：

1. 呆滯：心理動作和環境無關。
2. 僵直：被動地擺成對抗地心引力的姿勢。
3. 僵硬地彎曲：個體輕微或完全抗拒檢查者幫他所做的擺位。
4. 緘默：沒有或很少口頭回應，失語症除外。
5. 否定：對指令或外界刺激無反應或對抗。
6. 固定姿勢：自動維持同一種姿勢。
7. 扭捏作態：表現怪異且誇張的模仿行為。
8. 固著行為：反覆、過多或非目標導向之動作。
9. 不是導因於外界刺激的激動情緒。
10. 扮鬼臉。
11. 模仿他人言語。
12. 模仿他人動作。

關於思覺失調症，《DSM-5》刪除《DSM-IV-TR》中混亂、緊張、妄想和未分化四種亞型，取消「人聲幻覺」與「怪異妄想」任一項即符合標準的規定，將之合為「**一般幻覺與妄想**」，而要在五項症狀中出現至少兩項才算符合標準；除此，強調**妄想**、**幻覺和解構性語言**三種症狀的必要性，三者必須具備至少有一項才符合標準，如此排除了《DSM-IV-TR》單純型的思覺失調症（APA, 2013b）。依據《DSM-5》，思覺失調症的診斷標準如下（APA, 2013a, p. 99）：

A.在 1 個月期間（或經成功的治療後少於 1 個月），明顯出現下列症狀兩項（或以上），前三項症狀中至少包含一項：①妄想；②幻覺；③說話紊亂、沒組織；④行為表現全面混亂或緊張；⑤負面症狀（例如：情感表達減少、意志力低）。

B.社會或職業方面失調：在出現思覺失調症的困擾之後，個體在職業、學業、人際關係、自我照顧等多方面的功能表現上，明顯低於出現此症前，或是達到外在的期待。

C.上述社會或職業方面失調的狀況持續出現至少 6 個月，這 6 個月期間，標準 A 的症狀持續出現至少 1 個月（或經成功的治療後少於 1 個月），以及可能包含一些殘餘的症狀（僅出現標準 A 中的負面症狀，或是還伴隨其中劇烈的症狀，例如：怪異的信念、不尋常的知覺經驗）。

D.排除情緒異常和思覺失調情感症。

E.此困擾並不是源自於藥物對身體所帶來的直接效應，或是一般的醫療狀況。

F.釐清與全面發展遲緩或泛自閉症間的關係：如果個體有泛自閉症或其他兒童期出現的溝通異常的歷史，則個體必須出現明顯的妄想或幻覺症狀至少 1 個月以上（或經成功的治療後少於 1 個月），才能給予額外思覺失調症的診斷。

（17）動作異常

在《IDEIA 2004》，**妥瑞症**（Tourette's disorder）被歸類於「情緒或行為困擾」（D. D. Smith, 2007）。在《DSM-5》，妥瑞症被歸類於「動作異常」，動作異常包括**動作發展協調症**（developmental coordination disorder）、**固著動作症**（stereotypic movement disorder）、**抽搐症**（tic disorders）〔含括**妥瑞症**、**慢性的動作或聲音抽搐症**（chronic motor or vocal tic disorder）、**暫時性抽搐症**（provisional tic disorder），以及**其他特定和不特定抽搐症**〕。妥瑞症的診斷標準如下（APA, 2013a, p. 81）：

A.出現多元的動作和一個或多元的聲音抽搐，二者不一定會同時出現。

B.抽搐的症狀持續 1 年以上，即使頻率會減少一些。

C.出現在 18 歲以前。

D.此困擾並不是源自於藥物（例如：咖啡因）對身體帶來的直接效應，或是一般的醫學狀況〔例如：亨丁頓疾病（Huntington's disease）或腦炎〕。

妥瑞症發病時間最早在 1 歲左右，最晚在 20 歲以前，最常在 7 歲左右發病；男童發生率約為千分之一，女童發生率則為男童的三分之一；妥瑞症有 50% 的機會伴隨強迫症和 AD/HD。依據王煇雄和郭夢菲（1999），妥瑞症不會造成認知的障礙，它的主要症狀是抽搐，乃指不自主、突然、快速、反覆、無韻律，但有時固著的動作或語言，包括：①**簡單的動作抽搐**，像是快速而短促的眨眼睛、動鼻子、吐舌頭、鬥雞眼、磨牙、嘟嘴、搖頭、聳肩等動作，只牽動少數肌肉；②**複雜的動作抽搐**，像是扮鬼臉、將指關節弄出聲響、用手撥頭髮、碰觸東西或他人、無意義地以指頭數著，或寫字的抽搐（反覆寫同個字、寫字中一再放下和拿起筆）、走一步退兩步、模仿他人動作等；③**簡單的聲音抽搐**，較常見的像是清喉嚨、低吟、擤鼻子、咳嗽及大叫，其他還有喘氣、噎氣、吹口哨、發出動物的叫聲；④**複雜的聲音抽搐**，像是發出或模仿某種聲音或字詞句、重複自己說過的話、突然改變音量或聲調，少部分會口出穢語等。有些妥瑞症在熟睡、專注的情況下，抽搐會暫時消失；但是在壓力、無聊、疲憊及興奮的情況下，抽搐的頻率和強度會明顯增加。

4.情緒行為障礙的特徵

綜合文獻（Coleman & Webber, 2002; Kauffman & Landrum, 2018），情緒行為障礙者具有下列特徵：（1）社會知覺能力較有限，對於他人非口語表達（例如：表情、動作、聲調），以及情緒的辨識和理解能力較不足；（2）由於執行功能的限制，較有困難表現適當的社會技能，對於社會情境的辨識，與預測行為後果的能力較有限，社會問題解決能力較不足；（3）較有困難克制自己的不適當情緒和行為；（4）較常出現內隱和外顯的行為問題。

另外，AD/HD 由於**執行功能的限制**，有困難管理他們的注意力和衝動行為（Barkley, 2011; Qian et al., 2013）。Braswell 和 Bloomquist（1991）指出，AD/HD 較缺乏**方法—目的之思考**，甚至對結果產生錯誤歸因，舉例來說：「是別人惹我的，我就是無法控制自己的行為。」

（五）肢體障礙

人物素描 6-5　一位肢體障礙者——黃美廉

在臺灣出生的黃美廉，自幼因罹患重度腦性麻痺導致五官扭曲，四肢不停地抽動，說話困難，生活上一些看來十分平凡簡單的事，例如：走路、刷牙、洗臉等，對她來說卻要花上很長的時間練習，靠著強大的意志力和專注度才能做到。美廉 5 歲時開始學寫字，因為手的肌肉不受控制，無法把筆握牢，美廉的媽媽就握著她的手，一筆一畫地教她寫字、做功課。因為她的樣子，很多孩子笑她，說她是怪物；她晚上哭著跟神禱告，她說：「上帝，祢可不可以醫治我？」禱告完的第二天早晨，她發現還是原來的樣子，好像上帝沒有聽她的禱告，她很難過。有一天，美廉坐車子到學校時，她突然抬頭，看到學校旁邊的建築物牆上有一句話：「不要求改變環境，求上帝給我力量來面對那個環境。」她就感謝主，覺得這是上帝給她的回答。美廉憑著對色彩的特殊敏銳度，加上勤奮學習，在 1992 年獲得藝術專科博士學位，曾在臺灣、美國及東南亞舉行過多次畫展，成立「美廉畫室」，除了自己作畫，她還教導小朋友及家長作畫，她用畫筆創造了一幅屬於她自己的美麗生命圖畫。（整理自黃美廉，1998）

從黃美廉的故事可以發現：她是一位腦性麻痺者，雖然腦性麻痺造成她說話困難、行動不便，但是她卻用畫筆創造一幅屬於她自己的美麗生命圖畫。以下從定義、類型和特徵三方面介紹肢體障礙。

1.肢體障礙的定義

《IDEIA 2004》使用「形體損傷」一詞代表肢體障礙者，其定義如下（引自 D. D. Smith, 2007, p. 319）：

> 嚴重的形體損傷會對個體的教育表現產生負面的影響，它包括先天的變形、由於疾病造成的損傷〔例如：脊髓灰白質炎（poliomyelitis）、骨骼結核病（bone tuberculosis）等〕，和源自於其他原因造成的損傷〔例如：腦性麻痺、截肢（amputation）、骨折（fractures）或燒傷導致的攣縮（contractures）等〕。

依據《身心障礙及資賦優異學生鑑定辦法》（2002/2013），肢體障礙是指：

上肢、下肢或軀幹之機能有部分或全部障礙，致影響參與學習活動者。前項所定肢體障礙，應由專科醫師診斷；其鑑定基準依下列各款規定之一：一、先天性肢體功能障礙。二、疾病或意外導致永久性肢體功能障礙。

2.肢體障礙的類型

肢體障礙可就障礙程度和缺損部位而有不同的分類，詳細討論如下。

（1）以肢體障礙的程度來分

依據《身心障礙者鑑定作業辦法》（1997/2021）中的附表二：《身體功能及構造之類別、鑑定向度、程度分級與基準》，將神經、肌肉、骨骼之移動相關構造及其功能，從軀幹，上肢和下肢的結構、軀幹，上肢和下肢的肌肉力量功能、肌肉張力功能、關節移動功能，以及不隨意動作，分成 0 至 3 個等級，0 是指無障礙，1 是輕度，2 是中度，3 是重度。

（2）以缺損的部位來分

D. D. Smith 和 Taylor（2010）依腦神經受損與否，將肢障者分為以下兩類：一種是**因腦神經動作損傷（neuromotor impairments）造成的肢障**，例如：腦性麻痺、小兒麻痺（又稱作脊髓灰白質炎）、肌肉萎縮症（muscle dystrophies, MD）、肌萎縮性脊髓側索硬化症（amyotrophic lateral sclerosis, ALS）、脊髓神經異常〔spinal cord disorders，像是脊柱裂（spina bifida）、脊髓神經損傷〕、多發性硬化（multiple sclerosis, MS）、結節硬化症（tuberous sclerosis）；另一種是**肌肉和骨骼異常**，它不是因腦神經系統缺損造成的肢障，例如：四肢缺陷（像是截肢、畸形足）、骨骼異常〔skeletal disorders，像是成骨不全症（osteogenesis imperfecta）〕、關節炎（arthritis）等。以下介紹八種肢體障礙。

①腦性麻痺和小兒麻痺

腦性麻痺是由於腦中樞神經系統在發育未成熟前受傷所致，因此常發生在小孩身上（D. D. Smith & Taylor, 2010）。《身心障礙及資賦優異學生鑑定辦法》（2002/2013）對腦性麻痺定義如下：

腦部發育中受到非進行性、非暫時性之腦部損傷而顯現出動作及姿勢發展有問題，或伴隨感覺、知覺、認知、溝通、學習、記憶及注意力等神經心理障礙，致在活動及生活上有顯著困難者。前項所定腦性麻痺，其鑑定由醫師診斷後認定。

腦性麻痺依受影響的部位，可分為單肢麻痺、兩下肢麻痺、半側麻痺、三肢麻痺、四肢麻痺（D. D. Smith & Taylor, 2010）。腦性麻痺依肌肉張力協調情形來分，可分為**痙攣型**（**spasticity**）、**手足徐動型**（**athetosis**）、**僵直型**（**rigidity**）、**肌肉無力型**（**atonia**）、**共濟失調型**（**ataxia**）、**震顫型**（**tremor**）、**混合型**（**mixture**；Heward, 2016）。而小兒麻痺的傷害主要是脊髓，因受到病毒感染，使得脊髓灰白質運動神經元受到損害，以至於影響到肢體的運動機能，它可能發生在任何年齡；小兒麻痺並沒有傷到腦部，因此除了運動機能受到損害外一切正常，沒有附帶其他如感覺、智力、語言等方面的障礙（D. D. Smith & Taylor, 2010）。

②肌肉萎縮症

肌肉萎縮症是由於肌肉蛋白質的流失，以及橫紋肌被脂肪和其他纖維所取代，使肌肉逐漸萎縮，為一種進行性病變，發病期自出生到老年皆有；但以 6 歲以前居多，10 歲以後就少見；在兒童期，它常見於**裘馨氏症**（**Duchenne's disease**），又名假性肥大症（pseudo hypertrophic），大約在 3 歲時，骨骼肌便逐漸衰弱；最初的症狀包括爬樓梯或跑步困難，逐漸變為搖擺步式，最後倚賴輪椅來行動，甚至在末期，可能要躺臥病床（Berdine & Blackhurst, 1993）。

③肌萎縮性脊髓側索硬化症

肌萎縮性脊髓側索硬化症又名「魯蓋瑞格氏症」（Lou Gehrig's disease），是最常見的運動神經元疾病（motor neuron disease, MND，俗稱「漸凍人」）之一，是一種運動神經元細胞逐漸退化的疾病，臨床表現以四肢肌肉逐漸消失、無力，同時伴有肌腱反射增加、肌肉張力增加，以及不規則肌束收縮的現象（WHO, 2004）。

④脊柱裂

依據文獻（何華國，1999；K. E. Allen & Cowdrey, 2015），脊柱裂是一種因脊椎骨無法整合所產生的先天性缺損，這種缺損的成因一直無法確定，只知它在懷孕初期的前 30 天即已形成；脊柱裂的部位在脊椎骨的任何部分皆可能出現，但以發生在脊椎骨下方者居多。脊柱裂常導致個體大小便失禁及肢體麻痺等現象；而身體麻痺的部位，則因脊柱裂出現的位置而定；另外，個體還可能有自主神經系統功能的障礙（例如：不排汗），以及在缺陷的脊椎骨以下部位喪失感覺。

⑤多發性硬化

人體的神經纖維外包裹著「髓鞘」的物質，它像電線塑膠絕緣皮一樣，可以避免神經網絡短路，並加速傳導神經訊號；多發性硬化指的就是神經系統發生髓鞘塊狀的消失，導致神經訊息傳導受損而產生各種症狀，它被認為是自體免疫性疾病，但也有人認為是特殊病原體感染所致，多在 20 至 40 歲時發病，女性的發生率約為男性的兩倍（Shor et al., 2016）。通常多發性硬化的臨床症狀與髓鞘受傷部位有關，症狀大致有下列情形：（1）視力模糊、複視、視野缺損、不自主眼球跳動，嚴重者甚至失明；（2）失去平衡感、四肢無力、下肢或四肢完全癱瘓；（3）因肌肉痙攣或僵硬影響活動力、抽筋；（4）常感覺灼熱或麻木刺痛，顏面疼痛（三叉神經痛）、肢體痛；（5）講話速度變慢、發音模糊、講話節奏改變、吞嚥困難；（6）容易疲勞、頻尿、尿液無法完全排空、便秘、大小便失禁；（7）短期記憶、專注力、判斷力會有問題（D. D. Smith & Taylor, 2010）。

⑥結節硬化症

結節硬化症是一種罕見遺傳疾病，造成患者神經細胞和髓鞘形成不良，產生結節硬化，由於人體神經組織遍布全身，導致病人在不同的器官出現瘤塊，較為明顯的症狀是臉部皮膚出現血管纖維瘤或額頭斑塊、指甲邊緣有纖維瘤、身體上有三個以上的脫色斑（大片白斑）、臉部或身上有較為粗糙的鯊魚皮斑；藉由斷層掃描，還可以發現有些患者會出現多個視網膜異位瘤、腦皮質結節、腦室管下結節、腦室管下巨細胞星狀瘤、心肌瘤、淋巴管肌瘤增生及腎血管肌脂肪瘤等不同的病徵（D. D. Smith & Taylor, 2010）。

⑦成骨不全症

依據 D. D. Smith 和 Taylor（2010），成骨不全症對於腦部沒有任何影響，輕者在外表上看不出和一般人有什麼樣不同，較重的在外觀上會有嚴重畸形；而更嚴重者，可能一輩子只能躺在床上，甚至死亡。成骨不全症者骨質非常脆弱，只要輕輕的碰撞或壓迫，就會造成骨折，甚至碎掉，就像玻璃一樣。

3.肢體障礙者的特徵

綜合文獻（王亦榮，2000b；何華國，1999；D. D. Smith & Taylor, 2010），肢障者具有下列特徵：第一，肢障者由於行動能力的限制，可能會造成自我概念低落和人際關係不佳；不過，如果肢障者的自我接納度高，加上環境給予足夠的支持和協助，這些問題會減少許多。第二，肢障者如果有腦中樞神經系統的損傷（例如：腦性麻痺），則可能會有認知和溝通的問題。第三，肢障者由於肢體動作的限制，在某些技能（例如：寫字）的學習上比其他學生更為費力，以至於學業表現可能有低落的情形。第四，肢障者在行動、肢體動作和生活自理上可能會有困難，需要較多的教導和協助。第五，肢障者可能容易疲勞，甚至衰弱的肌肉使他們易於跌倒，並且在倚賴操作的活動上（例如：開門）會有困難；而且對於某些患有進行性疾病（例如：肌肉萎縮症）的肢障者來說，其困難會日漸明顯，原來可能會的動作逐步衰退，需要教師協助他們了解和接納這種狀況。

（六）視覺障礙

人物素描 6-6　一位視覺障礙者——蕭煌奇

1976 年出生的蕭煌奇，因為先天性白內障而全盲；4 歲動了眼部手術後成為弱視；雖然無法看得太遠，天生樂觀的他，又學柔道、又玩音樂，眼中的世界無比遼闊；15 歲那年，上天卻又跟他開了一個大玩笑——他因為用眼過度而永遠失去了視力，這是多麼殘酷的打擊。就在這個時候，最愛的音樂成了蕭煌奇最大的支柱，幫助他走出黑暗的角落。他決心不向命運低頭，他認為視障者除了看不見之外，一樣有權利、也有能力實現夢想，他要用豐富的詞曲創作來歌頌人生，讓更多的人聽到他創作的音樂！每當蕭煌奇心中自然浮現旋律時，他會趕緊記錄下來。他寫的是「生活音樂」，將自己曾經歷過的事情，或周遭朋友告訴他的一些心情故事，甚至是從電視或書上得到的一些感受，寫成詞、譜成曲，用簡單的文字及容易哼唱的旋律引起大眾的共鳴，直達人心！（整理自蕭煌奇、劉永毅，2002）

從蕭煌奇的故事可以發現：他是一位視障者，雖然無法看清楚周遭世界，但是他卻用音樂譜出一首屬於他自己的動人旋律。以下從定義、類型和特徵三方面，介紹視覺障礙。

1.視覺障礙的定義

依據《身心障礙及資賦優異學生鑑定辦法》（2002/2013），視覺障礙的定義如下：

> 由於先天或後天原因，導致視覺器官之構造缺損，或機能發生部分或全部之障礙，經矯正後其視覺辨認仍有困難者。前項所定視覺障礙，其鑑定基準依下列各款規定之一：一、視力經最佳矯正後，依萬國式視力表所測定優眼視力未達 0.3 或視野在 20 度以內者。二、無法以前款視力表測定時，以其他經醫學專業採認之檢查方式測定後認定。

2.視覺障礙的類型

視障可就視力損失的程度、時期、病原和形態而有不同的類型，詳細討論如下。

（1）就視力損失的程度來分

D. D. Smith（2007）指出，視障分為**全盲**（**blindness**）和**弱視**（**low vision**）。依據《身心障礙者鑑定作業辦法》（1997/2021）中的附表二：《身體功能及構造之類別、鑑定向度、程度分級與基準》，視力以矯正視力為準，經治療而無法恢復者，將視障分為三種障礙程度：第一種是等級 1 的**輕度視覺障礙**，包含：①矯正後兩眼視力均不到 0.3，或優眼視力為 0.3，另眼視力小於 0.1 時，或優眼視力 0.4，另眼視力小於 0.05 者；②兩眼視野各為 20 度以內者；③優眼自動視野計中心 30 度程式檢查，平均缺損超過 10dB 者。第二種是等級 2 的**中度視覺障礙**，包含：①矯正後兩眼視力均看不到 0.1 時，或優眼視力為 0.1，另眼視力小於 0.05 者；②優眼自動視野計中心 30 度程式檢查，平均缺損超過 15dB 者。第三種是等級 3 的**重度視覺障礙**，包含：①矯正後兩眼視力均看不到 0.01（或矯正後小於 50 公分辨指數）者；②優眼自動視野計中心 30 度程式檢查，平均缺損大於 20dB 者。

（2）依視力損失的時期來分

依視力損失的時期分，有**先天性盲**和**後天性盲**兩種；嬰兒出生即發現視力損失，為「先天性盲」；出生以後才由於某些因素造成視力損失，稱為「後天性盲」（Hallahan & Kauffman, 2015）。

（3）依視力損失的病原來分

依視力損失的病原來分，可分成因屈光不正、白內障、青光眼、視網膜剝離、視網膜芽細胞瘤、水晶體後部纖維增生症、早產兒視網膜病變、視網膜色素變性、結膜疾病、眼外傷造成的視障（杞昭安，2000；萬明美，2000）。常見的視覺損傷包括近視、遠視、散光、斜視、眼球震顫、白膚症（albinism，或譯為「白化症」）等；完全的白膚症全身皮膚顏色白皙，頭髮呈白色或黃色；部分白膚症者可能因眼球色素層缺乏色素，而有畏光現象，常會瞇著眼睛；並且有屈光不良、眼球震顫現象，以及色盲的問題（Rosenthal et al., 2016）。

（4）依視力損失的形態來分

Prickett 和 Welch（1995）指出，有**中央和遠距離視力**，以及**周圍視力**缺損兩種類型；中央和遠距離視力缺損者無法看遠，例如：高度近視、視神經萎縮；而周圍視力缺損者看視野之外、邊緣的物體有困難，即使是距離很近仍然會有困難，**尤塞氏症**（**Usher syndrome, US**）是盲或聾的主因，夜盲和周圍視力缺損是其視障的特徵。後續於「多重障礙」中還會詳細介紹尤塞氏症。

3.視覺障礙者的特徵

綜合文獻（杞昭安，2000；萬明美，2000；D. D. Smith & Taylor, 2010）可知，視障者具有下列特徵：第一，對於太大的物體、不同色彩、自然景物、抽象語詞、動態現象、空間大小、形狀與背景的區辨等有理解的困難。第二，較易出現焦慮、緊張的情緒；也容易出現固著行為和運用肢體觸摸外在人事物的行為。第三，定向和行動上有困難，以至於活動的範圍受局限。

（七）聽覺障礙

人物素描 6-7　一位聽覺障礙者——王曉書

3 歲時因為高燒延誤治療的意外，使得王曉書從此進入無聲的世界。嚴格的阿姨以自創教育方式，強迫她用僅剩的聲帶發音說話，她發出了怪腔怪調，卻成為能夠勇敢說話的聽障生。家人拒絕用手語和她溝通，堅持面對她講話，要她閱讀每個人的脣型，讓她終於「看見」聲音。她無法感覺節奏感，體會不出聲音的情緒；但是她模仿力強，視覺特別敏銳，進入實踐家專第一次站在舞臺上，便受到全校注目，並一舉拿下全校十大才女的頭銜，她說全世界共同的語言就是「愛」。王曉書除了是知名模特兒外，還身兼公共電視臺的手語主播一職，替許多聽障生服務。王曉書一直認為自己「不是不幸，只是不便」，以樂觀積極的態度面對人生的每一個挑戰；即使身處於沒有聲音的世界，她仍堅持用自己的努力，彌補生命中的不足，活出燦爛的精采人生。（整理自王曉書，2005）

從王曉書的故事可以發現：她即使身處於沒有聲音的世界，仍以樂觀積極的態度面對人生的每一個挑戰。以下從聽覺障礙的定義、類型和特徵三方面介紹聽障。

1.聽覺障礙的定義

依據《身心障礙及資賦優異學生鑑定辦法》（2002/2013），聽障的定義如下：

> 由於聽覺器官之構造缺損或功能異常，致以聽覺參與活動之能力受到限制者。前項所定聽覺障礙，其鑑定基準依下列各款規定之一：一、接受行為式純音聽力檢查後，其優耳之 500 赫、1,000 赫、2,000 赫聽閾平均值，6 歲以下達 21 分貝以上者；7 歲以上達 25 分貝以上。二、聽力無法以前款行為式純音聽力測定時，以聽覺電生理檢查方式測定後認定。

2.聽覺障礙的類型

聽障可就聽力損失的程度、時期、發生部位和頻率範圍而有不同的類型，詳細討論如下。

（1）就聽力損失的程度來分

依據《身心障礙者鑑定作業辦法》（1997/2021）中的附表二：《身體功能及構造之類別、鑑定向度、程度分級與基準》，將聽障分為三種障礙程度：等級 1 是**輕度聽障**，6 歲以上者雙耳整體障礙比率介於 45%至 70%，或一耳聽力閾值 90 分貝以上，且另一耳聽力閾值 48 分貝以上者。如無法取得純音聽力閾值者，以**聽覺腦幹誘發反應**（auditory brainstem evoked response, ABR）檢查聽力閾值作為純音聽力閾值計算。未滿 6 歲者以雙耳整體障礙比率介於 22.5%至 70.0%，如無法取得純音聽力閾值者，以 ABR 聽力閾值作為純音聽力閾值計算。6 歲以上不適用本項基準。等級 2 是**中度聽障**，雙耳整體障礙比率介於 70.1%至 90.0%，如無法取得純音聽力閾值者，以 ABR 聽力閾值作為純音聽力閾值計算。等級 3 是**重度聽障**，雙耳整體障礙比率大於等於 90.1%，如無法取得純音聽力閾值者，以 ABR 聽力閾值作為純音聽力閾值計算。

（2）依聽力損失的時期來分

依聽力損失的時期分，有兩種分法：一種是按**嬰兒出生**為分隔點，嬰兒出生即發現聽力損失，為**先天性聾**；出生以後才由於某些因素造成聽力損失，稱為**後天性聾**（D. D. Smith & Taylor, 2010）。另一種是以**語言發展時期**（約出生後至 18 到 24 個月之間）為分隔點，分成**語言發展前聾**和**語言發展後聾**，前者是指在學習說話和語言之前已喪失聽力者，通常會導致較嚴重的教育問題；後者在學習說話和語言之後才喪失聽力者，此類兒童的障礙狀況較輕微，維持他們構音的清晰度，以及擴展他們的語彙和語句使用，成為教育的重點（Kirk et al., 2015）。

（3）就聽力損失發生的部位來分

就聽力損失發生的部位來分，可分成**傳導性聽覺障礙**、**感覺神經性聽覺障礙**和**混合性聽覺障礙**三種；傳導性聽覺障礙是指，聽障發生在外耳或中耳等聲音傳導過程，較容易藉由手術或助聽器的配戴改善聽力狀況；感覺神經性聽覺障礙是指，聽障發生在內耳，以至於阻礙音波轉換進入聽覺中樞，較難透過手術或助聽器的配戴改善聽力狀況；混合性聽覺障礙係指同時合併傳導性和感覺神經性聽覺障礙（Hallahan & Kauffman, 2015）。

（4）依聽力損失的頻率範圍來分

依聽力損失的頻率範圍來分，可分成**高頻率帶、低頻率帶**和**語言頻率帶的聽覺障礙**三種；高頻率帶的聽覺障礙者在高音的聽覺上有困難；低頻率帶的聽覺障礙者在低音的聽覺上有困難；語言頻率帶的聽覺障礙者則在語言學習上有明顯的限制（胡永崇，2000c）。

3.聽覺障礙者的特徵

綜合文獻（胡永崇，2000c；蕭金土，2000；D. D. Smith & Taylor, 2010），聽障者具有下列特徵：第一，聽障者由於較缺乏說話的經驗與聽覺的回饋，溝通能力較為有限；如同語障者的困難般，可能會有構音異常、嗓音異常、語暢異常和語言發展遲緩的問題。此外，他們在閱讀理解、書寫表達能力上較為困難，例如：難以理解抽象的詞彙；一篇作文中每個句子的平均長度較短；使用的字彙較局限；字詞使用較不恰當；文句的邏輯性和通順度較差，甚至有文句顛倒的情形等。第二，聽障者由於聽力的限制，較容易出現焦慮、緊張的情緒，以及誤解他人的話語，而形成人際溝通的問題。第三，部分聽障者有社會適應上的困難，但一般認為此困難與下列因素有關：（1）由於溝通障礙，所以聽障者與一般人建立適當關係的能力較不足；（2）由於語言能力的限制，聽障者對於抽象的社會道德意識，例如：對「慷慨」之理解，可能不如一般人；（3）社會上一般人對聽障者的接納態度，亦會影響聽障者的人際適應；（4）聽障者可能較一般人遭遇更多的人際、學習、就業和其他的生活挫折經驗，而不利其社會適應。

（八）語言障礙

人物素描 6-8　一位語言障礙者——Christy Brown

Christy Brown 1932 年出生於愛爾蘭的一個貧窮家庭，但是這個新生命的到來並沒能給家人帶來歡樂，腦性麻痺導致的痙攣，使他無法和一般人一樣用肢體或語言來表達自己的情感，他只能靠唯一一隻能動的左腳來完成所有想做的事情。然而，上帝雖然沒有給 Christy 一個健全的身軀，卻賦予他智慧和靈巧的左腳，他掙扎地學著用他的左腳去讀、寫和畫，甚至去打字。從小就喜愛畫畫的他，作品屢屢獲獎，出色的表現不僅得到了眾人的認可，同時也改變了他的人生。在多年的不懈努力之下，Christy 成了一位舉世矚目的藝術家、作家，著有小說《夏日陰影》，和兩本詩集——《輕柔地循我的足跡》、《背景音樂》。他於 1981 年去世，得年 48 歲。《我的左腳》這部電影即在敘說 Christy 的生命故事。（Brown, 1954/1980）

從 Christy 的故事可以發現：他由於「腦性麻痺」造成其語障，無法用語言來表達情感，但他透過他的左腳去讀、寫和畫。以下探討語言障礙的名稱、定義、類型和特徵。

1.語言障礙的名稱

與語言相關的名詞有**說話**（**speech**）、**語言**（**language**）和**溝通**（**communication**），因此除了語言障礙此名稱外，尚有**說話損傷**（**speech impairments**）和**溝通異常**（**communication disorders**）兩種稱呼（D. D. Smith & Taylor, 2010）。除此，尚有描述特定說話或語言問題的名詞，例如：**失語症**、**失用症**、**貧語症**（**alogia**）、**說話不流暢**（**dysfluency**）等（Kirk et al., 2015; D. D. Smith & Taylor, 2010）。依據 Downing 等人（2015），說話是語音產生的行為，例如：發出「球」這個音，它牽涉到下列四個過程：（1）**呼吸**，在聚集發出聲音的力量；（2）**發聲**，藉由聲帶的律動產生力量；（3）**共鳴**，聲音在頭部和頸部之間來往；（4）**構音**，是透過嘴巴和舌頭的動作構成說話。語言則是以特定規則為基礎的溝通，它包含**形式**、**內容**和**使用**三個成分，形式又涵蓋了**語音**、**語形**（**morphology**）和**語法**；內容即對**語意**的掌握；使用即反映社會情境的**語用**（D. D. Smith & Taylor, 2010）。由此可知，語言牽涉到符號系統內容和形式的理解及使用，此符號系統不只**口語的語言**，尚包括**書寫語言**和**符號語言**（例如：手勢或手語、實物、圖卡、照片、動作、臉部表情），語言的內涵如圖 6-8。

溝通是透過口語和非口語的方式（例如：溝通者的表達動作、身體所在的位置、與他人的空間距離），交換知識、想法和感受的過程，像是跟別人說：「給我紅色的球。」由這三個詞意義的比較可以發現，「溝通」的內涵最寬廣，它包含語言和說話兩個成分，並且注意非口語行為，以適當的方式與他人交換知識、想法和感受（Kirk et al., 2015），如圖 6-9。Browder 和 West（1991）將溝通的功能分為**工具性**、**社會性**和**個人性**三大項，其中工具性功能是使用語言獲得想要的東西；社會性功能包括問候、發問、回應、與他人交換訊息和相互溝通等；個人性功能是使用語言表達個人的情感與思想。

D. D. Smith 和 Taylor（2010）釐清語言差異和語言障礙不同處在於，語言差異僅是一種語言符號的變異，例如：方言為某些文化或種族之團體中的個人所使用，它不應被視為語言障礙。

2.語言障礙的定義

美國《IDEIA 2004》界定語言障礙為：「是一種溝通異常，像是口吃（stuttering）、構音異常（articulation disorder）、語言異常（language disorder）或嗓音異常

圖 6-8 語言的結構

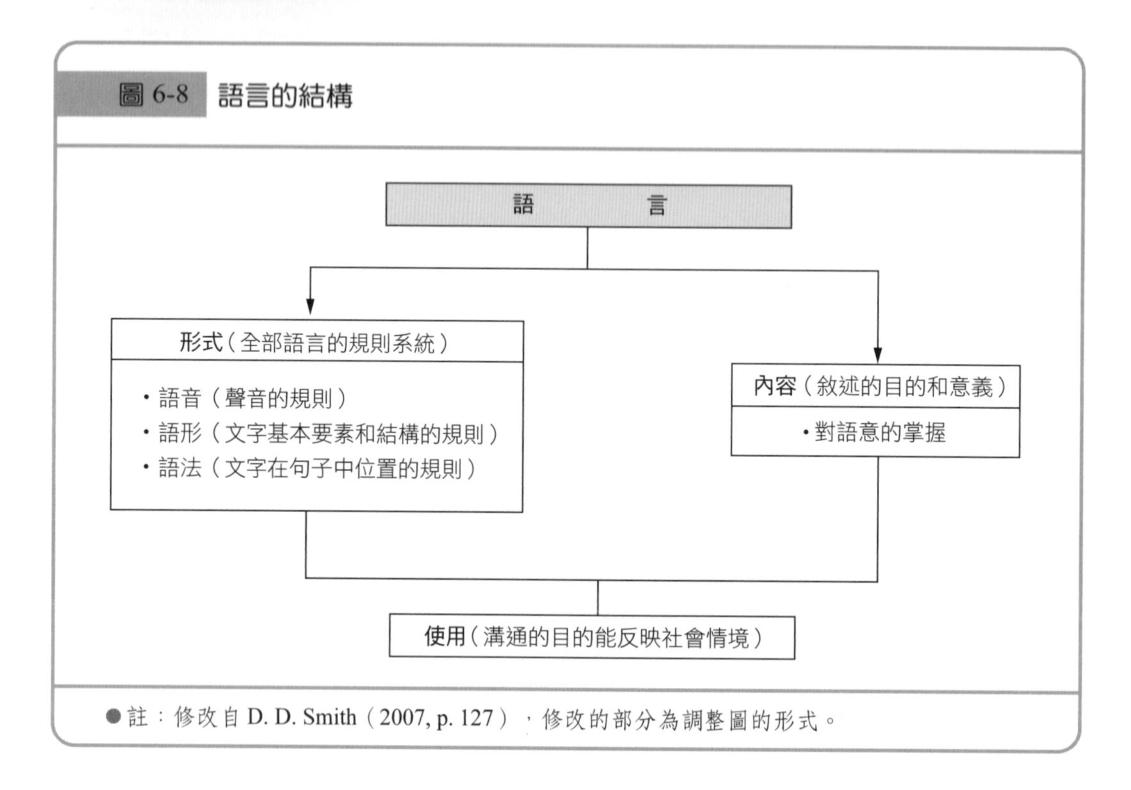

●註：修改自 D. D. Smith（2007, p. 127），修改的部分為調整圖的形式。

圖 6-9 溝通的過程

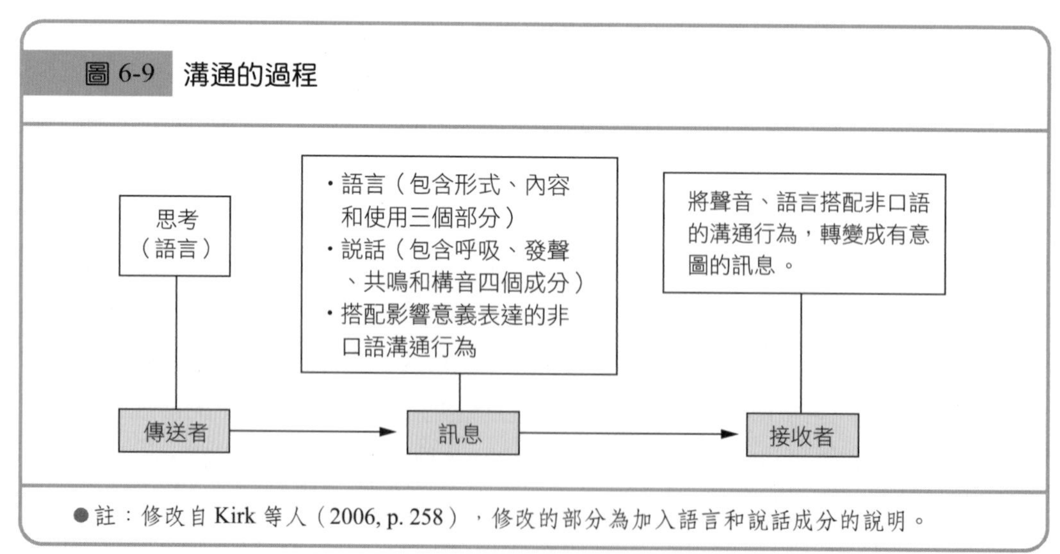

●註：修改自 Kirk 等人（2006, p. 258），修改的部分為加入語言和說話成分的說明。

（voice disorder），因而影響個體的教育表現者。」（引自 D. D. Smith, 2007, p. 124）美國聽語學會（American Speech-Language-Hearing Association）1993 年對語言障礙的定義如下（引自 D. D. Smith, 2007, p. 124）：

當個體出現以下情況，則可能是語言障礙：當個體的說話或語言不同於相同實齡、性別或種族的人，個體的說話或語言很難被理解，個體過度關注於他的說話，或時常逃避與他人說話。

依據《身心障礙及資賦優異學生鑑定辦法》（2002/2013），語言障礙的定義如下：

語言理解或語言表達能力與同年齡者相較，有顯著偏差或低落現象，造成溝通困難者。前項所定語言障礙，其鑑定基準依下列各款規定之一：一、構音異常：語音有省略、替代、添加、歪曲、聲調錯誤或含糊不清等現象。二、嗓音異常：說話之音質、音調、音量或共鳴與個人之性別或年齡不相稱等現象。三、語暢異常：說話節律有明顯且不自主之重複、延長、中斷、首語難發或急促不清等現象。四、語言發展異常：語言之語形、語法、語意或語用異常，致語言理解或語言表達較同年齡者有顯著偏差或低落。

依據APA（2013a）的《DSM-5》，採用**溝通異常**的名稱，並且做了如下的修改：（1）合併「表達語言異常」與「混合的接受—表達語言異常」為**語言異常**；（2）更改語音異常為**說話聲音異常**（speech sound disorder）；（3）更改「口吃」為**兒童期出現的語暢異常**；（4）刪除「其他溝通異常」，加入**社交（語用）溝通異常**，是指在社交情境中，持續有困難運用語言及非語言與他人溝通；然而，因社交溝通限制是泛自閉症的症狀之一，故要注意若個體有局限的重複行為、興趣和活動，就不可做此診斷。

3.語言障礙的類型

從障礙的類型和程度，詳細討論語言障礙的類型如下。

（1）依障礙的類型來分

依障礙的類型來分，有**說話異常**和**語言發展異常**兩種，說話異常又包括**構音**、**嗓音**和**語暢異常**三種（D. D. Smith & Taylor, 2010），其中，語言發展異常即《身心障礙及資賦優異學生鑑定辦法》（2002/2013）中的「語言發展遲緩」。構音異常乃指，說話之語音有**省略**〔例如：書（ㄕㄨ）包說成書（ㄕ）包，省略了ㄨ的音〕、**替代**〔例如：葡（ㄆㄨˊ）萄說成葡（ㄅㄨˊ）萄〕、**添加**〔例如：老師（ㄕ）說成老師（ㄕㄨ），增加了ㄨ的音〕、**歪曲**〔例如：吃（ㄔ）飯說成吃（ㄘㄨ）飯〕、**聲調錯誤**或**含糊不清**等現象，因而導致溝通困難者（張勝成，2000）；而在診斷個體是否有構音異常時，須考慮年齡、文化和環境因素（D. D. Smith & Taylor, 2010）。會造成構音異常，部分是由於**構音器官的損傷**，例如：**唇裂（cleft lip，俗稱兔唇）**、**唇顎裂（cleft palate）**；部分是由於**聽力的受損**（例如：幼兒罹患中耳炎），導致個體較困難藉由聽取他人的語音而模仿（李乙明，2000；Kuder, 2018）。

嗓音和語暢異常則在前述《身心障礙及資賦優異學生鑑定辦法》（2002/2013）中已界定。嗓音異常則有可能是由於疾病，例如：關節炎造成肌肉活動的問題，進而干擾個體發音；或是個體不恰當地使用聲音，例如：大聲喊叫（D. D. Smith, 2007）。而口吃是一種語暢異常，可能和壓力有關，例如：個體處於複雜或無法預期的會話情境，口吃發生的頻率將大為提高（Hall et al., 2001；引自 D. D. Smith, 2007, p. 135）。D. D. Smith 和 Taylor（2010）指出，語言發展異常包含了在**口語**、**書寫**和**符號語言**的理解和表達上，呈現**形式**、**內容**和**使用**三種障礙，亦即**語音**、**語形**、**語法**、**語意**和**語用**的困難。語言發展異常則有可能是由於腦中樞神經的功能失調；或是環境未提供語言刺激，沒有給予溝通的機會，未鼓勵個體溝通，甚至處罰或忽略他等（Kuder, 2018）。

（2）依障礙的程度來分

依據《身心障礙者鑑定作業辦法》（1997/2021）中的附表二：《身體功能及構造之類別、鑑定向度、程度分級與基準》，將涉及聲音與言語構造及其功能，從**嗓音和構音功能**、**言語功能的流暢與節律**，以及**口**、**咽和喉結構**，分成 0 至 3 四個等級，0 是指無障礙，1 是輕度，2 是中度，3 是重度。

4.語言障礙者的特徵

其他身心障礙類別可能伴隨語障，例如：智障、學障、聽障、泛自閉症、腦性麻痺等；泛自閉症、學障和聽障的語言特徵已於前述說明，我接著討論智障和腦性麻痺者的語言特徵。

（1）智能障礙者的語言特徵

智障者在句型發展上較一般兒童遲緩，句子的結構較簡單、複雜度較小，在應用各種句型結構時的錯誤率高於一般人；詞類變化較少，詞彙較為貧乏，常用同一個詞表達很多不同的概念與事物，且平均句長較短，這些現象會隨著智障程度的加重而更見顯著（Merrill & Jackson, 1992; Rondal & Edwards, 1997）。除此，Oetting 和 Rice（1991）的研究指出，智障者在社會情境中適當運用語言的能力較差，尤其是在複雜的情境中。曾怡惇（1993）也發現，臺灣國小中度智障兒童在口語表達上，無論詞彙數量或內容、語句長度、措詞能力與深度等方面皆較普通兒童為差。

綜合文獻（梁秋月，1990；莊妙芬，1997、2000；蔡阿鶴，1989）發現，智障者常出現的語言特徵有：使用娃娃語；常只是單字、片語，較不會連結成句子；運用具體而較少抽象的詞彙；語意的範圍狹窄，較不會使用形容詞、助詞、所有格、受詞、連接詞和否定詞等。智障者運用語言呈現的功能較偏向要求實物或活動，或尋求協助等工具性功能，而較少主動問候、表達意見（例如：自白澄清）等社會性功能（Beirne-Smith et al., 2005）。

部分智障者有構音異常的問題，林寶貴（1992）指出，構音異常是智障兒童最常見的語言問題，例如：有替代音、省略音、贅加音和歪曲音等，或是有語暢不順，以及反覆的口語行為，此種現象直接影響其社交互動的品質。此外，隨著智障程度的加重，其口語行為愈少，非口語行為愈多，重度智障者在溝通時對於手勢及肢體語言的依賴更勝於口語（Friend & Bursuck, 2019）。

（2）腦性麻痺者的語言特徵

腦性麻痺者由於腦中樞神經系統的損傷，可能會有構音障礙、嗓音異常、語暢異常和語言發展遲緩的問題（D. D. Smith & Taylor, 2010）。

（九）身體病弱

人物素描 6-9　一位身體病弱者——周大觀

周大觀 1987 年出生，5 歲時，四書、五經和詩詞已能琅琅上口。入小學時，養成寫日記習慣。他 9 歲到美國、中南美洲旅行，回國後發現自己得到惡性橫紋肌癌。得了癌症後，共經歷兩次開刀，12 次化學治療，30 次鈷 60 照射治療，以及截肢手術。臺大召開醫療評估會議，大觀堅持要參加。會議結束後大觀在日記上寫著：「醫師是法官，宣判了死刑；但是我是病人，不是犯人，我要勇敢的活下去；我要與癌症惡魔爭健康，向上帝要公平，我才只有 10 歲；我不只有 10 歲，我還有好多個 10 歲。」他 10 歲時離開人間，著有《我還有一隻腳》、《大觀——一位癌症小孩的心聲》，將他生前勇敢地和疾病搏鬥、熱愛生命、關懷別人、愛護地球的故事都寫了下來；不但動人心弦，更饒富啟發性。父母和一些朋友成立了「周大觀文教基金會」，進行全球熱愛生命快樂生活系列公益活動。（整理自宋芳綺，2005）

從周大觀身上看到他與癌症搏鬥、熱愛生命的故事。癌症歸類於身體病弱，以下從定義、類型和特徵三方面，介紹身體病弱。

1.身體病弱的定義

《IDEIA 2004》稱作其他健康損傷，它的定義如下（引自 D. D. Smith, 2007, p. 319）：

> 由於慢性或急性的健康問題，例如：哮喘（asthma）、注意力不足症或注意力不足／過動症、糖尿病（diabetes）、癲癇、心臟疾病（cardiac disease）、貧血（hemophilia）、鉛中毒（lead poisoning）、白血病（leukemia）、腎炎（nephritis）、風濕熱（rheumatic fever）、鐮狀細胞血友病（sickle cell anemia），導致個體之體力、活力或警醒度有限制。它亦包括個體對環境刺激產生過度反應，以至於對教學刺激的反應降低，因而對其教育表現產生負面的影響。

由此可知，《IDEIA 2004》將 AD/HD 歸類於其他健康損傷；而臺灣將之歸類於情緒行為障礙。依據《身心障礙及資賦優異學生鑑定辦法》（2002/2013），身體病弱的定義如下：

> 是指罹患疾病，體能虛弱，需要長期療養，且影響學習者活動。前項所定身體病弱，其鑑定由醫師診斷後認定。

2.身體病弱的類型

D. D. Smith 和 Taylor（2010）將身體病弱分成兩種：一種是**慢性疾病**，例如：癲癇、結核病（tuberculosis）、腎炎、哮喘、糖尿病、囊腫纖維變性（cystic fibrosis）、心臟缺陷（cardiac defects，像是心室或心房中膈缺陷）、血液異常（blood disorder，像是鐮狀細胞血友病）、兒童癌症等；另一種是**傳染性疾病**，例如：後天免疫缺乏症候群（acquired immunodeficiency syndrome, ADIS，俗稱愛滋病）等。

依據《身心障礙者鑑定作業辦法》（1997/2021）中的附表二：《身體功能及構造之類別、鑑定向度、程度分級與基準》，因罹患中央衛生主管機關所公告之**罕見疾病**、**先天性染色體異常**、**代謝異常**及**先天性缺陷疾病**，而致身體系統構造或功能障礙，且無法區分其障礙程度等級之未滿 6 歲兒童，或 6 歲以上經評估其獨立自理生活、從事半技術或簡單技術性工作，受到該疾病之影響者，可視影響的層面為，神經系統構造及精神、心智功能，聲音與言語構造和其功能等選擇障礙類別。以下舉例說明慢性、傳染性和罕見疾病，以及染色體和代謝異常。

（1）慢性、傳染性和罕見疾病

癲癇是慢性疾病的一種，是大腦神經元發射過多導致的抽搐現象；此時腦部功能短暫失調，造成不能有效控制肌肉、感覺、意識、思考活動；抽搐過後，腦部功能又恢復正常（D. D. Smith, 2007）。即使腦波不見異常，但如有明顯的反覆性臨床發作，可診斷為癲癇；而即使是腦波異常，若沒有臨床發作，則不能稱為癲癇（何華國，1999）。癲癇發作的類型有**全盤強直—陣攣抽搐**（**generalized tonic-clonic seizures**）、**簡單的部分抽搐**（**simple partial seizures**）、**複雜的部分抽搐**（**complex partial seizures**）和**小抽搐**（**petit mal seizures**）；小抽搐時個體的臉色蒼白、兩眼發直、眼皮抽搐、短暫的知覺消退，較不易察覺，以為在做白日夢或不專心；簡單的部分抽搐時，個體仍有意識，但無法控制身體動作；複雜的部分抽搐時，個體意識已進入幻覺狀態，對教學完全無反應，產生不適當和不受規範的行為，外表似乎在夢遊；而全盤強直—陣攣抽搐會經歷先兆，包括翻白眼、暈眩、幻覺、不平常的抽搐動作、呆滯、不注意、時常掉東西、呼吸急促等，接著進入強直、陣攣和昏迷（D. D. Smith & Taylor, 2010）。

傳染性疾病是一種可以從一個人或其他物種，經過各種途徑傳染給另一個人或物種的感染病，個體通常是藉由直接接觸已感染之個人、感染者之體液及排泄物、感染者所污染到的物體，亦可透過飲水、食物、空氣或其他媒介而散布（Smith & Taylor, 2010）。臺灣衛生福利部疾病管制署（簡稱衛福部疾管署）呈現一些法定傳染病（見 http://www.cdc.gov.tw/），愛滋病是其中一種，由愛滋病毒所引起的疾病，它會破壞人體原本的免疫系統，使個體的身體抵抗力降低；當免疫系統遭到破壞後，原本不會造成生病的病菌，變得有機會感染人類，嚴重時會導致死亡（衛福部疾管署，無日期）。

而罕見疾病乃依《罕見疾病防治及藥物法》（2000/2015）所稱之罕見疾病。此法為衛生福利部為了防治罕見疾病之發生，及早診斷罕見疾病，加強照顧罕見疾病的病人，協助病人取得罕見疾病適用藥物，以及維持生命所需之特殊營養食品，並且獎勵與保障該藥物及食品之供應、製造與研究發展所制定。

腎上腺腦白質退化症（**adrenoleukodystrophy, ALD**）即是一種「罕見疾病」，也就是《羅倫佐的油》（*Lorenzo's Oil*）電影中主角所罹患的疾病。它主要是由於腦內覆蓋神經纖維的髓鞘流失，以及腎上腺退化所導致的進行性神經功能退化，會漸漸失去行動和語言能力，最後進入植物人狀態（WHO, 2004）。**早衰症**（**premature senility syndrome**）亦是一種「罕見疾病」，有提早老化的跡象，每年老化 5 至 10 歲，生理和心理不協調的問題是他們面對的最大議題（WHO, 2004）；《家有傑克》（*Jack*）這部電影中的主角——傑克即得到早衰症，10 歲的他，外表看起來像是 40 幾歲，過度成熟的外表，使得他在同學間顯得特別怪異，備受同學的排擠和恥笑。

（2）染色體異常

染色體異常中，**唐氏症**便是一例，在智障者中占多數；它有三種染色體變異：第一種是第 21 對染色體多出一個，約占 95% 的比例；第二種是轉位，亦即兩個染色體之間發生構造上的斷裂及轉接，約占 4%；第三種是拼湊，也就是人體細胞內同時有兩種或兩種以上的細胞核型，例如：46 個及 47 個染色體，約占 1%；其特徵為：全身肌肉張力低、四肢短小、手掌粗短、鼻梁塌陷、兩眼間的鼻梁寬、張嘴吐舌頭、扁平頭型、短頭、後頸部皮膚鬆垮、斷掌紋、第一及第二趾間距加大，但是沒有單項特徵一定 100% 出現在每位唐氏症者身上；生長發育均較一般小孩來得慢且小，約有一半合併有先天性心臟病，抵抗力差，易有呼吸道感染的現象（Beirne-Smith et al., 2005）。又例如：**普瑞德－威利症（Prader-Willis syndrome, PWS）**，它是第 15 對染色體異常所致；出生時軟趴趴，漸漸長大後，喜歡大吃大喝；身材短小，手與腳比較小（T. E. C. Smith et al., 2016; WHO, 2004）。

（3）代謝異常

代謝異常中常見的有**苯酮尿症**（phenylketonuria, PKU）、**半乳醣血症**（galactosemia）和**黏多醣貯積症**（簡稱黏多醣症，mucopolysaecharidoses, MPS）。苯酮尿症是一種氨基酸代謝異常，發生於苯氨基丙酸羥化酵素（phenylalanine hydroxylase）缺失，導致不能氧化苯胺基丙酸成為酪氨酸（tyrosine），進而損害腦中樞神經系統；其特徵包括頭髮、眼睛和皮膚顏色較淡；尿液、身體有特別的霉臭味，會造成智障和學習遲緩，以及震顫、手腳抽搐痙攣的動作、過動等症狀；治療方式為食用低苯胺基丙酸含量的食物，以及藥物治療（R. L. Taylor et al., 2005）。

半乳醣血症是一種碳水化合物代謝異常，因半乳醣—1——磷酸鹽尿核苷轉移酵素（galactose-1—phosphate uridyl transferase），或半乳醣活動酵素（galactokinase）的缺乏，無法將半乳醣轉化分解，造成血中半乳醣上升，可能造成白內障、生長發育障礙、肝硬化等症狀；治療方式為排除含半乳醣的食物（如以豆奶取代牛乳；程玉馨，1988；R. L. Taylor et al., 2005）。

黏多醣症者出生時並無異樣，但隨著黏多醣日漸堆積，會損及個體的外貌、內臟器官及骨骼關節，逐漸出現以下症狀：①身材矮小、頭顱變大、濃眉、面容毛髮粗糙、鼻梁塌陷、嘴唇厚實；②關節變形僵硬、手臂粗短彎曲、爪狀手、短下肢、膝內翻、脊椎變形、手指屈曲僵硬、行動不便；③肝脾腫大、腹部突出、肚臍疝氣、腹股溝疝氣、角膜混濁等；④呼吸道會逐漸變窄，同時其分泌物量多且稠，因此常常併發支氣管炎或肺炎；黏多醣症的嚴重程度不一，有的人會產生智障、視障、聽障（WHO, 2004）。

3.身體病弱者的特徵

綜合文獻（徐享良，2000；D. D. Smith & Taylor, 2010），身體病弱者具有下列特徵：第一，由於健康問題和體力較有限，可能容易疲累和受感染，健康照顧是最需要面對的議題。第二，由於健康上的問題，可能會造成自我概念低落和人際關係不佳；不過，如果身體病弱者的自我接納度高，加上環境給予足夠的支持和協助，這些問題會減少許多。第三，由於須接受治療而缺課，或因長期受照顧而養成依賴心理，成就動機不足，或體力有限，以至於學業表現可能有低落的情形。第四，由於體能虛弱，在行動、肢體動作和生活自理上可能會有困難，需要較多的教導和協助。

（十）多重障礙

人物素描 6-10　一位多重障礙者——謝坤山

謝坤山出生於臺東的貧窮家庭，出生時手腳健全；但因家境不佳，自幼時就常幫助父母做生意、打工貼補家用。因此謝坤山國小畢業之後，沒有繼續就學，而是到工廠掙錢；但也因而練得一副好體格，能夠扛上百餘公斤的貨物。後來舉家搬到臺北，16 歲時在工廠工作時，一場高壓電打擊的意外讓他受到重創，他失去了一個眼睛的視力，喪失了萬能的雙手，也被剝奪了能跑能跳的一條腿。意外發生後，親朋好友看到殘缺不全的謝坤山，愁雲慘霧之際，紛紛認為不要救，讓他一走了之；然而謝坤山的母親卻獨排眾議，堅持一定要救他。謝坤山也心懷感恩，樂觀地接受了母親所給予的第二次生命。他於 1980 年師事陳惠蘭和畫家吳炫三，並回到學校完成國中和高中教育，成為臺灣知名的口足畫家。謝坤山曾出版自傳《我是謝坤山》，並且在1996獲得第34屆全國「十大傑出青年」。（整理自管家琪，2004）

從謝坤山的故事發現：他是一位視障兼肢障的多重障礙者，雖然手腳不便，但卻充分運用他剩餘的身軀，成為知名的口足畫家。以下介紹多重障礙的定義和特徵。

1.多重障礙的定義

根據《IDEIA 2004》，多重障礙的定義如下（引自 D. D. Smith, 2007, p. 463）：

同時擁有兩種以上的損傷（例如：智障和視障、智障和肢障等），導致個體有顯著的教育需求，而此需求無法在只為一種損傷所設計的特殊教育方案得到因應；這個名詞並不包括「盲和聾」。

由上述《IDEIA 2004》定義可知，它將「盲和聾」獨立成一類。尤塞氏症是盲和聾的主因（Prickett & Welch, 1995），它是一種遺傳性疾病，特徵是出生後不久便有中度至嚴重的聽覺損傷，以及由於視網膜色素變性引起的視覺漸損；尤塞氏症有三類：一型者在出生時便嚴重失聰，隨之而來產生身體平衡問題，到成年後開始呈現夜盲和喪失周圍視力的症狀；二型者出生時有中度至重度的聽覺損傷，但沒有身體平衡問題，視網膜色素變性的症狀在成年之後才開始出現；三型者的特徵是聽覺和視覺的退化都是進行性的（WHO, 2004）。

依據《身心障礙及資賦優異學生鑑定辦法》（2002/2013），多重障礙的定義如下：

> 包括二種以上不具連帶關係且非源於同一原因造成之障礙而影響學習者。前述所定多重障礙，其鑑定應參照本辦法其他各類障礙之鑑定基準。

依據《身心障礙者鑑定作業辦法》（1997/2021）中的附表二：《身體功能及構造之類別、鑑定向度、程度分級與基準》，同時具有二類或二類以上不同等級之障礙類別時，綜合等級以較重等級為準；同時具有二類或二類以上相同等級之身心障礙類別時，綜合等級應晉升一級，以一級為限。以影響發展與學習最嚴重之障礙為主障礙，可分為下列五類：以**智能障礙**、**視覺障礙**、**聽覺障礙**、**肢體障礙**，**和其他某一障礙為主之多重障礙**。

2.多重障礙者的特徵

多重障礙者具有高度的異質性，其特徵須視其合併的障礙類別和等級而定；若為視障兼智障，則具有前述視障和智障的特徵，甚至因為兩種障礙的交互作用，而產生更顯著的困難。另外，多重障礙者健康程度有很大的差異，雖然有些人健康狀態良好；但部分人和一般人相較之下，顯示出嚴重的心臟、呼吸、飲食、消化等健康上的問題（王亦榮，2000a）。部分多重障礙者自我照顧能力較不足，有困難獨自處理日常生活中的各種需要，例如：穿衣、飲食和維持個人的衛生（葉瓊華，2000）。視多重障礙者合併的障礙類別和等級，他們可能會有接受和表達性語言發展異常的問題。

（十一）發展遲緩

人物素描 6-11 一位發展遲緩兒童的母親——林美瑗

《慢飛天使——我與舒安的二十年早療歲月》是關於一個永遠無法飛翔的天使，以及癡心守護她的母親之動人故事。抱著「為母則強」的意志，林美瑗為了舒安的復健，全家四處遷徙，從臺南到臺北再到花蓮，不斷追尋各種醫療資源和友善環境。為了一面工作一面照顧舒安，林美瑗進入心愛兒童發展中心當保育員，結識不少充滿熱情的特教專家，也接觸到許多慢飛天使和家長。為了幫助在黑暗中摸索的家庭，林美瑗跟慈濟醫院郭煌宗醫師於 1996 年成立「早期療育協會」。走過 7,000 個夜不成眠，蠟燭兩頭燒，不斷與病魔和死神拔河的日子，林美瑗依然樂觀愛笑、熱情爽朗，她表示舒安是上天賜給她學習生死功課的寶貝。（整理自林美瑗，2006）

慢飛天使描述的是一位發展遲緩兒童，其母親——林美瑗為了她的早療和復健，不斷追尋各種醫療資源的故事，以下探討美國和臺灣對發展遲緩的定義。

1.美國對發展遲緩的定義

在美國，「發展遲緩」此名詞起源於 1986 年的《殘障兒童教育修正法案》，而且是指出生到滿 2 歲的身心障礙嬰幼兒（Yell, 2019）。而後在《IDEA 1997》發展遲緩也是身心障礙的一類，其年齡範圍改成從 3 到 9 歲；但是州政府與地方教育機構有權利可以自由決定，將發展遲緩的年齡界定在 3 到 9 歲之間的某個年段，例如：3 歲至 5 歲；而且如果經過評量，發展遲緩兒童具有某一類明確的障礙，亦可給予兩種名稱，例如：發展遲緩與智障、發展遲緩與自閉症；之後《IDEIA 2004》維持《IDEA 1997》的主張，它對發展遲緩的界定如下（引自 Yell, 2019）：

> 經由適當的診斷工具與診斷程序，在下列五種發展領域中，至少一種領域有發展遲緩：生理、認知、溝通和社會或情緒發展，必須接受特殊教育與相關服務者。

2.臺灣對發展遲緩的定義

依據《身心障礙及資賦優異學生鑑定辦法》（2002/2013），發展遲緩的定義如下：

指未滿6歲之兒童，因生理、心理或社會環境因素，在知覺、認知、動作、溝通、社會情緒或自理能力等方面之發展較同年齡者顯著遲緩，且其障礙類別無法確定者。前項所定發展遲緩，其鑑定依兒童發展及養育環境評估等資料，綜合研判之。

（十二）其他障礙

人物素描 6-12 一位顏面損傷者——黃彥凱

新竹縣一家活蝦海鮮餐廳店長黃彥凱，是 1998 年南投草屯商工演習爆炸案的受害者；當時他還只是個高二學生，他和另外三位同學被炸成嚴重灼傷。黃彥凱透露：曾經因為這些終身難以磨滅的傷痕而消極，甚至打算這輩子就在鄉下種田好了；但後來想到母親臨終時對他的鼓勵，決定再升學念自己最喜歡的美工設計，並且從廣告公司美工，一路做到可容納 300 人的餐廳店長。黃彥凱表示，也許自己的外表會讓人看起來有些突兀；但做生意講究的是誠意，所以他總是微笑面對顧客，而且在餐廳生意忙的時候，他也得去端盤子、上菜、帶位；從這些和客人接觸的經驗看來，大多數人並沒有因為他受過傷的面容而排斥他。黃彥凱說：「這場爆炸讓我失去了很多，也得到很多；但無論如何，我絕對不會放棄自己的人生。」（整理自蔡孟尚，2006）

黃彥凱雖因一場意外導致顏面損傷（facial disfigurement），但他沒有放棄人生。顏面損傷可歸類於其他障礙中，以下探討其定義和特徵。

1.其他障礙的定義

依據臺灣《身心障礙及資賦優異鑑定辦法》（2002/2013），其他障礙的定義如下：「在學習與生活有顯著困難，且其障礙類別無法歸類於第 3 條至第 13 條類別者。前項所定其他障礙，其鑑定應由醫師診斷並開具證明。」其他障礙包括**頭部外傷**、**顏面損傷**等。頭部外傷在美國是獨立的類別，美國教育部於 2005 年定義「頭部外傷」如下（引自 D. D. Smith, 2007, p. 463）：

由於外力導致腦部損傷，因而造成全部或部分功能上的障礙，和心理社會的損傷，進一步負面地影響個體的教育表現。頭部外傷此名詞可被應用在開放或封閉性的頭部外傷，導致一個或多個領域的損傷，例如：認知，語言，記憶，注意，推理，抽象思考，判斷，問題解決，感官、知覺和動作能力，心理社會行為，身體功能，訊息處理，以及語言。這個名詞不能應用於先天或退化性的頭部外傷，或是出生時外傷所導致頭部傷害。

顏面損傷在美國是歸類於**形體損傷**中，而臺灣依據《身心障礙者鑑定作業辦法》（1997/2021）中的附表二：《身體功能及構造之類別、鑑定向度、程度分級與基準》，顏面損傷歸類於**皮膚與相關構造及其功能**障礙，從**皮膚保護和其他功能**，以及**皮膚區域結構**三方面區分障礙程度：就皮膚區域結構而言，其障礙程度如下：

等級 1 包括：一是缺鼻二分之一，單側上顎或下顎缺損二分之一以下造成明顯中線偏移者。二是頭、臉、頸部損傷面積占頭臉頸部 30%至 39%，而無法或難以修復者。三是因先天性、後天性疾病造成顏面外觀改變且無法或難以修復，面積占頭臉頸部 30%以上，而對社會生活適應困難者。四是頭、臉、頸部以外之身體損傷面積占身體皮膚之 31%至 50%，而無法或難以修復者。等級 2 包括：一是缺鼻、眼窩、雙側上顎、下顎二分之一者。二是頭、臉、頸部損傷面積占頭臉頸 40%至 59%，而無法或難以修復者。三是頭、臉、頸部以外之身體皮膚損傷面積占身體皮膚之 51%至 70%，而無法或難以修復者。等級 3 包括：一是頭、臉、頸部損傷面積占頭臉頸部 60%以上，而無法或難以修復者。二是頭、臉、頸部以外之身體皮膚損傷面積占身體皮膚 71%以上，而無法或難以修復者。

2.其他障礙的特徵

以頭部外傷來說，它常有的身體特徵包括頭痛、疲勞、肌肉收縮、失去平衡感、麻痺；認知特徵包含短期和長期記憶問題、注意力不足、思考紊亂、對多步驟的工作有困難；社會或情緒特徵有心情起伏不定、焦慮、憂鬱、有困難安靜下來、動機較低落；因應這些特徵，他們需要一致的計畫和作息表、減少導致分心的因子、安排簡短的作業，以及提供很多練習新技能的機會（D. D. Smith & Taylor, 2010）。以顏面傷殘來說，由於顏面受損，可能會造成自我概念低落和人際關係上的問題；嚴重者還會造成呼吸、咀嚼、吞嚥等功能之障礙，甚至構音、嗓音和語暢異常。

貳、資賦優異學生

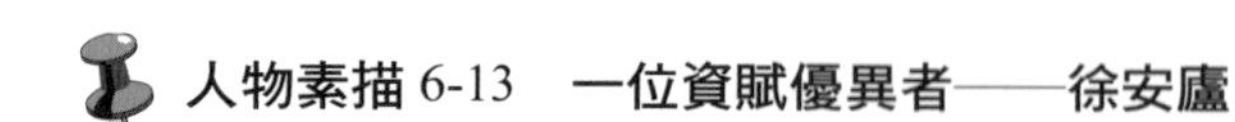

徐安廬 2 歲時即展現驚人的專注力及解決問題的能力，以樂高組合玩具組成與自己同高的機器人，5 歲時已能解代數題目，8 歲起在家自學；11 歲贏得華盛頓州高中組科展大獎，成為歷屆年紀最小的大獎得主，並代表華盛頓州參加英特爾科展；12 歲即進入華盛頓大學就讀，主修生物化學、分子生物、神經生物等學系，立志以基因科技，研究出治癒阿茲海默症、帕金森氏症、癌症、糖尿病、愛滋病等的解藥。於 2006 年取得「科學」學士雙學位後，繼續進修基因科學及醫學博士學位。徐安廬非常關心世界上受壓迫的兒童，他在 11 歲時即與弟弟徐安祺共同創立「世界兒童組織基金會」，以實際行動及時關懷世界貧童，運用多媒體科技，架設「英語教學網站」和「英語世界村」廣播節目，並完成一套 130 冊的英語教材，免費提供世界各地貧童學習，徐安廬的成長故事及學習經驗已被寫成《不只是天才》一書。（整理自徐安廬，2005）

徐安廬是一位資優者，他致力於基因科學及醫學領域，而且展現高專注力及問題解決能力等資優者的特質。以下探討資賦優異的定義、類型和特徵。

一、資賦優異的定義

英文通常將資優以「gifted」與「talented」二者並列，「gifted」是指，智力上具有高層次的表現者；而「talented」則是指，在特殊才能上具有優異表現者（何華國，1999）。Renzulli（1977）以較為彈性的觀點界定資優者，他提出「資優的三環定義」，資優者應同時具備：**高於一般人的智力或特殊才能、高度的工作熱忱、豐富的創造力**。美國 1978 年的《資賦優異法案》（the Gifted and Talented Act，即《95-561 公法》），將資優兒童分成**智力、創造力、特定的學業領域、領導才能**，以及**表演與視覺藝術**五類。《NCLB》（2001）則將表演與視覺藝術改為「藝術才能」，它對資賦優異的定義如下（引自 D. D. Smith, 2007, p. 499）：

> 在智力、創造力、藝術或領導才能，或是在特定的學業領域上，具有高度成就和能力證據，而且須接受特殊服務或活動，以充分發展其能力的兒童與青少年。

《特殊教育法》（1984/2019）對資賦優異的定義如下：

> 指有卓越潛能或傑出表現，經專業評估及鑑定具學習特殊需求，須特殊教育及相關服務措施之協助者；其分類如下：一、一般智能資賦優異。二、學術性向資賦優異。三、藝術才能資賦優異。四、創造能力資賦優異。五、領導能力資賦優異。六、其他特殊才能資賦優異。

而依據《身心障礙及資賦優異學生鑑定辦法》（2002/2013），資賦優異學生之鑑定應以標準化評量工具，採多元及多階段評量，除一般智能及學術性向資賦優異學生外，其他類別資賦優異學生之鑑定均不得施以學科成就測驗。

此外，依據《特殊教育法》（1984/2019），各級主管機關及學校對於身心障礙及社經文化地位不利之資賦優異學生，應加強鑑定與輔導，並視需要調整評量工具及程序。

二、資賦優異的類型

以下依據《特殊教育法》（1984/2019），討論一般智能、學術性向、藝術才能、創造能力、領導能力和其他特殊才能資賦優異六類。

（一）一般智能資賦優異

依據《身心障礙及資賦優異學生鑑定辦法》（2002/2013），一般智能優異的定義如下：

> 在記憶、理解、分析、綜合、推理及評鑑等方面，較同年齡具有卓越潛能或傑出表現者。前述所定一般智能資賦優異，其鑑定基準依下列各款規定：一、個別智力測驗評量結果在平均數正兩個標準差或百分等級 97 以上；二、經專家學者、指導教師或家長觀察推薦，並檢附學習特質與表現卓越或傑出等之具體資料。

（二）學術性向資賦優異

依據《身心障礙及資賦優異學生鑑定辦法》（2002/2013），學術性向資賦優異的定義如下：

在語文、數學、社會科學或自然科學等學術領域，較同年齡者具有卓越潛能或傑出表現者。前項所定學術性向資賦優異，其鑑定基準依下列各款規定之一：一、前項任一領域學術性向或成就測驗得分在平均數正兩個標準差或百分等級 97 以上，並經專家學者、指導教師或家長觀察推薦，及檢附專長學科學習特質與表現卓越或傑出等之具體資料。二、參加政府機關或學術研究機構舉辦之國際性或全國性有關學科競賽或展覽活動表現特別優異，獲前三等獎項。三、參加學術研究單位長期輔導之有關學科研習活動，成就特別優異，經主辦單位推薦。四、獨立研究成果優異並刊載於學術性刊物，經專家學者或指導教師推薦，並檢附具體資料。

（三）藝術才能資賦優異

依據《身心障礙及資賦優異學生鑑定辦法》（2002/2013），藝術才能資賦優異的定義如下：

在視覺或表演藝術方面具有卓越潛能或傑出表現者。前項所定藝術才能資賦優異，其鑑定基準依下列各款規定之一：一、任一領域藝術性向測驗得分在平均數正兩個標準差或百分等級 97 以上，或術科測驗表現優異，並經專家學者、指導教師或家長觀察推薦，及檢附藝術才能特質與表現卓越或傑出等之具體資料。二、參加政府機關或學術研究機構舉辦之國際性或全國性各該類科競賽表現特別優異，獲前三等獎項。

（四）創造能力資賦優異

依據《身心障礙及資賦優異學生鑑定辦法》（2002/2013），創造能力資賦優異的定義如下：

運用心智能力產生創新及建設性之作品、發明或解決問題，具有卓越潛能或傑出表現者。前項所定創造能力資賦優異，其鑑定基準依下列各款規定之一：一、創造能力測驗或創造性特質量表得分在平均數正兩個標準差或百分等級 97 以上，並經專家學者、指導教師或家長觀察推薦，及檢附創造才能特質與表現卓越或傑出等之具體資料。二、參加政府機關或學術研究機構舉辦之國際性或全國性創造發明競賽表現特別優異，獲前三等獎項。

Kirk 等人（2006）提出創造力的要素，包括**人格**、**認知能力**和**環境**三方面，三者互動才能形成生產力，如圖 6-10。

圖 6-10 創造力的要素

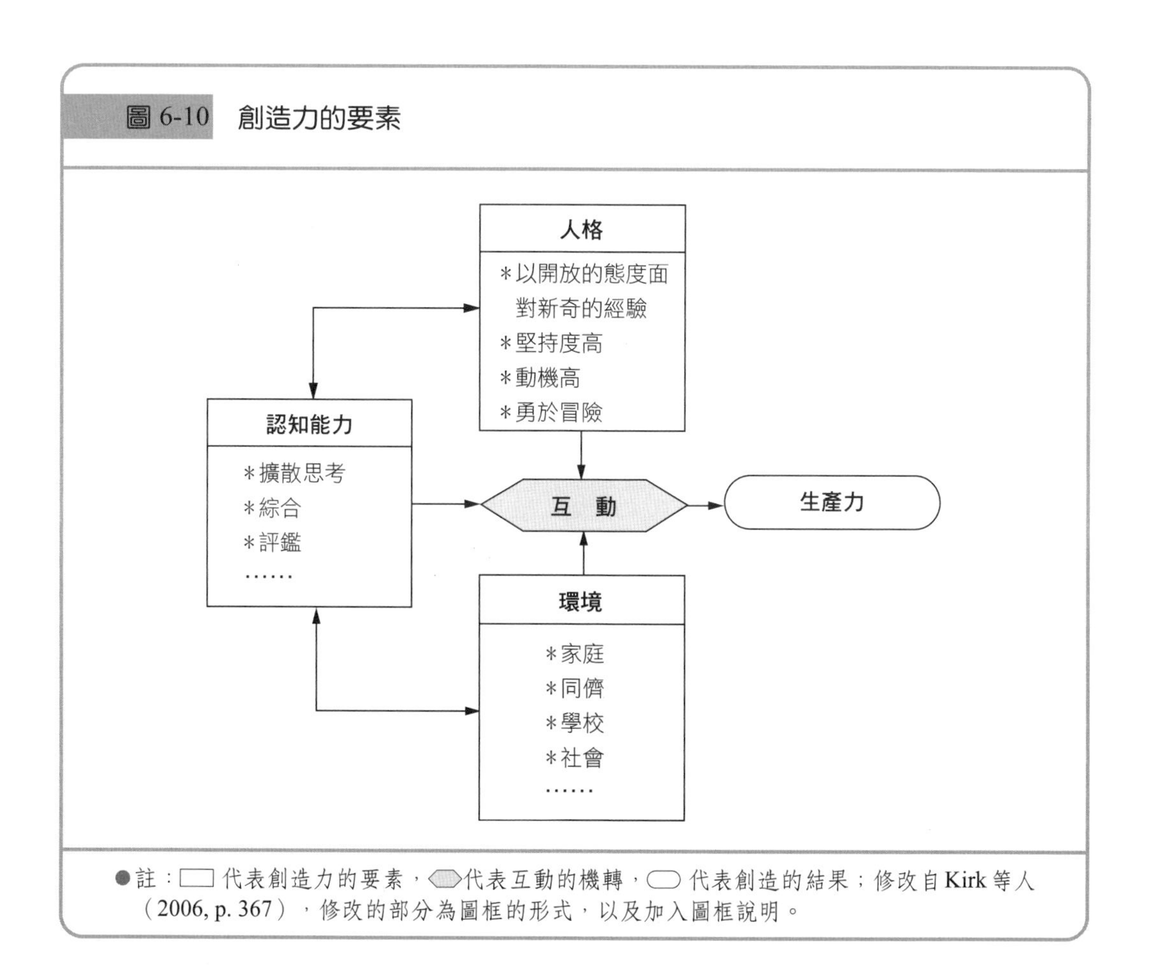

●註：▭ 代表創造力的要素，⬭代表互動的機轉，⬭ 代表創造的結果；修改自 Kirk 等人（2006, p. 367），修改的部分為圖框的形式，以及加入圖框說明。

（五）領導才能資賦優異

依據《身心障礙及資賦優異學生鑑定辦法》（2002/2013），領導才能資賦優異的定義如下：

> 具有優異之計畫、組織、溝通、協調、決策、評鑑等能力，而在處理團體事務上有傑出表現者。前項所定領導能力資賦優異，其鑑定基準依下列各款規定：一、領導才能測驗或領導特質量表得分在平均數正兩個標準差或百分等級 97 以上；二、經專家學者、指導教師、家長或同儕觀察推薦，並檢附領導才能特質與表現傑出等之具體資料。

（六）其他特殊才能資賦優異

依據《身心障礙及資賦優異學生鑑定辦法》（2002/2013），其他特殊才能資賦優異的定義如下：

> 在肢體動作、工具運用、資訊、棋藝、牌藝等能力具有卓越潛能或傑出表現者。前項所定其他特殊才能資賦優異，其鑑定基準依下列各款規定：一、參加政府機關或學術研究機構舉辦之國際性或全國性技藝競賽表現特別優異，獲前三等獎項者。二、經專家學者、指導教師或家長觀察推薦，並檢附專長才能特質與表現卓越或傑出等之具體資料。

三、資賦優異的特徵

以下探討資優者認知和情意方面的特質。

（一）資優者認知方面的特質

綜合文獻（謝建全，2000；B. Clark, 2014; Neumeister, 2004; D. D. Smith & Taylor, 2010），資優者認知方面的特質包括：（1）知識豐富；（2）記憶力佳；（3）有高度和統整的理解力；（4）具備抽象推理、形成和整合概念，以及高水準的語言能力；（5）有多方面的興趣，而且好奇心強；（6）思考敏捷，以及思考過程具有變通性；（7）能快速且有意義地管理和處理訊息；（8）能產生有創意的觀念與解決方法；

（9）不喜歡重複練習和例行性事務；（10）學習速度快，以及學習遷移的能力佳；（11）能評鑑自己與他人的作法；（12）有高度的工作熱忱，能持續表現目標導向的行為，能長時間專注於他們有興趣的事物上，並且深入的探究等。

（二）資優者情意方面的特質

綜合文獻（曾淑容，2000；B. Clark, 2014; Dixon et al., 2004; D. D. Smith & Taylor, 2010），資優者情意方面的特質包括：（1）敏感度高加上完美主義，易對他人些微的批評過度反應；（2）對自我與他人的要求高和完美，因而會產生高度的壓力，當現實與期待有落差時，可能會造成挫折感；（3）堅持度高，易執著於自己的想法、作法和達到的標準；（4）勇於冒險，能嘗試新的作法；（5）自我覺察度高，並且有「與眾不同」的感受；（6）具有敏銳的幽默感，可能以溫和或敵對的方式表現；（7）具有高度的道德判斷水準，關心倫理議題；（8）展現個人主義的特質，有強烈自我實現的需求；（9）獨立、自發、傾向於內控；（10）展現領導能力，積極參與周遭事物與活動，並且熱中於解決社會問題等。

參、高危險群的學生

人物素描 6-14　一位高危險群學生——林建隆

林建隆生長於被稱為「流氓窟」的基隆月眉礦區，家中有 10 個孩子，排行老五。由於礦工的生活充斥著生死一線之間的壓力，因此雖然窮困，但可以恣意發洩壓力的賭博風氣在礦區十分興盛，林建隆就是在賭博桌上打轉長大的。在那個沒什麼人讀書的礦區裡，林建隆的命運本來也只是個第二代的礦工或是賭場混混罷了；然而 10 歲時，從天上飄來的舊報紙上，林建隆發現「詩」。在環境的影響下，林建隆 18 歲開始經營賭場，後來觸犯「殺人未遂」罪，23 歲更因為被列入管訓流氓而進入管訓隊，過著地獄般的生活；然而卻在鐵窗裡悟出自己的生命重量，在鐵窗內苦讀的林建隆在 26 歲那年，以同等學力，考取東吳大學英文系，畢業後赴美，獲密西根州立大學英美文學博士，並返臺於母校任教，臺灣第一位「流氓教授」於焉誕生。（整理自林建隆，2000）

林建隆生長於一個經濟不利、賭博盛行的環境中，他是有行為問題之虞的高危險群學生；然而在人生最幽暗的鐵窗裡，他思考自我的存在，抱著詩的浮木，攀著知識的長梯，重新找到自己的人生方向。高危險群的學生是指，有學習或行為問題的學生，但促發其問題的因素並非身心障礙，而是由於個人和環境因素，例如：學生本身的智力處於臨界（智力測驗分數介於平均數之下負 1 至負 2 個標準差之間），學習速度較遲緩，乃**學習遲緩學生**（**slow learners**）；或是**文化差異**（像是原住民；學生雙親之一為外籍人士；學生長年住在僑居地，之後回到臺灣就學）、**經濟不利**（學生來自貧窮家庭）、**家庭環境**（像是單親家庭；居無定所的家庭；隔代教養；父母疏於照顧子女，或是教養方式不恰當）、**中途輟學**、**久病缺課**、**交友問題**（結交不良朋友、加入不良幫派）等因素造成的。

T. E. C. Smith 等人（2001）針對高危險群學生，提出四項教育方法，包括**預防**、**介入**、**補償**和**轉銜**四方面，如圖 6-11；預防是指阻止危險因素的發生，例如：實施反菸計畫、性教育方案；介入意味如果危險因素發生的話，減少它所產生的影響，例如：對於高危險群的學前兒童，發展和實施整合的早期介入服務；補償意指補償危險因素所帶來的影響，例如：提供來自貧窮家庭學生課後照顧方案，以補償貧窮導致的負面影響，除了補償的功能外，課後照顧方案尚能達到預防和介入的功能；轉銜乃使危險因素不會影響到成人的成功就業，例如：實施「學校轉銜至職場的方案」，將學生在學校所學與職場所應用的技能相連結。

圖 6-11　針對高危險群學生的教育方法

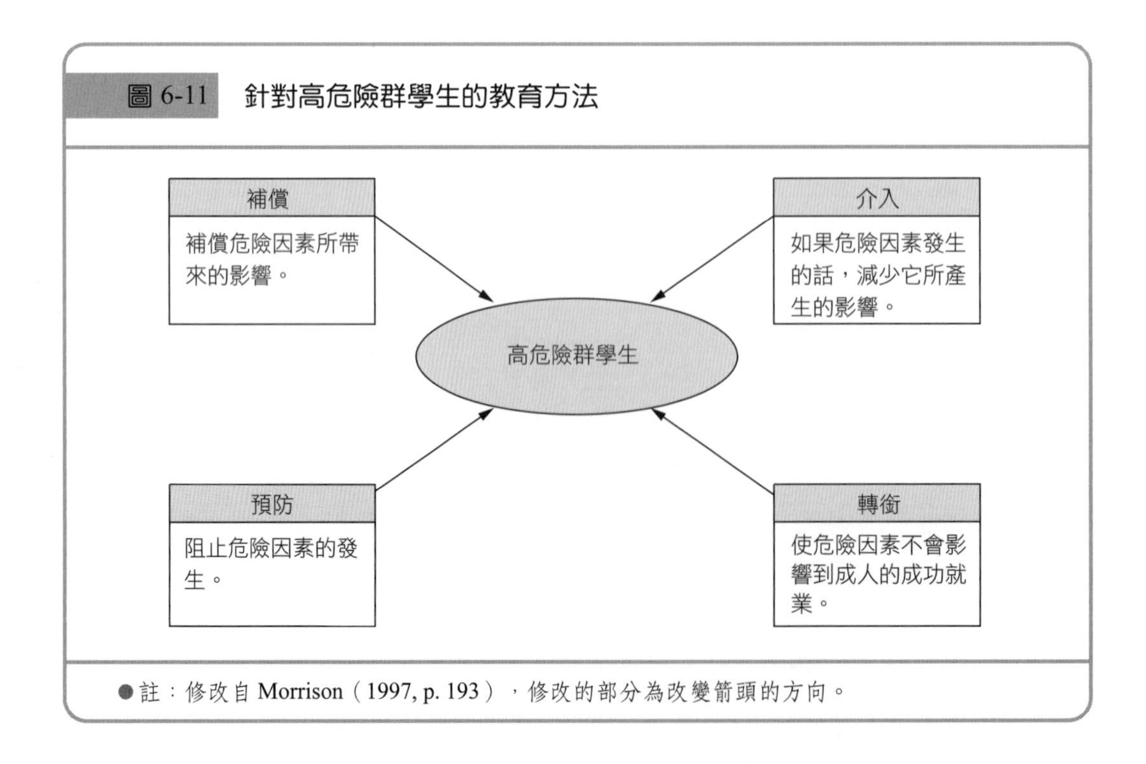

●註：修改自 Morrison（1997, p. 193），修改的部分為改變箭頭的方向。

第 2 節 了解學生在心理特質上的差異

氣質（temperament）是個體對內在或外在刺激的反應方式，它與生俱有，是每個人獨特的**行為風格**（**behavioral style**），它是人與人之間，除了生理、智力以外，另一個與生俱來的個別差異，例如：「餓」是種內在刺激，面對此刺激的反應強弱，每個人有所不同，即使是孿生子，也可能有差異（A. Thomas & Chess, 1977）。氣質不同於「能力」，也不同於「動機」，它關注的是表現行為的方式（A. Thomas & Chess, 1977）。對於氣質做有系統的研究，是由 1956 年美國紐約大學兒童發展學家（Thomas, Chess, Birch）開始的，他們從行為科學的立場，對一群嬰幼兒長期觀察研究後，發現嬰幼兒的人格發展，固然和其生理、智力有關，但也受到他們本身「氣質」和環境交互作用的影響（Keogh, 2003）。有下列九個項目來評量氣質（徐澄清、徐梅屏，1995；A. Thomas & Chess, 1977; A. Thomas et al., 1969）。

壹、活動量

活動量（activity level）是指，身體活動的程度，活動量大的小孩，睡眠時間短，整天動個不停；而活動量小的孩子，則不喜歡戶外活動，即使出了門，還是坐著不動。

貳、趨避性

趨避性（approach or withdrawal）就是對新的人事物，「第一次」見到的時候，表現出來的是「接受」或是「退縮」的態度。一個小孩對人事物的趨或避，並不一定是一致的，可能是什麼都馬上接受，或者可能什麼都退避，也可能比較避人，卻趨物。

參、適應度

適應度（adaptability）和趨避性表面上好像有點相似，其實是兩回事。適應度是指，個體需要多長的時間來適應新的人事物，有些孩子對新的人事物是接受的，但需要較長的時間來適應它。

肆、規律性

規律性（regularity）是指，一個人生活作息的規律情形，有的孩子生活規律正常，像個鬧鐘似的準；而有的孩子則生活不規律，別人睡午覺的時候他不睡。

伍、反應閾

反應閾（threshold of responsiveness）就是引起小孩某種反應所需的刺激量，它的高低和智力並無關係。人有五官，這五官各需多少刺激才能產生反應都不一定，例如：有些小孩只要有微弱的燈光就會驚醒，表示他的視覺反應閾特別低。除了視覺、聽覺、觸覺、嗅覺、味覺外，另外還有一種**社會覺**，亦即「**察言觀色**」能力，有些小孩對人情緒反應的敏感度較低，總要別人非常憤怒時才感受得到。

陸、反應強度

反應強度（intensity of reaction）是指，對內在或外在刺激反應強弱的程度，過於激烈或過於微弱的反應都會影響個體的生活和社會適應，最顯著受干擾的是人際關係。

柒、堅持度

堅持度（persistence）是指，一個小孩正在做或正想做某件事，卻遭到外來阻礙時，小孩克服這些阻礙而持續下去的程度是如何。堅持度大的小孩在做事情當中，會克服困難繼續做下去的傾向很強烈，例如：要買玩具飛機，你很難哄他換買其他東西。

捌、注意分散度

注意分散度（distractibility）意指，一個小孩面對正在做的事情，注意力的範圍集中或分散的程度，例如：有兩個正在看電視的小孩都聽到門鈴聲，其中之一有反應，表示他聽覺的注意力容易分散；另外一個則毫無反應，表示他聽覺的注意力不易分散。

玖、情緒本質

一個人一天清醒的時間中，表現的快樂、友善、和悅，與不快樂、不友善、不和悅之間的比例，稱為「情緒本質」（quality of mood）。個體的外在表情和其內在感受未必一致，有些人內心快樂，表情卻習慣不苟言笑；相反地，有些人內心不高興，表情卻習慣笑臉迎人。

從上述這九項指標，A. Thomas 等人（1969）將孩子的氣質分成三種主要類型，即**難教養型、易教養型、慢吞吞型**，它們涵蓋 65% 的比例。難教養型的孩子規律度和適應度均低，堅持度和反應強度均高，「趨避性」是傾向於「避」，而情緒本質較偏向負向，有 10% 的比例屬於此種。安樂型的孩子占 40% ，他們的活動量中等，有規律性，對新的人事物，第一次接觸時是接受的，並且容易適應這些新刺激，反應強度和堅持度適中，而情緒本質是正向的。慢吞吞型的小孩占 15%，他們對新的人事物，初次接觸時是退縮的，接觸以後的「適應度」非常低，「反應強度」相當微弱，並且堅持度也不高。「氣質」並沒有好壞、對錯，它是一條線索，讓教師看清楚學生的特性，知道某種行為是他們的氣質使然，不氣惱、不壓制，反而能順著他們的氣質，用最適合的方式教育他們，這就是「因材施教」的真義，如插畫 6-2。

插畫 6-2　教育人員因材施教了嗎？

教育是一門發現和因應學生氣質的藝術。

第 3 節 覺知學生在優勢能力上的差異

H. Gardner（1983）在《心智的架構》（*Frames of Mind*）中，提出多元智力理論，將智力定義為，「在一個或多個文化情境中看重之解決問題和創造產品的能力」（p. xxviii），並企圖打破以往對人類智力的刻板印象，將智力分為至少七種，亦即**語言**（linguistic）、**數學－邏輯**（mathematical-logical）、**空間**（spatial）、**身體動作**（bodily-kinesthetic）、**音樂**（musical）、**人際**（interpersonal），以及**內省**（intrapersonal）**智力**等。H. Gardner 於 1987 年指出：「我們每個人之所以如此不同，正因為我們有著不同的智力組合。如果能認識這一點，我想我們較能恰當地處理面臨的許多難題。」（引自 Armstrong, 2018, p. 1）

之後，H. Gardner（1999）於《再建多元智力》（*Intelligence Reframed*）中，加入**自然觀察**（naturalist，或譯成博物學者）**智力**，並強調採用「智力」，且注入新的思維，而非「人類才能、技能、能量、天資、才賦、能力」（human faculties, skills, capacities, gifts, talents, abilities）等，主張這些智力是平等、不分軒輊，以及是複數的。H. Gardner 進一步修訂智力的定義為，「一種處理資訊的生物心理潛力（biopsychological potential），被激發後得以在一個文化情境中解決問題，或是創造一個文化看重的產品」（pp. 33–34）；此種潛力能否被激發端賴於，特定文化看重與否、是否給予開展的機會、個體或（和）其家人、學校教師和其他人所做的決定。H. Gardner（2011b）認為在人的一生中，這些智力不斷受先天及後天的影響開啟或關閉，而教育最主要的目的不只在傳授知識，更是在發掘和引領這些智力的發展。

壹、八種智力的描述

以下根據 Armstrong（2018）及 H. Gardner（2006, 2011a）的文獻，介紹八種智力。

一、語言智力

語言智力是指，有效運用語言的能力，不論是用口語（例如：說書人、演說家或政治人物），或是書寫（例如：詩人、劇作家、編輯或記者）的方式表現。這項能力包括對句法、語音、語意，以及對語言使用上的各種操作。

二、數學—邏輯智力

數學—邏輯智力是指，有效運用數字和推理的能力（例如：數學家、稅務會計、統計學家、科學家、程式設計師或邏輯學家）。這項能力包括了對邏輯形態與關係、敘述與命題（若……則、因果）、函數，以及其他抽象概念的敏感度。會運用到這項能力的過程包括分類、推論、歸納、計算及檢驗假設。

三、空間智力

空間智力是指，準確地感受視覺空間的能力（例如：獵人、偵察員或嚮導），並把所知覺到的表現出來（例如：室內設計師、建築師、藝術家或發明家）。這項智力牽涉到對色彩、線條、形狀、式樣、空間，以及存在各成分之間關係的敏感度。它也包括視覺化，以圖象呈現視覺或空間之想法，以及在一個空間中很快地找出方位的能力。

四、身體動作智力

身體動作智力是指，擅長用身體表達想法和情感（例如：演員、小丑、運動員或舞者），以及能靈敏地用手生產或改造東西（例如：工藝技師、雕刻家、機械師或外科醫生）的能力。這項智力除了包括諸如協調、平衡、靈敏、力量、彈性和速度等特定的身體技能外，還包括覺察體內感受、觸覺，以及觸覺相關的能力。

五、音樂智力

音樂智力是指，有能力察覺（例如：樂迷）、辨別（例如：樂評家）、轉化（例如：作曲家）及表達（例如：演唱者或演奏者）音樂的各種形式。這項智力包括對樂曲節奏、旋律以及音色的敏感性。

六、人際智力

人際智力是指，有能力察覺或分辨別人的情緒、意圖、動機及感情，這項智力包括敏感於別人的面部表情、講話聲音和手勢，有能力區別各種不同的人際暗示，並且能迅速地對這些暗示做出有效的反應（例如：影響一群人去跟著做一個特定的動作）。

七、內省智力

高內省智力的人有自知之明，並能據此調整自己的行為。這項智力包括對自我有相當的了解，像是優勢處與限制，而且具備能察覺自我內在情緒、意圖、動機、脾氣和欲望，以及有關自律、自知和自尊的能力。

八、自然觀察智力

自然觀察智力是指，具備察覺自然環境變化、了解自然現象、欣賞和保護自然萬物、培育動植物，以及辨識並分類物種的能力。

貳、多元智力理論的要點

多元智力理論有以下五個要點。

一、每一個人都同時擁有八種智力

H. Gardner（1993）主張，人人都擁有這八種智力，而每個人的心智是由各種強度不同的智力組合而成，某些智力高度發展，某些表現平平，還有一些可能發展得較為遲緩，所以每個人都擁有其獨特的自我；沒有人是一樣的，也不該用同樣的方式對待每個人。即使是重度障礙者，在內在比較之後，亦有其某項或某些智力的優勢，而有不同的智力組合；正如插畫 6-3：從多元智力的觀點來看身心障礙者，身心障礙者不是

插畫 6-3 從多元智力的觀點來看身心障礙者

身心障礙者不是沒有能力，而是每個人都各有稟賦，各有不同的能力。教師若能引導學生看到他自己美好之處，就愈能協助他看到別人美好之處。

沒有能力，而是每個人都各有稟賦，各有不同的能力。美國演唱家和作曲家 Danny Deardorff 創作〈每個人都各有稟賦〉（*Everyone is Differently Able*）的曲子，歌詞如下（L. Campbell et al., 2003, p. 128）：

> 世人皆各有稟賦，世人皆有能力。世人皆各有稟賦，使他們的生命運轉各異。你可以靠輪椅四處走動，或是用手說出無聲的話語，因為事情總有著千百種的作法。有人愛跳舞，有人喜歡唱歌。現在你可以靠導盲犬來幫你看，或是用你的口足來畫畫或寫詩，有千百種的方式我們可以選擇。是真的，所有的我們互相依存。我不會因為我的缺陷而受限；相對地，透過我的潛能，我可以回應周遭人的需求。

二、大多數人都可以將八種智力發展到恰當的能力水準

雖然有人為自己在某個領域的限制而感到悲哀，並認為自己的問題是天生的，是無可救藥的了；但是 H. Gardner（1993）認為，如果給予適當的鼓勵、豐富的環境，以及必要的指導，則每個人最終都可以將這八種智力發揮到高水準。正如插畫 6-4：教師

插畫 6-4　鼓勵學生覺知自己的優勢能力

一扇門關閉，另一扇門開啟；我們通常花太多時間悔恨門為什麼關閉，以至於沒有看到開啟的那扇門。（電話和留聲機的發明人 Bell；引自 Cumming, 2000/2002, p. 14）

宜鼓勵學生覺知自己的優勢，或是為他們找到適合的位置，協助他們將別人所謂的「缺陷」，轉化成「優勢」，像是蔡美馨（2004，第 74 頁）指出：

> 一位成天話說個不停、無法專注、坐不住的注意力缺陷過動症者——周馥亞，把缺陷變成才藝，錄製了近兩百套的英文教學和故事錄音帶；她說：「當我發現自己的聲音可以這麼有趣、多變，加上說好一個故事的成就感，我就很開心，願意努力做到最好。」

另外，Peterson 和 Hittie（2010）提到在運用多元智力理論時，教師要小心避免給學生另一項新的標記，諸如「有藝術天分的小孩」等名稱，因為智力是動態的，會因著時間和環境而改變。

三、各種智力以複雜的方式統合運作

H. Gardner（1993）指出，前面所描述過的每一種智力都是虛構的；亦即並沒有哪一種智力可以單獨存在，除了少數「白癡天才」（idiot savant）或「頭部外傷者」可能例外，各種智力總是交互作用的。做一頓飯可能需要讀食譜（語言智力）、將分量減半（數學—邏輯智力）、設計一份滿足全家人胃口的菜單（人際智力）、安排如何撫慰自己的口腹之欲（內省智力）。同樣地，當一個人玩足球時，他需要身體動作智力（跑、踢、接球）、空間智力（調整自己在球場的位置、追飛球），以及語言和人際智力（爭取球賽中有爭議的分數）。在多元智力理論中，各種智力只有在檢查其本質特徵，或想要了解如何有效運用時，才會被抽離出來單獨討論；人們必須記住：當完成正式的研究之後，要將各種智力置於它們特殊的文化情境中去理解（H. Gardner, 2006）。

四、每一種智力類別裡都有多種表現智力的方法

在每一種智力領域中，其實並沒有一套標準屬性去認定聰明。因此，一個人可以不識字，卻因為能言善道、出口成章而被認定具有「語言智力」；同樣地，一個人可能在田徑場上表現笨拙，卻因為織得一幅好地毯或做得一手好木工，而顯露出眾的「身體動作智力」，多元智力理論強調人們在呈現其智力時的豐富多樣（H. Gardner, 1993）。

五、從自然、特定的文化情境中了解智力

H. Gardner（2011a）嘗試拓展對人類潛能的視框，希望能超越傳統「智力分數觀點」的界限。傳統智力測驗的作法是，把一個人帶離自然的學習環境，然後要這個人去做一份從來沒有做過、恐怕永遠也不會選擇再做的作業；H. Gardner質疑這種作法能否測出真正的智力。相對地，H. Gardner主張，智力與下面兩種能力更有關係：一為**解決真實問題的能力**；另一為**在自然、豐富的環境中塑造某些作品的能力**；因此倡議採用**真實評量**，評量學生的智力和學習表現。關於真實評量的介紹，見第 12 章。

以上探討八種智力的內涵和多元智力理論的要點，至於多元智力理論對教育的啟示，以及多元智力的教學方法，我將於第 11 章再詳述。綜合上述三節的討論可以發現，所有學生在特殊需求、心理特質、能力等方面上均有差異；正如插畫 6-5，學生的個別差異可以促使教師評鑑課程目標、教學方法和結果，是否因應所有學生的需求（Udvari-Solner, 1996）。

插畫 6-5　如何看待個別差異

學生的個別差異可以促使教師評鑑課程目標、教學方法和結果，是否因應所有學生的需求。（Udvari-Solner, 1996）

學生間除了在特殊需求、心理特質和優勢能力上有差異外，Westwood（2018）還指出性別、語言、文化、性向、家庭社經地位等方面在教育上的重要差異，教師在班級經營上宜認識和反映個別差異。

總結

學生的個別差異呈現在特殊需求、心理特質和優勢能力等三方面。於特殊需求方面，班級中身心障礙、資賦優異和高危險群的學生可能會有特殊需求。在心理特質方面，學生可能在活動量、趨避性、適應度、規律性、反應閾、反應強度、堅持度、注意分散度及情緒本質等九方面的氣質指標上會有差異。於優勢能力方面，學生可能在語言、數學－邏輯、空間、身體動作、音樂、人際、內省和自然觀察等八種智力上有不同的表現和優弱勢。正如章頭語 Barth（1990, p. 514）所云：「學生間的個別差異蘊含著許多學習機會，它提供了免費、豐富和可持續更新的資源。我期待學校能夠善加運用差異來改進教育實務，而不是一味地排除差異。」教師在帶班前，首先宜了解班級學生的特殊需求、心理特質和優勢能力，它一方面可以讓教師在班級經營上預先準備，正如本章導讀案例中李老師的作法，他因應泛自閉症學生適應新環境和新事物的能力較弱之特徵，事先協助他做了轉銜新環境的準備；另一方面也可以讓教師運用個別差異所蘊含的資源和機會，教導學生認識與欣賞個別差異。

第 7 章
普通教育教師如何經營融合班（三）：特殊需求學生需求的分析

第 1 節　分析特殊需求學生適應融合班之需求的重要性

第 2 節　分析特殊需求學生適應融合班之需求的方法與工具

第 3 節　分析特殊需求學生適應融合班之需求的整合模式

視「特殊需求」為一個設計容納所有學生之班級的工具；在融合班級裡，雖然一開始教師是為了某些特殊需求的學生做調整和改變，但後來會發現很多學生也都因此而受益。（Peterson & Hittie, 2010）

導讀案例和本章目標

張老師回憶一年級知道要接手一位 AD/HD 學生時，他即設想可能會出現的問題，便預先讓一般學生知道他因為腦部受傷的關係，某些時候無法控制自己的行為，教導一般學生與他玩的時候，須注意不要讓他情緒過度高昂；當發現他有情緒過度高昂的先兆時，即提醒他冷靜下來，張老師告訴學生：「他需要提醒就像是你們爺爺奶奶年紀大，重聽需要助聽器，或是記憶力變差需要再三叮嚀一樣。他和我們大家有緣，我們在同一班就是一家人，我們一起來幫助我們的家人，這樣不只幫助他，也幫助了老師和全班同學。」

由張老師的案例可知：了解特殊需求學生的特質，評量他們進入普通班可能產生的狀況，預先做準備很重要，然而如何界定學生適應融合班級的需求？

從本章的內容，讀者可以學習到：分析特殊需求學生適應融合班之需求的重要性，以及運用什麼樣的方法和工具，界定和分析特殊需求學生適應融合班級的需求。

第 1 節 分析特殊需求學生適應融合班之需求的重要性

由張老師的導讀案例發現，了解特殊需求學生的特質，評量他們進入普通班可能產生的狀況和需求，才能預先做準備，設計合理的介入與調整計畫；正如插畫 7-1：確切了解學生之後，才不會對他們有不適當的期待，也才不會用錯方法。

插畫 7-1 了解學生是所有介入服務的基礎

確切了解學生之後，才不會對他們有不適當的期待，也才不會用錯方法。

Diamond 等人（1994）的研究發現，在剛開始接觸特殊幼兒時，大多數普通教育教師會有戒慎恐懼或負面的情緒反應；但是經過一段時間之後，他們就能逐漸接受這種「責任」；在透過特教支援了解學生的需求之後，教師更能彈性地運用方法，教導特殊幼兒或處理他們的行為問題，以至於對自己的教學能力愈來愈有自信，更重要的是：他們能逐漸把特殊幼兒當成班上的「一份子」，而不是「特殊幼兒」。由此可知，了解特殊需求學生適應融合班級之需求，可作為教師後續設計班級經營的策略之依據。鈕文英（2006）的研究發現：受訪的國小融合班教師表示會先了解學生的身心狀況，以及這些狀況對其適應普通班可能帶來的影響為何；了解的方式包括詢問特殊教育教師，或是校內曾帶過該生之教師、學生家長等，好預先做帶班的準備，這項策略是之後班級經營的基礎。鈕文英舉例 ST4 回憶知道要接手一位國小一年級 AD/HD 學生，他即從校內特殊教育教師那裡得知該生的狀況，及可能會出現的適應問題，便預先讓同儕知道他因為腦部受傷的關係，某些時候無法控制自己的行為，要同儕一起來幫助他；之後碰到這位 AD/HD 學生傷及同儕的行為，同儕便較能諒解。

> 我覺得在身心障礙孩子入班前，須預想可能會遇到的問題，不要等到問題發生，傷害造成才去解決。……我就先跟他（被刺到的小朋友）談：你覺得他（AD/HD 學生）是故意的嗎？小孩子就說不是呀！我說對，那你要不要原諒他？小朋友就說要原諒他，我接著說如果媽媽問起的話，你可不可以跟媽媽說他的狀況，請媽媽原諒他，後來這位小朋友回去講，果然就沒有問題，我當然也有請過動兒的媽媽再打通電話跟人家道歉。……他給我惹的很多問題，都可以迎刃而解，事先我都會跟小孩子溝通。（I1ST4-4A）

上述研究發現呼應 Peterson 和 Hittie（2010）的看法：教師可以在帶班前，預先分析一位特殊需求學生的加入，會帶來哪些值得關注的需求和議題，之後擬訂因應策略，將學生的「特殊需求」視為設計容納所有學生之班級的工具。很多人認為普通班級裡的身心障礙學生會影響一般學生的學習；但根據研究顯示，推行融合教育的學校學生成績卻呈現穩定成長的現象；因為融合教育讓教師為所有學生設計更適合的課程與活動，而使得教學更加有效率（Kishi, 1989）。

第 2 節 分析特殊需求學生適應融合班之需求的方法與工具

分析學生適應融合班級需求的方法除了詢問特殊教育教師、曾帶過該位特殊需求學生之教師、學生家長等外，文獻還提出分析他們適應融合班級之需求的方法與工具，其中有部分是了解特殊需求學生感官、課業學習、社會互動等方面的狀況，而後因應這些狀況，分析他們在生活作息、課程與教學、物理環境等方面的調整需求；另有部分文獻聚焦在分析學生課程與教學需求可以使用的方法與工具，詳述這兩部分如下。

壹、分析特殊需求學生整體需求的方法與工具

Vandercook 等人（1989）提出**環境清單**（**Environmental Inventory**），主要在詢問以下三個問題：第一個問題是**一般學生在這個環境中做些什麼**；第二個問題是**身心障礙學生在這個環境中做些什麼，他和此環境之間存在著什麼差異**；第三個問題是**教師可以提供身心障礙學生什麼樣的支持和調整，以增進其參與度和獨立性**。

Downing 和 Demchak（2008b）提出**功能－生態取向**（**functional-ecological approach**）的評量，界定學生的需求，據以擬訂介入策略和調整方案，包括六個步驟：第一步為**了解受評之特殊需求學生的背景資料**，評量的重點在：什麼是學生能做的、喜歡做的、需要做的，另外也了解家長的想法；教師可以藉著訪談學生、家長和其他重要他人，以及觀察學生在普通班中的表現得知。第二步為**列出一般同儕在學校中進行的活動，和此活動的自然線索**。第三步為**分析學生在第二步所列活動上的表現**，哪些是他會和不會的。第四步為**進行差異分析**，找出學生無法從事某些活動的原因。第五步為運用上述訊息，**發展 IEP**。第六步為**使用自然線索、教學調整方案，和有效的教學策略來進行教學**，如圖 7-1。

比較 Vandercook 等人（1989）及 Downing 和 Demchak（2008）的方法後發現，兩者均採「功能－生態取向」的評量分析學生的整體需求。另有文獻發展詳細的評量工具，例如：Wadsworth 和 Knight（1999）設計**教室生態準備項目清單**（**Classroom Ecological Preparation Inventory, CEPI**），以協助肢障和身體病弱的學生融合於普通班級中；其內容包括健康和醫學方面需關注的議題、物理環境的安排、輔助設備的提供、教學的調整，以及社會技能的管理五方面。教師可以針對項目清單的內容評量學生的

圖 7-1　功能－生態取向的評量方法舉例

受評學生：傑森　年級：八年級　障礙類別：近視、聽障、中度智障、注意力持續時間短暫
活動：科學課

一般同儕的活動	自然線索	受評學生的表現	差異分析	介入策略和（或）調整方案
1. 進教室	進教室的時間；看到教室的門	＋		
2. 找到自己的座位並坐下	知道自己的座位在哪裡；看到座位	－	沒有動機；聽覺能力不佳；不了解	同儕提供線索要他坐下，做身體引導。
3. 注意教師講解 15 分鐘	教師教學	－	沒有動機；聽覺能力不佳；不了解	提供調整的作業，當他表現專注時給予鼓勵。
4. 拿材料	教師的指令	P	坐在座位上有困難；不了解	特教助理員引導他注意其他同儕如何表現，如果他能配合，則給予鼓勵；特教助理員開始拿出材料提示他。
5. 在指定的時間內做作業	教師期待的作業或知識	－	坐在座位上做作業有困難；不了解	教師使用有顏色的圖片要他分類和配對，有一位同儕與他一起做此作業，同儕示範如何做，並給予矯正性的回饋。特教助理員每 5 分鐘讚美他專注做作業的行為，在這過程中也給他短暫的休息時間。
6. 收拾材料	教師的指令或時間	－	沒聽到或不理解；不喜歡改變	特教助理員引導他注意其他同儕如何表現；給他看下一節課的圖片式課表；如果他能配合，則給予鼓勵；提示他收拾材料。
7. 準備上下一節課	科學課結束	－	不喜歡下一堂課	教師安排同儕帶他到下一節課的上課地點；特教助理員讓他在上課前休息片刻。

● 註：在「學生表現」這一欄中，如果學生能夠獨立表現，則填上「＋」；如果學生在提示後能夠表現出來，則填上「P」；如果學生完全無法表現，則填上「－」。修改自 Downing 和 Demchak（2008b, p. 53），修改的部分為加入學生基本資料的說明。

需求，而後做計畫。Foreman 等人（2001）發展**學生支持需求量表**（Student Support Needs Scale），評量普通班級中身心障礙學生在三個向度、11 項技能上的表現情形，即身體

（飲食、肢體動作、移動、衛生、姿勢和擺位）、學習（學業需求、一般理解、表達性語言、接受性語言），以及社會（參與、行為），進而界定出其支持需求。

貳、分析特殊需求學生課程與教學需求的方法與工具

在分析特殊需求學生課程與教學需求的方法與工具上，多數文獻將之納入融合教育課程與教學調整過程中的一個步驟，也有文獻提出藉課程本位評量分析學生課程與教學需求；因此，我依年代先後，呈現課程本位評量和七篇文獻所提的融合教育課程與教學調整過程，從中檢視分析學生課程與教學需求的方法與工具。

一、藉課程本位評量分析學生課程與教學需求

課程本位評量是一種整合課程、教學與評量的教學評量模式，它係根據學生學習的課程內容，評量學生的起點行為和學習結果，它有以下七項特點：（1）測驗材料來自學生學習的課程；（2）可以經常性地施測；（3）評量結果可作為教學設計的決策；（4）可鎖定特定能力來評量；（5）可將教學前中後的結果以圖示方式呈現，以偵測學生進步的情形，這樣的評量結果容易為別人所了解；（6）可靈敏反映學生學習情形；（7）省錢省時（M. K. Bums & Parker, 2014）。

King-Sears（1994）提出五個步驟作為發展和使用課程本位評量的架構，包括：（1）**分析**（analyze）**課程**；（2）**準備**（prepare）**符合每一個目標的評量材料**；（3）**經常探測**（probe frequently）；（4）**以圖示方式呈現**（load）**評量結果**；（5）**針對結果提出**（yield）**修正和教學的決定**，他以這五個步驟的首字結合稱之為「APPLY」的評量架構。

J. W. Wood（2006）提出課程本位評量的實施步驟，我將之整合如下：（1）依邏輯順序，列出該單元課程內容中所有重要的目標；（2）準備評量材料來測試每一個目標；（3）計畫要如何實施課程本位評量；（4）教學之前實施該單元的課程本位評量，以決定學生的起點行為，以及先備技能的具備情形；（5）教學之後再實施該單元的課程本位評量，以了解學生達成目標的情形，作為進一步決定學生是否可以進入下一個單元的學習，是否需要額外的教學、練習，或是課程內容的修正；（6）在一段時間之後，再實施該單元的課程本位評量，以測試學生維持和精熟教學目標的情形。J. W. Wood指出，在決定學生的起點行為，以及先備技能的具備情形之後，教師便可設計課程與教學的調整方案來因應學生的需求；另外，在發展和實施課程本位評量時，也可以針對學生的特殊需求進行評量的調整。

課程本位評量中有一類型名為**課程本位測量**（**curriculum-based measurement, CBM**），由 S. L. Deno（1985）所提出，乃根據學生的課程內容，評量其學習結果，主要目的在決定學生的進步情形，進而決定是否以及何時需要調整學生的教學計畫。有兩種形態的課程本位測量：一種是測量**流暢性**，是以單位時間內學生正確作答的題數作為評量的標準，著重學生答題的精熟度；另一種是測量**正確性**，不設定作答時間，重點在於評量學生能正確解答的比例，著重學生答題的正確性（Shinn & Rosenfield, 1989）。Self 等人（1991）的研究以特殊教育和其他支持人員，與普通教育教師採用合作教學模式，以課程本位測量作為介入策略，共同設計課程調整方案，協助一所國小處於高危險群的學生，其課程本位測量的實施程序如圖 7-2。King-Sears（1997a）表示，課程本位評量是在融合班級實施課程與教學的基礎。

圖 7-2　使用課程本位測量發展和實施課程調整方案的流程

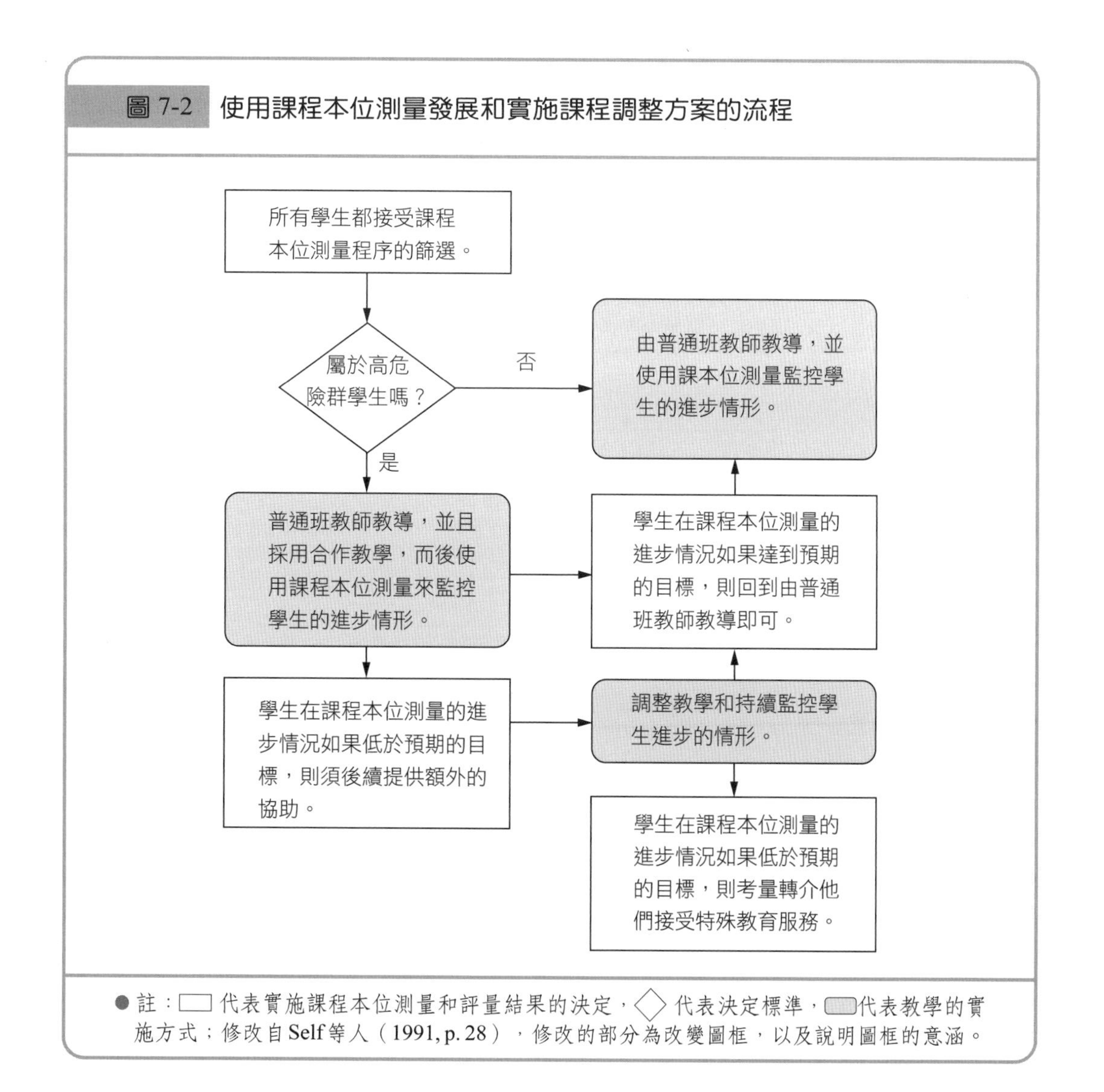

●註：▭代表實施課程本位測量和評量結果的決定，◇代表決定標準，▢代表教學的實施方式；修改自 Self 等人（1991, p. 28），修改的部分為改變圖框，以及說明圖框的意涵。

二、Hoover 和 Patton 提出的融合教育課程與教學調整過程

Hoover 和 Patton（1997）提出課程調整的作法，2005 年進一步指出，課程調整包括以下四個階段：第一是**初步階段**，在界定課程的意涵，包括課程類型和要素；第二是**計畫階段**，乃評量學生的狀況，以決定課程調整的需求，界定需要調整的課程要素；第三是**實施階段**，亦即實施課程調整計畫，並監控學生進步的情形；第四是**評鑑階段**，即評鑑課程調整計畫的成效，如圖 7-3。

圖 7-3 Hoover 和 Patton 所提的課程調整流程

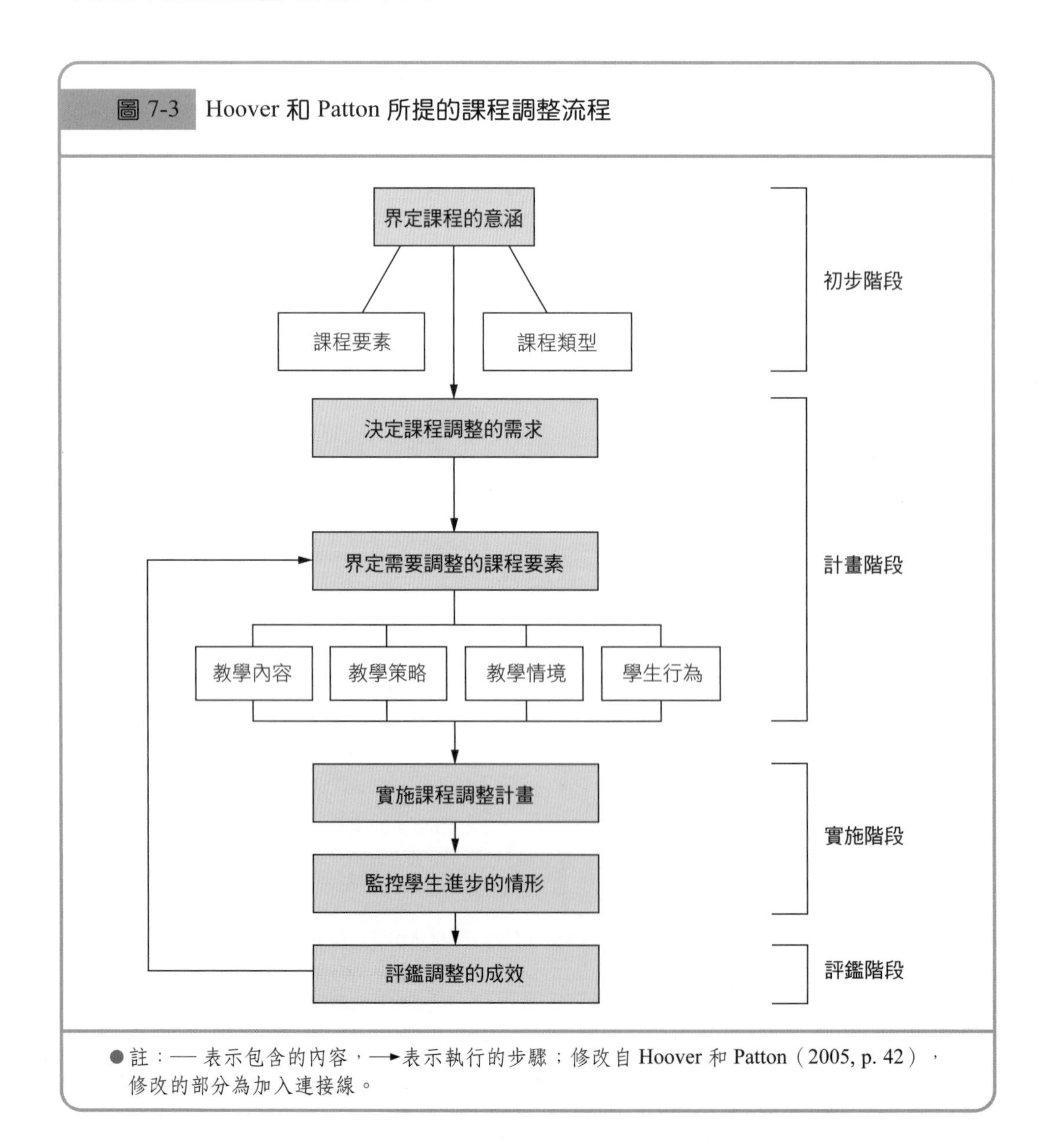

●註：— 表示包含的內容，—► 表示執行的步驟；修改自 Hoover 和 Patton（2005, p. 42），修改的部分為加入連接線。

三、Switlick 提出的融合教育課程與教學調整過程

Switlick（1997a）提出，課程計畫的過程包括三個階段：第一個是**前計畫階段**，第二個是**互動計畫階段**，第三個是**後計畫階段**，在這三個階段中，教師需思考一些問題（如表 7-1），作為擬訂和修正課程計畫的參考。

表 7-1 課程計畫過程中須思考的問題

階段	計畫的內容（課程與教學上需思考的問題）	計畫的內容（在學生方面需思考的問題）
前計畫階段（教學前）	1. 這個課程要求學習什麼樣的內容？ 2. 哪些目標是必需的？ 3. 可以取得什麼樣的替代材料？ 4. 在評量學生的表現上，哪些是基本的？ 5. 學生在教學活動上扮演什麼樣的角色？ 6. 這樣的教材可以促進動機薄弱的學生學習嗎？ 7. 教導這樣的課程內容時哪些教學方法最有效？ 8. 在什麼地點進行教學活動比較能符合課程計畫？ 9. 哪些學生需要同儕教導？哪些可以成為同儕助教？ 10. 教室安排如何影響課程計畫？ 11. 如何決定分組的方式？ 12. 分組的目的是什麼？ 13. 如何提高學生的學習興趣？ 14. 學生間有互動的機會嗎？ 15. 教師在教學中扮演什麼樣的角色？ 16. 特殊需求學生在此課程單元中須參與哪些活動？表現什麼樣的行為？ 17. 如何藉著教學活動達到 IEP 的目標？ 18. 如何監控和評量學生的進步情形？ 19. 如何告訴學生被期待的學習結果？	1. 學生能達到課程目標嗎？ 2. 哪些學生有困難，須做課程調整？如果需要，是什麼樣的調整？ 3. 哪些學生已精熟目標，需要進一步加深加廣的教材？
互動計畫階段（教學中）	1. 教學如何進行？ 2. 需要更直接的教學嗎？ 3. 需重新教學嗎？	‧ 整個課程與教學的進行能符合特殊需求學生的需求嗎？他們的反應如何？是否需再做調整？
後計畫階段（教學後）	整個課程與教學的效果如何？哪些成分（例如：教師的態度、教學分組、教學設備）產生效果？哪些成分沒有產生效果？在下一個課程單元中，哪些部分需改進？	1.特殊需求學生的表現如何？ 2.特殊需求學生對教師所做的調整反應如何？ 3.有需要重新教學嗎？ 4.在下一個課程單元中，須做持續的調整嗎？

●註：綜合整理自 Switlick（1997a, pp. 229–232）。

四、Jacobson 提出的融合教育課程與教學調整過程

Lerner 和 Johns（2012）指出，閱讀涉及**讀者**、**文本**和**情境**三者間的互動。其中主要的讀者是學生，它是指學生是否：具備文本所需的閱讀能力水準；擁有學習文本概念所需的先備知識；認識文本的結構，知道該如何閱讀；有動機閱讀文本等。而情境是指閱讀的環境是否溫暖而接納、安靜且舒適，能支持學生的閱讀。至於文本，是學生主要的學習來源，普通教育課程中最主要的教材是教科書，教科書的內容即文本。此文本是否適合學生閱讀，攸關學生的學習成效。秦麗花（2004）分析國小兒童閱讀數學文本的困難後發現，文本的設計會影響兒童的閱讀理解，包括未清楚定義數學的專門詞彙、版面設計不一致和不易閱讀、圖片和文字不搭配、圖標示不清楚或不一致、未提供足夠的範例說明概念。

教師可以分析**文本概念的重要性**（概念是否在學生的生活中具有意義和功能性）、**數量**、**難度**，**文本的呈現方式**（例如：概念的組織是否由易而難、層次分明，具邏輯性；是否能引起學生的閱讀興趣；是否提供足夠的範例說明概念；是否提示標題和重點；字詞是否容易閱讀和理解，句子的長度是否適切、不複雜）和**清晰度**（例如：字體大小和形式是否易讀；版面配置是否完整、一致且清晰；印刷的品質是否良好；圖表和文字是否搭配、圖表和示例的說明是否一致且清楚）等層面（Alvermann & Phelps, 1994; Jacobson, 1998; Lerner & Johns, 2012; Roe et al., 2014）。Jacobson 針對學業學習，提出「學生概念教學需求的評量模式」，如圖 7-4。這當中依序評量三個標準，即**文本概念的重要性**、**文本概念呈現的清晰度**，以及**學生學習此概念的先備知識**，依評量結果決定如何規畫課程。

如果文本概念不重要、數量太多、太難，則可考慮刪除某些概念的教導。如果文本設計不清晰，學生未具備文本所需的閱讀能力水準，文本不適合學生閱讀，無法引起學生閱讀的動機，則需要調整；期待調整後的文本符合文獻（Armbruster, 1993; S. V. Dickson et al., 1995）所指的**結構**、**連貫和適合讀者閱讀**三個特性，有助於學生概念的學習。如果學生未擁有學習文本概念所需的先備知識，不認識文本的結構，則需要教導學生認識文本的結構，以及具備文本概念所需的先備知識。

圖 7-4　學生概念教學需求的評量模式

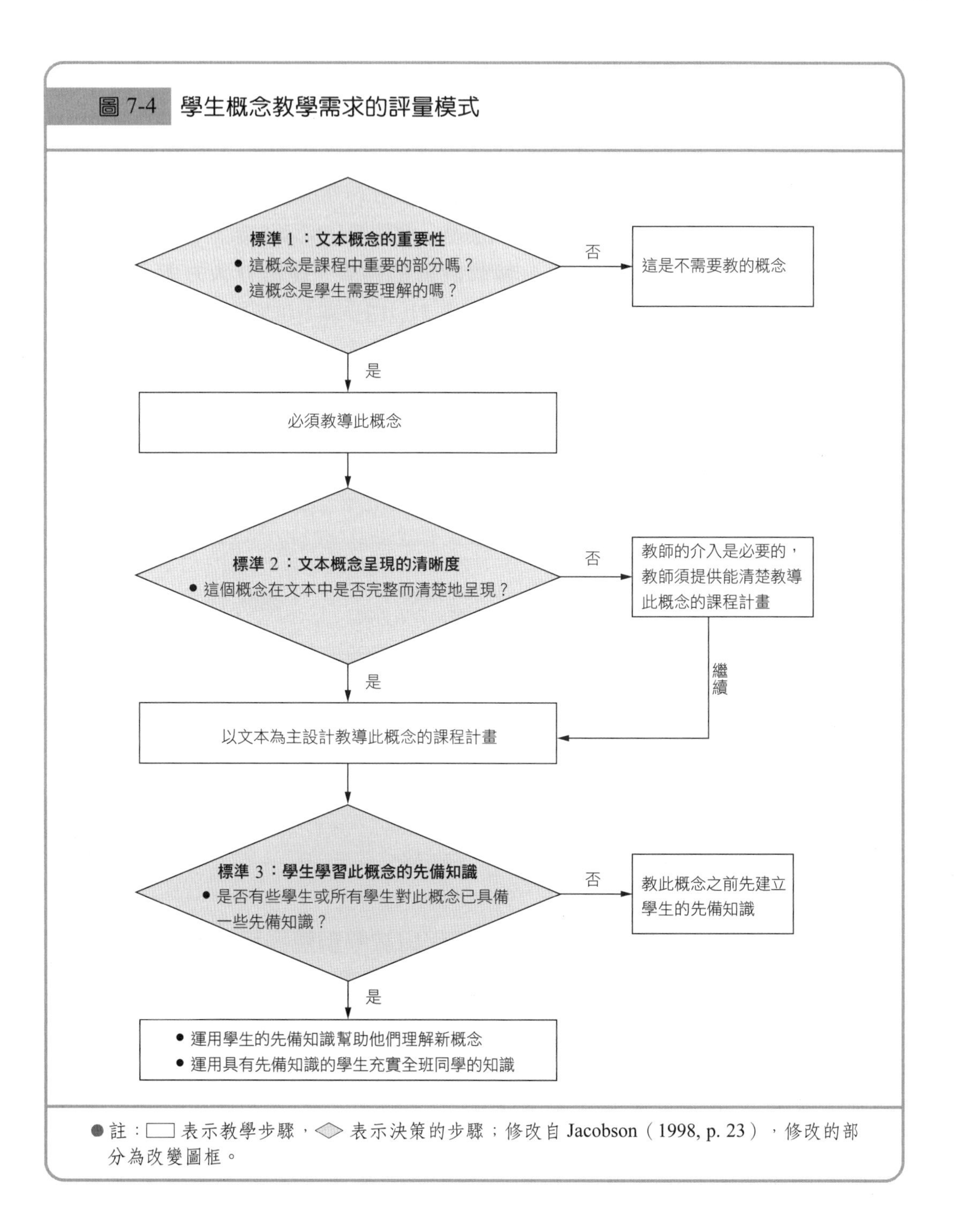

● 註：□ 表示教學步驟，◇ 表示決策的步驟；修改自 Jacobson（1998, p. 23），修改的部分為改變圖框。

五、Witt 等人提出的融合教育課程與教學調整過程

Witt 等人（2000）提出用「功能評量」分析學生的學業問題，稱作**功能學業評量**（**functional academic assessment**），功能評量強調在自然情境中評量學生的學業表現和困難，界定出造成學生學業困難的情境脈絡（含個體和環境因素）；它包括**確認問題**（validate）、**評量**（assessment）、**解釋評量的結果一連結介入方案**（interpret-link），以及**介入**（intervention）四個步驟，他們以四步驟中重要成分的首字結合稱之為「VAIL」的評量模式，如圖 7-5。

圖 7-5　功能學業評量的 VAIL 模式

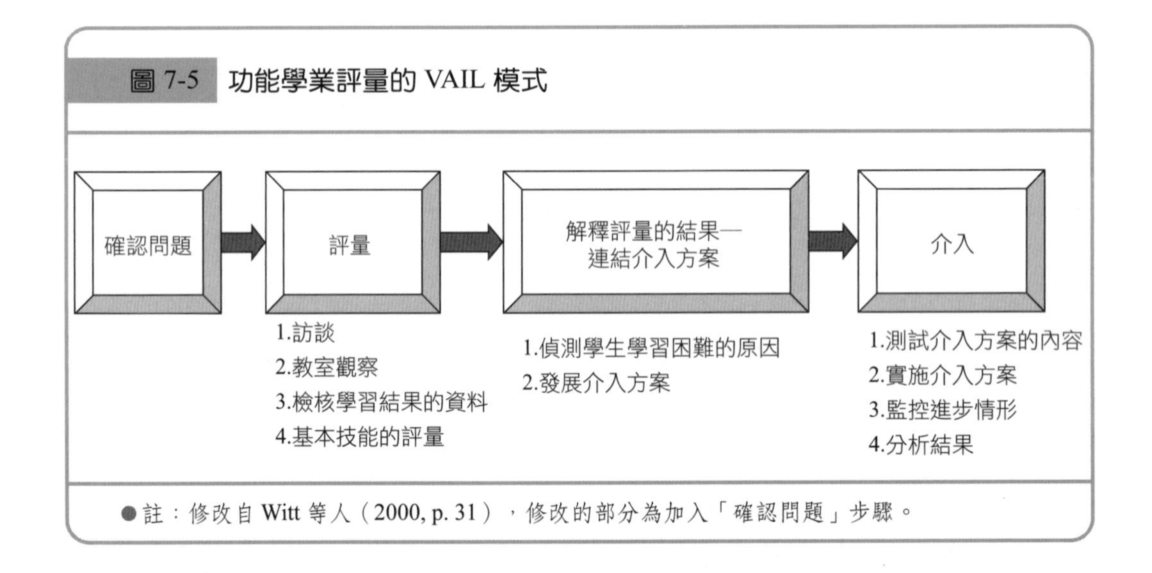

●註：修改自 Witt 等人（2000, p. 31），修改的部分為加入「確認問題」步驟。

六、Peterson 和 Hittie 提出的融合教育課程與教學調整過程

Peterson 和 Hittie（2003）提出**以生態為基礎的課程與教學調整方案**，其發展過程包括四個步驟：（1）**了解學生的需求**，包含能力、興趣、恐懼和資源等；（2）**分析教室和校園環境的期待、標準、資源和文化等**；（3）**找出個體與環境間的差異或不適配處**，描述是哪裡出問題；（4）**發展解決的方法**，此解決方法有兩種，一種是運用環境的資源，提供支持給學生，以滿足學生的需求，讓他們產生滿意感；另一種是針對學生在符合課程要求上能力不足之處，提供支持給他們，以符合課程的要求，讓他們產生令人滿意的結果，如圖 7-6。

圖 7-6　生態的調整模式

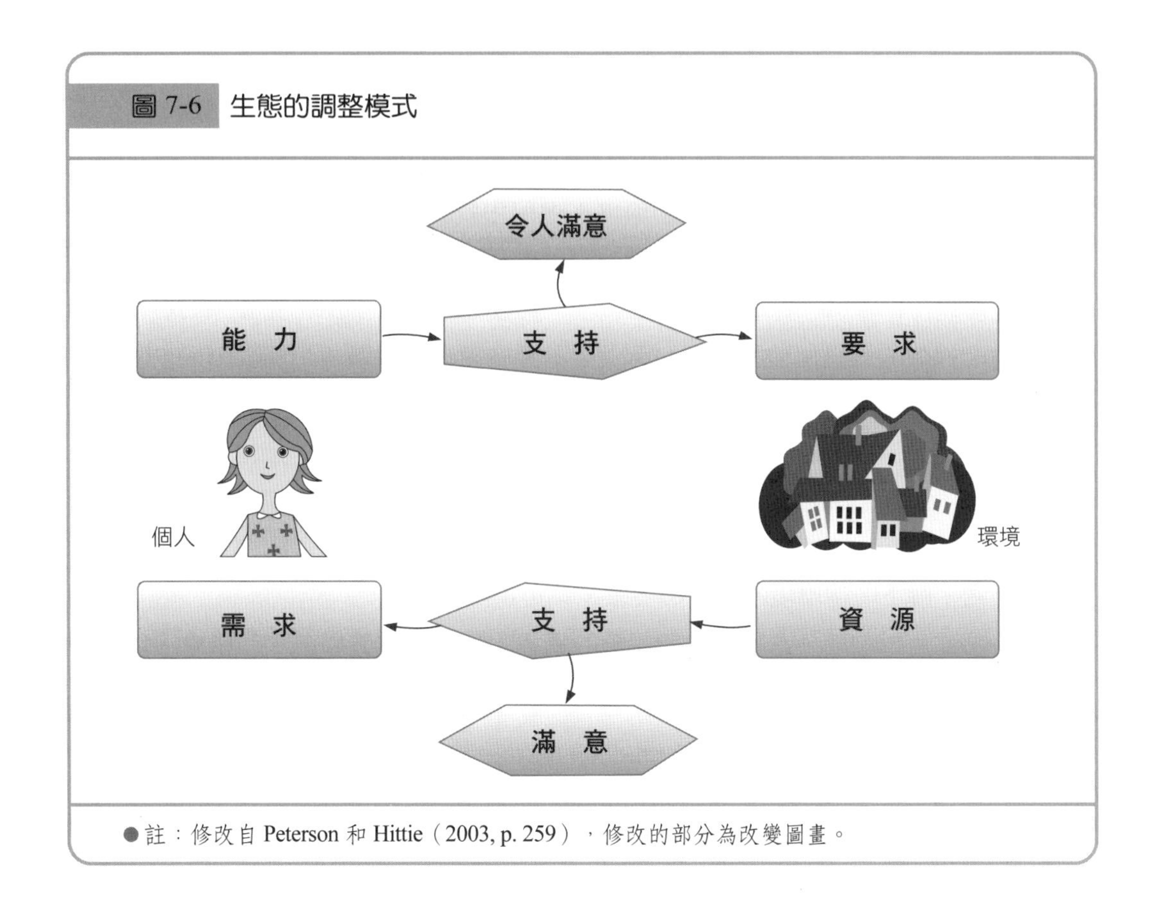

●註：修改自 Peterson 和 Hittie（2003, p. 259），修改的部分為改變圖畫。

七、Janney 和 Snell 提出的融合教育課程與教學調整過程

Janney 和 Snell（2013）提出課程與教學的調整包括六個步驟：（1）**蒐集資料**，亦即蒐集學生和教室生態的資料；（2）**決定何時需要調整**；（3）**計畫調整的策略**；（4）計畫和實施**一般的課程與教學調整**；（5）計畫和實施**特定的課程與教學調整**；（6）計畫和實施**替代的活動**。其中，一般的課程與教學調整是指，針對可預期的活動或例行作息所設計的調整，它能夠在一段較長的時間中被實施；特定的課程與教學調整則是指針對特定課程單元、活動所設計的有時限之調整，會隨著單元或活動而改變。替代的活動是指額外的替代活動，它可以在部分班級活動之前或之後實施，使用於一般和特定的調整之後，學生仍有部分需求無法被滿足的情況下，特別是那些重度障礙學生，例如：另外教導動作技能。

八、Friend 和 Bursuck 提出的融合教育課程與教學調整過程

Friend和Bursuck（2019）提出**INCLUDE策略**設計適異性課程，包括七個步驟：第一步是**界定**（identify）普通班級中環境、課程和教學三方面的要求；第二步是**注意**（note）學生的學習優勢和需求；第三步是**檢視**（check）學生能有成功表現的領域；第四步是**發現**（look for）學生有問題的領域；第五步是**運用**（use）蒐集來的資料，腦力激盪可能採取的適異性教學方法；第六步是**實施適異性教學**（differentiating instruction）；第七步是**評鑑**（evaluate）學生的進步情形。

另外，在學生需求的了解上，York、Doyle和Krongerg（1992）指出，在融合教育情境中規畫課程時，除了知道學生目前的需求外，尚須**界定其未來轉銜的方向和需求**；Salisbury和Vincent（1990）提出**下一個環境的標準**，亦即如從幼兒園轉銜至國小普通班，教師須了解下一個環境的特性與要求，以規畫課程。

綜合上述可以發現，課程與教學調整的過程大致可分成**教學前**、**教學中**，以及**教學後**三個階段，而教學前階段主要在評量學生的狀況，以及計畫課程與教學要如何進行，須做什麼樣的調整，才能符合學生的需求；之後教學中階段主要在實施課程計畫，在實施過程中仍與課程計畫保持互動，看是否需要修正課程計畫；最終教學後階段則在評鑑課程計畫，包括監控學生的進步情形，和評鑑課程計畫的成效，以作為後續實施的參考。其中在分析特殊需求學生適應融合班級之需求方面，多數學者採取「**功能－生態取向**」的評量，它結合功能和生態評量的優點，一方面了解特殊需求學生的特質與觀點，另一方面檢視目前或未來將轉銜的生態環境之特性和要求；而後進一步評量特殊需求學生在目前生態環境的功能表現，以及此表現與一般學生的差距，以分析出特殊需求學生與環境間的差異或不適配處，與造成其適應困難的情境脈絡，再依據評量的結果發展介入和調整計畫；功能－生態取向評量可以幫助教師了解整體班級生態，有助於發展符合特殊需求學生需求和生態特性的介入和調整計畫。另外，有文獻採用課程本位評量或測量，來整合「調整的課程、教學與評量」（Self et al., 1991; J. W. Wood, 2006）。

第 3 節　分析特殊需求學生適應融合班之需求的整合模式

我採取功能－生態取向和課程本位評量，來分析特殊需求學生適應融合班之需求；因為正如插畫 7-2：普通班的生態環境與特教班是不同的，Wehmeyer、Sands 等人（2002, p. 141）指出：「要將特教班的作法完全套用在普通班中是不會成功的，因為它不適用。」故須了解普通班的生態環境，而後評量特殊需求學生在適應普通班的功能表現，進而分析出他們的需求。之後，再依據需求設計適切的 IEP，最後，實施 IEP 並評鑑其執行成效，詳細的步驟如下。

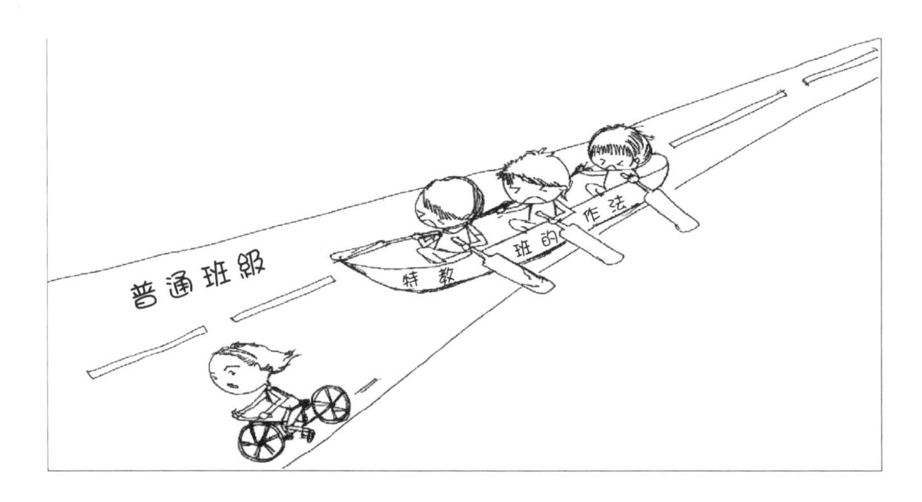

插畫 7-2　實施融合教育的作法

要將特教班的作法完全套用在普通班中是不會成功的，因為它不適用。（Wehmeyer, Sands, et al., 2002, p. 141）

壹、評量學生和其生態環境

在評量學生和其目前所處或未來將轉銜的生態環境方面，一方面了解學生的特質與觀點；另一方面評量生態環境的特性和要求，詳細討論如下。

一、了解學生的特質與觀點

為了解特殊需求學生適應融合班級之需求，首先須了解特殊需求學生的特質與觀點，亦即蒐集特殊需求學生的身心狀況資料、能力的優勢和需求、喜惡情形，以及檢視其本身對自我和環境（包括：家人、班級教師、一般同儕、課業學習與班級活動）的觀感。資料蒐集的方法包括正式評量（例如：測驗）和非正式評量（例如：訪談、觀察、檢核表、評量表、問卷等）；資料蒐集的來源可包括學生本人、他們的家長、特殊教育教師和其餘重要他人。普通班教師可以從特殊教育教師處獲得一些已有的評量資料，或是請特殊教育教師協助評量，例如：附錄 34 提供**國小特殊需求學生在普通班適應狀況量表**，是依據鈕文英、林月仙和黃慈愛（2002）的「國小身心障礙學生在普通班適應表現評量表」修改而成，可以檢視學生的學習行為與能力、基本生活能力和社會行為。林月仙（2004）進一步發展「幼兒學習適應量表」，適合評量融合於幼兒園之特殊需求幼兒的適應狀況（如附錄 34）。附錄 35 提供我參考相關文獻設計的**普通班特殊需求學生多元智力量表**，可察覺學生智力的優勢。附錄 36 呈現**特殊需求學生喜惡事物調查問卷**，可得知學生的喜惡情形。附錄 37 提供**特殊需求學生對自我和環境觀感的訪談問卷**，可了解學生對自我和環境的觀感；為了獲得較客觀可信的資料，普通班教師可以請第三者（例如：特殊教育教師）協助訪談，這些資料能進一步彙整於學生的 IEP 中。

二、評量生態環境的特性和要求

學生目前所處的生態環境包括家庭、普通班和學校；在了解學生的特質與觀點之後，普通班教師可以尋求特殊教育教師的協助，檢視學生家庭生態環境資料、家長對他們的教養態度和作法、對於學校和教師的期待，以及家庭需求等，進而彙整這些蒐集得來的資料於「IEP」中。接著普通班教師可以了解班級和學校生態環境的特性，包括物理環境、心理環境（其他任課教師、一般學生和其家長對該位特殊需求學生的觀感，一般學生與該位特殊需求學生的互動和關係，還可以了解有哪些同學曾經與該位特殊需求學生同班過）、生活作息、行為管理、課程與教學等。除了界定學生目前所處之生態環境的特性和要求外，如果學生處於轉銜年段，亦即學前教育大班，國小二、四、六年級，國中三年級，以及高中三年級，教師尚須了解下一個階段擬轉銜之生態環境的特性和要求。

為了解一般同儕對特殊需求學生的觀感，進而了解特殊需求學生在班級中的人際關係和社會地位，教師可以採用**社交計量法**，它係用以界定個體在團體中被接納和排斥的程度，以及發現個體間的互動關係和團體內部結構的一種評量方式（Kubiszyn & Borich, 2013）。最常被使用的社交計量法有以下四種方式：第一種是**同儕提名法**，是請班級學生根據某種特定的概念來選擇同儕，例如：「如果我們要舉辦聚餐活動，你希望跟誰坐在一起？」由此可得知學生被同儕接納或拒絕的程度；第二種是**量表法**，是採用量表的方式評定所有的班級成員，由此可得知每位學生被同儕評價的情形；第三種為**猜是誰技術**，亦即用描述各種行為特質的語句（例如：熱心助人），要求學生寫下最適合每一個描述句的同儕姓名（Whitcomb & Merrell, 2018）；第四種是**配對比較技術**，這種方式是對學生呈現班級中所有成員的可能配對組合，接著請班級學生依據某些了解人際關係的特定問題（例如：這兩個同學中，你最想跟誰玩在一起？），選出比較喜歡的成員（Kubiszyn & Borich, 2013）。

涂春仁（2009）設計電腦化的社交計量法，可以求得以下七種資料：**正向和負向提名、被喜和被拒次數、互喜和互拒次數、喜拒差、社會喜好指數、社會影響指數、社會地位和次級團體**。其中社會地位可以歸類為**受歡迎**（被喜歡的程度高、被討厭的程度低）、**被拒絕**（被喜歡的程度低、被討厭的程度高）、**被忽視**（被喜歡和被討厭的程度均低）、**受爭議**（被喜歡和被討厭的程度均高）和**普通**五組；次級團體是指有互喜關係者的共同組合，孤獨者和臨界者在測量中找不到自己所屬的次級團體；由此可以分析團體的開放或封閉情形，封閉性團體是指所有該次級團體成員的喜歡對象皆是團體成員，除此皆屬開放性團體。

為獲得社交計量資料，首先須實施**社交計量工具**，涂春仁（2009）發展以「分組學習」和「舉辦郊遊」為題目的問卷，它是採用「同儕提名法」來實施。鈕文英、黃慈愛和林慧蓉（2001）發現涂春仁設計的問卷較適合中高年級填寫，低年級學生有困難閱讀那些喜歡和不喜歡的理由，甚至無法寫出班上同學的名字；於是他們針對低年級學生修改問卷，以「分組安排」和「舉辦聚餐」為題目，了解學生通常喜歡和不喜歡某位同學的理由，而後使用低年級學生常用的語彙，彙整成喜歡和不喜歡的理由代碼，並加上注音，和給予全班同學的名字貼紙，便於不會寫名字的同學作答，最後找一個低年級的班級進行預試並做修改，附錄 38 呈現「分組安排問卷」，並舉例以「量表法」、「配對比較技術」和「猜是誰技術」編製的社交計量工具，並說明社交計量資料之分析。

貳、分析學生與生態環境間的適配性並界定其需求

在評量學生和其目前所處或未來將轉銜的生態環境之後，接著分析學生與生態環境間的適配性，此乃差異分析，進而界定出學生目前和未來轉銜上的需求。普通班教師可以藉著我參考Downing和Demchak（2008b）的資料，設計之**特殊需求學生在普通班活動與表現的觀察記錄工具**（空白表格和舉例如附錄39），針對1週5天的典型學校作息和活動，記錄一般學生的活動與表現；而後進行該特殊需求學生活動與表現的差異分析，進而界定其介入和調整的需求。除了典型學校作息和活動外，尚可記錄不是每天進行之作息和活動（例如：段考），檢視特殊需求學生的表現和需求。

《特殊教育法施行細則》（1987/2020）第9條，規定IEP的內容包括五項，其中一項為「學生能力現況、家庭狀況及需求評估」，而在學生能力現況及需求評估方面，針對安置於普通班的身心障礙學生，可以進一步呈現**學生身心現況對其在普通班上課及生活之影響**，這項主要是希望計畫人員檢視學生身心狀況對其適應普通班會產生的困難，以便教師在班級經營時，能針對其需求做調整，提供必要的協助。我覺得這項只針對身心障礙學生設計，而資優學生，甚至一般學生有特殊需求者也需要協助，因此稍加修改成**特殊需求學生身心狀況對其在普通班學習和生活之影響**（空白表格和舉例如附錄40），普通班教師可以透過特殊教育教師的協助，藉由前述學生特質的了解，包括學生身體健康狀況、感官與知覺動作能力、生活自理能力、注意力、記憶力、理解能力、閱讀能力、書寫能力、數學能力、社會或情緒或行為狀況、學習態度和行為等方面能力的優勢和需求，搭配上一段「特殊需求學生在普通班活動與表現的觀察記錄工具」之資料，進一步分析它們對其在普通班各課程領域的學習和評量、生活作息、參與班級事務和活動、人際關係和互動上是否有影響；如果有影響，產生什麼樣的影響，而後整理在此份表格中，此份表格可納入學生的「IEP」中，例如：了解身體病弱學生的身體健康狀況，有哪些活動是學生不能從事的，或從事的時間有限制。

除此，對於有課業學習問題的學生，可進一步採取「課程本位評量」，分析特殊需求學生在特定課程主題上的前測結果，以及該主題所需先備能力和行為上的表現。為了解學生學習特定課程主題的需求，我綜合文獻（Heron & Harris, 2000; Hoover & Patton, 2005），發展出**特殊需求學生在普通教育課程表現的差異分析**（空白表格和舉例如附錄41）。它主要包括學習課程單元所需先備能力或行為的分析，以及學生在此項能力或行為表現的差異分析兩部分，其中前者包括課程內容需求，例如：須具備哪些知識、技能或經驗；以及學習態度和行為的需求，例如：能與同儕合作完成指定的作業。

普通班教師可以藉由特殊教育教師的協助，在進行特定課程單元所需先備能力或行為的分析之後，再進一步執行學生在這些能力或行為表現的差異分析，最後據此界定出學生學習此課程單元的需求。鈕文英（2005）運用「特殊需求學生在普通教育課程表現的差異分析」，將數學〈分類整理〉單元所需能力和行為，以及一位中度智障學生表現的差異分析整理在表 7-2。由表 7-2 可發現，SB2 無法獨立表現多項能力和行為，需要提示或協助；因此在設計此單元的調整計畫時，可考慮從銜接和複習過去所學的概念（例如：顏色、形狀、資源回收物的命名）、調整目標（例如：報讀 30 以內事物的分類記錄結果）、使用教學方法和教具、調整教學評量（例如：減少文字，多用圖片來呈現題目）等方向著手。

參、擬訂學生所需的個別化教育計畫

在了解學生的需求之後，特殊教育教師和普通班教師可以共同擬訂「IEP」，包括與相關人員（含家長、一般學生和科任教師）的溝通和合作、心理環境的營造、物理環境的安排、課程與教學的規畫、教學評量的實施、生活作息的管理、情緒與行為的輔導，及轉銜計畫的發展八方面，正如插畫 7-3，IEP 是教導身心障礙學生的路線圖（Johns et al., 2002）；Howley 和 Kime（2003）指出，IEP 擬訂的目標宜**具體明確**、**可測量**、**可達成**、**與學生能力現況相關**，以及**有達成時間的描述**（specific, measurable, achievable, relative, time-related），取其每個字母的首字，串聯成「**SMART**」的原則，我於附錄 42 呈現「普通班特殊需求學生個別化教育（支持）計畫及促進學生融合的策略芻議」。從第 8 章至第 14 章，我將詳細介紹上述 IEP 的內涵，以及擬訂符合 SMART 原則的目標。

肆、實施個別化教育計畫並評鑑其執行成效

最後，教師實施 IEP，於執行過程中可以採用「課程本位評量」和其他方法，評鑑特殊需求學生 IEP 的成效。我設計評鑑記錄的表格於 IEP 中如附錄 42。

表 7-2 〈分類整理〉單元所需能力和行為及學生表現的差異分析

課程所需能力和行為的分析	學生在此項能力和行為表現的差異分析
1. 能點數至 200。	＋－〔能點數到 50，有時遇到幾＋ 9（例如：19、29）會停頓，分心時偶爾會數錯〕
2. 能比較 200 以內數量的大小。	－（無法從 30 以內數字中比較出大小）
3. 能認讀 200 以內的數。	＋－（能認讀出 30 以內的數字）
4. 能區辨不同顏色的物品。	＋－（能命名紅色，其他則會混淆，但能看得出哪些東西的顏色相同，哪些不同）
5. 能辨識形狀。	＋－（對形狀的命名還不太清楚，但能看得出哪些東西的形狀相同，哪些不同）
6. 能辨識大小。	＋
7. 能辨識資源回收物。	＋－（對資源回收物的命名還不太清楚，但能分辨得出紙張、塑膠類）
8. 能分辨空間方位詞：上、下、裡、外	＋－（上和裡會混淆）
9. 會做兩位數加法。	－
10. 會做兩位數減法。	－
11. 能聽懂與本單元有關之先備語彙（例如：資源回收、最多、最少、幾種顏色、各有幾個、當選、得分最高、得分最低、誰比誰多幾個、總共或一共、相差、50 元可以買哪些物品）。	＋－（能聽懂資源回收，其他則尚需加強）
12. 能表達與本單元有關之語彙（例如：哪個比較多或少、誰得分最高或最低）。	＋
13. 能閱讀平面的圖片（包括：實物照片和手繪圖片），並且知道哪些是相同的，哪些是不同的。	＋
14. 能閱讀與本單元有關之先備語彙（例如：最多、最少、幾種顏色、各有幾個、當選、得分最高、得分最低、誰比誰多幾個、總共或一共、相差、50 元可以買哪些物品）。	－
15. 具備基本的書寫能力（例如：畫圈、能寫出 200 以內的數字，抄寫國字、注音）。	＋－（能畫圈、僅能寫出 30 以內的數字、能抄寫但速度慢，且有時會抄錯）

●註：「＋」表示該生能完全獨立表現出該項能力或行為；「＋－」表示該生偶爾能獨立表現該項能力或行為，或是僅能表現其中的部分；「－」表示該生無法完全獨立表現出該項動作或行為。

插畫 7-3　個別化教育計畫是教導身心障礙學生的路線圖

IEP 是教導身心障礙學生的路線圖（Johns et al., 2002）。Howley 和 Kime（2003）指出，IEP 所訂的目標宜具體明確、可測量、可達成、與學生能力現況相關，以及有達成時間的描述。

總結

普通教育教師可以在帶班前，分析一位特殊需求學生的加入，會帶來哪些值得關注的需求和議題，之後針對這些需求和議題擬訂 IEP，將學生的「特殊需求」視為一個設計融合班級的工具；導讀案例中張老師分享的經驗讓人們學習到，特殊需求學生「需求評量」的重要性。相關文獻提出「功能—生態取向和課程本位評量」，分析特殊需求學生適應融合班級之需求；亦即一方面了解特殊需求學生的特質與觀點，另一方面檢視目前或未來將轉銜的生態環境之特性和要求；而後進一步評量特殊需求學生在目前生態環境的功能表現，和此表現與一般學生的差距，以分析出特殊需求學生與環境間的差異或不適配處，以及造成其適應困難的情境脈絡。除此，對於有課業學習問題的學生，可進一步採取「課程本位評量」，分析他們在特定課程主題上的前測結果，以及該主題所需先備能力和行為上的表現，之後依據評量的結果發展 IEP，最後實施 IEP 和評鑑它。

第 8 章

普通教育教師如何經營融合班（四）：與相關人員的合作和特教資源的運用

第 1 節　與一般學生家長的溝通和合作

第 2 節　與特殊需求學生家長的溝通和合作

第 3 節　與一般學生的溝通和合作

第 4 節　特殊教育相關資源的運用

唯有身心障礙學生能夠在身體、教學和社會三個層面融合於普通班級，真正的融合教育才算達成。（Nicoll, 1993；引自 Bradley & Graves, 1997, p. 401）

導讀案例和本章目標

莊老師班上有一位AD/HD的阿宏，有一天中午阿宏把便當盒拿起來甩，有些男生見狀哄堂大笑，並且起鬨說：「阿宏在表演特技耶！」阿宏聽到同學的笑聲和話語，覺得引人目光，情緒更加高張，結果甩到班上一位女同學的眼睛。這位女生的媽媽表示，不能因為要讓阿宏有正常的學習環境，而犧牲其他小朋友的安全，班上有好幾位家長也一起來找莊老師，向他下達「必須讓阿宏轉走」的最後通牒。阿宏的家長則認為他並不是故意要傷害那位女生，而是受同學引惹，讓他無法控制其行為。莊老師很苦惱該如何面對家長的壓力呢？

由莊老師的案例可發現：如何讓一般學生家長了解「融合教育」的趨勢，減少他們對其孩子教育權和安全性受影響的擔憂，增加他們對特殊需求學生的接納度？如何與特殊需求學生的家長合作教導其孩子？如何教導一般學生與特殊需求學生相處，並引導他們表現適當的行為呢？有哪些特殊教育相關資源可茲運用，以協助莊老師面對融合班級的經營問題？

從本章的內容，讀者可以學習到：在經營融合班級上，普通教育教師與一般學生家長、特殊需求學生家長，以及一般學生溝通和合作的方法，還有特殊教育相關資源的運用。

第 1 節　與一般學生家長的溝通和合作

教師扮演的角色不是只有教導學生而已，還須了解學生的家庭，與家長溝通和合作；Peterson和Hittie（2003, p. 59）即引用一位教師的話顯示「了解家長是成為一位有效能之教師的關鍵」：

> 當我剛開始帶班時，我以為我只要教語文、數學就好了；現在我知道我除了要教孩子，也要教他們的家庭；如果我要成為一位有效能的教師，了解家長是一個極重要的關鍵。

許多文獻指出，家長對教育抱持的態度、家庭支持的程度，以及學校和家庭、教師和家長（包括身心障礙和一般學生家長）之間的溝通和合作，攸關家長對融合教育的態度和參與度，進而影響融合教育的實施成效（Giangreco et al., 1991; Kalyanpur & Harry, 1999; T. E. C. Smith et al., 2016）。以下從相關文獻和實證研究兩方面，討論如何與一般學生家長溝通和合作。

壹、與一般學生家長溝通和合作的相關文獻

綜合前面家長對實施融合教育態度之研究（Guralnick, 1994; L. O. Moore, 2000; York & Tundidor, 1995）後發現，雖然融合教育有許多優點，但是家長關注和擔憂的議題，可能會減損他們對融合教育感受到的優點與信心，甚至妨礙融合教育方案的發展與實施。以下從三方面討論教師如何與一般學生家長溝通和合作。

一、讓一般學生家長了解融合教育的趨勢和優點

教師在剛開始時，宜讓家長知道每一個孩子都是受歡迎，皆隸屬於這個班級的。另外，教師可視班上特殊需求學生的狀況，若該生的特殊需求較高，與一般學生可能會產生較多的互動問題，需要一般學生大量的協助，宜在告知和徵求特殊需求學生家長的同意下，讓一般學生家長了解班上特殊需求學生的優勢和需求，以增進其接納度；以及告知他們「融合教育」的趨勢和優點，讓他們知道這位特殊需求學生的加入，可以讓其孩子學習到什麼。舉例來說，教師可以告訴家長：「孩子有一天會離開學校，社會上本來就有形形色色的人，每個人都有需要幫助的時候；藉由這位身心障礙學生的加入，可以讓孩子學到同理別人的困難，接納和幫助不同的人。有一天孩子會長大，我們會變老，手腳可能不靈活、反應可能變遲鈍。……如果我們的孩子從小就學習到同理、接納和關懷，最後受惠的是我們。」Favazza 和 Odom（1997）的研究安排一般學生家長協助孩子完成一份作業，此作業是請家長與孩子一起閱讀介紹班上身心障礙學生障礙特質的故事書，而後共同完成心得分享的作業單；如此不只讓孩子學習，也間接讓家長了解身心障礙者。

二、了解一般學生家長對融合教育關注和擔憂的議題

教師宜深入了解家長對融合教育的看法，以及他們擔憂的問題；進而積極與他們溝通，化解其疑慮與擔憂。通常一般學生家長會擔心特殊需求學生的加入，是否會影響其孩子的學習品質，是否會傷害其孩子等；教師宜同理他們的反應，並且積極澄清其疑惑，化解其憂慮，告知他們會採取的預防和因應策略，讓他們知道其孩子的受教權不會受到影響。另外，教師可以讓一般學生家長了解和同理特殊需求學生家長的心情，將心比心地試想：「如果我家孩子有特殊需求，我希望他被同學排拒嗎？我希望別人如何做？」進一步鼓勵家長教導其孩子與教師共同協助特殊需求學生適應學校生活，如此不只讓全班受益，也幫助了自己的小孩。

三、向家長溝通教學理念與作法並且鼓勵親師合作

教師宜積極向家長溝通其教學的理念與作法，鼓勵一般學生家長與教師合作實施融合教育，教導他們如何協助其孩子與特殊需求同儕互動，讓特殊需求同儕順利地融入班級中。

貳、與一般學生家長溝通和合作的實證研究

鈕文英（2006）在了解被推薦具成效的32位國小融合班教師，其運用的班級經營策略後發現，在與一般學生家長溝通和合作方面，參與教師表示，會讓一般學生的家長了解「融合教育」的趨勢。

> 我會讓他們知道其實這（融合教育）是一個趨勢，因為每一班裡面都有，頂多只是程度嚴重不嚴重而已。（I1NT8-12C）
> 這些孩子（身心障礙學生）以後也要進入社會，讓我們的孩子提早接觸這種人，學習與他們相處，將來才不至於產生更多的問題。（I1NT2-10C）

面對家長的疑慮，參與教師表示以「同理」的方式去了解，並且向家長保證其孩子的受教權不會受到影響。

> 一般家長通常都不希望班上有特殊的孩子，其實我會將心比心哪！因為如果說，今天我自己的孩子，班上有一個很特殊的孩子，而那個孩子影響我孩子的學習權，影響整個上課的品質，我一樣也會擔心；所以換這個角度想，我就試著以同理的方式告訴其他的家長，我會先跟他們保證，然後我會用我的行動來證明，只有當那個孩子OK的時候，大家才會OK。我會告訴其他家長，雖然班上有一個這樣的孩子，但是我不會因為有了這個孩子，為了照顧他，而忽略了其他27個小朋友的權利，其他27個小朋友對我來講，還是非常重要的。不過，我也不能因為這27個小朋友，就犧牲了這個特殊孩子的需求，我覺得這是需要溝通的，溝通是一回事，最重要的還是要用行動，用能力去證明。（I1NT8-10C）

有參與教師表示，會讓家長了解該位身心障礙學生的狀況。舉例來說，ST12說：「必須要先告知，讓所有的家長了解到這個孩子的狀況是怎樣，請家長們一起發揮愛

心，教導自己的孩子來關心。」（I1ST12-4C）在了解之後，參與教師以一般學生能夠學習到「包容、關懷和照顧別人、人際互動、問題解決、情緒管理」的能力，以及會更懂得珍惜自己所擁有的，來增進家長的接納度，甚至有教師會藉由其他家長分享的正向經驗來加強認同感。

> 這位特殊孩子看起來像是包袱，但對一般孩子來說，可以學到很多東西是看不到的。……孩子會學習包容，對一些事情比較不會過度在意，比較不會發生偏差行為；另一方面，因為看到身心障礙的孩子都能生存了，會更珍惜自己所擁有的。（I1ST12-6A）
> 像我們就有家長跟我說，其實有了○○（自閉症學生的名字）以後啊！他的女兒反而很懂得去照顧別人，關心別人；然後我會在一些班上家長聚會的場合裡，藉著家長的這些肯定，告訴其他家長。（I1NT9-9A）

第 2 節 與特殊需求學生家長的溝通和合作

綜合第 3 章家長對實施融合教育態度之研究（Garrick et al., 2000; S. K. Green & Shinn, 1994; Guralnick, 1994）可知，特殊需求學生家長最重視的是教師的態度，教師對其孩子的態度與支持，以及其所受之專業訓練與教學能力是否能夠滿足孩子的需求，這些都是特殊需求學生家長所關心的議題，而且攸關特殊需求學生家長對融合教育的滿意度。以下從相關文獻和實證研究兩方面，討論如何與特殊需求學生家長溝通及合作。

壹、與特殊需求學生家長溝通和合作的相關文獻

在與特殊需求學生家長溝通和合作之前，首先須了解家庭系統。A. P. Turnbull 等人（2015）提出家庭系統概念架構圖，如圖 8-1。在此家庭系統中，**家庭特徵**是輸入變項，包括整個家庭的特徵（例如：是大家庭或核心家庭、家庭的社經地位）、家庭中個別成員的特徵（例如：家庭中個別成員的健康狀況），以及特殊的挑戰（例如：家中有一位身心障礙孩子會帶來的特殊挑戰）。家庭特徵輸入於**家庭互動歷程**中，而凝聚力和適應力是此互動歷程中兩個要素，包括大家庭（亦即爺爺、奶奶、叔伯等）、親子、婚姻和手足關係的凝聚力與適應力。經過家庭互動歷程後形成**家庭功能**的輸出

圖 8-1 家庭系統概念架構圖

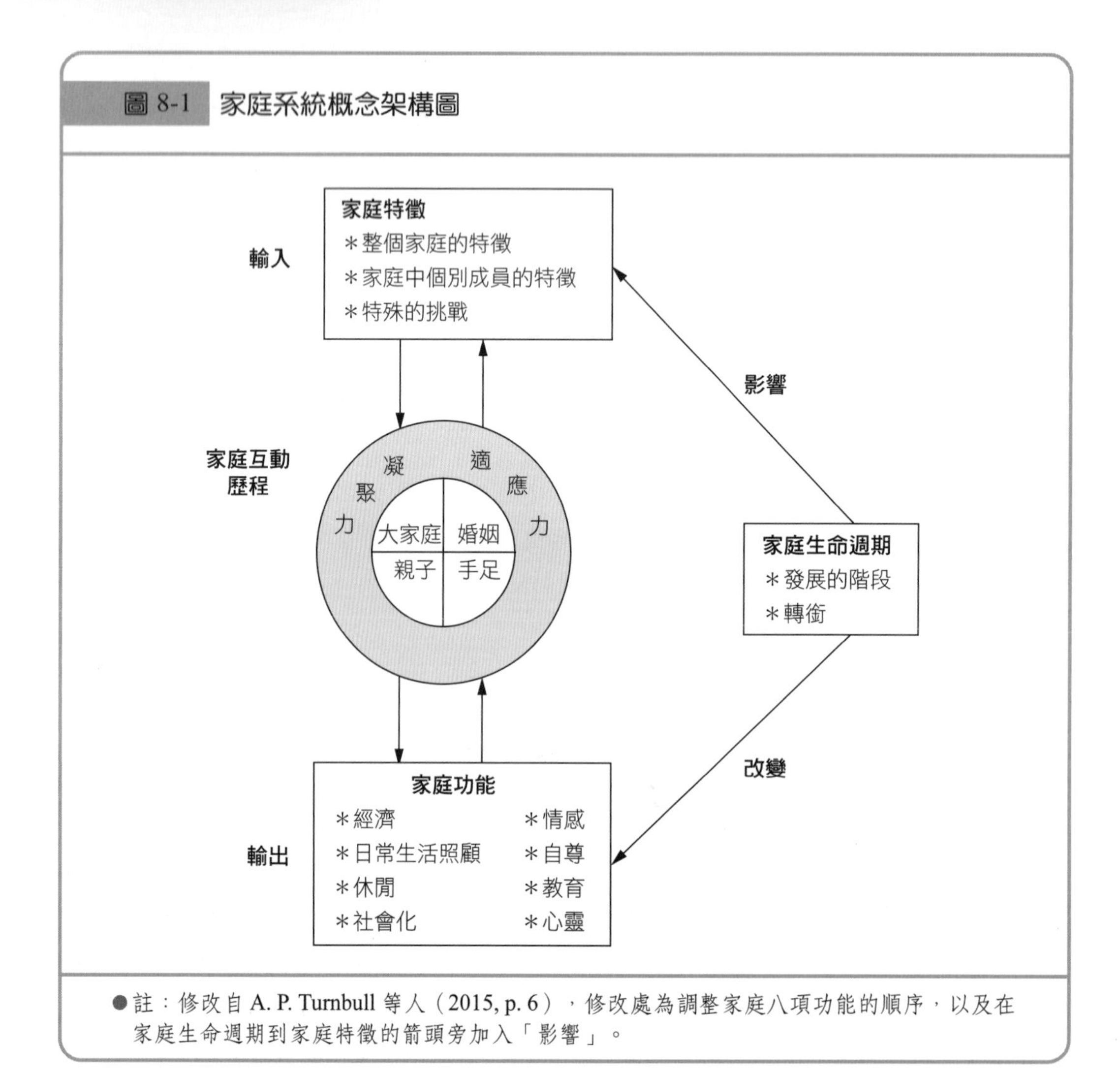

●註：修改自 A. P. Turnbull 等人（2015, p. 6），修改處為調整家庭八項功能的順序，以及在家庭生命週期到家庭特徵的箭頭旁加入「影響」。

結果，包括在經濟、日常生活照顧、休閒、社會化、情感、自尊、教育和心靈等功能的表現。在此家庭系統中，還有**家庭生命週期**會影響整個系統的運作，包括發展的階段（例如：家中身心障礙孩子處於何種發展階段）和轉銜（例如：家中身心障礙孩子面臨什麼轉銜議題，像是從學生邁向成人的角色）兩個要素。教師可以依據 A. P. Turnbull 等人的家庭系統概念架構圖，深入了解特殊需求學生家庭的特徵、家庭互動歷程和家庭功能表現，以及家庭生命週期，以熟悉特殊需求學生的家庭。Peterson 和 Hittie（2010）即表示，教師宜覺察特殊需求學生的家庭動力，例如：當發現家長的管教態度和方式是嚴厲地打罵，這時教師若提供父母其孩子負面行為的訊息，反而會引來更多的粗暴管教，因而對孩子造成傷害；因此教師宜審慎處理。接著我整理出教師和特殊需求學生家長之間的溝通及合作的作法如下。

一、了解和去除阻礙親師合作的因素

Schloss 和 Smith（1998）指出，造成教師和家長間合作的障礙因素有社會、教師和家長三方面。在**社會**方面，社會之急遽變遷，造成家庭結構和功能的變化，例如：（1）家庭的組成產生變化，單親家庭和隔代教養的比例增加；（2）家庭的住處常變動，流動人口的比例增加；（3）家庭的文化差異，如原住民、華僑、父母之一為外國人等。

在**教師**方面，包括：（1）教師認為家長應為孩子的不佳表現負責任，導致家長有壓力，產生逃避的心理；（2）教師認為他們知道什麼對孩子是最好的，而不願意接受家長的意見；（3）教師的時間有限，工作量過大；（4）教師無法了解家長處理孩子問題的困難處，並且未能提供解決策略。

在**家長**方面，包括：（1）家長過去與學校人員有不良的互動經驗，導致對學校的印象不佳；（2）家長和教師之間對孩子行為問題的看法不同；（3）家長有極大的壓力，例如：個人、婚姻或關係、教養的壓力，和社會支持不足等，致使動機低落，這些壓力會造成家長教養功能的瓦解；（4）家長的能力和時間有限，不知道如何與教師溝通與合作。

除上，林雅琪（2006）提及，影響特殊需求學生家長參與的還有**孩子**因素（包括：孩子的年級、障礙程度、在家長心目中的地位），及**學校**因素（包括：學校的硬體、各項制度規畫、組織氣氛）。教師要了解是哪些具體因素，並針對這些因素提出解決策略，例如：若是家長本身壓力的問題，教師可以提供社會資源，或協助他們如何調解壓力；若為家長能力和時間的問題，教師可以透過家長訓練、尋求其他資源（像是運用其他家長的力量）等方式來解決；若是家長和教師之間對孩子行為問題的看法不同，則要積極了解家長的想法，充分溝通彼此的觀念，以及運用其他家長的協助等方式來面對。另外，假使是教師態度的問題，則教師宜調整自己的態度，不宜有先入為主的想法，認為自己知道什麼對孩子最好，或認為家長應為孩子的不佳表現負責任（Kalyanpur & Harry, 1999）。

二、表現真誠、尊重及積極的態度與家長溝通和合作

教師與家長雙方宜真誠表達對教育和輔導的意見，願意傾聽對方的想法，使得合作得以在相互了解的情況下順利進行（Beveridge, 2005）。親師雙方也宜表現出對另一方的尊重，家長宜尊重教師的專業判斷，教師則宜尊重家長的選擇權，而且親師雙方宜積極表現合作意願；為達成此目標，教師宜先主動釋出誠意。Swap（1993）定義真正的夥伴關係有四個組成要素：第一，有**雙向的溝通**，共同討論對孩子設定的學習目

標和教導方法；第二，**學校人員與家長共同合作**，加強學生在家裡與在學校的學習；第三，**互相提供支持，共同建立學習環境**；第四，**共同做教學的決策**。

Liontos（1992）提出五個促使家長參與的原則：第一，秉持**無過失**的原則，亦即家長與教師雙方不會相互指責對方是造成孩子困難或問題的主因；第二，抱持**無缺陷**的態度，也就是尊重每一個家庭的特徵，並且多去發掘家庭的優勢，而不是只聚焦在家庭缺陷或失敗之處；第三，讓家長**充權賦能**，給予家長更多教育孩子的控制權，讓他們能發揮影響力；第四，注意孩子所處的**生態環境**，教師和家長共同檢視孩子所處的生態環境，例如：家庭、鄰里或社區、教會、學校等；第五，學校和家庭建立**合作與夥伴的關係**，共同因應孩子教養、輔導、健康照護，以及其他需求。

三、表現對特殊需求學生的接納度以減少其家長的疑慮

教師在剛開始時，宜讓家長知道每一個孩子都是受歡迎，皆隸屬於這個班級的；尤其是身心障礙學生家長在送其孩子進入一個新班級時，內心是滿懷疑懼的，此時更需要教師的接納和支持（Mayberry & Lazarus, 2002）。Marzano 等人（2003, p. 98）指出：「你可以創造第一印象的機會只有一次。」教師在第一次與特殊需求學生家長見面時，就讓家長感受到你對其孩子的接納度，一方面可以讓家長吃下一顆「定心丸」，另一方面可以促進親師間的關係。

四、向家長溝通其教學理念與作法並且鼓勵親師合作

教師宜向家長溝通自己的教學理念和班級經營的作法，教導特殊需求學生的家長如何與學校配合，共同協助其孩子（鈕文英，2009b）。鈕文英（2006）指出，受訪的普通班教師表示，身心障礙學生家長的參與和配合度會影響其孩子的學習及適應狀況，這包括身心障礙學生家長是否積極參與班級活動；主動與一般學生和其家長接觸，與他們建立正向的關係；與教師保持密切的溝通和合作等。由此可知，教師可以鼓勵特殊需求學生家長參與班級活動，促進他們與一般學生家長的互動，並且教導他們如何協助孩子學習和建立良好的人際關係。

> 他媽媽也會藉由帶孩子回家，接送的這段時間，跟其他的孩子建立起感情，然後她也會去關心他們，讓班上其他的孩子，都覺得○○（自閉症學生的名字）他媽媽，是一個很好的人，無形之中，孩子也會增加對○○的接納度。另外一方面，因為她每天都會來接孩子，所以我就不用每天晚上特地再打電話，就可以利用在學校的時間，把孩子今天的事情講得鉅細靡遺一點。（I1NT8-12C）

五、和家長之間進行有效的溝通

親師會議和親師聯絡簿是教師與家長溝通可採用的管道。教師可採用親師聯絡簿，告訴家長有關孩子正向的表現或進步的地方，讓家長對孩子逐漸建立信心，並給予其鼓勵；一旦發現有行為問題時，隨即記載，回家後，家長可立即配合學校，做適當的處理。親師會議也是另一種親師溝通的管道，在舉行親師會議時，要注意先告訴家長孩子正向的表現或進步的地方，而不要先挑毛病（Faber & Mazlish, 1980/2012），之後再告訴家長你關切的問題，徵求他們的意見，如插畫 8-1。除了正式會議之外，教師也可以藉著非正式會議，如教學參觀日、IEP 會議等，與家長溝通，獲得家長支持。

插畫 8-1　親師會議宜注意之處

在親師會議中，教師宜先告訴家長孩子的進步表現，而後再告知你關切的問題。

G. L. Wilson（1995）提出一些與特殊需求學生家長有效溝通的原則：一是**接納**；二是**積極地聆聽**；三是**提問**，藉著問問題探詢家長的想法；四是**鼓勵**；五是**維持討論的方向和焦點**；六是**發展成合作的夥伴關係**。除此，綜合文獻，我整理教師與家長溝通時宜避免和宜採用的語彙如表 8-1。

表 8-1 教師與家長溝通時宜避免和宜採用的語彙

宜避免的不適切語彙	宜採用的替代語彙
1. 以「必須」的語言與家長溝通，例如：「大慶媽媽，你必須教他以『禮貌的用語』向同學借東西，而不是直接拿取。」	1. 以「可以」的語言與家長溝通，例如：「大慶媽媽，你可以教他以『禮貌的用語』向同學借東西，而不是直接拿取。」
2. 以「與別人做比較」的語言評論學生的表現，例如：「阿志的作業表現比同學差，成績也輸人一大截。」	2. 以「與自己做比較」的語言評論學生的表現，例如：「阿志的作業表現低於他之前的表現，成績也低於他的平常水準。」
3. 評價的語言，例如：懶惰、惹麻煩、不合群、人緣差、莽撞的、骯髒的、頑固倔強、散漫草率、文化剝奪或不利、逃學、偷竊等；以及粗話，例如：阿輝的行為很「白目」[a]。	3. 以描述性、正向引導的語言描述觀察到的學生行為，取代粗話及對他們的負面評價，例如：上課打瞌睡、影響課程進行、應該學習與同學合作、與他人相處有困難、表現較不禮貌（例如：未經他人同意就坐他人的座位）、衣著不整齊、堅持自己的想法、可以更勤快和細心點、文化差異、無故缺席、未經許可拿東西，以及阿輝有困難表現符合常規的行為等。
4. 專業術語（例如：IEP）或縮寫（例如：行改）[b]。	4. 簡單，但不失其真義的用語，讓教師與家長的互動更具親和力，例如：教導阿鴻在適當的時機問問題和回答問題，以改變他上課不適當說話行為，並且將它訂為IEP的目標。只有確信家長能理解專業術語或縮寫詞的含意時，教師才使用之。
5. 如果有問題需討論，教師掩飾問題，例如：「大華有些活潑。」	5. 如果有問題需討論，清楚陳述問題的情況，例如：「大華上課時會主動問問題和回答問題，不過他可以學習在適當的時機問問題和回答問題。」
6. 對家長以「恩人」自居的語言說話，例如：「我確定你在家無法處理彬彬『忘東忘西』的問題，所以我在學校幫你處理了。」	6. 教師向家長表示成為他們子女教育的合作夥伴，例如：「我們一起來處理彬彬『忘東忘西』的問題。」
7. 如果家長指控教師的作法，教師說謊或拒絕面對家長的指控。	7. 如果家長指控教師的作法，教師不要說謊或拒絕面對家長的指控；若有需要，可徵求學校行政人員的協助。

●註：第一和二點整理自 Bauer 和 Shea（2003, p. 86）；第三點整理自 Bauer 和 Shea（2003, p. 86）、Dyches 等人（2012, p. 21）及 T. M. Shea 和 Bauer（1991, p. 82）；第四至七點整理自 Dyches 等人（2012, p. 21）的文獻，再加上我的舉例。
[a]「白目」是指一個人沒有黑眼球，就是有眼無珠、搞不清楚狀況，以及不會看臉色。
[b]「IEP」是指個別化教育計畫，「行改」是指行為改變。

貳、與特殊需求學生家長溝通和合作的實證研究

在與特殊需求學生家長溝通和合作的實證研究方面，我分成三方面來探討：普通教育教師與特殊需求學生家長溝通策略之研究、普通教育教師與特殊需求學生家長親師合作之研究，以及普通班特殊需求學生家長支持方案之研究。

一、普通教育教師與特殊需求學生家長溝通策略之研究

鈕文英（2006）指出，受訪的普通班教師表示，會讓身心障礙學生的家長知道其孩子是屬於這個班級的，他們會盡可能教導；此外，也會給予家長支持與鼓勵。

> 剛開始的時候，特殊小朋友的家長都是逃避的，難怪他們要逃避，因為對他們來講真的很難堪。……我會讓家長知道我是接納他孩子的，他的孩子是屬於這個班級的，讓他放心，而且告訴他我們一起努力教導他的孩子。（I1ST10-2C）
> 我一有時間會在聯絡簿上寫著：「帶這樣的孩子，妳必須付出比別人更多的體力跟心力，偉大的媽媽～辛苦妳了！」我覺得老師也要回饋家長，所以我就會這樣給媽媽鼓勵。（I1ST7-3D）

二、普通教育教師與特殊需求學生家長親師合作之研究

徐美蓮和薛秋子（2000）採行動研究，以一名四年級自閉症和其他 36 名一般學生為研究參與者，藉著與自閉症學生家長的合作，教導一般學生認識自閉症同學和學習相處之道；獲得學校行政人員和自閉症巡迴資源教師的支援，教導自閉症學生生活和社會技能、情緒因應策略；以及調整教學等方法，來協助自閉症學生融入普通班級；結果發現自閉症學生在普通班的學習有明顯進步，與同學之間有較好的互動關係，在社會互動能力有明顯提升，尤其在語言溝通、人際關係、參與能力、社交技巧上有明顯改變，不良的適應行為也逐漸降低；而大多數一般學生能接受自閉症同學，且能積極主動協助他解決問題、排解糾紛，在與其相處經驗上獲得成長。我認為徐美蓮和薛秋子的行動方案包括「與特殊需求學生家長溝通與合作」，且還運用與一般學生溝通與合作、其他相關資源、課程與教學調整、情緒與行為輔導等策略。林芬菲（2005）探討一位國中亞斯伯格症學生親師合作之輔導歷程後發現，透過個案會議建立親師共識，形成全校性介入，包括家長協助進行同儕介入課程，亦即與一般學生分享亞斯伯

格症孩子的特質和相處之道，透過家長座談會，讓一般學生的家長了解亞斯伯格症孩子的狀況，尋求他們協助；親師合作訓練社會技能，親師協商課程調整，以及安排同儕協助者，有助於減少亞斯伯格症學生的行為問題，以及增進其人際互動能力。

除了教師描述如何與特殊需求學生家長溝通和合作的研究外，亦有特殊需求學生家長主動與學校合作的研究，例如：Strully 和 Strully（1989）描述如何為其青少年重度障礙女兒建立友誼的過程，他們安排一位有名而且主動的學生為其女兒建立友誼的橋梁；結果發現此作法能為其女兒發展和維持支持性的友誼。A. P. Turnbull 等人（1999）透過焦點團體和個別訪談，了解有身心障礙孩子的四個西班牙裔家庭，家長如何促進其孩子與一般同儕的友誼發展；結果他們將家長分享的策略納入「家長促進孩子友誼發展的架構」中，如表 8-2。

表 8-2 家長促進孩子友誼發展的架構

向度	作法
基本的觀點	無條件接納孩子。
創造機會	1. 為孩子倡議在鄰近學校就學。 2. 支持孩子參與社區活動。 3. 起始和促進朋友圈（例如：家長先詢問孩子跟哪些同學比較熟，之後再跟這些同學的家長聯絡，請他們來家裡玩，雙方家長也藉此機會彼此認識；如此一方面幫助孩子建立朋友圈，學習跟他人互動，另一方面也讓別人有機會認識他）。 4. 為孩子安排與其手足相同的機會（例如：手足能夠有機會與朋友電話聯繫；同樣地，也鼓勵孩子與其朋友電話聯繫）。
提供解釋	1. 鼓勵其他人接納孩子（例如：與其他人討論孩子的優點和需求，讓他們知道如何與其孩子自在地溝通）。 2. 確保孩子有適當的衣著，讓人有正面的印象。
進行調整	倡議讓孩子在透過某些調整下，部分參與社區活動。

● 註：整理自 Lutfiyya（1998）、Schaffner 和 Bushell（1992）及 A. P. Turnbull 等人（1999）的文獻。

三、普通班特殊需求學生家長支持方案之研究

有關普通班特殊需求學生家長支持方案的研究，多數研究採團體親職教育方案（例如：黃慈愛等人，2003；陳蓉娟，2005），亦有少數研究採個別的方式。黃慈愛等人基於自閉症學生家長有參與學校教育的強烈意願，但不知如何適當地參與；因此以高雄市一所國小六位自閉症學生家長為研究參與者，進行 1 年親職教育的行動方案，課程的內容包括教導家長如何陪孩子閱讀、和孩子溝通、調整孩子在普通班的課程內容、處理孩子的問題行為、學習肯定自己和別人；由擔任該校資源教師的兩位研究者擔任教學者，使用講解、示範、討論、角色扮演、完成回家作業等方式，協助參與家長達到每週的學習目標。教學者在教學前只擬訂課程的鷹架，參與家長透過討論和回家作業，自我建構出適合自己孩子的介入策略。黃慈愛等人發現：家長學會陪伴孩子閱讀的方法、有效的親職溝通方式、調整孩子普通班的課程內容、使用提示系統和行為介入策略處理孩子的問題行為等技能；另外，對普通班教師的觀感也由原先的懷疑和抱怨，轉為感謝和信任；對自閉症孩子的期望也由過高期望，轉為較合適的期望，並且對孩子更有信心；普通班教師也肯定家長 1 年來在親師溝通和合作等各方面的成長。陳蓉娟旨在探討自閉症兒童家長團體方案的建構歷程和成效，結果發現建構家長團體方案時應考慮家長的需求，並且做彈性調整；與家長維持良好的雙向互動關係；在團體開始前提供課程或討論主題相關資料給家長；以及多邀請有經驗的家長和老師分享。陳蓉娟進一步指出，家長團體方案有以下成效：提供的課程大都能符合家長需求，解決其部分的問題，提供其情緒支持和多元的教導策略，他們也對方案感到滿意；但仍有家長希望可以再增加時間。

採個別方式進行的親職教育方案，例如：顏瑞隆（2002）以兩個就讀於國小普通班的自閉症學生家庭為研究參與者，針對其行為問題實施家庭介入方案，介入方案乃依家庭的需求發展而成，其中一個家庭的介入內容為，討論行為問題處理的觀念與技巧、協助家長處理手足問題、傳達自閉症的知識與訊息及連結社會資源、給予母親情緒支持等；另一個家庭介入方案的內容為：討論行為問題處理的觀念與技巧、協助家長處理手足問題、給予母親情緒支持等。結果發現兩個家庭有教育觀念和技巧的增進、社會資源的連結、孩子行為問題的改善、家庭互動關係的提升等四方面的改變，而且家庭對於介入方案的成效感到滿意。

第 3 節 與一般學生的溝通和合作

Bauer 和 Shea（1999）指出，在普通班級中為身心障礙學生建立**自然支持來源**，是融合教育成效的要素之一，而其中同儕是普通班級中最大的自然支持來源。正如插畫 8-2：同儕是珍貴的資源，Tashie 等人（1993, p. 7）即表示：「一位特殊教育教師，無論多熟練或是經驗多豐富，都無法教一名 14 歲學生怎樣變成青少年。」本節將從相關文獻和實證研究，探討普通班教師如何與一般學生溝通和合作，為身心障礙學生建立自然支持來源。

插畫 8-2　一般同儕在實施融合教育中扮演的角色

同儕是珍貴的資源，因為他們傾向於採取成人不會使用的方法來了解彼此；即使是最棒的教師，也無法取代同儕的角色。

壹、與一般學生溝通和合作的相關文獻

Webber（1997）指出，特殊需求學生成功融合的五個必要特性包括：**社群感和社會接納**、**學生差異性的欣賞**、**注意課程的需求**、**有效的管理和教學**，以及**教職員的支**

持和共同工作。其中社群感和社會接納以及學生差異性的欣賞，需要教師示範接納特殊需求學生的態度，引導一般同儕接納身心障礙學生，並且欣賞他們不同之處。吳武典（2005，第 36 頁）指出：「透過變異教導殊異」；融合班的變異性是教導殊異的很好資源，教師可以善加運用。特殊需求幼兒在融合的環境裡，雖然不會完全被孤立，但是可能不如預期般地能融入一般幼兒的遊戲與互動裡；這時候，成人就需要扮演一個主動促成的角色，採取策略引導和支持特殊需求幼兒融入一般幼兒的活動中（File, 1994; Kontos et al., 1998）；尤其重度障礙幼兒在班級裡的適應會比較困難，更需要教師主動的協助與規畫（D. A. Cole et al., 1991; Leister et al., 1993）。同儕可以扮演增進融合的角色，在融合班級裡，一般同儕便是很好的協助者，他們可以成為身心障礙學生的模仿對象、社會互動的促發者、適當技能的教導和提示者、人際衝突的調解者，以及行為表現的監控和回饋者；藉此可增進身心障礙學生之社會技能與適當行為，以及和一般同儕互動的機會（Cozzul et al., 2004; Kerr & Nelson, 2009）。

相關研究也顯示，僅增加特殊需求學生和一般學生在一起的時間，或是拉近彼此的空間距離，並不能使他們的社會互動增加，這必須仰賴教師適切的安排和引導，以促進他們之間的互動，例如：Buysee 和 Bailey（1993）的研究指出，雖然大多數學生不需要接受系統的教導就能形成和維持友誼；但是身心障礙學生卻需要教職員詳細的計畫、系統的介入和支持才能發展友誼。Altman和Kanagawa（1994）比較三位重度障礙學生，在隔離和融合安置下與一般同儕的互動狀況，結果發現唯有教師實施明確的介入，以及安排結構化的活動來促進障礙和一般學生間的互動，否則人際互動不會自然發生。Hendrickson 等人（1996）調查 1,137 位國高中學生的觀點後發現，在讓國高中學生了解身心障礙同儕的障礙狀況、使用合作學習、安排統合的社會活動這三種情形下，與重度障礙同儕發展友誼的可能性將大為提高。由此可知，只要教師適切的安排和引導，仍然可以促進身心障礙學生和一般同儕的關係和互動。

要一般學生協助特殊需求同儕，須先教導一般學生了解特殊需求同儕，以及學習與他們相處和互動的方式，以建立他們之間的關係；接著運用**同儕中介教學與介入策略**（peer-mediated instruction and interventions, PMII），教導一般學生協助特殊需求同儕。同儕介入的內涵與策略摘要如表 8-3，教師可以因應學生的需要，選擇適合的介入內涵與策略，詳細討論如下。我依據表 8-3 設計「同儕介入策略檢核表」，如附錄 43，供教師選用適合的同儕介入策略。

表 8-3 同儕介入的內涵與策略

向度		同儕介入的內涵與策略
一、教導一般學生了解特殊需求同儕，以及學習與他們相處和互動的方式	A. 協助一般學生了解特殊需求同儕	1. 協助一般學生了解特殊需求同儕的身心特性。 2. 協助一般學生了解特殊需求同儕的溝通方式。 3. 協助一般學生了解特殊需求同儕所使用的輔助科技。 4. 協助一般學生了解特殊需求同儕的行為。 5. 協助一般學生了解特殊需求同儕的優勢和其需求。
	B. 教導一般學生如何與特殊需求同儕相處和互動	1. 教導一般學生如何與特殊需求同儕溝通互動（例如：教導一般學生多運用口語與視障同學互動，離開時要告訴他；在小組討論時，教導一般學生宜先讓視障同學知道小組成員的位置，並且在發言時說：「我是〇〇〇，我現在要回答關於……的問題。」如此可以讓視障同學立即掌握訊息；又例如：教導一般學生說話時要面對聽障同學等。）。 2. 教導一般學生如何與特殊需求同儕玩遊戲。 3. 教導一般學生如何避免因不適當行為而造成特殊需求同儕的負面情緒和行為，以及受傷害（例如：櫥櫃的門要關好，以防碰撞；不要隨便更動教室的設備和公共物品；避免嘲弄特殊需求同儕，不要刺激其情緒）。 4. 教導一般學生如何協助特殊需求同儕使用輔助科技（例如：替代性溝通輔具）溝通、移動和參與活動等。 5. 教導一般學生如何因應特殊需求同儕身體疾病（例如：癲癇）的狀況。
二、運用同儕中介教學與介入策略協助特殊需求同儕	A. 教導一般學生如何與特殊需求同儕建立友誼	1. 運用「朋友圈」，讓一般學生了解特殊需求同儕的朋友圈，並且成為其朋友圈的一環。 2. 運用「同儕夥伴」、「特殊朋友」或「同儕網絡」等方案，教導一般學生如何與特殊需求同儕建立友誼。
	B. 教導一般學生如何與特殊需求同儕形成夥伴學習的關係	1. 運用「同儕分享策略」，教導一般學生如何與特殊需求同儕一組做某個主題的分享。 2. 運用「配對閱讀策略」，教導一般學生如何與特殊需求同儕一組做配對閱讀。 3. 運用「同儕示範策略」，教導一般學生示範正向行為，讓特殊需求同儕模仿；同儕示範亦可拍攝成影片，被稱為「錄影的同儕示範策略」。

（續）

表 8-3（續）

向度	同儕介入的內涵與策略
C. 教導一般學生如何協助特殊需求同儕課業學習、表現適當的社會行為和參與班級活動	1. 運用「同儕監控策略」，教導一般學生： 1-1.監控特殊需求同儕的注意力。 1-2.提醒特殊需求同儕生活作息和該做的事項。 1-3.提醒特殊需求同儕準備教學材料。 2. 運用「同儕教導策略」（包括：同年齡的同儕教導、跨年齡的同儕教導、交互的同儕教導、全班性同儕教導、反向角色教導），訓練一般學生擔任教導者，協助特殊需求學生學習課業、完成作業和書寫聯絡簿。 3. 運用「合作學習」策略，形成特殊需求和一般學生的合作學習小組，共同學習。 4. 運用「同儕調解策略」，教導一般學生如何調解特殊需求同儕與他人的衝突。 5. 運用「同儕起始策略」，教導一般學生如何誘發和維持特殊需求同儕的社會行為，例如：協助特殊需求同儕與他人互動，像是如何起始、繼續和結束與他人的對話。 6. 運用「創造性問題解決策略」，教導一般學生如何促使特殊需求同儕正向地參與班級活動，以及解決他們和特殊需求同儕相處問題的作法。 7. 運用「同儕增強策略」，教導一般學生如何和增強鼓勵特殊需求同儕好的表現和行為。 8. 運用「同儕面質策略」，教導一般學生如何處理和因應特殊需求同儕的情緒或行為問題（例如：教導一般學生如何適當和具體表達特殊需求同儕之行為帶給他們的感受，並且提供矯正性的回饋，和提示其正向的行為）。 9. 運用「同儕評量策略」，教導一般學生如何評量特殊需求同儕，並且蒐集和記錄他們進步表現的資料。 10. 運用「全班性同儕協助的自我管理策略」，教導全班學生（包含特殊需求同儕）管理自己的行為。 11. 運用「團體行為後效策略」，透過團體動力促使特殊需求同儕表現正向行為。

一、教導一般學生了解和學習與特殊需求同儕相處和互動的方式

T. Cook（2004）主張融合教育要營造一個「讚揚和欣賞」個別差異的環境，而不只是「接納和容忍」個別差異。《美女與野獸》電影中，美女剛開始對野獸的外表深感恐懼；但在進一步接觸後發現野獸內心善良的一面，進而開始喜歡牠。以特殊需求

學生中的身心障礙學生而言，要教導一般學生與身心障礙學生建立友誼，進而欣賞、支持和協助他們，須建立在了解和接納的基礎上（Falvey & Rosenberg, 1995），包括了解身心障礙學生的特質、行為、優勢和特殊需求。了解和接納之後，才能進一步教導他們如何與身心障礙學生相處，並且給予協助。如插畫 8-3。

插畫 8-3　協助一般學生了解身心障礙同儕

唯有「了解」才會關心；唯有「關心」才會行動；唯有「行動」，生命才有「希望」（珍古德）。教師期待一般學生能關懷和協助特殊需求同儕，必須建立在「了解」的基礎上。

N. B. Miller 和 Sammons（1999）指出，有三種差異是多數人無法接受的：**不熟悉的差異**、**無預期的差異**，以及**令人困擾的差異**；若能教導學生認識個別差異，這些差異就會變成熟悉、可預期，以及不再令人困擾。他們提出教導學生覺知障礙包括四個步驟：**偵測差異**、**覺察差異**、**決定因應差異的行動計畫**，以及**檢核行動計畫的結果**。我加入**實施因應差異的行動計畫**，並舉例如示例 8-1，例如：重度和多重障礙學生在學習時，可能會做出一些特殊或有點可怕的行為，像是發怪聲、前後搖晃他們的頭等；這些行為一開始都很難被一般學生所理解，而且可能影響彼此間的人際互動。因此，協助一般學生了解他們從事這些行為的原因，可以大大減少一般學生的恐懼和排斥感。一旦這些行為的原因比較能被理解之後，教師可以教導一般學生協助身心障礙同儕，以一個較為社會接受的行為取代原來的行為。

 示例 8-1　**障礙覺知訓練步驟和舉例**

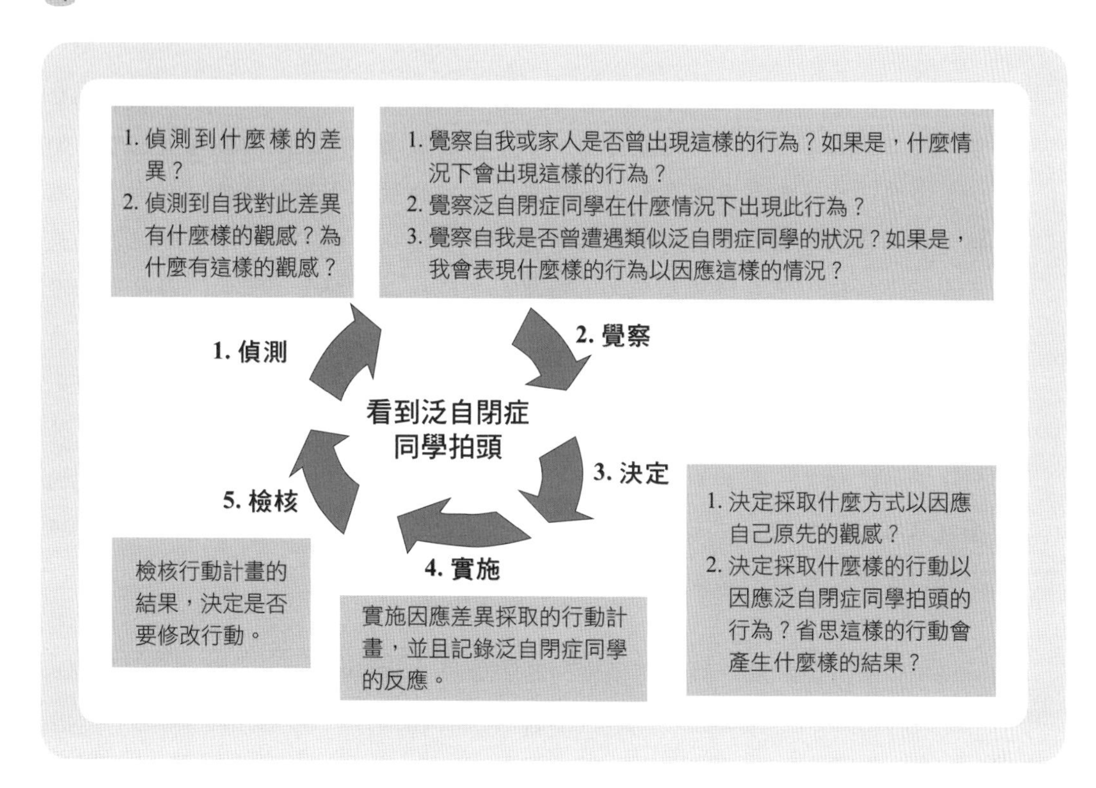

承上所述，教導一般學生認識和了解身心障礙者非常重要，但現有教科書卻探討有限。鈕文英（2013b）回顧臺灣分析教科書中身心障礙者意象之研究後發現，身心障礙者出現的比例非常低，且多為**成功的肢體和感官障礙名人**，1975 年前的教科書呈現的身心障礙者形象是**可憐的**，1989 年之後才被描繪為**生命勇者**，1993 之後才有**常態化**的論述；此外，教科書多從**個人限制**定義障礙，較忽略**社會環境**因素對身心障礙者造成的**障礙**，也缺乏對**社會環境障礙**做批判性的反省，詳細內容如附錄 44。

特殊教育教師可以藉由與普通班教師的合作，在綜合活動領域或其他時間，安排**認識與接納個別差異**的課程主題；在此主題中可以採取的教學方法包括（Flower et al., 2007; Salisbury et al., 1995）：（1）讓一般學生閱讀相關書籍、觀看視聽媒體；（2）邀請特殊人士現身說法；（3）訪談特殊人士；（4）邀請曾經與該特殊需求學生同班，而且相處不錯的同學來分享；（5）安排一般學生和特殊需求學生有關係平等之互動機會，以對特殊需求學生有正確的認識，進而產生接納、尊重的態度，和適當的互動行為。另外，可以引導學生從觀察自然界，到觀察人，了解差異是正常的，但異中仍有相同之處。謝素行（1991，2–4 段）在〈馬克的手〉一文中，描述紐澤西州一間托兒所教師如何面對一般學生質疑馬克畸形手時表示：

> 馬克是新來的同學，你們一下子就認識他，真是太好了。我不是跟你們說過嗎？每個人生下來都不一樣！（她稍停了一下，指著旁邊桌子上的兩隻鳥）喏！你們看，這隻鳥一生下來羽毛就是綠的，嘴巴是尖尖的黑色；那一隻呢，一生下來羽毛就是黃褐色的，嘴巴是白色的而向下鉤著。（她稍微俯下身，看著馬克）馬克生下來就是這樣，他長得又高又大，皮膚白裡透紅，頭髮金黃鬈曲，眼睛澄藍澄藍的！（她指著其他的孩子）絲黛西呢，天生有一頭紅髮，眼睛是棕色的，皮膚白白嫩嫩的又有一點雀斑；約翰呢，頭髮是黑的，眼珠也是又黑又亮的，皮膚是太陽曬過的健康黑色！好，現在每個人都把手伸出來！你們看，同樣的道理，你們的手看起來都是一樣的形狀和長短；但是仔細比較，每個人還是不同。馬克的左手就只有右手的一半，而且沒有指頭。所以說每個人天生不同；並沒有什麼道理！我們要接受自己，也要同樣接受別人。

教師也可以設計活動讓一般同儕**模擬和體驗障礙（disability simulation）**（Bowe, 2004; McGowan, 1999），我綜合文獻（伊甸社會福利基金會，1995；E. Barnes et al., 1978; Downing & Eichinger, 2008a; Friend & Bursuck, 2019），加上個人想法，列於表 8-4。E. Kennedy（1997）及 K. A. Williams（2000）的書有一些覺察障礙的課程和活動；Shapiro（1998）討論如何改變一般學生對身心障礙同儕的負向態度，可供教師參考和使用。

在教導一般學生了解身心障礙學生上，教師宜注意先讓學生分享他們之間的相似性，不要將身心障礙學生特殊化，讓一般學生學習以不貶抑身心障礙同儕的方式，發掘他們的優勢（Kontos et al., 1998; Schaffner & Bushell, 1991）。C. E. King（1964）在〈如果你要教育孩子〉一文中提及，讓學生學習欣賞別人：

> 讓他相信人，相信人類擁有的良善與生命存在的價值。……讓他從每一個人身上，尋找到那人的良善；使他確信每一個人，如果環境許可的話，總是力爭上游、盡力求好的。……讓他喜歡別的孩子，因為孩子們原是彼此喜歡的。讓他用睿智及和善的眼光來看別人，不光只是看到其他孩子的膚色、襤褸的衣著、不符己意的舉動、缺陷和弱點。

表 8-4 模擬和體驗障礙活動舉例

障礙類型	體驗活動
體驗和了解視障	1. 要學生戴上眼罩翻書至第 20 頁。 2. 要學生戴上眼罩走路。
體驗和了解聽障	要學生塞上耳塞藉著讀脣傳話，而讀脣時，教師或同學的頭如果不停地轉動，他們會有什麼感受。
體驗和了解閱讀障礙	給學生很難的文章要其閱讀。
體驗和了解數學學障	給學生很難的數學題目要其計算。
體驗和了解書寫障礙	1. 給學生西藏文或阿拉伯文要其抄寫。 2. 要學生戴著大手套，使用非慣用手；或是摹寫鏡中的文字。 3. 把卡片放在額頭，在上面寫自己的名字。
體驗和了解智障	1. 講一段很難的指令，要學生做出指令中要求的動作。 2. 講一段指令，要學生做出與聽到者相反的動作。
體驗和了解語障	1. 讓學生聽法文，要其仿說。 2. 在兩位學生之間放一個夾板，讓他們無法看到彼此，其中 A 學生做教師指定的動作，而後說出他做的動作給 B 學生聽，B 學生可以問問題澄清；接著他要重複 A 學生所做的動作，看他們的動作是否一致；結束之後，兩者角色互換，再進行一次。
體驗和了解上肢的肢障	1. 讓學生綁著手，口含著水彩筆畫畫。 2. 戴著大手套撿地上的迴紋針。 3. 要學生將一隻手放在口袋，用單手寫功課。
體驗和了解下肢的肢障	1. 讓學生綁著腳行走。 2. 讓學生坐輪椅移動。
體驗和了解情緒行為障礙	1. 讓學生說出會讓自己產生憤怒情緒的事件，進一步要學生想像自己遇到這樣的事件，而別人都不聽你說，甚至責罵你時心裡的感受。 2. 讓學生說出當緊張或焦慮時，會表現出的行為（例如：可能是搓手、抖腳、轉筆等），進而協助他們體會障礙者也會表現出某些行為，只是他們的表現方式不一樣。
體驗和了解注意力不足／過動症	1. 讓學生戴著耳機，耳機中一直反覆說著：要走動，以想像自己身體裡面有一個馬達，想動卻被教師和同學要求坐在位子上不能動；或是玩「大忍王」的活動，請幾位學生上臺讓其他同學對他們搔癢，看誰能忍住不亂動便是「大忍王」，之後請學生表達「忍耐」的感受。 2. 讓學生聽完「甜蜜的家庭」歌曲後，按順序說出歌曲中出現幾種顏色、自然景觀和動作。
體驗和了解泛自閉症	1. 讓學生戴著耳機，耳機中一直反覆說著：要走某一條路線，卻被教師和同學要求不能走這條路線。 2. 讓學生說出「喜歡別人用什麼方式對待自己，不喜歡別人用什麼方式對待自己」；進而協助他們了解班上的自閉症同學也有其喜歡和不喜歡之處，例如：他不喜歡別人的觸碰，只是大家的喜惡有些不同。

另外，須教導一般學生了解身心障礙學生的溝通方式，像是手語、溝通板、替代的溝通方式，建立他們之間的溝通管道，並增加他們溝通互動的機會（Jubala et al., 1995; J. Martin et al., 1998）。再者，教師宜解答一般學生對於特殊需求同儕的所有疑惑，例如：可以在教室中設立一個「問題箱」，讓學生可以採匿名方式問問題，舉例來說，學生可能想知道為什麼泛自閉症同學都不直視他們，可與他們討論解開疑惑。

在讓一般學生了解身心障礙同儕之後，教師可以進一步教導一般學生如何與特殊需求同儕相處，例如：教導一般同儕如何與身心障礙學生溝通互動，像是教導他們多運用口語和視障同學互動，離開時要記得告訴他；當給予視障同學某樣東西時，必須將東西放在他的手心，或是前面的桌子上，並且讓他知道東西在哪裡，而不是靜靜地將東西放在他前面。又例如：教導同儕說話時要面對聽障同學，獲得他們視覺或觸覺的注意。此外，教師可以教導同儕如何與身心障礙學生玩遊戲，如何避免因不適當行為而造成身心障礙學生的負面情緒和行為，以及受傷害，例如：櫥櫃的門要關好，不要隨便更動教室的設備和公共物品，以避免視障同學碰撞，和找不到東西；又例如：教導一般學生不要嘲弄和欺負身心障礙同學，避免因不適當的口語和行為而造成他們的負面情緒及行為等。

另外，對於學前一般幼兒和特殊需求幼兒的互動，盧明和林菁（1996）以其觀察聽障與一般幼兒間社會互動之後建議：遊戲是激發幼兒社會互動的最好媒介；因此教師的活動設計宜以「遊戲本位」為原則，可以在環境中多擺設需要兩人或以上同學一起玩的玩具（例如：積木、家家酒玩具），並且盡量設計同儕互動程度較高的活動（例如：合作性遊戲、角色扮演、共同創造），以使聽障和一般幼兒有充分接觸的機會，教師還必須把握任何機會（角落、小組、團體和戶外活動等），隨時示範、引導、提示幼兒之間的正面社會性互動（例如：分享、幫助、打招呼等社會行為）。

Janney 和 Snell（2006）指出，阻礙同儕關係的因素有**物理和情境**，以及**學生本身**兩方面。物理和情境的因素包括身心障礙學生的座位被隔開、有障礙的物理環境、身心障礙學生欠缺與一般學生互動的機會、班級充滿競爭的氣氛、教師對於身心障礙感到害怕或是存有誤解等；學生本身的因素則包括學生有反社會行為、有不符合實齡的興趣和行為、溝通困難等。他們進一步表示，在建立身心障礙學生和一般同儕之間的關係上，須去除這些阻礙因素，並且建立一個鼓勵不同形式社交參與的教室環境。另外一些研究（Ferguson et al., 1992; Janney & Snell, 1996）指出，在推動身心障礙學生融合時，教師宜敏感地判斷採取什麼樣類型和分量，但又不至於干擾學生間互動的支持策略。

二、運用同儕中介教學與介入策略協助特殊需求學生

同儕中介教學與介入是指，同儕在教師的指導和監督下，擔任教學與介入者，提供身心障礙學生學業和社會的支持（Maheady et al., 2001）。部分文獻（例如：Robertson et al., 2003）稱之為**同儕中介的介入**（**peer-mediated interventions**）；部分（例如：Ehly, 2009; D. Fuchs et al., 1997）稱為**同儕協助學習的策略**（**peer-assisted learning strategies, PALS**）；部分（例如：E. W. Carter, Cushing, et al., 2005）稱為**同儕支持的介入**（**peer support interventions**）。E. W. Carter、Cushing 等人指出，同儕支持的介入可以有效取代由特教助理員提供中重度學生支持服務。尚有文獻採用**同儕中介教學**此詞（例如：Klavina, 2008; Udvari-Solner & Thousand, 1995），Udvari-Solner 和 Thousand 指出，同儕中介教學包含**夥伴學習**（**partner learning**）、**同儕教導**和**合作學習**三個策略，我認為他們較著重運用同儕教導身心障礙學生學業技能，範圍較狹窄，而同儕協助不限於教學，故採用涵蓋範圍較寬廣的「同儕中介教學與介入」一詞。以下探討同儕中介教學與介入策略的實施向度與內涵，以及須注意的原則。

（一）同儕中介教學與介入策略的實施向度與內涵

從前面表 8-3 可知，同儕中介教學與介入策略的實施向度包括：教導一般學生如何與特殊需求同儕建立友誼、形成夥伴學習的關係，以及如何協助特殊需求同儕課業學習、表現適當的社會行為和參與班級活動三方面，文獻多將這些策略運用在介入身心障礙者上，它們亦可以應用在其他特殊需求學生上，詳細探討如下。

1.教導一般學生如何與特殊需求同儕建立友誼

綜合文獻（Downing & Eichinger, 2008b; Friend & Bursuck, 2019; Utley & Mortweet, 1997），在建立同儕支持和友誼方面，包括**朋友圈**，以及**特殊朋友**（**special friends**）、**同儕夥伴**（**peer buddy**）和**同儕網絡**（**peer networking**）等策略。

（1）朋友圈

Pearpoint 等人（1996）指出，朋友圈旨在讓一般與身心障礙學生建立關係，實施過程如下：首先教師要求一般學生以四個同心圓，表達他們目前的人際關係；其中由內而外，第一圈是他們**最親近的人**（**circle of intimacy**）；第二圈是**他們喜歡以及常常看到的人**（**circle of friendship**），但不像第一圈的人那樣地親密；第三圈是**他們認識，且偶爾會一起做事的人**（**circle of participation**）；第四圈是**付費才會出現的人**（**circle**

of exchange），例如：醫生或教師等，如圖 8-2。然後教師呈現身心障礙學生的朋友圈，讓一般學生比較他們和身心障礙學生的朋友圈，並說出其感受；最後要他們思考如何成為這位身心障礙學生朋友圈的一環（Falvey et al., 1994）。

圖 8-2 朋友圈的內容

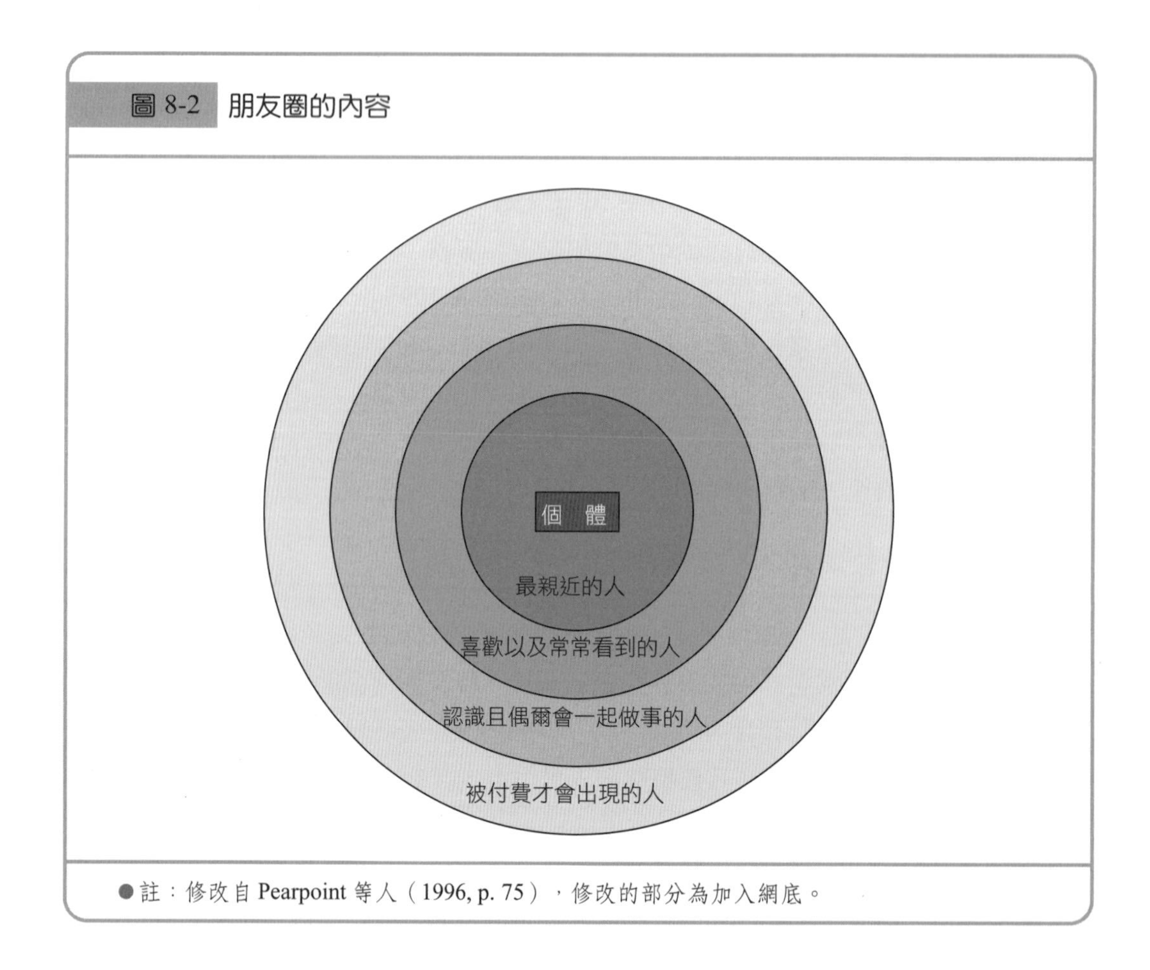

●註：修改自 Pearpoint 等人（1996, p. 75），修改的部分為加入網底。

（2）特殊朋友、同儕夥伴或同儕網絡

促進身心障礙與一般學生之間友誼的方法，不同文獻有不同名稱的方案，其實目的是相同的，例如：Voletz 等人（1983）提出「特殊朋友」，它是促進友誼的有效方案；在這個方案中，教師安排一般學生與身心障礙學生成為朋友，包括如何跟他們遊戲、溝通與分享興趣；這個方案旨在建立友誼，而非同儕教導。

綜合文獻（Hughes & Carter, 2008; Hughes et al., 1999），同儕夥伴包括以下七個步驟：第一，**教導一般學生如何成為身心障礙學生的同儕夥伴**；第二，**徵召願意參與同儕夥伴方案的一般學生**；第三，**篩選和配對一般學生和身心障礙學生**；第四，**訓練同**

儕夥伴；第五，**設定此方案預期達到的目標和評鑑學生的進步情形**；第六，**建立午餐聚會、同儕夥伴社團和回饋的時段**；第七，**設立一個指導委員會**，成員包括學生和其家長、參與的普通和特殊教育教師、行政人員和輔導人員等。Camoni 和 McGeehan（1997）採用**同儕夥伴**方案，促進身心障礙學生與一般學生之間的友誼，亦即他們成為一群一起從事活動、分享喜好的夥伴。

Utley 和 Mortweet（1997）提出**同儕網絡**方案，它是由一群有共同興趣、嗜好和休閒活動的個體組成，同儕網絡形成包括**選定同儕**、**由四至五個一般同儕組成同儕網絡**、**討論可讓身心障礙學生加入的方式**，以及**列出與身心障礙學生聚會互動的時間**。同儕網絡方案旨在藉由朋友支持系統，或是社會能力較佳之同儕所形成的支持系統，促成一個支持身心障礙學生的正向社會環境，讓身心障礙學生成為一般學生課後聯絡網的一員，其社會網絡的組成可以跨班級或跨學校，能有效改善班級或各學校的正向支持氛圍（Maheady et al., 2001; Utley & Mortweet, 1997）。

除了上述策略外，Janney 和 Snell（2006）提出**美好一天**策略，促進學生間正向的社會關係及溫暖的教室氣氛；其程序為每週一，選擇一位學生為焦點人物，而後教師引導學生說出這位焦點人物的才能、需求和喜好，並且進一步提出他們將對焦點人物所做的特別事情，以幫助他擁有美好的一天，這些想法將被記錄在給某位同學「美好一天」的海報上。

2.教導一般學生如何與特殊需求同儕形成夥伴學習的關係

夥伴學習是指將一位身心障礙學生和一位一般學生，配對在一起學習，例如：**同儕示範**、**同儕分享**（**peer sharing**）、**配對閱讀**（**paired reading**）等（Armstrong, 2018; Walther-Thomas et al., 2000）。示範是指學生觀察並模仿教師提供的楷模（model），進而改變其原有行為的學習過程。示範的主要目的有三：一為使學生學得尚未學會的行為；二為促使原已學會的行為表現出來；三為消除已學會的不適當行為。Schloss 和 Smith（1998）表示有三種示範：（1）**自然示範**（**in-vivo modeling**），拿自然情境中的人物作為楷模，讓個體模仿；（2）**模擬示範**（**analogue modeling**），拿模擬情境中的人物作為楷模，讓個體模仿；（3）**符號示範**（**symbolic modeling**），使用書籍、影片中某個人物作為楷模，讓個體模仿。Sherer 等人（2001）表示，同儕示範亦可拍攝成影片成為**錄影的同儕示範**。

同儕分享是指將特殊需求和一般學生，配對在一起分享一個主題，例如：分享「第一次的經驗」；或是在講解完一個段落或概念之後，利用 3 至 5 分鐘，讓學生兩兩配對，複習剛才教師教的內容或概念，或是提出待澄清的問題。配對閱讀則是將身心障礙和一般學生，配對在一起閱讀課文、故事書等（S. B. Stainback & Stainback, 1996a）。

Feldman 和 Denti（2004）還提出**思考—配對—分享（think-pair-share）**或**思考—（書寫）—配對—分享〔think-（write）-pair-share〕**、**告訴—協助—檢查（tell-help-check）**、**做事—檢查—教學（do-check-teach）**三種夥伴學習策略。Feldman 和 Denti 主張，安排成就表現相近的夥伴，例如：高成就學生搭配中等成就學生、中等成就學生搭配低成就學生等，「思考—配對—分享」是指，教師問完開放性問題，讓學生思考一些時間後與夥伴配對分享，最後教師隨機點名學生來分享。「思考—（書寫）—配對—分享」則是在中間多加了「書寫」此步驟。「告訴—協助—檢查」意指，教師問完封閉性問題，讓學生思考一些時間後，告訴夥伴答案，夥伴協助核對答案的正確性，最後從課本、講義中檢查答案，而後做修改和補充。「做事—檢查—教學」是指，教師讓學生做作業單，接著夥伴交換核對答案的正確性，而後正確的一方教導另一方正確的答案，如果雙方都錯，則要求助於另一組夥伴。

3. 教導一般學生如何協助特殊需求同儕課業學習、表現適當的社會行為和參與班級活動

在教導一般學生協助特殊需求同儕之前，可以讓他們思考特殊需求同儕在學校可能會遭遇的困難，以及他們可能因為這些困難而被人誤解，進一步體會這樣的感受，並且設想要如何幫助他們，如示例 8-2 以協助身心障礙同儕為例。

示例 8-2　教導一般學生協助身心障礙同儕

聽覺有障礙的同學，

⊙在上課時，可能會有＿＿＿＿＿的困難；他們可能因為這樣的困難，被人誤解為＿＿＿＿＿。如果我是他，受到這樣的誤解，會有＿＿＿＿＿的感受。我們可以用＿＿＿＿＿的方法幫助他們。

⊙遊戲或交朋友時，可能會有＿＿＿＿＿的困難；他們可能因為這樣的困難，被人誤解為＿＿＿＿＿。我們可以用＿＿＿＿＿這些方法幫助他們。

綜合文獻，教師可以採用同儕監控（peer monitoring）、同儕教導、合作學習、同儕調解（peer mediation）、同儕起始訓練（peer initiation training）、創造性問題解決（creative problem-solving）、同儕增強、同儕面質（peer confrontation）、同儕評量

（peer assessment）、全班性同儕協助的自我管理（classwide peer-assisted self-management, CWPASM）、團體行為後效（group contingency）等策略，協助特殊需求學生課業學習，表現適當的社會行為和參與班級活動，包括一般學生：（1）監控特殊需求同儕的注意力，提醒他們生活作息和該做的事項；（2）協助他們課業學習、做作業、準備教學材料、寫聯絡簿；（3）處理和因應他們情緒或行為問題、身體疾病（例如：癲癇）的狀況；（4）協助他們行動，到達特定地點；（5）協助他們與別人互動，調解他們與別人的衝突；（6）鼓勵他們好的表現和行為；以及（7）蒐集和記錄他們進步表現的資料等。

（1）同儕監控策略

同儕監控策略在教導同儕監控特殊需求學生的注意力，提醒他們生活作息和該做的事項，以及該準備的教學材料（Dougherty et al., 1985）。運用同儕監控策略時須注意以下原則：①讓受監控的學生選擇哪些同儕擔任監控者；②讓受監控的學生感受到監控是善意的提醒，而不是控管他們，尤其是青春期的學生不喜歡被控管；③與受監控的學生討論提醒什麼、何時提醒，以及如何提醒，提醒的方式為受監控學生可以接受，感受到被尊重的方式；④待受監控的學生已能做到提醒的事項或行為後，可以褪除（fading）成**自我監控**（self-monitoring）。

（2）同儕教導策略

同儕教導則比夥伴學習更具結構性，是指運用同儕來擔任助教，可以兩個人一組，一位助教（tutor）與一位被教者；也可以多人一組，一位同儕助教與多位被教者（E. W. Carter et al., 2009）。Federico 等人（1999, p. 76）指出：「*在一個學習社群的教室中，每個人既是教師，也是學生。*」若依同儕助教與被教者間的年齡差距來看，則有**同年齡的同儕教導**，和**跨年齡的同儕教導**；前者是由同年級的學生擔任同儕助教，而後者是由較高年級的學生擔任同儕助教（L. Cochran et al., 1993）。如果同儕助教與被教者間的角色有互換，亦即兩位學生輪流擔任同儕助教與被教者，則為**交互的同儕教導**（**reciprocal peer tutoring**; Fantuzzo et al., 1995）。

另外，將同儕教導運用在全班中，則有**全班性同儕教導**（**classwide peer tutoring, CWPT**; Delquadri et al., 1983）；交互的同儕教導運用在全班中，則有**全班性交互的同儕教導**（**reciprocal classwide peer tutoring, RCWPT**; Saenz et al., 2005）。Utley 和 Mortweet（1997）還提出**反向角色教導**，亦即由輕度障礙學生教導年齡較小的身心障礙或一般學生。相關文獻（Eiserman et al., 1987; T. Hall & Stegila, 2003; Utley & Mortweet, 1997）指出，反向角色教導能增進輕度障礙學生的教導技能，以及與一般同儕人際互動的能力，進而提升他們的社會接納度；讓他們練習已習得的學業技能，提高其學業成就；以及促進他們的自尊和自我概念。Wolpert（2001）調查 230 位任教唐氏症的普通班教師，他們表示，小組教學搭配同儕教導是最有效的教學策略之一。

Kohler和Strain（1990）表示，同儕教導的成果和教師教導者一樣好，甚至更好；它是個可以創造三贏（教師、同儕助教、被教者）局面的教學方法，除被教者受益外，教師經由有效時間的運用，可落實個別化教學與重視個別差異，而同儕助教也可從教學中獲益；因為要把別人教懂之前，自己要先充分理解，而在教學的同時也可檢驗自己是否真理解了。Cushing和Kennedy（1997）的研究發現，一般學生透過同儕教導，協助身心障礙同儕，對他們的學業表現和課堂參與度有正向的效果。正如插畫 8-4：L. Clark和Starr（1986）的研究即指出，學生的記憶量在**說過並做過**的情況下最佳，可以有 90% 的保留量。由此可知，讓學生說出來，甚至做出來的學習保留效果最好，而同儕教導就有這個好處。

插畫 8-4　如何提升學生的學習記憶量

L. Clark和Starr（1986）指出，學生的記憶量因下列情況有所差異：能記住其「讀到」的 10%；能記住其「聽到」的 20%；能記住其「看到」的 30%；能記住其「聽到及看到」的 50%；能記住其「說過」的 70%；能記住其「說過並做過」的 90%。

實施同儕教導時，要對同儕助教施以訓練或提供實際演練的機會，綜合文獻（Goodlad & Hirst, 1989; E. E. Gordon, 2005），在進行同儕助教訓練時，宜注意以下六點：①教導同儕助教透過微笑、直呼被教者的名字、坐在被教者旁邊，以開放的態度接納被教者，建立一個友善的同儕互動環境；②在訓練之初，宜讓同儕助教了解同儕教導的價值，施教課程之教學大綱、目標、程序、策略、評量方法，以及其角色與責任；③同儕助教宜學習如何讚美和增強受教者；④訓練同儕助教如何協助受教者獲得正確的答案，而不是使用處罰、嘲弄的話語刺激失敗的受教者；⑤教導同儕助教練習使用不同的問法，以不同的方式來問問題、糾正錯誤，及給予充分的應答時間等；⑥教導同儕助教遇到無法解決的問題時，要如何因應，例如：同儕助教無法處理被教者違規的行為時，則請求教師協助。

（3）合作學習

合作學習並不是將學生置於小組中學習那麼簡單，更重要的是，組織合作小組，促進小組的合作學習；合作學習並不是讓學生圍坐在一起，讓每個學生做作業而已；合作學習也不是由一個學生完成工作或作業，其他學生搭便車簽名而已（Harrell et al., 1997）。Harrell 等人表示，要成為真正的合作學習小組，小組中的每一個成員都應負起學習責任，都應有成功的學習表現，善用人際溝通和小組合作技巧，並能參與小組做自我反省，進而改善小組學習工作。過去的學習採取同質分組或隨意分組，成員各做各的，只為自己的學習負責，焦點僅放在個人表現，很少顧及他人的學習狀況；而且忽視小組合作技巧，由領導者指揮成員的參與。依據文獻（Bakken et al., 2010; D. W. Johnson & Johnson, 1998b），合作學習有以下六項特質：**異質分組、積極互賴、面對面的互動、小組的成功是界定在組內每一個人的成功、人際技巧**，以及**團體歷程**；積極互賴則包括目標、任務、資源、角色、獎勵的互賴。其中異質分組的方式如表 8-5。

表 8-5　學生依能力進行異質分組的方式

能力別	組別							
	第一組	第二組	第三組	第四組	第五組	第六組	第七組	第八組
高能力	1	2	3	4	5	6	7	8
中等能力	16	15	14	13	12	11	10	9
	17	18	19	20	21	22	23	24
	32	31	30	29	28	27	26	25
低能力	33	34	35	36	37	38	39	40

●註：表格內的 1 至 40 代表名次；修改自黃政傑和林佩璇（1995，第 62 頁），修改的部分為調整表的形式。

合作學習包括四個步驟：①**教學前的準備**，涵蓋決定小組人數、進行學生分組、分配組內角色、安排教室空間、準備教材等，其中組內成員的角色可能包括了鼓勵者（鼓勵每一位組員的參與）、監控者（促進小組的持續運作，並且掌控時間）、領導者（引領小組開始和完成一項任務）、記錄者（記錄小組執行一項任務的過程和結果）；②**教學的實施**，含括說明學習任務、完成或成功的標準（例如：指出期許的合作行為、設計個別和團體績效評鑑的標準）、建立積極互賴感、進行合作學習教學、提供學習任務和小組工作技巧的協助等；③**學習評鑑與表揚**，涵蓋追蹤學生的行為、評鑑學習結果、進行表揚等；④**團體歷程與教學反省**，例如：反省團體的功能，省思及改進整個教學過程等（黃政傑、林佩璇，1995；Friend & Bursuck, 2019; D. W. Johnson & Johnson, 1998b），例如：Westling 和 Fox（2014）提出運用合作學習，小組採取**共享寫作（shared writing）**的方式，一人說一部分，而後串連起來，共同創作；而不會寫的學生用說的，讓能夠書寫的學生協助其寫出來。我整理合作學習的類型在表 8-6。

D. W. Johnson 和 Johnson（1998a, b）指出，合作學習的過程能提升學生的心理調適和社會能力，形成學生間的正向關係，以及增加為達到目標投注的努力；此結果能提升學生的人際互動，進而導致正向的依存關係。欲達到合作學習的正面成效，有三項宜注意的原則：第一，O'Connor 和 Jenkins（1996）的研究顯示，合作學習只對部分對象有效果，其影響因素包括同組夥伴的選擇、教師的監控及合作倫理的建立等，這些都是實施合作學習須注意之處。第二，E. S. Ellis（1998）表示若身心障礙學生因為表現上的限制，而被認為在合作學習小組中是一項負擔時，將打擊他們的自信心，並且讓他們遭受排拒；因此，教師要確保身心障礙學生有機會為他們所屬小組得分。第三，須注意評量方式，評量最忌諱的是：（1）依憑少數人的努力，其他人坐享其成；（2）個人收穫與付出不成比例，造成不公平的現象；（3）少數人表現不佳被扣分而連帶影響小組的分數，導致他們成為被攻訐的代罪羔羊；（4）小組的成果為少數的組員掠奪，教師只表揚小組中的少數組員（Friend & Bursuck, 2019; D. W. Johnson & Johnson, 1998b）。

（4）同儕調解策略

C. Hardin（2014）表示，教導學生調解衝突是一種訓練問題解決的能力。Schrumpf 等人（1991）發展同儕調解訓練課程，教導學生如何調解人際間的衝突，包括 18 個單元：課程簡介、同儕調解介紹、了解衝突、同儕調解者的特質和角色、溝通技能、縱覽同儕調解的過程、準備同儕調解、揭開序幕、蒐集資訊、聚焦在共同關注的事物上、另尋解決之道、評鑑並選出最適當的解決方案、寫下協議書和結束、支持自己和他人、召開秘密會議、發覺隱祕之關注事件、處理憤怒的情緒、減少偏見。Mason 和 Rychard

表 8-6 合作學習的類型

類型	意義
編號帶頭者（numbered heads together, NHT）	小組成員先編號，當教師提出一個問題，小組在確定每位組員都知道答案後，教師喊出一個數字，被編到那個數字的組員都必須站起來回答問題，答對的組別得分。
拼圖（jigsaw）	學生組成小組，每名組員分派不同的學習主題，然後各組學習相同主題的組員聚在一起，組成「專業小組」，共同討論學習主題；討論完後，各組員回到自己的小組，輪流教導其他組員在專業小組中所學到的部分，然後全班進行評量。
第二代拼圖（jigsaw II）	乃修改拼圖法而成，學生組成小組，各小組先一起學習某個課程主題，然後將該主題的學習內容分成幾個小主題，分派給每名組員加強學習；接著，各組學習相同主題的組員聚在一起，組成專業小組，共同討論分配到的主題；討論完後，各組員回到自己的小組，輪流教導其他組員在專業小組中所學到的部分，然後全班進行評量，計分方法為每名組員將自己的分數和前測的分數相比，進步的分數即為小組分數。
學生小組成就分配（student teams-achievement divisions, STAD）	學生組成小組，教師教完某課程主題後，進行分組練習，然後小考，接著計分，分數乃先計算組員個人「進步分數」，亦即將小考分數減去個人基本分數而得，相減之後的分數愈高，則轉換的進步分數愈高；基本分數可由前幾次小考分數平均而得，再與學生討論後決定之；值得注意的是，進步分數最低為零分，沒有負分。除了進步分數外，還可設定「表現優異標準」，教師可視該次全班小考的分數，或依過去全班的表現情形設定一個標準，用意在提供學習表現一向優異的學生，不會因為基本分數太高造成進步分數有限而感到不公平，能繼續維持優異的表現。舉一例說明進步分數的轉換標準如下： 小考得分減去基本分數（轉換成的進步分數） 退步 10 分以上（0） 退步 0–9 分（10） 進步 1–9 分（20） 進步 10–29 分（30） 表現優異（進步分數在 30 分以上） 另外一種計分方法是藉由「成就分配」計算組員得分，方法為各組中分數最高者互相評比，其中分數最高的學生該組得 8 分，次高分的學生得 7 分，依此類推；完了之後再進行第二高分者評比，計分方式相同，分數最高者該組得 8 分，次高分者得 7 分，依此類推，直至所有的學生評比完為止。最後總計各組組員個人進步分數，求得小組分數，再進行小組和個人表揚。
小組遊戲競賽（team-games-tournaments, TGT）	學生組成小組，教師教完某課程主題後，進行分組練習，之後分配組員至競賽小組，舉行遊戲競賽，分配方式為將每組程度最好的組員分到第一組，次好者到第二組，以此類推，每組各自競賽；分配方式可依前次競賽的結果調整，以確保所有學生都有機會為其小組得分；最後計分，每位組員在各桌所贏得的分數相加即為各組的分數。

（續）

表 8-6（續）

類型	意義
共同學習（learning together, LT）	教師首先依據學生的能力選擇課程主題，擬訂教學目標和作業單，而後學生組成小組，小組共同學習該項主題，然後一起討論團體作業單；完成後，教師針對團體所完成的作品給予評分，對表現佳的小組給予獎勵。
團體探究（group-investigation, G-I）	教師教完某課程單元後，與學生討論可以研究的主題，而後進行分組探究，分組方式可依學生有興趣的主題分組；亦可以依原來已分配好的小組，由各組討論選擇他們欲探究的主題；然後進行分組討論，研擬研究計畫，分配工作事項給每位組員，最後統整完成研究報告，並對全班分享。
合作家庭作業小組（cooperative homework teams, CHT）	學生組成小組，組員互相合作，彼此協助完成作業，教師針對個人作業的完成比率和品質，以及團體協同合作的過程和完成的作業評比，而後表揚表現佳的組別。

●註：綜合整理自黃政傑和林佩璇（1995）、Friend 和 Bursuck（2019）、O'Melia 和 Rosenberg（1994）及 Slavin（1995）的文獻。

（2005）提出運用**衝突輪（conflict wheel）**，分析衝突事件的內容、原因，進而建構解決衝突的策略。教師可以教導學生運用「衝突輪」調解同儕間的衝突。

D. W. Johnson 和 Johnson（1998c）發展同儕調解方案，教師每天輪流選擇兩位同學來擔任調解員（mediator），他們穿著正式的 T 恤，任何學生有不能自己解決的爭執時，都可以求助於調解員。同儕調解方案的訓練包括七個步驟：第一步是**創造合作的情境**。第二步是**介紹衝突的本質和價值**。第三步是**教導學生問題解決之協商過程**，包含了：①描述你想要的（例如：我現在要這本書）；②陳述你的感覺（例如：我覺得很受挫）；③表達你想要的以及你的感覺（例如：你已經用這本書好幾個小時了；我現在再拿不到這本書，我的報告就無法如期完成，等了那麼久讓我覺得很受挫）；④從另一個人的立場來看事情，並說出你對他心裡所想、所感覺的了解情形（例如：我能了解你是……）；⑤想出能讓雙方獲益的衝突解決方案；⑥選擇一項雙方均同意的解決方案。第四步是**教導學生調解同學間的衝突**。第五步是**執行調解方案**。第六步是**持續訓練課程**，以提升或修正學生的調解技能。第七步是**重複先前的步驟**。

（5）同儕起始訓練

同儕起始訓練通常應用於改善身心障礙者的社會能力，由教師教導一般學生如何誘發和維持身心障礙同儕的社會行為，包括七大部分（Utley & Mortweet, 1997），我進一步舉例如下：第一，**建立眼神的接觸**，與一般學生討論：①身心障礙同儕與人交談時，不與人眼神接觸的原因；②針對身心障礙同儕不與人眼神接觸的原因，可以如何做？第二，**建議遊戲活動**，與一般學生討論：①何時可以與身心障礙同儕玩遊戲；②可以與身心障礙同儕玩什麼遊戲；③如何協助身心障礙同儕學習玩遊戲（例如：邀請他玩遊戲、教導他遊戲的規則、讓他嘗試一次以上、與他輪流玩遊戲）；④如果他不反應或表現不尋常的行為，可以如何做（例如：詢問他是否想做別的事）？

同儕起始訓練的第三步為**起始對話**，與一般學生討論：①何時可以與身心障礙同儕交談；②可以與身心障礙同儕交談什麼話題；③如何協助身心障礙同儕學習交談（例如：邀請他交談、教導他交談的規則、讓他嘗試一次以上、與他輪流交談）；④如果他不反應或表現不尋常的行為，可以如何做（例如：詢問他是否想做別的事）？第四，**提供或要求協助**，與一般學生討論：①何時身心障礙同儕需要協助；②如何開啟身心障礙同儕求助的語言和回應他人的協助；③身心障礙同儕的優勢，可以尋求他哪些方面的協助，如何要求他的協助；④如果他不反應或表現不尋常的行為，可以如何做？第五，**描述正在進行的活動**，與一般學生討論，如何向身心障礙同儕描述他們正在進行的活動，以吸引他的興趣、邀請他的加入，以及引導他參與活動。第六，**延伸身心障礙者的話題內容**，與一般學生討論：①可以詢問什麼問題，以延伸身心障礙同儕的話題內容；②如果他不反應或表現不尋常的行為，可以如何做（例如：換另一種問法）？第七，**表現情感**，與一般學生討論，身心障礙同儕與人交談時，情感表現較為單調的原因，可以如何引導他隨著交談的話題表現情感？

（6）創造性問題解決

創造性問題解決旨在協助一般學生，構思一些讓特殊需求同儕參與班級活動，以及解決他們和特殊需求同儕相處問題的作法，它包含六個步驟：第一，**學生描述他們面對的問題**，例如：班上一位重度障礙學生會發怪聲，干擾學習活動；第二，**學生蒐集與問題有關的事實**，例如：小偉在上數學課時，發怪聲的頻率最高，可能原因為對課程內容缺乏興趣和參與度；第三，**重述問題以產生想法**；第四，**腦力激盪解決的方法**，先不評斷，例如：教師引發學生思考如何讓小偉參與班級活動；第五，**依據一些標準評價每一個解決方法**；第六，**改良選用的解決方案，並且發展與實施一個行動計畫**（Downing & Eichinger, 2008b）。茲舉一例說明如示例 8-3。

示例 8-3　「創造性問題解決」策略的運用實例

教師將一般學生與身心障礙同學相處會遭遇的問題，改編成故事，要他們思考解決問題的方法，例如：故事一〈熱心過頭的浩浩〉。

浩浩很熱心，幾乎班上的大小事情他都想管，班上有人愛告狀，他覺得太過分，他會忍不住想去「教訓」愛告狀的同學；班上有人忘了帶東西，他會忍不住叫其他同學要借忘了帶東西的人。熱心原本是一件好事，但浩浩會不小心把熱心用錯地方，例如：早自修有人說話太大聲，浩浩不是風紀股長，卻忍不住用更大的聲音叫大家安靜，結果使班上秩序更吵。因為這樣，大家覺得浩浩太熱心過頭，很多重要的活動反而不敢讓他參加。如果你們和浩浩同班，你們會怎麼解決他的問題？（修改自鈕文英等人，2001，第 258 頁）

（7）同儕增強策略

同儕增強策略在教導一般學生如何增強特殊需求同儕好的表現和行為，例如：當一位特殊需求學生有好的表現時，教師引導一般學生以他喜歡的話語讚美他（Kerr & Nelson, 2009）。

（8）同儕面質策略

同儕面質策略教導一般學生如何處理和因應特殊需求同儕的情緒或行為問題，例如：教導一般學生如何適當和具體表達身心障礙同儕之行為帶給他們的感受，並且提供**矯正性的回饋**（corrective feedback），和提示其正向的行為（Gable et al., 1995）。又例如：當一位身心障礙學生暴怒，而且想要去咬同學的手時，教師教導一般學生以堅定的態度告訴他「不可以」，以及具體表達此行為給他們的感受，並提示他正向行為調整情緒和解決問題。值得注意的是，**同儕面質必須具體，沒有評價，能提示正向行為**，示例 8-4 對比不具體、評價的面質，以及具體、提示正向行為的面質。

示例 8-4　適當和不適當的同儕面質

- **（不具體、評價的面質）**你希望和我做朋友，但是你用令我討厭的方法，我不喜歡你，是你自己造成的。
- **（具體、提示正向行為的面質）**我不喜歡你碰撞我、抓我頭髮，因為我會覺得你在打我。我知道你想要我跟你玩，我喜歡你問我：「我可不可以跟你玩？」你用這樣的方式，我就知道你想跟我玩。

（9）同儕評量策略

同儕評量策略在教導一般學生如何評量特殊需求同儕，並且蒐集和記錄他們進步表現的資料（Kerr & Nelson, 2009）。示例 8-5 呈現的是運用同儕評量的實例，我將該研究設計的「同儕助教記錄工具舉例」放在附錄 45。

 示例 8-5　「同儕評量」策略的運用實例

RC 設計一張學習評量記錄工具和一些評量題目給 SC1 的同儕助教，請他每天利用下課時間，評量記錄SC1 在「求概數的三種方法」上之表現情形。同樣地，也與SC1 約定，要主動找同儕助教做此評量；除了請同儕助教協助評量外，也請他記錄 SC1 聯絡簿和回家作業的繳交情形。（鈕文英，2005，第 312 頁）

（10）全班性同儕協助的自我管理策略

全班性同儕協助的自我管理策略在教導全班學生（包含特殊需求學生），管理自己的行為，如此可以運用團體動力，引導特殊需求學生適當的行為（Maheady et al., 2001）。

（11）團體行為後效策略

團體行為後效策略是指增強物的給予乃根據團體中的個體、少數人，或全組行為的表現來決定。Schloss 和 Smith（1998）指出，有三種團體行為後效策略如下。

①依賴型

依賴型的團體行為後效策略（dependent group contingency）是指：對某一或某小組學生設定行為表現的標準，他（們）的表現決定全班或全組學生獲得的結果，如果符合標準，則給全班或全組學生正增強，例如：當大智完成作業並達到 90% 的正確率，全班或全組便能獲得自由活動時間。又例如：AD/HD 的彬彬有干擾、分心等行為問題，原本教師在分組時，都沒有任何一個小組願意讓他加入，但在教師訂出「只要小彬 5 分鐘之內沒有干擾、分心等行為問題，則可為小組加一分」的規則後，就有小組願意讓他加入，而小組同儕會監督他，也會讓他感受到自己對小組的重要性，激發他良好表現的動機。依賴型的團體行為後效策略特別適用在如果該生的行為問題是受到全班或全組同儕的影響，例如：該生常常分心，與鄰座同學說話，或同學會不適當地增強該生的行為問題時。

②獨立型

獨立型的團體行為後效策略（independent group contingency）是指：班級中每一學生基於個人適當的行為表現，便可獲得獎賞，例如：每一位學生只要完成家庭作業並

達到 80% 的正確率，便可獲得獎賞，教師也可以根據學生不同的能力和需求，設定不同的標準。它不屬於真正的團體處理方案，因為學生不是依靠彼此的行為表現而獲得獎賞。獨立型的團體行為後效策略特別適合用在你想要鼓勵每一位學生適當的行為表現時。

③互賴型

互賴型的團體行為後效策略（interdependent group contingency）是指：對全班（或全組）學生設定行為表現的標準，如果全班（或全組）的每一位學生達到標準，則給全班（或全組）正增強，例如：將全班分成若干組，所有組員要完成家庭作業，並達到 80% 的正確率，該組才可獲得獎賞。互賴型的團體行為後效策略特別適用在期待小組中的所有成員都能達到特定標準時，它有兩種變型：一為對全班（或全組）設定表現的標準，如果全班（或全組）達到標準，則給予增強，例如：只要小組在一節課中罵髒話的行為少於三次，則給予小組獎賞。另一種變型是隨機抽取預定比例的班級（或小組）成員之平均表現和設定的標準間做比較，如果達到標準，則給予增強，例如：隨機抽取小組中 80% 的成員，如果都沒有未經允許隨意發言的行為，則給予小組獎賞（Schloss & Smith, 1998）。

綜合文獻（J. O. Cooper et al., 2020; Kerr & Nelson, 2009; Schloss & Smith, 1998），使用團體行為後效策略的實施原則有以下九點：第一，**確定要改變的行為，以及可能附帶影響的行為為何**。第二，**選擇適合的團體行為後效策略**。第三，**在執行計畫前，最好先告知並徵求家長的意見**，如此可減少來自家長對團體處理不公平的抱怨等。第四，**在執行前，最好先告知學生實施規則**，例如：威脅和攻擊行為是不被允許的，在計畫中要表現負責任和合作的態度，若心裡有不舒服的感覺時該如何表達等。第五，**設定適當而漸進的表現標準，系統地教導學生達到標準的必要技能和行為，或是提供支持和協助**。第六，**宜注意營造正向的同儕影響**，而不要變成負向的同儕壓力；因此多增強適當的行為，而不要因少數人表現不佳連坐處罰小組，導致他們成為被攻訐的代罪羔羊。第七，**選擇強而有力的增強物**。第八，**持續監控個體和團體的表現**，因為有可能團體表現有進展，但個人表現則沒有進步，或進步幅度較小，甚至部分組員會以破壞全組為樂，這時個別的行為處理方案就要合併使用。另外，即使教師使用的是依賴型的行為後效策略，也別忘了監控團體中其他學生的表現，並且增強他們的好行為。第九，**持續檢核實施成效**；如果無效，宜檢視每一個步驟的執行情形如何，擬訂策略解決問題。

（二）同儕中介教學與介入策略的實施原則

運用同儕中介教學與介入策略，教師宜注意以下八項原則。

1. **徵求有意願、被同儕喜歡、有不錯語言、社會技能和適齡的遊戲技能，且與協助對象有良好互動歷史的一般學生擔任同儕協助者**，而不要使用強迫的方式，讓扮演協助者的角色變成一項權利而不是責任（E. W. Carter, 2011），並且宜徵求家長的同意。如果是要同儕擔任助教，除了考慮意願外，還要慎選能力和態度上能勝任者。
2. 要使同儕成為好的協助者，**宜先教導一般同儕如何進行協助**（Bauer & Shea, 1999）。Brock 等人（2020）表示，教師可以告訴學生在幫忙同學之前，要詢問對方的意願和需求，他們指出過多的幫忙反而會干擾身心障礙學生的學習，讓他們失去嘗試和學習的機會。Karten（2010）也指出，不要假定身心障礙學生什麼都不會，宜讓他們判斷自己的能力能否負荷。
3. **身教示範適當的對待方式和協助行為**，宜採取平等、尊重和符合實齡的態度與身心障礙學生互動（C. H. Kennedy, 2004; Ziegler et al., 2020）。Giangreco 等人（1997）的研究指出，一般學生傾向採取垂直、上對下的角色與身心障礙同儕互動，他們認為兩者間角色的平衡和對等，對於關係的建立非常重要。Downing 和 Eichinger（2008b）即指出，當教師表現出不適當的對待方式和協助行為時，例如：使用不符合身心障礙學生實齡的語言，問問題時使用兒化語，讓他們玩幼稚的物品等；教師便示範一種不對等的互動方式，如此會阻礙身心障礙和一般學生間平等關係的建立。
4. **鼓勵一般學生適當的協助行為，並且傾聽和同理其在協助或與身心障礙同學相處上，遭遇的挫折和情緒**（Bender, 2012）。另外，要妥善因應一般學生與身心障礙同學相處上碰到的問題，例如：不敢或是不知道如何向身心障礙同學坦誠表達他們令人不悅的行為，這時需要教師教導一般學生覺察他們對於身心障礙同學忍耐的界線，適切而明確地表達感受；如此才能讓一般學生與身心障礙同學維持長久而良好的關係，而且這對於身心障礙學生而言，也是很重要的學習（Brock et al., 2020）。
5. **注意一般學生的受教權益，避免過度依賴同儕教導**；而且最好不要將協助的責任集中在某一位同儕身上，宜分散（Gibson & Blandford, 2005）。
6. **引導身心障礙學生注意一般同儕示範的適當行為**，並且學習去模仿（Kluth & Chandler-Clcott, 2010）。
7. **教導特殊需求學生對一般同儕給予感謝和回饋；並且安排特殊需求學生協助別人的機會**，因為假使特殊需求學生總是扮演一個被協助的角色，一方面會降低其自我概念，另一方面也會阻礙其與一般學生建立友誼的機會。身心障礙學生不一定都扮演被協助的角色，從另一個角度來看，他也可以成為一位幫助別人的人（Schwartz et al., 2006），例如：身心障礙學生可幫教師收發作業、幫團體拿東西；在合作性的團體中，他們可當計時員等（Downing & Eichinger, 2008a）。

8. **隨時評鑑和檢討同儕中介教學與介入策略的效果**，以做進一步的修正。

貳、與一般學生溝通和合作的實證研究

在與一般學生溝通和合作的實證研究方面，我分成四方面來探討：普通教育教師同儕中介教學與介入策略使用狀況之研究、教導一般同儕了解特殊需求者之課程研究、運用同儕中介教學與介入策略協助特殊需求者之研究，及促進特殊教育班學生與一般學生共同學習之研究。

一、普通教育教師同儕中介教學與介入策略使用狀況之研究

Hamre-Nietupski 等人（1994）的研究發現，教師最常促進學生友誼的方法有：教導一般兒童認識身心障礙者、使用合作學習團體、特殊教育教師合作教導一般與特殊兒童社會技能、教導一般兒童擔任同儕助教協助身心障礙同儕。Janney 和 Snell（2006）觀察五位國小融合有重度障礙學生的普通教育教師，在促進融合所採用的策略包含：運用各種方式協助和提升一般學生與重度障礙學生的互動、建立新的協助規則、讓一般學生視班上的重度障礙學生為班上的一分子、提供符合實齡的互動機會，以及允許學生之間有自然互動的機會。

鈕文英（2006）探究被推薦具成效的 32 位國小融合班教師，其運用的班級經營策略；結果發現在身心障礙學生入校（班）後或學期中，教師為了達到「讓身心障礙學生融入班級」的目標，表示會與相關人員溝通和合作，其中提到與一般學生溝通和合作的策略，包括教導一般學生了解和接納身心障礙學生，以及如何與身心障礙學生相處和提供其協助兩部分。

1.教導一般學生了解和接納身心障礙學生

參與教師均認為要教導一般學生協助身心障礙學生，須建立在了解和接納的基礎上，包括了解身心障礙學生的特質、行為、優勢和其特殊需求。了解和接納之後，才能進一步教導他們如何與身心障礙學生相處，並且給予協助。至於教導一般學生了解

和接納身心障礙學生的方法，有教師直接向一般學生說明身心障礙學生的狀況，例如：ST4 是將班上智障學生比喻成「家中的弟妹」；NT7、NT6 和 ST9 則以「先天身體受到傷害」和「腦傷」，分別解釋AD/HD和自閉症學生的狀況，並且說明其行為並非故意；還有參與教師以每個人有不同的長處和弱處，來說明身心障礙學生的優勢和特殊需求。

> 像我一開始就覺得他來到我們班，一定會受到異樣的眼光，所以我就會先跟小朋友溝通，說他學得比較慢，像你弟弟、妹妹在念幼兒園，學得比較慢。當你弟弟、妹妹若學得比較慢，被別人笑，你會有怎樣的感覺；那他們就會想想自己的弟弟妹妹，小朋友就說不可以笑他，他只是學得比較慢，又不代表他不會……他需要我們給他時間，他會學得很好，當他有好的表現馬上強化，讓其他小朋友知道他是很好的。（I1ST4-10D）
>
> 我就利用他去資源班上課的那節課，跟孩子說也許你們會覺得他是跟你們一樣在普通班，但是因為他可能生下來，他的身體某方面有受到一些傷害，所以他在言行方面沒有辦法控制；但是他並不是故意的，他需要我們包容……我告訴他們說我希望你們幫忙我，幫忙老師照顧這個孩子，而不是去排斥他，因為我告訴他們說我們都是在同一條船上，如果這個孩子呈現不好的狀態，我們其他人也不會好到哪裡去，那次感覺滿有效的。（I1NT7-9D）
>
> 我曾經支開他（自閉症學生），利用機會跟我們的小朋友講，因為他那時候很多東西都沒辦法跟同學同步嘛！我有特別跟孩子講，有人生下來可能數學很好，可能國語很好；有人可能學習很慢，有人學習很快；有人可能跑步很快，每個人的優點和缺點都不一樣，那他就是在學習方面可能比較慢，這方面需要你們協助，願意協助他的人就是他的小天使。……他也有其他的優點，我們要跟他學習，某些他要改進的地方，我們一起來協助他。（I1NT6-8D、11A）

另外，有教師提到用說故事、身心障礙模擬和體驗活動、認識身體器官、分享親身體驗等方式，教導一般學生了解身心障礙學生，例如：ST6 常設計一些身心障礙模擬和體驗活動，像是讓孩子綁著手過一天等，讓孩子體驗障礙（I1ST6-2B）。ST8 利用開學初上健康與體育課時，先上「認識身體器官」的單元，很自然地問全班當眼睛看不清楚時怎麼辦，讓幾位近視的小朋友自動說戴眼鏡；而接著問耳朵呢，這位聽障的學生就自己說戴助聽器，孩子也就不會因為戴助聽器而自卑（I1ST8-2C）。ST11 分享自己在國小時，接觸一位智障同學，從恐懼到了解和接納的親身經驗，讓一般學生覺得自己害怕的感受被理解，進而引導他們去了解和接納身心障礙同學（I1ST11-3B）。

當一般學生還無法接納身心障礙學生，以及無法體會為何要給予他們協助時，參與教師表示會讓學生設想，甚至親身體驗：如果他們遇到困難，會期待別人如何做；如果別人不跟他們坐在一起，他們會有什麼樣的感受；也會引導一般學生覺察身心障礙同學的優點，並乘機稱讚那些能夠接納身心障礙同學的人，例如：兩位教師提到一般學生抱怨，為何給予身心障礙協助時，他們的應對方式如下：

> 我就會問他那你什麼事都會嗎？他說不一定啊！那我就寫一個字，問他這是什麼字？他說不會。我說那如果我不要教你，你不會我幹嘛教你，那你想要這樣嗎？他說不要，我就說那你想要怎樣，他說我想要人家教我，我說就是這樣啊，他（學障學生）也希望別人教他。（I1NT1-7A）
>
> 會有同學說：我不要跟○○（AD/HD學生的名字）坐，○○的衛生習慣很差；我就會跟他說，……如果別人跟你說他不想要跟你坐，你會有什麼感覺，小朋友就回答很難過，我說你現在還要講剛剛的那句話嗎？他們就說不要。我的作法就是先讓他用同理心來想，然後排好位子後，我會再來解決這個問題。其實每個人都有優點跟缺點，我也請他們看○○的優點，他很慷慨，他會帶很多零食請小朋友吃，那當他有缺點，不知道如何保持環境衛生的時候，我們必須幫他，而不是不跟他坐；然後就是激勵幾個小朋友，我會趁這個時候稱讚幾個小朋友，我會說像※※（一般學生的名字），他常常會幫助小朋友，他也從來沒有嫌過○○不衛生，為什麼※※能做到，舉幾個例子給他們看，我希望他們能夠做到那個程度。（I1ST4-9A）

在一般學生了解身心障礙學生的特質、行為、優勢和特殊需求之後，有教師提及會進一步教導他們要示範適切的行為，以讓身心障礙同學模仿，像是 ET1 表示：「他（智障學生）的加入對我們班上也有好處，我會告訴學生你們做什麼，他會模仿你們，所以你們要表現良好。」（I1ET1-2A）

2. 教導一般學生如何與身心障礙學生相處和提供其協助

在教導一般學生如何與身心障礙學生相處上，包括教導一般學生如何與他們溝通互動，像 ET4 教導一般學生要多運用口語與視障同學互動，告訴他環境的狀況，用完櫥櫃後，要把門關好，以及不要隨便更動教室物品，以避免視障同學受傷害；MT5 教導一般學生說話時要面對聽障同學；ST14 教導一般學生不要快跑，以避免衝撞到黏多醣同學，造成其受傷；ET1 和 NT4 分別教導一般學生，如何與智障和身體病弱的同學玩遊戲，NT4 還會教導安全注意事項；NT6 教導一般學生不要嘲弄自閉症同學，避免因不適當的口語和行為而造成他的負面情緒和行為。

而在教導一般學生協助身心障礙同學，則包括以下七個層面，分述如下。第一為**監控和拉回身心障礙同學的注意力**（I1ST1-3A）。第二是**當身心障礙同學出現不適當的行為時，提供矯正性的回饋，和提示其正向的行為**，例如：ST10 在教導一般同儕如何面對班上自閉症學生不適當行為時，提到使用團體的力量，提醒他表現適當的行為：

> 剛開始我會跟小朋友說：「你要教他好的，你看老師都不會教你壞的，對不對？你教他好的，上課鐘打了，你還不進教室，可以口頭提醒，你就不能跟他在那邊耗，要趕快走，看他能不能跟著你走。」（I1ST10-4D）
> 在上課的時候，剛開始他都會離開位置，我就用震撼全班的聲音提醒他，……上課要回到椅子上坐好。（I1ST10-4E）
> 以前盪鞦韆是他的特權，小朋友也好想啊！我就跟小朋友說：「你們就教他呀！20 下，排隊用輪的，這樣子你自己也可以玩到，順便教他排隊，遵守遊戲規則。」（I1ST10-5A）

第三是**教導一般學生協助身心障礙同學寫聯絡簿、學習課業、做作業和準備教學材料**（I1ST7-10E、I1ET12-4F）。第四是**提示身心障礙同學生活作息和該做的事項**，例如：去資源班（I1NT8-9C）。第五為**協助身心障礙同學處理情緒，和因應其情緒或行為問題發生的狀況**（I1ST4-6F、I1NT8-9D）。第六為**當身心障礙同學有好的表現時，給予正向的回饋**，例如：ST8 表示之前有教導一般學生，在聽障同學說話時，能專心聽他說話，並且在他講完話時給予鼓勵；一般學生確實做到了，且給予很大的掌聲鼓勵（I1ST8-4B）。第七為**引導一般學生給予身心障礙同學關懷和鼓勵**，例如NT4 表示：

> 我也曾出過「給○○（身體病弱學生的名字）的一句話」，或者「跟○○說悄悄話」這些；然後透過聖誕節，我去他們家的時候，我就把這些東西都帶去。對○○來講應該算是一個滿特殊的禮物啦！（I1NT4-5D）

在教導一般學生如何協助身心障礙同學上，參與教師提及，他們會用**口語指導和示範**的方式。

我會叫小朋友教他（智障學生）寫，我跟他們說他寫不出來的時候，不能幫他寫答案，要寫在旁邊的紙上，然後再讓他模仿。（I1ET2-3B）

剛開始的時候小老師不會教，就直接告訴他答案，那我會教給他們看，看可以怎麼問他，比如說念一次題目，要求那個小朋友再念一次題目，他就念。念一次之後，你就問他這一題答案是什麼，叫他講出來，講出來後叫他寫；寫完之後，如果他錯了，叫他擦掉再寫一次。就是有步驟性，我先教小老師怎麼做，他們看了之後就會教了。（I1ST4-8D）

至於如何安排學生來協助身心障礙同儕，參與教師表示，會徵詢學生的意願，並且會注意分散協助的責任，不會將之集中在某一位同儕身上，例如：NT6 表示他們是用分組的方式來做，組員過一段時間會更動，而且這樣的協助並不是只針對身心障礙學生，如果其他學生有需要，也能夠得到協助（I1NT6-5C）。除了教導一般學生認識和協助身心障礙同學外，參與教師表示還會鼓勵他們的協助行為，例如：給予社會性增強，使用代幣制或積分制，或是引進自然增強，讓他們知道能協助別人表示自己已經長大，有足夠的能力，而且助人是一件快樂的事，例如：觀察 NT1 教學時發現：

老師一開始上課時便給其中一組加分，老師向全班表示，因為組員之前下課合作處理○○（學障學生的名字）鬧情緒的行為，處理得很適當，顯現出他們已經長大，處理事情更為成熟。老師一面讚美他們的處理方式，一面乘機告訴其他學生：看到同學在爭吵時，要先緩和他們的情緒，而後了解原因，千萬不可以加入爭吵的行列。如果無法處理，則要來找老師幫忙。（O1NT1-1D）

另外，參與教師會安排一些機會，讓身心障礙學生針對一般學生的協助給予感謝和回饋，例如：NT6 給自閉症學生身心障礙團體舉辦的活動園遊券，要他發五張給他喜歡的朋友，發五張給平常幫助他最多的朋友，發五張給希望對他更好的朋友；有一次他在發的時候，一位常欺負他的小朋友要求一張，他因害怕而很不得已給他，NT6 假裝沒看到說道：

那我就故意跟這孩子講，……你看○○（自閉症學生的名字）認為你是他的好朋友，你平常一定是對他很好，所以他願意把這個最好的機會送給你，那孩子就很開心；所以我發現再來他就對○○很好，雖然那維持得不是很長。（I1NT6-10D）

由上可知，NT6 還適時地調整一般學生對待自閉症學生的態度。尚有參與教師表示，一般學生在協助或與身心障礙同學相處上，也會遭遇到挫折，會有情緒，他們會同理其產生的挫折和情緒，並給予支持和鼓勵。

> 同學教○○（智障學生的名字）教一段時間以後，也會抱怨教都教不會；這是很正常的，我們大人也會有教學上的挫折，更何況是孩子！這時就要同理他們的挫折，告訴他老師也會有這樣的心情；而後分享我怎麼處理這樣的挫折，再試試看別的方法，看看他要不要再試試看。如果他不願意再試試看，我就會換人當小老師，讓他休息。（I1MT4-7D）

參與教師表示，營造相互接納與協助的氣氛維繫著班級經營的成效，這樣的環境可以促成身心障礙學生與一般學生，乃至於人與人之間的融合。此發現呼應多篇文獻的看法：形成融合的文化，營造一種有**社群感**的班級氣氛，班級成員相互接納和尊重，彼此支持與協助，是融合班級經營的基礎（Bauer & Brown, 2001; Janney & Snell, 2006; T. E. C. Smith et al., 2016）。

> 孩子願意接受，家長就沒問題，我滿高興的是說，班上小朋友都很接受他；然後甚至會回家跟媽媽講說，我們班○○（自閉症學生的名字）今天發生什麼事情，無形當中家長就會知道說，其實○○對班上的功能絕對不會只是干擾或是影響，他也有正面的功能。（I1NT8-10D）
>
> 如果班級經營得好，讓普通班每一位學生都願意協助身心障礙同學，那老師就可以得到很多的人力資源。（I1NT1-16A）

二、教導一般同儕了解特殊需求者之課程研究

臺灣和國外教導一般同儕了解特殊需求者之課程研究聚焦在身心障礙者，臺灣 1985 至 2021 年間的研究共有 16 篇，我依年代的先後，同一個年代者再依作者筆畫由少至多排列，整理於附錄 46。研究參與者多為國小高年級的一般學生，僅有兩篇的研究參與者為國中一般學生，三篇為國小低年級一般學生，一篇為高中普通班學生。至於教導內容，多為廣泛介紹身心障礙兒童；其他則各有三篇和兩篇介紹智障和 AD/HD 兒童；各有一篇介紹肢障和聽障。教導策略則包括**討論**、**角色扮演**（**模擬和體驗障礙活動**）、**示範**、**看影片**、**閱讀圖畫書**、**價值澄清法**、**發表**、**講故事**、**問題解決**、**電腦動畫**、**服務學習方案**，和**直接與身心障礙者接觸**等。其中部分課程有以下不足處：

（1）介紹的身心障礙者部分未出現在學校或學生所在的班級裡，學生有困難理解與感受；（2）部分以影片呈現成功身心障礙者的故事，過於強調形式上的宣導，未徹底落實接納、關懷身心障礙者的觀念和作法。

我於附錄 47 整理 1980 至 2021 年，國外教導一般學生了解身心障礙同儕之課程研究，共有 13 篇，依年代先後，同年代者再依作者字母排序。八篇研究參與者為大學生，兩篇一般幼兒，兩篇國小中高年級一般學生，一篇中學生。至於教導內容，五篇廣泛介紹身心障礙者，其他八篇介紹肢障、視障和聽障或語障者。訓練策略則包括**模擬和體驗障礙活動**、**討論**、**看影片**、**閱讀圖畫書**、**講故事**、**安排家長閱讀故事書的回家作業**，以及**直接與身心障礙者接觸**（例如：和身心障礙者進行結構性的遊戲，使用各種材料促進一般學生和身心障礙同儕的互動，以及安排能引發他們之間交換和分享物品、資訊的活動）**和參與他們的社區休閒活動**等。

除上，Flower 等人（2007）以後設分析的方式，針對符合他們設定標準，教導一般人了解身心障礙者之 10 篇研究，分析其成效後發現，八篇研究針對一般成人，僅兩篇針對一般兒童；兩篇出版於 1995 年以後，其他八篇皆出版於 20 年前，顯示很需要有關此主題的新近研究；多數研究的依變項在評量一般人對身心障礙者態度的改變，僅一篇在評量行為的改變，結果呈現成效有限；成效較佳的活動為，安排一般人和身心障礙者有關係平等之互動機會，不過這些研究的參與者多為成人，尚需要更多研究以兒童為對象，並且比較運用在兒童和成人上的成效差異。Flower 等人進一步建議，在實施模擬和體驗障礙活動時，須注意參與者是否產生負面經驗的訊號，而且要在「模擬和體驗障礙」活動前教導適當的因應技能，並提供他們分享心得和討論疑惑的機會；另外，讓一般人和身心障礙者接觸時，須注意安排「**關係平等**」**之互動機會**。

M. Johnson（2006）指出，「模擬和體驗障礙活動」的問題存在於，它植基於**能力主義**，讓一般人體驗了身心障礙者個人的損傷，此模擬甚至讓某些一般人產生負面經驗（例如：戴眼罩走路產生恐懼的感受，進而認定成為身心障礙者是一件很悲傷、可怕的事）。然而，模擬活動未讓一般人體驗到，環境的偏見和歧視導致身心障礙者**失能**，在社會活動及參與上的表現受限；相反地，環境的支持可以讓成為身心障礙者不是一件可憐、恐怖的事，甚至他們可以展現擁有的優勢，如插畫 8-5。

在上述模擬和體驗障礙活動的研究中，僅 McKenney（2018）採取社會模式，安排 10 位大學生參與社區融合休閒方案，與身心障礙者接觸和互動，以分析他們對身心障礙者態度改變的情形；結果發現：大學生對障礙的理解從個人本身的障礙，轉變成是社會環境障礙造成的結果，更能同理地了解身心障礙者在適應環境上的困難，以及需要的支持。

插畫 8-5　環境的支持讓身心障礙者不會「失能」

環境的支持可以讓成為身心障礙者不是一件可憐、恐怖的事，甚至他們可以展現擁有的優勢。

三、運用同儕中介教學與介入策略協助特殊需求者之研究

臺灣運用同儕中介教學與介入策略協助特殊需求者之研究，聚焦在身心障礙學生，部分是訓練普通班的一般學生，針對特教班的學生進行同儕教導，例如：郭慧君和林惠芬（1997）、張瓊文（2001）及梁素霞（2002）的研究。

於 2000 至 2021 年間，運用同儕中介教學與介入協助普通班特殊需求學生之研究共有 20 篇，我依年代先後，同一個年代者再依作者筆畫由少至多排列，整理於附錄 48。17 篇的研究參與者為國小身心障礙學生（王玉琳，2002；王碧惠，2007；王賢雲，2002；朱琬蓁，2007；吳淑敏，2003；林坤燦、許美華，2006；林雅芳，2002；胡菁萍，2003；許文靜，2005；許莉真，2002；許麗霞，2004；崔夢萍，2006；黃湘芸，2020；賴青蘭，2004；葉淑英，2005；盧巧滿，2017；嚴家芳，2005），僅四篇針對國中以上的身心障礙學生（易世為，2004；曾欣怡、鈕文英，2010；謝攸敏，2005；葉淑英，2005），一篇針對幼兒園大班的兒童（吳淑敏的研究參與者為小一和幼兒園大班的兒童）。另外，研究參與者的身心障礙類別以智障居多（七篇），泛自閉症次

之（五篇），學障和聽障再次之（各三和兩篇），各有一篇介入視障和AD/HD學生。採取的同儕中介策略主要以**同儕教導**、**合作學習**為主，也有研究結合兩種以上的策略，例如：吳淑敏、葉淑英、嚴家芳及朱琬蓁四篇研究，結合同儕教導和社會技能或社交技巧教學；結果在增進身心障礙學生的教室適應行為、人際互動能力、社會技能、合作技巧、學科學習成效、社會地位和同儕接納度，以及減少行為問題上均有成效。曾欣怡和鈕文英結合同儕夥伴和創造性問題解決策略，因應高中聽障學生在普通班級的人際關係問題，結果發現聽障學生在同儕團體關係、語言溝通、參與班級活動和學業表現上呈現正向成效。

我整理 1980 至 2021 年，運用同儕中介教學與介入協助特殊需求學生之國外研究如附錄 49 共有 24 篇。部分研究跨教育階段，其中研究參與者多為國小身心障礙學生，有 13 篇；其次有五篇針對幼兒園學生，四篇針對中學的學生，兩篇針對國小和國中兩群學生。另外，研究參與者以自閉症居多（八篇），重度和多重障礙居次（四篇）、情緒行為障礙再其次（三篇），再來是學障（兩篇），各有一篇介入視障、腦性麻痺、發展遲緩、AD/HD 和高危險群學生。採取的同儕中介教學與介入策略，包括**朋友圈**、**同儕分享**、**同儕夥伴**、**合作學習**、**同儕監控策略**、**自我提示的溝通書**、**同儕教導**溝通和社會互動技能、**全班性交互的同儕教導**、**全班性同儕協助的自我管理策略**、**同儕中介的 PBS**、**團體行為後效策略**等；結果在增進特殊需求學生的專注行為、人際互動能力、溝通技能、學科學習成效和同儕接納度，以及減少行為問題上均有成效。

除此，尚有研究做後設分析和系統回顧（O'Donoghue et al., 2021; Ryan et al., 2004; Zhang & Wheeler, 2011），Ryan 等人、Zhang 和 Wheeler 及 O'Donoghue 等人分別回顧 14 篇和 169 名情緒行為障礙學生、45 篇和 118 名泛自閉症學生，以及 25 篇和 54 名口語能力有限的泛自閉症學生，運用同儕中介教學與介入的實證研究，結果顯示：它均能促進情緒行為障礙、泛自閉症學生，以及口語能力有限的泛自閉症學生，在不同學科上的學業成就、社會互動反應，以及擴大和替代溝通行為或口語能力；然而，這些研究包含安置於集中式特教班和融合班中的學生。Sutherland 等人（2000）回顧八篇符合標準，運用「合作學習」在情緒行為障礙學生之研究後發現，合作學習能增進其專注及合作行為、社會技能和課堂參與度；但學業成就則沒有一致的提升效果；另外，合作學習能提供他們練習溝通技能的機會。

四、促進特殊教育班學生與一般學生共同學習之研究

臺灣較重度障礙學生多安置於隔離式的特教班，生活、學習上與主流環境仍有所區隔。特教班學生離開學校，仍需與一般人互動，因此增加他們與一般學生互動的機會實有必要（胡致芬，1997; Jenkinson, 1993）。考量特教班學生的學習和人際互動需求，臺灣研究讓特教班學生以**部分時間回歸主流**的方式，與一般學生共同學習（王賢雲，2002；陳萱之，2005；張桂楨，2006）。回歸主流提供特教班學生學習人際互動的機會，只是特教班學生在回歸時面臨以下問題：回歸是將弱勢者放入主流教育的環境之中（張嘉文，2008），普通班是主流環境，普通班學生是主人，特教班學生是客人，普通班學生與教師並沒有機會到特教班進行交流。

另有研究採取**統合**的方式，讓國小特教班學生與一般學生共同學習（林金珠，2009；林姝君，2013；林庭均，2008），它可以改善回歸主流的問題，不限定場所和時間，身心障礙學生和普通班學生共處，此共處不見得是在正式課程中，亦可以在非正式課程中；除此，不見得是在普通班級中，也有可能是在特教班中，並且強調彼此雙向的互動。不過，臺灣有些研究將統合的作法誤以為融合，例如：林金珠的研究即誤指為融合課程方案。

除了與家長和一般學生溝通及合作外，普通班導師和科任教師的溝通與合作也很重要，例如：鈕文英（2006）探究於班級經營上，被推薦具成效的 32 位國小融合班教師，他們表示在班級經營上會告知科任教師，班上身心障礙學生的狀況，以及他們採取的作法。

第 4 節 特殊教育相關資源的運用

除了與家長和一般學生溝通和合作外，教師亦可以運用特殊教育相關資源，以下討論特殊教育相關資源的種類，以及教師可運用特殊教育相關資源之範圍兩部分。

壹、特殊教育相關資源的種類

從資源的性質來看，有**人力資源**和**非人力資源**兩方面，人力資源包括校內特殊教育推行委員會、特殊教育教師、特殊教育助理員、家長等；非人力資源又包含**物力**或**設備資源**（例如：教材、教具、教學媒體等）、**空間場所資源**（例如：校內的資源教

室）、**網路資源**、**服務或活動資源**（例如：校外機構或基金會提供的輔助科技租借服務、辦理的身心障礙認識和體驗活動）、**經費資源**等。

從資源的所在地來看，有**校內**和**校外資源**兩方面，校內資源有各處室的人力和非人力資源等；校外資源包括政府相關單位、大專校院特殊教育中心、縣市身心障礙教育專業團隊、縣市特殊教育教學資源中心、醫療單位、特殊教育家長團體和福利機構等，這些資源的相關資訊如附錄 50。

從資源的內容來看，有**就醫**（例如：申請輔助科技的補助）、**就學**（例如：申請減免學雜費、交通費補助）、**就業**（例如：申請就業服務和訓練等）、**就養**（例如：申請身心障礙手冊、居家生活補助）四方面。從資源的依據來看，包括**有法規依據**（例如：以《身心障礙者權益保障法》、《特殊教育法》和其相關子法為基礎的資源），和**沒有法規依據的資源**兩種。

Luckasson 等人（2002）提出教師可以善加運用下列四種支持來源，協助特殊需求學生：（1）**個人**（例如：個人所提供的技能），亦即教導特殊需求學生一些技能，讓他們成為自我的協助者；（2）**其他人**（例如：家庭、朋友、教師）；（3）**科技**（例如：輔助科技）；（4）**服務**（例如：醫藥、職業輔導、行為介入等服務）。其中，個人和其他人是「人力資源」，科技和服務是「非人力資源」。

貳、教師可運用特殊教育相關資源之範圍

教師運用特教相關資源時，其運用的範圍包括尋求這些資源提供的諮詢服務，例如：向校內特殊教育教師諮詢教導特殊需求學生的方法；尋求這些資源提供教學上的協助，例如：尋求特殊教育福利團體到班級進行特殊教育宣導活動；轉介特殊需求學生接受這些資源提供的服務，例如：接受醫療單位的診斷與治療；整合不同的資源提供服務給特殊需求學生和其家長。除了運用現有的特教相關資源外，教師亦可以開拓資源，例如：邀請大專校院的服務社團來擔任志工。

臺灣部分融合班的班級經營研究運用特教相關資源，例如：鈕文英（2006）探究於班級經營上，被推薦具成效的 32 位國小融合班教師，他們表示會與特殊教育教師和輔導室保持密切的溝通和合作；以及運用其他人力資源協助班級經營，這些人力資源包括志工、實習教師、特教助理員、特殊教育巡迴教師、種子教師、身心障礙福利團體的人員等，他們協助的項目涵蓋教學、生活輔導、行為處理、特殊教育宣導等。

除此，部分研究與家長和一般學生合作，以及運用特教相關資源進行班級經營，例如：李靜曄（2004）針對一位發展遲緩疑似自閉症的 4 歲幼兒，採取小老師制度、訓練家長當志工、進行能力評量、撰寫IEP、安排適性且多元的教學活動、安排促進社會融合的活動等方式，進行學前融合教育班級經營之行動研究；結果發現此行動研究提升了教師教學的專業能力，也帶動了園所的成長。其中，小老師安排、促進社會融合的活動，以及訓練家長當志工三項，教師使用的策略為，與一般學生溝通與合作，以及運用特教相關資源。戴玉舟（2007）針對一位腦性麻痺幼兒學習技能、生活自理能力和社會技能的需求，採取建立親密、信任的師生關係，促進幼兒間正向互動，尋求專業資源與人力協助，規畫安全環境與適合教具教材，調整課程、教學與評量，拓展親師溝通管道等策略來因應；結果發現此行動研究提升個案的學校適應，其他幼兒也受益，研究者也獲得專業成長。其中促進幼兒間正向互動、拓展親師溝通管道和尋求專業資源與人力，教師使用的策略為，與一般學生和家長溝通與合作，以及運用特教相關資源。

總結

教師在經營融合班級時，除了特殊需求學生以外，會面對的對象有一般學生和其家長，以及特殊需求學生家長，教師與他們的溝通與合作攸關特殊需求學生是否能夠真正在身體、教學和社會三方面融合於班級中；Nicoll於 1993 年即表示：「唯有身心障礙學生能夠在身體、教學和社會三個層面融合於普通班級，真正的融合教育才算達成。」（引自 Bradley & Graves, 1997, p. 401）本章探討普通教育教師如何與相關人員合作，包括與一般學生家長、特殊需求學生家長、一般學生及科任教師溝通和合作的方法，以及運用特教相關資源。導讀案例莊老師遭遇的情況顯現，與一般學生家長溝通的問題。有關與家長的溝通和合作方面，教師在剛開始時宜讓家長知道每一個孩子都是受歡迎，皆隸屬於這個班級的。另外，宜讓一般學生家長了解「融合教育」的趨勢和優點，讓他們知道其孩子可以從特殊需求學生身上學習到什麼；並且深入了解家長的看法，以及他們所憂慮的問題；進而積極與他們溝通，化解其疑慮與擔憂。而在與特殊需求學生家長的溝通和合作方面，首先須了解特殊需求學生的家庭系統，接著表現對特殊需求學生的接納度以減少其家長的疑慮，向家長溝通其教學理念與作法，並且鼓勵親師合作，了解和去除阻礙教師與家長間合作的因素，和家長進行有效的溝通，以及表現真誠、尊重和積極的態度與家長合作。在與一般學生溝通和合作方面，須先教導他們了解特殊需求同儕，以及學習與特殊需求同儕相處和互動的方式，以建立他們之間的關係；接著運用同儕中介教學與介入策略，教導一般學生協助特殊需求同儕，為特殊需求學生建立普通班級中最大的自然支持來源。在與科任教師的溝通和合作方面，宜告知科任教師，班上特殊需求學生的狀況，以及建議他們可採取的作法。最後，在運用特殊教育相關資源方面，教師可以運用的資源包括校內和校外的人力與非人力資源。

第 9 章

普通教育教師如何經營融合班（五）：物理和心理環境的安排

第 1 節　融合班級中物理環境的安排

第 2 節　融合班級中心理環境的營造

融合教育的理念教導人們：接納人的差異性，欣賞人的特殊性。個別差異讓人們有機會學習到：用不同的方式來看待孩子。

導讀案例和本章目標

王老師班上有一位智障兼腦性麻痺之多重障礙學生——大華，他走路不穩，有時會因為身體控制能力不佳，而被障礙物絆倒或撞到桌腳。另外，王老師覺得他能力有限，而且擔心他的安全，所以沒有安排他做值日生和班級清潔工作；大華回家作業沒寫完，老師考量他寫字速度慢，只罰他下課寫完剩下的作業。有兩位比較聰明的孩子就對王老師反嗆：「老師偏心，為什麼他可以不用做值日生，而我們其他人就不行？」「不公平！為什麼他不用多罰寫一遍，而我們要多罰寫一遍。」

人與生俱來就對「公平」（fairness）有基本的期待，Sloane 等人（2012）研究發現，19 個月大的幼兒看到不公平的狀況會有驚訝的反應，他們對「公平」的觀察遠比成人所想還敏銳。在融合班級中，教師採取因應個別差異的教育理念，針對學生的特殊需求實施調整策略時，可能會對一般學生或家長質疑「不公平」而感到困擾。當學生和家長產生公平性的質疑時，教師宜如何面對呢？什麼是真正的公平？是給予同樣的工作，要求一致的表現，提供相同的獎懲？還是給予不同的要求、期待和獎懲？

由王老師的案例可思考到：（1）如何減少環境的障礙，讓特殊需求學生處於身體安全的環境呢？（2）特殊需求學生由於生理和能力限制，教師適合免除他們參與班級事務的機會嗎？（3）當一般學生產生公平性的質疑時，教師宜如何面對呢？

從本章內容讀者可以學習到：在經營融合班級上，普通教育教師安排物理環境，以及營造心理環境的作法。

第 1 節　融合班級中物理環境的安排

校園無障礙物理環境是身心障礙學生能夠參與各項學校教學活動的重要條件，也是融合教育能夠成功實施的基本要素。Puri 和 Abraham（2004）即表示，實施融合教育時，教師首先須去除物理、態度、教學和評量的障礙。以下從相關文獻和實證研究兩方面，討論融合班級中物理環境的安排。

壹、融合班級中物理環境安排的相關文獻

依據 Peterson 和 Hittie（2010），物理向度的經營包括**建立無障礙的學校建築與設**

施，以及無障礙的教室空間與設施兩部分。由此可知，物理環境安排強調「無障礙」；正如插畫 9-1：障礙並非全有或全無，它是相對於環境而言；如果環境沒有任何障礙，並且提供協助，即使個體有身心障礙，也不會變成「殘障」，他仍然可以行動自如，便捷地運用空間。無障礙的學校和教室環境設計的層面，包括建立無障礙的學校建築與設施，以及教室空間與設施兩方面，其內涵如表 9-1，詳細討論如下。

插畫 9-1　營造無障礙的環境

障礙並非全有或全無，它是相對於環境而言。

表 9-1　無障礙的學校和教室環境設計的層面和內涵

層面	內涵
一、建立無障礙的學校建築與設施	1. 提供無障礙的學校設施。 2. 學校各地點的出入口容易進出。 3. 便於學生在校園中行動的設計。
二、建立無障礙的教室空間與設施 A.教室外觀和空間運用	1. 教室的位置安排在一樓或是方便學生進出的位置。 2. 降低教室環境的複雜度，使學生容易取得和使用（例如：書櫃的高度須考慮學生的身高和肢體狀況）。 3. 增加教室物理環境、設備和器具的安全性，以避免危險與傷害（例如：鋪上防滑墊、避免有尖角的器具、桌椅尖角處加上護套）。 4. 教室出入口方便進出。 5. 讓學生擁有適當大小的空間，以方便使用輔助科技和進行活動。 6. 增加學生對教室布置、設備和器具的熟悉度（例如：告知學生教室的布置情形，如果有調整或新的設備加入，也要告知）。

（續）

表 9-1（續）

層面	內涵
二、建立無障礙的教室空間與設施 A.教室外觀和空間運用	7. 考慮學生的需求設計書桌（例如：對於上肢有困難的學生，考慮提供可以調整、旋轉的桌子；對於弱視的學生，提供稍微有傾斜的桌子，或是提供書架，使他們不用靠近及彎腰就能看見；還可以在座位上加裝檯燈，提供額外的光源）。
B.座位安排	1. 座位安排在教師容易監控與協助的位置。 2. 座位安排在同儕易協助的位置。 3. 座位安排在不易分心或受干擾的位置。 4. 座位安排在靠近黑板的位置。 5. 考慮學生的視野，將座位安排在中間的位置。 6. 座位安排在容易聽到教師說話的位置。 7. 座位安排在容易看到教師臉部的位置。 8. 配合學生的身高安排桌椅。 9. 允許學生移動位置，以便認讀教師或同學的唇語，或是看清楚視覺材料。
C.環境布置	1. 注意物理環境因素（例如：採光、溫度、通風、色彩、動線等）的安排，以增進學生的舒適感，及訊息的接收和學習。 2. 減少會讓學生產生焦慮不安或其他情緒行為問題的物理環境因素。 3. 減少環境中噪音或誘發分心的刺激，以增進學生的專注力。 4. 提供結構化且多樣化的教室環境。 5. 布置能提供學生學習表現回饋的教室環境。 6. 讓學生一起參與布置一個整齊、清潔和溫馨的環境，並且注入幽默感於教室布置中。 7. 教室布置與教學內容、學生需求和興趣相配合，並且能做彈性調整。 8. 提供能讓學生操作和使用，彌補其限制的學習環境。 9. 安排能引起學生興趣的器材，以供他們在課餘時間使用或娛樂。

一、建立無障礙的學校建築與設施

綜合文獻（Black & Horton, 1996; Peterson & Hittie, 2010），建立無障礙的學校建築與設施包括：（1）提供無障礙的學校設施，例如：改裝廁所、遊樂場的設施；（2）學校各地點的出入口容易進出，像是設計容易開關的門或電動門；出入口寬敞，方便輪椅進出；（3）便於學生在校園中行動的設計，像是電梯、設計輔助行走的欄杆、平滑的坡道、導盲磚、避免滑倒的地板。葉采青（2003）的研究在檢核宜蘭縣國中小學校園無障礙物理環境之狀況後發現，僅有少數檢核項目達到活動的可及性。

二、建立無障礙的教室空間與設施

綜合文獻（Everston et al., 2022; Friend & Bursuck, 2019; T. E. C. Smith et al., 2016），建立無障礙的教室空間與設施包含教室外觀和空間運用、座位安排，以及環境布置等方面的規畫；在規畫時，T. E. C. Smith 等人提醒，宜注意增加教室的安全性、便利性和可用性，以及部分感官和肢障學生所需要之特殊化設備的安排。在特殊化設備的安排上，例如：對於弱視的學生，教師可以提供稍微傾斜的桌子，或是提供書架，使他們不用靠近及彎腰就能看見視覺材料；還可以在座位上加裝檯燈，提供額外的光源（P. R. Cox & Dykes, 2001; Prickett & Welch, 1995）。

綜合文獻（T. Gordon, 2003; McGee & Daly, 1999），加上我的看法，物理環境的調整策略可依據學生的需求，運用包括**在環境上增加**、**在環境上減少**、**把環境變化**和**在環境內計畫**四類策略。在環境上增加旨在減少因無聊和厭倦感，或環境受限制而產生的學習或行為問題；在環境上減少旨在減少環境的刺激，或限制學習發生的環境，以預防學習或行為問題的發生。把環境變化的目的在從個體的角度去安排環境，降低環境的複雜度，改變環境的物理條件，或將環境中的設備或器材變換模樣，以減少學習或行為問題。在環境內計畫的目的在對環境事先做有系統的規畫，或提供回饋的機制，以增進適當行為和減少不適當行為。我將四類策略的內涵整理如表 9-2。

表 9-2　環境調整的策略內涵

類型	調整策略	目的	舉例
在環境上增加	豐富化	提供靈活、多樣化的空間安排，使學生有多種的刺激和選擇，並且能操作和使用，以減少因無聊和厭倦感而產生的行為問題。	1. 在教室中的一角放置圖書、各式玩具等。 2. 在教室中的一角設置演戲的小舞臺，放各種布偶、道具等。 3. 播放輕鬆愉快的音樂，營造環境的氣氛。
	擴大	擴大環境至外界，減少因環境受限制，或限制時間過長而產生的行為問題。	1. 將學生帶到教室外或學校外進行教學。 2. 將學生帶到可以大聲喊叫的場所，例如：操場等。

（續）

表 9-2（續）

類型	調整策略	目的	舉例
在環境上減少	去除	減少環境的刺激，以降低分心或受干擾的情形。	1. 在學生做作業時，減少干擾的刺激，不做分散其注意力的行為。 2. 教室內面對黑板方向的布置最好不要太雜亂，以免分散學生的注意力。
	限制	限制行為發生的環境，以預防行為問題的發生。	1. 指定某區域從事某種活動。 2. 限制學生於同一時間在同一地點的人數。 3. 為設備或玩具的使用編排輪流表。
把環境變化	簡易化	從學生的角度安排環境，降低環境的複雜度，使學生容易取得和使用，以符合人性化的原則。	1. 課桌椅的高度、大小宜符合人體工學。 2. 鏡子要掛在和學生齊高處。 3. 洗手檯前置放踏臺，讓學生使用時，沒有高度的障礙。 4. 掛鉤的位置設在較低處。 5. 在學生使用的設備或玩具上標明使用的方法和規則。 6. 在抽屜或櫥櫃上貼標籤，便於學生歸類整理。
	改變位置、屬性或模樣	改變環境的物理條件、布置和氣氛等，或將環境中的設備或器材變換模樣，以增加安全性，和減少干擾性。	1. 在電器插座上加裝飾外套。 2. 將玻璃杯改成用塑膠杯。 3. 關門時避免巨響的設計。 4. 在通道上不放東西。 5. 保持通風和適溫、調整光線、調配室內色彩、更動用具或座位的擺設。 6. 教室外觀的布置要符合班級學生的實齡。
在環境內計畫	系統化	對環境事先做有系統的規畫，以預防行為問題的發生。	1. 對將來臨的事件或活動先行公布計畫，並說明準備事項和規則等。 2. 提供結構性且具體的教室空間規畫，例如：劃分出教學區、情緒轉換區、遊戲區等，但又不失彈性。 3. 在醒目處貼上學生該完成工作的流程圖、課表，或生活作息表。 4. 教室布置隨教學內容、學生需求和年齡增長，做彈性的調整。
	提供回饋	在環境中提供回饋的機制，增強學生適當的行為，修正其不適當的行為。	1. 在環境中布置一些能提示學生正向行為的規定、標語；能紓解學生情緒的連環漫畫、智慧諺語，以及有趣的圖畫和照片。 2. 張貼學生的作品，提示或增強他們好的表現和正向行為。

綜合文獻，融合班級教室空間的規畫可以採取下列七項策略。

1. **了解哪些物理環境的因素會讓特殊需求學生產生安全問題、焦慮不安，或其他情緒行為困擾**，例如：採光、溫度、通風、色彩、動線、空間大小、整潔情形、受干擾情形和設備的安排等因素；並且注意上述物理環境因素的安排，以增進學生的舒適感，及訊息的接收和學習（Shelton & Pollingue, 2005）。舉例來說，大部分視障學生需要透過燈光來增加視覺材料的對比度，因此教師宜調整最適合學生的燈光等級，降低刺眼的光源（例如：加裝窗簾）；調整學生和教師的位置，以避免學生直視光源；並且注意其他的採光因素，例如：牆壁、瓷磚、地板的反光等。再者，視障學生較容易閱讀背景簡單、形象與背景顏色高對比、明亮而柔和的視覺材料；教師宜盡量避免呈現無關的視覺線索，以免混淆其視覺接收；而在作業簿、設備和器具的擺放上，宜放在固定位置，讓視障學生容易定向（P. R. Cox & Dykes, 2001; Prickett & Welch, 1995）。班上若有穿戴矯正支架的學生，教室宜安裝冷氣，保持溫度的舒適感。
2. **提供結構性且具體的教室空間規畫**，例如：劃分出教學區、情緒轉換區、遊戲區等，但又不失彈性（R. E. Cook et al., 2019）。
3. **空間規畫和座位的安排，要減少環境中的噪音和誘發分心的刺激**（Madhumita, 2004），例如：教室內面對黑板方向的布置最好不要太雜亂，以避免分散學生的注意力。
4. **安排特殊需求學生的座位時，宜考慮學生的需求**，例如：Prickett和Welch（1995）指出，對於中央和遠距離視力缺損的視障學生，無法看清楚遠距離的物品，故教師宜安排他們坐在靠近黑板、離教師很近的位置；對於周圍視力缺損的視障學生，視野較局限，故教師宜安排他們坐在中間的位置。教師宜根據學生的需求，安排他們坐在教師或同儕容易監控與協助、不易分心或受干擾的位置，或是坐在中間、靠近黑板、容易聽到教師說話，或看到教師臉部的位置，並且須注意此位置要能讓學生融入班級中。
5. **從學生的角度安排環境，降低環境的複雜度，使學生容易取得和使用**，以符合人性化的原則（Flavell, 2001），例如：在學生使用的設備或玩具上標明使用的方法和規則；在抽屜或櫥櫃上貼標籤，便於學生歸類整理。
6. **在環境中布置一些能提示學生適當行為的班規、標語，以及提供回饋的機制**，例如：張貼學生的作品，增強學生好的表現和適當的行為，與修正學生不適當的行為（Friend & Bursuck, 2019）。

7. **讓學生一起參與布置一個整齊、清潔和溫馨的環境，並且注入幽默感於教室布置中**，例如：在布告欄上張貼一些有趣的連環漫畫、圖畫和照片，以及智慧諺語和激勵語句等（Cumming, 2000/2002）。另外，可以配合課程單元、學生需求和興趣布置相關的材料，提供能讓學生操作和使用，彌補其限制的學習環境，讓學生可以從境教中學習，例如：在教室中放置「超級市場」重要標示的圖片和文字，讓學生課餘時操作；還可以安排能引起學生興趣的器材，以供他們在課餘時間使用或娛樂。

貳、融合班級中物理環境安排的實證研究

鈕文英（2006）探究被推薦具成效的32位國小融合班教師，其運用的班級經營策略後發現，參與教師表示會配合學生的身高安排座位，但對身心障礙學生，會考慮其個別需要，而在座位上做特別安排，例如：ET4會安排班上的視障學生，坐在靠近黑板且容易聽到教師說話的位置，並且告訴他教室內的布置情形；如果有新的設備加入，也會告訴他。另外，MT5會安排班上的聽障學生，坐在容易看到教師臉部的位置；ST1會安排班上的 AD/HD 學生，坐在較不易受干擾，以及教師容易監控與協助的位置；NT5、MT4和ST3會盡量在智障學生的四周，安排功課不錯、專注穩定，且願意協助他的同學；NT8和MT3會在自閉症學生的周圍安排比較熱心、包容性大、精明能幹，而且知道什麼時候該做什麼事的同學；ST4則會針對有情緒行為問題的學障學生，在其旁邊安排一些脾氣很好的同學，教他怎麼處理情緒。另外，ST14會配合學生的身高安排桌椅，例如：考量黏多醣學生個子矮小，因此在她腳下放一個木椅給她墊腳。

除了排排坐外，有參與教師（例如：ST4、ST5、ST6）採取異質分組的方式，各組有能力高和低的學生，形成小組的座位安排，一段時間之後再調整，讓同學都有機會與身心障礙學生一組。在安排座位時，有參與教師會注意「不要標籤化」，讓身心障礙學生能融入班級中，例如NT5表示：「我不會讓學生單獨坐，我覺得那已經是標籤化。」（I1NT5-11A）

在教室空間安排方面，部分教師會做結構式的安排，例如：ST8的教室空間安排十分結構化，除了學習區外，還有遊戲區、閱讀區和獎勵區等功能分區（O1ST8-1A）；而在環境布置方面，部分教師主張布置整齊、清潔和溫馨的環境，例如NT8說：「在櫃子上面，我會用一些墊布啊，然後有卡通圖案的，會比較有家的感覺。」（I1NT8-12A）另有教師會依課程單元做布置，例如：ST13配合「小羊家失火了」的課文，布置「如何因應火災的圖片」（O1ST12-1D）。

第 2 節 融合班級中心理環境的營造

Elbert Hubbard 表示：「學校不應該是為孩子未來生活準備的地方，而是學校應該就是孩子生活的地方。」（引自 Vargo & Vargo, 2005, p. 27）學生要在學校中生活，教師如何營造環境，讓學生心理有社會融合的感受就變得很重要，以下從相關文獻和實證研究兩方面，討論融合班級中心理環境的營造。

壹、融合班級中心理環境營造的相關文獻

Janney 和 Snell（2013）指出，經營融合班級奠基於在學校和班級中形成**融合的文化**，它是設計課程與教學調整策略的基礎。融合的文化即 Bauer 和 Brown（2001）所提，營造一種有**社群感**的班級氣氛，是一種**對所有學生接納和關照的社群**。T. E. C. Smith 等人（2016）主張，在營造融合班級氣氛時，教師須敏於察覺學生的需求和其關注的焦點，並且以公平的態度對待所有學生，而不是只把關注的焦點放在特殊需求學生上。G. Lang 和 Berberich（1995）表示，融合班級應該讓每一位學生的基本需求都能夠被滿足，這些基本需求包括**自由**、**喜悅**、**隸屬感**、**安全感**和**有價值感**。Obenchain 和 Abernathy（2003）指出，在融合的班級中，需要營造能促進**融合感**（亦即學生開始了解和相信自己與他人）、**影響力**（亦即學生開始學習到他們是有能力的，以及他們所說的話是重要的），以及**公開度**（亦即建構一個安全的環境，讓學生能自在地分享他們的學業學習和內在情感）的環境。比較 G. Lang 和 Berberich 及 Obenchain 和 Abernathy 的看法後發現，提高影響力的基礎是加強學生的價值感，增進公開度的磐石是滿足學生自由、喜悅和安全感的需求，促成融合感的支柱是滿足學生隸屬感的需求，這些均為營造融合班級心理環境極為關鍵的要素。因此我綜合上述文獻，從營造讓學生有安全感、能提升學生自我價值感和隸屬感、自由和喜悅的環境，以及公平和關注的班級氣氛五方面，探討融合班級中心理環境的營造。

一、營造讓學生有安全感的環境

Maslow 於 1970 年提出五種需求階層，從第一層至第五層分別為生理、安全、愛和隸屬、自尊，與自我實現需求；安全包括身體和心理、情緒的安全，它是形成愛和隸屬、自尊與自我實現的基礎（引自 Peterson & Hittie, 2010）。Goleman（2006）也表

示，情緒和認知緊密連結，當學生處於威脅時，大腦就會降低它的功能，亦即無法思考和學習。由此可知，心理、情緒安全感對有效學習的重要性。身體的安全感可以藉由本章第 1 節所提及「無障礙的學校和教室環境設計」來達成；而心理、情緒的安全感則需要教師先促進學生彼此間的認識與了解、關係和互動，包括一般學生與特殊需求學生的相互認識與了解（這在第 8 章第 3 節已敘述），進而營造一個溫暖、關注，相互接納、支持和協助的環境。在此環境中，學生可以自在地分享他們的困難和情緒，不用擔心被嘲笑和責備，例如：教師每天可安排一段**心情分享時間**，讓學生可以分享其喜怒哀樂的情緒；教師可以先示範如何分享，並且教導學生如何積極聆聽和同理別人的情緒，提供支持與協助，R. Sage（2010）即指出**語言行為**（例如：鼓勵）和**非語言行為**（例如：眼神接觸）在心理、情緒安全感的營造上扮演重要的角色。又例如：Staub 等人（2000）表示，教師要盡量營造全班相互協助的氣氛，如形成**全班互相幫忙的規則**，像是在找老師幫忙前，先問過三位同學。

二、營造能提升學生自我價值感的環境

Corbett（2001）指出，融合教育提供一個機會，讓學生學習到每一個人都是有價值的。因此，教師宜運用此機會，提升學生的自我價值感，並且讓其他學生發掘和欣賞每一個人（包括身心障礙者）的價值。正如插畫 9-2，肢障者也可以參與體育活動，不見得就是待在教室，例如：他可以幫忙放 CD，可以用手打節拍等，讓他感覺到他扮演很重要的角色。

插畫 9-2　提升學生的自我價值感

每個人的脖子上都吊著一塊隱形招牌，上面寫著：「請讓我覺得我很重要。」（美國一家化妝品公司創辦人 Ash；修改自 Cumming, 2000/2002, p. 30）

要提升學生的自我價值感，教師的信念扮演關鍵角色。J. Dickson（2000）表示，每位教師應該先看到學生的優勢，珍視他們的獨特性，而不是先看到他們的障礙。正如插畫 9-3：教師怎麼看學生會影響他們如何看待自己，以及同學對他們的觀點。

插畫 9-3　教師對學生的觀點

教師怎麼看學生會影響他們如何看待自己，以及同學對他們的觀點。如果你用限制教導學生，他們就會學到限制；如果教師用希望教導他們，則會發現他們的潛能，並且讓他們對自己永保希望。

接著是教師採取的行動，身心障礙學生由於生理與心理的限制，可能自我概念較低落，自我效能預期較不佳；如果教師發現有此問題時，可以透過分享身心障礙者突破自身限制的真人實事（例如：第 6 章舉一些實例），激勵他們接納自己的弱勢、與眾不同之處，覺知自己的優勢，截長補短。一位 AD/HD 兼讀寫障礙者——Mooney，敘寫《逆線性學習》（*Learning Outside the Line*），他曾經來臺灣演講，有人問他現在不專心、過動是否對他還是困擾，他回答道：「可以說是，可以說不是⋯⋯重點是我和其他人就是不一樣，但正常會帶來什麼好事嗎？人類之所以有創新、發明，不都來自與眾不同？我以這樣的特質為傲。」Mooney 接納自己與眾不同、無法改變之處，調整自己的心態，將之視為開展另一個生命的良機。身心障礙者 Vash 在 1976 年曾說：「無論我們擁有的條件如何，都要盡力而為；在現有的條件中，做出最大的努力，盡力把手上分到的牌，打出最好的一局牌。」（引自 E. D. Martin & Gandy, 1990, p. 204）此外，教師可以發掘和鼓勵他們的優勢和進步處，提供其參與課堂活動和表現的機會，並且給予成功的經驗，提升其價值感。教師還可以營造一種班級氣氛——發掘及欣賞班上每一位同學的優點和價值，例如：Sapon-Shevin（1990）提出**好行為樹**，鼓勵學生看到彼此的好表現和成就，而後寫在小卡片上，表達感謝和鼓勵。教師可以先示範，讓每一位學生都感受到自己對班級的重要性，發現自己的優點。李明娟（2006，50–51 頁）即表示：

> 融合班級裡的每個學生都是有價值，缺一不可的，而障礙兒童可以為班級貢獻的能力更是不容忽視。小小螺絲釘也許不起眼，但需要獨具慧眼的機械師傅才能把它「嵌入」在適當的點，使得整個機器能夠發揮最好的功能及產能。融合班級裡的教師猶如獨具慧眼的機械師傅，不會也不應忽略工具箱裡那顆不起眼的螺絲釘，總會把障礙兒童安置在整個班級運作當中最適切的那個點，讓班級中的每個成員均能因此而更加發光與發熱！

三、營造能增進學生隸屬感的環境

Glasser（1992）提出人類有五種共同的需求：**生存**、**愛和隸屬**、**權力**、**樂趣**和**自由**。Maslow 於 1970 年提出的需求階層中，第三層即「愛和隸屬」需求（引自 Pastorino & Doyle-Portillo, 2012, p. 288）。由此可知，愛和隸屬是人類的重要基本需求。

Aronson 表示，學生如果覺得自己受忽視，永遠被排斥為圈外人，這種遭忽視和排斥的感覺會使他們陷入混亂困惑、焦慮無助，生活了無意義；青少年的煩惱有一大部分源自對於受排斥的恐懼（引自 Goleman, 2006, p. 305）。Goleman 進一步表示，學校的社會世界是學生的生活中心，它是一座活生生的實驗室，學校應讓他們學習如何與其他人建立正向的連結，方法為增進每一位學生的隸屬感。

Sapon-Shevin（1999, p. 4）指出：「融合意味我們每一個人都隸屬於群體中。」要讓學生有隸屬感，必須讓學生參與班級中的所有活動，使他們感受到自己是團體中不可或缺的一分子；即使他們有生理或認知上的困難，無法獨立參與，也能在別人的協助或提示下「部分參與」（如插畫 9-4）。除此，還可以藉由合作學習，讓學生為共同目標一起工作，最後達到相互欣賞的境地。

另外，可藉由讓學生「為團體服務」促進學生的隸屬感。Karayan 和 Gathercoal（2005）主張，特殊教育的服務方式要從缺陷模式，轉移到充權賦能模式，其中最有效的一個策略是**服務學習**（**service learning**），透過這種策略使障礙學生由以往的「服務接受者」轉為「服務提供者」。美國 1990 年的《國家與社區服務法案》（National and Community Service Act）提出「服務學習」的作法，它結合「服務」與「學習」，

插畫 9-4　透過部分參與的原則讓身心障礙學生參與班級活動

周遭人提供「機會」給個體，則他將擴展其能力去填補它。（Ginzberg；引自 Hammeken, 2000, p. 90）身心障礙學生即使無法完全獨立地參與全班或全校性的活動，也能透過某種調整或協助部分參與。

以服務作為學習的策略，透過有計畫的服務活動、結構的課程與省思歷程，以滿足服務對象的需求，也促進服務者的自我成長。相關研究（Frankson & Nevin, 2007; Gent & Gurecko, 1998; Groves, 2006; L. Jackson & Panyan, 2002; M. Lewis, 2002）表示，服務學習不僅能讓身心障礙學生學習到一些功能性技能、服務的態度和技巧，還是一個可以發揮其優勢的好方法，並且能夠讓他們產生團體的隸屬感，提升其自尊與獨立，統合於職場和社區中。由此可知，教師必須藉由日常生活中各種機會，讓特殊需求學生參與其中，成為班級中不可或缺的角色，或是讓他們有服務學習的機會，例如：擔任班級幹部；如此能提升其隸屬感，還能促進其價值感；不要因為其障礙而給予特權，或剝奪其學習和服務的機會。

四、營造自由和喜悅的環境

G. Lang 和 Berberich（1995）指出，「自由」是每一位學生的基本需求；Glasser（1992）也提出，權力與自由是人類的共同需求，其中權力是指讓學生充權賦能，有機會做選擇與決定，如此也會讓學生有自由、受尊重的感覺。L. H. Meyer 和 Evans（1989）表示，從控制權的角度來看，嚴重行為問題（例如：自傷）都可以說是學生用來行使控制權的利器，特別是在學生極少被賦予選擇和控制機會的情況下。抗拒的學生可能是因為他們對環境沒有足夠的控制權，抗拒行為可能是一種「期待需求能被了解」的語言。教師可能會疑惑：賦予學生權力會不會讓自己喪失對學生的控制權？Glasser 指出，給學生權力並非毫無限度，伴隨權力而來的是「責任的承擔」，學生必須為自己的決定負責任。教師可以在自己條件允許的情況下，衡量學生能承擔的責任範圍，讓他們學習做選擇與決定。

Jakupeak（1998）表示，過去的融合教育是以學生的「優勢和需求」作為設計課程的起點，新的思維則增加了解學生對未來的**願景**，提供他們選擇和決定課程內容的機會，因此教師要教導他們選擇和決定的能力；G. M. Johnson（1999）稱之為**學生導向的學習**。Callard-Szulgit（2005）指出，讓學生選擇和決定課程內容的機會，能促進學生的學習動機。Pavri 和 Monda-Amaya（2001）調查 60 位國小特殊教育教師，提供什麼樣的協助給遭遇問題的學障學生，結果顯示他們傾向於為學生解決問題，而不是引導其解決問題的技能。兩位研究者表示如此會造成學障學生未來進入青少年期，自我倡議的意願和信心會降低；因此主張宜讓學生充權賦能，引導他們為自己的問題負責任，並且增進其解決自我問題的技能。正如插畫 9-5：教師一個指令，學生一個動作的學習，將讓學生習得被動依賴。

插畫 9-5　習得的被動依賴

外界強制的學習，被動依賴，淡而無味；自己主導的學習，主動負責，回味無窮。

G. Lang 和 Berberich（1995）還提出**喜悅**是每一位學生的基本需求；Glasser（1992）也提出**樂趣**此需求，他們均主張**提供選擇與決定的機會**給學生，能增進喜悅和樂趣的班級氣氛。至於要如何提升學生選擇和決定的能力，促進學生導向的學習，有一些文獻提出了教學方案可供參考，例如：Field 和 Hoffman（1994, p. 164）指出，**自我決策**是在認識和看重自己的基礎上，界定和達到目標的能力。他們將影響自我決策能力的因素歸納為個人和環境兩方面，**個人因素**包括個人的自信心、價值、知識和技能；**環境因素**則包括做選擇的機會，和他人的態度等。Field 和 Hoffman 也提出促進身心障礙者自我決策能力的模式，它包括了五個要素：**認識自己**、**看重自己**、**計畫**、**行動**，以及**評量結果和再學習**。除了提供學生選擇與決定的機會外，教師還可以將教學內容與學生的生活結合在一起，從學生有興趣的事物切入教學內容，設計教學活動讓學生參與，來增進學生學習的喜悅和樂趣（Glasser, 1992）；舉例來說，學生由汽車品牌（例如：TOYOTA、HONDA）認識英文字母。

五、營造公平和關注的班級氣氛

在融合班級經營中，教師可能會對學生或家長質疑「不公平」而感到困擾。歷史上會提出公平議題最早來自於對「封建貴族制」的批判，因為它根據個人「出身」這個偶然因素，做財富、權利和機會的分配，並不公平（Sandel, 2009）。與公平相關的名詞有**均等**（**equality**）、**平等**（**equity**）和**正義**（**justice**），均等是指提供相同的事物；公平是個人主觀的感受，指個人報酬與投入呈現正比，則會感到公平；平等相較於公平，多了將報酬和投入的比值與自己過去和他人比較的概念；正義不只包含均等、公平和平等，亦含括人與人之間特質不相同時，考量造成特質差異的因素而給予合理的待遇（Strike & Soltis, 2009）。為產生分配正義，故有依**美德**（**virtue**）、**福址**（**welfare**）、**自由**（**liberty**，包含**放任自由**、**理性自由**、**平等自由**）和**共善**（**common good**）為基礎的正義觀，美德依「**分配給誰、分配的物品和目的**」，決定每個人各自獲得他所應得者，而目的和社會獎勵的美德有關；福祉和放任自由視分配正義為，**最大多數人的最大利益**及**個人自由至上**；理性自由認為在分配時須均等地尊重每一個人，唯有個體在**自主**下所做的決定才符合正義；平等自由視分配正義為，依**純粹程序正義**確立規則後的**正當期望**；而共善強調**培養美德及共善的社會正義**（Sandel, 2009），如附錄 51。

教師在經營融合班級時，最常遭遇的公平議題為工作或作業和獎懲分配，以及評量與計分（尤其是攸關學生敘獎、晉級及未來生涯方向者）。舉例來說，學生抱怨：「老師偏心，為什麼◎◎不用做值日生和清潔工作，而我們就不行？」「◎◎寫作業有獎狀，而我也有寫，為什麼沒有？」「為什麼◎◎演白雪公主，而我演小矮人？」「為什麼◎◎不用多罰寫一遍，而我們要，不公平！」「這次數學考題好難，我都做不完；◎◎可以延長考試時間，他做完了，結果考得比我好，我不甘心！」除了學生的質疑外，也會聽到家長和教師的抱怨：「為什麼我的孩子被安排在樂團的最後一排，而不是第一排？」「我的女兒可是軼類超群，才被選進啦啦隊，◎◎坐輪椅，很多高難度的動作做不出來，為什麼她可以被選進來？這樣有損我女兒獲得的這項榮譽。」「他這樣的表現就可以得獎，那很多同學更值得這個獎，得獎就不是崇高榮耀的事。」以下從預防和因應兩個角度，討論教師面對公平議題可採取的策略。

（一）預防學生和家長質疑教師公平性之策略

針對學生和家長對「公平性」的質疑，我提出以下 10 點教師可以採取的預防策略。

1. 依據前述「共善」的觀點，教師可以告知學生和家長每個人均隸屬於班級社群，彼此禍福相倚、休戚與共，對社群有團結責任，而教師在言語上避免切割彼此，例如說：「我們班的◎◎要去資源班上數學課了」；而不要說：「◎◎，你的數學課不是在這裡上，去資源班。」此外，與學生一起建立**班級共善**的目標和作法，相互支持朝向共善的目標，並且告訴家長鼓勵孩子邁向共善。Bauer 和 Brown（2001）即指出，要營造班級為對所有學生接納和關照的**社群**。
2. 讓學生和家長了解到，每一位同學無論扮演什麼角色和擔當何種任務，例如：擔任班長或環保股長、演戲時當白雪公主或小矮人，對班級都是有價值的，並且引導學生感謝和欣賞每一位同學對班級的貢獻。
3. 在營造融合班級氣氛時，教師宜敏於察覺學生的需求，均等關注所有學生，而不是只把關注的焦點放在特殊需求學生，或少數被喜愛的學生身上（Mock & Kauffman, 2002; T. E. C. Smith et al., 2016）。教師的身教示範會影響同學之間的對待方式，正如 Hamachek（1999, p. 209）所云：「就意識層面而言，我們教導『我們所學到的知識』；就下意識層面而言，我們教導『我們是什麼樣的人』。」此外，所有學生都應該享有在班級中相同的**基本權**（例如：發言權），不能因學生的性別、種族、宗教、障礙等特徵，以及教師個人對學生的喜惡而有差別待遇，這是 Rawls（2001）所云的**最大均等自由權原則**。鈕文英（2006）探究被推薦之 32 位國小融合班教師班級經營的作法，有教師表示，若能讓所有的學生都感受到教師的關愛，便能抓住所有學生的心，提升他們對教師的信心，進而獲得家長的支持。

我覺得一般跟家長相處得好有一個原因，抓住小孩子的心，你就能抓住家長的心，這點很重要。當小孩子他不挺你的時候，家長也不會挺你。（I1ST4-10B）
〈有沒有其他學生向您表示您對這位學障學生比較好，不公平？〉……我自己覺得這是信心的問題耶！我說的信心就是這些小朋友對老師的信心，他們是不是感覺到他們是被愛的。他們如果覺得他們是被愛的，老師對別人好一點，也不會影響老師對他們的愛。（I1NT1-7C）

4. 所有學生都有相同的機會，獲得他們應該得到的教育、活動參與和獎賞，即 Rawls（2001）所謂的**機會均等原則**。教師不要因為特殊需求學生之生理和能力限制而給予特權，剝奪他們為班級服務（例如：做值日生）和參與活動（例如：運動會繞場）的機會；即使無法獨立參與，也能「部分參與」。
5. 如果學生因為某些特徵在達到班級要求或表現標準上有困難，則可應用 Rawls（2001）所云**差異原則**——以差異對待差異，提供並滿足學生的個別需求，而不是提供相同的事物，插畫 9-6 顯示什麼才是「真正的公平」。以一個坐在輪椅上打棒球的學生為例，也許很多人會認為使用輪椅是不公平的，但是剛好相反，因為有了輪椅才能讓這個學生有公平表現的機會，所以**符合「正義」原則才是真正的公平**。

插畫 9-6　公平和平等之區別

平等是「提供相同的事物」；而真正的公平是「差異原則」，因應不同人的個別需求提供支持服務。

6. 前述差異原則不是只針對特定學生，而是所有學生；在融合班級裡，教師幫助學生了解彼此的差異，並且依照他們的能力和需求，選擇不同的教學目標與方法，以及評量方式時，學生也會逐漸了解教師在因應每個人不同的需求，而不是期望所有人都是一樣的。Frattura 和 Capper（2007）即指出，提供所有學生統合和完整的服務才具有社會正義。Jayanthi 等人（1996）調查教師對考試調整策略的觀點後發現，有一位表示這些策略都是公平的，他說：「若生命是『公平』的，則沒有人會有障礙；既然有些人有障礙，則任何可以幫助他們的事情都是可以被接受的。我回答公平是因為，大部分的考試調整我都使用在所有學生上，我試著讓所有學生的感受相同。」（p. 110）又例如：要獎勵特殊需求學生某項行為或進步表現時，教師宜考慮其他學生的感受；像一位教師為了建立中度智障學生的寫作業行為，與他約定如果一週都有寫功課就給一張獎狀，後來發現其他學生也需要此鼓勵，就讓他們設定自己需改進的目標，達到目標亦可得到一張獎狀。另外，Keith-Spiegel 等人（2002）表示，某個考試若難度很高，多數學生無法在規定的時間內完成，則是不公平的考試；我認為所有人均需延長考試時間。
7. 差異原則宜在學生確實有需要時才給予，而且要在其**近側發展區**（zone of proximal development）內提供支持（R. E. Cook et al., 2018）。舉例來說，課程目標為「能寫遊記以記錄旅遊的所見所聞」；針對一位寫字有困難，但認國字和注音無困難之學生，調整目標為「能使用電腦打出遊記……」是適合的；然而，如果調整目標為「能說出遊記……」，則超乎學生的需求。
8. 讓學生參與訂定班規、班級事務分配方式和獎懲作法，並且了解它們的意義和功能，以及針對特殊狀況（例如：有學生精力旺盛，午休無法入睡）採取的調整策略。
9. 破除學生和家長「成功才值得獎勵」、「優異才應得榮譽」的迷思，在每一個獎項中設立「努力進步獎」，以及鼓勵「突破生心理限制」的美德，讓學生了解**收集很多進步就可以得到成功**，以及**獲致榮譽的方式不局限在優異的知能**，例如：坐輪椅的學生雖然無法像其他人做出啦啦隊所需的高難度技能，但是他們依然可以用不同的方式帶動氣氛。
10. 在資源有限，無法讓每一位學生都安排在樂團的第一排，以及好表現都能獲得獎勵的情況下，教師可以讓學生和家長了解未來的生活不見得諸事如意，投入未必都被看見和酬賞，並且引導學生自我讚美其好的表現，提升表現好行為的**內在價值**。

（二）因應學生質疑教師公平性之策略

針對學生「公平性」的質疑，整理以下三點教師可以採取的因應方式。

1. 對學生質疑教師比較關愛特殊需求同學時，教師宜先以傾聽和同理的態度了解他們的觀感，而不是一味責備他們或教他們不要計較。之後詢問他們有什麼需求，並且讓他們知道教師不是只有對單一學生特別，而是會關注所有學生，只要他們提出困難之處，教師也會協助（A. Welch, 2000）。當學生心中的愛槽被注滿時，他們只會把愛流露出去，不會怨懟不平。在同理之後，教師可以藉機肯定他們的能力，例如：「我減少◎◎的作業分量是因為他寫字有困難，我也希望他像你一樣，寫字速度快又漂亮，但需要時間，希望你可以和我一起協助他。我相信透過我們的幫忙，他會愈來愈進步。」除此，可以讓學生了解他們擁有的能力是上天給的自然樂透，並且引導他們設身處地去想：如果他們遭遇與特殊需求學生相同的困難，會期待別人如何做。鈕文英（2006）探究被推薦之 32 位國小融合班教師班級經營的作法，有教師表示：

   > 學生會提出老師對某位同學比較好，其實他是想要引起老師的注意，希望得到老師的關心，這時我會同理他的情緒，讓他知道老師也很關注他的感受，接著問他你在考試上有困難嗎，如果你有困難，告訴老師，老師也會協助你。（I1ST4-12D）
   > 我會告訴他說我們每一個人都有長處和弱處，我會問他：你什麼事都會嗎？什麼是你比較弱的地方，他就說跑步。如果老師要求你跟別人跑得一樣多圈，跑得一樣快，你希望這樣嗎？他說不希望。你比較弱的地方，你希不希望老師幫忙你，他說希望，我說就是這樣啊！他（學障學生）也希望別人協助他。（I1NT1-6D）

2. 藉由班會討論學生所關注的公平議題，並且構思大家都能接受的解決方法，例如：學生抗議罰寫兩遍不公平，表示未心服口服接受此處罰，教師可以透過班會解決此爭議。在 Salisbury 等人（1997）的研究中，教師使用**合作的問題解決過程**，化解了由於為特殊需求學生做調整所帶來的公平爭論。
3. 教師可以了解學生對公平概念的發展處於什麼階段，再針對其起點狀況與他們討論公平的意涵（A. Welch, 2000），例如：Damon（1977）指出，兒童公平概念的發展歷經**主觀欲望**、**均等**和**公平分配**三個階段，從**我想要所以應該得到**、**知道何種表現可以均等地獲得報酬**，至**能考慮他人的特殊需求**，**依據互惠的原則做公平分配**。

總括來說，T. E. C. Smith 等人（2016）指出，學生的先前教育經驗、自我概念和自我效能的預期，以及他們對學校、教師和同學的態度，會對其學習與行為表現有很大的影響。這些因素中，除了學生的先前教育經驗無法被改變，只能了解和因應它可能造成的負面影響外，其他因素教師均可以改變。透過提升自我價值感能增進學生自我概念和自我效能的預期；藉由加強學生的隸屬感，以及營造具安全感、自由和喜悅、公平和關注的心理環境，能促進他們對學校、教師和同學的正向態度，進而帶動他們的學習與行為表現。綜合上述融合班級中心理環境營造的論述，我整理出「班級氣氛檢核表」，如附錄 52。

最後，我依據表 9-1 和本節心理環境營造的策略，設計「教室物理和心理環境安排檢核表」（如附錄 53），供教師規畫時選用。

貳、融合班級中心理環境營造的實證研究

在融合班級中心理環境營造的實證研究上，我從普通教育教師心理環境營造策略使用狀況，以及運用心理環境營造策略實施融合教育之研究兩方面來探討。

一、普通教育教師心理環境營造策略使用狀況之研究

鈕文英（2006）探究被推薦具成效的 32 位國小融合班教師，他們在班級經營上的作法，於心理環境的營造方面，歸納出他們所提的策略包括：發掘和鼓勵身心障礙學生的優點、長處和進步之處；讓身心障礙學生參與班級事務和活動；與身心障礙學生討論或進行其有興趣的事物或活動；以及促進學生間的相互協助和鼓勵四方面，詳細呈現如下。

（一）發掘和鼓勵身心障礙學生的優點、長處和進步之處

參與教師表示，每位學生都有他的優勢，身心障礙學生也有，教師需要發掘和鼓勵他們的優點及長處，建立其自信心，例如 ST6 指出：「我們不要只看孩子的不能，而是要看孩子的能，我覺得讓孩子學習有成就是一件重要的事。」（I1ST6-4C）又例如：MT4 能發現智障學生的優點，而且給予機會讓他展現，他說：「他有優點，我告訴他要提醒老師做什麼事，他會記住提醒我。」（I1MT4-4E）另外，ST12 會細微地發現語障學生的優點和長處，並給予正向的回饋，他在教室觀察中發現：「在剪紙時，語障學生遇到困難，會自己翻課本找答案，然後再繼續做；老師則當場讚美，告訴小朋友可以跟他學習，先動動腦，不要馬上就去問。」（O1ST12-3B）有參與教師進一步會以身心障礙同學的優點，來激勵一般學生。

老師去○○（身體病弱學生的名字）家上課，你看他那個筆記做得多詳細呀！我說你看看他的精神真的很可貴，我都會一直提到○○這個孩子很樂觀進取的事情給他們聽，去鼓勵班上其他同學。所以在他們的印象中，雖然他生病，但是他是一個很好的同學，他們也都一直記得是這樣子！（I1NT12-7C）

有一次○○（聽障學生的名字）看了電影《小鬼當家》，看完後講給全班聽，我便乘機讚美他勇於表達的態度，並且激勵其他學生要勇於表達……因而激勵了班上 11 個不敢上臺講話的同學。……小朋友表示，如果有一天自己變聽障，遇到困難時會想到○○。（I1ST12-3B）

（二）讓身心障礙學生參與班級事務和活動

參與教師表示會配合身心障礙學生的特質和能力，讓他們參與班級事務和活動，提升其價值感和班級的隸屬感。

他（AD/HD 學生）很喜歡植物，而且是小有研究。……後來我跟他說我們前面那些植物都歸他管，他做得很好。（I1NT7-3C）

簡單的工作我會讓他（多重障礙學生）做，例如說把書本歸類、擦櫃子等，讓他跟平常孩子一樣。（I1ST7-3C）

像○○（AD/HD 學生的名字）他很愛動啦！中午就安排他去抬便當箱，等他抬回來，他已經是跑來跑去了，而後他就會乖乖地在那裡排隊了。……如果你要叫他掃地，那種比較細緻的動作他比較做不來；抬便當箱很簡單，可以讓他動來動去，他就做得比較好，而且很有成就感。（I1ST4-7A）

（三）與身心障礙學生討論或進行其有興趣的事物或活動

參與教師表示，會透過與身心障礙學生討論，或是進行其有興趣的事物或活動，來促進師生，以及他們和同學間的互動，例如：ET3 提到班上的 AD/HD 學生，剛開始因為喜歡欺負別人，導致與同儕的關係不佳，後來發現他很會下圍棋，於是就買一副圍棋放在教室，引導同學跟他玩，之後他欺負同學的情況就幾乎沒有發生（I1ET12-5B）。另外，ST2 提到他帶小鳥到教室引導班上智障學生說話，以及開啟該生與同學的互動：

他對那隻小鳥很有興趣，他在一年級的時候只有講兩、三個字而已，講不到一句；到二年級有進步一點，最近這兩個月，我發現他會去跟那隻小鳥講話，還唱歌給牠聽，……所以他現在可以講一句話了。……他會問小鳥：「你吃飯了沒有？」他會問他眼睛看到的……，講一些很生活化的東西；至於唱歌，我知道他編了一些歌詞，但是聽不清楚他在唱什麼，不過我知道每一句都唱得不一樣，……而同學也會過來與他談這隻鳥。（I1ST2-6C）

（四）促進學生間的相互協助和鼓勵

參與教師表示會促進學生間的相互協助和鼓勵，他們指出運用同儕協助並不是只針對身心障礙學生，每位學生都有優勢和弱勢，都可以運用自己的優勢協助同學困難之處，甚至身心障礙學生也可以協助別人，例如：NT4 讓班上一位身體病弱的學生，在同學受傷時，有機會帶同學去保健室搽藥（I1NT4-8B）。由此可知，身心障礙學生不一定都扮演被協助的角色，從另一個角度來看，他們也可成為幫助別人的人。

有一次他甚至先寫完，他也幫助別人；所以上課我也會提，今天○○（自閉症學生的名字）喔！他是誰的小天使，今天○○好棒！（I1NT6-5B）
過動那個孩子在學業上沒什麼問題，可以去幫助別人，我給他一個任務去指導其他的孩子，他很懂事。（I1ST7-10B）

另外，ST6 班上有數個互動網，例如：有同學生病了，小護士要通報給教師，並且打電話去關心生病的人；家長六個家庭一組，互相關心，時時關心同組有狀況的學生，並且回報給教師；全班互相關心，網網相扣，營造生命共同體的班級（I2ST6-3B）。ET1 在教室中設計「愛的信箱」，首先在課堂中帶領學生寫給班上同學感謝或鼓勵的話，而後投入對方的信箱中，教師同樣寫給每一位學生；之後要學生延續這樣的方式相互給予鼓勵（O1ET1-1B）。

鈕文英（2006）綜合參與教師心理環境的營造策略後表示，它們呼應 Sailor 等人（1996）所指的融合教育六項原則之一——**教育服務是建立在了解學生的優勢，並且從優勢來進行教學**。它也符合 G. Lang 和 Berberich（1995）所云，融合班級應該讓每一位學生在自由、喜悅、歸屬感、安全感，和有價值感等五項的基本需求都能夠被滿足。

二、運用心理環境營造策略實施融合教育之研究

臺灣 2000 至 2020 年間，運用心理環境營造策略實施融合教育的研究有四篇。楊芳淇（2005）以高雄市某國小四年級普通班之輕度智障學生為研究參與者，於普通班級中實施融合教育，從**調整課程與教學**、**改善班級生態環境**，以及**利用支持系統**三方面著手，其中在「改善班級生態環境」方面，運用物理環境的安排（調整輕度智障學生之座位）、與一般學生的溝通與合作（舉辦身心障礙體驗活動、進行班級團體輔導），以及心理環境的營造（進行個別輔導、給予輕度智障學生服務班級同儕的機會）三項策略，改善班級生態環境。研究顯示，輕度智障學生對國語科的學習態度和學習能力均有進步，以及問題行為和人際互動均有改善。

李明娟（2006）以一位普通班中度智障學生為研究參與者，提供他**擔任幹部**（口令長和衛生股長）的機會，發現此方式能提升他人際互動能力與自信心；一般同儕從消極否定到能善解與包容他的幹部工作，會欣賞與肯定他的努力和付出，關心他的表現；普通班教師的改變為更加願意配合，也較能注意和肯定他的表現。

陳玫君（2007）以研究者任教普通班的一位高功能自閉症學生為參與者，藉著**發展當事人觀點為本的教學方案**，改善他的學校適應情形；此方案包括表達自己的想法、具有選擇權、經同意後執行班級生活常規、鼓勵他語言溝通和參與班級團體活動等要素，結果發現，研究參與者從無法自行完成語文活動，到現在具有參與學校語文活動的能力；行為上從過去以哭泣，到現在以口語或文字代替解決問題。

秦麗花等人（2007）探討**社區服務**的課程在國小資源班實施的可行性及其成效，透過籌設跳蚤市場義賣，而後將義賣所得捐贈創世基金會，以及擔任志工的方式，使身心障礙學生由以往的「服務接受者」轉為「服務提供者」；研究結果顯示，七位身心障礙學生經服務學習後都有顯著的改變與成長，包括突破自身障礙、改變負向行為、展現優勢能力、得到同儕友誼，其普通班同儕對其負向觀感改為欣賞與學習，校內外教育人士也給予本課程高度的評價。

綜合上述四篇研究發現：楊芳淇（2005）之**給予輕度智障學生服務班級同儕的機會**，李明娟（2006）之**給予中度智障學生擔任幹部的機會**，與秦麗花（2007）等人之**社區服務**皆運用**服務學習**的概念，能夠提升學生的隸屬感和自我價值感；而陳玫君（2007）的研究採用**充權賦能**的概念，能夠增進學生做選擇與決定的能力，並且讓學生有自由、受尊重的感覺。

總結

融合教育的理念教導人們：接納人的差異性，欣賞人的特殊性。個別差異讓人們有機會學習到：用不同的方式來看待孩子。而教師在班級經營時，宜將這樣的理念融入其中，最基本的就是物理和心理環境的安排。在物理環境的安排上，可以採取的作法包括建立無障礙的學校建築與設施，以及無障礙的教室空間與設施兩部分。在心理環境的營造上，可以採取的作法包含形成讓學生有安全感、能提升學生自我價值感、隸屬感、自由和喜悅的環境，以及公平和關注的班級氣氛五方面。從導讀案例中王老師遭遇的問題學習到：教師檢視學校和教室中有哪些設施或空間安排會造成大華的阻礙或受傷，進一步調整或改善它們。另外，教師不要因為特殊需求學生之生理和能力的限制而給予特權；反之，宜藉由日常生活中各種機會，讓他們參與其中，即使無法獨立參與，也能「部分參與」，成為班級中不可或缺的角色。當一般學生產生公平性的質疑時，教師宜先以傾聽和同理的態度去處理，了解他們的情緒和想法，關注他們的需求，而不是一味責備他們，或是要他們忍讓，不要計較。

第 10 章

普通教育教師如何經營融合班（六）：生活程序和行為的管理

第 1 節　融合班級中學生之生活程序的管理

第 2 節　融合班級中學生情緒行為的輔導

學生的行為問題在表達一種「尋求了解」的語言——期待教師能夠了解他們的內在需求。

導讀案例和本章目標

小智是一位 AD/HD 學生，他精力旺盛、不睡午覺，而且有分心、干擾行為等問題；陳老師在分組時，都沒有任何一個小組願意讓他加入，有一位學生說：「我們才不要小智加入我們組呢！他加入會破壞我們小組的成績。」陳老師心想該如何因應此狀況？

由陳老師的案例可思考到：該如何處理小智不睡午覺、分心、干擾的行為問題？該如何輔導學生讓小智加入小組？如何避免學生顧慮的問題，使小智成為小組中有貢獻的一分子？

從本章的內容讀者可以學習到：在經營融合班級上，普通教育教師如何進行生活程序的管理，以及情緒和行為的輔導。

第 1 節　融合班級中學生之生活程序的管理

以下從相關文獻和實證研究兩方面，探討融合班級中學生生活程序的管理。

壹、融合班級中學生之生活程序管理的相關文獻

T. E. C. Smith 等人（2016）表示，班級經營中程序向度包括常規和作息時間兩大部分。除外，部分身心障礙學生伴隨身體健康的問題，尤其是身體病弱學生，可能需要教師協助監督其用藥，甚至可能會有緊急情況的發生，例如：身體病弱學生癲癇發作、成骨不全症學生不慎跌倒等，這些都需要教師事先計畫因應策略，以確保身心障礙學生有健康、安全的學校生活；由此可知，學生的健康照顧和緊急情況的處理，也是生活程序管理上很重要的環節。再者，部分學生有嚴重的感官、肢體動作和溝通上的困難，需要支持服務的協助，像是提供輔助科技（AT），以及給予相關支持服務，以執行學校生活中的各種活動。因此，我從班級常規的訂定、作息時間表的安排、輔助科技和支持服務的提供、身體健康的照顧，以及緊急情況的處理五個部分，探討融合班級中學生生活程序管理。

一、班級常規的訂定

適當地訂定規則可以讓學生了解教師對他們行為的期待為何，增進學生對自己所

處環境的預測和控制，以及提升班級的正向氣氛；而對於違反班規者，也能讓他們預期行為的後果，增進公平感。綜合文獻（Kerr & Nelson, 2009; Schloss & Smith, 1998），訂定班規時要注意以下九個原則：（1）選擇限量的規則，最好不要超過七個，太多會讓學生記不起來；（2）讓學生了解班規的意義和功能，並且參與訂定規則；（3）使用具體而簡短扼要的語言描述班規；（4）強調要學生表現的正向行為；（5）透過示範和練習教導班規，並且確保所有學生都已學到；（6）與學生討論違反班規的後果；（7）不要只在學生犯錯時才提到班規，平時也要時常提醒學生；（8）將班規貼在教室中醒目的地方；（9）定期檢討班規。

二、作息時間表的安排

良好的作息時間表須包含當日重要的課程和活動，讓學生能預期今天做些什麼。以下是發展作息時間表要注意的原則。

1. **依據學生的能力狀況彈性調整活動所需時間**（Murdick & Petch-Hogan, 1996），例如：對於某些肢體有困難、動作較緩慢的學生，可以視其需要，增加用餐時間，允許他們在課程或活動的轉換花費較長的時間。
2. **考慮學生的生理和情緒狀況安排課表或作息時間表**（Wolery, 1994），例如：對於某些 AD/HD 學生，如果他們精力旺盛，不想睡午覺，可以安排午睡時間能讓他們進行的活動；下午第一節課，學生剛睡醒，比較不適合安排靜態的課程；另外，如果學生每個星期一有週一症候群，早上的行為問題特別多，在週一早上可安排學生較有興趣的課程，並紓解其情緒。對於學生比較不喜歡的課程或活動，可採三明治的排課方式，夾在兩門他們喜歡的課程或活動中間（Kerr & Nelson, 2009）。除了班級課表外，也可針對個別學生的特殊需求，與他討論後設計個別作息表，並給予視覺線索。
3. **依據學生年齡、健康、體能和注意力持續時間、適度調整活動時間的長短**（Marzano et al., 2003），例如：考慮學生注意力持續時間安排教學活動，靜態和動態的教學活動宜適當搭配，年齡較小的學生，靜態活動時間為 20 至 30 分鐘；年齡較大者，可延長至 40 至 50 分鐘；又例如：對於某些健康和體能上有限制的學生，若有需要，則可以調整在學校學習時間的長度（像是允許上學時間延後、提早放學）。
4. **盡量依照預定的時間表進行整日的教學活動，若有更動或加入新的活動，宜盡可能事先告知學生**（Maanum, 2004）。另外，部分泛自閉症學生在同一個課程中，從一個教學主題或活動轉換到另一個教學主題或活動，乃至於不同課程的轉換，或是放長假後從家庭轉換到學校，可能會出現適應上的困難，這時教師宜預告，讓學生對此轉換有心理準備；或增加教師新教和學生舊學之教學主題或活動間的連結，以促進不同教學主題或活動轉換，例如：Harrower 和 Dunlap（2001）提出**預告**（**priming**）策略；Schreibman 等人（2000）針對自閉症學生在轉換新的作息時，容易出現行為問題狀況，採用**影片預告**策略，亦即播放影片預告作息，讓他心理有所準備。

5. **可將作息時間表備份，讓學生帶回家告知家長**，讓家長也能參與學校的活動（Marzano et al., 2003）。
6. **下課時間，讓學生能夠選擇或安排合宜的休閒活動**。
7. **確定學生能理解作息時間表的內容**，並且將它放置在固定而醒目的地方。

三、輔助科技和支持服務的提供

部分學生有嚴重的感官、肢體動作和溝通上的困難，具有學習及生活需求，依據《特殊教育法》（1984/2019）第33條：「學校、幼兒園及社會福利機構應依身心障礙學生在校（園）學習及生活需求，提供下列支持服務：教育輔助器材、適性教材、學習及生活人力協助、復健服務、家庭支持服務、校園無障礙環境、其他支持服務。」我從輔助科技和支持服務兩大方面詳述如下。

（一）提供輔助科技

輔助科技（AT）又名**調整科技**（adaptive technology）、**促能科技**（enabling technology; Cook & Hussey, 1995；引自 Peterson & Hittie, 2003, p. 450），它包括**輔助科技器具**（輔具）和**輔助科技服務**兩大方面（Bouck, 2015）。美國《身心障礙者科技相關輔助法案》（Technology-Related Assistance for Individuals With Disabilities Act, 1988，或稱作《100-407 公法》）定義輔具為：「任何物品、裝備或完整的產品，不論市售、修改或訂製，只要能增加、維持或改進身心障礙者功能性能力者皆可謂之。」《IDEIA 2004》亦採用此定義。《身心障礙者科技相關輔助法案》接著定義輔助科技服務是：「任何用以直接協助身心障礙者選擇、獲得和使用輔助科技器具的服務。」由此可知，輔助科技服務包括選擇、獲得和使用（含實施與維持），其介入範圍如圖 10-1。

AT 具有以下功能：（1）增進肌力、耐力和正常動作的學習；（2）預防傷害；（3）減輕照顧者的負擔；（4）提升身心障礙者的獨立性和功能表現，如增加行動和溝通能力、提升工作表現和幫助就業、掌控和參與環境，以及使用資源等；（5）增加身心障礙者的自信心（Dykes & Lee, 1994; Peterson & Hittie, 2010）。

圖 10-1 輔助科技服務的介入範圍

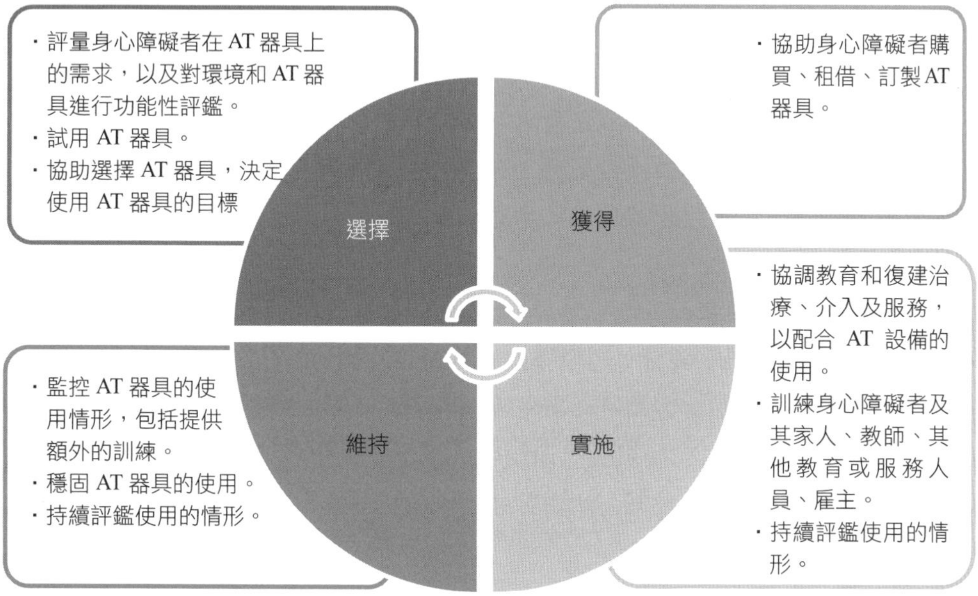

選擇
- 評量身心障礙者在 AT 器具上的需求，以及對環境和 AT 器具進行功能性評鑑。
- 試用 AT 器具。
- 協助選擇 AT 器具，決定使用 AT 器具的目標

獲得
- 協助身心障礙者購買、租借、訂製 AT 器具。

實施
- 協調教育和復建治療、介入及服務，以配合 AT 設備的使用。
- 訓練身心障礙者及其家人、教師、其他教育或服務人員、雇主。
- 持續評鑑使用的情形。

維持
- 監控 AT 器具的使用情形，包括提供額外的訓練。
- 穩固 AT 器具的使用。
- 持續評鑑使用的情形。

●註：綜合整理自 Bouck（2015）及 Parette 等人（2005）的文獻。

依據文獻（吳亭芳、陳明聰，2008；Peterson & Hittie, 2010），AT 有幾種不同的分類，若依科技的高低來看，可分成**低科技和高科技的產品**，低科技的產品較不精細，操作簡單，而且價格較低，例如：大鉛筆，內含泡棉、易於抓握的筆等；高科技的產品具有較複雜的技術設計，價格較為昂貴，例如：電動輪椅等。上述文獻進一步指出，若依產品的性質來看，可分成**電子和非電子產品**；若依 AT 協助的層面來看，可分成協助**閱讀和溝通**、**擺位**、**行動**、**日常生活和控制環境**、**休閒活動**等層面。Lancioni 和 Singh（2014）主編一本提供各種能力特殊需求者輔助科技的說明。

其中運用於學生學習的 AT，稱為**教育輔助器材**。根據《身心障礙學生支持服務辦法》（1999/2013）第 3 條，教育輔助器材包括：「視覺、聽覺、行動移位與擺位、閱讀與書寫、溝通、電腦輔具及其他輔具。」《身心障礙者權益保障法》（1980/2021）第 30 條指出：「各級教育主管機關辦理身心障礙者教育及入學考試時，應依其障礙類別與程度及學習需要，提供各項必需之專業人員、特殊教材與各種教育輔助器材、無障礙校園環境、點字讀物及相關教育資源，以符公平合理接受教育之機會與應考條件。」《身心障礙學生支持服務辦法》（1999/2013）於第 4 和 5 條提出，學校（園）及機構應提供教育輔助器材的支援如下：

> 學校（園）及機構應視身心障礙學生需求，優先運用或調整校內既有教育輔助器材，或協助向各該管主管機關申請提供教育輔助器材，並負保管之責。各級主管機關應依學校（園）及機構之需求，辦理教育輔助器材購置、流通及管理相關事宜，必要時，得委託學校或專業團體、機關（構）辦理。
>
> 學校（園）及機構與各級主管機關應定期辦理教育輔助器材之相關專業進修活動。教師、教師助理員、特教學生助理人員、住宿生管理員及教保服務人員應參與教育輔助器材之操作與應用之專業進修、教學觀摩及交流相關研習。

依據文獻（Dykes & Lee, 1994; Moon & Inge, 2000; Parrette & Brotherson, 1996），選擇AT時，必須做完整的評量，考慮學生和其家長的想法，注意選擇具安全性、常態化（即盡可能不引人側目，且能在一般的環境中使用）、容易操作，又能配合不同狀況做彈性調整的AT，而且它必須能發揮作用，讓學生能夠有效運用它來提升其日常生活功能表現。此外，須提供後續的使用服務，Parrette 和 Brotherson（1996）提出為學生選擇 AT 的完整取向如圖 10-2。

（二）給予支持服務

根據《身心障礙學生支持服務辦法》（1999/2013）第 6 至 11 條，學校（園）及機構應給予的支持服務包括以下七項，學校（園）及機構並應於身心障礙學生 IEP 或個別化支持計畫中載明。

1. 提供身心障礙學生使用之適性教材，包括點字、放大字體、有聲書籍與其他點字、觸覺式、色彩強化、手語、影音加註文字、數位及電子化格式等學習教材。
2. 運用特教助理員、住宿生管理員、教保服務人員、協助同學及相關人員，提供身心障礙學生學習及生活人力協助，包括錄音與報讀服務、掃描校對、提醒服務、手語翻譯、同步聽打、代抄筆記、心理或社會適應、行為輔導、日常生活所需能力訓練與協助及其他必要支持服務。
3. 視身心障礙學生需求，提供特殊教育相關專業人員進行評估、訓練、諮詢、輔具設計選用或協助轉介至相關機構等復健服務。
4. 視身心障礙學生家庭需求，提供家庭支持服務，包括家長諮詢、親職教育與特殊教育相關研習及資訊，並協助家長申請相關機關（構）或團體之服務。

圖 10-2 為學生選擇輔助科技的完整取向

輔助科技

- 它是否具功能性以及適合該生？
- 它是否能符合該生的需求？
- 它是否能擴大該生選擇和控制的機會？
- 它是否適合該生所處的物理環境？
- 它是否能擴展該生與他人社會互動的能力？
- 它是否能促使該生與親朋好友溝通？
- 它是否能讓該生對環境有更大的選擇和控制權？
- 它能夠被使用在多少個環境之下？

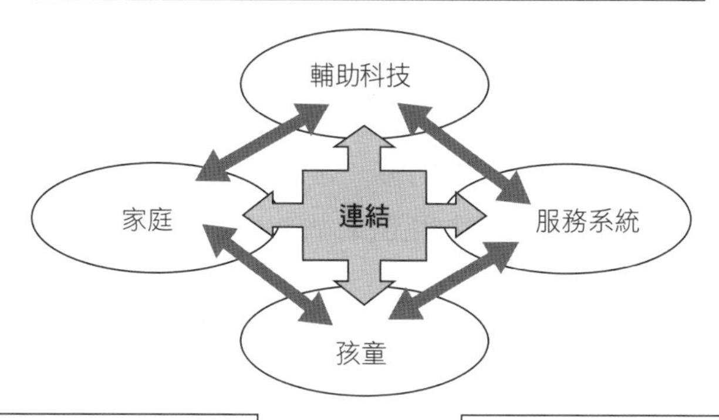

家庭

- AT 能讓您的孩子參與家中的工作和例行性事務嗎？
- AT 達到您所期待的結果嗎？
- AT 已成功被運用在您和您的孩子身上嗎？

服務系統

- 最適合該生和這個家庭的 AT 是什麼？
- 服務系統該如何為該生和其家庭，提供協調而整合的服務？
- 服務系統該如何幫助該生和其家庭達到優先的目標？

● 註：修改自 Parrette 和 Brotherson（1996, p. 32），修改處為調整孩童和輔助科技的位置，以及整合兩處的輔助科技選擇原則在一個圖框。

5. 配合身心障礙學生之需求，建立或改善整體設施設備，營造校園無障礙環境。
6. 學校（園）及機構辦理相關活動，應考量身心障礙學生參與之需求，營造最少限制環境，包括調整活動內容與進行方式、規畫適當動線、提供輔具、人力支援及危機處理方案等相關措施，以支持身心障礙學生參與各項活動。
7. 視身心障礙學生需求，提供其他協助在校（園）及機構學習和生活必要之支持服務。

其中上述第三項支持服務中，依據《特殊教育支援服務與專業團隊設置及實施辦法》（2012/2015）第 4 條，特殊教育相關專業人員是指，為身心障礙學生及其教師與家長提供專業服務之下列專（兼）任人員：（1）**醫師**；（2）**物理治療師、職能治療師及語言治療師等治療人員**；（3）**社會工作師**；（4）**臨床心理師、諮商心理師、聽力師、職業輔導人員、定向行動人員**。假如學生有生理上的問題，可以尋求醫師的介入；如果學生有擺位、行動，或體能等方面的問題，可以尋求「物理治療師」的協助；如果學生有肌肉神經功能障礙導致日常活動受限，可以尋求「職能治療師」的協助；假如學生有情緒行為問題，可以尋求「臨床心理師」和「諮商心理師」的心理評量和諮商服務；如果學生有語言、溝通上的問題，可以尋求「語言治療師」的協助；假若學生有聽力的問題，可以尋求「聽力師」的介入；如果學生的家庭需要協助，甚至需要發掘和整合社會福利服務資源時，可以尋求「社會工作師」的介入（王天苗，2003；林貴美，2002）。

綜合文獻（王天苗，2003；Cloninger, 2017; O'Toole & Switlick, 1997; C. C. Thomas et al., 1995），教師與特教相關專業人員協同合作宜注意的原則如下：第一，**教師主動讓特教相關專業人員了解學校的作息和上課方式，而後再進一步討論如何將他們的建議融入教學中**，使其生活化、具體化，而且符合學校的情境，如此才能可行。第二，**在將特教相關專業人員的建議融入教學的過程中，宜注意請他們示範指導策略**，如此才能確切掌握住訓練重點和方法。特殊教育相關專業人員示範過後，如果教師有任何實施上的問題，須隨時提出來，以尋求建議。第三，**將特教相關專業人員的建議融入課堂教學中，宜考慮建議的內容與課程內容是否可以搭配**，例如：物理治療師給的建議是「盡量讓學生站著」，以訓練學生的身體穩定度，教師便可視課程內容，提供適合的機會讓學生站著；像是在上健康與體育課時，讓他站著擔任競賽的裁判，使其既能參與課程，又能做復健訓練（如插畫 10-1）。O'Toole 和 Switlick 即表示：「創造力是將特殊教育相關服務與課程連結的一把鑰匙。」（p. 218）第四，**除了將特教相關專業人員建議的訓練內容融進課堂教學中，教師也可以將之融入如下課、午餐時間，或是放學等日常生活作息中來訓練**，例如：換教室的過程中隨機訓練行走和上下樓梯。由此可知，將特教相關專業人員的建議融入平日教學是非常彈性的，重點在於教師要清楚地了解學生專業服務的目標，以及要怎樣執行他們給的建議，有些需要事先規畫好，有時也可能隨機融入。第五，教師在訓練過程中，宜**定期或不定期地與特教相關專業人員討論訓練的結果與學生的反應**，讓他們提供進一步的建議與調整訓練方法或目標。

插畫 10-1　如何將特殊教育相關服務融入課程中

創造力是將特殊教育相關服務與課程連結的一把鑰匙。（O'Toole & Switlick, 1997, p. 218）

四、身體健康的照顧

在學生的健康照顧方面，教師首先須了解學生以下狀況：（1）**健康情形如何**？是否有生理或健康上的問題（例如：哮喘、癲癇等病症）？是否曾有一段時間生病或住院？如果有某種病症，它對學生產生何種影響？學生對自己病症的知曉情形如何？有沒有什麼活動的限制（例如：不能做太激烈運動）？其預防和處理方式為何？（2）**是否服用藥物**？如果有，是哪種藥物？乃針對何種問題服用此藥物？多久服用一次？（3）**飲食情況如何**，有沒有什麼食物的限制？（4）**體力狀況如何**，教師在設計活動須注意些什麼？舉例來說，下列情形容易引發癲癇發作，教師宜注意：不充足的睡眠；情緒緊張和焦慮；發燒、疲倦、不當的感官刺激；不當的攝取藥物，或同時攝取多種藥物；突然中止抗癲癇藥等（Singh & Trevick, 2016）。此外，還可以了解對於學生的健康照顧，家長希望教師和學校做什麼處理？有哪些注意事項？

有些家長可能會希望教師協助監督其孩子用藥，例如：AD/HD 服用利他能（Ritalin）。綜合文獻（張英鵬，1999；C. R. Ellis et al., 1997; Fowler, 1992; T. M. Shea & Bauer, 2012），教師在協助監督學生使用藥物時宜掌握下列四點，其他關於藥物使用的注意事項可參見鈕文英（2022）。

1. **確保藥物執行的安全和有效**，可注意以下原則：（1）最好能訂定「家長委託教師監督用藥的同意書」，同意書內容詳細記載藥物名稱和劑量、用藥時間和程序等（如附錄 54）；（2）教師盡可能依照契約監督學生用藥，如果有困難和問題，宜立刻向家長反應；（3）在監督學生用藥時，不要在同學面前大聲要求，避免讓他有困窘的感受而拒絕服藥，宜鼓勵他主動按時服藥的行為。
2. **注意藥效之個別差異，並且監控學生對藥物的反應**。每個人對藥物和劑量的反應會因個人身體狀況而有差異，醫生一般會以學生的狀況開藥，並依據年齡和體重計算出標準劑量，而由最少劑量開始，有些人可能對初次劑量已有強烈副作用反應，而有些人可能仍未見藥效；因此在藥物治療的初步階段，教師宜協助家長監控學生對藥物的反應並記錄，而後將此紀錄交給家長，讓他們帶孩子回診時，與醫生溝通孩子的身體狀況與用藥後的反應，作為醫生調整藥物、劑量、用藥時間和次數，及實施進一步檢查的依據，以讓藥效最佳且副作用最少，我提供「醫藥資料蒐集記錄工具」，如附錄 55。
3. **認識與因應藥物可能產生的副作用（例如：暈眩、嗜睡等）和注意事項**，避免將學生副作用的反應視為負向行為，而不適當地處罰他們。
4. **配合藥物的使用設計介入計畫**；教師若欲使用藥物控制學生的行為問題，宜注意藥物只能控制，並不能根本解決問題；當學生仍出現行為問題時，教師宜避免歸咎他們「是否按時服藥？」或「服藥後怎麼還會有這些問題？」而宜善用服藥期間，配合設計介入計畫，積極教導他們正向行為。

五、緊急情況的處理

對於有身體健康問題的學生，教師最好從家長處了解：如果其孩子在學校突然生病或出現緊急狀況，他們希望教師和學校如何處理？並且將親師達共識後的處理方式，以及可能的狀況都記錄下來，親師和學校三方都保有此紀錄。舉例來說，處理癲癇發作，教師須注意以下三點（Singh & Trevick, 2016）。

1. **學生癲癇發作前**，教師宜增加教室物理環境、設備和器具的安全性，以避免危險與傷害（第 9 章第 1 節已討論）；準備更換的衣物和保護頭部的護具；以及留意是否有癲癇發作的先兆（第 6 章第 1 節已討論），若出現先兆，則可預備接下來的處理。
2. **學生癲癇發作（尤其是全盤強直—陣攣）**時，教師宜保持鎮定，不要在癲癇發作時給予任何食物或藥物，此時應將學生四周的環境清理乾淨，避免他們因碰撞尖硬物體而受傷。不要阻撓學生的活動，但為防止其頭部受傷可用手扶住其頭部，跟著其活動的方向而運動。不可強力張開學生的嘴巴，若其嘴巴已打開，即可用像手帕之類的輕軟物置於其上下牙齒之間；但不可將堅硬的物品如湯匙、鉛筆等置於口內，否則會造成更大的傷害。將學生妨礙呼吸部位的衣物鬆開，讓他們頭轉向側邊，並以軟性物品墊在他的頭下，使其口沫得以流出；不可讓學生俯臥，以免妨礙呼吸。若癲癇發作持續的時間很長，則須通知醫生和家長。

3. **學生癲癇發作後**，教師宜了解學生的清醒程度，如果尚未清醒，讓他們休息；若已清醒，協助處理學生口中分泌物、清潔其身體、更換其衣物，並且安撫其情緒。接著，教師可記錄學生癲癇發作的時間和情形，一方面通知家長，另一方面也可注意癲癇發作的頻率。班上某位學生癲癇發作，對其他學生正是很好的機會教育，教師宜讓其他學生了解癲癇的性質，它不會傳染，也用不著害怕；並且培養其他學生對癲癇同學的接納態度，指導他們遇到類似情況的處理方法。

總括上述生活程序管理的文獻，我設計「生活程序管理檢核表」（如附錄 56），供教師選用調整策略。

貳、融合班級中學生生活程序管理的實證研究

鈕文英（2006）探究被推薦具成效的 32 位國小融合班教師，他們在班級經營上的作法，於生活程序的管理方面，歸納研究參與者所提的策略包括：（1）預先告知每日的作息安排和可能的變動，例如：MT3 即發現班上的自閉症學生無法忍受作息的改變，所以須事先通知，安撫其情緒，如此可降低其焦慮（I1MT3-6C）；（2）因應學生的需要延長用餐時間，例如：ST7 和 ST10 表示班上的多重障礙和自閉症學生，由於動作慢和挑食，無法在規定的時間用完餐，因此教師延長其用餐時間（I1ST7-9D、I1ST10-7A）；（3）因應學生需要調整午睡時從事的活動，例如：對於某些 AD/HD 學生，精力旺盛、不想睡午覺的問題，ET3 和 ST4 允許其不午睡，調整為協助整理作業和做清潔工作（I1ET12-10F、I1ST4-9A）。

第 2 節 融合班級中學生情緒行為的輔導

我從相關文獻和實證研究兩方面，探討融合班級中學生情緒行為的輔導。

壹、融合班級中學生情緒行為輔導的相關文獻

第 4 章第 2 節已提及最佳融合教育運作實務之一為**正向行為支持**（PBS），可以將之運用於融合班級中學生情緒行為的輔導。以下詳細討論 PBS 的意涵、以 PBS 分析行為問題的原因與功能、PBS 的介入策略，以及從 PBS 的概念檢視教師處理學生行為問題的迷思與事實四個部分。

一、正向行為支持的意涵

L. H. Meyer 和 Evans（1989）將歷年來的行為處理策略歸納為**消除型**和**教育型**兩大類別；我拿開墾土地為例，消除型策略一直在拔草，拔了又生；而教育型則強調種樹，不斷成長。主張運用消除型的行為處理策略者視行為問題為不受喜愛和不被接受的，所以對行為問題設立的目標就是「壓抑」、「消除」，採用懲罰或其他嫌惡處理策略等行為矯治技術；但一味壓抑、消除，無法根本解決問題，它未深入了解行為問題的功能，可能暫時消除一個問題，但又衍生出另一個問題，產生**症狀替代**的現象（L. H. Meyer & Evans, 1989; Vittimberga et al., 1999）。嫌惡的行為處理策略看似有它的立即效果，但長遠視之則仍成效不彰，究其實只是治標不治本的方法而已。如插畫 10-2：也許經教師強勢消除後，學生不咬人了，但她變成咬自己，無法根本解決問題。

插畫 10-2　**行為問題的症狀替代**

一味地消除行為問題，可能產生「症狀替代」的現象。（L. H. Meyer & Evans, 1989）

而教育取向的行為處理策略者視行為問題是**有溝通意義**的，在表達一種**尋求了解**的語言，具有某種功能和目的（Bauer, Hill, et al., 2001; R. L. Carpenter & Price, 2003）。相似形態的行為幾乎發生在每一個人身上，但是可能功能不同（Meyer & Evans, 1989），例如：「不要」所代表的意義可能只是冰山之一角，它可能有：「我現在心情不好，等一下再叫我做」、「這件工作很難，我不會做」、「我害怕做錯」、「我不敢在同學面前做，我會害羞」等多種意義（Barbetta et al., 2005）。另一方面，亦有可能行為的功能相同，但是表現的行為形態不同；舉例來說，學生內心緊張或焦慮時，表現出的行為可能不同（例如：搓手、抖腳、轉筆等），自閉症學生也會緊張、焦慮，只是他們表現的行為形態可能和一般學生不一樣（例如：表現出拍打耳朵、咬手、碎碎念的行為）。教育取向的行為處理策略主張了解行為問題的原因與功能，而後引導學生以適當的方式表現，如插畫 10-3：Maag（1997, p. 268）指出：「一味阻擋河流，最終難逃潰決；不如開創一條河道，引導河流進入新的方向。」

插畫 10-3　如何看待和處理學生的行為問題

一味阻擋河流，最終難逃潰決；不如開創一條河道，引導河流進入新的方向。（Maag, 1997, p. 268）

教育取向的行為處理者採用**功能本位的介入策略**，立意在協助學生發展能表達相同功能，而且是適當、社會所期待的行為，以取代不適當行為，如此不僅擴充了學生的正向行為，並且能長期預防行為問題的出現（Bauer, Hill, et al., 2001; S. L. Carpenter et al., 1997）。Good 和 Brophy 即指出：「預防行為問題才是有效的行為管理」（引自 Schmidt & Harriman, 1998, p. 178）。如插畫 10-4：「行為問題可能是孩子僅有或是最有

插畫 10-4 行為問題可能是孩子僅有或是最有效的溝通方式

行為問題可能是孩子僅有或是最有效的溝通方式，教導孩子替代的行為，擴充其正向行為，才是長期預防行為問題的有效策略。（R. E. Cook et al., 2018, p. 87）

效的溝通方式，教導孩子替代的行為，擴充孩子的正向行為，才是長期預防行為問題的有效策略」（R. E. Cook et al., 2018, p. 87）。尤其是對於能力有限、正向行為很少的學生更是如此，他們只能重複用行為問題來溝通其需求，故有必要擴充他們的正向行為。拿我前述的「種樹」做比喻，當樹種得愈多，即使有一點點小雜草也無所謂。

PBS 和「行為改變技術」（behavior modification）在對行為問題的觀感、行為問題的評量、行為問題的處理目標、發展和執行行為介入計畫的人員、行為介入計畫的內涵和原則，以及成效評鑑指標和方法六方面之比較，整理如表 10-1。

依據文獻（Bambara et al., 2015, 2021; Bambara & Knoster, 2009; Kincaid et al., 2016），我總結 PBS 的定義如下：PBS 屬於**教育型**的行為介入方法，視行為問題具有**功能和目的**，融合**多元理論**觀點，分析行為問題是哪些**個體和環境因素互動**的結果。在介入目標上，PBS 以**長期效果**為焦點，著重**提升個體的生活品質**，根據**教育**觀點，教導個體以正向行為取代行為問題。在介入內容上，PBS 主張運用**團隊合作**發展和實施行為介入計畫，並強調個體在行為處理過程中的參與。行為介入宜考量**社會效度**和**文化因素**，依據**個體特徵**和**行為功能**發展**個別化**的介入計畫，秉持**尊重**的態度，運用包含「**預防、教導、反應和其他**」**多元素**、**正向積極**和**證據本位**的介入，以及重視**生**

表 10-1 正向行為支持和行為改變技術之比較

項目	行為改變技術	正向行為支持
對行為問題的觀感	視行為問題為不適應、脫序、異常和偏差的，會造成周遭人的困擾，故必須消除它。	視行為問題具有某種功能，相似形態的行為幾乎發生在每一個人身上，但是功能可能並不相同。
行為問題的評量	界定行為問題的頻率、強度、持續時間等，以了解行為問題的起點狀況。	除了了解行為問題的起點狀況外，還要對行為問題進行功能評量，以分析行為問題發生的原因、情境和功能。
行為問題的處理目標	消除行為問題。	協助個體發展適當的、環境所期待的行為，以取代行為問題。
發展和執行行為介入計畫的人員	由行為改變的專業人員來發展和實施行為介入計畫。	由生態環境中的相關人員，以團隊合作的方式發展和實施行為介入計畫。
行為介入計畫的內涵和原則	強調改變個體本身的行為，並且採取「被動反應」的態度，著重使用後果處理策略。	強調不是相同的行為問題都可以使用同樣的策略，擬訂策略時須考慮行為問題的原因與功能。採取「正向積極」的態度，主張尊重、常態化、預防和教育的處理原則，並且重視個體在行為處理過程中的參與；採用個別化、正向、多重而完整的行為處理策略，包含預防（前事控制、生態環境改善策略）、教導（行為教導策略）、反應（後果處理策略）和其他四類。
行為處理方案成效的評鑑指標和方法	「行為問題的減少」為評量行為處理方案成效的指標，而評量方法為觀察，以及蒐集個體周遭之重要他人的觀點來檢視行為問題是否被消除或減少。	行為處理方案成效的評鑑指標多元，包括：（1）促進個體行為的改變，包含減少行為問題，和增加正向行為；（2）提升個體的生活品質，包含增進身體和心理的健康、學習和社區的參與度、與同儕的互動和關係，擴展社會關係和支持網絡，擁有更多的自主權等；（3）促使教養人員的改變，包含增進教養態度和方法、溝通技能和問題解決能力；（4）增進組織的效能，包含提升行為處理團隊的效能、促進成員間的溝通合作和問題解決能力。評量方法則除了觀察外，還包括訪談個體周遭之重要他人，以及訪談個體對自身行為改變的觀感。

● 註：綜合整理自 Bambara 等人（2015）、Bambara 和 Knoster（2009）、Hitzing（1992）、Peterson 和 Hittie（2010）、Ruef 等人（1998）及 Sugai 和 Horner（2002）的文獻。

態環境的調整，不只介入「個體」，尚介入「大的生態系統」（例如：教室、學校）。在介入計畫的實施和評鑑上，PBS 運用**團隊合作**發展和實施介入計畫，強調個體在行為處理過程中的參與，並在**真實和多元的生活情境**中介入行為問題，以及採取**多元方法和指標**評鑑成效。E. G. Carr 和 Horner（2007）表示，PBS 最終目標是讓身心障礙者成為有**喜樂**（happiness）、**價值**（helpfulness）和**希望**（hopefulness）「三 H」的人。Hieneman 等人（2005）指出有三個層級的 PBS：第一個層級是**全校性的 PBS**，第二個層級是**教室本位的 PBS**，第三個層級是**個別化的 PBS**；當學生的行為問題愈嚴重，則會愈往下接受個別化的 PBS。

二、以正向行為支持分析行為問題的原因與功能

了解行為問題的發生情境和原因後，可進一步分析其功能。O'Neill 等人（2015）指出功能評量有三種方法：**相關人士報導法（informant methods）**、**直接觀察（direct observation）**和**功能分析（functional analysis）**。相關人士報導法是指藉由訪談、量表、檢核表等方式蒐集學生的重要他人，例如：家長、教師、醫生等所提供的行為資料；直接觀察則是觀察記錄行為問題出現的前事、後果和最後結果；功能分析為使用實驗操弄的方式了解和驗證行為問題的功能。我設計「目標行為問題原因與功能觀察記錄工具」（如附錄 57），可供教師直接觀察行為問題。此外，評量方法又可分為直接和間接兩種方式，直接觀察和功能分析屬於**直接評量**，蒐集相關人士提供的資料則屬於**間接評量**（Miltenberger, 1999）。如果教師對學生和環境相當熟悉，那麼可直接發展行為功能的假設，並進行直接觀察；反之，則以蒐集相關人士所提供的資料開始。假如直接觀察沒有明確且一致的結果，教師可以實施功能分析（Johnston & O'Neill, 2001）。至於功能評量的其他工具可參考鈕文英（2022）的書。

在分析行為問題的原因與功能之前，首先要界定**目標行為（target behavior）**，包含欲減少的目標行為問題，以及欲增加的正向行為。目標行為問題是指教師欲處理的行為問題，如果學生有諸多行為問題，則從中選擇亟需優先處理者當成目標行為問題；而正向行為是要替代目標行為問題的正向行為。在選定目標行為之後，接著**界定目標行為**；界定時宜將目標行為具體化，把所看到、聽到、甚至聞到的，具體地寫下來，亦即清楚地指出這個人的行為，而這種行為是可「觀察」且可「度量」的（Alberto & Troutman, 2022）。舉例來說，「大明很自私」是一個模糊的描述，每個人所界定的自私可能不同，所以須清楚界定大明自私的行為有哪些，例如：大明拒絕別人跟他一起玩他的玩具。分析目標行為問題的原因與功能包含以下三部分：分析造成目標行為問題的**前事（antecedents）**和**後果（consequences）**，以及分析**目標行為問題的功能**。

（一）分析造成目標行為問題的前事

造成目標行為問題的前事包括**立即前事**（**immediate antecedents**）和**背景因素**（**setting factors**）二者（E. G. Carr et al., 1998），詳述如下。

1. 立即前事

立即前事是指，立即發生於目標行為問題之前的特定事件，例如：**特定的人、事、物、要求、時間、地點或情境**（如作業或工作要求太難、工作時間太長或有壓力；無聊的情境；從事一項活動太久；太多人，無法獲得注意）；**處於缺乏的狀態**（如缺乏社會互動、活動和以適當方式表達其需求的機會、基本生理需求沒有被滿足等；Miltenberger, 2019）。如果立即前事發生在特定的時間，教師可以檢視目標行為問題是否有**週期性**（Burgio et al., 2001），例如：有些目標行為問題總是在嚴寒或酷熱的天氣中才會發生，有的出現在女生經期期間。若能找出目標行為問題的週期性，教師就能預測，也易於控制。Kerr和Nelson（2009）指出，班規、作息時間表、課程、師生關係、同儕互動、物理環境等，是教室中會影響行為的重要前事。在分析立即前事時，須詳細地界定出立即前事的哪些特徵導致目標行為問題（Horner & Carr, 1997），例如：學生逃避作業或工作要求，是逃避作業或工作的**內容**、**分量**、**長度**、**難度**、**使用的材料**、**呈現形式**、**完成方式**、**完成時間**、**工作夥伴**，以及**執行時間**、**地點或環境**等。

除了分析導致目標行為問題的立即前事外，亦可分析**不會導致目標行為問題的立即前事**（Miltenberger, 1999），例如：小華不會攻擊體型較強壯的同儕，並且當他從事喜歡的休閒活動（如跳床、騎腳踏車），則較不會出現攻擊行為。

2. 背景因素

背景因素是指，在特定時間能改變立即前事和行為之間關係的因素（Bijou, 1996）。背景因素在學生的環境和日常生活作息中，不是立即發生在目標行為問題之前，而是比較遙遠的事件或因素，例如：在家裡被責罵、藥物使用情形、生理問題（像感冒）、睡眠品質、飲食狀況、物理環境的特徵（像過於擁擠）等（Horner et al., 1996）。綜合文獻（E. G. Carr et al., 1998; Horner et al., 1996; R. G. Smith & Iwata, 1997），背景因素透過兩種管道改變立即前事和行為之間關係，提高目標行為問題的發生率，一種是**暫時影響學生對立即前事的接受度**；另一種是**暫時改變後果對學生的價值**，進而影響他的行為，如圖 10-3。

圖 10-3　背景因素對目標行為問題的影響管道

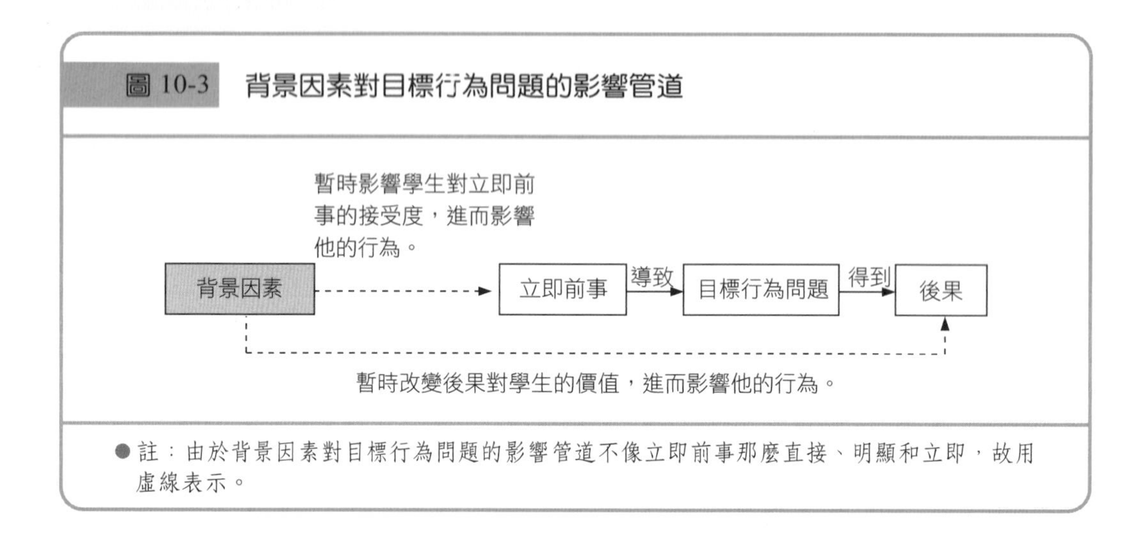

● 註：由於背景因素對目標行為問題的影響管道不像立即前事那麼直接、明顯和立即，故用虛線表示。

舉示例 10-1 來說，小玲匆忙上學，沒有吃早餐（背景因素），到學校後教師要求她寫作業（立即前事），她有兩個可能的行為，一個是寫作業（這是被期待的行為），可以得到教師的讚美；另一個是推開作業，可以獲得逃避作業要求的後果；而她同時看到同學桌上有食物，她最後選擇推開作業，搶奪同學食物，這是因為「沒有吃早餐」這項背景因素，會暫時增加「逃避作業要求」和「食物」這些後果的價值，相對地減

示例 10-1　背景因素對目標行為問題的影響

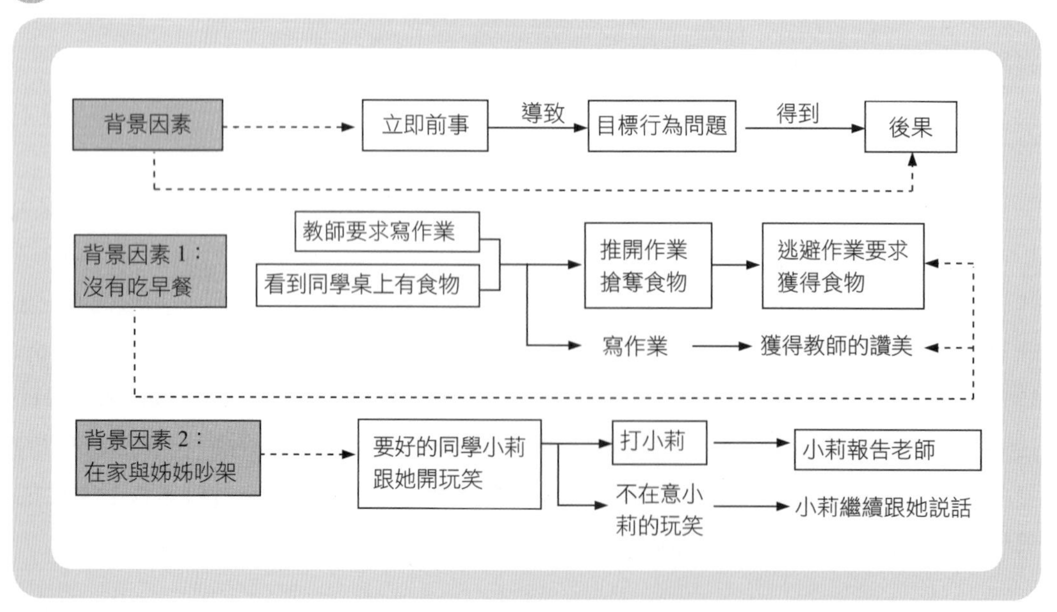

少「教師讚美」的價值。另一個背景因素是小玲早上在家吃早餐時與姊姊吵架，到學校後要好的同學小莉跟她開玩笑（立即前事），她出現打小莉的行為，沒有出現此背景因素時，她不會在意這些玩笑的話語，這是因為「與姊姊吵架」這項背景因素，暫時影響她對「小莉開玩笑」的接受度，進而影響她的行為。Zarkowska 和 Clements（1994）則將背景因素分成**個體和環境背景因素**兩部分，詳述如下。

（1）個體背景因素

造成目標行為問題的個體背景因素包括**氣質的影響、生理的問題、能力的限制、思考的扭曲、高度動機的需求未獲滿足、情緒狀態不佳或不穩**（鈕文英，2022）。氣質的影響是指活動量、趨避性等氣質指標對學生行為產生的影響（已於第 6 章討論氣質的指標）。生理的問題包含生物化學傳導物質失衡，腦神經系統異常，遺傳和染色體異常，器官發展不健全，疾病、藥物和生理期的影響，新陳代謝或內分泌異常，以及飲食（例如：沒有吃早餐或沒吃飽）、睡眠（例如：失眠）、排泄（例如：便祕）、運動和生活作息的失調等。

能力限制是指學生的能力有限，像是有困難辨識自己的情緒，解讀他人的感受、經驗和行為動機，控制自己的情緒；思考和行動較缺乏彈性；解決問題、溝通和社會互動能力較有限，致使無法應付現實生活的要求（如學業、人際互動等要求）；加上對自我行為的覺知和解決動機有限，導致目標行為。Murdick 和 Petch-Hogan（1996）表示，教師宜了解學生的溝通能力如何，部分學生的目標行為問題可能來自溝通能力的限制，目標行為便成為他們的語言，教師宜協助其建立適當的溝通管道。

思考的扭曲意味，因為學生對事件的思考、態度和想法產生扭曲，所以產生目標行為，例如：教師要求一位學生針對他罵髒話的行為向一位女同學道歉，他抗拒道歉的原因是，他認為同儕會因此而看扁他。高度動機的需求未獲滿足意指，學生的基本需求，例如：生理、安全、愛和隸屬、尊重、自我實現等需求沒有被滿足或受到阻礙，學生對前述基本需求的要求程度不同，對學生來說高度動機的需求沒有被滿足，則極易導致目標行為。情緒狀態不佳或不穩是指，學生因環境中某些事件而產生情緒不佳或不穩的狀況，此狀況可能致使他容易被某些立即前事所影響而出現目標行為。正如插畫 10-5，目標行為只是冰山之一角，冰山之下的是隱藏於學生內在的限制和不足，教師須了解底層下的問題。

（2）環境背景因素

環境背景因素包括**物理和社會因素**（Durand, 1990）。物理因素是指天氣（例如：太熱、太冷）、環境的物理特徵，例如：空間擁擠、吵雜程度，照明、通風、色彩、動線的狀況，物品可取得的程度等；社會因素包括：學生目前所處生態環境

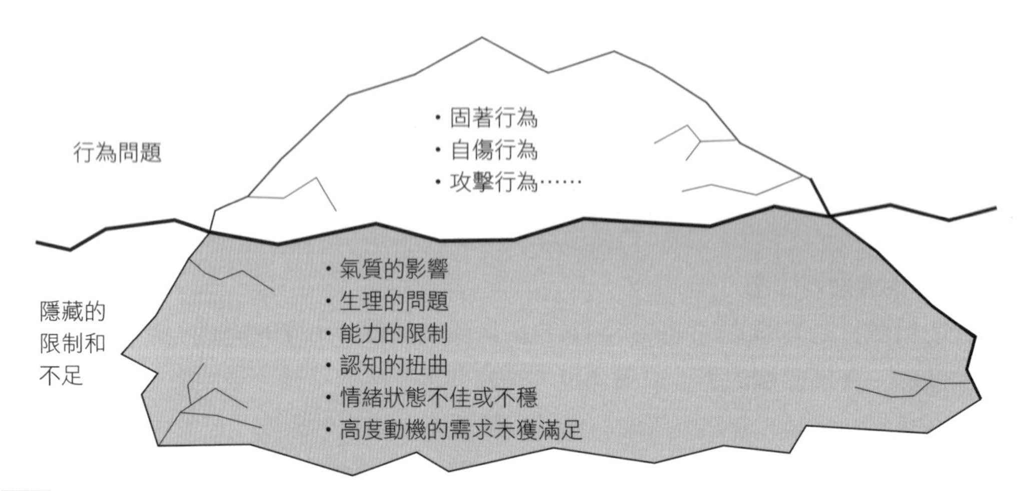

插畫 10-5　身心障礙者的行為問題

行為問題只是冰山之一角，冰山之下的是隱藏於個體內在的限制和不足。修改自 Schopler（1995, p. 2），修改處為加入冰山中的文字。

（例如：家庭、學校）中的重要他人與學生間的關係和互動情形，環境中發生的事件等（Dunlap et al., 2005），我整理個體和環境背景因素的內涵如表 10-2。

Horner 等人（1996）回顧 15 篇功能評量的研究後發現，**個體的生理狀況**（身體不舒服、疲倦）、**教學人員和作息的改變**，以及**嫌惡事件**（例如：在搭校車到校的途中與同學產生衝突、個體預期的增強物消失），是與立即前事產生共變，進而導致個體出現目標行為的背景因素。C. H. Kennedy 和 Meyer（1996）則發現，睡眠不佳和過敏是目標行為的背景因素。上述背景因素中，個體的生理狀況是屬於「個體背景因素」；而教學人員和作息改變及嫌惡事件是屬於「環境背景因素」。

（二）分析目標行為問題的後果

後果則是指，外在環境於目標行為問題發生後給予的結果，或是目標行為問題本身產生的後果；假如這些後果正中學生的下懷，包含環境給予不適當的後果、不當地增強目標行為問題，以及目標行為問題本身具有增強效果，此目標行為問題就變得很有**效果**（**effective**），加上如果學生不須使用很大的精力，不須表現很多次，很快地就可以得到他們想要的結果，那麼此目標行為問題就變得很有**效率**（**efficient**），它就會持續發生（J. R. Nelson, Robert, & Smith, 1998; O'Neill et al., 2015）。環境給予不適當的後果包括**環境正增強和負增強**（**environmental positive and negative reinforcement**）兩方面，環境正增強係指，目標行為問題可以讓學生獲得喜歡之事物的後果，因此他們會持續表現此行為（Iwata et al., 1990），例如：教師可能對學生的干擾行為給予注意，

表 10-2 個體和環境背景因素的內涵

類型	內涵
個體背景因素	1. 氣質的影響（活動量、趨避性、適應度、規律性、反應閾、反應強度、堅持度、注意分散度和情緒本質等氣質因素的影響） 2. 生理的問題（生物化學傳導物質失衡，腦神經系統異常，遺傳和染色體異常，器官發展不健全，疾病、藥物和生理期的影響，新陳代謝或內分泌異常，以及飲食、睡眠、運動和生活作息的失調等） 3. 能力的限制（溝通、認知、社會、休閒、因應和容忍等技能的限制） 4. 思考的扭曲（錯誤歸因、非理性信念、自發性負面思考） 5. 高度動機的需求（如生理、安全、愛與隸屬、尊重、自我實現等）未獲滿足 6. 情緒狀態不佳或不穩
環境背景因素	1. **物理因素** 1-1. 天氣轉變（例如：太熱、太冷） 1-2. 環境空間擁擠、照明不佳、通風不好、色彩不良、動線不順 1-3. 不易取得環境中物品 1-4. 環境吵雜和有干擾刺激 2. **社會因素** 2-1. 在家裡發生讓情緒波動的事件（例如：與家人衝突的不愉快事件） 2-2. 從家裡到學校的途中發生讓學生情緒波動的事件（例如：被責罵） 2-3. 在學校發生讓情緒波動的事件（例如：與教師、同學有衝突、爭辯或負向互動） 2-4. 環境中的人員產生改變（例如：導師請長假，由其他教師代課） 2-5. 受到教師、同學或家人的排斥 2-6. 欠缺參與活動或受關注的機會 2-7. 預定的作息、活動改變 2-8. 作息過於緊湊，比平常匆忙或趕時間

雖然並不一定每次都給予注意，或給予正向的注意，但對於易受忽略的身心障礙學生，間歇地提供注意，即使是責罵，也已足夠維持其干擾行為了。

環境負增強係指，目標行為問題可以讓學生逃避不喜歡之事物的後果，因此他們會持續表現此行為（Iwata et al., 1990）。部分身心障礙者較無法容忍不喜歡的事物或情境，而且他們又不知道如何適當地拒絕；因此容易運用目標行為問題，例如：哭鬧、自傷、打人等，迫使外界結束其厭惡的事物或情境。而如果教師在學生出現這些目標行為時，即中止該事物或情境（給予的後果），則學生當下會因為達到目的而停止目標行為問題（最後結果）。教師以為終於可以不被此行為侵擾，但是學生因此學會下次再出現不喜歡的事物或情境時，持續表現此目標行為問題以逃避之。反之，若教師在學生出現這些目標行為時而不理會，他們無法逃避不想要的事物或情境（給予的後果），則學生可能會持續目標行為問題一段時間，或表現另一項負向行為（最後結果），逼迫教師就範，教師堅持會讓學生知道表現此目標行為問題無法達到逃避的目的。

目標行為問題本身具有增強效果是指，目標行為問題的增強是來自於學生本身，而不是從他人身上獲得，包含**自動正增強和負增強**（**automatic positive and negative reinforcement**; Iwata et al., 1990）。自動正增強是指，目標行為問題本身對學生就是一種正增強，可幫助他們取得內在愉快刺激（例如：視覺、聽覺、觸覺、身體動覺、嗅覺、口腔覺等刺激，以獲得感官自娛的效果；Iwata et al., 1990）。舉例言之，部分泛自閉症學生出現搖晃身體、彈手、摑臉等固著行為，以尋求自我刺激，即受到自動正增強維持。Iwata等人（1994）認為，因為身心障礙者常有很多獨處、無聊，或與外界隔離的時間；而且由於他們能力的限制，經常無法如一般人由外在環境獲得刺激之滿足，在此情況下，他們就容易利用本身的行為滿足自己的需求，而養成受自動正增強維持的目標行為。自動負增強是指，目標行為本身對學生就是一種負增強，可幫助他們逃避內在不愉快刺激（例如：逃避身體不舒服、心理困頓的狀態；Iwata et al., 1990）。舉例言之，Turner 等人（1996）指出，含手行為可能是為了紓解手部肌膚乾癢的不舒服感覺，即受到自動負增強維持。

另外，後果也不見得要立即發生在目標行為問題之後，例如：阿偉向教師咆哮抗議不合理的要求，下課後得到同學的肯定，讓他感覺在同學心目中的社會地位提升，如此也會維持阿偉抗議行為的出現。上述維持目標行為問題的後果來自於學生本身獲得後產生的增強效果，Kauffman 和 Landrum（2018）表示還有一項後果不是他們本身獲得的，而是來自於學生觀察他人行為獲得他們想要的後果帶來的**替代增強**（**vicarious reinforcement**），例如：學生看到同儕因攻擊某人而得到別人的讚賞，因此間接鼓勵他表現攻擊行為。Rutherford和Nelson（1995）即指出，「社會學習」（觀察並模仿他人的行為）可能是攻擊或正向社會行為最重要的決定機制。

O'Neill 等人（2015）指出，目標行為問題具有「效果」又有「效率」，則其「效能」提高，行為效能主要在了解三方面：第一，**學生的目標行為使用多少精力**，例如：長時間大聲呼叫或是簡短口頭抗議；第二，一旦目標行為問題發生，**學生是否得到想要的後果**，例如：引起別人注意、逃避工作等，而得到後果的頻率又如何；第三，**從目標行為問題發生到獲得後果間相隔多長時間**，立刻或是經過幾分鐘才得到。除了分析目標行為問題得到的後果外，教師也可了解當學生出現正向行為時，他們得到的後果；分析後果可以讓教師了解目標行為問題和正向行為的「效能」，發現目標行為問題持續產生的原因；有些學生並不是沒有正向行為，只是正向行為問題的效能沒有像目標行為來得那麼大（O'Neill et al., 2015），例如：一位智障者發現尖叫比溝通行為（舉手）在滿足行為功能（吃東西）上的效能來得大，因此他會不斷地尖叫。為了讓正向行為取代目標行為問題，教師必須降低目標行為問題的效能，增加正向行為的效能。

（三）分析目標行為問題的功能

鈕文英（2022）綜合文獻歸納出目標行為問題的功能涵蓋以下四種：**取得內在刺激**、**取得外在刺激**、**逃避內在刺激**和**逃避外在刺激**。取得內在刺激是指內在感覺刺激的獲得，當學生在獨處、無聊，從事一項活動太長，或無人注意的情況下最容易出現，它具有自娛的效果，部分身心障礙者有自我刺激的行為（例如：拍打耳朵為了聽覺自娛）即屬於此種功能。取得外在刺激包括得到注意、獲得想要的物品、活動等。逃避內在刺激是指逃避身體不舒服的狀況，以及焦慮、緊張、挫折、壓力等情緒困頓的狀況。逃避外在刺激包括逃避嫌惡的人、嫌惡的物品、注意、處罰、不舒服的物理環境（例如：太熱、太吵、太擁擠）、不想要的工作或活動、身體被觸碰、被打斷或受剝奪、作息或活動等的改變等；Tang 等人（2002）發現，泛自閉症者摀耳朵的行為是為了逃避環境中的噪音。我整合前述立即前事和後果─增強，以及相對應的目標行為問題功能如表 10-3。

表 10-3　目標行為問題之立即前事、後果和功能間的關係

立即前事（近因）	後果─增強（讓此目標行為問題持續發生）	目標行為問題之功能
1. 出現個體想要獲取外在刺激之事件或狀況 1-1. 想要的食物、物品出現，抑或在特定／一段時間未獲得食物、某樣物品。 1-2. 想要的活動出現，抑或在特定／一段時間未從事活動。 1-3. 想見到的某個人出現，抑或在特定／一段時間未獲得關愛、注意。 1-4. 參與或完成課程、活動，或做工作／作業時遭遇困難。 1-5. 周遭人（例如：同儕）拒絕與個體互動或讓他參與活動 1-6. 在特定事物上周遭人直接幫個體做決策，抑或個體想要控制的人事物等情境出現。 1-7. 周遭人（例如：同儕）表現標的行為問題得以獲取個體想要的外在刺激，以讓他模仿。	1. 個體獲取他可能想要的外在刺激（讓個體獲得環境正增強），或看到表現目標行為問題之他人獲取他想要的外在刺激（讓個體獲得替代增強）。 1-1. 個體得到想要的食物、物品 1-2. 個體得到想要的活動 1-3. 個體得到關愛、注意 1-4. 個體得到協助 1-5. 個體得到隸屬感和聯盟關係 1-6. 個體獲得對外在環境的控制權 1-7. 個體看到表現標的行為問題之他人獲得他想要的外在刺激	1. 取得外在刺激 1-1. 獲得想要的食物、物品 1-2. 獲得想要的活動 1-3. 獲得關愛、注意 1-4. 獲得協助 1-5. 獲得隸屬感和聯盟關係 1-6. 獲得對外在環境的控制權

（續）

表 10-3（續）

立即前事（近因）	後果—增強（讓此目標行為問題持續發生）	目標行為問題之功能
2. 出現個體想要避開外在刺激之事件或狀況 2-1. 不想要的食物、物品出現 2-2. 不想要的聲音出現 2-3. 不想見到的某個人出現 2-4. 他人（例如：同儕）表現不符合個體期待的語言或行為 2-5. 處於不舒服或陌生的某個地點或情境 2-6. 被詢問、指正、責罵或處罰 2-7. 被要求參與或完成不想從事的課程、活動或工作／作業。 2-8. 個體的物品被拿走 2-9. 個體的身體或物品被觸碰 2-10. 預定的作息改變，或是要個體中止他目前正進行的活動。 2-11. 個體的座位／空間被更動或侵犯 2-12. 個體被嘲弄 2-13. 周遭人（例如：同儕）表現標的行為問題得以避開個體不想要的外在刺激，以讓他模仿。	2. 個體避開他可能不想要之外在刺激（讓個體獲得環境負增強），或看到表現目標行為問題之他人避開他不想要的外在刺激（讓個體獲得替代增強）。 2-1. 不想要的食物、物品被拿走 2-2. 不想要的聲音停止 2-3. 不想見到的人走開 2-4. 他人（例如：同儕）不符合個體期待的語言或行為停止 2-5. 離開令個體感到不舒服或陌生的地點或情境 2-6. 中止對個體的詢問、指正、責罵或處罰 2-7. 中止對個體的課程、活動，或工作／作業要求 2-8. 個體的物品被歸還 2-9. 中止對個體身體或物品的觸碰 2-10. 讓個體逃避作息改變的狀況，或撤消要個體中止活動的指令 2-11. 停止對個體座位／空間的更動或侵犯 2-12. 中止對個體的嘲弄 2-13. 個體看到表現標的行為問題之他人逃避他不想要的外在刺激	2. 逃避外在刺激 2-1. 逃避不想要的食物、物品 2-2. 逃避不想要的聲音 2-3. 逃避不想見到的人 2-4. 逃避他人（例如：同儕）不符合期待的語言或行為 2-5. 逃避不舒服或陌生的地點或情境 2-6. 逃避詢問、指正、責罵或處罰 2-7. 逃避課程、活動，或工作／作業要求 2-8. 逃避物品被拿走 2-9. 逃避身體或物品被觸碰 2-10. 逃避作息的改變或活動的中止 2-11. 逃避座位／空間的更動或侵犯 2-12. 逃避嘲弄
3. 出現個體想要獲取內在感官刺激之事件或狀況 3-1. 在獨處情境中無所事事、等待或從事一項活動太久，或是一段時間未獲得關愛、注意或活動。 3-2. 個案想要的感官刺激出現 3-3. 個案正在做某個他想要進行的事情或活動	3. 個體獲取他想要之內在感官刺激（讓個體獲得自動正增強） 3-1. 個體獲得想要的感官刺激，減輕無聊感 3-2. 個體表現愉悅的表情	3. 取得內在刺激 ・獲得感官自娛（視覺、聽覺、觸覺、身體動覺、嗅覺、口腔覺等刺激）
4. 出現個體想要避開內在不舒服狀態之事件或條件 4-1. 在獨處情境中，個體處於身體欠佳（例如：飢餓）的狀態。 4-2. 在獨處情境中，個體處於心理困頓（例如：焦慮）的狀態。	4. 個體避開他不想要之內在不舒服的狀態（讓個體獲得自動負增強） 4-1. 個體減輕身體的不舒服感 4-2. 個體減輕心理的困頓感	4. 逃避內在刺激 4-1. 逃避身體欠佳的狀態 4-2. 逃避心理困頓的狀態

行為功能不見得是單一，有可能是多元的功能（LaBelle & Charlop-Christy, 2002）。PBS 強調不是相同形態的行為問題都可以使用同樣的策略，擬訂策略時須考慮行為問題的功能。Hitzing（1992）即表示，當教師未了解學生行為問題的功能，可能會不恰當增強其行為問題；當學生發現行為問題能獲取他們想要的外在刺激，或逃避不想要的外在刺激，成為有效的手段之後，會導致它不斷發生，而教師便落入此「不適當前事和後果連結學習的惡性循環」中，如圖 10-4。

圖 10-4 行為問題的不適當學習循環

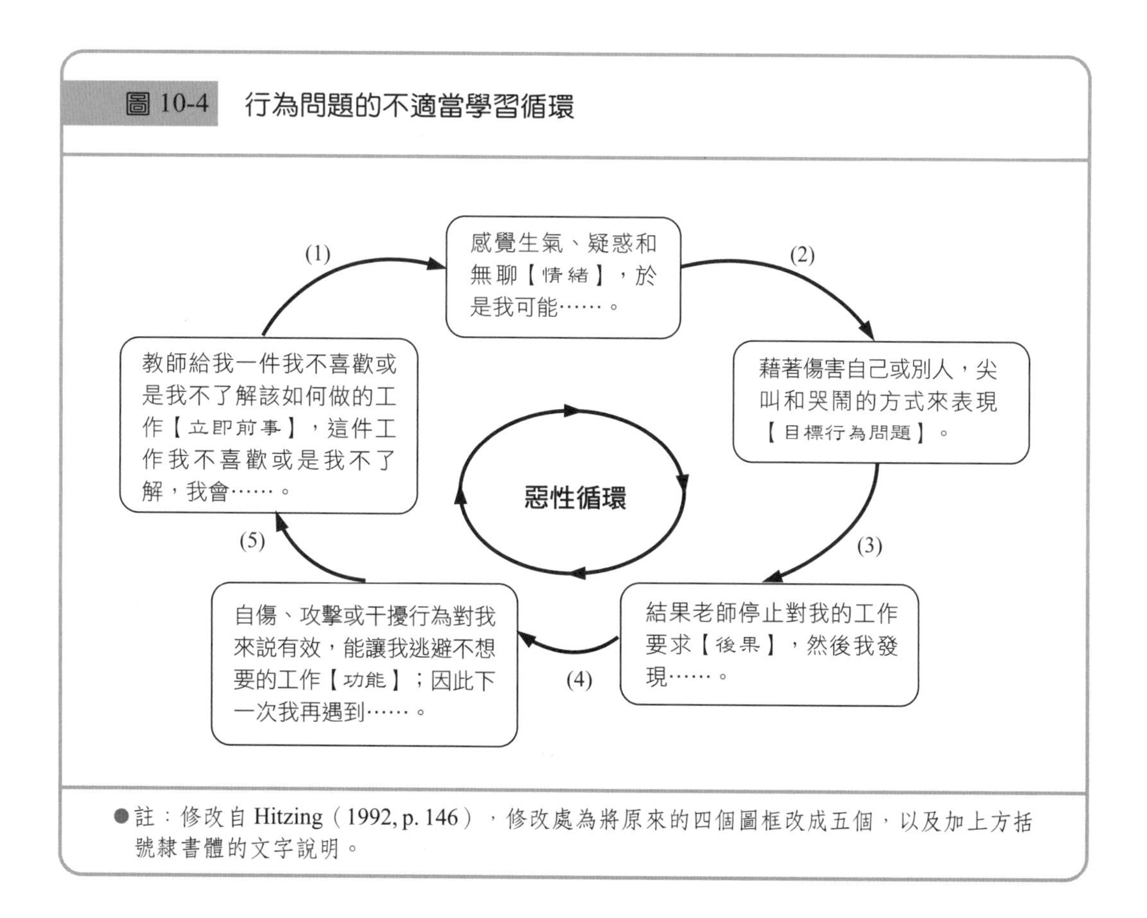

● 註：修改自 Hitzing（1992, p. 146），修改處為將原來的四個圖框改成五個，以及加上方括號隸書體的文字說明。

總之，前事和後果因素與目標行為問題的關係，如圖 10-5。整合它們間關係後，便可發展目標行為問題原因和功能假設的敘述，它包括三種資料：前事和後果因素、目標行為問題與功能（Kern & Commisso, 2021）；其撰寫結構為：當發生【立即前事或（和）背景因素】時，【學生】會出現【目標行為問題】，為了【目標行為問題的功能】；而當【目標行為問題】之後，得到【想要的後果】，它便會受【促使目標行為問題持續發生的增強】維持。

圖 10-5 目標行為問題的功能評量

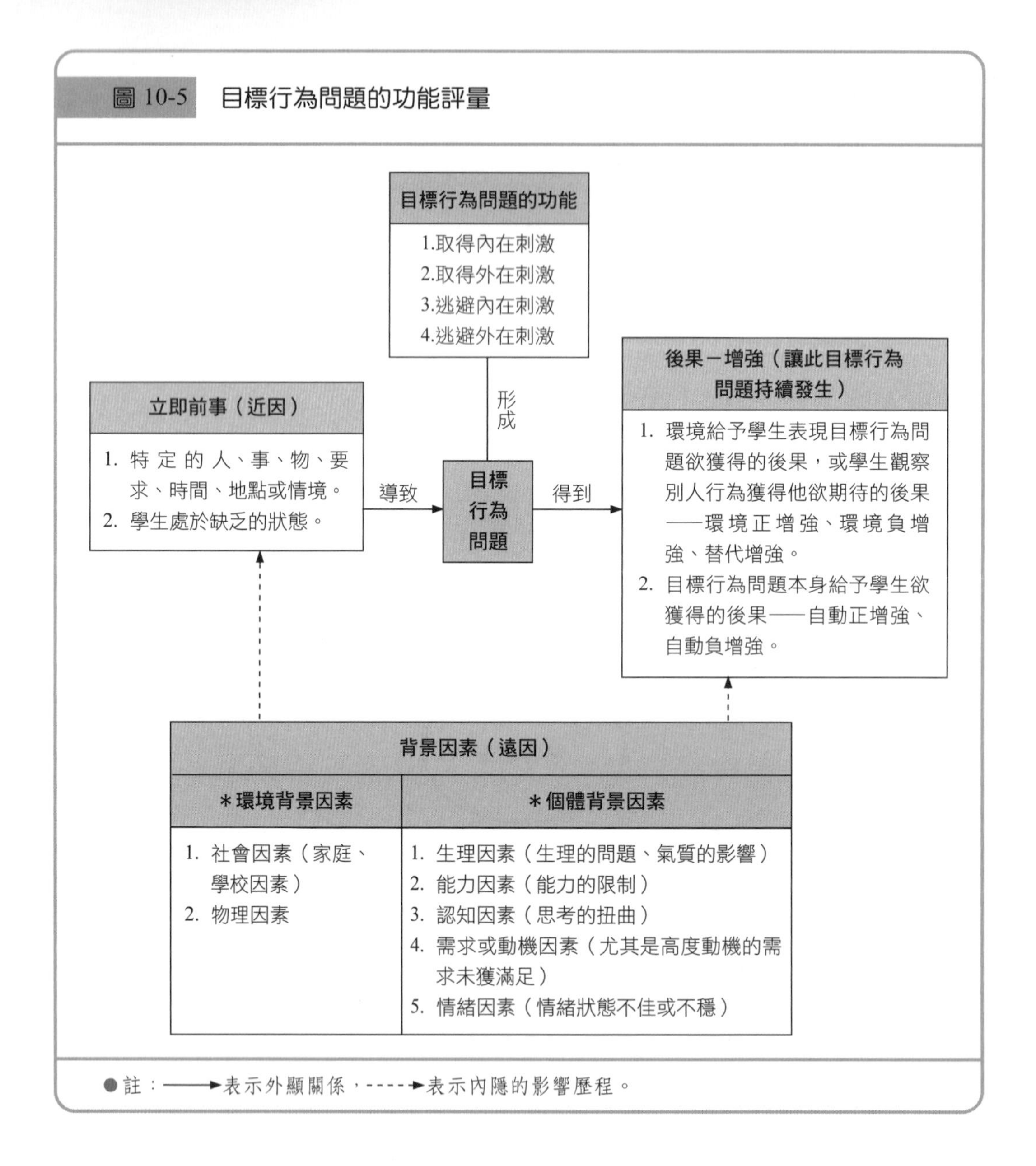

●註：——►表示外顯關係，----►表示內隱的影響歷程。

值得注意的是，目標行為問題的「功能」和「原因」意義是不同的；T. M. Scott 等人（2008）即指出，許多人混淆功能和原因二者，例如：小宇攻擊的行為功能是口語能力有限制，有不好的家庭生活環境，或沒有服藥，這些不是功能，而是原因；功能應為「逃避工作」和「獲得關愛和注意」。舉例來說，小玲的目標行為問題是尖叫，其原因和功能假設敘述為，當發生小玲匆忙上學，沒有吃早餐，到學校後又被要求做困難的語文和數學作業【立即前事或（和）背景因素】時，小玲【學生】會出現尖叫行為【目標行為問題】，為了逃避困難的作業【目標行為問題的功能】；而當尖叫之後，得到教師停止給予作業的後果【想要的後果】，此行為便會受環境負增強【促使目標行為問題持續發生的增強】維持，其間的關係如圖 10-6。

圖 10-6 目標行為問題的功能評量示例

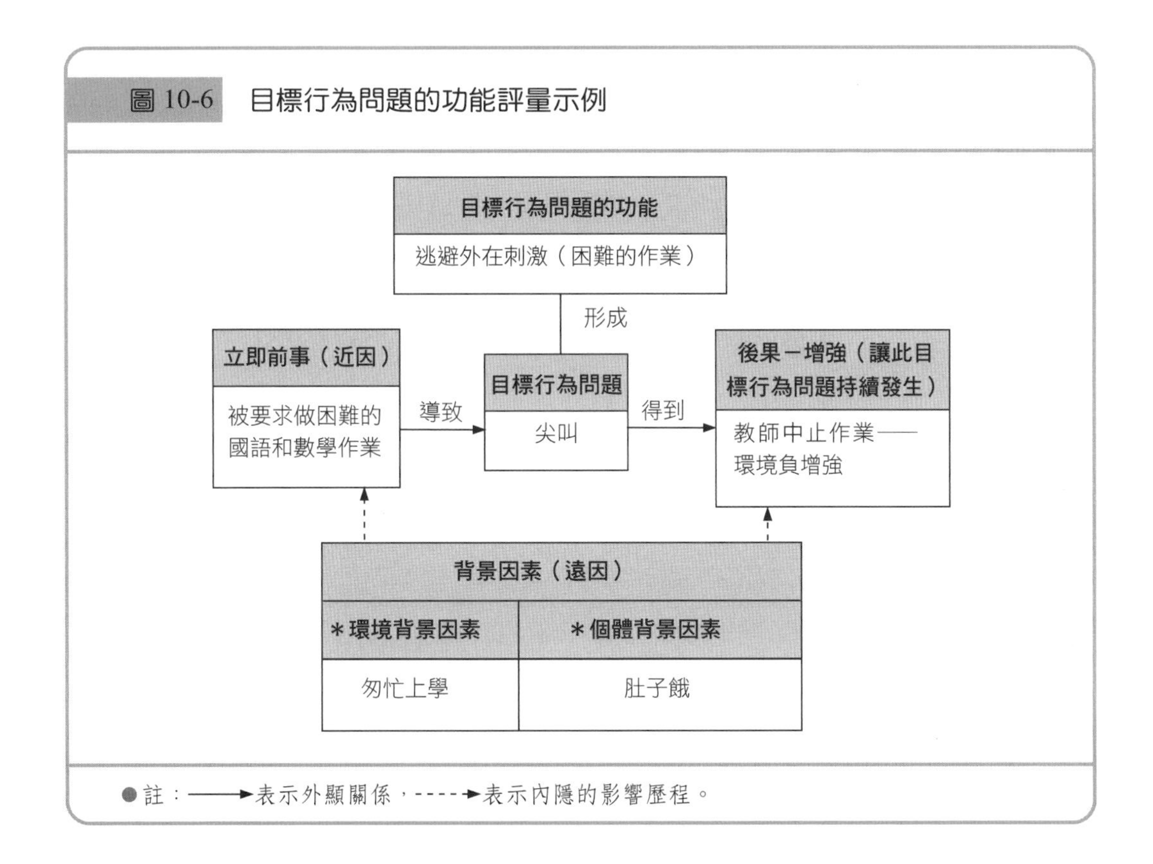

●註：——►表示外顯關係，----►表示內隱的影響歷程。

三、正向行為支持的介入策略

依據 Bambara 等人（2015），PBS 的策略可以包含三種：第一，**預防的策略**，是藉由改變可預測的前事因素來預防行為問題，即前事控制和生態環境改善策略；第二，**教導的策略**，是藉由教導個體可替代、更可被接受的正向行為來達到同樣的功能，即行為教導策略；第三，**反應的策略**，是指當行為問題發生時，環境中的人做出不會增強此行為問題的反應，讓行為問題沒有效；但當替代的正向行為出現時，環境中的人做出增強此正向行為的反應，讓此行為非常有效，此即後果處理策略。除此，還有**其他策略**，像是醫藥的介入，以下分別討論前事控制、生態環境改善、行為教導和後果處理這四種策略，整個「目標行為問題之正向行為支持計畫——架構」如附錄 58，空白表呈現於附錄 59，「正向行為支持計畫評鑑工具」則呈現於附錄 60，可用以評鑑 PBS 計畫的品質。

（一）前事控制策略

前事控制策略除了要控制導致目標行為問題的特定前事外，也要增加引發正向行為的前事；其目標在短期預防目標行為問題的發生，以及引發正向行為的出現（Kern & Clarke, 2021）。鈕文英（2022）綜合文獻指出，有以下八種作法：（1）**消除或減少**引發目標行為問題的立即前事；（2）**改變**引發目標行為問題的立即前事；（3）**分散**引發目標行為問題的立即前事；（4）**增加**引發正向行為的立即前事和後果價值；（5）**控制**引發目標行為問題的背景因素；（6）**緩和**背景因素的影響力；（7）**中斷**目標行為問題的鎖鏈；（8）**中斷**目標行為問題產生的增強效果。如圖 10-7。

圖 10-7 前事控制策略的運用

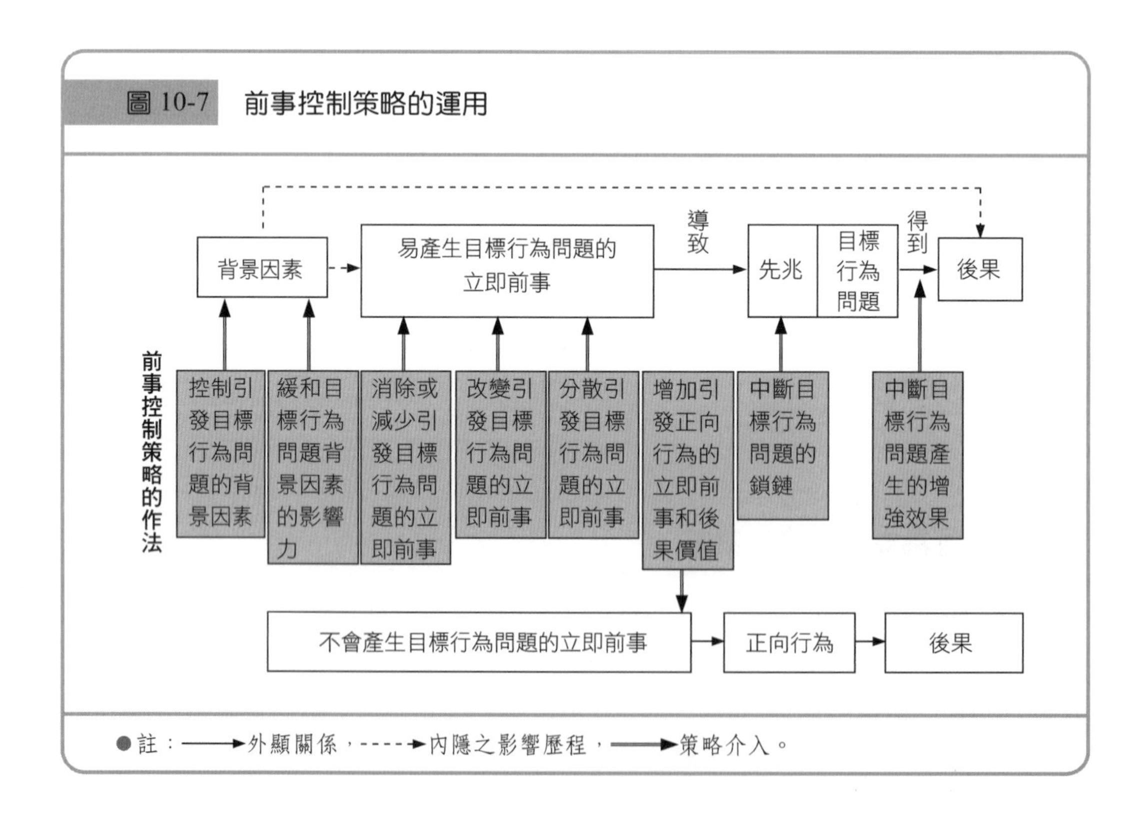

●註：→外顯關係，- - - →內隱之影響歷程，→策略介入。

功能評量發現，易引起目標行為問題的特定立即前事，若此立即前事適合且能夠消除，可採取**消除引發目標行為問題的立即前事**，例如：小華和小宇坐在一起時，常會耳語，上課不專心，於是將他們的座位分開。若此立即前事適合消除，但無法完全消除，可採取**減少引發目標行為問題的立即前事**，像是減少環境中的不舒服刺激（例如：噪音）和誘發刺激（例如：巧克力），此作法適用於目標行為問題的功能為「逃避和取得外在刺激」。若此立即前事不適合消除，因為消除它，學生就少了學習的機會，但能夠被修改，可採取**改變引發目標行為問題的立即前事**，像是簡化作業或工作的難度；若此立即前事在修改上有困難，可採取「分散引發目標行為問題的立即前事」，像是分散困難的工作在較簡單或愉悅的作業或工作中，以增加學生對此作業或工作的接受度，此作法適用於目標行為的功能為「逃避外在刺激」。

另一方面，功能評量發現不會引起目標行為問題的立即前事，可採取**增加引發正向行為的立即前事和後果價值**，例如：提供符合學生能力、興趣和需求的課程，此作法適用於所有功能的目標行為問題。評量發現背景因素會影響立即前事對目標行為問題的作用力，若此背景因素能夠被控制，則採取**控制引發目標行為問題的背景因素**，例如：控制搭校車途中同儕對學生的嘲諷。然而，部分背景因素不易控制，若碰到此狀況，就要採取**緩和目標行為問題背景因素的影響力**，例如：在立即前事出現前，做暖身活動，以緩和目標行為問題背景因素的負面影響力。若易引起目標行為問題的特定前事未被控制，或是採取上述策略無效，目標行為問題仍然出現時，則可採取**中斷目標行為問題的鎖鏈**，在發現目標行為問題的先兆時，即中斷之，避免它更嚴重，此作法適用於所有功能的目標行為問題。最後，對於取得內在刺激（獲得感官自娛）功能的目標行為問題，還可採取**中斷目標行為問題產生的增強效果**。這八種前事控制策略如表 10-4 的舉例說明。

表 10-4　前事控制策略的內涵和舉例

前事控制策略	舉例說明
消除或減少引發目標行為問題的立即前事	了解哪些物理環境的因素會讓學生產生焦慮不安，或其他情緒與行為問題，如採光、溫度、通風、色彩、動線、空間大小、受干擾情形和設備的安排等，例如：若學生在擁擠的空間下容易出現情緒與行為問題，則消除或減少空間的擁擠度。
改變引發目標行為問題的立即前事	1. 了解哪些工作因素會讓學生產生情緒與行為問題，例如：作業的難度或分量、作業要求的呈現方式等；之後教師可以改變作業的難度和分量、或將作業分解成較小的步驟。 2. 若學生在教師的「命令口語」下容易出現情緒，則改變指令的傳達方式，採用「建議的口語」。

（續）

表 10-4（續）

前事控制策略	舉例說明
分散引發目標行為問題的立即前事	1. 若學生的目標行為問題是逃避工作或不服從教學指令，增加學生服從度的有效策略之一為運用「行為動力」（behavioral momentum）策略，亦即教師先提供接受度高的指令，該指令可以引發學生的服從行為，利用此延續效果，再給予接受度低的指令，以增加學生執行低服從度指令的可能性；這就是將接受度低的指令分散於接受度高的指令中，例如：泛自閉症的小英很喜歡畫畫，每次教師叫小英放下蠟筆，參與閱讀課程時，她總是尖叫；後來教師運用行為動力策略，在叫她放下蠟筆，參與閱讀課程之前，先提供接受度高的指令，例如：要求她拍手，接著與她握手，而後給予口頭讚美，最後再要求她將蠟筆放好並參與閱讀課程。 2. 將學生不喜歡的活動——寫字，分散在其喜歡的活動——從神奇寶貝卡中找到欲寫的目標字。
增加引發正向行為的立即前事和後果價值	1. 一位泛自閉症學生很害怕看電影時黑暗的情境，教師幫他拍了一系列的照片，協助他預習看電影的程序，並在程序中加入因應黑暗情境的策略，以及提示宜表現的正向行為和其後果。 2. 一位 AD/HD 學生經常在教師講課時插嘴、搶話，教師在課前就跟他「約法三章」，並寫在卡片上提醒他：「老師說話時，請你不要講話；但是老師每隔 10 分鐘會讓你發表意見或回答問題，所以你要仔細聽課並且抄筆記，問的問題就在老師講的內容裡。」 3. 提供學生選擇作業內容的機會，或是符合學生能力、興趣和需求的作業和活動，並且給予必要的協助，營造成功的經驗。
控制引發目標行為問題的背景因素	每次只要小玲匆忙上學，沒有吃早餐，到學校後又被要求做困難作業時，都會出現尖叫和摔東西的行為，沒有吃早餐便是背景因素；因此，教師與家長溝通每天讓她吃完早餐才上學，要是來不及在家吃完早餐，則帶到學校吃。
緩和目標行為問題背景因素的影響力	加入愉悅的刺激來緩和目標行為問題背景因素的影響力，例如：學生每次只要匆忙上學，沒有吃早餐，到學校後又被要求做作業時，都會出現尖叫和摔東西的行為；因此，教師可以在要求其做作業前先給他吃早餐。另外，學生前一天晚上睡眠不足，到學校後被要求做某項工作時，都會出現攻擊行為；因此，教師可以在要求其做該項工作前，先給他做幾分鐘他喜歡的暖身活動，或是做較簡單的工作，以增進正向的情緒，和產生成功的經驗。又例如：收集一些學生喜歡的物品，像是他與家人、朋友在一起擁有快樂時光的照片，當他低潮時可以看。
中斷目標行為問題的鎖鏈	當學生已有目標行為問題的先兆時，教師可以使用「反應中斷」策略（response interruption），例如：促進彼此的溝通並表達關切、增進他身心的放鬆、口頭暗示他「適當的行為」、採取「刺激轉換」（stimulus change）策略轉移其注意，以阻止目標行為問題的延續。
中斷目標行為問題產生的增強效果	小傑會用下巴撞擊桌面產生的聽覺回饋來自娛，教師在小傑離開座位時，預先將桌面鋪上軟墊，中斷小傑用下巴撞擊桌面帶來的增強效果。

（二）生態環境改善策略

PBS 主張，目標行為問題是個體與環境互動的結果，那麼介入目標行為問題也宜從改變環境著手（Knoster et al., 2021）。若發現生態環境有一些導致目標行為的因素，則還須改善之；除此，有時可能無法發現特定的個體和環境因素，遇到這種情況時，可行的作法是，整體地改變大環境來帶動行為的改變，這屬於**長期預防**的策略，其目標為，改善導致目標行為問題的環境背景因素，促使行為產生長期正向的改變（鈕文英，2022）。鈕文英綜合文獻指出，有以下四種作法：一為**改變周遭人的態度來支持學生**；二是**為學生營造溫暖與支持的環境**；三為**改變學生的生活形態**，包括提升學生的社會角色、為學生建立良好的社會關係、提供學生選擇與控制的機會、提供學生活動參與的機會；四是**準備新環境以支持學生**，這是用在轉換至新環境時，例如：從國小轉換到國中等，準備新環境以支持學生，傳承行為介入策略給新環境的人員，使處理效果得以延續。

生態環境改善策略和前事控制策略不同處在於，前事控制策略是針對特定、小範圍的立即前事和環境背景因素做介入，屬於短期預防；而生態環境改善策略則是針對大範圍，甚至不確定的環境背景因素做介入，屬於長期預防，例如：小強的目標行為問題是帶女生至廁所做性騷擾的動作，立即前事是下課時間看到他喜歡的該班或隔壁班女生，前事控制策略是減少小強和這些女生接觸的機會；環境背景因素是被性騷擾的女生沒有拒絕，生態環境改善策略是教導這些女生表達明確拒絕的態度和策略。

（三）行為教導策略

前事控制策略雖有其效果，但環境中的前事不可能完全受到人為的控制，所以要教導學生某些能力，以面對環境中的各種挑戰；教導正向行為的目標在增進學生的能力和獨立性，以因應導致目標行為問題的前事。以下首先描述教導的正向行為類型，接著說明其中一項重要正向行為——社會技能的教導。

1.教導的正向行為類型

從事行為教導前，要先了解目標行為問題的功能，而後選取和教導正向行為，以取代目標行為問題。Reichle 等人（2021）指出，行為教導的內容包括**替代技能**（**replacement skills**）、**因應和容忍的技能**（**coping and tolerance skills**），以及**一般適應技能**（**general adaptive skills**）。替代技能是指與目標行為功能相同的替代技能（Reichle et al., 2021），正如前述，目標行為問題有取得外在和內在刺激，與逃避外在和內在刺激四種功能，則可對應這四種功能教導替代技能，例如：菲菲在面對困難作業時，會出現「撞下巴」行為，功能為逃避困難作業，這時教導她「適當地要求協助的語言或動作」便是「逃避外在刺激的替代技能」，其他示例如表 10-5。即使學生口語溝通能力有限，教師亦可以教導替代的溝通方式，例如：Ford 等人（1989）發展出「Syracuse 社會技能課程」，其中有因應身心障礙學生的狀況而採取的調整作法，以表達具社會功能的語言，舉部分例子如表 10-6。

表 10-5　針對目標行為功能教導的替代技能示例

行為功能	何種功能的目標行為問題	教導的替代技能
取得外在刺激	1. 取得注意的行為（例如：抓同學頭髮）	1. 適當地取得注意的語言或動作（例如：打招呼和詢問）
	2. 取得活動的行為（例如：撞頭）	2. 適當地表達從事某項活動的語言或動作（例如：活動的圖卡）
	3. 取得物品的行為（例如：尖叫）	3. 適當地取得物品的語言或動作（例如：按鈴）
取得內在刺激	1. 取得聽覺刺激的行為（例如：拍打耳朵）	1. 從事適當的聽覺自娛的活動（例如：聽音樂）
	2. 取得視覺刺激的行為（例如：看電扇轉動）	2. 從事適當的視覺自娛的活動（例如：看會閃動圖片的玩具）
	3. 取得觸覺刺激的行為（例如：摸他人的頭髮）	3. 從事適當的觸覺自娛的活動（例如：摸洋娃娃的頭髮）
	4. 取得嗅覺刺激的行為（例如：聞他人鞋子的氣味）	4. 從事適當的嗅覺自娛的活動（例如：整理鞋櫃）
	5. 取得動覺刺激的行為（例如：搖晃身體）	5. 從事適當的動覺自娛的活動（例如：慢跑）
	6. 取得口腔覺刺激的行為（例如：咬物品）	6. 從事適當的口腔覺自娛的活動（例如：咬用軟橡皮做成，可咀嚼且安全的細棒）
逃避外在刺激	1. 逃避某種形態（可能是單調、重複，學生沒有興趣）工作或作業要求的抗拒行為	1. 適當地拒絕工作或作業的語言或動作
	2. 逃避工作或作業要求長度的抗拒行為	2. 適當地要求休息的語言或動作
	3. 逃避工作或作業要求難度的抗拒行為	3. 適當地要求協助的語言或動作
	4. 逃避工作或作業要求分量的抗拒行為	4. 適當地終止活動的語言或動作
	5. 逃避工作或作業要求完成時間的抗拒行為	5. 暫停某項工作或作業，先做其他活動的商議語言或動作
逃避內在刺激	1. 逃避身體不舒服的行為（例如：摸性器官）	1. 從事能讓身體感到舒服活動（例如：清潔性器官）；或是適當地表達身體不舒服的語言或動作，以尋求別人的協助
	2. 逃避焦慮、緊張、挫折、壓力等情緒困頓的行為（例如：撞下巴）	2. 從事紓解情緒困頓的活動（例如：以觸覺球按摩下巴）

表 10-6 Syracuse 社會技能課程的調整作法

社會功能	一般學生的作法	身心障礙學生的作法	替代性溝通的形式
引起注意	靠近他人引起注意。	按輪椅的電鈴引起注意。	動作
要求協助	口頭詢問店員想要購買之物品的位置。	以圖片或優待券詢問店員想要購買之物品的位置。	圖片、實物
表達喜好	在休閒時間，選擇想要從事的休閒活動。	以眼睛注視表達想要選擇從事的休閒活動。	臉部表情

●註：修改自 Ford 等人（1989, p. 179），修改處為選擇部分內容呈現。

學生有時會面臨不應該或無法避免的問題情境，或是學生需求無法立即被滿足的情況下，教師便可以教導因應和容忍技能，以因應困難或等待的情境（Reichle et al., 2021）。因應技能包括**情緒調整技能**、**壓力因應技能**、**自我控制技能**和**問題解決技能**（鈕文英，2022）。在容忍技能上，例如：小茹想玩玩具，教師雖然教導她以禮貌的口語尋求同意；但可能因為同學在她之前剛拿到玩具，而無法每次讓她立刻如願，此時就須教她輪流和等待的技能了，以**容忍增強的延宕**；除此，還可協助她發展容忍或等待時可從事的活動（鈕文英，2022）。

Reichle 等人（2021）指出，一般適應技能雖然無法替代目標行為問題，但可以擴展學生的能力，使其更能面對和處理問題情境，以預防目標行為問題和支持行為的改變，以及提升生活品質；包括教導個體不足的技能，例如：溝通、社會和學業技能，組織或時間管理的策略等。舉例來說，教導數學困難學生解二位數減法的問題；教導情緒辨識和表達的技能，像是引導有口語能力的身心障礙者說出：「我因為____，所以心情____」。教導與人交談有困難的學生，如何起始與他人的對話，像是詢問以下問題：「你昨晚看了什麼電視或是做了什麼運動？」「假日你去哪裡玩？」等。

教導口語表達有困難的個體**擴大性溝通**（augmentative communication）和**替代性溝通**（alternative communication），二者合併稱為**擴大和替代性溝通**（augmentative and alternative communication，簡稱 AAC; Beukelman & Light, 2020）。擴大性溝通是指，當個體在表達時，除了語言本身的使用外，所有用來輔助表達說話的各種方法，包括一般及特殊輔助，一般輔助泛指一般人在說話時，用來輔助說話的各種方法或技巧，例如：肢體動作、姿勢、臉部表情、打字、書寫等；而特殊輔助則是指運用 AT，以協助個體溝通（Beukelman & Light, 2020）。替代性溝通是指口語以外的溝通方式，例如：手勢或手語、實物或符號（含實物、圖卡、照片、字卡等）、動作、臉部表情等

（Downing et al., 2015）。擴大性溝通是針對有一些口語但仍具有溝通困難的個體，提供其他的溝通方式增進溝通；而替代性溝通是針對無口語的個體，提供其他溝通方式補償溝通（Beukelman & Light, 2020）。

2. 教導社會技能

社會技能的教學屬行為教導策略之一，相關文獻指出，融合班級中非常需要教導的正向行為就是社會技能，例如：國外研究（Frey et al., 2019; Gresham & MacMillan, 1997; Reganick, 1995; Siperstein & Leffert, 1997）指出，一般學生對身心障礙學生的不適當態度和行為，以及身心障礙學生欠缺適當的社會技能，是造成身心障礙學生在融合安置中被排斥和適應不良的原因，也是實施融合教育可能的困難之一；因此，教導身心障礙學生社會技能，能減少他們的行為問題，增進其被接納度和社會適應能力，以下說明社會技能的意涵和教學。

（1）社會技能的意涵

Cartledge 和 Milburm（1995）將社會技能分成四大類，即**自我**、**任務**、**環境**和**互動**，自我是指對自己的認識和表達；任務乃學生對其所扮演的角色任務之表現；環境是指在其所處生態環境中的表現；互動則是指與他人溝通互動的表現，即人際互動，這四種社會技能意指**與自己相處**、**與人相處**、**與環境相處**，以及**處理任務**的能力，其詳細內容如表 10-7。

表 10-7 社會技能之成分與內容

向度	內容
自我	**A. 認識與接納自我** 1. 表現正向的自我概念。 2. 接受自我和他人的差異處。 3. 增進自我形象。 4. 具備所有權與保護自我隱私及安全的概念、態度和行為。 **B. 認識與處理情緒和壓力** 5. 了解和表達自己的情緒。 6. 適當處理自己的情緒。 7. 察覺及辨識壓力的來源與反應。 8. 適當處理自己的壓力。 **C. 自我肯定與自我管理行為** 9. 表現對自我和他人負責的行為。 10. 表現自我肯定的行為。 11. 表現自我管理的行為。 12. 接受行為／行動後果並自我控制。

（續）

表 10-7（續）

向度	內容
環境	A. 認識與關愛環境 1.認識環境中的人事物。 2.關心和愛護周遭環境。 B. 參與和使用環境的活動及資源 3.表現在環境中活動的技能。 4.適當使用環境的資源。 C. 因應環境中的改變或問題 5.因應日常生活中可預期或不可預期的改變。 6.尋求方法解決碰到的困難或問題。 7.處理環境中遭遇的緊急狀況。
任務	A. 角色行為 1. 知道自己的角色和分際。 2. 遵循環境中的指令。 3. 遵循環境中的規則。 B. 任務表現 4. 依指示完成任務。 5. 表現適當的任務行為。 6. 參與環境中關於任務的討論。 7. 在他人面前展現任務成果和品質。
互動	A. 社交認知 1. 遵守與環境人員相處的倫理規範。 2. 辨識失禮情境並避免讓人產生「尷尬的狀況」。 3. 了解和尊重他人特徵（觀點、意圖、情緒、行為、性傾向和性別認同等）及其原由。 4. 理解和因應他人非表面語意之語言。 5. 具備人我身體界限的概念、態度和行為。 6. 表現社交禮儀。 B. 非語言溝通 7. 了解他人非語言行為的意義及原由。 8. 以適當的非語言行為表達自己的觀點。 9. 專注傾聽他人說話。 C. 社交起始 10. 表現主動與他人合作的行為。 11. 表現關注和鼓勵他人的行為。 12. 向他人表達自我。 13. 在適當時機、以適當方式介紹家人、朋友或其他人員。 14. 適當尋求他人注意、協助和同意。 15. 以適當的方式與他人對話及參與活動。 16. 具備發展和維持人際關係的技能。

（續）

表 10-7（續）

向度	內容
互動	D. 社交互惠 17. 適當回應他人的關注和鼓勵行為。 18. 適當回應他人的請求行為。 19. 在適當時機以適當方式回應他人幽默或開玩笑的互動行為。 20. 適當回應與處理他人非正向的互動行為。 21. 具備適當處理人際互動問題的認知、態度和行為。 22. 表現輪流和等待的行為。 23. 表現分享的行為。

● 註：綜合整理自《十二年國民基本教育身心障礙相關之特殊需求領域課程綱要》（2019）、Begun（1995）、Bellini（2011）、Cartledge 和 Milburm（1995）、Frey 等人（2019）、A. P. Goldstein（1999）、Sargent（1998）、Stephens（1992）、Wilkerson 等人（2014）及 J. Wilkinson 和 Cante（1982）的資料。

（2）社會技能的教學

以下探討選擇學生所需的社會技能並透過親師生合作來教導，以及透過課程統整來教導社會技能兩方面。

①選擇學生所需的社會技能並透過親師生合作的方式來教導

在選擇學生所需的社會技能方面，教師可以參考表 10-7 做選擇，以表 10-7 中尋求注意和協助為例，它是 Alber 和 Heward（2000）所謂的**爭取技能（recruitment skills）**。教室是個極度忙碌的地方，就算是最能掌控全局的教師，還是無法照顧到所有學生，尤其是那些較不主動求助的學生（Newman & Golding, 1990）。研究顯示教師較容易注意有干擾行為的學生，更勝於安靜聽講或做作業的學生（Walker, 1997）。即使特殊教育教師期待普通班教師為部分身心障礙學生做教學的調整，都未必可行。Schumm 等人（1995）訪談大部分中學教師，他們都認為身心障礙學生應該要負起求助的責任。因此知道如何有禮貌地請求教師協助，可以幫助身心障礙學生更獨立，而且獲得他們期待的教學和協助。Craft 等人（1998）研究發現，**尋求教師注意**方案能提升四位國小智能障礙學生的作業完成率。

Alber 和 Heward（2000）提出以下四類學生需要教導爭取技能：**退縮、不主動求助；匆促完成作業想獲得讚美；會以不適當方式**（例如：大吼大叫）**獲取教師注意；**以及**雖然會以適當方式獲取注意，但是頻率過高，造成教師困擾的學生**。Alber 和 Heward 建議以下六個教導步驟：一為**界定什麼樣的行為表現可以尋求普通班教師的注意，**

例如：完成指定功課。二為**教導自我管理**，教導學生在尋求普通班教師的注意前，必須先自我評鑑行為表現得如何（例如：「我的作業做完了嗎？」）。三為特殊教育教師**教導學生適當的爭取技能**，包括何時、如何、多常尋求注意、要說什麼，例如：「請看我的作業」、「我做得好嗎」、「我做得如何」，敘述愈簡短愈好，而且變化說法，以避免像鸚鵡般地複述；以及在教師給予注意後，如何適當地回應（要有眼神接觸，並且微笑說謝謝）。至於怎樣表現才算適當，端賴普通班教師的觀點與教學活動的性質（講述、寫作業）而定，做教室觀察和訪談普通班教師可以獲知。

四為**示範和角色扮演爭取技能**，首先教師示範爭取技能，示範時放聲思考是好的方法，例如：「我已完成我的作業，現在我要檢查它，我有寫我的名字嗎？」「是的。」「我有做完所有題目嗎？」「是的。」「我遵循所有步驟嗎？」「是的。」「我的老師現在看起來不會很忙，我要舉起手，安靜地等待他走到我的桌旁；之後告訴他，我做完作業了，請看我的作業。」接著，安排另一位學生扮演普通班教師，特殊教育教師協助受教學生表現爭取技能。在角色扮演過程中提供讚美和矯正性回饋（corrective feedback），直到受教學生能正確表現爭取技能為止。五是**為學生準備替代反應**，當然不是學生每次嘗試，都會獲得教師的讚美，有時甚至會得到批評（例如：「這都做錯了，下次要更注意。」）。安排角色扮演教導學生面對這種情況，並且讓他們練習禮貌的回應（例如：謝謝老師幫我）。六為**促進學生將所學的爭取技能遷移至普通班**。

②透過課程統整教導社會技能

Gregory 和 Leon（2003）指出，可以將社會技能的教學統合於其他課程領域中，透過**課程統整**來教導社會技能，達到成功融合的目標。在此教學過程中，普通班教師是主要課程設計和執行者，特殊教育教師則提供諮詢服務，例如：Walther-Thomas 等人（2000）舉例在語文某個單元的故事中，要學生思考：他們最喜歡哪個人物？為什麼？喜歡他是因為他具備哪些社會技能？而在教導社會技能上，宜透過親師的合作，鈕文英等人（2001）根據其研究的經驗指出，在進行社會技能的教學時，宜注意：（1）特殊教育教師和普通班教師合作擬訂和實施；（2）除了正式課程外，課程宜延伸到學校的任何機會或情境下，給予適當的引導；（3）課程的進行方式宜多鼓勵學生參與；（4）教師必須以身作則，隨時示範適當的社會技能；（5）讓家長了解課程內容，並鼓勵他們參與，在家庭與社區中指導孩子；（6）對於學生的行為表現給予經常的回饋。我整理國外和臺灣「社會技能和認識差異教學方案」（如附錄 61），以及鈕文英等人發展之「普通班人際互動課程舉例」（如附錄 62），供教師參考。

教師可以因應學生的需求，進行不同層次的社會技能訓練。Odom 和 Brown（1993）表示，依訓練方案需要的諮詢量，以及特殊化介入的深度，社會技能訓練由少至多共分成五個層次：層次 1 是學生融合於適合其發展的方案中，例如：特殊需求學生融合於符合其實齡、能讓他們在課業學習和社會互動上有實質參與的班級。層次 2 是諮詢與活動本位的介入，亦即有特殊教育教師提供諮詢服務，並且配合現有課程設計活動，促進特殊需求學生和一般學生的融合。層次 3 是情感交流的訓練活動，意味另外設計和實施訓練活動，以促進特殊需求學生和一般學生的情感交流。層次 4 是結構性的社會統合小組，是指安排結構性的社會統合小組，例如：為特殊需求學生建立同儕夥伴、同儕網絡等，有計畫地促進特殊需求學生的社會統合。層次 5 是直接的社會互動介入，也就是針對特殊需求學生不適當或欠缺的社會技能，或是針對他們與一般學生互動上的問題，進行直接的介入，如圖 10-8。前述教導學生爭取技能是屬於 Odom 和 Brown 所提層次 5 的訓練方案；而透過課程統整教導社會技能則屬於層次 2 的訓練方案。

圖 10-8　不同層次的社會技能訓練方案

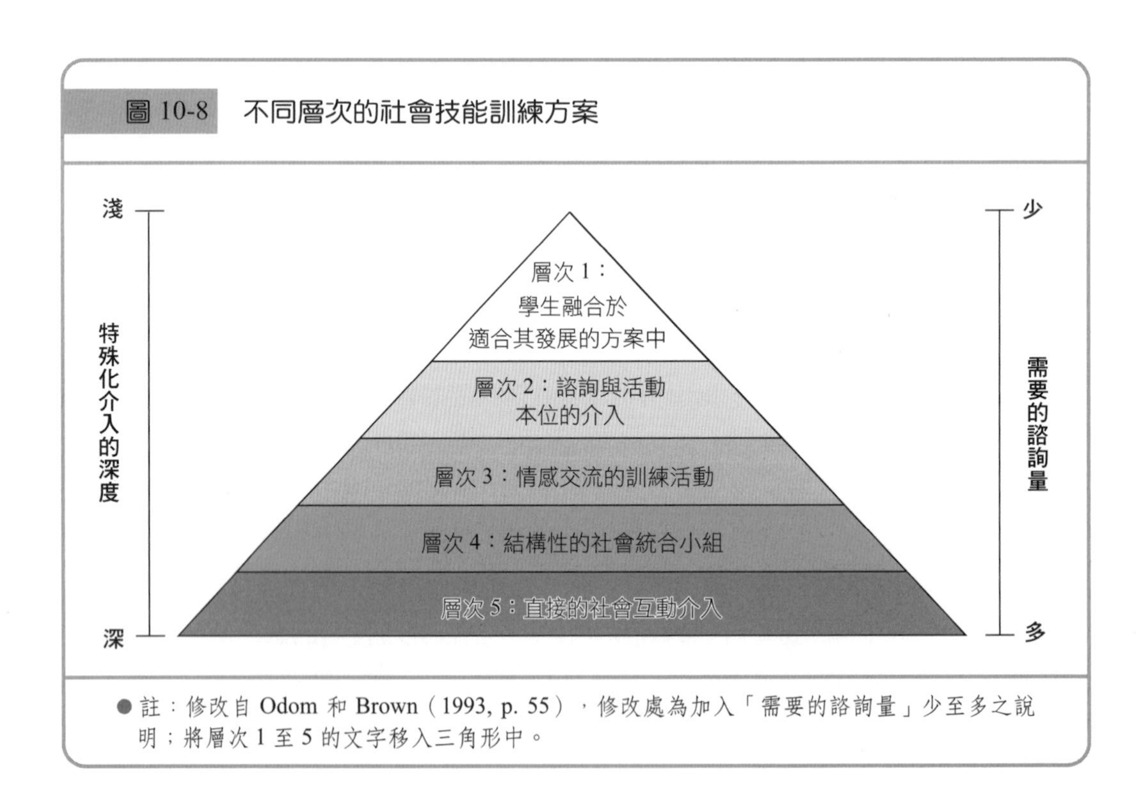

● 註：修改自 Odom 和 Brown（1993, p. 55），修改處為加入「需要的諮詢量」少至多之說明；將層次 1 至 5 的文字移入三角形中。

L. Fox 和 Hemmeter（2014）及 Gresham（2018）根據 PBS 三級預防的概念，提出支持社會—情緒能力三個層次：一是全方位之社會—情緒學習的介入，包括建立正向楷模、充滿鼓勵和回應的關係、營造高品質支持的全方位教室環境；此呼應 S. Vaughn、Kim 等人（2003）回顧學前特殊需求兒童社會技巧的教學研究結果：有必要訓練父母或同儕作為楷模，並給予正向回饋，以促進特殊需求學生利社會行為。二是選擇之社會—情緒學習的介入，可以採小組形式，介入標的之社會—情緒能力，包括：教導辨識和表達情感，教導和支持自我監控、處理憤怒與挫折的策略、解決社會問題、合作的回應方式、交友技巧，以及與家長合作教導社會情緒技巧。三是深入之社會—情緒學習的介入，含括召集一個團隊、制定個別化的行為支持策略、實施行為支持計畫、進行持續監測、視需要修改計畫。其中，全方位之社會—情緒學習的介入如同 Odom 和 Brown（1993）的層次 1 至層次 4，選擇和深入之社會—情緒學習的介入如同 Odom 和 Brown 的層次 5。

（四）後果處理策略

Kern 等人（2021）指出，最好的後果處理策略須依個體的能力、理解程度和功能評量的結果來量身訂做，介入有兩個目的：一為**增加正向行為的表現**，採取的作法為**提升正向行為的效能**；另一為**減少目標行為問題的發生**，採取的作法為**降低目標行為問題的效能**。除此，可**提示正向行為**。在提升正向行為的效能方面，通常是使用**增強（reinforcement）策略**，留意一開始的增強需立即且一致，使正向行為的效能提高；而增強物的選擇宜盡可能符合行為的自然後果，例如：讚美或參與喜歡的活動等。在提示正向行為方面，當個體出現行為時，不要注意他的目標行為問題，給予具體的**矯正性回饋**，讓個體知道目標行為問題不能獲得他想要的後果，並且**重新指令（re-direct）**他表現正向行為，亦可以藉由讚美其他人的正向行為來提示個體表現。在降低目標行為問題的效能方面，可以採用**削弱（extinction）策略**，忽略個體引起注意的行為；以及讓個體的**目標行為問題得到不愉快的後果**，這種後果是**自然、合理和具教育意義的**，例如：採用隔離（time-out）策略。

而對於特別嚴重的攻擊、暴力或傷害行為，尤其遇到緊急情況，為避免嚴重的殺傷力和破壞力，**危機情況的處理策略**就變得很重要了。綜合文獻（Bambara et al., 2015; Kerr & Nelson, 2009），危機情況的處理策略包括注意下列 11 項原則：**充分的準備、集合充足的人力來處理、保持冷靜的處理態度、撤除環境中的危險物品、消除引發目標行為的前事、運用地理形勢的屏障來保護自己、緩和個體激動的情緒、使用磋商策略促進彼此的溝通、使用刺激轉換策略轉移個體的注意焦點、使用身體制伏來中斷目標行為**，以及**記錄危機處理的過程和結果**。

（五）其他個體背景因素介入策略

除了上述四種策略外，還有「其他個體背景因素介入策略」，焦點在改變個體背景因素，是指介入除了「能力」以外的其他個體背景因素，即生理、認知、需求和情緒因素，例如：**介入藥物和飲食、了解和因應學生的氣質、了解和因應學生未獲滿足的需求、積極聆聽和同理反映學生的情緒、增進學生對目標行為問題的覺察與解決動機和建立正確歸因**，以及**調整學生負面的思考和提升自我效能**等（鈕文英，2022）。

這五類 PBS 策略的運用，可以幫助教師全面介入行為問題，不再只是治標，而能治本，整個「正向行為支持策略架構」如圖 10-9。《特殊教育法施行細則》（1987/2020）第 9 條規定之五項要素中提及，對於有情緒與行為問題的學生，可以在 IEP 中擬訂行為功能介入方案與行政支援。其中，行為功能介入方案即 PBS 計畫，而在實施過程中若需要行政支援，則可以訂定，特殊與普通教育教師可以共同討論訂定。

四、從正向行為支持的概念檢視教師處理學生行為問題的迷思與事實

在處理行為問題時，教師本身的態度與行為很重要，Barbetta 等人（2005）曾撰文探討教師在行為管理上所犯的 12 項錯誤；我參考他們的說法，加入其他文獻（Kauffman et al., 2010; Kerr & Nelson, 2009; Nordlund, 2003）和自己的觀點，進一步擴充，從 PBS 的概念，檢視教師處理學生行為問題的迷思與事實，將之整理於表 10-8。

其中表 10-8 第四點迷思和正思提及，教師在面對學生冒犯自己的行為時，保持鎮靜的態度很重要，不要將它解讀為「衝著自己而來」，是故意與自己唱反調；教師若如此解讀，會容易被學生的行為所激怒，並且失去客觀性。教師最好能了解行為問題的原因和功能，以專業的方式去處理，並且採用**肯定的行為管教**（assertive discipline）面對學生冒犯自己的行為。Canter（2010）表示肯定的行為管教是相對於「敵對（hostile）的行為管教」，它主張教師不被學生敵對的話語所激怒，以平和的語氣，具體表達感受和期待，如附錄 63 的舉例說明。插畫 10-6 中教師對一位學生「你是一個老巫婆」的說法，透過幽默的方式化解師生間的緊張關係。

圖 10-9 正向行為支持策略架構

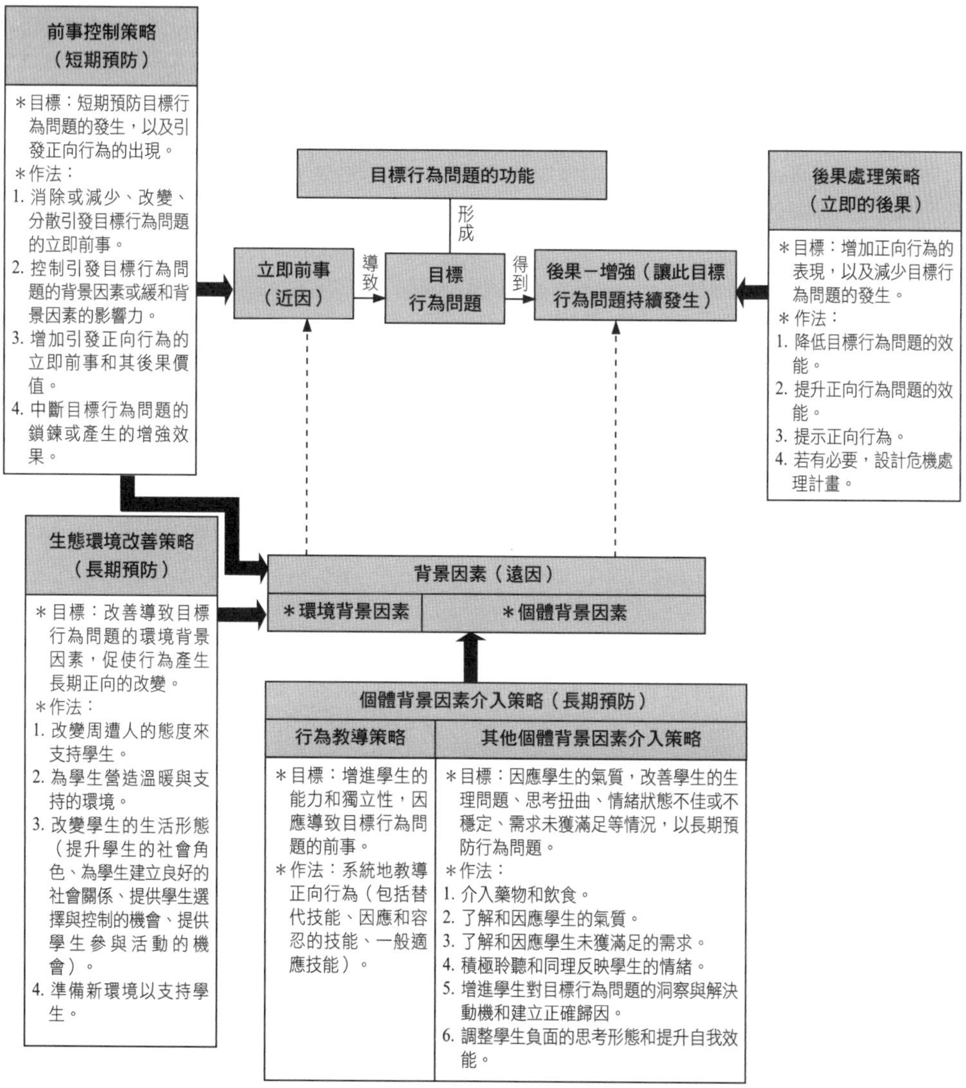

前事控制策略（短期預防）

＊目標：短期預防目標行為問題的發生，以及引發正向行為的出現。
＊作法：
1. 消除或減少、改變、分散引發目標行為問題的立即前事。
2. 控制引發目標行為問題的背景因素或緩和背景因素的影響力。
3. 增加引發正向行為的立即前事和其後果價值。
4. 中斷目標行為問題的鎖鍊或產生的增強效果。

目標行為問題的功能

形成

立即前事（近因） 導致 **目標行為問題** 得到 **後果－增強（讓此目標行為問題持續發生）**

後果處理策略（立即的後果）

＊目標：增加正向行為的表現，以及減少目標行為問題的發生。
＊作法：
1. 降低目標行為問題的效能。
2. 提升正向行為問題的效能。
3. 提示正向行為。
4. 若有必要，設計危機處理計畫。

生態環境改善策略（長期預防）

＊目標：改善導致目標行為問題的環境背景因素，促使行為產生長期正向的改變。
＊作法：
1. 改變周遭人的態度來支持學生。
2. 為學生營造溫暖與支持的環境。
3. 改變學生的生活形態（提升學生的社會角色、為學生建立良好的社會關係、提供學生選擇與控制的機會、提供學生參與活動的機會）。
4. 準備新環境以支持學生。

背景因素（遠因）

＊環境背景因素　＊個體背景因素

個體背景因素介入策略（長期預防）

行為教導策略	其他個體背景因素介入策略
＊目標：增進學生的能力和獨立性，因應導致目標行為問題的前事。 ＊作法：系統地教導正向行為（包括替代技能、因應和容忍的技能、一般適應技能）。	＊目標：因應學生的氣質，改善學生的生理問題、思考扭曲、情緒狀態不佳或不穩定、需求未獲滿足等情況，以長期預防行為問題。 ＊作法： 1. 介入藥物和飲食。 2. 了解和因應學生的氣質。 3. 了解和因應學生未獲滿足的需求。 4. 積極聆聽和同理反映學生的情緒。 5. 增進學生對目標行為問題的洞察與解決動機和建立正確歸因。 6. 調整學生負面的思考形態和提升自我效能。

●註：——→外顯關係，- - - -→內隱之影響歷程，➡策略介入之歷程。

表 10-8　特殊需求學生行為問題處理的迷思與事實

迷思	事實
1. 視行為問題為不適應、脫序、異常和偏差的，會造成周遭人的困擾，故必須消除它。	1. 行為是有溝通意義、有目的、有功能的；相似形態的行為幾乎發生在每一個人身上，但是可能功能不同；另一方面，亦有可能行為的功能相同，但是表現的行為形態不同。
2. 因為自己對學生的喜惡，而影響對他們行為的接納度和處理，甚至給他們不適當的標籤。	2. 不管學生的障礙狀況、學習能力、行為表現等，接納所有的學生；並且視學生的行為問題為進一步了解他們的機會。
3. 教師未注意自己給學生的身教示範，言教和身教之間產生落差。	3. 要學生遵守某些規範，或是表現某些適當行為，教師會注意自己給學生的身教示範，率先表現出來。
4. 教師將學生冒犯自己的行為解讀為「衝著自己而來，不服從我的指令」，採用「敵對的行為管教」面對學生冒犯自己的行為。	4. 教師若將學生冒犯自己的行為解讀為「衝著自己而來」，會容易被學生的行為所激怒，並且失去客觀性。教師最好能了解行為問題的原因和功能，以專業的方式去處理，並且採用「肯定的行為管教」面對學生冒犯自己的行為，亦即不被學生敵對的話語所激怒，以平和的語氣，具體表達感受和期待。
5. 針對表面的行為去反應，而未了解行為問題的原因和功能，並且使用同樣的策略介入相同形態的行為問題。	5. 不是相同形態的行為問題都可以使用同樣的策略，還要考慮行為的功能。
6. 當學生出現不適當行為時，教師常犯的錯誤是將之歸因於「動機」的問題。	6. 事實上，很多學生不適當行為之肇因是「能力」的限制，尤其身心障礙學生更是如此。因此，處理行為問題的積極作法是教導學生替代的正向行為，擴充學生的正向行為。
7. 只告訴學生不可以做什麼，沒有告訴學生可以做什麼。例如：一位學生下課在走廊上奔跑，一位教師大喊：「下課不要給我亂跑，你應該知道班規！」	7. 具體地告訴學生哪些是正面的行為，讓他們非常明白被期待的行為是什麼，並且引導他們了解不適當行為的後果，例如：一位學生在走廊上奔跑，教師說：「在走廊上奔跑可能會撞傷別人，請用走的。」
8. 教師僅在行為問題出現後滅火，而沒有採取預防的措施。	8. 處理策略包含預防、教導、反應和其他四方面。
9. 認為行為問題的肇因是學生本身，而未將學生行為問題的原因與課程和教學關聯在一起。	9. 教師宜思考學生的行為問題是否與課程和教學有關，例如教師宜思考：我對學生在課程學習上的期望和要求是否適當？我選擇的課程是否適合學生？
10. 教師將注意的焦點放在學生的不適當行為上，而未注意其好的行為，甚至認為好的行為是應該的。	10. 教師將焦點全放在學生的不適當行為上，特別是這項行為是要引起注意時，可能負向地注意了他的不適當行為，因而間接地鼓勵其行為問題。有學習和行為問題，缺少關愛的學生，常需大量的鼓勵和讚美；因為他們平常接受鼓勵和讚美的機會比較少。因此，教師宜提供學生表現適當行為的機會，而後在他表現出來時給予鼓勵。

（續）

表 10-8（續）

迷思	事實
11. 讚美學生時，未具體指出他什麼樣的行為受到讚美，或是讚美學生本來已有的天賦，例如：「你長得很漂亮、很可愛。」	11. 讚美學生時，最好能加入學生的名字，使讚美的敘述更加個人化，並且具體指出他什麼樣的行為受到讚美。另外，不是讚美學生本來已有的天賦，而是讚美學生自己努力的結果，例如：「小明從打鐘上課到現在，都很專心聽講。」
12. 誤用忽略的策略。	12. 唯有行為問題的功能主要在引起注意，使用忽略才會有效。
13. 在班級經營時，僅將注意的焦點放在某些學生的不適當行為上，而忽略了班上的其他學生。	13. 當一位學生上課不專心時，教師宜及時、具體地讚美其他正專心上課的學生，而非僅斥責該位學生，專注於其錯誤行為；這個方法不僅能鼓勵專心上課的學生，對於該位學生的不適當行為也有提示的作用。
14. 批評學生本身，而沒有具體指出學生行為的不正確處，或是舊事重提，未針對此時此刻的行為，例如：你笨死了，你又錯了！	14. 針對學生的行為，而不是批評學生本身， 並且具體指出學生目前行為的不正確處， 以及重新指令正向行為。
15. 對學生不適當行為採取的處理方式和行為不相關、不合邏輯、沒有教育意義；而且沒有考量學生的能力和生理年齡。	15. 對學生不適當行為採取的處理方式和行為直接相關、有邏輯的關係、具有教育意義，而且有考量學生的能力和生理年齡，例如：學生的不當行為如果造成別人的損失，必須有所補償。
16. 採取連坐處罰，藉著團體壓力來介入學生的不適當行為。	16. 連坐處罰會對因表現不佳而導致全組或全班失敗的學生，造成負向的同儕壓力，並且讓他成為受指責的對象。教師宜採增強而非嫌惡的處罰方式，營造正向的同儕影響，而不要變成負向的同儕壓力。
17. 教師對學生適當和不適當行為的反應方式不一致。	17. 對學生適當的和不適當的行為反應不一致，會造成學生認知的混淆，而且可能增加不適當行為發生的頻率或強度。因此，教師對學生適當和不適當行為的反應方式宜一致。
18. 以一致的標準要求學生行為的表現，未考慮個別差異。	18. 處理策略的擬訂和執行須考慮學生的個別差異，並掌握逐步漸進的原則。
19. 教師不能提供學生任何選擇和決定的機會，否則教師控制學生的權力會喪失。	19. 從控制權的角度來看，嚴重行為問題，例如：自傷或傷害別人，都可以說是學生用來行使控制權的利器，特別是在學生極少被賦予選擇和控制機會的情況下。因此，教師宜適度提供學生選擇和控制的機會，並且教導他們為自己的選擇負責任。
20. 處理行為問題時僅強調改變個體本身的行為，而未考慮環境的調整。	20. 新的行為問題處理觀念不再只強調改變個體本身的行為，也要改變生態環境，營造一個支持個體改變的環境，例如：改變環境中重要他人對個體的態度與期待，為個體建立融合且常態化的生活形態等，藉著系統地改變環境，形成自然支持的網絡，以協助個體適應環境。如此不只能減少行為問題，同時能促進個體整個人生的改變。

（續）

表 10-8（續）

迷思	事實
21. 過度使用或誤用隔離。	21. 隔離和不隔離的情況必須有極大的差異，不隔離的情況要更具吸引力和增強效果，如此隔離才會有效，例如：一位學生不喜歡上數學課，在數學課隔離該生，剛好正中下懷，不用上數學課。另外，隔離必須達到減少目標行為發生的目的，如果沒有達到此目的，表示隔離無效，須轉而使用其他策略。
22. 學生第一次出現行為問題時，就下猛藥，採取嚴厲的處罰策略，讓學生下次不敢再犯錯。	22. 嫌惡策略具有下列幾項缺點：（1）易引發學生的負面情緒和攻擊行為；（2）會使得相關情境和人成為制約懲罰物；（3）未建立新行為只抑制行為問題；（4）學生會模仿教師的負面處理方式；（5）形成恐懼的班級氣氛。教師宜採取非嫌惡或正向的處理策略，並且引導學生把錯誤當作學習的機會，讓他們思考：我從錯誤中學到……。
23. 一直仰賴外在的處理策略控制行為問題，卻一直停留在「外控」階段，而未能「內控」。	23. 在學生行為問題處理效果穩定之後，教師宜設計一系列褪除策略，以及促進維持和類化的程序，以增進學生的自我管理 。
24. 教師將自己視為唯一的教室管理者，或行為處理者，單打獨鬥。	24. 單打獨鬥在短期的教室管理上，教師也許還可以應付；但是在長期的教室管理上，教師可能失去熱情、耐性，而且效能降低。因此，最好能由生態環境中的相關人員，以團隊合作的方式進行教室管理，或是發展和執行行為處理方案。
25.「行為問題的減少」為評量行為處理方案成效的指標。	25. 以多元指標評量行為處理方案的成效，包括促進學生行為的改變，如減少行為問題，增加正向行為、提升人際關係等。

插畫 10-6　因應師生間的緊張關係

透過幽默化解師生間的緊張關係。

貳、融合班級中學生情緒行為輔導的實證研究

在融合班級中學生情緒行為輔導的實證研究上，我分成兩方面來探討：普通教育教師行為介入策略使用狀況之研究，以及針對普通班特殊需求學生行為介入之研究。

一、普通教育教師行為介入策略使用狀況之研究

鈕文英（2006）探究被推薦具成效的 32 位國小融合班教師，他們在班級經營上的作法，情緒行為的輔導策略包括：第一，**了解情緒行為問題的形成原因**，例如：NT7 表示如此會增加對行為問題的包容和諒解，也較能找到適合的處理方法（I1NT7-11A）。第二，**明確傳達行為的標準和期待**，例如MT4 表示：「我會坦白跟他（自閉症學生）說：『不可以亂摸女生的屁股，因為這是一種禮貌。』尤其他媽媽喜歡把他打扮得很帥，我就跟他說：『帥哥是不會隨便摸人家的。』」（I1MT4-7D）第三，**教導和增強正向行為以取代問題行為**，例如：NT4 班上的身體病弱學生常擤鼻涕，離開座位到廁所丟衛生紙，他提出其處理方式：「我給他掛一個袋子在椅子上，然後他每節下課處理掉。除此，當他整節課都沒有起來丟紙屑時，則請同學給他愛的鼓勵。」（I1NT4-7B）又例如：ST11 鼓勵班上的 AD/HD 學生，加入學校的足球隊，以發洩他旺盛的體力，減少他與同儕肢體衝突的問題行為（I1ST11-8A）。第四，**教導學生辨識和表達情緒**，像是 NT1 會隨機教導學生適當表達情緒：

> 有時候小朋友的情緒會寫在他的臉上，他需要的是一個適當的紓解。……我發現小朋友很會說話，但是不會表達他自己，所以他們只要有衝突，譬如說哪個小朋友很生氣，……我會找那個讓他生氣的原因來，叫他跟他說：「請你不要打我，你這樣讓我很傷心。」……我覺得一定要表達，就是因為他不會表達，所以他選擇用這樣憤怒的情緒來發洩；而另外一個就要說：「對不起，請你原諒我。」（I1NT1-12B）

第五，**協助學生洞察其問題的成因**，例如：ST4 針對班上一位學障學生人際關係不佳的問題，會跟他談原因：「像那一次跟他談，他自己就說他們（班上其他同學）都說他愛生氣，說他愛哭。我說：『對呀！這是人家不想跟你玩的原因；若你改了，大家都會想跟你玩。』那後來就發現他有在改。」（I1ST4-8C）第六，**處理行為問題時，注意維護學生的自尊**。

○○（身體病弱學生的名字）某些時候會拚命舉手，你點了他之後，他可能會答非所問；可是你要幫他找一個理想的下臺階，你會說：「○○好勇敢，沒有人敢舉手，只有你敢舉手。」反正你就是要把這種狀況轉過來。（I1NT4-9C）

第七，**以鎮靜的態度面對情緒行為問題**。第八，**以逐步漸進的原則處理情緒行為問題**。第九，**身教示範適切的行為**，像是如何與他人互動，如何給予他人協助，如何管理自己的情緒等。

當○○（自閉症學生的名字）有狀況，或是在鬧的時候，我的表情都是非常平靜，因為我們小朋友剛開始的時候會非常大驚小怪。……我的第一句話是沒關係，○○來，其他小朋友你們先做什麼。……我就是裝得好像很平常，但是我就去處理。……慢慢地我發覺小朋友就習慣了。（I1NT9-5C）

〈您如何處理他抗拒的行為呢？〉這麼多活動只讓他（AD/HD學生）做一個，然後這一個等他已經習慣熟練了，再給他加一個，慢慢加，後來加到學期末時，他已經把所有東西都做好了，他也不覺得，他只覺得老師只給我一樣呀！（I1ST4-13A）

我在教他（情緒行為障礙學生）情緒管理，我也在做示範啊！要講理，真的要講理，不然孩子會覺得很委屈。……有很多老師在處理的時候，自己的情緒控制沒有做好，明明是關心，孩子接受到的卻是責罵。……處理任何事情不要把自己當法官，在班級裡面可能扮演一點點法官的角色；但別忘了我們是老師，要教他怎樣去面對下一次。（I1ST9-4B）

二、針對普通班特殊需求學生行為介入之研究

我從國外和臺灣兩方面，呈現針對普通班特殊需求學生行為介入之研究。

（一）國外的研究

國外針對普通班特殊需求學生行為介入之研究，有部分研究採同儕中介的教學與介入策略，這些研究已於第 8 章呈現；除此，我依年代先後，將 1990 至 2021 年，採用其他教育取向行為處理方法的 17 篇研究整理於附錄 64。介入方案有 **PBS**（包含個別、全班和全校PBS）或**功能本位的介入策略**、**功能性溝通訓練**、**聯合行為諮詢**（conjoint behavioral consultation）、**自我管理策略**（例如：自我監控）、**教導正向行為**（例如：社會技能、問題解決技能），以及**結合課程調整**（是一種前事控制策略）**和自我管理策略**等，研究結果呈現這些介入方案均有正面的效果。

另有 E. G. Carr 等人（1999）回顧 109 篇採取 **PBS** 的實證研究，結果有以下六點重要發現：第一，在幾乎三分之二行為介入的研究中，PBS 能成功減少 80% 問題行為的出現率。第二，藉著功能評量發展介入計畫能促進成功的行為改變。第三，當重要他人（例如：教育人員、家人）改變他們對個體的行為時，PBS的效果高於未改變者。第四，當能調整個體所處的生態環境時，PBS 的效果高於未調整者。第五，由個體的重要他人執行 PBS 計畫，會比由研究者、臨床工作人員等與個體不相關的人士執行來得更有效。第六，PBS 對於多重障礙者的效果，和單一障礙者（例如：智障、視障）同樣有效。

Watkins等人（2019）分析 1997 至 2017 年間，28 篇社會技能訓練對融合情境 3 至 21 歲泛自閉症學生之介入成效，結果發現：國小的效果稍優於學前，學前又稍優於國中以上的參與者；女性的效果稍高於男性；成人和同儕中介的效果優於成人中介，而成人中介需要特殊和普通教育教師協同合作，融合情境中雖然自閉症學生增加，但是學校行政部門只要提供教師必要的資源和培訓，並且促進特殊和普通教育教師的合作，就能成功滿足自閉症學生的社會技能需求。另外，Watkins 等人進一步指出，雖然功能本位介入、同儕中介、視覺支持和自我監控策略皆對自閉症學生社會技能有很好的介入效果，但教師、其他學校人員合作實施的功能本位介入效果相較於其他三者更好。由此可知，有必要了解學生社會技能不佳的原因與功能，據此設計介入策略。

（二）臺灣的研究

臺灣針對普通班特殊需求學生行為介入之研究，多數針對身心障礙學生，且有部分研究採同儕中介教學與介入策略，這些研究已於第 8 章呈現；除此，我依年代先後，將 1990 至 2022 年，採用其他教育取向行為介入的 45 篇研究整理於附錄 65。其中，介入方案有 **PBS 和功能本位的介入策略**、**自我管理（例如：自我監控）**、**社會故事**（**social story**）、**教導正向行為**（例如：社會技能、情緒處理、人際問題解決能力）、**特教與普教教師合作調整普通班生態環境的多重處理策略**、**結合社會技能訓練和自我管理策略**、**運用班級經營策略**等。

多數教導正向行為的方案採抽離的方式進行，效果有不一致的情形；林芳如和鈕文英（2006）的研究雖然採抽離至資源班中進行教學，但在設計方案時強調**貫情境的介入**（**trans-situational intervention**），亦即在設計社會技能教學方案時，在學生表現該技能的所有情境中，安排共同的刺激（像是相同的提示），所以有類化效果。僅鈕文英等人（2001）的人際互動課程採抽離和融入班級的方式進行，同時教導一般學生和身心障礙學生；他們認為在普通班級裡，教師不只要改變身心障礙學生的行為，也需要調整一般同儕對他們的看法和互動方式，如此才能在班級中營造自然支持系統，促使身心障礙學生有更長期的改變。多數研究顯示有立即的介入成效，並且具有維持效果；但部分研究顯示在不同對象和行為的效果不一致，以及類化成效有限。這些研究提醒教師，在介入普通班特殊需求學生的情緒行為問題時，宜考慮普通班的生態環境，採團隊合作、抽離和融入班級的方式介入，一方面改變特殊需求學生的行為；另一方面也要調整一般同儕對他們的看法和互動方式，營造支持的環境。

總結

本章探討普通教育教師如何進行生活程序的管理，以及情緒行為的輔導。在生活程序管理上，從班級常規的訂定、作息時間表的安排、AT和支持服務的提供、身體健康的照顧，以及緊急情況的處理五個部分探討。而在情緒行為的輔導上，強調PBS的方法，它認為學生的行為問題在表達一種「尋求了解」的語言——期待教師能夠了解他們的內在需求。針對導讀案例中陳老師遭遇的狀況，針對小智不睡午覺的問題，我建議安排午睡時間他可以從事的活動；針對小智干擾、分心的問題，首先宜了解小智分心、干擾行為的原因和功能，之後設計 PBS 計畫。而針對其他學生不願意讓小智加入小組的問題，可先同理地了解學生顧慮之處，而後採取第 8 章所提「依賴型的團體行為後效策略」，與全班訂定具共識的規則——只要小智 5 分鐘之內沒有干擾、分心等行為問題，則可為小組加 1 分，並且鼓勵小智表現適當行為，對小組產生貢獻。

第 11 章

普通教育教師如何經營融合班（七）：課程與教學的設計

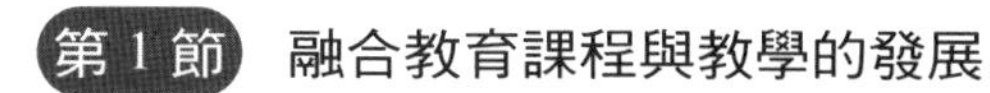

第 1 節　融合教育課程與教學的發展

第 2 節　融合教育課程與教學調整的意涵、重要性與相關因素

第 3 節　融合教育課程與教學調整方法和原則的相關文獻

第 4 節　整合的融合教育課程與教學調整模式

第 5 節　融合教育課程與教學調整的相關研究

所有的學生都能學習和成功，但不是在相同的時間，以相同的方式。（Spady；引自 Switlick, 1997a, p. 235）

導讀案例和本章目標

任教小學五年級的吳老師班上有一位智障學生（大雄），他表示：「我覺得大雄的智力只有 3、4 歲，所以我就給他幼兒習字本讓他寫；但是他好像不太願意寫，遮遮掩掩地，怕同學看到。我不知道我能給他什麼，他來上普通班的課好像在浪費時間。」

吳老師的案例讓人們思考到：大雄為什麼不太願意寫，而且遮遮掩掩地怕同學看到？老師給大雄的課程是否適切？調整課程宜注意哪些原則？

從本章的內容，讀者可以學習到：（1）融合教育課程與教學的發展；（2）融合教育課程與教學調整的意涵、重要性與相關因素；（3）融合教育課程與教學調整方法和原則的相關文獻；（4）整合的融合教育課程與教學調整模式；（5）融合教育課程與教學調整的相關研究。

第 1 節　融合教育課程與教學的發展

J. W. Wood（2002）提及，普通和特殊教育課程的發展和安置形態有關，他將之劃分為五個階段，從第一階段**僅有普通教育學校**，到第五階段**融合教育**，如圖 11-1。

依據文獻（邱上真，2003；Hitchcock et al., 2002），特殊和普通教育課程的發展可分成，僅有普通教育課程、平行式（parallel）課程、主流式（mainstream）課程、多層次（multi-level）課程和全方位（universal）課程五個階段，詳細討論如下。

壹、僅有普通教育課程階段

第一個階段是「僅有普通教育課程」，一種課程適用於所有人，這時普通教育課程是完全缺乏彈性的（邱上真，2003；Hitchcock et al., 2002）。

貳、平行式課程階段

第二個階段是「平行式課程」，這時普通教育與特殊教育課程分立並行（邱上真，2003；Hitchcock et al., 2002）。McLaughlin（1993）指出，普通教育課程偏向**發展和學業導向**，缺乏彈性；而特殊教育課程偏向**功能導向**。在這個階段，設立資源方案協助回歸普通班中的輕度障礙學生；然而，多以抽離的方式提供服務。

圖 11-1 普通和特殊教育安置與課程的發展歷史

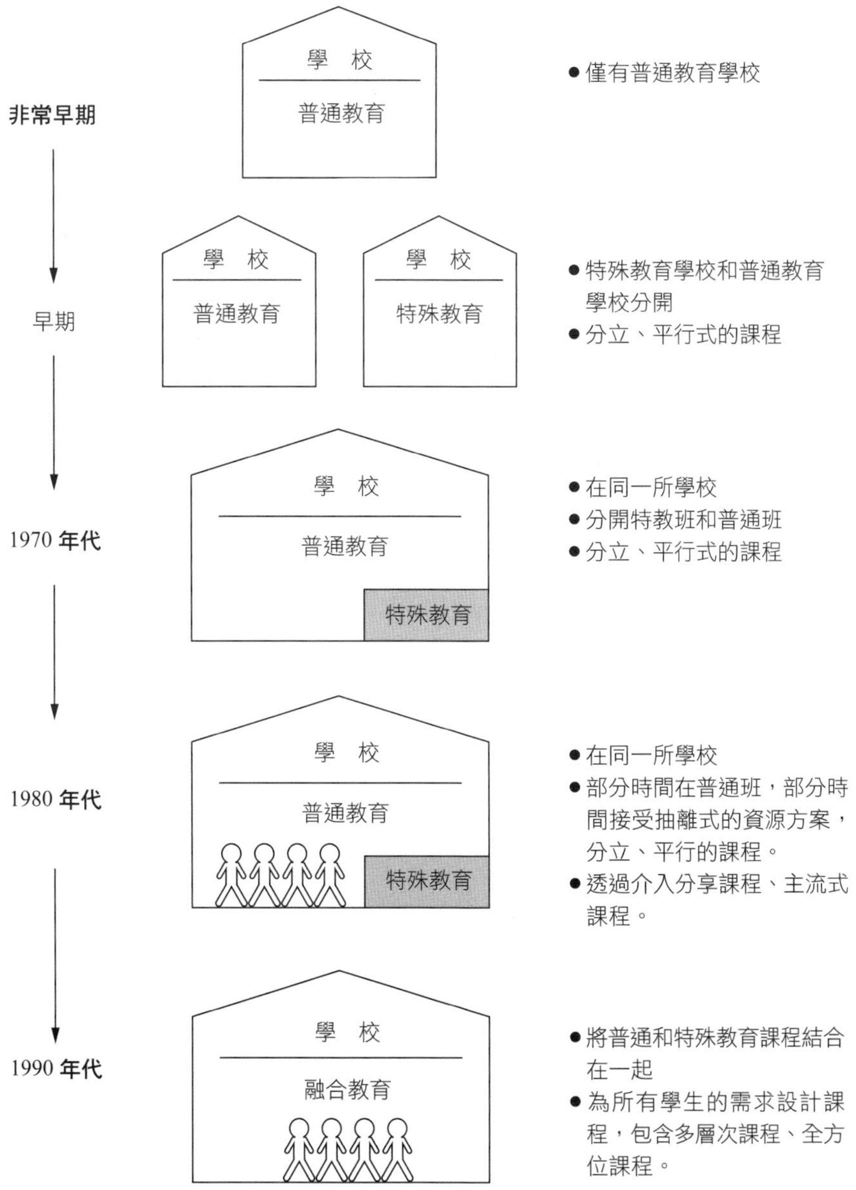

●註：修改自 J. W. Wood（2002, p. 206），修改處為改變圖象和加網底。

參、主流式課程階段

第三個階段是「主流式課程」，一種課程適用於大多數人，若個別學生有困難，則做事後的課程調整，普通教育課程缺乏彈性（邱上真，2003；Hitchcock et al., 2002）。

肆、多層次課程階段

第四個階段是多層次課程（Giangreco & Putnam, 1991; King-Sears, 1997b）或**多層次教學**（Giangreco, 2011; Peterson & Hittie, 2010），又稱作**層次化課程**（**layered curriculum**; Nunley, 2004）；Giangreco 和 Putnam 另提出**課程重疊**（**curriculum overlapping**）；C. A. Tomlinson 和 Allan（2000）擴大多層次課程的概念，提出**適異性課程**或**適異性教學**（或譯為「差異化教學、區分性教學」）。在此階段，課程為不同需求的人分層設計，已具有彈性的特質，以下呈現這些課程的意涵。

一、多層次課程（教學）或層次化課程

多層次課程是指，在相同的課程領域內，教師教導相同的課程主題；但是依據Bloom學習目標層次性的概念，允許學生達到不同層次的目標，進行不同形態的學習，讓學生得以不同的方式展現其學習成果（King-Sears, 1997b）。多層次教學有以下 12 項原則：（1）看重真實學習；（2）保持教材和教法的多層次；（3）提供鷹架；（4）重視高層次思考能力和反思學習；（5）採取異質分組；（6）加強統整學習；（7）重視知識的理解與功能；（8）運用多感官學習；（9）強調優勢學習；（10）尊重學生的學習權、興趣、選擇、權力與心聲；（11）採用合作學習；（12）強調成長與努力並重的評量（邱上真，2003；Creech et al., 2000）。

Nunley（2004）提出，層次化課程允許學生有各種不同的學習活動、評量程序與學習表現，包括三個層次：一為**基本知識的獲得與理解，以及核心知識的建立**。二是**知識的應用與操作，以及問題解決與高層思考**。三是**批判思考與分析**，為最高層次與最複雜的思考。在三個層次中，Nunley 還設計許多不同形式的作業與評量，讓學生選擇。

二、課程重疊

課程重疊是「多層次課程」的一種變異，亦即若此課程內容對某位學生不適合，或是該生在達成上有困難，則從不同的課程領域中，選擇適合的目標，重疊於多數學生學習之課程領域或主題中，這時該生的課程目標和內容與其他同學完全不同（Ayres et al., 1992）；Switlick（1997a）稱之為**重疊教學**（**overlapping instruction**）。

三、適異性課程（教學）

C. A. Tomlinson（2017）界定適異性教學是：「教師依據學生在準備度、興趣和學習需求的差異，而規畫及實施不同內容（學習什麼）、過程（如何學習），和成果（如何展現學習結果）的教學。」（p. 16）教師在設計課程計畫時，能接受不同的學習方法皆有其價值，並且考慮：（1）所有學生的學習目標；（2）使用各種教學策略滿足不同學生的需求；（3）注意學生的學習風格；（4）善用發問技巧，以激發不同程度的學生思考；（5）允許學生有不同程度的學習成果；（6）提供學生選擇反應方式的機會；（7）依據個別差異原則評量學生的學習表現（Eaton, 1996; C. A. Tomlinson, 2014; C. A. Tomlinson et al., 1997）。我在表 11-1 整理適異性課程和過去課程的差異。

表 11-1　適異性課程與過去課程的差異

過去課程	適異性課程
・學生學習特質上的差異被視為影響教學是否順利進行的因素。	・無論學生間的個別差異有多大，所有學生都能成功；而學生學習特質上的差異是課程規畫前應考慮的基本要素。
・採單一智力的觀點，學生的學業成就是智力的具體表現。	・採多元智力的觀點，主張評量方式多元化。
・一種課程適用於所有學生，學生沒有選擇課程、學習活動和作業的機會。	・師生合作共同建立適合的學習目標，學生有選擇課程、學習活動和作業的機會。
・課程內容主導教學歷程，以教導學生熟稔課本上的知識和技能為主要教學目標，很少考慮學生的興趣與能力。	・學生的興趣與能力主導教學歷程，強調運用教學策略，幫助學生理解學科領域中重要的概念。
・教學策略的運用統一而缺乏彈性。	・在教學策略的運用上，因應學生不同的學習需求而保持彈性。
・是低參與的教學，包括：（1）假定學生要有充足的特定先備知識和技能才能學習；（2）一次只讓一位學生參與，很少或沒有提供學生思考時間，以及學生間互動的機會；（3）採用無結構的小組工作，教師問問題後馬上讓學生舉手回答，舉得快的人回答問題。	・是高參與的教學，包括：（1）學生不一定要有充足的特定先備知識和技能才能學習；（2）同時讓所有學生都能參與、都有思考時間，以及審慎地建構學生之間的互動；（3）使用夥伴學習（例如：思考－配對－分享）、全班性同儕教導、互惠教學（或譯成「交互教學」，reciprocal teaching，詳見第 3 節）等策略。

●註：綜合整理自花敬凱（2004）、Feldman 和 Denti（2004）及 C. A. Tomlinson（2014）。

適異性課程的特色在於，課程計畫是以全班教學為主軸，但同時考慮每位學生的需求，亦即將學生的個別學習目標融入全班的課程與教學策略中（Haager & Klingner, 2004）。S. V. Dickson 和 Bursuck（1999）提出**適異性閱讀教學的四層模式**，像倒三角形，如果學生在閱讀上有困難，則往下接受進一步的支持與協助，如圖 11-2。C. A. Tomlinson（2017）呈現適異性教學的流程如附錄 66。Feldman 和 Denti（2004）指出，適異性課程能促進**高參與的教學**，能在異質性大的班級裡，增加所有學生的主動參與；過去課程則是「低參與的教學」。

圖 11-2　適異性閱讀教學的四層模式

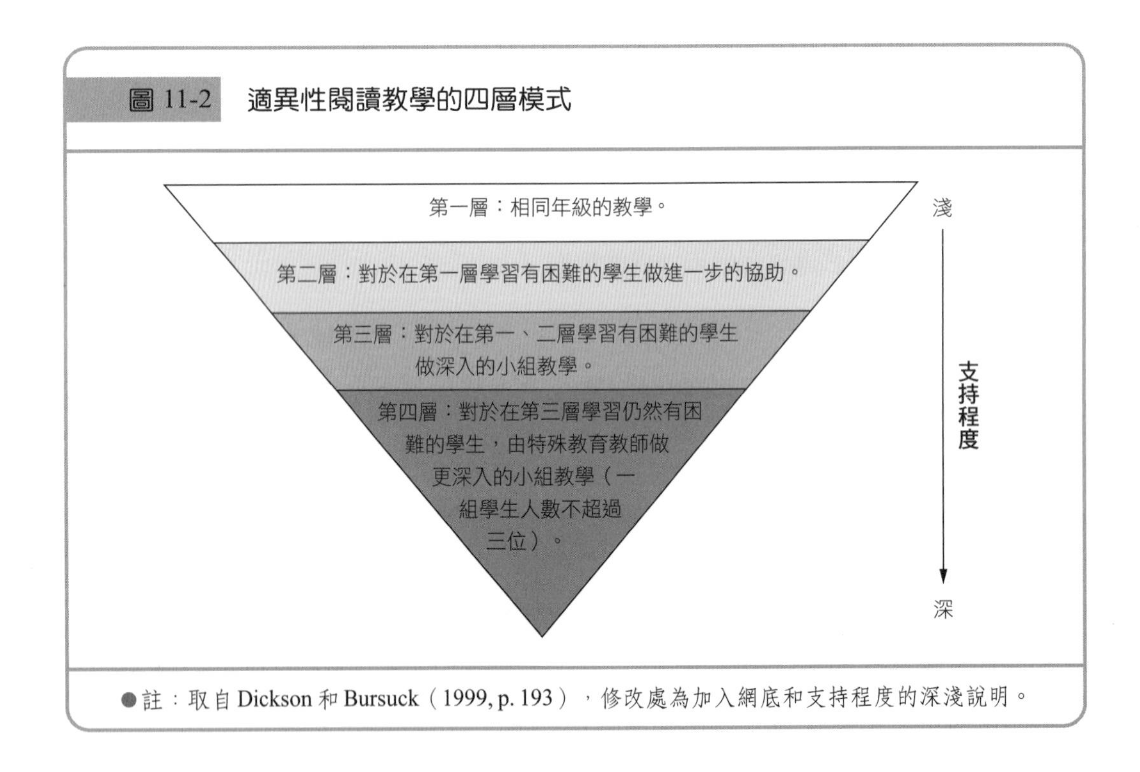

●註：取自 Dickson 和 Bursuck（1999, p. 193），修改處為加入網底和支持程度的深淺說明。

伍、全方位課程階段

第五個階段是「全方位課程」，是**為所有人設計**的課程、**為差異設計**的課程（R. Jackson & Harper, 2001; C. J. Jones, 2010; A. Meyer & O'Neill, 2001）。全方位課程是運用**全方位設計**（**UD**）的概念發展課程，亦即一開始在發展課程時，就考慮到每一位學生的獨特性，採取不同的替代方案，使各種不同背景、學習風格、能力以及障礙的個體，在不同的學習情境中皆能使用，使其能力可獲得最大的進展（The Center for Applied Special Technology [CAST], 2001; Wehmeyer, 2006）。Bremer 等人（2002）及 Howard

（2004）表示，UD是一項能支持學生接受普通教育課程的策略。正如插畫 11-1，Hamill和Everington（2002）表示：「過去的服務理念是要學生適應現有的課程，現在的服務理念則是調整課程來配合學生的需求。」（p. 15）

插畫 11-1　現在和過去服務理念之比較

過去的服務理念是要學生適應現有的課程，現在的服務理念則是調整課程來配合學生的需求。（Hamill & Everington, 2002, p.15）

UD 緣起於 1970 年代的早期，Mace 建立北卡羅萊納州立大學的全方位設計中心（The Center for UD）時，剛開始是應用於建築學中**無障礙環境的設計**，希望設計的產品能適應大多數使用者的需求，所有調整的功能是在設計建築物時即已整合進來，它除了滿足身心障礙者的特殊需求，也同時增進了其他人的使用便利與意願，例如：斜坡、自動門，不只對身心障礙者有助益，也便利了高齡者、幼兒等的使用（S. S. Scott et al., 2003）。Browder 等人（2006）即指出，UD 提供融合所有人，讓他們參與普通教育課程的藍圖。接著，應用特殊科技中心在 1984 年成立，致力於促進科技的使用，以擴展所有人（特別是身心障礙者）參與社區的機會（CAST, 2001）。之後，《IDEA 1997》規定，身心障礙學生必須有參與普通教育課程的機會，且課程必須對他們具有「可及性」。

為了讓課程具「可及性」，Orkwis和McLane（1998）提出，將UD的原則應用在學習上，稱為**全方位的學習設計（universal design for learning, UDL）**，他們表示，每位學生無論是否有身心障礙或學習困難，都需要接受有意義且能發揮其優勢的課程，以克服其身體、感官、情緒與認知障礙；而直接在課程設計中納入 UD 的原則，可節省教師花費許多時間與精力做事後的課程調整。Orkwis（1999）進一步指出，UDL 不同於「事後課程調整」的思維，主張在課程設計之始，即考慮不同學生的需求，以較有彈性、多元的方式呈現課程。事後課程調整如同建築物已完成後，才為了身心障礙者增加斜坡道等無障礙設施，因為局限於建築物本身的結構，這些外加的設施不一定能完全符合他們的需求，且要投入更多的金錢和人力；而UD主張在建築物設計之始，即考慮到未來可能會有不同身體狀況、能力的使用者，納入無障礙設施的需求，如此能以最小的投資，達最大的效果（Orkwis, 1999）。同樣地，在課程設計上，Finn等人（2001）指出，如果教師能預測和預防身心障礙者的教育問題，而不是事後進行補償或補救教學，則會讓他們有更多的助益。

UDL還有一點不同於「事後課程調整」，UDL不只應用在身心障礙學生身上，而是所有學生。Finn 等人（2001）指出過去調整的哲學（僅應用於身心障礙學生，一般學生無法獲得）與「統合」的理念背道而馳，造成身心障礙者與一般人有更多的隔離。Scotch（2000）建議，讓身心障礙學生有效統合的方式是，**讓政策全方位化**，亦即形成更融合的教育政策，將對身心障礙學生的服務應用於一般學生；而 UD 被視為促進融合之教育政策的一種取向。美國《IDEIA 2004》更明確提出 UD 的概念和意義，它是指「用來設計與傳送產品和服務的概念或哲學，此產品和服務能讓大範圍、不同能力的人們所使用」。《身心障礙者權利公約》（2006）指出全方位設計還包括**環境**和**方案**，且不應排除於必要情況下，為特定身心障礙者群體提供輔助用具。

Orkwis（1999）釐清一般人對 UD 的迷思，它不等同於「一種課程適用於所有的人」，或是「所有人都使用同一種解決方法」，更不是「降低標準以適應學生」。McGuire 等人（2006）補充另一個迷思，UDL 可以符合所有學生的需求，減少特殊教育服務的需求。而事實上，Mace於 1998 年即指出：「沒有哪一項產品能真正全方位，無論我們如何精心、周密地設計，總有一些人不能使用；話雖如此，我們會一直改進設計的產品，以讓它是更全方位可用的。」（引自 McGuire et al., 2006, p. 172）McGuire 等人表示，教師要設計盡可能融合廣泛學生的教育策略、課程或評量取向，但也要認知到某些學生仍然需要個別化的特殊教育服務和支持。

除了 UD 外，Silver 等人（1998）提出**全方位教學設計**（**universal instruction design, UID**），主張採用融合的教學策略，以讓廣泛群體的學生，包含身心障礙學生都能獲益。此外，將 UD 應用於教育環境中的尚有**全方位課程**（Blamires, 1999）、**全方位教育設計**（**universal design for education**; Bowe, 2000）、**全方位學習支持設計**（**universal learning support design**; Opitz & Block, 2008）、**全方位評量**（**universal design**

assessment, UDA; Dolan & Hall, 2001; S. J. Thompson, Johnstone, & Thurlow, 2002）等。除了將UD的概念應用在學習、評量外，A. P. Turnbull等人（2020）提出，還可運用在促進校園、教室和社區的可及性，**教室生態的全方位**（例如：座位和燈光的安排符合不同學生的需求），**作業設計的全方位**，**教育和輔助科技的全方位**，以及獲得教師、特教助理員和同儕的支持等方面。

UD 是課程發展、教學、學習和評量的新派典（Pisha & Coyne, 2001），其思維和特殊教育不同處呈現在表 11-2。由表 11-2 可知，全方位課程在設計上考慮廣泛學生的需求，所有學生都能獲得，是一種**內建式的彈性課程**，它具有支持與挑戰兼具等特質。

表 11-2　全方位設計和特殊教育思維的比較

主題	特殊教育	全方位設計
障礙	障礙存在於個體內在中的異常或損傷。	障礙是人類差異或變異的一項要素。學生的能力、心理特質等差異是連續的，而非絕對的，亦即「程度」上的差異，而非「本質」上的不同。
取得服務的資格	鑑定、測驗和標記學生，以宣稱障礙的存在，並且決定服務的取得。	在課程與教學的設計上考慮廣泛學生的需求。
融合	僅於普通教育課程適合身心障礙學生時才考慮融合。	設計課程與教學以融合廣泛的學生。
教學	僅對資格符合的學生個別決定特殊教育服務，並且教學是以教師為中心。	所有學生都能獲得 UD 的教學，並且教學是以學生為中心。
調整和修改	只有對身心障礙學生才做課程的調整和修改，而且是採取被動反應的取向，即事後進行調整和補救。	所有學生都能選擇適合他們的課程和教學，而且是採取主動積極的作法，事前就將課程規畫成有彈性，能適應個別差異。
評量	確保身心障礙學生可以參加入學考試。	確保所有學生可以接受標準化的評量。
資源分配	特殊教育被視為普通教育資源的耗損。	UD 的要素增加對廣泛學生教育的價值。

● 註：綜合整理自邱上真（2002b）、McGuire 等人（2006, p. 173）及 Pisha 和 Coyne（2001）的文獻。

茲整理美國普通和特殊教育課程的發展於表 11-3。由表 11-3 可以發現，在融合教育趨勢下，主張**多層次課程**、**適異性課程**或**全方位課程**。主流式、多層次和全方位課程都使用「調整」策略，只是主流式課程將個別的特殊教育學生自普通班抽離，進行事後的課程調整，普通教育課程缺乏彈性，課程調整有賴於教師的能力與努力；而多

表 11-3 美國普通和特殊教育課程的發展

階段	年代	主要的教育安置和理念	課程形態和觀點
第一階段	1850 年之前	‧ 身心障礙學生受到不人道的待遇，沒有特殊教育。	‧ 僅有普通教育課程。
第二階段	1850 年至 1960 年代早期	‧ 當學生無法學習，以及符合普通教育的期待時，則被轉介至隔離式的特殊教育安置。	‧ 平行式課程，普通與特殊教育課程分立並行。
	1960 年代晚期至 1980 年代早期	‧ L. Dunn（1968）提出「回歸主流」運動，隔離式的特殊教育安置被質疑，促使部分輕度障礙兒童回到普通班，接受資源方案的協助；但中重度障礙者仍在隔離式的特殊教育安置中受教。	‧ 平行式課程，普通與特殊教育課程分立並行，資源方案採抽離的方式進行協助。
第三階段	1980 年代晚期至 1990 年	‧ Will（1986）提出「普通教育為首」，主張如果普通教育課程可以做調整，許多特殊需求學生便能夠在普通教育環境中學習。	‧ 主流式課程，一種課程適用於大多數人；若個別學生有困難，則經過事後的課程調整，以符合其需要。
第四階段	1991 至 1997 年	‧ 1991 年之後，融合教育的概念被提出，主張將特殊教育服務融入至普通教育環境中，使所有學生均能獲益。	‧ 多層次課程（教學）、層次化課程、課程重疊或重疊教學、適異性課程（教學）。
第五階段	1998 年之後	‧ Orkwis 和 McLane（1998）提出全方位學習設計。	‧ 全方位課程。

層次和全方位課程針對有特殊需求的所有學生，在普通班中進行課程調整，普通教育課程保持彈性。全方位課程和多層次課程的差異在於兩方面：一為全方位課程擴展多層次課程的理念，在發展課程的初始，就對有特殊需求的所有學生做事前之課程調整，讓課程具有多種形態、多元形式和多個層次；二為多層次課程依賴教師的能力與努力做課程調整，全方位課程鼓勵課程發展單位在發展課程時即已做事前的課程調整，教師再依據學生的需求選擇適合的課程後，視需要做部分的調整。

臺灣在訂定《十二年國民基本教育特殊教育課程實施規範》（2019）之後，強調因應融合趨勢，特殊教育學生應首要考量以普通教育課程進行相關的課程調整及教材鬆綁，並視學生需求加設特殊需求領域課程；但是，普通教育教師設計多層次課程的能力有限，以及特殊和普通教育教師合作設計課程的知能尚不足，學生在學習普通教育課程有需求或接受特殊需求領域課程時，多數仍採取抽離的方式執行。

因應上述狀況，特殊教育教師未來宜主動了解《十二年國民基本教育特殊教育課程實施規範》的基本理念、課程目標和核心素養，熟悉領域和彈性學習課程的內涵和能力指標，參與校內學習領域的研討和課程的發展，並且提供自身發展或調整特殊教育課程的經驗，與普通教育教師合作，共同規畫課程，協助普通教育教師進行課程調整，進而增長他們因應個別差異的技能。即使部分學生需要抽離接受特殊需求領域課程，也能在與普通教育教師共同計畫的基礎上，提供普通教育教師在班級經營上可以配合執行的策略，例如：特殊教育教師抽離教導視障學生點字技能，並提供普通教育教師在班級中教導一般學生認識點字，如何適當協助視障同學點字摸讀，如此不僅嘉惠目前班上的特殊需求學生，讓他們能參與學習和融入班級；另一方面，普通教育教師在未來接收到特殊需求學生時，將更知道如何提供學習的輔導，使特殊教育扮演普通教育的支持系統，為學生適應的困難搭建「服務」的橋梁。

第 2 節　融合教育課程與教學調整的意涵、重要性與相關因素

適異性和全方位課程皆運用課程與教學調整的作法，本節首先呈現課程與教學調整的意涵，接著探討融合教育課程與教學調整的重要性，最後分析與其相關的因素。

壹、課程與教學調整的意涵

這部分探討課程與教學調整的意涵，首先呈現課程的定義，接著說明教學的定義，並敘述課程與教學設計的流程，進而討論課程與教學調整的定義。

一、課程的定義

課程原有**跑道**的意思，引申為**學習的路程**，即為達到教育目的、學生學習必須遵循的途徑（黃政傑，1991；Marsh, 2004）。Snell 和 Brown（2011）指出，課程包括：（1）希望學生學習到什麼樣的學習結果；（2）學生需要學習什麼樣的技能以達到上述的學習結果；（3）這些技能要如何教？被誰教？在哪裡教？（4）課程如何被評量。其中第一點為課程的「目標」或「成品」，第二點為課程的「內容」，第三和第四點為課程的「過程」。黃政傑進一步指出，課程內容還須經過有計畫的「組織」，例如：由易而難，從單純到複雜等，為學生所能接受和理解；由此可知，課程包括**目標**、**內**

容、**組織**和**運作過程**四個要素。內容告訴教師「教什麼」，亦即教材，它是課程的具體內容，凡是教師用來協助學生學習的各種材料，如教科書、教學輔助材料、作業單等，都屬教材；內容它又受「目標」所指引，規畫目標時讓教師思考「為何教」。組織是指，要如何組織這些課程內容，是學生所能接受的；而運作過程則是指，透過什麼樣的過程，將課程內容傳遞給學生，以及評量學生的學習成果，包括「如何教、何時教、被誰教、在哪裡教、如何評量」等，例如：計畫透過什麼教學方法，哪些教具之操作，由誰教，在什麼時間和地點教，以掌握課程內容，進而評量學生學習成效，以檢核教育目標的達成情形。課程設計須規畫目標、內容、組織和運作過程四個要素，就如同旅遊路線的安排，教師就是嚮導，規畫旅遊的目標、沿路的景點、行走的路線、帶領的方式等，和引領整趟旅程。

二、教學的定義

教學是將課程付諸實施的一種活動，課程和教學有相互依賴的關係（Kugelmass, 1996），Oliva（2009）提出「連結模式」，說明課程與教學之間的關係，其中重疊處為課程四要素中之**運作過程**部分，也就是課程乃計畫內容的傳遞過程；而教學則將此過程付諸實現，它牽涉到教師的**教學語言**，以及**對物理環境、心理環境、行為管理的掌握與運用**等。Oliva 又以「循環模式」說明課程與教學循環的關係，亦即教學受課程的指引，課程也會受教學的影響，其間呈現動態互動的關係，我綜合連結和循環模式，提出課程與教學間的關係如圖 11-3。

圖 11-3　課程與教學之間的關係

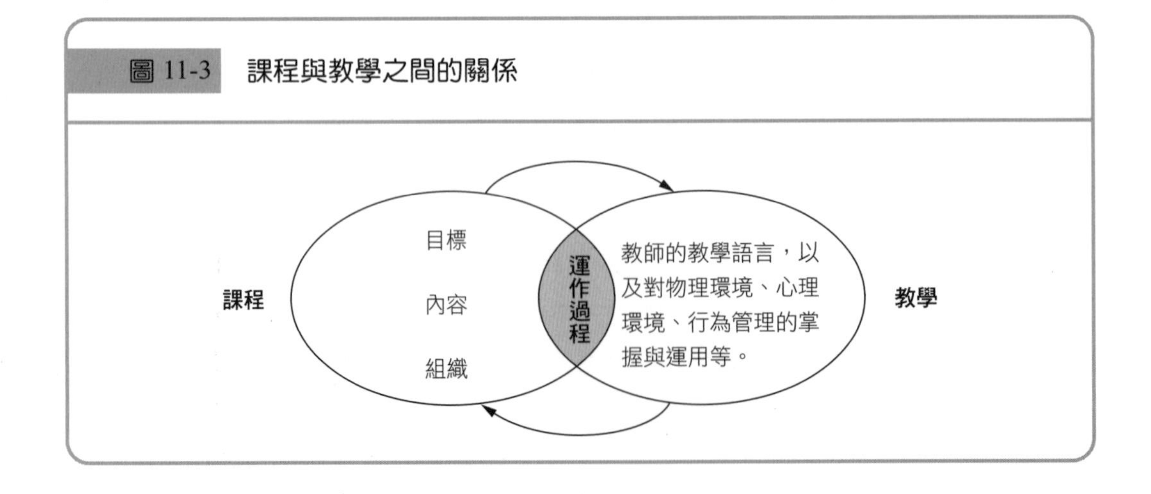

三、課程與教學設計的流程

課程與教學設計的流程包括教學前評量、課程計畫、教學和教學後評量四大階段，如圖 11-4，詳述如下。

圖 11-4　課程與教學設計之流程圖

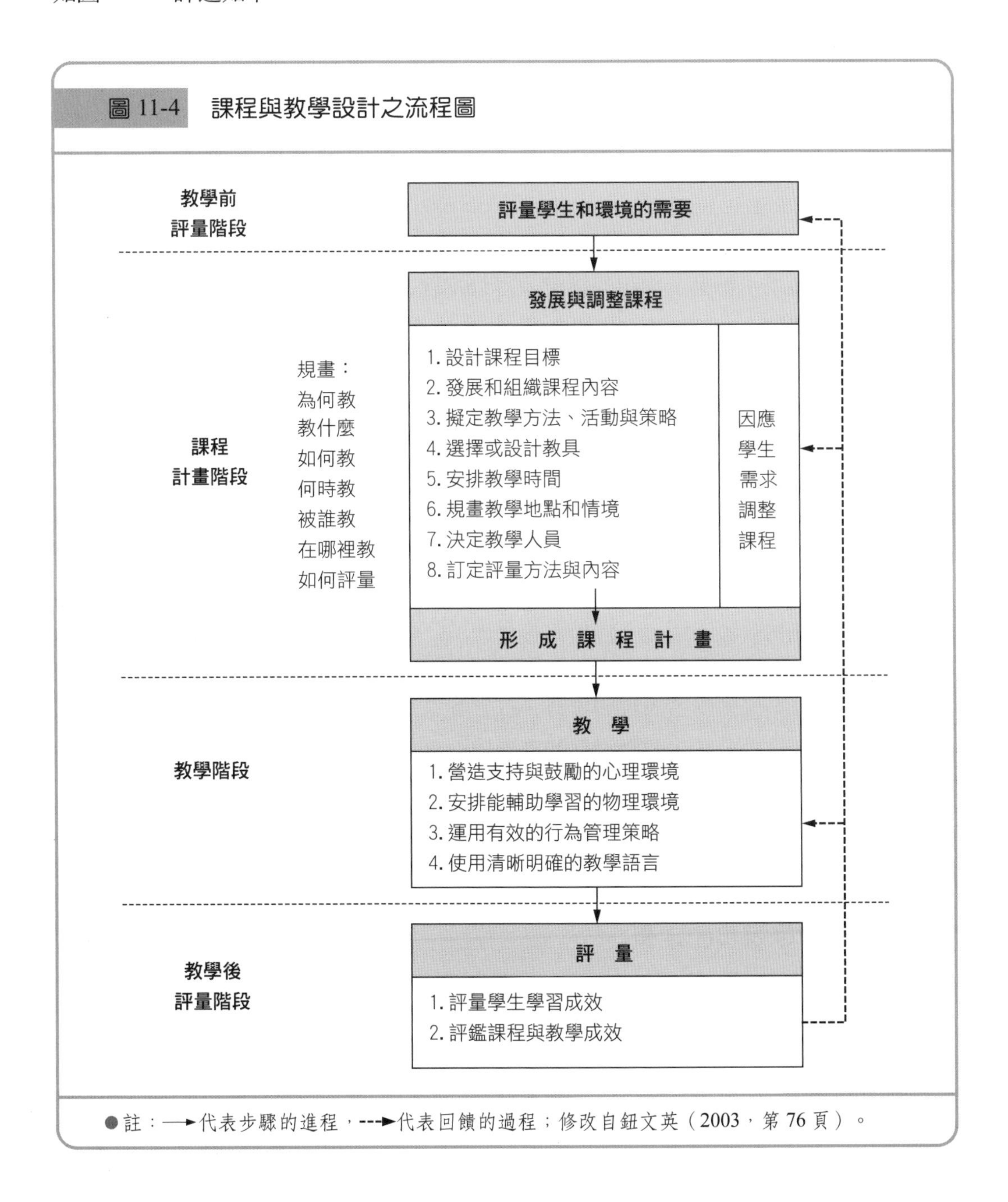

●註：—► 代表步驟的進程，---► 代表回饋的過程；修改自鈕文英（2003，第 76 頁）。

（一）教學前評量階段

教學前評量階段旨在評量學生和環境的需要，以作為擬訂目標和設計課程的基礎。

（二）課程計畫階段

課程計畫階段主要在計畫為何教、教什麼、如何教、何時教、在哪裡教、被誰教、如何評量等項目，包括發展課程和調整課程兩個部分。

（三）教學階段

教學階段乃將所設計的課程付諸實施，如無教學，課程仍只是項書面作業，唯有透過實際的「教學」行動，課程的構想才得以實現。因此，教學所產生的功能主要有二：一為實現課程，二為驗證課程設計的適切性，使未來的課程計畫得以更臻完美。

有時課程計畫得很完善，但一到教學情境中發現效果沒有如預期的好，這牽涉到教師的教學語言，以及對物理環境、心理環境、行為管理的掌握與運用等。因此，與教學相關聯的要素有：**營造支持與鼓勵的心理環境**、**安排能輔助學習的物理環境**、**運用有效的行為管理策略**、**使用清晰明確的教學語言**四方面。

（四）教學後評量階段

教學後評量是對學生學習表現情形做有系統的評量，同時對整個教學前評量、計畫和教學等階段做全面的檢討。因此教學後評量階段具有檢核和回應的功能，主要目的有二：一為蒐集學生學習表現的資料，以了解學生達成目標的程度；二為檢討整個課程設計的內容是否妥當，教學過程的實施是否有效，能否達到預定的目標，作為修訂或擬訂下一階段課程計畫的參考。總之，教學後評量的目的乃在提供訊息作為決定的參考，評量的結果可以回應到前面的教學前評量、計畫和教學等階段，以便對先前所做的決定和作法，做必要的修正。

四、課程與教學調整的定義

課程與教學調整乃因應學生的個別差異和需求設計課程與教學，課程本身可以從**課程目標**、**內容**、**組織**和**運作過程**四項成分做調整；而後在實際的教學過程中，注意**教學語言**、**物理環境**、**心理環境**、**行為管理**等教學要素的調整。A. F. Cross 等人（2004）指出，課程與教學調整具有三種支持的功能，包括**支持基本生活**、**遊戲和學習**，以及**社會化**。Maag（2018）指出，一位學生在學校的全部時間可能很長，但實際被分配到的教學時間是更少的；而真正接受到教學的時間又少於被分配到的教學時間；在真正接受到教學的時間中，學生真正參與的時間再次打折；而能夠符合學生需求且有意義之學業學習的時間還要再縮減，如圖 11-5。對於特殊需求學生更是如此，他們一天學業學習的時間可能是非常少的，多數時間是鴨子聽雷，充當教室中的客人，陪別人來上課。透過課程與教學的調整，能讓特殊需求學生有更多的學業學習時間，擴大他們的參與。

圖 11-5 學生的學習活動占全部學校活動時間之百分比

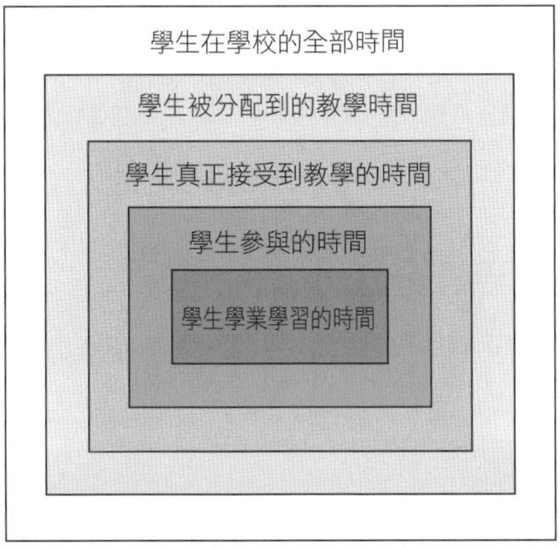

學生在學校的全部時間
學生被分配到的教學時間
學生真正接受到教學的時間
學生參與的時間
學生學業學習的時間

● 註：修改自 Maag（2018, p. 195），修改的部分為加網底。

貳、融合教育課程與教學調整的重要性

藉著特殊教育和普通教育教師的合作，共同為特殊需求學生調整課程與教學是非常重要的，許多文獻也指出，課程與教學是否能因應個別差異，關乎融合教育的實施成效（Fisher & Frey, 2003; Fisher et al., 1999; Loreman et al., 2010; Padjen, 1995）；以及普通班教師是否獲得特殊教育教師在課程與教學上的支援和合作，攸關其對融合教育的接受度，與對本身教學效能的自信心（Bennett et al., 1997; Bunch et al., 1997; Giangreco, Dennis, et al., 1993; King-Sears & Cummings, 1996; Minke et al., 1996; Salend et al., 1997; Soodak et al., 1998; Villa et al., 1996）。除此，一些研究（Munk & Karsh, 1999;

Penno et al., 2000; Wheeler & Wheeler, 1995）指出，許多特殊需求學生表現出行為問題來表達逃避學習、引起注意和自娛等功能，這可能是因為課程內容和教學活動對他們不適合、無法引起興趣、不符合其需求；如果課程內容和教學活動能符合學生的能力、興趣和需求，則將大大減少行為問題發生的可能性。正如插畫 11-2，Barbetta 等人（2005）指出：「有效教學是處理行為問題的第一道防線。」（p. 17）教師是課程的魔法師，一方面要提供學生適當和能促進其學習動機的課程；另一方面還須時時調整課程來因應學生的需要。

插畫 11-2　教師是課程的魔法師

有效教學是處理行為問題的第一道防線（Barbetta et al., 2005, p. 17）。教師是課程的魔法師，一方面要提供學生適當和能促進其學習動機的課程；另一方面還須時時調整課程來因應學生的需要。

雖然課程與教學的調整對融合教育的實施極為重要，然而文獻（邱上真，2000；鈕文英，2001；B. G. Cook et al., 1999; Wigle & Wilcox, 1996）卻顯示，普通班教師未具備特教專業知能，有困難調整課程與教學，以因應特殊需求學生的需求；部分研究（Graham et al., 2003; Kauffman, 1999; McGregor & Vogelsberg, 1998; Meikamp & Russell, 1996）發現，普通班教師實施的課程與教學調整策略非常有限，這些教師表示有興趣進行課程調整，但沒有做的原因是缺乏訓練；他們對於接受課程與教學調整訓練，以及獲得特殊教育教師的協助有極大的需求。McGregor 和 Vogelsberg 回顧研究進一步指出，普通教育教師對於低成就或身心障礙學生的教學少有互動行為，甚至經常會以學習單讓他們在角落學習，取代讓他們融入班級的教學活動，因而剝奪其學習的機會。也有部分文獻（Lipsky & Gartner, 1998a）指出，特殊教育教師表示他們缺乏普通教育課程的知識，無法協助普通班教師進行課程與教學調整。因此，非常有必要提供特殊和普通教育教師如何合作推行融合教育，課程與教學調整知能的訓練方案，藉著特殊和普通教育教師的合作，協助普通教育教師進行課程與教學的調整，進而增長他們因應個別差異的技能。

參、融合教育課程與教學調整的相關因素

儘管課程與教學的調整關乎融合教育的實施成效，但有一些因素可能會影響普通教育教師調整課程的意願與結果，我綜合文獻整理出教師、班級的結構與特性、相關人員的支持與協助，以及教學時間和資源的配合四方面因素，詳細討論如下。

一、教師方面

第 5 章已陳述教師的信念、態度、期望、能力、對教學效能的自我評價，以及專業訓練，關乎融合教育的實施；同樣地，這些因素也會影響他們進行課程與教學調整的意願。

二、班級的結構與特性方面

班級的結構與特性包括班級結構與學生特性兩大部分，綜合文獻（Langone, 1998; Rademacher et al., 1998; Trosko, 1992），班級學生人數過多、常規和行為不佳、不易管理，或是班級學生間的興趣、能力、經驗和需求有很大的差異；特殊需求學生的人數過多，障礙程度較嚴重、與其他同學間的差異過大，或是特殊需求學生有很多干擾教學的行為問題等因素，均會影響普通教育教師規畫適合特殊需求學生之課程的意願和結果。

三、相關人員的支持與協助方面

相關人員包括班級中其他教師、特殊教育教師、一般和特殊需求學生的家長、一般和特殊需求學生、行政人員、其他人員（例如：志工、特教相關專業人員）等，他們的支持與協助關係著普通教育教師所做的課程與教學調整（Bunch et al., 1997; B. J. Scott et al., 1998）。舉例來說，一般學生是否接納特殊同儕，以及願意提供他們協助，

特殊需求學生是否接受教師為他們所做的課程調整；一般學生的家長是否接受這樣的課程與教學調整，特殊需求學生的家長是否配合在家進行指導；特殊教育教師是否願意調整其角色，提供諮詢和協助。另外，行政人員是否提供課程與教學調整的在職訓練；是否給予教師調整課程的自由度；是否減少教師的教學時數，提供規畫課程，以及與其他教師討論教學的時間等，均會影響普通教育教師規畫適合特殊需求學生之課程的意願。Beckman（2001）指出，特殊需求學生成功學習普通教育課程的要件，除了普通教育教師的態度與信念系統外，尚包括特殊教育教師的態度與信念系統、家長參與的情形、師資培育與教師在職進修、中央與地方教育行政機關的支持、跨機構或相關專業合作，這些都屬於相關人員的支持與協助。

四、教學時間和資源的配合方面

教學資源包括課程（或教材）、經費、設備、器材等，例如：固定課程的限制，使用的教材未提供教師調整的策略，缺乏為特殊需求學生調整的教材，欠缺經費、設備、器材等的支持；以及教學時間有限，均會影響普通教育教師規畫適合特殊需求學生之課程的意願（Bunch et al., 1997; Ferguson, 1996）。

我設計「融合教育課程與教學規畫相關因素量表」，包括教師、班級的結構與特性、相關人員的支持與協助，以及教學時間和資源的配合四個向度，共 24 題，詳細內容如附錄 67。

第 3 節 融合教育課程與教學調整方法和原則的相關文獻

本節首先探討融合教育課程與教學調整的方法，而後整理出融合教育課程與教學調整的原則。

壹、融合教育課程與教學調整方法的相關文獻

第 4 章已整合出最佳的融合教育運作實務，此處討論教導學習行為和策略、依據學生的智力傾向設計課程與教學方案、針對學生的學習困難提供鷹架、配合學生的學習風格進行教學、安排課程與教學讓學生達到真實學習、採取有效的教學行為與技巧，以及因應學生的需求設計課程與教學調整策略。

一、教導學習行為和策略

教導學習行為和策略主要在教學生不僅「學會」，而且要「**會學**」，學習如何學習，如何經由對自己認知歷程的理解，進而掌控它，以協助他們彈性思考、迂迴弱勢、獨立學習，進而能正確有效地處理訊息（Meltzer et al., 1996），成為有策略的學習者（Brownell et al., 2012）。此時，教師扮演的角色是**學習的促進者**，協助學生自己釘樁或是發現其他方法經歷知識之河。Rogan 等人（1995）的研究指出，只要指導學障學生正確有效的學習策略，他們就可以在班上學習得和一般同儕一樣好。Marzano 等人（1988）指出，在輔導學生的學習上，宜協助他們達到以下五個向度：**對學習有正確的態度與認識**、**能獲得統整的知識**、**能做知識的延伸與精進**、**能有意義地應用知識**和**建立豐饒的思考習慣**。其中幫助學生對學習有正確的態度與認識，以及建立豐饒的思考習慣，依賴**跨學科的學習策略教學**；而幫助學生能獲得統整的知識、做知識的延伸與精進，以及能有意義地應用知識，則仰賴**特定學科的學習策略教學**。以下從跨學科的學習行為和策略，以及特定學科的學習策略兩方面，探討學習行為和策略的教學內涵。

（一）跨學科的學習行為和策略

綜合文獻（Archer & Gleason, 1995; A. de Boer & Fister, 1995; Deshler et al., 1996），從大腦接收、處理和反應訊息的流程，將跨學科學習行為和策略的教導分成三部分，亦即教導訊息獲得和理解方面的策略、訊息儲存方面的策略，以及表達和能力展現方面的策略。以下詳細討論三部分的策略，並加上其他學習行為和策略。

1.教導訊息獲得和理解方面的策略

訊息獲得和理解方面的策略包括：注意看或聽和做筆記的策略（note-taking strategies）、閱讀策略、改述策略（paraphrasing）、自問自答策略（self-questioning）、視覺想像策略（visual imagery strategy），以及 K-W-L 策略六方面，詳述如下。

（1）注意看或聽和做筆記的策略

教導注意看或聽教師呈現的內容，包括教學生：①利用自我交談的方式，幫助注意力集中與持久；②使用筆或手指頭指著教師教導的內容，或是引導所看到的文句；③使用多種感官幫助自己注意（例如：眼到、耳到、手到、口到和心到等五到）；④如何選擇重要訊息去注意（藉著安排像是「老師說」的活動來教導）。

另外，教師可以教導學生在課文重點下劃線，或是在空白處寫重點或做筆記。做筆記包括針對聽覺或視覺的材料做筆記，教師可以教學生用列點、表列、符號或圖示的方式做筆記（J. W. Wood, 2006）。在剛開始教導學生做筆記時，教師可以將授課重點以填充題的方式呈現，讓學生將答案填入，漸進地讓學生學習掌握重點做筆記。

（2）閱讀策略

Deshler 等人（1996, p. 29）提出 **PASS 策略**，教導學生閱讀理解，包括了四個步驟：步驟 1 是**預習、複習和預測**（**preview, review, and predict**），亦即預習標題以及一兩個句子，複習已經知道的相關主題，預測所思考的相關文本內容為何；步驟 2 是**提問和回答問題**（**ask and answer question**）；步驟 3 是**摘要**（**summarize**），乃說明每個段落簡要的內容；步驟 4 是**綜合**（**synthesize**），亦即說明簡要的內容符合整個段落重點的情形，以及如何將目前所學到的，與自己已知道的內容相結合。

Deshler 等人（1996）使用**多通道策略**（**multipass strategy**），教導學生閱讀三次以增進學生的閱讀理解：第一步是**縱覽通道**（**survey pass**），是指先閱讀引言、摘要和標題等；第二步是**判斷通道**（**size-up pass**），乃藉著閱讀這一課課文中的附加問題，以掌握本課的重點，並且縱覽課文以尋求答案；第三步是**揀選分類通道**（**sort-out pass**），閱讀選擇的課文段落，並且回答每一個附加問題。另外，「SQ3R 法」最早由Robinson於 1946 年提出，包括**通覽**（**survey**）、**提問**（**question**）、**詳讀**（**read**）、**複述**（**recite**）和**複習**（**review**）五個步驟（D. A. Murphy et al., 1994, pp. 96–97）。McWhorter（1990）主張，教導學生閱讀和理解文本裡的重要語彙與專門術語，例如：數學文本中的「分類」、「進位」、「借位」等。

此外，**互惠教學**運用師生對話的方式，訓練學生熟練與活用各種學習策略，其中用在閱讀理解最具代表性，教學步驟包括：①教師引導學生看標題，利用其背景知識預測文章內容；②閱讀後，教師提出問題讓學生思考和回答；③要學生摘錄該段重點；④教師提出問題進行討論，進而澄清疑惑；⑤再繼續預測下一段文章，而後閱讀，重複前面的步驟。在進行互惠教學之初，教師負起帶領對話的責任；當學生漸漸熟練閱讀策略的使用與對話問答的方法後，便把主導對話的責任轉移到學生身上，但教師仍隨時提供回饋與修正（Palincsar & Brown, 1984）。

（3）改述策略

改述策略是指，教導學生摘要學習內容的重點，而後用自己的話說出來，它可以增進學生的理解（Bender, 2008）。Deshler等人（1996）發展出**RAP**（**read, ask, put**）策略，其方式就是使用改述策略，步驟如下：第一步為**閱讀一個段落，找出與主要概念相關的句子**；第二步為**問自己這一段的主要概念和細節內容是什麼**；第三步為**用自己的話來敘述主要概念和細節內容**。

（4）自問自答策略

自問自答策略是指，自己設計問題，而後自行回答，以檢查自己理解和記憶的程度，研究顯示自問自答法可以增進學生的閱讀理解（Lerner & Johns, 2012）。

（5）視覺想像策略

視覺想像策略是指，閱讀完課文之後，想像那課文內容的畫面，幫助自己理解和記憶（Deshler et al., 1996）。

（6）K-W-L 策略

Ogle（1986）提出「K-W-L 策略」，其中「K」是指關於此主題，**我已經知道什麼**（what have I known），以活化先前知識；「W」是指關於此主題，**我想要知道什麼**（what do I want to know），以確定學習的目標；「L」是指關於此主題，**我已經學到什麼**（what have I learned）。

2. 教導訊息儲存方面的策略

訊息儲存方面的策略包含教導記憶策略（memory strategies）和統整策略（integration strategies），詳述如下。

（1）記憶策略

可以教導特殊需求學生使用三種記憶策略：**反覆處理或複習策略**（**rehearsal**）、**精進策略**（**elaboration**）和**組織策略**（**organization**）；反覆處理或複習策略是指，運用各種感官，一而再、再而三地處理接收進來的訊息，像是使用視覺的方式（例如：反覆地看）、聽覺的方式（例如：口頭複誦）、動作的方式（例如：反覆抄寫）；不過宜注意的是，最好運用多種感官、不同形式的反覆處理，即使是運用單一感官，也能在不同的地點反覆地看（邱上真，2002a；Deshler et al., 1996）。洪蘭（2004）即建議，要記一個英文單字，與其在同樣的地方背 10 次，不如在 10 個地方各背一次，例如：教師可將英文單字卡貼在小朋友眼睛所及的各個地方，讓他們一再地接觸，因為遺忘通常是人「提取線索」的失敗，在同樣的地方記 10 次，不過是同樣的線索重複一次；如果是在不同的地方各記一次，學生便可藉著不同的線索提取這個單字。正如插畫 11-3：勤不一定能補拙，教師如果重複用同一種方法，要學生反覆背誦，不一定能讓學生記起來。

精進策略包括**利用視覺線索**，例如：**心象法**（把記憶的材料在腦中浮現一形象）、**位置記憶法**（亦即把要記憶的材料與自己很熟悉的場所，以心象的方式產生連結，藉著依序回憶場所中的每一個位置來提取記憶的材料）等；或是**提供語意的線索**，例如：使用**諧音**、**聯想**、**關鍵字**、**首字法**等方式幫助學生記憶（邱上真，2002a；Deshler et al.,

插畫 11-3　勤不一定能補拙

勤不一定能補拙，教師如果重複用同一種方法，要學生反覆背誦，不一定能讓學生記起來。

1996）。舉例來說，教學生以諧音「土墓」，記憶「tomb」為「墳墓」的意思；聯想「ㄇ像帽子；ㄩ像魚缸；ㄈ像魚缸打翻了」，以區辨三個注音符號；燙傷處理的關鍵字——沖、脫、泡、蓋、送；問題解決的首字——停、想、選、做。其中使用聯想法時，宜注意聯想的圖象是學生熟悉且常見，例如：聯想「4」像帆船，就不如它像鼻子（可搭配人臉側面的圖畫）來得熟悉且常見。

組織策略包括教導學生使用構圖、列表、大綱或類聚（例如：記電話號碼時，將前三或四碼和後四碼分開成兩組）等方式組織學習材料，以便於記憶（邱上真，2002a；Deshler et al., 1996）。

（2）統整策略

統整策略包括**統整筆記的內容**、**整理學習材料**，以及**摘要課文的重點**，例如：教學生採用**概念構圖**（concept diagram）的方式，歸納概念間的關聯性，如此不僅能幫助他們統整和理解，還能協助其記憶，像是異同比較圖、因果關係圖、概念描述圖、順序鏈圖、魚骨架圖、問題與解決方法圖等（S. P. Miller, 2009; J. D. Smith et al., 1988; Tileston, 2004b; Walther-Thomas et al., 2000; J. W. Wood, 2006）。在教學即將結束時，教師可以運用空白的概念構圖複習重要內容；也可以讓學生回家完成空白的概念構圖，這樣能夠幫助學生組織學習內容，也可以使教師知道學生學會多少（Friend & Bursuck, 2019）。另外，Idol（1987）發展**故事圖**（**story map**），協助學障學生理解故事體的文章。概念構圖和故事圖都是一種**圖畫組體**（**graphic organizer**），如附錄 68。

3.教導表達和能力展現方面的策略

表達和能力展現方面的策略包含**寫作業**、**錯誤監控**（**error monitoring**），以及**應試**（**test-taking**）三方面的策略，詳述如下。

（1）寫作業的策略

學生在融合班級中常需要完成許多書面的指定作業，因此教師需要教導學生做好一份符合教師要求、書寫整齊的作業。Archer 和 Gleason（1989）提出「**HOW**」的策略，教導學生書寫作業；包括注意**標題**（heading），像是名字、日期、標題和頁碼，**組織**（organized）作業，以及**書寫**（written）**整齊**三個步驟。

書面作業還包括寫作文，Englert 等人（1988）提出 POWER 策略，包括：**規畫**（planning）、**組織**（organizing）、**寫作**（writing）、**編輯**（editing）、**修改**（revising）等五個步驟，教導學生寫作文。

（2）錯誤監控策略

在語文方面，教師可以教導學生認識中文字的組字規則，以及部首表意知識（詳見之後的字彙分析策略），以偵測自己所寫的字是否正確及在改錯題中找到錯字。在數學方面，教師教導學生使用**概算**估計答案的正確性，或是以「逆向驗證」的方式，檢驗答案是否正確，例如：題目為「X + 5 = 13，則 X = ？」，當學生算出 X 值之後，要他們代入式子中，以檢驗是否正確。

（3）應試策略

Carman 和 Adams（1972）發展 **SCORER 方案**，教學生應試策略，包括六個步驟：步驟 1 是**計畫**（schedule）**應試時間**，不要在一題上花太多時間；步驟 2 是在回答問題時，**尋找重要的線索**（clue）；步驟 3 是**刪除**（omit）**困難的題目**，亦即先做自己有把握的題目；步驟 4 是**小心地閱讀**（read）**題目**；步驟 5 是**估計**（estimate）**答案**；步驟 6 是**檢查**（review）**答題的狀況**。另外，Salend（2016）提出，教導學生辨識不同題型的作答方式和注意事項，例如：配合題須注意兩邊的選項是否相同，是一對一或一對多配對；選擇題須注意是單選或複選題，而後仔細閱讀題目，刪除錯誤的選項；申論題在作答前先瀏覽所有題目，記下與題目相關的要點，藉由找出關鍵字，協助自己組織答案，並且要恰當安排作答時間，包括組織和校對答案的時間。

Therrien 等人（2009）以 ANSWER **策略**，教導有閱讀及書寫障礙的七、八年級學生回應問答題，包括以下六個步驟：①藉由仔細閱讀問題及在關鍵字下畫底線的方式，**分析**（analyze）問題中的動詞；②**注意**（notice）題目的要求，標記它們並將之轉換成自己的語言；③**建立**（set up）大綱，以列出回應此問答題的主要觀點；④於大綱中**加入**（work）計畫涵蓋的重要細節；⑤**策畫**（engineer）答案，包含一個主要觀點的引言，以及數個論述的細節內容；⑥**檢查**（review）答案，確認已回答題目中的每個部分後編輯敘寫的內容。

4.教導其他學習行為和策略

在其他學習行為和策略方面，包含教導上課行為、時間管理能力，以及準備考試、資源使用、問題解決、自我監控、自我教導七方面的策略，詳細討論如下。

（1）上課行為

在上課行為方面，Archer 和 Gleason（1995）將之分成課前、課中和課後三個部分，課前包括準時進教室、保持愉快的心情進教室、帶學習材料、準備進入學習狀態；課中包括遵守教室規則、注意聽、參與課堂活動或作業、服從教師的指令、尋求協助、快速地轉銜至下一個活動；課後包括帶材料回家、完成回家作業，和帶回家作業來教室等，例如：E. S. Ellis 和 Lenz（1987）提出**準備策略**（**PREPARE strategy**），包括七項成分：第一項是**計畫**（plan）**要帶什麼到教室**；第二項是**思考**（reflect）**這節課想要學習什麼**；第三項是**暫時拋開**（erase）**個人的需求**；第四項是**提振**（psych）**自己**，包含暫停下來檢核自己的學習態度、描述自己在這門課設定的目標、揮去負面的想法、激勵自己展示良好的表現；第五項是**詢問**（ask）**自己已上過哪些課程內容，以及正在進行的內容**；第六項是**複習**（review）**筆記和學習指引**；第七項是**探索**（explore）**教師上課內容的意義**。

（2）時間管理能力

對於需要長時間完成的作業，教導學生規畫時間，分段完成作業的各個項目，並個別評分之，而且將自我監控作業完成度設定為教育目標，納為評分指標，以培養學生時間管理能力（Friend & Bursuck, 2019）。

（3）準備考試策略

在準備考試策略方面，在考試前一週，教導學生安排要為這個領域（科目）的考試做什麼準備，如何規畫時間準備考試內容。Archer 和 Gleason（1989）提出 **RCRC 策略**，包括**閱讀**（read）**課文**、**蓋住**（cover）**課本**、**背誦**（recite）**重點**，以及**檢查**（check）**結果**四個步驟。

（4）資源使用策略

教師可以教導學生使用資源尋找資料，以完成作業，像是使用圖書館、工具書（例如：字典、百科全書）、網路等，也可以教導他尋求人員的協助，例如：詢問圖書館員如何找尋某方面的資料（R. Reid & Lienemann, 2006）。

（5）問題解決策略

根據 D'Zurilla 和 Goldfried（1971）的看法，問題解決是一種外顯或認知的行為歷程，可用於行為改變，提供個體對問題情境的多樣反應，並增加有效反應的可能性；因此，問題解決可視為一般性的因應策略，此策略旨在從問題情境中發現一些範圍較廣泛的有效行為來反應。綜合廖鳳池（1990）及 Shure（1992）的文獻，問題解決的過程包括**定向問題**、**定義和形成問題**、**產生解決方法**、**做決定**、**實施和驗證解決方法**五個步驟，並舉一例說明如表 11-4。

表 11-4　問題解決之步驟與例子

問題解決的步驟	例子
1. 定向問題	• **辨識及標記問題**（小明不告而取走了小華的鉛筆，小華打小明，小明向老師報告）。 • **歸因問題**（引導小明和小華將問題歸因為可以改變的因素，一起來努力解決問題）。 • **評鑑問題**（引導小明和小華了解自己和對方的情緒與感受，例如：教師問小明：「被小華打，你感覺如何？」「你拿了小華的鉛筆，你想他感覺如何？」問小華：「小明拿你的鉛筆，你感覺如何？」「你打了小明，你想他感覺如何？」教師引導小明和小華視問題為成長的機會）。 • **個人控制**（引導小明和小華視問題為可以解決的）。
2. 定義和形成問題	• **蒐集和省思相關資料，確定問題的性質，進行正確的定義**（教師引導小明和小華蒐集和省思相關資料，思考問題的原因）。 • **設定可行的目標**（教師引導小明和小華說出期望的具體結果）。
3. 產生解決方法	• **產生可能的解決方法**〔教師引導小明和小華思考，「要得到上述結果，是不是有其他更好的解決方法？」教師可以運用 Osborn 的「腦力激盪術」，以及 D'Zurilla 和 Goldfried 的「策略－技巧法」。腦力激盪術奠基於「延緩判斷」，和「以量多提升品質」兩個原則，教師引導學生避免批評，產生愈多方法愈好，並可結合或改進原有解決方法來產生新的方法；而策略－技巧法則教學生先找出一般性的計畫（策略），再針對較適當可行的方向構思細節步驟，以迅速獲致最有效的解決方法，而不會一下子就陷入眾多龐雜的細節中〕。

（續）

表 11-4（續）

問題解決的步驟	例子
4. 做決定	• **評鑑解決方法**〔教師引導小明和小華從後果和可行性兩方面評鑑設想出的解決方法，後果包括對長期、短期、個人和他人（社會）後果的考慮；而可行性則考慮是否有適當途徑，以及個人是否具備相關能力等〕。 • **捨棄不適當的解決方法**（教師引導小明和小華捨棄不適當的解決方法）。 • **選擇適當可行的解決方法**（教師引導小明和小華選擇最適當可行的解決方法）。
5. 實施和驗證解決方法	• **實施適當可行的解決方法**（教師引導小明和小華實施適當可行的解決方法）。 • **驗證實施的效果**（教師引導小明和小華驗證實施的效果）。

McIntosh 等人（1995）教導學生使用 **FAST** 和 **SLAM 策略**解決人際問題，FAST 策略包括四個步驟：步驟 1 是**冷靜下來**（freeze）**並且思考**，想想看發生了什麼問題，我可以具體地說出這個問題嗎？步驟 2 是**列出所有可能的解決方法**（alternatives），我可以怎麼解決這個問題，將可能的方法列舉出來。步驟 3 是**選擇解決方法**（solution），這些可能的解決方法中，哪一種比較安全且公平？挑選一個最佳而且能夠長期使用的方法。步驟 4 是**試試看**（try it），實施之後，檢核它的成效如何？假如無法解決問題，返回步驟 2，再挑選另一種解決方法試試看。**SLAM 策略**被用來協助學生**接受和澄清別人對他的負向回饋**，包括**暫停正在做的事**（stop）、**看著**（look）**對方**、**詢問**（ask）**對方以澄清他表達的內容**，以及**向對方做出**（make）**適當的回應**四個步驟。

S. L. Carpenter 和 King-Sears（1997）教導學生使用 **SPEED 策略**，因應生活情境中的要求和問題，包含了五個步驟：（1）**設定**（setting）**成果或表現的目標**；（2）**擬訂**（planning）**實現目標的計畫**；（3）**執行**（executing）**計畫**；（4）**評鑑**（evaluating）**計畫執行的情形和最後的成果或表現**；（5）**決定**（deciding）**下一個步驟**，如圖 11-6。

（6）自我監控策略

自我監控係指觀察及記錄自己的行為，它是自我管理過程的重要關鍵，特別是對那些不適當行為，使用自我監控可產生「相互抵制」的效果，使不適當行為消失。教導學生使用自我監控策略的程序包括下列五個步驟：①**清楚地界定自我監控的行為**；②**解釋自我監控的目的**；③**示範觀察紀錄的程序**；④**角色扮演練習觀察紀錄的程序**；⑤**練習對提示產生反應**（Schloss & Smith, 1998）。C. P. Allen 等人（1992）認為如果學生無法看懂文字，則教師可藉著圖畫或照片的方式呈現要監控的項目；而記錄的方

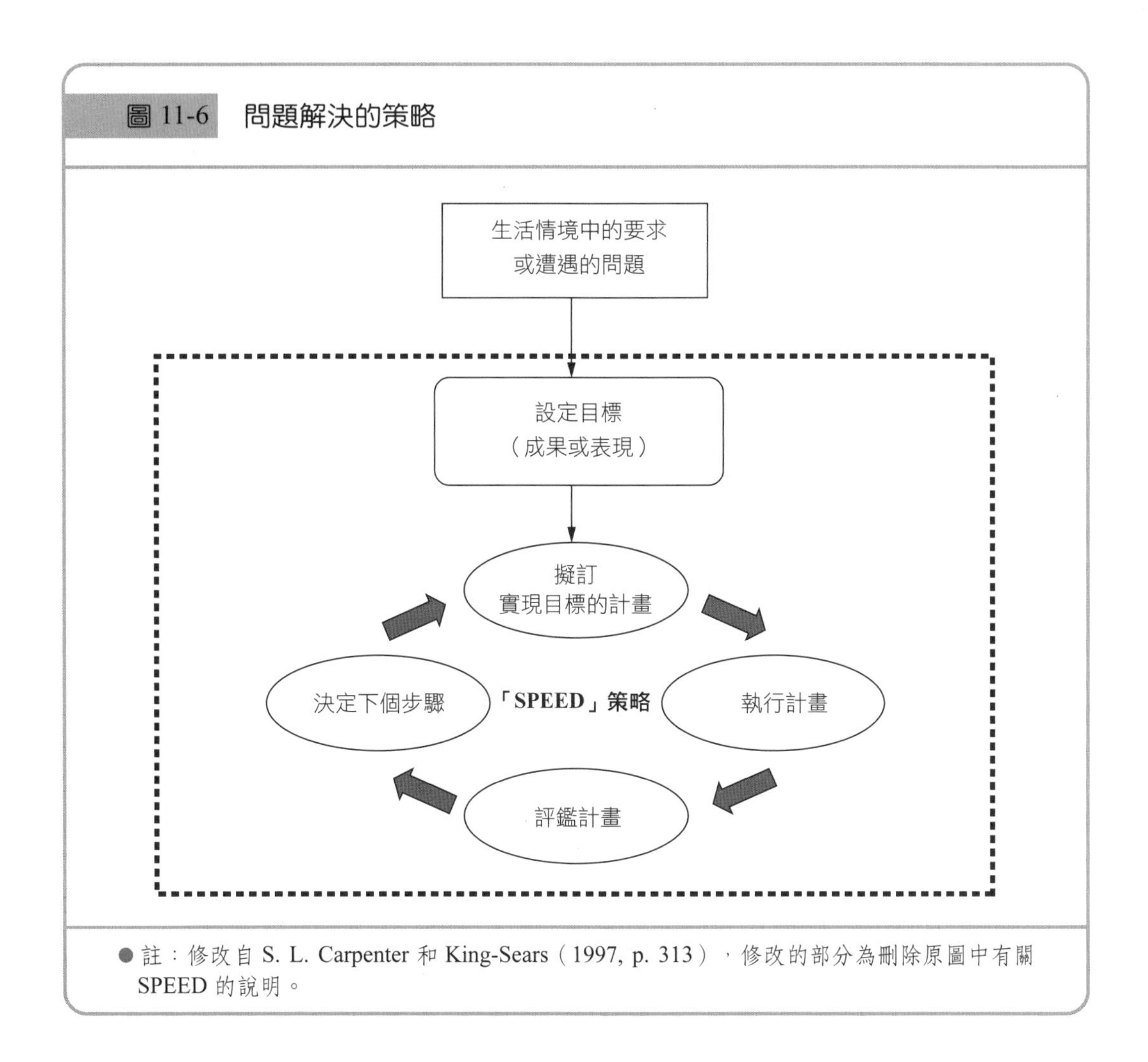

●註：修改自 S. L. Carpenter 和 King-Sears（1997, p. 313），修改的部分為刪除原圖中有關 SPEED 的說明。

式也要考慮學生的能力，採取他們最能表現的方式，例如：用勾選、畫笑臉，或貼貼紙等方式記錄，我設計「自我監控記錄工具」如附錄 69，例如：要學生準備「露營」活動使用的用品時，教師設計一張畫有這些工具或材料的圖片，圖片旁邊有一空格；如果學生已準備這項用品，則在空格中打勾。此外，自我監控策略也被有效地運用來協助學生維持注意力（Kapadia & Fantuzzo, 1988）。Mathes 和 Bender（1997）對已服藥的三位國小 AD/HD 學生，教導他們使用自我監控策略來處理其分心行為，亦即用錄音提醒是否有「專心做應該做的事」，並要他們記錄下來，結果發現能有效提升專注行為。

（7）自我教導策略

自我教導係由認知行為改變論者 Meichenbaum（1977）提出，他認為內在語言是自我指導與行為改變的基礎，Meichenbaum 使用自我教導訓練來增進個體正向的內在語言，使自我面臨某種工作或問題情境時，能立即用發自內在的話語，指導自我表現行為與解決問題。自我教導訓練主要採行下述五個步驟（廖鳳池，1990；Meichenbaum, 1977）：第一步是**認知示範**（**cognitive modeling**），教學人員操作並示範正確的自我教導內容，包括達成目標的步驟、正向的內在語言內容，以及對良好表現所做的自我增強話語等，以引導個體表現所欲訓練的行為。第二步是**外顯引導**（**external guidance**），個體在教學人員口語示範的引導下，先大聲複誦正確的內在語言。第三步是**外顯的自我引導**（**overt self-guidance**），讓個體大聲地以自我教導的口語，指導自己表現正確的行為。第四步是**逐漸褪除外顯的自我引導**（**faded, overt self-guidance**），個體輕聲地反覆練習以口語指導自己的行為。第五步是**內隱的自我教導**（**covert self-instruction**），個體以內隱的內在語言（例如：默念、點頭的方式），引導自己表現正確的行為。自我教導策略已被運用在教導工作行為，例如：Browder與Minarovic（2000）建議的自我教導策略有三個步驟（did-next-now）：第一步是我**已經完成**（did）了什麼項目？接下來是**下一步**（next）該做什麼？最後一步是**現在**（now）該做什麼？

此外，自我教導策略也被運用在訓練社會技能，以及培養自我控制和解決問題的能力上（Bambara & Gomez, 2001），方法是將技能步驟口語化，並採用關鍵字，建立內在自我教導的過程，例如：教學生想參與同儕的活動時，運用**走近**、**看**、**問**三個步驟；面對問題情境時，採取**停**、**想**、**選**、**做**四個步驟，選擇經深思後適當的解決方法；欲控制衝動行為時採用**停**、**看**、**聽**三步驟。Quill 和 Stansberry Brusnahan（2017）教導泛自閉症學生**做**、**看**、**聽**、**說**四個成分，以協助其建立適當的社會溝通行為。

（二）特定學科的學習策略

在特定學科的學習策略方面，我探討語文和數學兩方面的策略如下。

1.教導語文方面的學習策略

語文方面的學習策略包含教導**字彙分析**（word analysis strategy）、**寫句子**，以及**段落和主題寫作**三種策略。

（1）字彙分析策略

在教導學生認讀實用性詞彙時，Nietupski 等人（1979）提出**字彙分析策略**，從**語音**、**結構**或**語意**三方面做分析，以增進學生的理解和記憶。字彙分析策略也可運用在中國字的教學，例如：對於書寫國字有困難的學生，可以教導中國字的組字規則，如四點火一定在下面，因為東西放上面，火在下面燒；而雨和其他字組合時，一定會放在上面，因為天上下雨下來。又例如：中國字的組成是由基本字，再加部首，而部首有表意的功能，比方「肥」這個字的部首是肉部，它的組成是指「下巴有很多肉」，這是從結構和語意做分析，甚至可以編成口訣，便於學生記憶，像是「用語言向各方採『訪』」、「和人方法相同是模『仿』」。Conners（1992）回顧一些智障者閱讀教學的研究發現：字彙分析策略能提升他們認讀實用性詞彙，並且能減少錯誤發生。

（2）寫句子策略

Deshler 等人（1996）使用 **PENS 策略**教導學生寫句子，包括四個步驟：一是**選擇**（pick）**一個句型敘寫句子**；二是**探索**（explore）**填上什麼詞彙在此句型中**；三是**注意**（note）**這些詞彙是否適切**；四是**尋找**（search）**主詞和動詞**。

（3）段落和主題寫作策略

Deshler 等人（1996）使用 **TOWER 策略**，包括五個步驟：第一步是**思考**（think）**內容**，包括題目、主標題、副標題和細節等；第二步是將前一步驟產生的**標題和細節排序**（order）；第三步是**敘寫**（write）**草稿**；第四步是**發現**（look for）**錯誤**，可以採取 **COPS 策略**發現錯誤，包含大寫（capitals）、整體外觀（overall appearance）、標點符號（punctuation），和拼字（spelling）呈現的正確或適當與否；第五步是**修正或重寫**（revise/rewrite）。M. Welch（1992）發展 **PLEASE 策略**，教導段落和主題寫作，包括了六個步驟：第一步是**選擇**（pick）**主題**；第二步是**列出**（list）**你對於此主題的想法**；第三步是**評鑑**（evaluate）**你所列的想法**；第四步是**藉由寫主題句催化**（activate）**段落的內容**；第五步是**提供**（supply）**支持此段落主題的句子**；第六步是**使用**（end）**總結句結束此段落**，並且**評鑑你的作品**。

2.教導數學方面的學習策略

Mayer（1987）表示，數學解題的過程包括下列四個階段：**轉譯問題**、**統整問題**、**計畫解題方式和監控**及**執行計畫**，以下依據他的文獻加以說明：轉譯問題階段主要在教導學生透過以下幾個方式了解問題，一是採用**改述**、**劃線**和**圖示表徵**理解題意。二是**理解數學的字彙**，例如：「總共」、「相差」等。三是**認識問題**，每一個問題基本上包含兩大部分，即**事實**與**問題**；學生除非能夠找出問題的真正意義，否則無法解答問題。四是**辨識題型**，例如：加減運算可包含下列三種類型：第一種是**改變型**，例如：「我有 6 元，用掉 4 元，還剩幾元？」這可以**變多**和**變少**；另外，還可以有**被改量未知**、**改變量未知**，和**結果量未知**，而變成六種題型。第二種是**比較型**，例如：「我有

6 元，你有 4 元，我比你多了多少錢？你比我少了多少錢？」這可以比多和比少；另外，還可以有**起始量未知**、**比較量未知**，和**差異量未知**，而變成六種題型。第三種是**結合型**，例如：「你有 6 元，我有 4 元，我們一共有多少元？」或是「我有 4 元，我們兩個人一共有 10 元，那你有幾元？」

統整問題階段主要在教導學生，統整問題中提供的「事實」資料分析問題，首先是教學生區別必要和不必要的資料，而不會被不必要的資料所干擾；接下來教導學生運用圖示、表格或代數敘述的方式組織和展現資料。計畫解題方式和監控階段主要在教導學生根據前兩個階段，計畫解題的方式和步驟，並且自我監控此方式和步驟是否正確。最後則是執行計畫階段，亦即實施上一階段擬訂的解題計畫，呈現出解題的過程和結果。

此外，Mercer 和 Miller（1992）使用 **DRAW 策略**，教導學習數學有困難的學生解決運算問題，包括了四個步驟：第一步是**發現**（discover）**符號**；第二步是**閱讀**（read）**問題**；第三步是**作答**（answer）**或畫出，並且檢核運算過程**；第四步是**敘寫**（write）**答案**。

至於學習策略的教學步驟，可分成三個階段（Archer & Gleason, 1995），一是**教導前階段**，包括：（1）謹慎選擇所要教導的學習策略；（2）為學習策略的教導提供教學之理由；（3）討論使用學習策略的時機和情境；以及（4）獲得學習策略教學的正式或非正式同意等四個步驟。二是**教導中階段**，包括：（1）確定學生學會了這些學習策略；（2）繼續討論為何要教導這些學習策略、其適用時機，以及在哪種情況下可以被使用；（3）提供學生使用這些學習策略的提示；（4）在教導的過程中，使用各種材料；（5）提供可以顯示策略運用和其結果間關係的回饋；以及（6）讓學生從事自我監控及自我評鑑的活動等六個步驟。三是**教導後階段**，包括：（1）期待學生使用這些學習策略；（2）提醒學生使用這些學習策略；（3）定期複習這些學習策略；（4）提供可以使用和練習這些學習策略的機會；（5）要求學生在其他情境下也能使用這些學習策略；（6）繼續討論這些學習策略得以使用的原因、時機和情境；（7）增進學生使用這些學習策略的動機；（8）對於學生學習策略的表現及使用給予回饋；（9）鼓勵學生自我評鑑及自我監控這些學習策略的運用；以及（10）告知其他人（例如：教師、家長）已經教過的學習策略等 10 個步驟。Archer等人（1995）表示要因應學生的個別需求調整作法。J. B. Schumaker等人（1984）則將教導學習策略的過程分成八個步驟，如圖 11-7。

圖 11-7 學習策略的教學流程

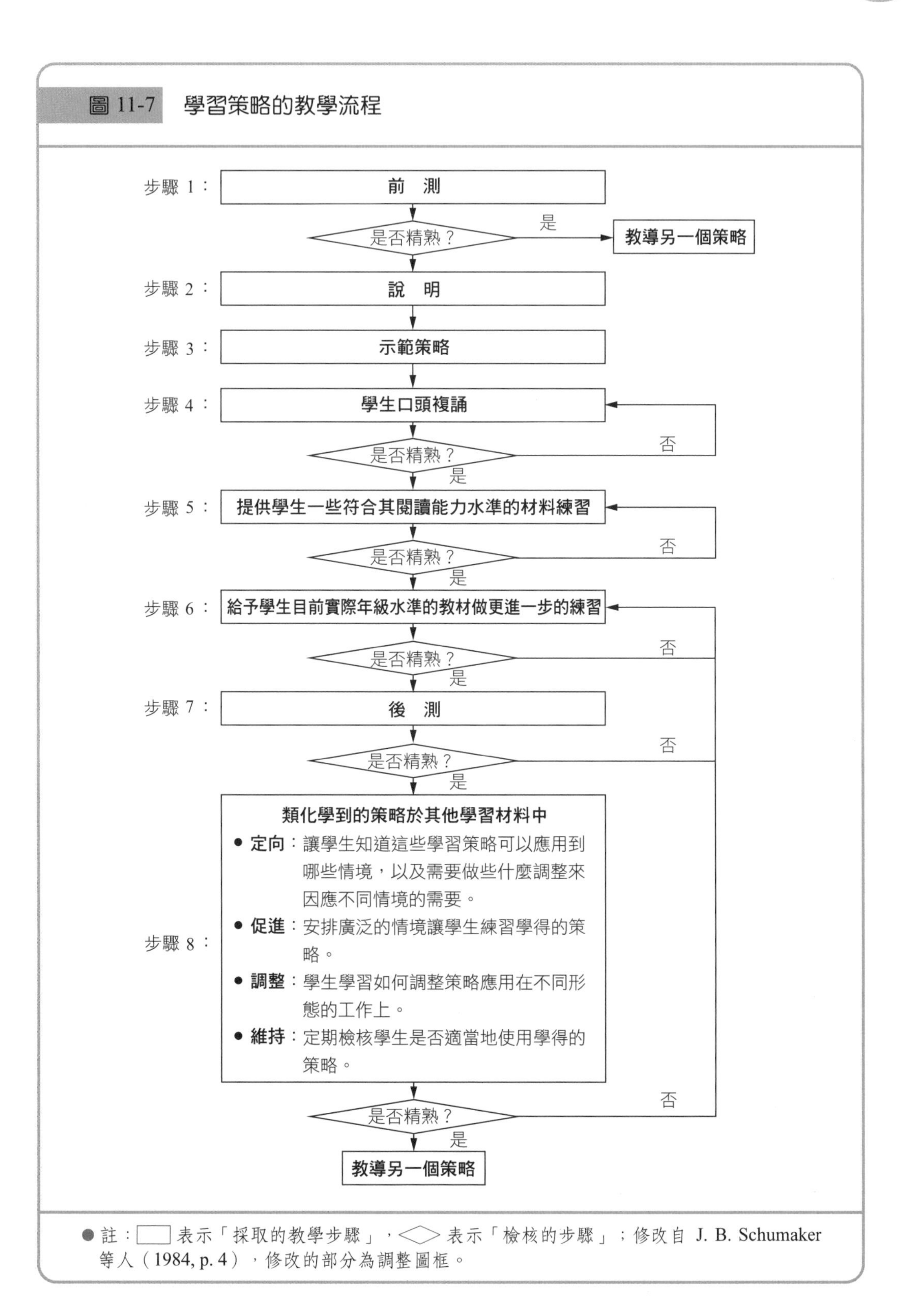

● 註：▭ 表示「採取的教學步驟」，◇ 表示「檢核的步驟」；修改自 J. B. Schumaker 等人（1984, p. 4），修改的部分為調整圖框。

二、依據學生的智力傾向設計課程與教學方案

延續第 6 章第 3 節所提多元智力理論的要點，多元智力理論對融合教育的課程與教學有以下六點啟示。

（一）以寬廣的角度看待學生的學習

過去部分人對學習存有迷思，以為學習只限於學校中知識的學習，多元智力理論為人們開啟一扇窗，以寬廣的角度看學習，學習不只是知識的學習，更要學做人、學做事、學習如何生活、學習不斷去學習、學習與人共處。

（二）從多元的角度看待學生的成就

過去部分人對成就存有迷思，以為考試的成績即代表成就，而考試又以紙筆測驗為主，Goldman 和 Gardner（1997）表示，多元智力理論從多元的角度看待學生的成就，而不是以絕對的標準或考試的成績來評量；它使用**真實且多元的方式**評量學生的學習表現，鼓勵學生自己跟自己比賽，並且能欣賞他們小小的成就。總之，多元智力理論提供每位學生多元廣闊的發展空間，發現其位置，讓他們豐富多樣的生活獲得承認、讚美和培養的機會（Stanford, 2003）。

（三）以寬廣的角度看待學生的障礙

Armstrong（1988, 2018）指出，過去特殊教育採取缺陷典範，將身心障礙學生看作是具有缺陷、異常、疾病等問題；而多元智力理論提供**成長典範**，它放寬能力的定義，用全人的角度看待身心障礙學生，視他們在很多智力領域具有優勢，而不是只看到他們的障礙，甚至認為不是他們有「障礙」，而只是「差異」。即使學生有很多行為問題，教師亦可以從其行為問題中，看到他們的特質和優勢，將之引導至適當的方向，例如：一位學生愛扮鬼臉，教師可以給予他一個任務擔任康樂股長，每週對全班講一個笑話；又例如：一位泛自閉症學生喜歡聞別人鞋子的味道，教師安排他做整理鞋櫃的工作。

（四）發現學生的智力優勢並迂迴弱勢

「自信心」是學好、甚至學會知識和技能的最重要基礎，而學會之後產生的成就感又進一步成為自信心的來源；因此，H. Gardner（1983）鼓勵教師發現學生的**多元智力優勢**，進而運用**迂迴**策略（“bypassing” strategy）學習，亦即迂迴弱勢，以擺脫那些

造成其學習困難的障礙，開發他們更高度發展的智力，這也就是邱上真（2002a）所云：**另闢蹊徑、順勢操作、優勢學習、截長補短**的教學概念，正如插畫 11-4 中 Kluth 等人（2003）所言：「如果學生無法以我們教他們的方式學習，那麼就以其學習的方式教導他們。」（p. 18）換句話說，假使一位學生某個學科表現有困難，教師宜從他擅長的智力項目，切入協助其困難的部分；而不是用他比較弱勢的智力項目，改進他已落後的技能，如此事倍功半，只會增加學生的挫敗感；最後甚至讓他的學習興趣消失，進而增加教師教學的無力感（Armstrong, 2003）。

插畫 11-4 另闢蹊徑

如果學生無法以我們教他們的方式學習，那麼就以其學習的方式教導他們。（Kluth et al., 2003, p. 18）

Falvey 等人（1994）即表示，如果教師一直著眼於學生的問題，是不會有成長與進步的，因為成長是建立在優勢上面的；當教師在探討學生的學業問題時，宜回過頭來想想：他的優勢能力在什麼地方？之後再問自己要如何利用這個優勢能力來幫助他，要怎樣以學生喜歡的方式去展現他的優勢能力？每一個學習領域都有各種智力的切入點，例如：學語文可以用詩歌的方式（音樂智力），也可以用猜謎的方式（數學—邏輯智力）；讓學生放心使用自己擅長的智力，不但增進了他的自信心，其實也可以學會那個學科，甚至學得更好。Peterson 和 Hittie（2003）舉了一個例子，說明如何針對一位有閱讀和書寫方面問題的學生，設計配合其不同智力優勢的調整策略，如圖 11-8。

圖 11-8 多元智力和調整策略

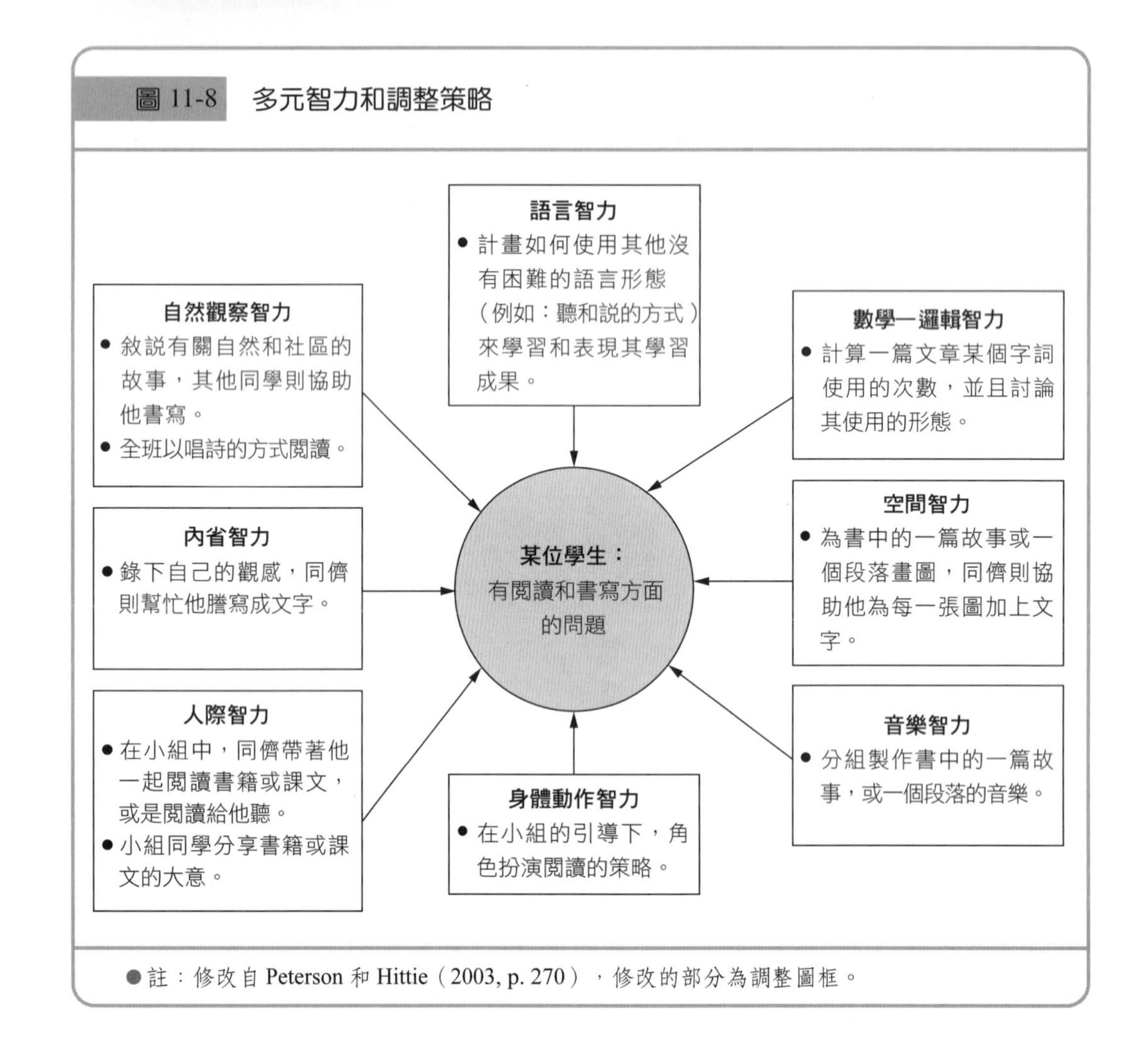

● 註：修改自 Peterson 和 Hittie（2003, p. 270），修改的部分為調整圖框。

（五）運用多元的教學方法

多元智力理論為教學方法開闢一條寬廣的道路，它認為沒有任何一種教學方法在所有的時期，對所有的學生都適合，換言之，所有的學生在八項智力中有不同的傾向，因此任何一種方法很可能對某些學生非常有效，然而對另外一些學生就不太有效（Armstrong, 2018）。誠如插畫 11-5 中 Armstrong 所云：「如果你唯一的工具是鎚子，那你周圍的每一樣東西便像釘子。」（p. 70）實際上，學生能力、特質各有不同，他們並不是規格齊一的釘子，教師必須運用多元的教學方法教導學生。

插畫 11-5　**教師採取的教學方法**

如果你唯一的工具是鎚子，那你周圍的每一樣東西便像釘子。（Armstrong, 2018, p. 70）

由於學生的個別差異，H. Gardner（1993）建議教師可以運用**統整的主題課程**，採取多元的教學方法或策略，亦即**多管齊下**，盡可能安排運用不同智力的教學策略，以配合學生不同的智力傾向。

每項智力的教學方法使用不同的方式達成教學目標，例如：教師在使用語言智力的教學方法時，思考的問題是：「我如何使用口頭或文字語言來教學？」呈現多元智力教學計畫時，教師當思考的問題如圖 11-9（Armstrong, 2018; L. Campbell et al., 2003）。一旦教師在講課中變換強調不同智力的上課方式，學生將會更有興趣，且在一堂課或一天中，學生總會有機會發揮他們的智力優勢來學習。Schirduanc 和 Case（2001）設計以多元智力理論為基礎的課程，讓AD/HD學生學習，研究結果顯示，此課程能有效地改善其自我概念，並且提升其正向學習結果。每一種主題或教學目標，教師都可以從這八種智力盡可能發展方法教授它。我依據鈕文英（1998），呈現多元智力的教學方法如附錄 70。

（六）在個別化教育計畫的擬訂中使用多元智力理論

在為特殊需求學生擬訂 IEP 時，教師常忽略他們優勢的智力，而專注於他們弱勢的部分。多元智力理論能夠協助教師辨別學生優勢的智力和喜歡的學習方式，而這些訊息可以作為擬訂 IEP 的基礎（Armstrong, 2018）；正如插畫 11-6：「以適合的方式對待孩子，幫助他們找到適當的位置，你就能讓他們找到有能力的自我。」（修改自 Armstrong, 2018, p. 139）此外，多元智力理論改變特殊教育教師扮演的角色，成為普通

圖 11-9　呈現多元智力教學計畫時所思考的問題

教學目標

語言智力
我如何使用口頭或文字語言來教學？

數學－邏輯智力
我如何將數字、計算、邏輯、分析或批判思維等認知技能引進課堂？

空間智力
我如何運用視覺輔助教材、想像、色彩、藝術或比喻？

內省智力
我如何喚起個人感覺、記憶或給學生選擇的時間？

音樂智力
我如何引進音樂、環境音響或把教學重點放在有節奏或有旋律的架構內？

人際智力
我如何幫助學生從事同儕分享、合作學習或團體模擬活動？

自然觀察智力
我如何運用觀察來教學？

身體動作智力
我如何運用整個身體或動手實驗來教學？

●註：綜合整理自 Armstrong（2018, p. 57）及 L. Campbell 等人（2003）的文獻。

插畫 11-6　發掘身心障礙者的優勢能力

以適合的方式對待孩子，幫助他們找到適當的位置，你就能讓他們找到有能力的自我。（修改自 Armstrong, 2018, p. 139）

教育教師多元智力的顧問，共同發展新的補救方法和介入方案，進而增進普通和特殊教育教師間的合作（Armstrong, 2018）。

J. D. Swanson 和 Finnan（2003）對一位讀寫障礙兒童進行個案研究，這位兒童在小學一年級時，因為教師不了解他的學習困難，經常誤以為其「偷懶」而責罵之，因此他非常挫折與不快樂；直到二年級轉至新的學校，遇到一位了解他並能善用其優勢能力的教師後，從此改變了他的一生。這位教師發現他有自然觀察智力，平日非常喜歡收集貝殼及礦石，於是每天和他一起閱讀這方面的報章雜誌，並且連其書寫的作業也和自然科學有關；由於教師對其優勢能力的善加引導，這位讀寫障礙兒童不僅對學習充滿了興趣，也逐漸提升讀寫的能力。

總之，採取多元智力理論，可以將特殊教育推向一個成長典範，增加特殊需求學生的自尊，並促進他們更能完全融合於普通班級中。雖然有學習困難的孩子，但是我們希望他們未經驗到學習失敗；因為學校可以被營造成一個**無障礙**、**因材施教**的學習環境。

三、針對學生的學習困難提供鷹架

Vygotsky 於 1978 年以**社會建構論**為基礎，提出**學習引導發展**的觀點，認為學習扮演著引導發展的主要角色，當教師在學生的**近側發展區**內設計課程時，亦即給予學生難度稍微高出其能獨立完成的學習內容，而教師能在此時提供鷹架，則學習可引導發展向前進（引自 G. Novak & Pelaez, 2004, pp. 226–227）。S. Vaughn 等人（2000）整合過去對學障學生實施的介入策略後發現，設計適當難度的教材攸關他們的學習成效，此即「近側發展區」的概念。而鷹架是由教師或同儕提供的各種形式之支持或協助，它能幫助有困難的學生彌補目前能力和學習目標間之差距（Rosenshine & Meister, 1992）。Peterson 和 Hittie（2010）指出，鷹架教學不僅是協助有學習困難的學生，也是協助所有學生的重要策略，它擴展學生的近側發展區，使其能夠經驗更為豐富的學習生活，例如：Murphy 等人（1994）指出，在教導學生減法的步驟時，提供示例 11-1 的步驟作為鷹架。

示例 11-1　鷹架教學之例子

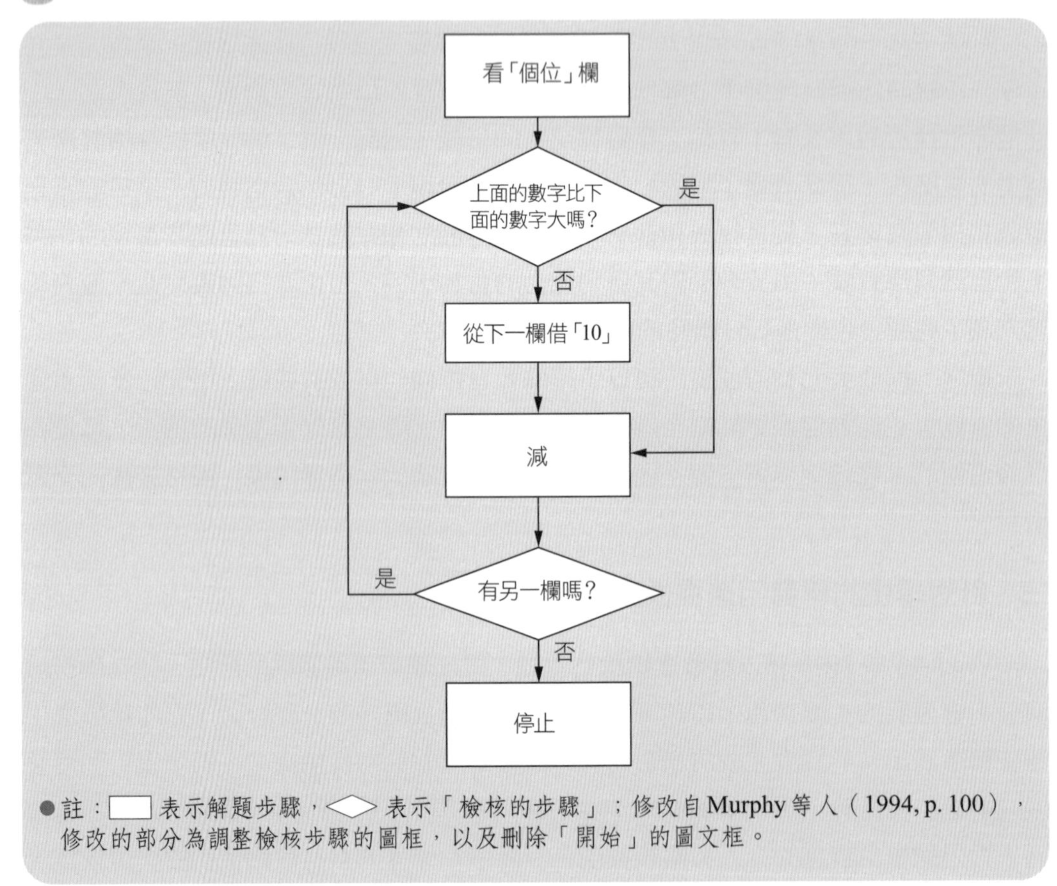

●註：▭ 表示解題步驟，◇ 表示「檢核的步驟」；修改自 Murphy 等人（1994, p. 100），修改的部分為調整檢核步驟的圖框，以及刪除「開始」的圖文框。

四、配合學生的學習風格進行教學

Peterson 和 Hittie（2010）表示，了解學習風格提供教師以學生感到舒適的學習方式為基礎，設計教學以符合其不同需求。他們進一步說明，學習風格似乎與多元智力相似，雖然兩者間確實有某個程度的關係，但實際上它們是不同的；多元智力是指，人們以何種方式展現他們的能力，而學習風格意指，人們用什麼方式學習，會讓其感到舒適自在，而且吸收狀況最好；而人們的智力和學習風格似乎常有關聯，例如：一位很會畫畫、有空間智力的人，如果教師發現視覺是他最好的學習方式，則不令人感到意外；雖說有關，但也不一定總是如此。

Johnson 於 1976 年指出，**依賴型**和**獨立型**兩種學習風格，Fuhrmann 於 1980 年增加**合作型**，依賴型的學生需要結構性的教材、教師的直接指導、外在的增強和鼓勵等；獨立型的學生需要教師給予較多的思考和探索的時間，提供選擇學習方式的機會，喜歡以實驗的方式學習，藉著增加內在的滿足感可以提升其學習；而合作型的學生喜歡以與同儕互動、參與、觀察等方式學習（引自 J. W. Wood, 2006, p. 277）。Grinder（1991）將學習風格分成**視覺型**、**聽覺型**和**觸覺型**三種；Jacobson（2002）則將學習風格區分為**系列**、**分析的左腦型**，和**整體**、**直覺的右腦型**兩種。

此外，Jensen（2009）認為學習風格包含四種成分，即**情境**、**輸入**、**處理過程**和**反應過濾器**。情境是指學習的物理環境，像是有聲音或安靜的環境，例如：有人邊聽音樂邊學習的效果最好；輸入是指輸入訊息的感官通道，例如：視覺、聽覺、觸覺、味覺、嗅覺、動覺；處理過程是指如何處理輸入的訊息，有人的處理過程是「整體」的，例如：看一幅畫時，是看到整體，而不是細節，但有人的處理過程是「分析」的；其他處理過程的差異還包括具體或抽象思考，多元工作或單一工作的取向，左腦或右腦的處理方式等。最後，Jensen 表示，反應過濾器是指影響學生採取何種反應方式的因子，像是內在參照或外在參照，例如：有些人在採取行動時，會受他人想法的影響，而某些人則依據個人內在的觀點採取行動；而從採取行動的變化性來看，有些人採取行動時，會維持一致和連續性的作法；而某些人則喜歡冒險，會採取變異的作法，以發現問題。

R. Dunn（1996）還發展一個架構，檢核學習風格中的情境要素，如表 11-5。其中在環境的刺激上，教師可以讓學生依照其需要，調整教室中的音量、光線、溫度和布置等，例如：提供耳機讓某些學生可以邊聽音樂邊學習，或是提供耳罩讓某些學生避免不必要的噪音干擾。在情緒的刺激上，教師可以考慮學生的學習動機、持續度、責任感，以及他們對結構性的需求，來設計教學活動，例如：對於某些持續度低的學生，教師需要提供經常的休息。在社會的刺激上，教師宜考慮學生的個別需求，提供獨自工作或與他人合作的機會。在身體的刺激上，教師宜提供學生使用視覺、聽覺、觸覺等各種不同感官通道學習的機會。在心理的刺激上，教師宜了解學生在處理訊息上，是採取分析或整體的方式；在採取行動上，是內控或外控，沉思或衝動，並且提供適當的方式予以引導。

表 11-5 學習風格的情境要素

刺激的形態	要素
環境的刺激	1. 音量：有音樂和講話聲或是安靜的環境？ 2. 光線：明亮或昏暗？ 3. 溫度：溫暖或寒冷？ 4. 布置：正式或非正式的（例如：坐在位子上或躺在地板上）？
情緒的刺激	1. 動機：什麼樣的情境或活動會引發高動機或低動機？ 2. 持續度：持續地專注於所做的工作，或需要經常的休息？ 3. 責任感：服從或需要提供選擇？ 4. 結構性：需要結構的指引或一般的指令？
社會的刺激	1. 喜歡獨自工作，或與另一個人搭配工作，抑或與一組人一起工作？ 2. 喜歡與權威人士（例如：教師）一起工作，或是各種不同的人一起工作？
身體的刺激	1. 知覺：喜歡何種感官輸入，是視覺、聽覺或觸覺呢？ 2. 攝取食物：需要吃、喝或咀嚼食物，以協助集中專注力？ 3. 時間：在一天的什麼時間，體力和敏覺度最好？ 4. 行動：需要保持靜止或移動？
心理的刺激	1. 分析—整體：系列、步驟的或整體、直覺的；左腦或右腦？ 2. 內控—外控：需要自我設定目標，或得到別人的贊同？ 3. 沉思—衝動：深入地思考，不立即回應；或是立即反應？

●註：整理自 R. Dunn（1996）的文獻。

五、安排課程與教學讓學生達到真實學習

真實學習乃根據**大腦本位教學**（**brain-based teaching**）的概念，Caine 和 Caine（1994）依據過去有關大腦學習方面的研究，提出大腦本位教學的三項重要原則：第一項原則是**提供具挑戰性，但沒有威脅的學習環境**，以確保學生處於一種**放鬆的敏覺狀態**；這種狀態一方面讓學生感到安全、自在；另一方面對學習充滿好奇心和興趣，並且參與在學習活動中，如此可以產生有效率的學習。第二項原則是**提供豐富的學習經驗，並且給予學生組織自己想法和經驗的機會**，教師只是從旁引導和協助。第三項原則是**持續讓學生主動地運作習得的學習經驗**，它將有助於學生的理解和記憶；因此給學生思考，以及與他人分享其習得經驗（例如：班級討論、雜誌寫作）的機會是很重要的。Peterson 和 Hittie（2010）進一步表示，真實學習強調讓學生學到對其有意義而統整的知識，在真實情境中體驗，鼓勵學生主動建構知識，並且將所學的知識與生

活連結在一起；而統整的主題課程或單元、建構學習、活動本位的學習、成果本位的教育等皆能達到真實學習。

（一）統整的主題課程或單元

統整的主題課程或單元是根據大腦本位教學的概念，強調學科間的知識是有關聯的，如果教師能整合這些知識成為有意義的學習內容，將能幫助學生理解和應用（Eichinger et al., 2008）。統整的主題課程或單元是以一個學科或領域或主題為核心，其他學科或領域依存於此核心來設計課程內容（Kovalik & Olsen, 1992），即**核心課程**的組織形態，這時所有任課教師就需要相互支持之部分達成共識。黃政傑（1991）表示，統整性擴展「順序性」和「聯繫性」的原則，係指將課程內容合成一體或關聯起來，旨在整合學生分割的學習經驗，讓各領域的學習得以關聯起來，增加學習的意義性、應用度，也提升學習的效率。

統整的內涵包括五個方面：第一，統整課程內容中認知、情意和技能的成分，讓學生在學到的知識、態度和行動間有一致的表現。第二，統整在同一和不同學科或領域中所學到的知識，即黃政傑所提**知識的統整**。第三，使學生的舊經驗與新經驗產生連結，這就是黃政傑所提**經驗的統整**。第四，使課程內容與學生產生連結，讓學生了解課程內容對其生活或生命的意義，**功能性課程**（**functional curriculum**）即強調此概念；並且考慮學生的興趣、特質、能力和經驗等，甚至讓學生參與課程內容的安排。舉例來說，教師觀察發現，某生平常生活中喜歡看電視（尤其是棒球比賽）和廟會活動，於是以這兩個活動為主軸來設計課程內容，例如：教他如何看懂球賽、球賽的規則、分數如何計算、球賽和廟會活動的相關語詞等。第五，使課程內容與學生所處的生態環境產生連結，這就是黃政傑所提**社會的統整**，例如：Tharp 等人（2000）提出**轉化的教室**（**transformed classroom**），亦即教師透過與學生對話的方式，將學生於教室中習得的學習經驗，用以解決家庭和社區生活中有意義的問題，如此可將學生在學校所學與其家庭和社區生活關聯在一起。

（二）建構學習

建構學習主張，學習是一種主動建構知識的歷程，而非僅被動地吸收知識；它強調學生扮演主動和思考者的角色，教師宜注意學生的認知、動機、情緒、先前知識，以及個人與社會文化背景，透過小組活動、參與和操作來引導學生學習事物，以及促發學生和課程的對話，讓學生連結舊知識與新知識，來幫助他們建構和重組自己的知識系統（Brooks & Brooks, 1999）。為達到建構學習，所以有建構教學，建構教學與過去非建構教學之比較如表 11-6。建構教學強調教師是對學生觀點的發問者，教師參與學生的對話，而不是對著他們講課，目的是藉由對話，了解他們的觀點和啟發他們重建知識；即使他們有錯誤概念，也不急於糾正他們，而是挑戰他們的想法，促進他們的思考。

表 11-6　建構教學與過去教學之比較

過去教學	建構教學
・強調基本技能的學習。	・強調重要概念的學習。
・課程的呈現方式是由部分到整體。	・課程的呈現方式是由整體到部分。
・按固定的課程進度教學。	・按學生的學習進度教學，而且強調引導學生思考和問問題。
・教學過程極為依賴教科書和作業單。	・教學過程重視運用真實資料和可操作的材料。
・視學生為被動的學習者。	・視學生為主動的學習者、思考者。
・教師是講述、傳遞知識者。	・教師與學生互動，安排教學環境以促進學生的學習。
・教師以答題正確率來驗證學生的學習狀況。	・教師尋求學生的觀點，以了解他們對所學概念的理解情形，作為後續課程設計的參考。
・評量與教學分離，而且主要是藉由紙筆測驗的方式評量學生的學習表現。	・評量與教學密不可分，教師透過觀察學生的實作表現，以及檔案評量的方式，檢核學生的學習表現。
・學生獨自學習，較強調競爭。	・較重視合作，學生透過合作的方式學習。

●註：修改自 Brooks 和 Brooks（1999, p. 17），修改處為將表中文字做整合說明。

E. S. Ellis（1997）批評過去教導學生的是一種**縮減的課程**（**water-down curriculum**），這種縮減的課程強調記憶關聯性不高的概念，減少學生學習和發展思考能力的機會；他主張為輕度障礙學生設計**擴增的課程**（**water-up curriculum**），在認知領域方面，擴增的課程重視學生主動建構知識；深入探討重要概念，而非膚淺的學習；強調概念間關係，以及與真實情境相關聯之知識的理解；讓學生做更多的詳細探究；發展有效的**心智習性**（**habits of mind**）、高層次的思考能力、訊息處理的能力和運用學習策略。關於心智習性，Costa（2008）提出 16 項，包括堅持，控制衝動，以了解和同理心的態度傾聽，彈性思考，反省思考方式，力求精確，質疑並提出問題，應用舊知識於新情境，清楚、精準的思考和溝通，用各種感官察覺，創造、想像和創新，保持好奇和讚嘆之心，願意冒險並且承擔後果，有幽默感，能共同協力思考，敞開心胸不斷學習。

E. S. Ellis（1998）進一步指出，在情意領域方面，擴增的課程強調學生反思、冒險和主動參與；發展學生的社會責任，以及與人合作的技能；培養對自己優勢能力的覺察，與增進學業和社會自尊；提供學生更多的社會支持；針對學生關鍵的需求領域給予更多深入和延伸的教學，而且小心地監控學生的進步情形。由此可知，建構學習強調學生主動建構知識，較符合 E. S. Ellis 所云「擴增的課程」。

（三）活動本位的學習

Jakupeak（1998）表示，過去的融合教育在設計「技能本位」的IEP，新的思維則強調在普通教育課程中進行「活動本位」的學習。活動具有三個特徵：（1）在自然情境下一連串的行為，而不像行為目標一樣，通常只包含一個反應；（2）與生活情境配合，而且有自然後果；（3）對個體具有功能性（Wilcox & Bellamy, 1987）。綜合文獻（F. Brown et al., 1987; Rainforth & York-Barr, 1997），活動包括**系列**和**交織的成分**兩大項，系列的成分是指活動涵蓋一連串的行為，從開始、準備、核心至結束。交織的成分則包含交織於活動中所需的技能，例如：溝通、社會等技能；活動要求的表現品質和速度；以及在刺激變化和例外狀況時，該有的反應變化和解決問題能力，如表 11-7。

文獻（Gargiulo & Kilgo, 2020; Rainforth, 2003; Rainforth & York-Barr, 1997）主張，可以運用學校生活作息，教導生活中重要的活動，例如：教學生整理個人工作櫃的活動，並將技能嵌入於活動中進行教學，像是教學生物品分類的技能。活動本位的學習主張，學習不只是在教室中進行，也鼓勵學生在社區等自然情境中學習，即**社區本位教學**，而評量是依據學生的學習表現和實際的工作成果，例如：Schuh 等人（1998）主張，帶學生到社區中進行活動本位的教學，像是到社區中的郵局進行寄郵件的活動。Hamre-Nietupski 等人（1992）提出兩項社區本位教學融入普通教育課程的作法：第一項作法是將社區中的物品帶入教室中；第二項作法是將社區本位教學融入對於所有學生的教學計畫中，讓所有學生能夠在自然情境中練習和應用習得的技能。

（四）成果本位的教育

Udvari-Solner 和 Thousand（1995）綜合文獻指出，成果本位的教育主張所有學生都能學習和成功，教師從寬廣的角度來界定課程和成果，期待學生以他們自己的方式展現其學習成就。成果本位的教育運用**由上而下**的策略發展課程，首先界定「什麼對學生來說是最重要而必需的學習結果」，而後再據以發展課程內容；它是相對於「由下而上」的課程發展策略，由下而上的策略是從現有的課程或學生目前的表現為起點，從下往上地發展詳細的學習內容（Bigge et al., 1999）。

表 11-7 活動分析

成分	內涵
系列的成分	**1.開始** ・溝通從事該活動的需要、意圖和想法。 ・尋求活動的許可 ・對執行活動的自然提示產生反應 **2.準備** ・蒐集材料，走到活動的地點。 **3.核心** ・執行活動的核心部分 **4.結束** ・顯示活動的結束 ・將材料放回原處，清理現場。
交織的成分	**1.知覺動作技能** ・知覺能力（例如：視知覺、聽知覺、觸知覺、嗅知覺、味知覺等能力，像是辨識氣味、辨識聲音的來源） ・粗大動作技能（例如：姿勢的控制、移動能力） ・精細動作技能（例如：材料的操控能力） **2.認知與學業技能** ・認知技能（例如：注意、記憶、思考、推理、判斷） ・學業技能（例如：數學、語文的能力，像是閱讀標誌、文字，使用金錢等能力） **3.溝通技能** ・口語或非口語溝通（例如：對參與者、活動、材料、事件和喜好的溝通，眼神接觸，傾聽與回應） **4.社會技能** ・基本禮儀（例如：用餐禮儀） ・社交技能（例如：打招呼、分享、輪流、協助） ・情緒管理能力等 **5.問題解決** ・可能的刺激變化（例如：排隊點餐人多）和反應變化（例如：購買不同的餐點） ・例外處理（例如：服務人員給錯飲料） **6.表現的品質** ・完整性、正確性、持續度、需要協助的情形。 **7.表現的速度** ・完成活動所需的時間 ・在一段時間內完成工作或作業的比例

●註：整理自 Rainforth 和 York-Barr（1997），修改處為加入部分文字的說明，以及整理成表格。

六、採取有效的教學行為與技巧

教師如果能採取有效的教學行為與技巧，不只特殊需求學生獲益，一般學生也能因而受惠；如此學生出現學習問題的比率就會比較少，後續需要做課程與教學調整的機率則會降低（E. S. Ellis et al., 1994）。有不少文獻提出於融合情境中有效的教學行為與技巧，我依年代先後，將 8 篇文獻的觀點整理如附錄 71；而後，我依據 Ysseldyke 等人（2000）有效教學的概念架構，包括**計畫教學**、**管理教學**、**傳遞教學**、**評鑑教學**四個要素，於表 11-8 彙整八篇加上其他文獻，在每一個要素下的有效教學行為與技巧。

表 11-8 中提及**運用明顯的教學策略**、**透過提問以促進所有學生的參與**，以及**妥善規畫轉換時刻**三項有效教學行為與技巧，我進一步闡述之。關於明顯的教學策略方面，Scruggs 和 Mastropieri（1995）提出教導新的概念和技能宜注意六個要素，他們將每一個要素的首字結合稱之為「**SCREAM**」，包含：**結構**（**structure**）、**清晰**（**clarity**）、**重複**（**redundancy**）、**熱心**（**enthusiasm**）、**適當的速度**（**appropriate pace**）、**擴大學生的參與**（**maximized engagement**）。這六項是明顯教學宜具備的要素，而 King-Sears（1997b）指出**直接教學**能達到明顯教學的功能，它為在融合情境中能夠採取的有效教學行為與技巧之一。King-Sears 所指直接教學是小寫的 di，它和大寫的直接教學（DI）不同。DI 源自於 Engelmann 和 Bruner（1968）提出的**教導數學和閱讀的直接教學系統**（Direct Instruction System for Teaching Arithmetic and Reading，簡稱 DISTAR），他們執行 9 年的「堅持到底」（Follow Through）研究計畫，對數學和閱讀困難高危險群學生實施 DISTAR，進一步評量他們基本能力、認知和情意表現的成果（Stockard et al., 2020）。小寫的直接教學（di）是由 Rosenshine 和 Stevens（1986）回顧有關教學效能的研究所提出。Carnine 等人（2017）表示，只有實施 DISTAR 者才能稱作大寫的直接教學，否則是小寫的直接教學。Bateman 等人（2015）指出，DI 中教師的教學語言、示例的選擇和排序及教學細節，皆依據 Engelmann 和 Carnine 發展的概念學習理論，且在教材出版前會做廣泛的預試；而 di 則可能整合其他學習理論，且在教材出版前不見得會做廣泛的預試。綜合文獻（Archer & Hughes, 2011; Carnine et al., 2017; Gersten et al., 1987; Rosenshine & Stevens, 1986），di 採用 DI 課程傳遞的一些元素，包括下列九項重要特徵：第一，編選組織精密、結構清晰、系統而層次分明的教材，和運用明確漸進的步驟進行教學；第二，複習先備知識和技能；第三，在教導學生學習某個概念的過程中，教師發展的每一個步驟，學生須達到的精熟標準；第四，教師使用清楚、簡潔的語言說明教學內容；第五，教學生一個概念時，會提供充足而

表 11-8 有效教學行為的概念架構

要素	原則	策略
計畫教學	決定教什麼	1. 進行評量以界定學生表現的差距。 2. 設計有意義的學習。 3. 分析課程主要概念。 4. 建立邏輯的教學順序。 5. 考慮教學情境變項。
	決定如何教	1. 建立教學目標。 2. 建立學生表現的標準。 3. 選擇有效的教法與適合的教材。 4. 建立分組的結構。 5. 以適當的速度進行教學。 6. 監控學生的表現與再次計畫教學。
	溝通實際的期望	1. 教導學生了解課程的目標和標準。 2. 教導學生成為主動參與的學習者。 3. 教導學生了解期待的學習結果。
管理教學	準備教學	1. 建立教室規則。 2. 溝通和教導教室規則。 3. 溝通行為的結果。 4. 有效地處理干擾行為。 5. 教導學生管理自己的行為。
	有效地使用時間	1. 建立班級生活作息和程序。 2. 組織教室物理環境。 3. 分配足夠的時間進行教學活動。 4. 妥善規畫轉換時刻（transition time）。
	建立正面的教室環境	1. 使教室成為令人感到愉悅且友善的環境。 2. 接納每個人的差異處。 3. 建立支持、合作的學習環境。 4. 創造沒有威脅感的學習環境。
傳遞教學	傳達課程內容	**在呈現課程內容方面** 1. 取得和維持學生的專注力。 2. 使用清楚、簡潔的教學語言。 3. 有計畫且經常地讓學生複習和應用已學過的概念，並且連結新知和舊識，以協助學生統整所學的內容進而加深加廣。 4. 提供有組織、有焦點且彼此相關的課程內容。 5. 運用明顯的教學策略（例如：提供循序漸進的說明示例、提供正例和反例）。 **在激勵學生方面** 1. 教師表現熱情和對學生的興趣。 2. 有效地使用增強策略。 3. 考慮學生的能力和興趣。

（續）

表 11-8（續）

要素	原則	策略
傳遞教學	傳達課程內容	**在教導思考技巧方面** 1. 示範思考技巧給學生學習。 2. 教導尋找事實的技巧。 3. 教導擴散思考的能力。 4. 教導學生組織習得的知識。 5. 教導學習策略。
		在提供相關練習方面 1. 發展學生的自發行為。 2. 提供引導與支持性、分散與累積式的練習，並且變化練習的機會和方法，以促進學生精熟學習。 3. 監控提供給學生的作業量。 4. 教導學生遷移或類化所學的技能，例如：給學生相同題型的數量運算應用問題，僅變化題目中的材料和數量。
	監控課程內容的呈現方式	**在提供回饋方面** 1. 給予立即、頻繁與明確的正向與矯正性回饋。 2. 提供明確的讚美與鼓勵。 3. 示範正確的表現。 4. 提供提示和線索。 5. 檢核學生的理解情形。
		在維持學生的主動參與方面 1. 透過提問要求學生頻繁的回應，以促進所有學生的參與。 2. 經常地監控學生的參與狀況。 3. 監控學生練習時的表現。 4. 透過同儕來增進教學。 5. 提供成功的機會。 6. 減少失敗的機會。 7. 監控學生參與的速度。
	調整課程內容的呈現方式	1. 調整課程和教學以符合學生的需求，例如：針對學生的困難提供鷹架；將複雜的技能與策略分解成較小的教學單位。 2. 提供不同教學內容和方法的選擇。 3. 改變教學的速度。
評鑑教學	監控學生的理解情形	1. 檢核學生對於指導內容的理解情形。 2. 檢核學生對於教學程序的理解情形。 3. 監控學生達到預期目標的比例。
	監控學生參與的時間	1. 檢核學生的參與時間。 2. 教導學生監控自己的參與狀況。
	評量和記錄學生的學習結果	1. 運用有效的教學評量活動。 2. 允許學生用多元方式表達他們所學到的知識或技能。 3. 教導學生記錄自己的進步情形。 4. 經常告知學生其表現狀況。 5. 保存學生表現的紀錄。

（續）

表 11-8（續）

要素	原則	策略
評鑑教學	使用資料來做決定	1. 使用評量資料決定學生是否需要更多的教學。 2. 使用學生進步情形的資料來做教學決策。

●註：綜合整理自 Bigge 等人（1999）、Hughes 等人（2019）、King-Sears（1997b）、Kovalik 和 Olsen（1992）、Mastropieri 和 Scruggs（2018）、Scruggs 和 Mastropieri（1995）、Simmons 和 Kame'enui（1996）、T. E. C. Smith 等人（2016）、H. L. Swanson（2001）及 Ysseldyke 等人（2000）的文獻。

多元的範例，而且會提供正例（即正確的例子）和反例（即不正確的例子），讓學生對概念有充分的了解，例如：教導假分數的概念，會提供許多假分數的正例和反例；第六，強調給予學生充分而系統練習的機會，並且做累積和不同形式的複習，且每節課通常包含新教、練習與複習等教學活動；第七，在學生練習的過程中，如果發現學生有做錯之處，則強調診斷學生做錯的原因，並尋求方法來糾正或補救學生所犯的錯誤；第八，逐步從教師指導的活動，褪除為學生獨立進行的活動；第九，重視形成性的評量，對學生的進步情形與學習成果給予立即的回饋。Price 和 Nelson（2007）歸納指出，di 運用「**示範**（教師示範給學生看）－**引導**（教師引導學生練習）－**測驗**（教師測驗學生）」的教學程序。由上可知，di 的九項特徵即具備「SCREAM」。

除了 di 外，在教材設計上也要能達到明顯教學的功能。Ausubel 於 1963 年提出**前導組體策略**（**advance organizer strategies**）幫助學生閱讀，又稱為**創造關係法**，此法扮演兩個角色（引自 Lerner & Johns, 2012, p. 156）：一為提供新教材重要概念，例如：給予適當的標題、圖片、例子、關鍵字、故事等；或是在每一段落，使用引導問題提取重點，來教導其理解新教材。另一為提供新知與舊識之間的橋梁，以便成功地將新知連結到舊識上，如引發學生先前的知識和經驗，並比較舊識和新知間的差異。在閱讀完教材後，教師可以使用**歸納組體策略**（**post-organizer strategies**），對文本概念提供清楚的摘要，以讓學生檢視是否了解所學的內容，並修正錯誤的概念；所以它具有回饋、組織和強化已有知識的功能（Polloway et al., 2017）。由此可知，前導和歸納組體策略具有**結構**、**清晰和重複**三項要素，能讓教材呈現上達到明顯教學的功能。

關於透過提問以促進所有學生的參與方面，教師在課堂上問問題可以提升學生的專注度、促進學生的課堂參與度、檢核學生的背景知識、監控學生對目前正學習之課程內容的理解狀況，以及複習學生已學過的概念。J. A. Walsh 和 Sattes（2017）建議「**高品質的提問方式**」，以促進所有學生的參與，包括：（1）問問題之後，給予學生思考的時間，甚至鼓勵學生討論，協同合作回答問題；（2）當學生朝向正確的方向回答問題時，即使他們回答得不夠完整和正確，教師仍然要讚揚其回答正確的部分，並且對於回答不正確的部分，釐清學生的想法是什麼；（3）如果學生不理解教師問的問題，教師可以改變問題的敘述方式，或是從另一個觀點發問；（4）如果學生回答不出來，教師可以給予漸進的提示，逐步引導他們想出答案；若學生還是無法想出答案，教師可以告訴學生答案，而後要求他們以自己的話闡述或者舉例說明。

關於妥善規畫轉換時刻方面，教學時間可分為**參與時刻**及**轉換時刻**，參與時刻是指教師實際教學，讓學生參與學習的時間；而轉換時刻意指：（1）等待參與活動或獲取所需物質或協助的時刻；（2）教學地點轉換的時刻；（3）組別轉換的時刻（Maag, 2018）。假使轉換時刻太長，學生等待的時間過久，超過總上課時間的 10%至 15%，就容易產生行為問題（Wolery et al., 1988）。因此，盡可能增加學生的參與時刻，減少轉換時刻，就變得很重要了。然而轉換時刻有時是不可避免的，至於如何減少它產生的問題，宜注意以下三項原則（鈕文英，2022）：第一，轉換教學地點時要注意動線，以讓學生快速方便到達為主；如果無法做到，教師就須在學生移動的過程中，設計教學活動，例如：認識校園中的植物。此外，也可以分組，由能力好的同學帶領到達另一個教學地點。第二，讓學生做組別的轉換時，要先安排好小組的位置，而後給每組不同的標示（例如：顏色或動物標示），接著給學生提示卡，協助他們很快地找到其所在的組別。第三，教師事先準備好課程所需要的教材、教具和活動，盡量減少學生等待時間；如果無法避免，則要安排學生在等待時可從事的活動。另外，教師宜安排充分的教學活動，以備預計活動提早完成的不時之需。Friend 和 Bursuck（2019）建議採用**海綿活動**，以「吸收」短暫多餘的時間，讓學生練習或複習課堂所教過的內容，例如：在英文裡要學生找出教室中字母開頭是「D」的物品、在數學課裡要學生說出一個 5 的倍數等。

七、因應學生的需求設計課程與教學調整策略

O'Shea（1999）指出，融合教育要成功，須改變以教科書為本位的教學方式，因應學生的需求調整課程、教學和評量；Price 和 Nelson（2007）即表示採用**反映個別差異的教學**實施融合教育。文獻（McLaughlin, 1993; Nolet & McLaughlin, 2005）指出，過去的普通和特殊教育課程是二元分立的，普通教育課程偏向**發展性和學業導向**；而特殊教育課程偏向**功能導向**（例如：獨立生活技能課程）。這些文獻表示，兩者並非

完全不能相容，彼此能互動，可以將特殊教育課程設計的理念與方法，融入普通教育課程中，如圖 11-10。

圖 11-10 McLaughlin 提出的課程計畫過程

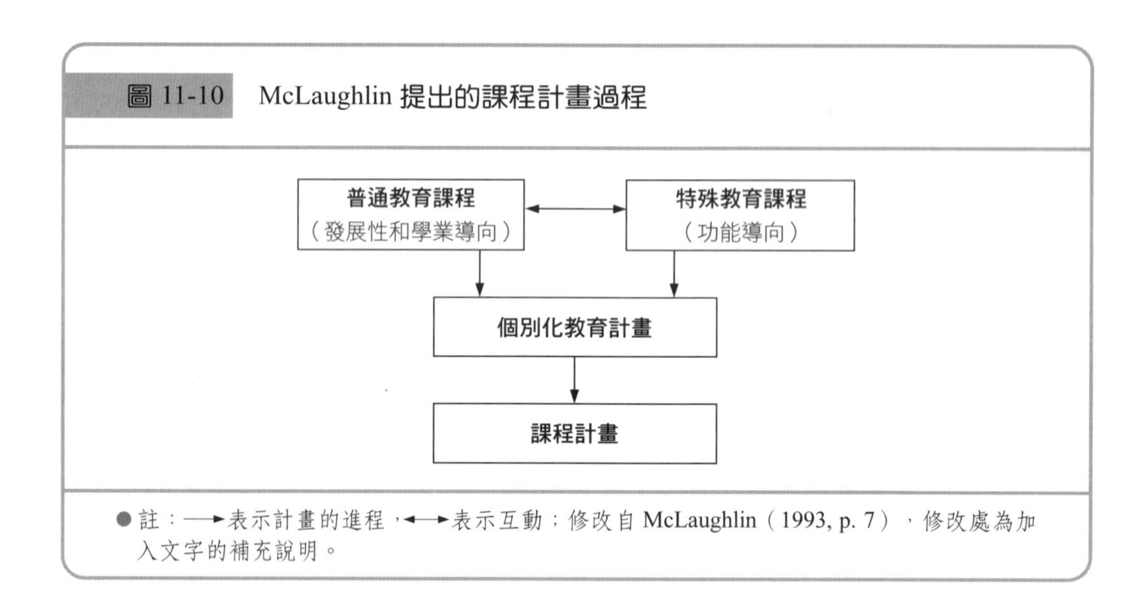

●註：──►表示計畫的進程，◄──►表示互動；修改自 McLaughlin（1993, p. 7），修改處為加入文字的補充說明。

我於附錄 72 整理國外和臺灣 29 篇文獻，為學習有困難的學生所提出的課程與教學調整策略。統整這些文獻發現，主要從**課程與教學調整**和**支持服務**兩方面做介入與調整，而前者又包括課程和教學兩個成分，課程分為目標，內容，作業，教學地點，教學人員，教學分組，教學時間，教學資源（例如：設備或媒體、材料、工具），教學活動、方法與策略，評量等 10 方面，可以歸類成課程的目標、內容和運作過程三個要素，由此可知，這些調整策略中未提及課程的「組織」要素，乃不足之處。而這 29 份文獻所指的教學調整，則從教室的物理環境和心理環境（含社會情緒和行為環境）兩方面著手，未包括本章第 2 節所提教學要素中「教師的教學語言」，這是另一項不足之處。我於下一節將統整這 29 份文獻提出的調整策略，再加入**課程組織**與**教師的教學語言**兩個向度的調整策略，形成整合的課程與教學調整模式。另外，支持服務包含**提供輔助科技**，以及**給予其他相關支持服務**兩個部分，見前面第 10 章的討論。上述調整策略是針對學生之需求設計的，另外在回顧的 29 份文獻中，Laarhoven 等人（1999）還提出支持普通教育教師的介入策略，例如：提供合作教學和諮詢、專業能力成長的課程，乃針對普通教育教師之需求提供的，二者分別見第 14 和 17 章。

貳、融合教育課程與教學調整原則的相關文獻

綜合文獻，整理出教師在進行融合教育課程與教學調整時，須注意以下九點原則。

一、選擇最能符合學生需求的調整策略

有效調整的第一個原則就是，選擇最能直接符合學生需求的調整策略（Peterson & Hittie, 2010），例如：假使學生在組織課程內容上有困難，教師可以教他組織的技能；工作或作業太複雜，就簡化工作或作業的難度。Byrnes（2005）指出，不是所有的身心障礙學生都需要調整，或是在所有的課程中都需要相同的調整，須視情境而定。

二、了解學生學習問題的根源

在選擇課程與教學調整策略時，教師可以先了解學生學習問題的根源，是「不能」或「不為」的問題（Friend & Bursuck, 2019），如此可以幫助教師找到最適合的策略，在學生的「近側發展區」內提供鷹架與支持。

三、採取最大融合和最少干預的調整策略

調整課程的最終目標是要讓特殊需求學生能融入班級，而不是讓他們被隔離或是特殊化；因此文獻（Causton et al., 2017; Janney & Snell, 2013; Peterson & Hittie, 2010）指出，採取的調整策略盡量是最大融合、能促進學生社會和教學的主動參與，且最少干預，運用與同儕間差異最小、不易被察覺的策略。舉例來說，如果教師安排特教助理員和特殊需求學生坐在教室後面，進行與主題相關但不相同的活動，這樣的作法是將該生與班級團體隔離開來，它是一種較多干預的調整策略；而讓特殊需求學生坐在班級團體中念讀簡化的教材，是一種較少干預的調整策略。Strickland 和 Turnbull（1990）指出，要檢視採取的調整策略是否為最少干預和最大融合，教師可以了解同儕的觀感，同儕是否負面標記特殊需求學生，是否覺得此調整是不公平的。除此，我認為，還可以了解特殊需求學生的觀感，他們是否接受這樣的調整，是否覺得能融入班級的教學活動。示例 11-2 呈現採取最大融合的調整策略實例。

示例 11-2 採取最大融合的調整策略

研究資料發現，將調整策略融入於全班的教學活動中，能增進所有學生的參與度。舉例來說，TA3 教完一個概念（表面積）之後，就讓鄰座的學生兩兩一組，互相說給對方聽，過程中看到全班學生非常投入地與對方分享他所知道的（TA3 觀數 940105-3）；研究者認為，這是將「改述」策略發展成一般的調整策略，融入於全班的教學活動中。又例如：TA3 請全班學生依照共同討論出來的原則，發表哪些生字可以一起學，各組呈現分類原則，如「函、涵」，「徬、徨」，……甚至有些學生將生字聯想成故事，增進印象，幫助記憶，SA3（學障學生）非常專心、有興趣地聽著（TA3 觀國 940104-4）；研究者認為，這是將「字彙分析」策略融入於全班的教學活動中，能夠加強SA3（學障學生）對生字部件的認識。（鈕文英，2005，第 302 頁）

鈕文英（2005）針對國小普通班認知障礙學生語文和數學的學習問題，透過資源教師與普通班導師合作，發展和實施課程與教學調整方案，在方案結束後訪談普通班導師的觀感發現，由於為認知障礙學生做調整，而學習到班級經營的策略，例如：TA2 陳述班上的認知障礙學生在班級經營上為其帶來如下的啟發，而此啟發是將原本為認知障礙學生的調整融入對全班學生使用（391–392 頁）：

> 我說你（SA2，中度智障學生）如果一個禮拜都有寫功課，我就給你一張獎狀。……這樣子那個禮拜他每天都寫功課；然後我就真的給他獎狀，他就很高興。……那我給他獎狀，不能私底下給他，我覺得這樣來說沒有鼓勵作用，我就在全班說他很棒，每個禮拜都有寫功課。我覺得那種鼓勵比較大，後來我發現好像其他小孩也需要這樣的鼓勵，我只給他好像也不太對，應該全班都可以，只要你達到你的目標，你就可以拿到獎狀；所以就讓他們寫：「你覺得這個禮拜最需要改進的是什麼，那你就寫下個禮拜挑戰的目標是什麼。」這個禮拜五寫，下個禮拜都做到的，我就給他們一張獎狀，小孩子很在乎。家長也跟我說這樣的方法很好，你自己訂的目標，就會自己去做，那也是因為 SA2 給我的啟發。……後來我又想說……我們班有一個班級報，固定給家長親職教育的東西；然後我就順便登這禮拜誰得到小獎狀了。……他們一看到，馬上會先看自己的名字有沒有寫上去，我跟他們說：「你們家長也很希望你的名字被寫在上面。」（TA2 正訪後-15）

四、在學生的「近側發展區」內提供鷹架與支持

部分教師在調整課程時犯了一項錯誤就是，將學習內容調整成非常簡單，而使得學生沒有進一步的學習。Adelman和Taylor（1993）主張，給予學生適度挑戰性的學習內容，挑戰性過低者無法開展學生的能力，挑戰性過高者會造成學生的焦慮和挫折感。Peterson 和 Hittie（2010）指出，教師宜在學生的「近側發展區」內設計課程，並且提供鷹架與支持，進而引導其向前發展。

五、採取適齡和優勢本位的調整策略

選擇調整策略時，宜考慮學生的年齡（Friend & Bursuck, 2019; W. C. Stainback, Stainback, & Moravec, 1992），例如：如果因為一位國中生認知程度低，目前文本的語彙對他來說難度過高，而選擇教他閱讀用學齡前或國小語彙敘寫的語文教材（例如：小朋友一起溜滑梯），或是教他唱兒歌就不適合，如此可能會被同學嘲笑幼稚。我建議調整的方式為降低語彙的難度，但將內容改寫成適合國中生活形態的主題；或是使用原來的文本，但是選擇其中較簡單而常用的詞彙來教，並且在語句中運用這些詞彙。除此，選擇能運用學生優勢能力的調整策略，以迂迴其弱勢（Causton et al., 2017）。

六、考慮學生的喜好和想法

文獻（Causton et al., 2017; Friend & Bursuck, 2019; Reimers et al., 1987）表示，學生對調整策略的接受度會影響它的實施和成效；因此，選擇調整策略時，宜考慮學生的喜好和想法，並且提供他們選擇的機會，如此能讓他們對自己的學習負責。

七、選擇可行、能長期實施的調整策略

選擇調整策略時，教師宜考慮此策略對教學的影響，選擇在教學過程中最為可行的策略，亦即在時間、資源和經費上許可，能夠長期使用的策略（Causton et al., 2017; Peterson & Hittie, 2010），例如：從 12 題數學題目中，圈選 6 題給有數學困難的學生去完成，會比特別為他設計一份作業單來得容易。

八、選擇有證據本位的調整策略

如前所述，由於特殊教育的課程和教學愈來愈重視「證據本位實務」，以讓學生獲得高品質的教育；因此，選擇的調整策略亦宜有「科學研究為基礎」，避免盲目採用風行或無效的策略（Friend & Bursuck, 2019）。一些文獻提醒專業人員，避免對證據本位實務產生表 11-9 的迷思，並提出事實。

表 11-9 對證據本位實務之迷思與事實

迷思	事實
・證據本位實務的證據是數量和統計資料。[a]	・證據本位實務的證據是多元來源的資料，包括質性資料，不受限於數量和統計資料。[a]
・品質優良的證據提供專業人員解決問題的答案。[a]	・證據不是問題的解答，無法呈現決策的內容；專業人員還須考慮實務工作問題的成因，證據只能協助他們做出更明智的決策。[a]
・證據本位實務可以忽略實施對象的價值觀和喜好。[b,c,d,e]	・即使某項介入方案符合證據本位，但是實務工作者在決策時，都不能忽略實施對象的價值觀和喜好，以及不能傷害實施對象。[b,c,d,e]
・證據本位實務像食譜，可以取代專業人員對實施對象的專業知識和實務經驗，專業人員可以照本宣科地使用它。[a,b,d,e,f]	・證據本位實務不可以取代專業人員對實施對象的專業知識和實務經驗，專業人員採取證據本位實務時，還須考慮他們對實施對象的專業知識和實務經驗。[a,b,d,e,f]
・證據本位實務適用於所有的組織、實施對象和情境。[a,c,f]	・證據本位實務並非適用於所有的組織、實施對象和情境，專業人員選取證據本位實務時，還須考慮該實務適用的組織、實施對象和情境。[a,c,f]
・實施證據本位實務後不需要持續監控它的成效，也不能做調整。[c]	・實施證據本位實務後需要持續監控它的成效，還要視狀況調整。[c]
・證據本位實務可以作為快速提升介入效果、縮減費用的工具。[b,c,f]	・證據本位實務強調對實施對象的助益，而非縮減費用，有些證據本位實務花費較高、耗時較長，但是可以產生長期穩定的效果。[b,c,f]
・學生出現學習或行為問題之後再進行證據本位實務。[g]	・證據本位實務強調正向積極的介入，預防學習或行為問題的發生。[g]
・只要檢視某項介入方案成效評鑑資料有效，即可判斷該方案是證據本位實務。[h]	・除了檢視成效評鑑資料外，還須檢視介入完整性資料，執行該項介入方案的研究是否確實執行其中的重要成分和步驟。[h]

●註：表中的特定註記代表該論點整理的文獻來源，[a] Barends 和 Rousseau（2018）；[b] Mullen 和 Streiner（2004）；[c] DiGennaro Reed 等人（2017）；[d] Shlonsky 和 Gibbs（2004）；[e] M. C. Roberts 和 Steele（2020）；[f] Hott 等人（2021）；[g] M. K. Burns 等人（2017）；[h] Hagermoser Sanetti 和 Collier-Meek（2017）。

九、持續評鑑調整策略的效果

實施調整策略的過程，宜持續評鑑其效果，若未達到預期成效，則修改策略（Causton et al., 2017）。另外，若學生能力有提升，亦可逐步褪除調整策略；Byrnes

（2005）即指出，身心障礙學生不見得一直都需要調整，或是在所有的課程中都需要相同的調整，宜視情境而定。

我綜合上述融合教育課程與教學調整原則的文獻，設計「課程與教學調整方案適切性量表」，包括 10 題封閉式問題，以「非常不同意—非常同意」5 點量表建構選項，及一題開放式問題，如附錄 73。

第 4 節 整合的融合教育課程與教學調整模式

融合教育課程與教學調整的模式像倒三角形，分成三層，如圖 11-11：第一層是**全校實施全方位課程**，如此全校所有學生都能獲益；第二層是**全班實施基本的課程與教學調整策略**，如此全班學生都能受益；第三層是**針對個別學生實施的介入和調整策略**；這三層融合教育課程與教學調整，如同第 2 章所提 RTI 模式般，具有層次性，優先選擇全校實施全方位課程，或全班實施基本的課程與教學調整策略；如果有必要，再針對個別學生實施介入和調整策略。

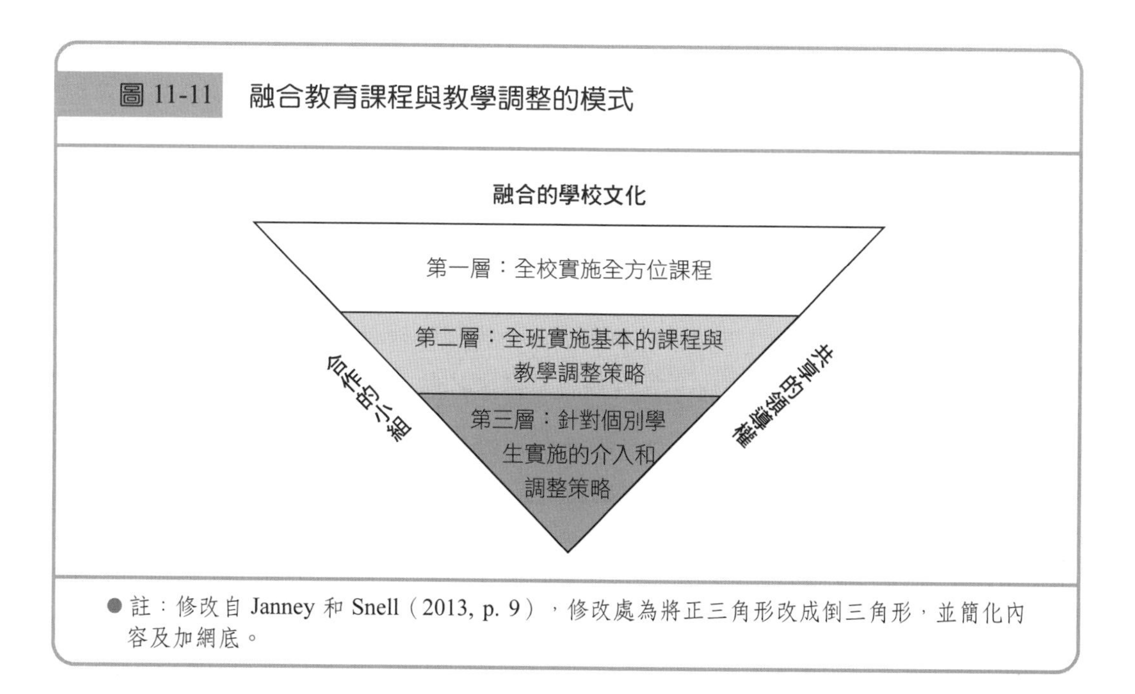

圖 11-11 融合教育課程與教學調整的模式

● 註：修改自 Janney 和 Snell（2013, p. 9），修改處為將正三角形改成倒三角形，並簡化內容及加網底。

參考 Janney 和 Snell（2013），此融合教育課程與教學調整模式以**融合的學校文化**、**共享的領導權**和**合作的小組**為基礎。融合的學校文化即**認識、接納和因應個別差**

異，於第 8 章已討論過其內涵。Janney 和 Snell（2000）認為，如果整個學校文化愈是融合，而且整個班級具有愈高度的彈性和調整性，則須做個別化調整的機率就會愈低，他們表示：「有效、融合的環境需要具備高度彈性、調整性，以及能因應學生個別特性」（封底）。共享的領導權是指，校長願意讓全校教職員，甚至家長和學生，參與校務的決策；合作的小組是指，普通教育教師彼此間、普通和特殊教育教師，乃至其他人員之間，願意合作實施課程與教學調整。以下說明融合教育課程與教學調整模式中的三層內涵。

壹、全校實施全方位課程

第 3 節已討論全方位課程的緣起與意涵，以下說明其依據、特徵與設計。就全方位設計（UD）的依據而言，D. H. Rose 和 Meyer（2002）指出其依據有二：一為神經學家對於大腦的相關研究證實，**教學、學習方法需多元化**；另一則為 **Vygotsky 的近側發展區理論**，他提出**學習引導發展**的觀點，認為學習扮演引導發展的主要角色，當教師在學生的「近側發展區」內設計課程時，亦即給予學生難度稍微高出其能獨立完成的學習內容，而教師能在此時提供鷹架，則學習可引導發展向前邁進。

就 UD 的特徵而言，Orkwis（1999）指出，UD 應用在課程發展上具有**提供多元表徵（multiple means of representation）的學習路徑、多元表達（multiple means of expression）的反應方式**，以及**多元參與（multiple means of engagement）的動機誘因**三項特徵，其意義與內涵如表 11-10。Wehmeyer（2006）指出，AT、多媒體教材及教學輔具等都能幫助課程具備上述三項特徵，例如：D. T. Gordon（2002）的研究即指出，使用多媒體教材《思考之讀者》（*Thinking Reader*）的學生閱讀表現有明顯進步。

就 UD 的設計而言，CUD（1997）提到全方位課程在設計上宜注意**公平、彈性、簡易和直覺、提供多知覺的資訊、容許錯誤、低度的體力耗費、大小和空間適當**七項原則；S. S. Scott 等人（2003）加入**學生社群**和**融合的教學氣氛**兩項原則。Erlandson（2002）還提出，**從工效學的角度產生良好的設計、能考慮不同認知能力和穩定或可預測性**等原則；其中從工效學的角度產生良好的設計類似於 CUD 所指低度的體力耗費、簡易和直覺，以及大小和空間適當三項原則。我綜合三篇文獻整理出全方位課程設計的原則、意義和示例如表 11-11。國外有一些書籍（Dean, 2007; Gargiulo & Metcalf, 2017; T. E. Hall et al., 2012; Metcalf, 2011; L. L. Nelson, 2021; K. Novak, 2016; D. H. Rose et al., 2005）教導如何發展中小學全方位課程；Higbee 和 Goff（2008）編輯的書舉例說明如何在高等教育實施全方位教學。

表 11-10 全方位課程的設計指引

指　引	意　義	內　涵
多元表徵的學習路徑	使用各種不同的方式呈現教材，讓學生能透過多感官來學習。	1. **提供知覺的選項**，包含： ・量身訂做資訊呈現的選項。 ・聽覺資訊的替代選項。 ・視覺資訊的替代選項。 2. **提供語言和符號的選項**，包含： ・界定詞彙和符號意義的選項。 ・澄清語法和結構的選項。 ・解碼文本和數學公式的選項。 ・促進不同語言間理解的選項。 ・以非語言方式舉例說明關鍵概念的選項。 3. **提供促進理解的選項**，包含： ・活絡背景知識的選項。 ・標示關鍵特徵、重要概念和其關係的選項。 ・引導訊息處理的選項。 ・增進記憶和學習遷移的選項。
多元表達的反應方式	允許學生選擇其偏好的方式進行學習和反應。	1. **提供身體動作反應的選項**，包含： ・身體反應模式的選項。 ・通過方式的選項。 ・使用工具和 AT 的選項。 2. **提供表達技能和流暢度的選項**，包含： ・溝通媒介的選項。 ・作文和問題解決工具的選項。 ・練習和表現的鷹架。 3. **提供執行功能的選項**，包含： ・引導有效目標設定的選項。 ・支持計畫和策略發展的選項。 ・促進資訊和資源管理的選項。 ・提升進步監控能力的選項。
多元參與的動機誘因	教師設計的教材，尊重學生的能力、興趣與喜好，讓他們有選擇權與控制權，並且能決定自己的學習時間與速度，以提升學生的學習動機及主動參與學習的意願。	1. **提供引起興趣的選項**，包含： ・增加個體選擇和自發性的選項。 ・課程內容與生活的相關性、其價值和真實應用的選項。 ・減少威脅和分心的選項。 2. **提供維持努力和堅持度的選項**，包含： ・具體化長短期目標的選項。 ・變化挑戰和支持程度的選項。 ・培養合作和溝通的選項。 ・增加精熟度的回饋。 3. **提供自我管理的選項**，包含： ・引導個人目標設定的選項。 ・因應技能和策略的鷹架。 ・發展自我評量和省思的選項。

● 註：綜合整理自 L. L. Nelson 和 Johnson（2017）、CEC（2005）及 Orkwis（1999, 2003）的文獻。

表 11-11 全方位課程設計的原則、意義與示例

原 則	意 義	示 例
公平	各種能力的學生均有公平的機會使用課程。	各種能力的學生均有公平的機會使用所有的教材和筆記。
彈性	可依據學生的能力和喜好作調整，並且學生可以選用喜歡的課程。	使用多樣的教材和多種教學方法，讓學生可以用不同的方式學習和經驗知識。
簡易和直覺	容易理解和使用，減少不必要的複雜度。	提供清楚的手冊引導學生做困難的作業。
提供多知覺的資訊	不同感官能力的學生和在不同環境下均可使用。	提供有聲書、大字課本、線上字典等。
容許和控管錯誤	學習速度不同和先備能力不足的學生皆可使用，能容許和控管學生在學習過程中發生的錯誤。	提供補充教學的練習作業；在長程的大作業上，安排學生分段繳交作業的不同部分，以獲得教師即時的建設性回饋。
穩定或可預測性	課程的呈現清楚明確，學生可預測學習的結果。	有清楚的學習目標和步驟可供學生依循。
低度的體力耗費	在教學上盡可能減少不必要的體力耗費，以讓學生集中更多的注意力在學習上。 ◎注意：這項原則不適用於體力耗費是該項必備要求的課程上。	允許學生使用電腦寫報告。
大小和空間適當	便於不同身高、體型、手掌大小，以及倚賴 AT 的學生接近和使用。	在小班級中，安排座位（例如：圓形）讓學生彼此能夠面對面看到每一個人。
學生社群	允許學生間和師生間的互動，以形成一個相互支持的社群。	藉由讀書小組、討論小組等方式促進同學間在班級內和外的互動。
融合的教學氣氛	教學氣氛是歡迎每一位學生的，形成「融合的文化」，對每一位學生都有高度的期待。	強調尊重個別差異，並且鼓勵學生與教師討論任何特殊學習需求，重視學生歧異之思考方式產生的貢獻，或是讓學生分享嶄新的作法。

● 註：綜合整理自 CUD（1997）、Erlandson（2002）及 S. S. Scott 等人（2003）的文獻。

A. Meyer 與 Rose（2002）提出大腦學習有三個相互聯絡的系統，包含**辨識**（學什麼）、**策略**（如何學）和**情意系統**（為何學），而全方位課程的教學方法則要**支持多元的辨識、策略和情意系統**，其意義和示例如表 11-12。我於附錄 74 說明全方位課程設計的過程，以及提供示例。

表 11-12 全方位課程的教學方法

教學方法	意　義	示　例
支持多元的辨識系統	以多元的形式呈現要學生用感官接收和辨識的事物，例如：除了文字外，可能以實物、聲音、影象、圖片等形式呈現。	1. 提供多元的範例。 2. 對關鍵特徵做重點提示。 3. 給予多元媒介和形式。 4. 提供背景脈絡。
支持多元的策略系統	讓學生對事物的計畫、執行、組織和監控有多種選擇。	1. 提供彈性的技能表現模式。 2. 給予有支持的練習。 3. 提供持續、相關的回饋。 4. 給予技能彈性表現的機會。
支持多元的情意系統	讓學生決定什麼事物重要、應優先學習，以及選擇採取何種行動學習和完成作業。	1. 提供學習情境脈絡的選擇機會，讓學生運用其優勢管道來學習。 2. 呈現課程內容和工具的選擇機會。 3. 提供可調整的挑戰層次。 4. 給予多元的方式展現成就。

● 註：綜合整理自 Coyne 等人（2006）及 A. Meyer 與 Rose（2002）的文獻。

貳、全班實施基本的課程與教學調整策略

J. McDonnell（1998）提出兩類為特殊需求學生做調整的策略，一種是**基本的調整策略**，乃針對全班實施，像是一些文獻提到的有效教學策略和行為；另一種是**針對個別學生的調整策略**。基本的調整策略即 B. J. Scott 等人（1998）所指的**例行性的調整**，針對個別學生的調整策略即 B. J. Scott 等人所謂的**實質（特殊化）的調整**，舉例如表 11-13。

如果教師針對全班實施調整策略，可以讓更多學生受惠，像是 Klingner 和 Vaughn（1999）的研究顯示，所有學生都喜歡教師教導學習策略，以及用各種不同的方式教導相同的內容，而且他們覺得這樣的學習方式對其有助益。我依據表 11-8「有效教學行為的概念架構」，整理出基本的課程與教學調整策略之內涵如表 11-14。

表 11-13 普通教育教師實施的課程與教學調整策略類型和舉例

調整策略的類型	例行性的調整舉例	實質（特殊化）的調整舉例
調整教學	‧明顯的教學 ‧監控學生的理解情形	‧為個別學生調整教學速度 ‧提供立即的個別回饋 ‧使用多元管道呈現學習材料
調整作業	‧提供示例	‧將作業細分成小步驟 ‧縮短作業的長度 ‧降低作業的難度
教導學習策略	‧教導閱讀策略 ‧教導做筆記的策略	‧教導個別學生學習策略 ‧教導個別學生應試策略
增進好的行為	‧口頭讚美 ‧給予鼓勵	‧使用行為後效契約（contingency contracting）[a] ‧採取代幣制（token system）[a] ‧與家長保持密切的互動
監控學習進步情形	‧經常提供簡短的小考 ‧給予考前評量的指導	‧重考 ‧每日評量，以了解個別學生的進步情形 ‧修改評分標準

●註：從 B. J. Scott 等人（1998, p. 107）擷取部分例子呈現。[a] 可參見鈕文英（2022）的詳述。

表 11-14 基本的課程與教學調整策略之內涵

調整的內涵	調整內涵的詳細說明
課程目標	1. 針對全班學生教導學習行為與策略。 2. 針對全班學生調整課程目標。 3. 清楚地呈現教學目標，並且讓全班學生了解學習此目標對其生活的意義。
課程內容	1.針對全班學生調整課程內容。 2.提供清楚的作業說明給全班學生，甚至讓學生在課堂中敘寫部分作業，並給予指導，確認大家都已了解。 3.提供全班學生有選擇課程內容的機會（例如：設計作業「菜單」，裡面有全部學生都須完成的「主菜」，搭配可以選擇的「小菜」，再加上可以選擇吃或不吃的「點心」）。
課程組織	1. 針對全班調整課程內容的教導順序。 2. 針對全班加強課程內容與學生生活經驗間的連結。 3. 針對全班加強不同課程領域內容間橫的聯繫。 4. 針對全班加強相同課程領域中不同單元間縱的聯繫。 5. 針對全班採取統整的主題課程。

（續）

表 11-14（續）

調整的內涵	調整內涵的詳細說明
課程運作過程或教學	1. 安排能引起全班學生學習動機的教學活動。 2. 安排教學活動活化全班學生的背景知識和過去經驗。 3. 針對全班採用多元的教學方法。 4. 採用合作學習。 5. 安排能擴大全班學生參與度，提升學生思考、理解和應用能力的教學活動。 6. 清楚、結構化地呈現教學內容給全班，並且提供足夠的例子說明概念。 7. 使用具體的教具或教學媒體來輔助全班學生學習概念。 8. 提供全班學生充足的練習機會。 9. 針對全班定期複習已學習過的內容。 10. 隨時監控全班學生的表現並立即給予回饋。 11. 針對全班適切地安排教學時間。 12. 使用全班性同儕教導。 13. 針對全班增加除了教室以外的教學地點。 14. 針對全班安排教學分組（例如：異質分組、同質分組、同一年級跨班級的分組、跨年級混齡的分組）。 15. 針對全班使用不同的語言和語彙，讓學生容易接收和理解。

參、針對個別學生實施的介入和調整策略

上一節已討論融合教育課程與教學調整的臺灣和國外文獻，我將針對個別學生實施的介入和調整策略，整合成圖 11-12，有三種選擇：第一種選擇是**支持服務的介入**，包括提供 AT，以及給予其他相關支持服務兩方面，比較是針對沒有認知學習困難的感官、語言和肢體障礙學生所設計。第二種選擇是**課程與教學的調整**，比較是針對沒有感官和肢體限制，僅認知上有障礙的學生進行課程與教學的調整，包括內在調整策略（調整學生的學習行為和策略），和外在調整策略（調整課程和教學成分）。第三種選擇是**支持服務的介入，以及課程與教學的調整**，亦即同時採用第一和第二種選擇，比較是針對重度、多重障礙學生所設計的。支持服務的介入已在第 9 章討論過，以下從調整管道、課程調整程度、學生學習歷程、課程與教學內涵，以及實施範圍五個角度，檢視課程與教學調整的作法。

圖 11-12　針對個別學生實施的介入和調整策略

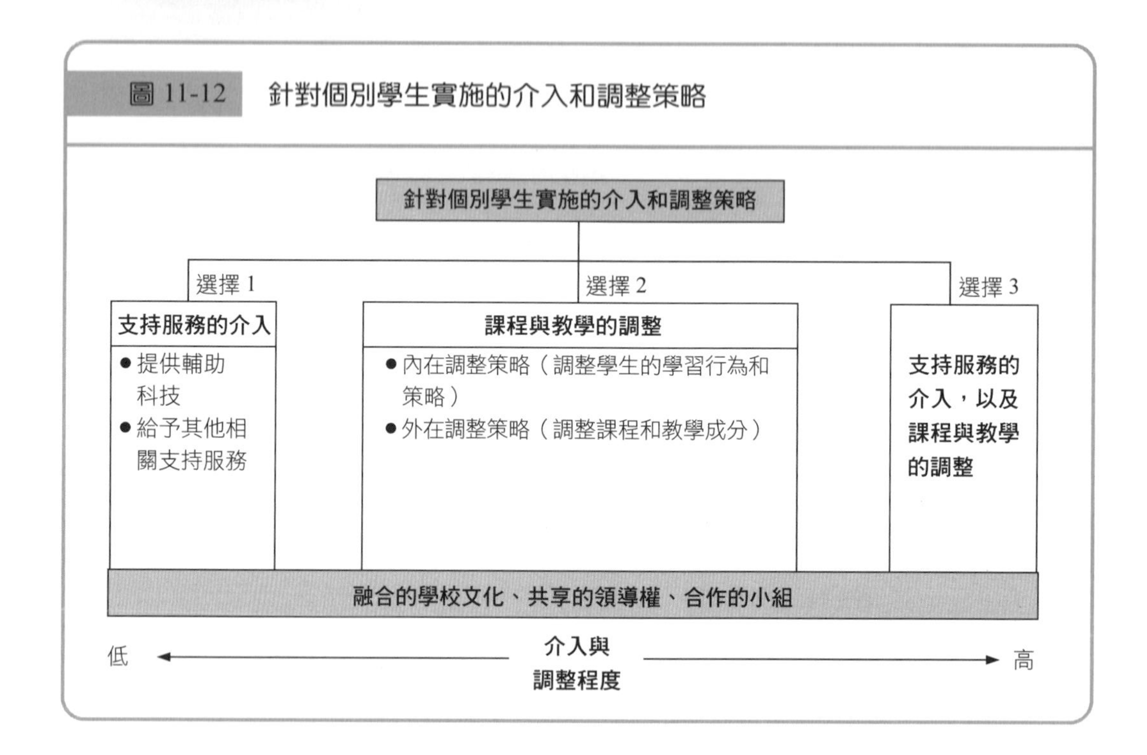

一、從「調整管道」檢視課程與教學調整的作法

從調整管道來看課程與教學調整的作法，Lenz 和 Bulgren（1995）指出有兩種課程調整的方式：第一種是**內在調整策略**，第二種是**外在調整策略**。內在調整策略主要從**學生的學習行為和策略**切入，教導學生學習行為，以及記憶和閱讀等學習策略。我綜合本章第 3 節關於學習策略與行為的文獻，整理出學習策略與行為的內涵，置於附錄 75「融合教育課程與教學調整策略檢核表」，並如示例 11-3。

示例 11-3　學習策略的教學

a. RB 在〈向大自然學習〉這個單元裡，教導學生運用「視覺想像策略」，想像「鮭魚一直想要向上游，河水卻一直把牠往下沖」的畫面，而後延伸至「想像自己游泳時，一直受到阻礙，無法往前游的感受」（RB 觀國 940421-4）。

b. SB1（中度智障學生）在學習〈線對稱圖形〉這個單元，描繪對稱圖形時，出現「圖形平移」的現象；於是 RB 要他在對稱軸一邊的圖形寫上編號，而後提供鏡子做協助，並且加強從對稱軸觀察，用直尺逐行或逐列寫出對稱軸另一邊的編號，再畫出另一邊的對稱圖形，結果 SB1 的困難度降低（RB 觀數 940415-4）。使用上述方法教學之後發現：只要圖形都沿著對稱軸命題或有明顯線索搜尋的，

示例 11-3（續）

達成率 100%；但是若有空格或是較零散、無明顯脈絡者，則易產生錯誤。為了因應此問題，RB 除了使用上述策略外，在出現空格的情況下，教導 SB1 使用「自我教導策略」，運用自我教導的語言提醒自己：「沒有一沒有一3 號」，於另一邊也說：「沒有一沒有一3 號」，而後將 3 標示出來。教導SB1 使用此策略之後，其錯誤率降低（RB 過程紀錄 940416-3、4，SB1 學習紀錄-3）。

c. SB2（輕度智障學生）會重複點數已點數過的一堆物品，而且不會做減法；為因應此問題，RB 在〈分類整理〉單元中，教導他在點數過的物品上做記號，進而使用「一對一對應」的方式，找出某項物品比另一項物品多幾個，結果他能正確完成題目（RB 觀數 931222-5）。（鈕文英，2005，316–317 頁）

外在調整策略主要是從**課程與教學**成分切入（Lenz & Bulgren, 1995）。文本如果撰寫得好，它可以輔助學生學習，提供學生自我學習、複習和評量的依據；可是目前的文本大都以一般學生的程度來編寫，未考慮特殊需求學生的需求。

二、從「課程調整程度」檢視課程與教學調整的作法

Wehmeyer、Lane和Bashinski（2002）指出課程調整有層次，依學生需求而有不同程度的調整。從課程調整程度來看課程與教學調整的作法，邱上真（2003）指出有兩種課程調整的方式：第一種是**外加式的課程與教學調整**，第二種是**內建式的課程與教學調整**。外加式的課程與教學調整是指，在不變動原有的普通教育課程下，另外設計符合學生特殊需求的內容，例如：Lenz和Bulgren（1995）所指內在調整策略，主要從「學生的學習行為和策略」切入，它在現有的課程調整程度上為 0%。

而內建式的課程與教學調整則有調整到普通教育課程和教學（邱上真，2003），例如：Lenz和Bulgren（1995）所指外在調整策略。內建式的課程與教學調整作法包含**調適**（**accommodation**）、**修整**（**adaptation**）、**改變**（**modification**）和**替換**（**alteration**）四種。我閱讀文獻後發現，對於這些名詞的意義沒有一致的說法；但一致的觀點是，這些作法具有層次性，「調整程度」可以從低（意味學生需求與現行課程相似程度高，普通教育課程成分居多）至高（意味學生需求與現行課程相似程度低，特殊教育課程成分居多），依序為調適、修整、改變和替換，如圖 11-13，以下詳述外加式和內建式調整的內涵。

圖 11-13　課程與教學調整的作法和層次

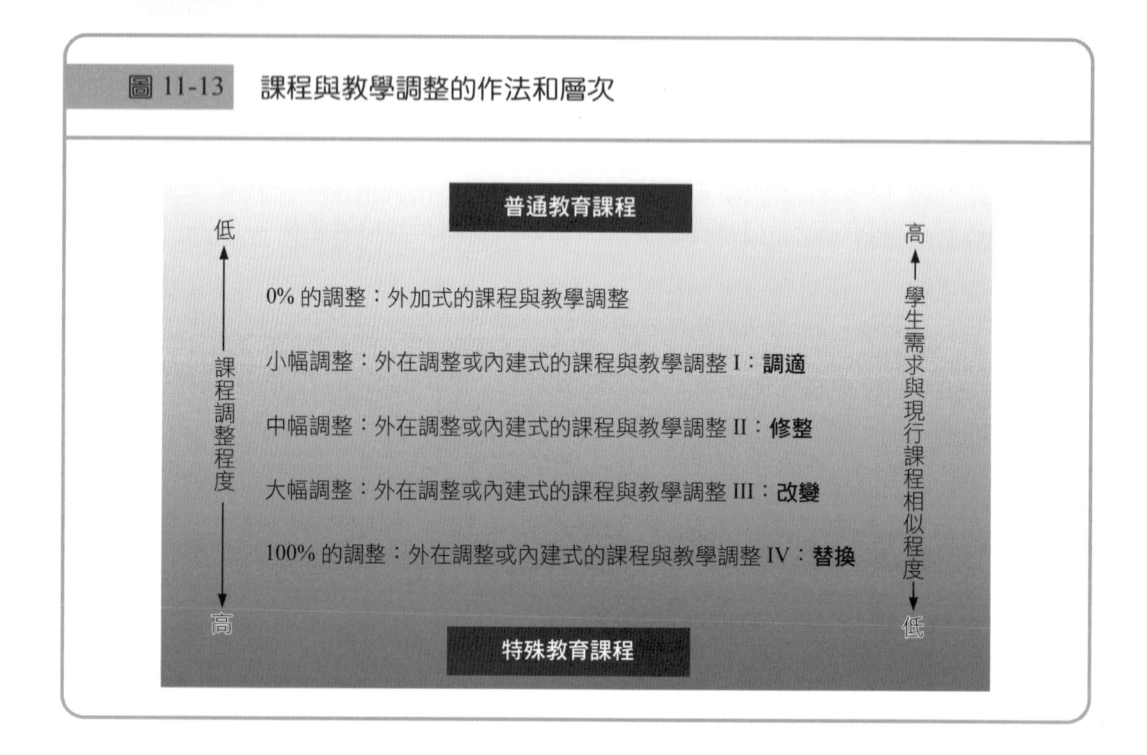

（一）外加式的課程與教學調整

學生在課堂中學習的課程主題、目標和內容與其他同學相同，只是額外教導他們一些技能以配合普通教育課程，即 Wehmeyer、Sands 等人（2002）所提**課程增加**（curriculum augmentation）策略；或是 Wiederhort 等人（1993）所謂**輔助式課程**（aided curriculum），Janney 和 Snell（2013）所指**補充式課程**（supplementary curriculum），例如：加強學習動機，或是教導學習策略，像是蒐集、整理與組織資料的方法，以及記憶策略等，並應用於各種不同的課程內容，以達到全方位課程中**多元參與的動機誘因**此項特徵。

（二）內建式的課程與教學調整

內建式課程與教學調整的作法包含調適、修整、改變和替換，其意涵如表 11-15，詳述如下，另有補充如附錄 76「四個與『課程和教學調整』相關名詞之比較」。

1. 調適

學生在課堂中學習的課程主題、目標和內容與其他同學相同，只是做**教學的調整**，例如：在教學過程中，多增加對詞語的口頭解釋和例子。

表 11-15 針對個別學生所做的課程與教學調整之層次、作法和意涵

現有課程的調整層次	課程與教學調整的作法	課程調整類型和特徵	課程與教學調整的內涵		
			課程主題	課程目標和內容	教學
0% 的調整	內在調整或外加式的課程與教學調整	1. 輔助式課程[a] 2. 補充式課程[b] 3. 多元參與的動機誘因[c]	相同	學生在課堂中學習的課程目標和內容與其他同學相同，只是額外教導他們一些技能以配合普通教育課程（即「課程增加」策略[d]）。	相同
小幅（小於 50%）調整	外在調整或內建式的課程與教學調整 I：調適	課程沒有調整	相同	沒有改變課程目標和內容（即「教學調整」策略[b]）。	不同
中幅（大約 50%）調整	外在調整或內建式的課程與教學調整 II：修整	1. 修正式課程[a]和補償式課程[a] 2. 多元表徵的學習路徑和多元表達的反應方式[c]	相同	沒有改變課程目標中的學習結果和課程內容，但調整課程目標中表現學習結果的行為或者動作（即「課程替代」策略[e]），和目標行為出現的條件，以及課程內容呈現的方式，包括形態和格式（即「課程修整」策略[d]）。	不同
大幅（大於 50%）調整	外在調整或內建式課程與教學的調整 III：改變	1. 補救式課程[a] 2. 精簡式課程[b] 3. 添加式課程[a] 4. 多元表達的反應方式和多元參與的動機誘因[c]	相同	大幅度調整課程目標和內容的概念層次、難度與分量，包括兩方面： ・**學習內容對學生有困難** 1. 分解以及降低課程目標和內容的概念層次（即「課程分解」[c] 和「課程重整」策略[e]） 2. 減少課程目標和內容的概念難度（即「課程簡化」策略[e]） 3. 刪除部分課程目標和內容（即「課程減量」策略[e]） ・**學習內容對學生太簡易** 1. 深化課程目標和內容的概念層次或難度（即「課程加深」策略[e]） 2. 添加課程目標和內容（即「課程加廣」策略[e]）	不同
100% 的調整	外在調整或內建式的課程與教學調整 IV：替換	1. 重疊課程（或教學）[f] 2. 多元參與的動機誘因[c]	不同	替換另一種適合學生學習的課程目標和內容，但將之重疊於大部分學生學習的課程領域和主題中實施（即「嵌入式教學」策略[g]）	不同

（續）

表 11-15（續）

現有課程的調整層次	課程與教學調整的作法	課程調整類型和特徵	課程與教學調整的內涵		
			課程主題	課程目標和內容	教學
		1. 替代性課程[b] 2. 適性式課程[a]	不同	替換另一種適合學生學習的課程目標和內容，並且個別教導他們（即「課程替換」策略[d]）。	不同

● 註：[a] 此課程由 Wiederhort 等人（1993）提出；[b] 此課程由 Janney 和 Snell（2013）提出；[c] 此為全方位課程的特徵；[d] 此課程由 Wehmeyer、Sands 等人（2002）提出；[e] 此調整作法由盧台華（2003）提出；[f] 此調整作法由 Giangreco 和 Putnam（1991）提出；[g] 此調整作法由 Wolfe 和 Hall（2003）提出。

2. 修整

學生在課堂中學習的課程主題、目標（其中的學習結果）和內容與其他同學相同，只是**調整課程目標中表現學習結果的行為或動作，和目標行為出現的條件，以及課程內容呈現的方式**。調整課程目標中「表現學習結果之行為或動作」，即盧台華（2003）所提的**課程替代**策略，例如：一般學生的目標為「能寫出遊記」；調整一位學障學生的課程目標為，「能使用電腦打出遊記」。調整課程目標中「目標行為出現的條件」，是指調整目標行為出現的時間、地點和環境狀況，以及給予支持和教學提示，例如：調整一位智障學生的課程目標為，「在獲得寫作重點提示卡的情況下，能寫出遊記」。

調整課程內容的呈現方式即 Wehmeyer、Sands 等人（2002）所提**課程修整**（curriculum adaptation）策略，包括**調整課程內容呈現的形態**（例如：將視覺文本改成用點字或語音的形式呈現，以利於視障學生的接收）和**格式**（例如：改變文本字體的大小、用顏色區分不同部首的相似字）。調整課程內容呈現的形態如同 Wiederhort 等人（1993）所提**補償式課程**（compensatory curriculum；提供學生替代方案，以遷就和補償其弱處）；調整課程內容呈現的格式則是 Wiederhort 等人所提**修正式課程**（corrective curriculum），以達到全方位課程中**多元表徵的學習路徑**和**多元表達的反應方式**兩項特徵。

3. 改變

大幅度調整課程目標（其中的學習結果）和內容的概念層次、難度與分量，以達到全方位課程中**多元表達的反應方式**和**多元參與的動機誘因**兩項特徵，包括兩方面：一為學習內容對學生有困難者，運用以下調整方式：第一，**分解課程目標和內容的概念層次**，即盧台華（2003）所提**課程分解**策略，將一般學生高層次的目標，由低至高分解成漸進的目標。第二，**降低課程目標和內容的概念層次**，即盧台華所提**課程重整**策略。第三，**減少課程目標和內容的概念難度**，即盧台華所提的**課程簡化**策略，例如：在數學課教導「除法」這個課程主題時，一般學生的目標為，「能正確寫出二位數除以一位數的算式和答案」；而教師調整一位中度智障學生的目標為，「能正確寫出一位數除以一位數的算式和答案」。第四，**刪除部分課程目標和內容**，即盧台華所提的**課程減量**策略，例如：在語文課刪除文本中較難的字詞。其中減少課程目標和內容的概念難度，以及刪除部分課程目標和內容就是，Wiederhort 等人（1993）所提**補救式課程**（**remedial curriculum**），或 Janney 和 Snell（2013）所指**精簡式課程**（**simplified curriculum**）。

二為學習內容對學生太簡易者，運用以下調整方式：第一，**深化課程目標和內容的概念層次或難度**，即盧台華（2003）所提**課程加深**策略，例如：在數學課教導「平面圖形」這個課程主題時，一般學生的目標為「能辨認和分類平面圖形」；教師調整一位資優學生的目標為，「能依組成要素之間的關係，比較不同平面圖形之異同」。第二，**添加課程目標和內容**，增加課程內容的廣度，這是一種**充實課程**，即盧台華所提**課程加廣**策略，Wiederhort 等人（1993）所指**添加式課程**（**added curriculum**），例如：在教導「平面圖形」這個課程主題時，為一位資優學生添加以下目標：「平面圖形在擴展居家空間之運用」。

舉例來說，A. de Boer 和 Fister（1995）提出**鑽石型**的課程調整模式，如圖 11-14。中間部分是少量而必要，大多數學生需學習的內容，如果部分學生有困難，則進入減降層次 1；如果還有困難，則進入減降層次 2。相反地，如果部分學生覺得太簡單，則進入進階層次 1；如果還是覺得太簡單，則進入進階層次 2。

4. 替換

學生在課堂中學習的課程主題、目標和內容與其他同學不同，替換另一種適合其學習者，即 Wehmeyer、Sands 等人（2002）所提**課程替換**（**curriculum alteration**）策略，以達到全方位課程中**多元參與的動機誘因**此項特徵。如果將之重疊於多數學生學

圖 11-14　A. de Boer 和 Fister 提出的課程調整方法

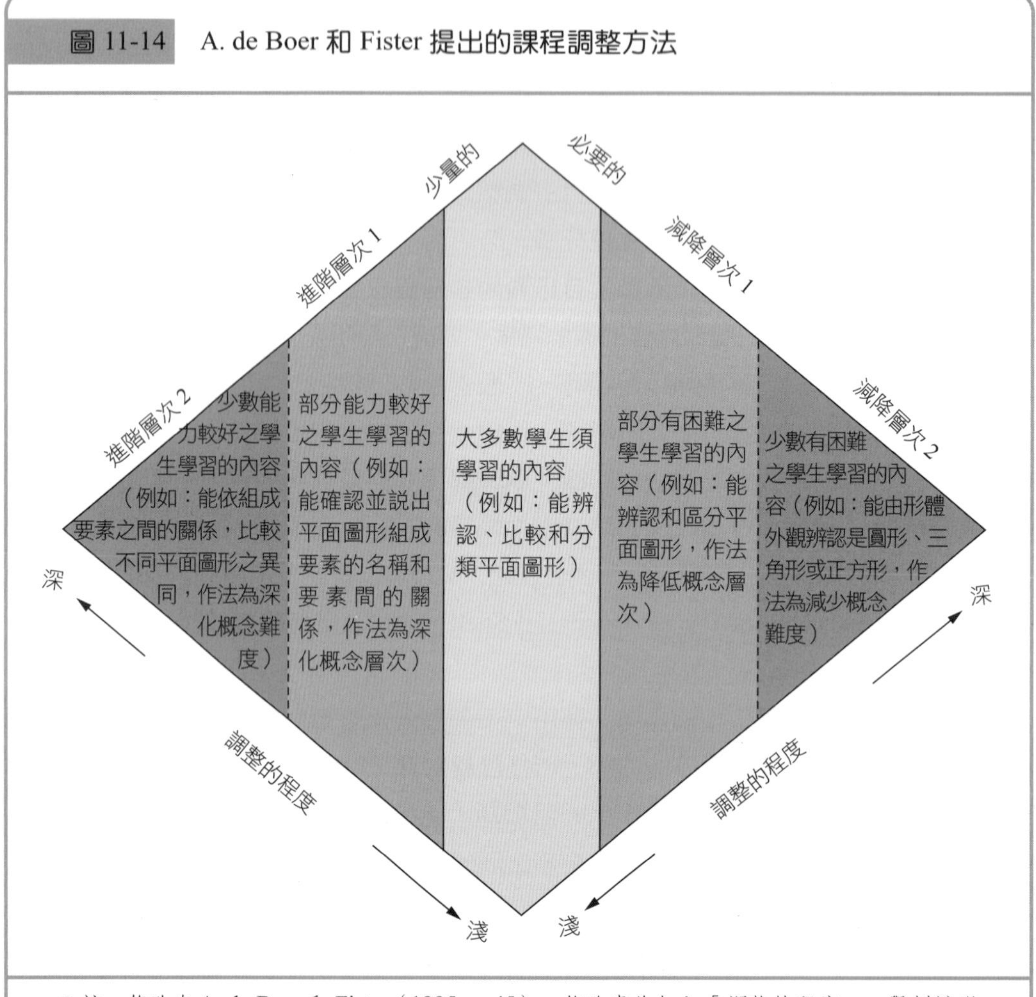

●註：修改自 A. de Boer 和 Fister（1995, p. 45），修改處為加入「調整的程度」、舉例說明和網底，以及更改調整層次 1 和 2 為減降層次 1 和 2。

習的課程領域和單元中實施，即 Wolfe 和 Hall（2003）所提的**嵌入式教學（embedded instruction**，或譯為「融入式教學」）策略，屬於**重疊課程（或教學）**，例如：在數學課教導「除法」這個課程主題時，教師讓一位中度智障學生發 90 顆糖果給 30 位小朋友，並練習問：「某某（同學的名字），你要什麼顏色的糖果？」之後拿出正確顏色的糖果給同學，並且在同學道謝後會回應：「不客氣。」而其他同學則列出這題的算式。嵌入式教學不只將課程目標嵌入於一個課程領域中，還可嵌入於多個課程領域、生活作息或活動的學習中，如示例 11-4。

 示例 11-4 **嵌入式教學**

IEP 目標	教學活動或領域（科目）				
	社會	數學	閱讀	體育	午餐
能夠使用圖卡以表達溝通意圖	・看每日作息表取得本節所需的書本。 ・能配對本單元重要概念的圖卡。	・藉著配對相同的圖片，以協助同儕確定數學問題。	・藉由指認圖卡來回答問題。 ・能將三張連環圖卡排序，並且說故事。	・使用照片選擇器材。 ・使用同學照片來選擇同組夥伴。	・運用圖卡選擇何種口味的牛奶。 ・能以圖卡和同學互動。
能以正向的方式與同學互動	・能安靜與同學坐在一起。 ・能欣賞同學的作品。 ・能傳遞教材。	・能安靜與同學坐在一起。 ・能欣賞同學的作品。 ・能傳遞教材。 ・能回應同學提供的三項協助。	・能安靜與同學坐在一起。 ・能選取書本請同儕閱讀給他聽。 ・能回應同儕問的問題。	・當同儕開始某項動作時，能配合給予回應。 ・能分享器材。 ・當同儕有好的表現時，能為其鼓掌。	・當同儕開始某項動作時，能配合給予回應。 ・能以作息表或雜誌引起與同儕互動的話題。 ・能回應同儕問的問題。

●註：整理和修改自 Downing 和 Demchak（2008, pp. 63–64）。將「能不破壞同學的作品」，修改成「能欣賞同學的作品」。

課程替換之後，如果抽離出來個別教導他們，即 Janney 和 Snell（2013）所指的**替代性課程**，例如：教導求助的語言、生活技能；或是 Wiederhort 等人（1993）所提的**適性式課程**（**preferential curriculum**），配合學生的性向、興趣和優勢來設計課程內容，例如：一位九年級的學障學生未來想從事餐飲服務的工作，則將語文課程替換成教導「餐飲服務工作常用到的語彙」等。提供重度認知障礙學生的替代性課程會較偏重**功能導向**，我參考文獻（李翠玲，1999；教育部，1999；國立嘉義大學特殊教育中心，2000；Herr & Bateman, 2012; Patton et al., 1997; Storey & Minor, 2017; Wolfe & Harriott, 1997），整理出功能性課程的內容，包含接受性（聽、讀）和表達性語言（說、寫）兩項功能性語文，以及功能性數學技能的內涵，如附錄 77。其中在功能性語文技能方面，我並以勾選的方式呈現這些技能會出現在家庭、學校、社區和職場哪些環境中；而在功能性數學技能方面，我整理出數學技能的課程內容，以及分析其應用在日常生活的哪些活動中。

內建式的調整作法不只應用於靜態的學科課程中，亦可運用於體育活動中，如圖 11-15 體育活動的調整模式。其中除了「特殊需求學生從事一般學生所做的體育活動」未做調整外，其他皆有調整，我舉例如示例 11-5。

圖 11-15　體育活動的調整模式

融合程度		調整程度
多	1. 特殊需求學生從事一般學生所做的體育活動	少
	2. 一般學生從事專為特殊需求學生設計的「體育活動」	
	3. 特殊需求學生從事「調適」後之一般學生所做的體育活動	
	4. 特殊需求學生從事「修整」後之一般學生所做的體育活動	
	5. 特殊需求學生從事「改變」後之一般學生所做的體育活動	
	6. 特殊需求學生從事「替換」的體育活動，但是此活動重疊於一般學生所做的活動中	
少	7. 特殊需求學生在隔離的空間從事專為他們設計的「替代體育活動」	多

●註：參考 Paciorek（2011, p. 43）的概念架構此調整模式。

示例 11-5　調整後的體育活動

a. **一般學生從事專為特殊需求學生設計的「體育活動」**：一般學生配合坐輪椅的學生，坐著打排球。

b. **特殊需求學生從事「調適」後之一般學生所做的體育活動**：在玩「大風吹」的活動時，當同學說：「吹有『◎◎』」的人，口頭提醒智障學生有或沒有「◎◎」，要不要起來。【調整教學】

c. **特殊需求學生從事「修整」後之一般學生所做的體育活動**：在玩「鬼抓人」的活動時，一般學生穿上有螢光顏色的背心，讓視障學生較容易看到同學。【調整活動的呈現方式】

d. **特殊需求學生從事「改變」後之一般學生所做的體育活動**：肢障學生與一般學生打網球時，可以允許他球落地彈跳兩次後再擊球（即修改規則），而一般人只能允許球落地彈跳一次。【調整活動的難度】

e. **特殊需求學生從事「替換」的體育活動，但是此活動重疊於一般學生所做的活動中**：一般學生跑 100 公尺，肢障學生充當終點裁判，按碼錶記錄時間，並做正確的擺位訓練。【調整課程主題、目標和內容】

f. **特殊需求學生在隔離的空間從事專為他們設計的「替代體育活動」**：例如：視障學生在另一個空間，藉由聲音定位玩「打棒球」的活動。【調整課程主題、目標和內容】

三、從「學生學習歷程」檢視課程與教學調整的作法

從學生學習歷程來看課程與教學調整的作法，J. W. Wood（2002）由**訊息輸入**、**處理（保留）**和**輸出**的過程，分析學生的能力及需求，以規畫課程與教學的調整，我加入**學生內在因素**，修改如圖 11-16。以下詳述針對學生內在因素、訊息輸入能力、訊息處理或保留能力和訊息輸出能力困難採取的調整策略。

圖 11-16　訊息輸入、處理和輸出的過程

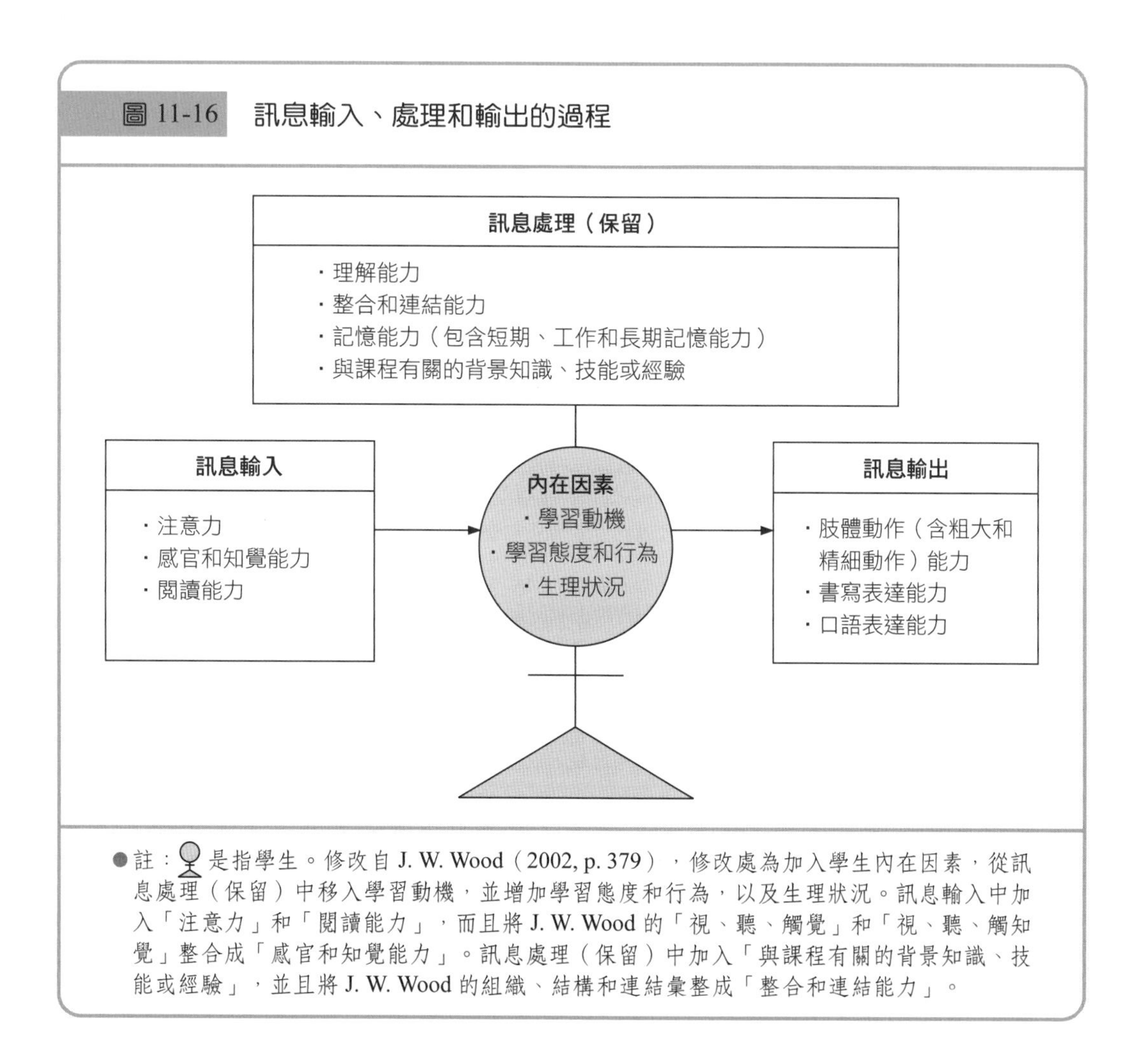

註：（圖示）是指學生。修改自 J. W. Wood（2002, p. 379），修改處為加入學生內在因素，從訊息處理（保留）中移入學習動機，並增加學習態度和行為，以及生理狀況。訊息輸入中加入「注意力」和「閱讀能力」，而且將 J. W. Wood 的「視、聽、觸覺」和「視、聽、觸知覺」整合成「感官和知覺能力」。訊息處理（保留）中加入「與課程有關的背景知識、技能或經驗」，並且將 J. W. Wood 的組織、結構和連結彙整成「整合和連結能力」。

（一）針對學生「內在因素」困難採取的調整策略

學生內在因素包括**學習動機**、**學習態度和行為**，以及**生理狀況**三方面，它們的良

窳會影響學習表現。前面已討論學習態度和行為，而對於生理狀況不佳的學生，教師設計教學活動時須注意其體力和健康狀況。另外，表 11-16 呈現針對學生學習動機不足採取的調整策略。

表 11-16　針對學生「學習動機不足」採取的調整策略

困難處	調整的策略
藉著課程與教學的安排來促發學生的學習動機	1. 安排支持的環境。 2. 為學生設定可實現的漸進目標，使其進入新的學習情境時，有期待成功的動機。 3. 提供具適度挑戰性的學習內容。 4. 提供有意義的學習結果。 5. 採小步驟的教學，使學生有成功的經驗。 6. 安排生動活潑及適合學生程度的教學活動。 7. 安排新奇、學生有興趣，以及多變化的活動或作業。 8. 提供學生選擇的機會。 9. 請學生用各種不同的方法練習新技能。 10. 提供學生主動反應的機會。 11. 提供學生與同儕互動的機會。 12. 在作業的安排上，限制一頁的問題數量；另外，設計的作業問題中有學生的名字，並且以其生活情境中熟悉的問題，作為出題的素材。
透過外在誘因來促發學生的學習動機	1. 對於學生良好或進步的表現給予獎勵。 2. 讓學生了解學習對他的實質助益為何。
加強學生的內在動機	1. 教導學生設定目標、自我評鑑和自我增強。 2. 教導學生了解努力和結果之間的關聯性。 3. 對於學生的反應，以及良好或進步的表現給予立即的回饋。 4. 增進學生的內在滿足感，以激勵學習。

● 註：綜合整理自 Brophy（2010）及 Wentzel（2021）的文獻。

（二）針對學生「訊息輸入」能力困難採取的調整策略

在訊息輸入階段，需要學生有**注意力**、**感官和知覺能力**（例如：視覺和視知覺、聽覺和聽知覺、觸覺和觸知覺等，前兩項是最常使用者），以及**閱讀能力**。表 11-17 呈現針對學生注意力困難採取的調整策略；表 11-18 提供針對學生視覺、聽覺、觸覺、動覺和知覺困難採用的調整策略；表 11-19 顯示針對學生閱讀困難運用的調整策略。

表 11-17 針對學生「注意力困難」採取的調整策略

向度	調整的策略
內在調整策略	教導學生注意看或聽的策略。
外在調整策略	1. 使用一些手勢或動作（例如：拍手、輕拍桌面）、眼光接觸、提示詞（例如：最重要的是），或是改變聲調（例如：在關鍵字句上加重語氣）做引導，提醒學生注意，或拉回其注意力。 2. 變化訊息接收的管道，用不同方式重複出現重要訊息，例如：學生不只用聽覺的方式接收，教師也可以提供視覺的線索，或要學生複述教師說的內容。 3. 配合學生的注意力特性設計教學活動，例如：學生的注意力持續時間最多 10 分鐘，教師就要注意在 10 分鐘靜態的課程之後，變換動態的活動，使教學活動靜動搭配。除此，可以在靜態的活動中注入一些動態的成分，例如：允許學生閱讀時，站著、移動，或移動至講臺上，或是搭配音樂（拍手節奏）來閱讀。 4. 注意座位的安排是否適切，盡可能減少環境中干擾的因素。

●註：綜合整理自洪儷瑜（1998）及 Barkley 和 Murphy（2005）的文獻。

表 11-18 針對學生「視、聽、觸、動覺和知覺困難」採用的調整策略

困難處	調整的策略
視覺和視知覺有困難的學生	1. 視覺的材料和教師的板書要清晰，加大字體，拉寬字距和行距，標示重要概念、重點或關鍵字，而且一頁的文字不要太多，並增加圖片。 2. 教師在教學時，藉由鏤空的框架，定位視覺材料的位置；或是教學生藉由直尺，定位閱讀材料的位置。 3. 要多用口頭的陳述及說明，還有實際操作，以幫助學生對訊息的吸收。 4. 讓學生坐在靠近黑板、教師的位置。
聽覺和聽知覺有困難的學生	1. 盡量給學生視覺性線索，例如：手勢、肢體語言、圖片等，隨時板書談論主題內容或關鍵字等。 2. 安排學生坐在容易聽到教師說話，而且不會被噪音干擾的位置。 3. 口頭的指令要簡短清楚，並且伴隨提供視覺線索，剛開始提供一個步驟的指令，之後再增加為兩個步驟的指令。另外，也可以讓學生重述指令。 4. 在給予口頭指令時，教師可以藉著口頭提醒、身體接觸和眼神，要學生注意聽指令。 5. 如果學生無法跟上教師表達的內容，教師則要放慢說話速度，和使用簡單易懂的語彙。
觸覺和觸知覺有困難的學生	1. 凸顯觸覺材料的材質和外形，以加強學生的觸感。 2. 加入視覺和聽覺的線索，以輔助學生對觸覺材料的學習。
動覺和動知覺有困難的學生	1. 將動作的操作步驟分解得更細。 2. 加入視覺和聽覺的線索幫助學生學習。

●註：綜合整理自 Bigge 等人（1999）、Fagen 等人（1984）、Holzschuher（1997）、S. Vaughn 等人（2018）及 J. W. Wood（2006）的文獻。

表 11-19 針對學生「閱讀困難」運用的調整策略

向度	調整的策略
內在調整策略	教導學生認識文本的結構。
外在調整策略	藉由以下方法，促使調整後的文本符合「結構、連貫和適合學生閱讀」三個特徵： 1. 增進文本結構和連貫性的設計，例如：提供插圖、提示標題和重點，以及提供視覺線索等，使文本的內容一目了然。 2. 增進文本易讀的設計，例如：使用具體的實例來解釋；明確地陳述因果關係；加注音；或修改文字和語句使學生容易閱讀等。

●註：綜合整理自 Armbruster（1993）及 S. V. Dickson 等人（1995），並加上我的舉例。

（三）針對學生「訊息處理（保留）能力困難」採取的調整策略

在訊息處理（保留）階段，需要學生有**理解、整合和連結、記憶能力**，以及**與課程有關的背景知識、技能或經驗**。前面已討論過教導學生記憶的策略；除此，文本可以加進「心象、諧音或關鍵字」等幫助學生記憶的設計。此處僅呈現在其他要素上有困難的學生，教師可以採取的調整策略如表 11-20。

（四）針對學生「訊息輸出困難」採取的調整策略

在訊息輸出階段，需要學生有**肢體動作（含粗大和精細動作）、書寫**和**口語表達的能力**。針對學生有書寫、口語和書寫表達上的困難，我整理可以採用的調整策略如表 11-21。針對學生身體力量和持久度有限制、身體平衡感不佳、有動作協調和正確性上的困難，我整理可採取的調整策略如表 11-22。

總括來說，全方位課程中「多元表徵的學習路徑」，乃考慮學生「訊息輸入和處理（保留）能力」的優勢和需求所設計；「多元表達的反應方式」乃考慮學生「訊息處理（保留）和輸出能力」的優勢和需求所設計；「多元參與的動機誘因」乃考慮學生「內在因素」，以及「訊息輸入、處理（保留）和輸出能力」的優勢和需求所設計。

表 11-20 針對學生「理解、整合和連結困難及與課程有關知能或經驗不足」採取的策略

困難處	調整的策略
理解學習材料有困難的學生	一、語文材料閱讀理解上的困難 1. 隨時口頭提示學生教學重點。 2. 運用概念構圖幫助學生理解，例如：全文樹狀結構圖。 3. 教學生聯想和理解字的部件。 4. 用具體的詞彙、圖畫、實物和生活實例補充說明。 二、由於閱讀和閱讀理解能力的限制導致數學解題出現困難 1. 教師或是由同儕閱讀題目給該生聽。 2. 將題目錄成語音，而後放給該生聽。 3. 使用較簡短的詞彙。 4. 教導學生圈出和了解關鍵字詞。 5. 教導學生使用繪圖或操作教具的方式來協助自己理解題意。 6. 將數學概念具象化，與真實生活情境相結合。 7. 要學生用自己的話重述問題。 8. 給學生相似題型的題目，待其精熟之後，再給予其他題型的題目。 9. 教導學生如何區辨題目中相關和不相關的資訊。
整合和連結學習材料有困難的學生	1. 加強課程內容與學生之生活經驗間的連結。 2. 加強不同課程領域內容間橫的聯繫。 3. 加強相同課程領域中不同單元間縱的聯繫。 4. 教導學生統整的策略，包括統整筆記的內容、整理學習材料、摘要課文的重點，例如：教學生採用概念構圖，歸納自己的思考以及事物間的關聯性。
與課程有關背景知識、技能或經驗不足的學生	1. 充實學生該課程主題所需的經驗，例如：某個課程主題需要學生有旅遊的經驗，而學生無此經驗，教師可先讓他們觀賞旅遊的影片。 2. 教導學生該課程主題所需的背景知識或技能，如果學生實際表現和所需能力間差距太大，則可以減少課程目標和內容的概念難度，或是降低及分解課程目標和內容的概念層次；例如：「分類整理」主題需要學生具備 200 以內數的概念，而學生僅有 30 以內數量的概念，於是減少課程目標和內容的概念難度，只讓學生分類整理 30 以內數量的物品。

●註：綜合整理自 Bigge 等人（1999）、Raffini（1996）、Stipek（1998）及 J. W. Wood（2006），並加上我的舉例。

表 11-21 針對學生「書寫、口語、拼寫和書寫表達困難」採取的調整策略

困難處	調整的策略
精細動作有限制，導致書寫有困難的學生	1. 給予較大的寫字方格，先從寫較大的字開始，等其穩定後，再逐步寫適當大小的字。 2. 給予提示（例如：描點、描紅、外框字等）幫助學生寫字，等其穩定後，再逐步褪除。 3. 給予字體結構的方格，協助其寫結構正確的字。 4. 使用多重方式練習寫字，例如：在砂上寫字、在背上寫字、拼字等，以增加學生的興趣。
口語表達有困難的學生	1. 要有耐心並鼓勵學生試著說出其想要的東西。 2. 在班級中讓學生從事一些需要溝通的工作，例如：在用餐時間中，選出自己想吃的食物；傳紙條給另一個班級的教師等。 3. 提供選擇的機會，並讓學生用語言表達出選擇。 4. 與學生討論其有興趣的事物。 5. 讓學生與同儕藉著閱讀課文來練習困難的語音。 6. 鼓勵學生與同儕互動。 7. 教師示範並引導同儕注意聽學生說話，重點在他的說話內容，而不是說話方式。 8. 在學生說話時，教師不要為了糾正他而中斷他的說話，當他說完時，再示範正確的說法。 9. 當學生口吃或說話速度很慢時，給予等待的時間，不要結束他們的思考。 10. 要學生練習將口語和熟悉的活動、物品做連結，亦即當他在做某件事情的時候，教師教他們邊做邊敘述正在做什麼，或是正在想什麼；教師可以先示範作法。 11. 對於閱讀流暢度有困難的學生，用不同顏色標示完整的詞語。
拼寫和書寫表達有困難的學生	1. 使用「字彙分析」策略，教導學生認識字的部件，以利於拼寫。 2. 增加學生的生活經驗，並先教導他們口述其生活經驗，例如：每天要其分享昨天在家做了什麼。 3. 可以先從教導句子開始，利用看圖造句、造句指引、字卡等方式教導學生造句。當學生會造句時，可開始讓他們造較長較難的句子，方法之一是讓學生練習合併句子，或是給學生一些句子讓他們組合。 4. 寫作文的題材應是學生有興趣且與生活經驗相關的。 5. 教學生練習寫簡單的小故事，故事中要包括一些要素，像是事件、感覺等，例如：小莉的洋娃娃不見了，她很傷心。 6. 運用問句幫助學生練習寫故事，例如：（1）這個故事的主角是誰？（2）在什麼時間發生？（3）在什麼地點發生？（4）主角想做什麼事？（5）他做了以後發生什麼事？（6）這個故事的結局如何？（7）主角對結局的感想如何？ 7. 使用填空策略、圖畫媒介（例如：連環圖畫）等方式協助學生寫作文。 8. 教學生運用寫作大綱計畫要寫的內容，例如：可使用階層式、敘述式和圖畫式大綱等方式做計畫。 9. 提供作文範例，協助學生了解別人是如何針對一個題目寫作的，而後要他模仿並做一些改變。

● 註：綜合整理自張新仁（1992）、Downing（2005）、Fagen 等人（1984）、S. Vaughn 等人（2018）及 J. W. Wood（2006）的文獻；我呈現「造句指引和寫作大綱舉例」於附錄 78。

表 11-22 針對學生「肢體動作困難」採取的調整策略

學生狀況	調整的策略
身體力量和持久度有限制	1. 調整標的物的高度（例如：降低籃框的高度）。 2. 縮短距離或調整遊戲地點的空間大小（例如：縮短投籃的距離）。 3. 減少運動材料的重量（例如：使用較輕的球棒打棒球）。 4. 在遊戲時，允許學生坐或躺下來。 5. 使用消氣的球或紙球（如此投籃時，球不會一直滾動）。 6. 減少活動的時間，或是增加休息的時間。 7. 減少遊戲中的速度（例如：玩足球時，教師規定落在某個範圍的球讓學生踢）。
身體平衡感不佳	1. 將重心壓低。 2. 盡可能讓身體與地面接觸。 3. 拉大腳部著地的範圍。 4. 增加平衡木的寬度。 5. 使用手臂來協助身體的平衡。 6. 使用鋪有地毯或止滑的地板。 7. 教學生如何安全地落地。 8. 提供支撐物以增加穩定度。 9. 教學生使用其眼睛增加穩定度（例如：走平衡木時，眼睛定位於靜止的物體）。 10. 檢視學生不佳的平衡感是否與其健康問題有關（例如：內耳感染）。
有動作協調和正確性上的困難	1. 如果是玩接球和擊球的活動，使用較大、較輕和較軟的球。 2. 縮短球被投擲出來的距離和速度。 3. 如果是玩丟球的活動，使用較小的球。 4. 在玩踢球和擊球的活動時，使用滾動的球之前，先用被消氣的球或紙球。 5. 增加擊球的表面（例如：使用擊球面較大的網球拍）。 6. 使用額外的材料縮小活動的範圍（例如：在玩踢球、接球和擊球的活動時，使用護網，如此學生不至於因為失球而要來回撿球）。 7. 增加標的物的大小（例如：加大投球的籃框）。 8. 玩類似保齡球的活動時，使用較輕的球瓶（例如：使用喝完的鋁罐），並且擺放得較多和較分散，使學生容易擊倒它們。 9. 戴上護具，以確保安全。

●註：綜合整理自 Block（2016）及 Sherrill（2004）的文獻。

四、從「課程與教學內涵」檢視課程與教學調整的作法

課程包括目標、內容、組織和運作過程四個要素，因此課程可從這四個向度去調整，再加上教學的調整，詳細說明如下。

（一）課程目標的調整

G. S. Gibb和Dyches（2007）指出，課程目標可以變成班級教學的基礎，並且作為評量學生進步的資料。Bateman和Herr（2006）表示，撰寫目標須掌握「**3W**」原則：（1）**what（學習結果）**；（2）**how（學生如何表現學習結果，即具體的行為或動作）**；（3）**how much（評量標準）**。我認為完整的目標還須加上：（1）**when, where, under what situations（目標行為出現之條件）**；（2）**who（學生）**，也就是從學生的角度敘寫；（3）**by when（訖期，總結評量日期）**。由此可知，課程目標至少須包含一個具體的行為或動作，以及行為完成之學習結果兩項，這兩項合在一起就是**目標行為**，如示例 11-6a；另外再加上學生、目標行為出現之條件、評量標準和訖期，將會更完整。學生通常被省略，如示例 11-6b。

示例 11-6　課程目標之撰寫

a. 能使用電腦打出遊記，記錄旅遊所見所聞，增進認識臺灣各地風土民情的情趣。
表現學習結果的行為或動作　＋　學習結果
（目標行為）

b. 2021 年 6 月 20 日前，在獲得寫作重點言語提示的情況下，
訖期　　目標行為出現之條件
能用電腦打出遊記，記錄旅遊所見所聞，
目標行為
增進認識臺灣各地風土民情的情趣，內容至少有 100 個字。
評量標準

既然一個完整的課程目標包含表現學習結果的行為或動作、目標行為出現的條件、目標行為達到的標準（即評量標準），以及學習的結果四個部分；因此，調整課程目標亦可以從這四個部分著手，詳細討論如下。

1.調整表現學習結果的行為或動作

一般來說，表現學習結果的行為或動作有**口語表現**（例如：說出、仿說、認讀）、**書寫表現**（例如：寫出、點出字）、**動作表現**（例如：指認、做出、配對、圈出、清洗）等。值得注意的是，行為或動作宜**具體明確**、**可評量**，例如：「了解」、「認識」就不具體，無法評量。

調整表現學習結果的行為或動作是指，特殊需求學生的學習結果或內容與一般學生相同，但因應他們的**內在因素**及**訊息輸出能力**的優勢和需求，讓他們以其擅長、有動機，或能有效反映其學習結果的行為或動作來表現，即前述盧台華（2003）所提的**課程替代**策略，例如：普通教育課程目標為，「能寫遊記，記錄旅遊的所見所聞，增進認識臺灣各地風土民情的情趣」；因應特殊需求學生之狀況，調整表現學習結果的行為或動作如示例 11-7。

示例 11-7　調整課程目標中「表現學習結果的行為或動作」

a. 能使用電腦打出遊記，記錄旅遊的所見所聞，增進認識臺灣各地風土民情的情趣。【針對寫字有困難但認國字和注音無困難之學生，調整課程目標中「表現學習結果的行為或動作」，從「寫出」改為「使用電腦打出」】

b. 能說出遊記，記錄旅遊的所見所聞，增進認識臺灣各地風土民情的情趣。【針對寫字及認國字和注音皆有困難之學生，調整課程目標中「表現學習結果的行為或動作」，從「寫出」改為「說出」】

c. 能以繪畫或拍照加入簡短文字的方式寫出遊記，記錄旅遊的所見所聞，增進認識臺灣各地風土民情的情趣。【針對空間智力優勢的學生，調整課程目標中「表現學習結果的行為或動作」，從「寫出」改為「以繪畫或拍照加入簡短文字的方式寫出」】

2.調整目標行為出現的條件

目標行為出現的條件是指，期待目標行為發生的**時間**、**地點**、**環境狀況**（Kregel, 1997），以及在**提供什麼樣的支持和教學提示**（**instructional prompts**）下表現。調整目標行為發生的時間、地點、環境狀況是指，特殊需求學生的學習結果與一般學生相同，但因應他們的「內在因素」，以及「訊息輸入、處理（保留）或輸出能力」上的優勢和需求，擬訂符合其需求之表現目標行為的時間、地點或環境狀況作為課程目標，例如：普通教育課程目標為，「能在任何時間、地點、環境狀況，安全地過馬路」；因應特殊需求學生之狀況，調整目標行為發生的時間、地點、環境狀況如表 11-23。

表 11-23 調整目標行為發生的時間、地點和環境狀況

調整目標行為出現的條件	調整後的課程目標示例
調整目標行為發生的時間	能在非顛峰的時間下，安全地過馬路。【針對肢體動作反應速度不佳之學生，調整目標行為發生的時間。】
調整目標行為發生的地點	能在熟悉的街道上，安全地過馬路。【針對適應度有困難之學生，調整目標行為發生的地點。】
調整目標行為發生的環境狀況	能在有號誌燈的情況下，安全地過馬路。【針對隨機應變能力有困難之學生，調整目標行為發生的環境狀況。】

● 註：以網底表示「目標行為出現的條件」。

提供目標行為「所需支持」背後的思維是，不是等到特殊需求學生具有先備能力，才能讓他們學習符合實齡的活動，或者普通教育課程。即使個體有生理或認知上的困難，無法獨立參與，也能在別人的協助或提示下「部分參與」。至於支持的類型，綜合文獻（Block, 2016; Bradshaw et al., 2004; Holowach, 1989），包含**改變物理環境**、**改變活動的規則**、**調整活動的時間**、**調整活動的順序**、**採用新材料進行活動**、**改變原有的活動材料**、**提供選擇**，以及**給予人力資源**八種。提供目標行為所需支持的類型和示例如表 11-24。

設計支持策略時宜考慮以下原則（Holowach, 1989）：（1）能讓學生不費力地參與重要活動；（2）能運用學生的優勢能力，而且彌補他們欠缺的技能；（3）能讓學生在表現此活動時盡可能獨立，不依賴他人；（4）重要他人可接受與支持；（5）比原來的方式更容易；（6）盡可能不引人側目；（7）可運用在許多的環境和活動中；（8）支持策略若為器具或 AT，則容易獲取或設計和維修，且費用不高。又例如：對肢體障礙者設計以黏扣帶代替扣鈕扣的衣服；若能在外觀上設計鈕扣的式樣，別人看不出來裡面是黏扣帶，如此就不會引人側目，也會使他們更願意穿它。

另外，在實踐「部分參與」原則時，Ferguson 和 Baumgart（1991）提醒要避免下列四種誤用：一是**被動的參與**，身心障礙學生雖然在教學現場，卻沒有主動參與課程的機會；二是**蜻蜓點水式的參與**，教師在設計課程時未考慮身心障礙學生的目前能力、潛能、喜好、長期學習需求及家庭的期待，他們只局限於參與部分、無意義的課程，

表 11-24　提供目標行為所需支持的類型

提供目標行為所需支持的類型	調整後的課程目標示例
改變物理環境	1. 在符合標準的斜坡道上，能推輪椅行走。【針對下肢損傷之學生】 2. 在止滑的地板上，能以手端物行走。【針對肢體控制和協調不佳之學生】
改變活動的規則	1. 在網球落地被允許彈跳兩次以上再擊球的情況下，能與同學進行打網球的活動。【針對肢體控制和協調不佳之學生】 2. 在同儕投球速度縮減的情況下，能接球。【針對肢體動作反應緩慢之學生】
調整活動的時間	在工作時間獲得調整（工作 20 分鐘後，讓他玩 5 分鐘的跳床）的情況下，能完成交代的裝配工作，不發脾氣、不怠工。【針對注意力有困難之學生】
調整活動的順序	在煮水餃步驟獲得修改（在水滾和放水餃之間，加入「關火」步驟）的情況下，能完成煮水餃的活動。【針對肢體控制和協調不佳之學生】
採用新材料進行活動	1. 在獲得一個小瓶以裝適量清潔劑的情況下，能清洗碗盤。【針對理解「適量」概念有困難之學生】 2. 能以籃球擊倒保齡球瓶。【針對動作協調和正確性有困難之學生】 3. 在獲得字典以供查閱的情況下，能寫遊記，記錄旅遊的所見所聞，增進認識臺灣各地風土民情的情趣。【針對寫字有困難但認字無困難之學生】
改變原有的活動材料（大小、高度、數量、重量、屬性）	在籃框獲得加大和高度獲得降低的情況下，能將球投入籃框。【針對動作協調和正確性有困難之學生，改變原有活動材料的大小和高度】
提供選擇（提供人、時、地、物、活動的選擇）	在獲得三種口味牙膏的情況下，能選擇喜歡的牙膏完成刷牙活動。【針對抗拒刷牙之學生】
給予人力資源	在同學協助檢查國字是否正確的情況下，能寫遊記，記錄旅遊的所見所聞，增進認識臺灣各地風土民情的情趣。【針對寫字有困難但認字無困難之學生】

● 註：以網底表示「目標行為出現的條件」。

以至於參與的課程缺乏全面性；三是**零星的參與**，身心障礙學生只於少數時段內部分參與，以至於參與的課程缺乏連貫性，進而減損他們執行真實、適齡、具功能性活動的能力；四是**省略的參與**，因為過分強調讓身心障礙學生獨立參與活動中的每一個步驟，以至於省略掉學生無法獨立參與的步驟。

目標行為發生的教學提示是指，在什麼樣的教學提示下目標行為發生。提示意指，影響正確反應發生的刺激因素，可分為**自然提示**和**人為提示**（Schloss & Smith, 1998）

或**教學提示**（Snell & Brown, 2011）。自然提示是指環境中的自然線索本身就能產生提示效果，學生覺察到此自然線索便能表現正向行為（Snell & Brown, 2011），例如：在聽到教師對全班說「可以發言」時，大雄才舉手，並且等待教師叫到他時才發言，不需要教學提示，表示他已能獨立表現正確反應。此例中「教師說可以發言」就是**自然線索**（即**區辨刺激**）。教學時要引進自然提示，告訴學生何種情境要從事此活動或表現此技能，例如：要從教室至五樓餐飲教室，或從百貨公司的五樓至地下一樓超市時，須搭電梯。若能善加運用自然時間表，或情境教學時間教學，如在上完體能課後，教學生洗臉、換衣服等，自然提示就很容易被帶進來。若自然提示未出現，教師也可以營造，如教學生操作光碟機音量控制按鈕，教師可在學生放入光碟之前，先把音量控制按鈕調至大聲的位置，等學生播放時發現太大聲，而在此時教導操作音量控制按鈕。如果學生能在自然提示下，表現正確的行為或反應即算「獨立」。

教學（或人為）提示是指自然線索出現，仍無法引起學生覺察和反應時，教師提供額外、特定的訊息或協助，直接引導其表現正確反應，包括**刺激提示**和**反應提示**兩種，刺激提示是指教師做出直接指著或拿著區辨刺激的動作，將區辨刺激放在靠近學生的位置，或提供區辨刺激額外明顯的訊息，例如：給予區辨刺激顏色、箭頭或其他視覺刺激，以協助學生表現正確反應；反應提示是指在學生反應前，或是反應錯誤之後，教師給予的提示，為了增加學生正確的反應（Snell & Brown, 2011）。

反應提示包括五種：一為**姿勢或表情提示**（**gestural prompts**），是指教師藉著身體姿勢或臉部表情，引導學生產生正確反應；二為**言語提示**（**verbal prompts**），是指教師藉著口語或手語指導的方式，告訴學生做什麼和如何做，以引導他們產生正確反應；三為**視覺提示**（**visual prompts**），是指教師提供平面或立體之視覺形態資料，引導學生產生正確反應（Westling & Fox, 2014）。四為**示範動作**（**modeling prompts**），是指教師安排自己、他人或學生本身為楷模（model）演示技能，引導學生觀察和模仿，進而產生正確反應（Snell & Brown, 2011）；五為**身體提示**（**physical prompts**），是指教師藉著肢體接觸，引導學生產生正確反應（Downing, 2010）。

五種反應提示有其適用性，言語提示適用於口語或社會互動技能的學習，有益於以聽覺學習、語言理解能力佳的學生；姿勢或表情提示適用於單一技能，語言理解能力較弱的學生。視覺提示、示範動作和身體提示適用於組合或有順序之技能的教導，有益於語言理解能力較弱的學生（Holowach, 1989; Snell & Brown, 2011）。教學提示的類型、意涵和調整後的課程目標示例如表 11-25。

表 11-25 教學提示的類型、意涵和示例

教學提示的類型	意 涵	調整後的課程目標示例
刺激提示	**在目標刺激上，畫出或貼上一些額外的線索**，例如： 1. 在量杯上貼一段膠帶，標示要倒多少清潔劑屬適量。 2. 在直尺上呈現「紅色箭頭」的視覺線索，讓學生知道這是測量的起點。	1. 在直尺原點處獲得「紅色箭頭」標示的情況下，能使用直尺測量直線的長度。【針對視知覺辨識有困難之學生】 2. 在獲得聽覺和觸覺線索下，能寫遊記，記錄旅遊所觸所聞，增進認識臺灣各地風土民情的情趣。【針對視覺困難之學生】
姿勢或表情提示	1. 從**姿勢或表情提示的形態**來分，可包括： （1）**手勢**（例如：指向地上的紙屑，提示學生撿起來；比出聲調的手勢，提示學生此生字的聲調） （2）**表情**（例如：做出張口說話的表情，提示學生說出求助的語言） （3）**動作**（例如：彎腰做出撿拾的動作，提示學生撿起來；做出點頭的動作，提示學生遵守教師的指令並表示：「好，我去做。」） 2. 從**姿勢或表情提示提供的完整或明顯度**來分，可包括： （1）**直接姿勢或表情提示**：即提供完整或明顯的手勢、表情或動作（例如：指向地上的紙屑，提示學生撿起來；做出明顯彎腰撿拾或點頭的動作，提示學生撿紙屑或遵守教師的指令） （2）**間接姿勢或表情提示**：即提供部分或不明顯的手勢、表情或動作（例如：指向紙屑的方向，或是指向撿地上紙屑的同學，提示學生撿起來；做出微微彎腰撿拾或點頭的動作，提示學生撿紙屑或遵守教師的指令）	1. 在獲得張口說話的表情提示下，能說出求助的語言。【針對口語表達有困難之學生】 2. 在獲得聲調的手勢提示下，能說出國字的聲調。【針對聲調辨識有困難之學生】

（續）

表 11-25（續）

教學提示的類型	意涵	調整後的課程目標示例
言語提示	1. 從**提供的來源**來分，可包括： （1）人們的口語或手語，或是文字。 （2）預錄的錄音口語或錄影手語，或是預製的提示文字。 2. 從**言語提示提供的完整或明顯度**來分，可包括： （1）**直接的言語提示**：藉由指令或明確的訊息，直接告訴學生正確的反應（例如：打開窗戶；喝水的喝是口部，寫出來）。 （2）**間接的言語提示**，亦即不直接告訴學生正確的反應，而是以： ①**問句**（例如：接下來的步驟是什麼？） ②**暗示性的口語**（例如：我很熱，你會不會熱？） ③**給予聯想的線索**（例如：喝水的「喝」是用什麼來喝？以提示學生部首；告訴學生「肥的人下巴有很多肉」，要學生寫出肥字） ④**只說出依循的規則**（例如：只說出紅燈停、綠燈走的規則，提示學生過馬路） ⑤**只說出部分步驟**（例如：只說出燒燙傷處理的四個步驟，請學生說出其中一個步驟，如沖、脫、○、蓋、送）、部分國字部件（例如：只說出肥的部件「巴」，要學生寫出肥字），或英文單字的部分字母（例如：只說出 ST ＿＿，要學生拼出 STOP） ⑥**給予選項擇其一**（喝水的喝是口部或水部？）	1. 在獲得寫作重點直接言語提示能寫遊記，記錄旅遊的所見所聞，增進認識臺灣各地風土民情的情趣。【針對書寫表達有困難之學生】 2. 在獲得一個步驟的直接言語提示下，能說出燒燙傷處理的步驟。【針對記憶有困難之學生】
視覺提示	1. 從**視覺資料之形態**來分，可包括： （1）**平面之視覺形態資料**：以照片、圖片（或圖片加文字）、線畫或符號呈現（例如：呈現泡即溶飲料步驟的照片）。 （2）**立體之視覺形態資料**：以物品模型呈現（例如：以餐具、抹布、菜瓜布、掃把和拖把的模型呈現餐後整理的五步驟——收拾餐具、拿抹布擦餐桌、用菜瓜布清洗餐具、拿掃把掃地、以拖把拖地）。 2. 從**視覺提示提供的完整或明顯度**來分，可包括： （1）**直接視覺提示**：即提供所有活動步驟的文字、照片或圖片、物品模型；呈現國字的所有部件，或英文單字的所有字母；以及給予明顯的視覺提示，例如：國字描紅的顏色深，虛線的連接較為緊密，部件的突出點明顯，以協助學生寫國字。	1. 在獲得寫作重點圖片加文字提示卡的情況下，能寫遊記，記錄旅遊的所見所聞，增進認識臺灣各地風土民情的情趣。【針對書寫表達有困難之學生】 2. 在獲得沖泡即溶飲料照片的所有步驟提示下，能沖泡即溶飲料。【針對步驟記憶有困難之學生】

（續）

表 11-25（續）

教學提示的類型	意涵	調整後的課程目標示例
視覺提示	（2）**間接視覺提示**：即只提供部分活動步驟的文字、照片或圖片、物品模型，只呈現部分國字的部件（例如：呈現熱的「埶」，要學生寫出下面的四點火），或英文單字的部分字母（例如：b_ _k）；以及給予模糊的視覺提示，例如：國字描紅的顏色變淡，虛線的緊密度變鬆，部件的突出點變模糊，以協助學生寫國字。	
示範動作	1. 從**由誰擔任楷模**來分，可包括： （1）他人（例如：教師、同儕）示範 （2）自我示範 2. 以**楷模的來源**來分，可包括： （1）**自然示範**：拿自然情境中的楷模作為學生模仿對象。 （2）**模擬示範**：拿模擬情境中的楷模作為學生模仿對象。 （3）**符號示範**：使用書籍、影片中某個人物作為楷模，讓學生模仿。 3. 從**楷模表現的行為**來分，可包括： （1）**外顯示範**：楷模真正表現外顯行為讓學生模仿。 （2）**內隱示範**：楷模未真正表現外顯行為讓學生模仿，而是學生想像一位楷模表現行為讓自己模仿。	在獲得他人示範下，能使用計算機計算二位數乘法。【針對技能表現有困難之學生】
身體提示	1. **部分身體提示**：只給予部分身體的線索，包括： （1）**身體接觸的線索**，例如：教師將手接觸學生的左手，部分引導他穿進外套的左衣袖裡。 （2）**手腕的線索**，例如：教師將手的拇指和中指各放在學生左手腕的兩邊，部分引導他穿進外套的左衣袖裡。 （3）**手放在下面的協助**：教師將手放在學生的手下面，引導他按燈的開關。 2. **完全身體提示**：教師直接將手放在學生的手上面，用手全程帶領學生完成指定的動作。	在獲得教師接觸雙手的情況下，能穿進外套的兩手的衣袖裡【針對動作技能表現有困難之學生】。

●註：綜合整理自 J. O. Cooper 等人（2020）、Cormier 和 Cormier（1998）、Downing（2010）、Holowach（1989）、Schloss 和 Smith（1998）、Snell 和 Brown（2011）、Westling 和 Fox（2014）及 Wolery 等人（1992）的文獻，加上我的舉例。以網底表示目標行為出現的條件。

在使用教學提示時，教師可以建立**最少量之提示系統**（如圖 11-17），亦即在給予提示時，注意教學提示的分量，不要超過能促使學生產生正確反應的數量，否則會增加學生的依賴性。在建立最少量之提示系統方面，可以有兩種呈現方式，一種是**從最少量至最多量的提示**，例如：從間接言語提示至直接言語提示，從部分身體提示至完全身體提示。另一種是**從最多量至最少量的提示**，即**逐漸改變的身體引導**（**graduated guidance**），它結合身體提示與褪除策略，例如：教導穿衣服，從完全身體提示（用全部的手）到部分身體提示，部分身體提示則由手放在下面的協助，至手腕的線索，再到肢體接觸的線索。

圖 11-17 由少至多之提示系統

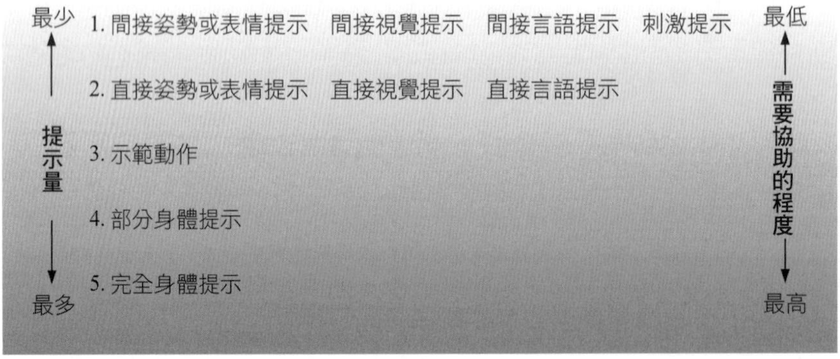

● 註：相同提示層次多種教學提示中，例如：間接姿勢或表情提示、間接視覺提示、間接言語提示和刺激提示，其提示量的多少排序，須視課程目標與學生能力而定，例如：課程目標為，能說出求助語言，視覺提示的提示量會比言語提示來得少。反之，目標為能沖泡即溶飲料，言語提示的提示量會比視覺提示來得少。然而，如果某生的視覺接收能力低於語言理解能力，則言語提示的提示量就會比視覺提示來得多。

除了形態外，教學提示的數量亦可逐漸減少，包含**頻率**（例如：言語提示的次數、視覺提示的步驟數）和**時間**（例如：給予延宕提示的時間），如示例 11-8。

示例 11-8 **教學提示的形態和數量之撰寫**

a. 在獲得**一個步驟**的**間接言語提示**下，能清洗個人的餐具。
b. 在獲得**五次以內**的**直接言語提示**下，能專注聽講、寫作業或接受評量。
c. 在獲得**三個步驟**的**視覺提示**（活動步驟照片）下，能完成洗米煮飯的活動。
d. 在獲得**延宕提示時間至 10 秒**的**直接言語提示**下，能使用溝通圖卡獲得想要的東西。
註：劃線黑體字為教學提示的形態和數量。

3. 調整目標行為達到的標準

教師可以依據學生的能力現況，以及環境中對該項目標在標準上的要求，訂定適當的評量標準，例如：以「能夠看號誌燈過馬路」這項目標來說，就需要較高的標準，甚至正確率達百分之百，因為它關乎生命安全。若學生一學期無法達到最高的標準，則可以擬訂漸進的標準。除此，評量標準要具體明確，可以從**做到的正確次數或比率**，**達成的精熟度**，以及**表現的數量**、**品質或速度**三個角度敘寫。做到的正確次數或比率是指，目標表現的正確情形，通常用幾次中有幾次通過、答對的百分比兩種方式呈現。達成的精熟度是指目標表現的精熟和穩定情形，可以用連續幾次通過表示。表現的數量、品質或速度是指課程目標表現的數量多少、品質高低和速度快慢。三種評量標準如示例 11-9。

示例 11-9 **調整課程目標中「評量標準」**

a. 一般學生的目標：能寫出涵蓋**三個段落**，至少 **500 個字**，且使用 **80% 以上正確詞彙和通順語句**的遊記，記錄旅遊的所見所聞。
為特殊需求學生調整目標中的評量標準：
1. 能寫**一個段落至少 100 個字**的遊記，記錄旅遊的所見所聞。【針對書寫表達有困難之學生，調整課程目標中「評量標準（表現分量）」，從至少三個段落 500 個字，調低到至少一個段落 100 個字。】
2. 能運用 **60%以上正確的詞彙和通順的語句**，寫出涵蓋三個段落，至少 500 個字的遊記，記錄旅遊的所見所聞。【針對書寫表達有困難之學生，調整課程目標中「目標行為達到的標準（表現品質）」，從至少 80% 正確的詞彙和通順的語句，調低到至少 60%。】

b. 一般學生的目標：能在**5分鐘內**獨立洗完自己的便當盒，**一週上學5天中皆能做到**。為特殊需求學生調整目標中的評量標準：

1. 能在**10分鐘內**獨立洗完自己的便當盒，一週上學5天中皆能做到。【針對反應速度較緩慢之學生，調整目標行為達到的標準（表現的速度）。】
2. 能在5分鐘內獨立洗完自己的便當盒，**一週上學5天中有3天做到**。【針對反應流暢度不佳之學生，調整目標行為達到的標準（做到的正確性）。】
3. 能在5分鐘內獨立洗完自己的便當盒，**一週上學5天中連續3天做到**。【針對反應精熟度不佳之學生，調整目標行為達到的標準（達成的精熟度）。】

註：特殊需求學生目標中劃線黑體字為調整評量標準。

如果兩個學期設定的目標相同，則我建議評量標準可以不同，以反映目標的進展性，例如：學習結果都是「專注聽講、寫作業或接受評量」，第一學期設定的評量標準為，在40分鐘的課堂時間中持續至少10分鐘；第二學期為持續至少20分鐘，目標寫成：在40分鐘的課堂時間中，能專注聽講、寫作業或接受評量，持續至少20分鐘（增加表現的數量）。

評量標準不僅從單一角度敘寫，亦可以結合上述三個角度的其中幾個，再加上「目標行為出現的條件」，如示例11-10，例如：課程目標皆為「能清洗碗盤」，但因應不同學生的能力，設定不同的評量標準，其中對A生設定的標準最高，C生則最低。

示例11-10　評量標準（綜合）之撰寫

課程目標：能清洗碗盤

評量標準：
1. A 生能在**10分鐘內**，獨立清洗**六個**碗和**六個**盤子，且清洗**乾淨（即碗盤上不能留有任何殘渣、清潔劑、油漬等）**，**連續5次通過**。【表現的數量、品質和速度，達成的精熟度。】
2. B生能獨立清洗**六個**碗和**六個**盤子，且**清洗乾淨（即碗盤上不能留有殘渣、清潔劑、油漬等）**。【表現的數量和品質】
3. C 生能獨立清洗**六個**碗和**六個**盤子，**5次中有3次通過**。【表現的數量、做到的正確次數或比率。】

註：劃線黑體字為調整評量標準。

4. 調整學習的結果

調整學習的結果可以從兩方面著手，一種是特殊需求學生學習的課程主題與一般學生相同，但因應他們「內在因素」及在「訊息處理（保留）」上的困難，**調整學習結果的概念層次和難度**，以及**刪除和添加學習結果**；另一種是**完全更換課程主題**，特殊需求學生學習和其他同學完全不同的內容。就調整學習結果的概念層次而言，有分解、降低和深化概念層次三種作法，即前述盧台華（2003）所提**課程分解、重整和深化**策略。

Bloom 將學習目標分成三大類：**認知**、**情意**和**動作技能**領域，而每一個領域的學習目標有層次性；其中認知領域指的是知識、分析、思考等能力，由低至高包括**知識**、**理解**、**應用**、**分析**、**綜合**和**評鑑**六個層次的目標；情意領域是指學習某項知識和技能的情感、人格反應和表現態度，由低至高包含**接受**、**反應**、**價值判斷**、**價值之組織**及**價值之性格化**五個層次的目標；動作技能領域是指有關操作技巧、肌肉協調等動作技能的學習行為，依 Saylor 的修訂，由低至高含括**知覺**、**準備狀態**、**模仿**、**機械**、**複雜的反應**和**創造**六個層次的目標（引自歐滄和，2002）。我舉例說明三大領域各層次的目標如附錄 79。教師可以因應學生的能力和需求，調整學習結果的概念層次，如示例 11-11。

示例 11-11　分解、降低和深化課程目標中「學習結果的概念層次」

a. 在數學課教導「除法」這個課程主題時，一般學生的目標為，「能精準分析出兩位數除法應用問題中，哪些是解題的必要線索，哪些不是，並且正確列出算式和解答（**分析層次**）」；分別因應兩位智障學生之狀況，調整學習結果的概念層次如下：

1. 將學習結果的概念分解成以下三個層次：（1）能從兩位數除法應用問題中的線索，辨識要使用除法解題（**「知識」層次**）；（2）能使用圖畫表徵正確解答兩位數除法的應用問題（**「理解」層次**）；（3）能正確列式和解答兩位數除法的應用問題（**「應用」層次**）。【針對認知理解和計算有少許困難之學生，將學習結果的概念層次由低至高分解得更細小。】
2. 能從兩位數除法應用問題中的線索，辨識要使用除法解題（**「知識」層次**）。【針對認知理解和計算有中度困難之學生，調整學習結果的概念從「分析」降低至「知識」層次。】

b. 一般學生的課程目標為，「能寫遊記，記錄旅遊的所見所聞，增進認識臺灣各地風土民情的情趣（**「應用」層次**）」；分別因應兩位特殊需求學生之狀況，調整學習結果的概念層次如下：

1. 能說出如何透過寫遊記以記錄旅遊所見所聞的方式，增進認識臺灣各地風土民情的情趣。【針對認知理解和書寫表達有少許困難之學生，調整學習結果的概念層次，從「應用」層次降低至「知識」層次。】
2. 能寫遊記，記錄旅遊的所見所聞，增進認識臺灣各地風土民情的情趣，並且比較分析不同地方風土民情的異同。【針對認知功能優異的學生，調整學習結果的概念層次，從「應用」層次加深至「分析」層次。】

註：劃線為調整「學習結果的概念層次」。

除了概念層次，還可以調整概念難度，它的調整程度比概念層次多（King-Sears, 1997b）。調整概念難度是指，因應學生的能力和需求，**加深學習結果的概念難度**；抑或**分解概念難度**，或是**讓概念更簡易化**，甚至往功能性的方向做調整，即盧台華（2003）所提**課程深化、分解和簡化**策略，例如：普通教育課程目標為，「能寫遊記，記錄旅遊的所見所聞，增進認識臺灣各地風土民情的情趣」；為特殊需求學生調整學習結果的概念難度如示例 11-12。

示例 11-12　**分解、簡易化和深化課程目標中「學習結果的概念難度」**

a. 能透過以下漸進的方式：**（1）閱讀他人撰寫的遊記；（2）自己旅遊的經驗；（3）對照他人撰寫的遊記和自己旅遊的經驗；（4）參考和改寫他人撰寫的遊記，以記錄旅遊所見所聞；（5）寫遊記以記錄旅遊所見所聞的方式**，增進認識臺灣各地風土民情的情趣。【針對認知理解和書寫表達有困難之學生，分解學習結果的概念難度。】

b. 能透過寫遊記以記錄旅遊所見所聞的方式，增進**認識居住所在各地區風土民情的情趣**。【針對認知理解有中度困難的學生，減少學習結果或內容的概念難度，從「認識臺灣各地風土民情」，改為「認識居住所在各地區風土民情」。】

c. 能透過寫遊記以記錄旅遊所見所聞，以及**綜合自己和他人所寫遊記的方式，增進認識臺灣各地風土民情意涵的情趣**。【針對認知功能優異的學生，加深學習結果或內容的概念難度為「綜合自己和他人所寫遊記」，以及「認識臺灣各地風土民情意涵」。】

註：劃線為「調整學習結果的概念難度」。

刪除學習結果或內容是指，刪除部分對於學生過於艱難的內容，即盧台華（2003）所提**課程減量**策略；而添加學習結果或內容意指，增加學習結果或內容的廣度，即盧台華所提**課程加廣**策略。刪除和添加學習結果或內容的調整幅度，高於調整結果或內容的概念層次和難度，例如：普通教育課程目標為，「能寫遊記，記錄旅遊的所見所聞，增進認識臺灣各地風土民情的情趣」；為特殊需求學生「刪除和添加」學習結果如示例 11-13。

示例 11-13　「刪除和添加」課程目標中的學習結果

a. 能**透過自己旅遊的經驗、同學分享的遊記或閱讀他人撰寫的遊記**，增進認識臺灣各地風土民情的情趣。【針對認知理解有中度困難的學生，刪除課程目標中的部分結果，刪去「寫遊記以記錄旅遊所見所聞的方式」，改為「透過自己旅遊的經驗、同學分享的遊記或閱讀他人撰寫的遊記」。】

b. 能寫遊記，記錄旅遊的所見所聞，增進認識臺灣各地和**其他國家風土民情**的情趣。【針對認知功能優異的學生，添加學習的結果——其他國家風土民情。】

註：劃線為刪除和添加學習結果。

如果上述學習結果的調整仍無法因應學生的需求，學生還是有困難時，那麼最後的調整是完全更換課程主題，學生學習和其他同學完全不同的內容，即前述 Wehmeyer、Sands 等人（2002）所提**課程替換**策略，例如：普通教育課程目標為，「能寫遊記，記錄旅遊的所見所聞，增進認識臺灣各地風土民情的情趣」；為特殊需求學生「替換」學習結果如示例 11-14。

示例 11-14　「替換」課程目標中的學習結果

a. 能**透過自己旅遊的經驗或閱讀他人撰寫的遊記的方式，增進認識居住所在地區**風土民情的情趣。【針對認知理解和書寫表達有中度困難的學生，替換課程目標中「學習的結果或內容」，從「透過寫遊記認識臺灣各地風土民情」，改為「透過自己旅遊的經驗或閱讀他人撰寫的遊記，認識居住所在地區風土民情」。】

b. 能**記錄居住所在地區中最常看到的商店名稱或標誌，以理解它們的用途**。【針對認知理解和書寫表達有重度困難的學生，替換課程目標中「學習的結果或內容」，從「透過寫遊記認識臺灣各地風土民情」，改為「記錄居住所在地區中最常看到的商店名稱或標誌以理解它們的用途」。】

教師也可以結合上述四種向度的調整，例如：「在獲得三個段落寫作重點提示卡的情況下，A 生能針對一個題目，說出一篇涵蓋三個段落，至少 500 個字的遊記」，此目標結合「表現學習結果的行為或動作」，以及「目標行為出現的條件」兩種向度之調整。又例如：在鈕文英（2005）的研究於數學〈分類整理〉單元中，一般學生的目標是：能正確簡化並記錄 200 以內事物的分類結果，至少達八成；而智障學生的目標為：在教師協助念題和給予圖片提示的情況下，能正確簡化並記錄 30 以內事物的分類結果，至少達六成；其中調整三個方向：**目標行為出現的條件**、**學習結果的概念難度**及**達到的標準**。

《特殊教育法施行細則》（1987/2020）第 9 條指出：IEP 指運用團隊合作方式，針對身心障礙學生個別特性訂定之特殊教育及相關服務計畫；其內容之一是學年與學期教育目標、達成學期教育目標之評量方式、日期及標準。特殊與普通教育教師可以因應特殊需求學生的現況，共同討論出適合的目標調整方式，可以從上述的四種向度進行調整。其中，達成學期教育目標之評量方式即已反映在「表現學習結果的行為或動作」，例如：能說出……，評量方式為口頭評量；達成學期教育目標之評量標準即已反映在「目標行為達到的標準」。

（二）課程內容的調整

課程內容的調整可從教材和作業兩方面著手，詳細討論如下。

1. 教材的調整

普通教育課程中最主要的教材是教科書，教科書的內容即文本。如前所述，課程與教學調整的形態有外加和內建式的調整，運用在教材上的調整作法則包括**補充**（外加式的調整），以及**修整**、**改變**和**替換**（內建式的調整）四種；其中修整是指修整教材呈現的形態和格式；改變又包含**分解**、**重整**、**簡化**、**深化**、**刪除**和**添加**教材六種策略，其內涵和示例如表 11-26。至於這些策略適用的對象，像是針對視覺（閱讀）、聽語、肢動、認知困難、認知優異、注意或組織能力有困難的學生，我呈現一覽表於附錄 80。

表 11-26 教材調整的內涵

調整的向度	調整的內涵
補充教材	1. 不變動原有的課程主題下，另外補充與此主題相關的基礎學科技能；或是加強學習動機，教導學習策略。 2. 在不變動原有的課程主題下，另外設計「特殊化課程」，例如「棋藝研究」、「社會技能訓練」、「轉銜技能的課程」，以滿足學生的特殊需求。
修整教材	1. 修整教材的格式，例如： 1-1. 標示重要概念、重點或關鍵字。 1-2. 提供逐段文本之閱讀指引。 1-3. 提供呈現文本重點的引導問題。 1-4. 以圖示的方式呈現課文的結構與重點，如示例 11-15。 1-5. 將文字和圖片放大，字距和行距拉大，分句呈現。 2. 修整教材的形態，亦即考慮學生接收訊息的方式而調整文本的呈現（例如：將視覺文本改成用點字或語音的形式呈現；或是多增加圖片、圖表），如示例 11-16。
改變教材	1. 分解教材（例如：將教材像是解題的步驟分解得更細，如示例 11-17）。 2. 重整教材（降低文本概念的層次，例如：將除法算式以圖畫表徵的方式呈現）。 3. 簡化教材（減少文本概念的難度，例如：將文本中的語彙或詞句變得更簡短易懂；將分類物品的數量調整成比較小的數量，像是 30 以內）。 4. 深化教材（例如：加深文本概念的難度）。 5. 刪除教材（例如：刪除部分不符學生需求，或對學生有困難之文本概念）。 6. 添加教材（例如：增加文本概念的廣度和多樣性）。
替換教材	1. 替換成適性課程，亦即配合學生的興趣和優勢設計課程內容。 2. 改換成功能性學科課程。 3. 改換成日常和社區生活技能課程（包括：生活和職業教育、家庭、休閒、社區參與、身體和情緒健康、個人責任與關係、社會技能、自我決策等）。

示例 11-15　提供課程單元文本結構圖

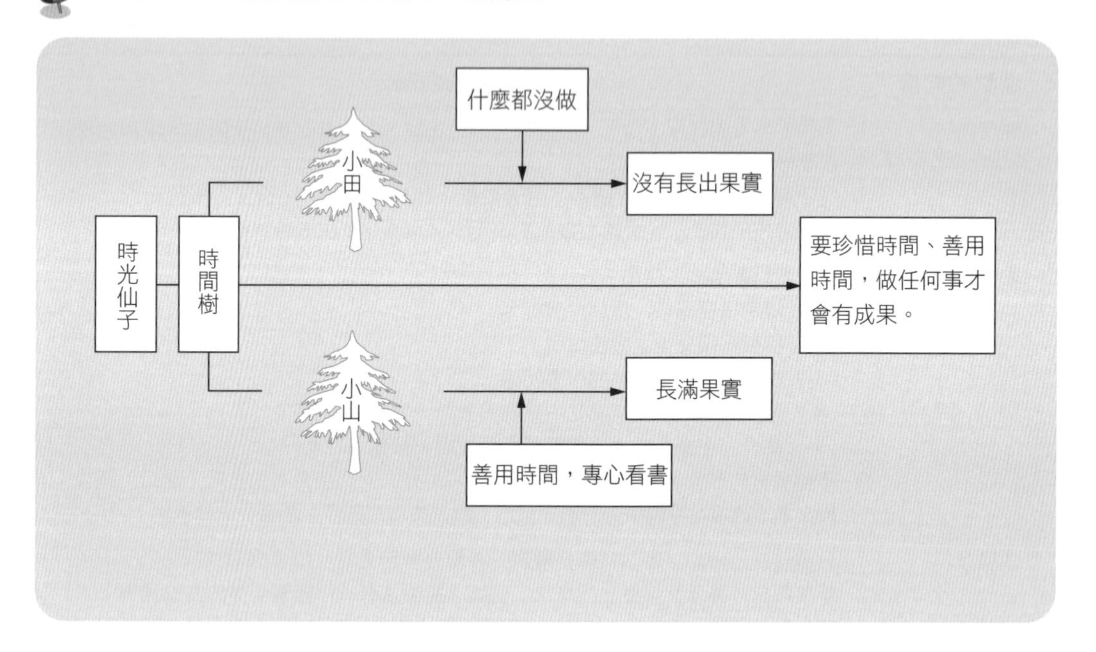

示例 11-16　修整教材的格式和形態

教師針對國語教材所做的修整，包括提供有注音的文本、文本結構圖或情境圖，將視覺文本改成用語音的形式呈現，標示重要概念、重點或關鍵字，放大文本的字體或圖片，增加字距和行距，提供文本補充的圖片等，這些確實能幫助認知障礙學生閱讀和理解，也能增進一般學生的參與度，例如：TB2 讓全班看文本情境圖，結果學生發表踴躍，能說出課文大意（TB2 觀國 940308-2）。教師針對數學教材所做的修正，包括了提供有注音的文本，放大文本的字體或圖片，提供文本補充的圖片，將部分文字改成圖片。（鈕文英，2005，303–304 頁）

示例 11-17　修整數學問題的解題步驟

2 斤開心果的價錢和 5 斤瓜子的價錢相等，如果開心果 1 斤 30 元，那麼瓜子 1 斤多少元？

- 步驟 1：1 斤開心果＝（　）元
- 步驟 2：2 斤開心果＝（　）□（　）＝（　）元
- 步驟 3：5 斤瓜子的價錢＝ 2 斤開心果 ＝（　）元
- 步驟 4：1 斤瓜子的價錢＝（　）□（　）＝（　）元

2.作業的調整

Polloway、Bursuck 等人（1996）指出，作業對學生而言有以下四個目的：（1）練習已教導的技能，（2）準備考試，（3）完成課堂中未盡的作業，（4）彌補缺席期間的作業；對教師而言，作業則有以下兩個目的：（1）豐富教學活動，（2）準備未來的班級活動。Friend 和 Bursuck（2019）指出，教師在給予學生作業時，宜思考下面五個問題：（1）學生本身的技能是否足以完成作業；（2）學生的背景知識是否足以完成作業；（3）學生是否了解作業的目的；（4）學生是否清楚作業中的指導語；（5）完成作業的時間是否足夠；如果上述問題的答案為「否」，則須進行作業的調整。

在融合班級中給予學生家庭作業方面，我綜合文獻（Epstein et al., 1993; Polloway, Bursuck, et al., 1996; Sawyer et al., 1996），提出以下七點建議：（1）及早告訴學生作業的內容；（2）提供多元的作業內容和形式，並且注意作業與學生興趣和需求的關聯性；（3）給予學生能夠獨立完成的家庭作業；（4）提供學生足夠的指引以完成家庭作業；（5）讓學生在課堂中敘寫部分作業，並且給予指導；（6）給予適當分量的作業，讓學生能夠在合理的時間內完成；（7）立即提供學生作業表現的回饋，並且提供作業的範例，讓學生知道教師要求的作業品質。Harniss 等人（2001）還指出，教師宜針對學生家庭作業的作法和其家長充分溝通。

綜合文獻（Polloway, Bursuck, et al., 1996; Polloway et al., 1994; T. E. C. Smith et al., 2016），從時間來看，作業調整可以在作業**撰寫前**、**中**和**後**三大階段實施，在作業撰寫前實施的調整策略為**指導作業的撰寫**。在作業撰寫中實施的調整策略包含：作業內容與其他同學相同，只是調整作業的**繳交時間**；調整作業的**形式**，像是以錄音呈現作業內容給學生；調整作業的**分量**，像是減少作業的字數；調整學生寫作業的**方式**，例如：讓學生用電腦文書處理的方式做作業；另外，調整作業的**內容**，乃因應學生的狀況，給予適合的作業內容。在作業撰寫後實施的調整策略為**調整作業的評分和回饋**。這些作業調整策略需個別調整的程度有高低不同，如圖 11-18，針對全班指導作業的撰寫，以及因應所有學生的狀況調整作業的評比和回饋，調整的程度最低；而針對個別學生調整作業的內容調整的程度最高。

整體作業調整的內涵如表 11-27，至於這些策略適用的對象，像是針對視覺（閱讀）、聽語、肢動、認知困難、認知優異、書寫、注意或組織能力有困難的學生，我呈現「作業調整策略適用對象一覽表」於附錄 81，示例 11-18 呈現一例說明如何調整作業。

圖 11-18 作業調整策略需個別調整的程度圖

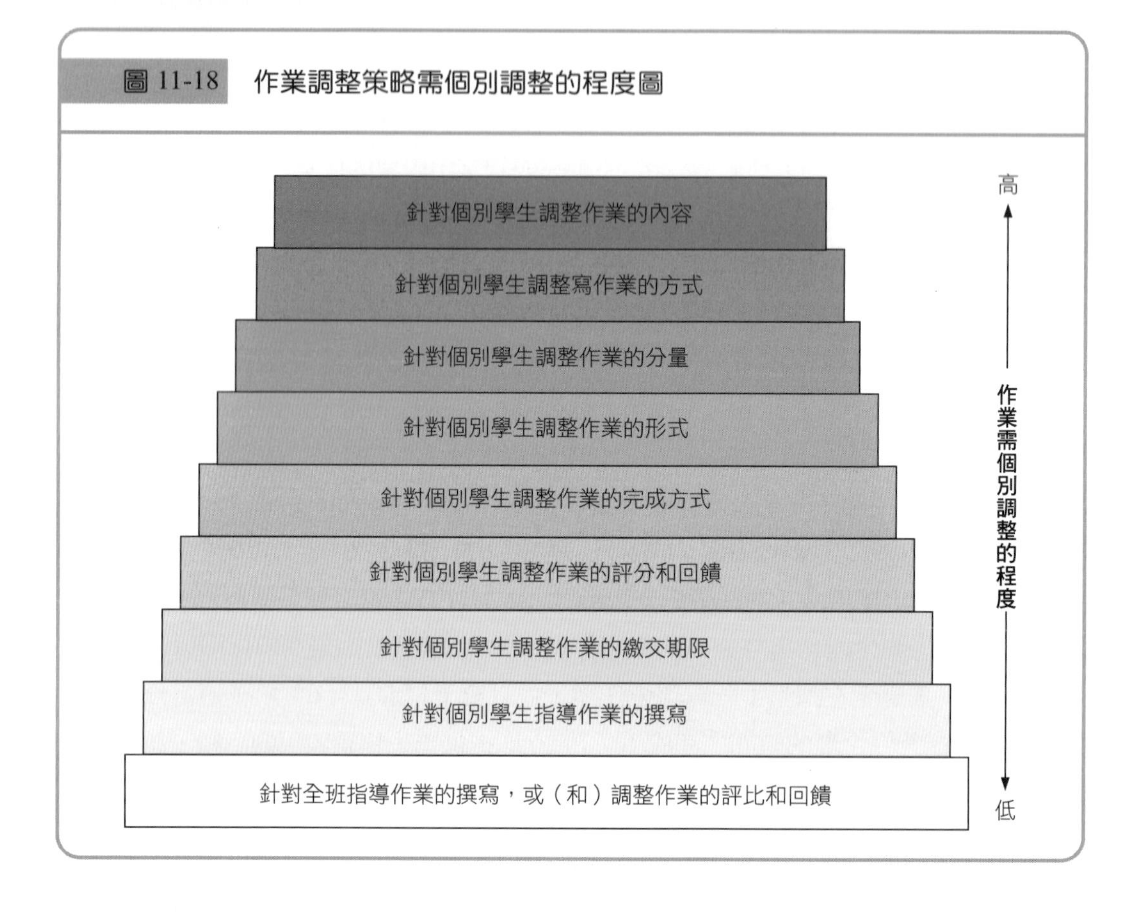

表 11-27 作業的調整內涵

調整的內涵	調整內涵的詳細說明
回家前指導作業的撰寫	1. 在學校先指導學生如何完成回家作業，提供額外完成作業的協助（例如：從課本的哪裡可以找到答案），並且讓學生在課堂中敘寫部分作業，以確認他已了解如何做。 2. 明確告知學生教師對作業的期待。
調整作業的繳交期限	調整作業的繳交期限是指學生的作業內容與其他同學相同，只是調整作業的繳交期限（例如：延長作業的繳交期限）。
調整作業的形式	1. 以語音形式呈現作業內容給學生。 2. 以點字形式呈現作業內容給學生。 3. 放大作業單中的字體和圖片。 4. 將作業單中題目的字距（行距）拉大，或減少每頁的題數。 5. 使用完整且簡明易懂的句子，加註注音，或是使用圖片（照片）搭配簡易的文字敘述作業單中的指導語或問題。

（續）

表 11-27（續）

調整的內涵	調整內涵的詳細說明
調整作業的形式	6. 提供做作業的線索（例如：提示解題步驟、提示關鍵字語、針對作業中的計算符號給予提示、給予提取正確詞彙的視覺線索），或額外的範例給學生。 7. 提供該生較大寫字方格的作業簿。 8. 給予有提示（例如：描點、描紅、外框字等）或字體結構的寫字方格給學生。 9. 將原來問答題完全空白的作答處，改成撰寫大綱，以提示他如何組織他的答案。 10. 調整作業內容的順序（例如：由簡單至困難）。
調整作業的分量	1. 減少相同題型作業的題數。 2. 減少相同國字作業的字數。 3. 將一份作業分解成較小的作業，分次給予。
調整作業的完成方式	1. 讓學生以錄音的方式做作業。 2. 讓學生以點字的方式做作業。 3. 讓學生用電腦文書處理的方式做作業。 4. 讓學生用實作（例如：剪貼、畫畫、製作或設計等）的方式做作業。 5. 讓學生用大綱或圖表的方式來回答問答題。 6. 讓學生用替代的應答方式（例如：勾選、選擇、畫出、圈出、連連看等）回答文字填空的題目。 7. 讓學生用計算機完成作業。 8. 提供輔助學生寫作業的器具（例如：提供握筆器、較粗或較黑的鉛筆、或是易於抓握的筆）。 9. 提供學生寫作業有困難時，可以求助的同儕助教。
調整作業的內容	1. 降低作業的難度（例如：計算題的數值改小一點；改寫常用字）。 2. 刪除部分不適合學生能力的作業。 3. 配合學生的興趣和能力，給予他們有興趣、能夠獨立完成的作業內容（例如：要他到便利商店購物）。 4. 提供學生選擇作業內容的機會（例如：設計「菜單」，裡面有全部學生都須完成的「主菜」，搭配學生可以選擇的「小菜」，再加上學生可以選擇吃或不吃的「點心」）。 5. 增加作業的難度和廣度。
調整作業的評分和回饋	1. 調整作業的評分標準。 2. 立即提供學生作業表現的回饋，指導他修改作業（教師亦可安排同儕助教來協助學生修改作業，安排學生在小組中一起研討修改作業）。 3. 給予作業額外的加分機會（例如：修改正確可以額外加分）。

示例 11-18　**調整作業**

SC2（輕度智障學生）之前在家完成國語和數學習作上有很大的困難，因此乾脆就選擇不交作業；教師在調整國語習作後，亦即刪除和改換部分題目，於難字加註注音，在造句的題目上給予視覺提示，提供造詞的題目選項以供選擇，從課本中找問答題的答案，調整學生的反應方式（從書寫改成口述或剪貼），以及調整作業繳交期限；教師在調整數學習作上，刪除部分較難的題目，提供範例、線索或協助，以降低作業的難度，和提供清楚的作業說明，SC2 便能完成和繳交習作（SC2 學習紀錄-1、2）。（鈕文英，2005，304–305 頁）

（三）課程組織的調整

Nolet和McLaughlin（2005）提及課程組織有**主題排序**、**工作分析的排序**、**應時排序**、**整體至部分的排序**四種安排方式；主題排序是按課程主題，將所有與此主題相關之科目（領域）的內容，安排在同一段時間教導；應時排序是指按照時令來安排課程主題，例如：在中秋節即將來臨時，教導與中秋節有關的課程內容；整體至部分的排序是指教師先教一個課程主題的整體概念，再教其中的細部概念；而工作分析的排序則剛好相反，又稱作**部分至整體的排序**。

課程組織的調整可以從**調整課程內容的順序**，以及**加強課程內容間的聯繫與統整**兩方面著手。調整課程內容的順序包括：調整課程不同單元教導的先後順序，和調整課程同一單元中不同概念教導的先後順序，以學生較能接收和理解的順序安排，例如：原本一個課程單元中不同概念的教導是以工作分析排序，考量學生的需求，調整成「整體至部分的排序」。

加強課程內容間的聯繫與統整包括四方面：第一，**加強課程內容與學生之生活經驗間的連結**，此即將特教「功能性課程」的概念融入教學中，強調讓學生了解何時、何地、何種情境會運用到習得的技能，例如：說明「浮力原理」和生活現象間的關係（另舉一例如示例 11-19）；第二，**加強不同課程領域內容間橫的聯繫**，例如：在語文課中教導「矛盾」這個生詞，則可將學生在社會領域課中學到古代武器的概念帶進來，說明矛和盾兩個武器，進而讓學生了解矛盾的意義；第三，**加強相同課程領域中不同單元間縱的聯繫**，例如：在不同單元中教導了「神」明和「伸」手兩個生詞，則可進一步比較「神」和「伸」兩個字；以及第四，**採取統整的主題教學**，使學生學習到統整的經驗。

示例 11-19 加強課程內容與學生之生活經驗間的連結

例如：RB在教SB1（中度智障學生）造句時，以其生活經驗提示造句的內容，以「……不但要……，還要……」的造句為例，RB將SB1媽媽工作的內容拉進造句的內容中，提示他說出句子，像是：「媽媽不但要清掃廁所，還要幫忙廚房送菜。」並且告知此句型結構為「人物不但要動作，還要動作」，而後教導SB1在空格內填上適合的詞語。另外，當教導造「當……，是否仍……」的句子時，天空正下著雨，於是將此時此刻的生活經驗，帶進造句的內容中，提示他說出句子，像是：「當下雨時，是否仍要（=還要）打籃球？」透過這樣的方式，SB1比較有方向思考句子的內容，進而能造出句子（RB 觀國 940420-3）。在數學方面，舉例來說，將分類整理的概念與「倒垃圾」、「整理書包」相連結（SB2 觀數 931222-3）。（鈕文英，2005，第 305 頁）

（四）課程運作過程的調整

課程運作過程的調整包括教學方法和活動、教具、教學地點和情境、教學人員，以及教學時間五方面的調整，詳述如下。

1.教學方法和活動

綜合文獻（Capper et al., 2000; Grenot-Scheyer et al., 1995; Hammeken, 2000; R. B. Lewis & Doorlag, 2010），調整教學方法和活動包含以下六項：第一，**活化學生的背景知識和過去經驗**，以協助其了解本單元的課程內容。第二，**安排課程與教學讓學生達到真實學習**。第三，**因應學生的困難和需求改變教學方法及活動**，例如：（1）**設計教學活動將抽象的概念具體化**，像是對於數學有困難的學生，要將數學概念具象化，與真實生活情境相結合，並且教完一個概念之後，就讓學生複習和口述重點；課內調整後的教學活動若仍然無法滿足學生的需求時，則提供相同課程主題的替代活動，它可以在部分班級活動之前或之後實施，而且優先選擇有同儕參與的替代活動，例如：另外安排到學校福利社的活動，讓特殊需求學生練習購物和金錢使用的技能；（2）**運用多元智力的教學**，藉著學生的優勢，協助其有困難的項目，像是對聽障學生，要盡量給予視覺線索，例如：手勢、肢體語言、圖片等，隨時板書談論主題內容或關鍵字等；對視障學生，要多用口頭說明和實際操作，以幫助學生吸收訊息；（3）**配合學生的學習風格設計教學活動**；（4）**運用鷹架教學**，在學生的近側發展區內，提供支持和協助；以及（5）**運用合作學習**。第四，**針對學生的錯誤和迷思概念做進一步的教學和引導練習**。第五，**運用策略引發學生的學習興趣動機**。第六，**運用策略增進學生的注意力**。示例 11-20 呈現教學方法和活動調整的實例。

示例 11-20　教學方法和活動調整

■運用多元智力教學

由研究資料可以看出：運用學生優勢能力和多元教學方法的多元智力教學，能幫助學生參與學習活動，例如：SB1（中度智障學生）的優勢能力在肢體動作和視覺記憶，因此藉由此優勢來切入其困難處——造句，結果他能在老師的動作中，說出「……不但要……，還要……」，以及由他做動作，同學說句子（TB1 觀國 940420-2）；如此不僅提升了 SB1 的學習興趣和參與度，也增進了他對此造句的理解和表現（B資普討論 940420-1）。另外，TC1 在教完「概數」的意義之後，念一些句子，當學生認為老師念的句子有概數時，就用肢體動作做○（兩手臂舉高過頭做環狀）；反之，則打×（兩手在胸前打叉），學生對這個活動非常專注且有高度興趣（TC1 觀數 940406-3）。（鈕文英，2005，第 306 頁）

■提供鷹架

例如：TB1 在教導〈體積與表面積〉單元時，在長方體上標示面一到面六，而後提供面積的公式和計算表面積步驟的提示，協助 SB1（中度智障學生）逐步使用計算機算出表面積，透過這樣的鷹架協助之後，他比較有所依循，不會因為不知從何做起而放棄（TB1 觀數 940105-8）。（鈕文英，2005，第 307 頁）

■透過實際操作和觀察的活動將抽象的概念具體化

在教導〈立方公尺與體積〉單元時，TA3 拿出 1 立方公尺的塑膠布，請 SA3（學障學生）與同組同學一起站在其中，以深刻體會 1 立方公尺的大小，SA3 對此活動非常感興趣（TA3 觀數 940524-4）。（鈕文英，2005，第 308 頁）

■合作學習

在教導〈立方公尺與體積〉單元時，TA3 讓 SA3（學障學生）和其同組同學拿 1 公尺的軟尺，丈量教室裡的長寬高，高則以長柄刷先量再實測，三位同學分別量長寬高，一位同學列式，SA3 使用計算機算出教室體積，最後一位同學寫出其單位，所有同學都參與其中，而且分工合作完成此活動作業（TA3 觀數 940524-6）。（鈕文英，2005，第 309 頁）

（續）

示例 11-20（續）

■用不同的方式朗讀課文以提升學生興趣

在〈烏鴉喝水〉這個單元裡，TB2 班上的學生對課文朗讀非常有興趣，跟著老師抑揚頓挫，模仿兩隻烏鴉對話時聲音的表情，非常生動有趣（TB2 觀國 940315-3）。TA3 為了讓學生體會〈破繭而出〉此單元的中心思想——突破困難，嘗試新的朗讀課文的模式。TA3 讓想要念課文的同學自己站起來念，只見同學此起彼落地站起來，在過程中 TA3 提醒他們要去聆聽和觀察，並懂得禮讓。……SA3（學障學生）隔壁的同學也鼓勵他站起來，協助他念了一句。……最後教師乘機鼓勵學生說：「一些平日很少朗讀的同學，今天也都突破困難了。」（TA3 觀國 940419-1）（鈕文英，2005，308–309 頁）

2. 教具

調整教具包括**採用新教具**和**調整原有的教具**兩部分。在採用新教具上，例如：對於握筆有困難或手部力量較有限的學生，提供較粗的鉛筆或是易於抓握的筆；配合學生的肢體狀況，使用具安全性且易操作的教具，像是使用安全剪刀取代一般剪刀，使用充氣式的球和球棒，取代原來的球具打棒球；又例如：對於手部操作有困難的學生，使用夾子取代炒菜鏟子煎火腿翻面，以黏扣帶代替鈕扣扣衣服等。在調整原有的教具上，例如：在原有的教具上增加視覺線索，像是在直尺上加上「紅色箭頭」，讓學生知道這是測量的起點，示例 11-21 呈現運用教具的實例。另外，也須注意教具的大小和呈現位置，是否能讓學生有最佳的閱讀，P. R. Cox 和 Dykes（2001）即指出，太大或太小的圖畫都會讓視障學生不易觀看。

示例 11-21　**運用教具**

RB 在針對 SB1（中度智障學生）做教學前評量時即發現，他在使用量角器時很容易出錯，於是改良它，在課堂觀察中發現，SB1 在 10 分鐘內就學會使用調整型的量角器，而且錯誤率降低至幾乎零，RB 描述這段歷程時說道：

因為量角器上的刻度是黑色，而題目也是黑色；所以 SB1 不容易量出角度，甚至有一位自閉症學生，所有題目都量成 90 度。我和○○（同校另一位資源

（續）

示例 11-21（續）

教師）就想到要做改良，把上面的刻度換成紅色，而後用投影片印出來，做成透明的。（使用之後的情形如何？）用過之後發現有學生在量的時候，不知道要對哪裡，我才知道要把量角器的頂點凸顯出來。再次改良之後，SB1 使用它能正確量出所有角度的題目。（團討 940304-15）

從研究資料發現，教師使用新的教具，包括視聽輔助媒體、實物、計算機，以及教師自製的教具，例如：時間線段尺、定位板、方向娃娃、八方位尺、透明方格板、立體積木組合圖卡，皆能增進學生的學習興趣；並且能因應學生理解抽象概念的困難，與解題的錯誤，進而提升學習效果。（鈕文英，2005，第 310 頁）

詳細的教學方法、活動和教具之調整內涵如表 11-28。

表 11-28　教學方法、活動和教具的調整內涵檢核表

調整的內涵	調整內涵的詳細說明
調整教學方法和教學活動	1. 活化學生的背景知識和過去經驗。 2. 安排課程與教學讓學生達到真實學習。 3. 因應學生的困難和需求調整教學方法和教學活動，例如：（1）設計活動將抽象的概念具體化；（2）運用多元智力的教學，藉著學生的優勢，協助其有困難的項目；（3）配合學生的學習風格，設計教學活動；（4）運用鷹架教學；（5）運用合作學習。 4. 針對學生的錯誤和迷思概念做進一步的教學和引導練習。 5. 運用策略引發學生的學習動機。 6. 運用策略增進學生的注意力。
採用新教具或調整原有的教具	1. 提供較粗的鉛筆或是易於抓握的筆。 2. 提供較黑的鉛筆。 3. 提供計算機輔助運算。 4. 使用視聽媒體輔助學習。 5. 運用具體的教具，協助學生學習抽象的概念。 6. 配合學生的肢體狀況，使用具安全性且易操作的教具。 7. 在原有的教具上增加視覺線索。

3.教學地點和情境

教學地點通常包括**學校**、**家庭**、**社區**等，學校又包括**班級教室內**和**教室外**（例如：花圃、操場等），調整教學地點是指，因應學生和課程的需求而選擇適合的教室位置，例如：安排適合的上課地點，不一定都在教室中。除了**教學地點**外，還可以從**教學情境**著手，例如：調整教學分組，以因應特殊需求學生和課程的需求，K. A. Waldron 和 Allen（1999）即指出，**分組實務**是實施融合教育有效的策略之一，依分組的方式形成**全班教學**、**分組教學**、**一對一教學**三種教學形態，而分組教學依分組的方式，又包括**異質分組**、**同質分組**、**同一年級跨班級的分組**、**跨年級混齡的分組**。前面第 8 章已討論過合作學習，它即採取異質分組的方式。普通班教師最常使用全班教學，但部分特殊需求學生在全班教學下的接收和理解有限，調整教學情境包括部分時間採用一對一教學或分組教學的方式協助特殊需求學生，以及調整與特殊需求學生同組的成員（在分組教學的情況下）。

4.教學人員

教學人員的調整可從**增加教學人員**，以及**加強教學人員間的協同合作**兩方面著手。在普通班級中，教學人員可以善加運用同儕、該特殊需求學生的家長、志工媽媽、特殊教育教師、教師助理員、實習教師、退休教師、大學志工等，到班協助教學；亦可尋求學生家長延續學校的教學至家裡；此外，可以加強與科任教師、特殊教育教師的協同合作來教導特殊需求學生。

5.教學時間

許多教師受制於教學進度，會拚命地趕課，沒有注意到學生是否已學會課程內容，記得一位普通班教師曾與我分享道：

> 以前我一直以為課本上的每一課我都要教，否則對家長難以交代；即使部分學生已有困難，我還是拚命趕課，學生和我都承受著莫大的課程壓力。……後來我發現到底我要給學生的是什麼，是一大堆沒有消化的知識，還是經過自己思考和統整過的知識和能力，什麼對學生來說才是最重要的？

由此位普通班教師的分享可以發現，重點不在於學生學得多，而在於學得透徹，對他們來說是一種有意義的學習；因此，教師不宜受限於教材和教學進度；而是宜因應學生狀況調整教學進度，並且使用教材教導學生符合其需求和有意義的學習目標（如插畫 11-7）。因此，教學時間可因應學生的狀況做調整。

插畫 11-7　教學速度

重點不在於學生學得多，而在於學得透澈，對他們來說是一種有意義的學習；因此，教師不宜受限於教材和教學進度；而是宜因應學生狀況調整教學進度，並且使用教材教導學生符合其需求和有意義的學習目標。

鈕文英（2003）指出，教師可以運用四種教學時間，即**單元教學**、**情境教學**、**例行教學**和**個別教學時間**；單元教學時間是指，在一個短的期限內，集中教導某個課程主題內的目標，這是一般教師採取的教學時間；情境教學時間是指在自然情境中，依自然時間表或隨機時刻來教導學生；例行教學時間是指安排每日或定期的某個時間來教導，或是讓學生練習，用以指導適合「少量多餐」式的目標，例如：認識日期，或是用來促進學習的保留；個別教學時間是指一對一的教學。Drew 等人（2006）指出，經常而分散的練習比大量集中式的練習，較能提升智能障礙學生技能的獲得與保留。教學時間的調整可從**增加或延長教學時間著手**，包括：**提供該生額外的個別教學時間進行教學或練習**、**運用例行教學時間進行教學或練習**、**運用情境教學時間隨機教導**，以及**延長該生在某項目標的教學時間**（例如：一般學生 1 週達成某個課程單元的目標，而為該生調整為 2 週達成）這四方面，示例 11-22 呈現運用例行教學時間讓學生練習的實例。

示例 11-22　**運用例行教學時間讓學生練習**

a. 針對多位參與之認知障礙學生記憶力不佳，容易遺忘所學的問題，教師安排額外練習的機會，而此練習是「少量多餐式」地分散在很多不同的時段中。舉例來說，RB 利用 SB1（中度智障學生）和 SB2（輕度智障學生）喜歡下課來資源教室玩的心理，藉著「來資源教室要念二至三個通關密語」的方式，此通關密語即為已教過，而且要他們學會認讀的語詞；另外會調整通關密語的擺放位置，以增加新鮮感，藉此方式讓他們多加練習教過的語詞；除了資源教師提供此練習機會外，還有運用同儕協助進行評量活動，以給予認知障礙學生多次練習的機會（研誌 940104-2）。（鈕文英，2005，第 312 頁）

b. 教師利用教室後面的學習角，擺設相對應的教具，讓學生輪流當關主，每天利用某節下課時間，操作教具完成兩題評量，例如：拿生詞字卡放入適當的句子中，或是用小時鐘要學生撥出正確的時間。（秦麗花、顏瑩玫，2004）

（五）教學的調整

Platt 和 Olson（1997）指出，教學是教師與學生互動的階段，綜合文獻（Henley et al., 1999; Shore, 1998; R. L. Simpson et al., 1997; Ysseldyke & Algozzine, 2006b），教學調整可從**教學語言的運用**、**行為的管理**、**心理環境的營造**，以及**物理環境的安排**四方面著手，如示例 11-23。其中在注意教學語言的運用方面，是指依學生的狀況，調整說話速度，或調整使用的語言形式、語彙和語句，讓學生容易接收和理解，例如：對一般學生問的問題為：「在這個故事中，哪一個角色讓你最有共鳴？」而對於認知障礙學生問的問題則調整為：「在這個故事中，你最喜歡哪一個人？」又例如：教師在講述的過程中，可以使用時間的暗示：第一、接下來、最後，幫助學生掌握事件的順序；班上若有視障學生，教師宜陳述下一個發表者是誰，以便讓他們適時轉移注意。教學語言除了口語外，尚有非口語部分，例如：身體位置、肢體動作、臉部表情等。班上若有聽障學生，教師宜站在便於他們閱讀脣語的位置，且不隨意走動；然而，對於注意力有困難的學生，教師則宜多走在其身邊做提醒。至於行為的管理則於第 10 章已詳述，心理環境的營造與物理環境的安排則已於第 9 章討論過。我將所有課程與教學的調整，包含基本和針對個別學生的課程與教學調整策略，設計成「融合教育課程與教學調整策略檢核表」，如附錄 75，供教師選用調整策略，並且舉「一位學生數學和國語領域之課程與教學調整計畫」為例，如附錄 82。

示例 11-23　**教學調整策略**

從研究資料顯現，提供認知障礙學生參與課堂活動和表現的機會，並且給予鼓勵和具體的回饋，製造其成功的經驗，甚至對小組產生貢獻，能增加其自信心，例如：TA3 請小組推舉最少發言的同學口頭報告，並且請同組同學給予協助；SA3（學障學生）被所屬小組推舉上臺報告，同組同學訓練他說話的音量，並且做小抄給他，他於是能順利地完成任務，教師和同學都給他鼓勵，他也很高興（TA3 觀國 940105-6）。TA3 課後表示，這樣的活動其實是希望像SA3 這般沒信心的學生，有多些發言機會，以建立其自信心（A 資普討論 940105-2）。TC2 跟班上學生約定的規則是：SC2（輕度智障學生）答對問題時，他可以為小組得到加一倍的分數，也就是如果其他學生答對加一分，那SC2 答對則加兩分；因此同組同學會鼓勵他，他只要有一點會，嘴巴念念有詞時，TC2 就會給他機會，鼓勵他表達（TC2 觀國 931224-3）。（鈕文英，2005，第 314 頁）

五、從「實施範圍」檢視課程與教學調整的作法

課程與教學調整作法依實施的範圍來看，根據 Janney 和 Snell（2013），可分成**一般和特定的課程與教學調整**兩種。一般的課程與教學調整是指，針對可預期的活動或例行作息所設計的調整，它能夠在一段較長的時間中被實施，像是教學成分中的所有四個項目的調整等；特定的課程與教學調整則是指，針對特定課程單元、活動所設計的有時限之調整，會隨著單元或活動而改變，像是課程目標的調整。

我將課程與教學調整策略依需調整的程度，如階梯般從低到高排列，如果學生的需求與現行課程相似程度高，則學生需個別調整的程度較低；相反地，相似程度低，則學生需個別調整的程度較高，如圖 11-19。在針對個別學生的調整策略中，優先選擇在不更動普通教育課程下，採用內在調整策略，教導他們學習行為和策略以配合課程，或額外提供補充教材。如果仍然無法滿足學生的需求，則優先調整教學成分（教室的物理環境、心理環境和行為管理，以及教師的教學語言），或調整課程中的運作過程成分（教學活動、方法和教具，教學地點和情境，教學人員，教學時間）。學生若還有需要，則接著在相同的課程主題和目標下，調整課程組織。若學生仍有困難，則在相同的課程主題下，調整課程目標中目標行為出現的條件，或表現學習結果的行為或動作，並且配合修整教材。假若仍無法滿足學生的需求，則在相同的課程領域和主題下，優先調整課程目標中學習結果的概念層次；如果仍無法滿足學生需求，則調整概

圖 11-19 課程與教學調整的管道和策略內涵

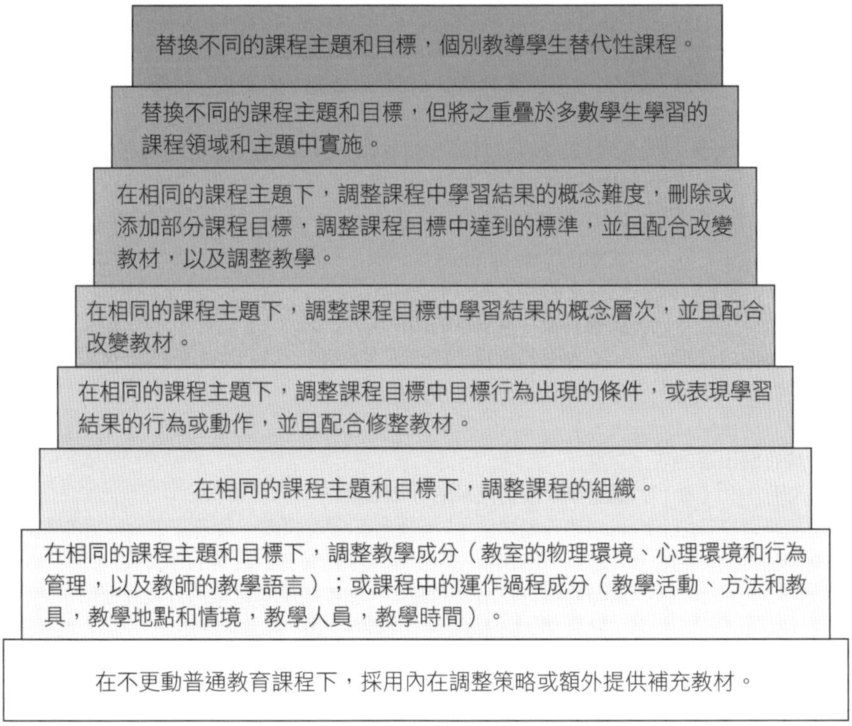

課程與教學調整的管道和策略內涵
替換不同的課程主題和目標，個別教導學生替代性課程。
替換不同的課程主題和目標，但將之重疊於多數學生學習的課程領域和主題中實施。
在相同的課程主題下，調整課程中學習結果的概念難度，刪除或添加部分課程目標，調整課程目標中達到的標準，並且配合改變教材，以及調整教學。
在相同的課程主題下，調整課程目標中學習結果的概念層次，並且配合改變教材。
在相同的課程主題下，調整課程目標中目標行為出現的條件，或表現學習結果的行為或動作，並且配合修整教材。
在相同的課程主題和目標下，調整課程的組織。
在相同的課程主題和目標下，調整教學成分（教室的物理環境、心理環境和行為管理，以及教師的教學語言）；或課程中的運作過程成分（教學活動、方法和教具，教學地點和情境，教學人員，教學時間）。
在不更動普通教育課程下，採用內在調整策略或額外提供補充教材。

念難度，刪除或添加部分課程目標，並且配合改變教材，以及調整教學。要是學生的學習仍然有困難，才考慮替換課程主題和目標；而此課程替換則優先但將之重疊於多數學生學習的課程領域和主題中實施。如果無法重疊教學，則個別教導學生替代性課程。我舉例說明如圖 11-20，示例中課程主題是「針對主題寫三個段落的作文」，一般學生的目標為：「針對一個題目，完成一篇涵蓋三個段落的作文。」針對困難度不同的學生，舉例說明從少量調整到多量的例子。

整合為特殊需求學生設計的課程與教學調整策略，教師可以彙整於課程計畫中，我設計「普通班課程單元調整計畫」，如附錄 83，並且舉數學和國語領域的調整計畫為例。

圖 11-20 課程與教學調整策略的舉例說明

<table>
<tr><th colspan="4">調整的類型和向度</th><th>舉例</th></tr>
<tr><td colspan="4">基本的調整策略</td><td>教師針對全班調整教學方法，提供與此作文題目相關的圖畫，讓學生先腦力激盪，說出他們關於此主題的想法。</td></tr>
<tr><td rowspan="6">針對個別學生的調整策略</td><td colspan="3">內在調整策略（教導學習策略和行為）</td><td>教導A生主題寫作策略，讓他能針對一個題目，完成一篇涵蓋三個段落的作文。</td></tr>
<tr><td rowspan="5">外在調整策略</td><td colspan="2">調整教學成分，或課程中的運作過程成分</td><td>1. 教師用閩南語對 B 生說明作文題目，並鼓勵 B 生針對一個題目，完成一篇涵蓋三個段落的作文。
2. C生的課程目標與其他同學相同，教師只針對C生調整教學方法，讓他先說出關於此主題的想法；而後要他針對此題目，完成一篇涵蓋三個段落的作文。</td></tr>
<tr><td rowspan="4">調整課程成分</td><td>在相同的課程主題下，調整課程目標中目標行為出現的條件，和（或）表現學習結果的行為或動作</td><td>1. 調整目標行為出現的條件：
・在獲得三個段落寫作重點的情況下， D 生能針對一個題目，寫出一篇涵蓋三個段落的作文。
・給E生與此作文題目相關的圖畫和引導句，他能寫出三個段落的作文。
2. 調整表現學習結果的行為或動作：
・針對一個題目，F生能使用電腦打出一篇涵蓋三個段落的作文。
・針對一個題目，G生能說出涵蓋三個段落的作文。
3. 調整目標行為出現的條件，和表現學習結果的行為或動作：
・給H生與此作文題目相關的圖畫，他能說出涵蓋三個段落的作文。</td></tr>
<tr><td>在相同的課程主題下，調整課程目標中學習結果的概念層次或難度，調整課程目標中的達到標準</td><td>1. 調整課程中學習結果的概念層次：
・I生能說出寫一篇作文的方法與過程（從「應用」層次降低成「知識」層次）。
2. 調整課程中學習結果的概念難度：
・J生能說出一段他昨天晚上回家以後做的事情。
3. 調整達到的標準：
・針對一個題目，K生能寫出一個段落的作文。
4. 調整目標行為出現的條件和達到的標準 ：
・給L生與此作文題目相關的圖畫和引導句，他能寫出一個段落的作文。
5. 調整目標行為出現的條件，表現學習結果的行為或動作，和達到標準：
・給 M 生與此作文題目相關的圖畫和詞彙卡，他能組合完成一個段落的作文。</td></tr>
<tr><td>替換不同的課程主題和目標，並進行重疊教學</td><td>・ N生能認讀和說出與此作文題目相關的五個常用詞彙（例如：作文題目是「我的家人」，教師給 N 生家人稱謂的詞卡，要學生詢問三位同學有哪些家人，同學說出後，N生要從詞卡中找出；另外，在同學寫完的作文中，讓 N 生閱讀另外三位同學寫的文章，而後說出他們寫的家人有誰）。</td></tr>
<tr><td>替換不同的課程主題和目標，個別教導替代性課程</td><td>・ O生能認讀社區中常見的文字和標誌（例如：便利商店、郵局）。
・ P生能使用替代性溝通方式表達其需求。
・ Q生能認讀與「我的家人」相關的詞彙。</td></tr>
</table>

低 ← 課程與教學需個別調整的程度 → 高

●註：以網底表示課程與教學調整的部分。

第 5 節　融合教育課程與教學調整的相關研究

關於融合教育課程與教學調整的研究，我從國外和臺灣兩方面，深入討論如下。

壹、國外的研究

國外有關融合教育課程與教學調整的研究大致可歸納為四大類：第一類為普通教育教師實施課程與教學調整策略的研究；第二類為全方位或適異性課程的研究；第三類為相關人員對課程與教學調整策略觀感的研究；第四類為普通教育教師課程與教學調整方法訓練方案的發展和成效研究；第五類為特殊與普通教育教師合作，介入普通班中特殊教育需求學生之研究；其中第四類研究呈現於第 17 章，第五類研究呈現於第 14 章，本節先討論前三類研究如下。

一、普通教育教師實施課程與教學調整策略的研究

我整理 1985 至 2021 年，關於普通教育教師實施課程與教學調整策略的 22 篇研究，依照年代先後，相同年代再按字母排序，呈現於附錄 84，教師實施的課程與教學調整策略包括：教導學生學習策略和行為，調整課程目標、內容和過程三個成分，以及調整教學。

二、全方位或適異性課程的研究

我整理 2000 至 2021 年，針對特殊需求學生的全方位課程研究，共七篇，四篇是針對國小特殊需求學生（D. T. Gordon, 2002; Low et al., 2019; Proctor et al., 2007; Reis et al.,2011）；一篇是針對中學特殊需求學生（Meo, 2008）；兩篇是針對大學特殊需求學生（Spooner et al., 2007）。其中針對中小學學生的五篇研究中，Proctor 等人（2007）是針對英語科的學習，Meo 及 D. T. Gordon 兩篇是針對閱讀理解，Reis 等人是針對閱讀流暢度和閱讀理解，Low 等人是針對社會和情緒學習。這些研究皆顯示，全方位或適異性課程能提升特殊需求學生的學業成就表現、閱讀流暢和理解程度。

三、相關人員對課程與教學調整策略觀感的研究

在相關人員對課程與教學調整策略觀感的研究上，我整理 1990 至 2021 年的研究共 13 篇，調查的對象包括普通教育教師（八篇）、家長（兩篇）和身心障礙學生（三篇）；主要在討論**策略使用的頻率**，以及**對策略接受度**、**喜愛度**、**公平性**、**有效性**，和**可行性**的觀感，其中調查身心障礙學生和家長的五篇研究，分別探討對作業調整的觀感，以及對親師在家庭作業溝通上的看法；我依照年代先後，將這些研究呈現如附錄 85。

由附錄 85 發現，調查一般和身心障礙學生對作業調整觀感的研究中（Bursuck et al., 1994; Jayanthi et al., 1995; J. S. Nelson, Epstein, et al., 1998），學生對策略的觀點呈現部分一致、部分不一致的情形，一致者有：「讓學生在課堂中敘寫部分作業並給予指導」，三篇均顯示此策略為學生喜愛、且具公平和助益性；「教師提供額外完成作業的協助（例如：從課本的哪裡可以找到答案）」亦被認為具公平和助益性，此兩項策略在前述文獻被視為是最少干預的，若對全班實施，能在最大融合的情況下，能避免學生回家寫作業遭遇困境。在「降低作業評鑑標準和減少作業分量」策略上，Bursuck 等人以及 Jayanthi 等人皆指出，學生不喜歡，而且認為不公平。由此可知，身心障礙學生不希望凸顯自己和同學有很大的差異。不一致的部分有：在「安排同儕助教協助」策略上，Bursuck 等人的研究中，學生認為具公平性；但 Jayanthi 等人的研究中，學生則表示不喜歡，或許和同儕助教的協助方式有關，正如第 8 章第 3 節對同儕中介教學與介入策略的探討，同儕助教是需要訓練的，如此才能發揮其效果。另外，J. S. Nelson、Epstein 等人的研究中，學生視為有助益的策略強調：教師建立例行的家庭作業制度，並且預先告知學生，讓學生及早得知家庭作業的內容；給予讓學生能在合理時間內完成的作業分量，並且在學生回家前，教師仔細地解釋家庭作業的內容，讓學生在課堂中敘寫部分作業，並且給予指導和協助；以及教師檢查學生作業，立即提供回饋。

兩篇調查特殊需求和一般學生家長，對親師在家庭作業溝通上觀感的研究發現，在孩子的家庭作業上，家長期待與教師有更多溝通的機會，並且希望教師主動開啟這樣的溝通（Harniss et al., 2001; Munk et al., 2001）。

除此，由附錄 85 發現，調查普通教育教師對課程與教學調整觀感的研究中，教師對策略的接受度和喜愛度尚可；但有研究（Billingsley & Kelly, 1994; Cardona, 2001）顯示，此評比會因教師任教的階段，和適合何種障礙程度學生的調整策略而有不同，任教中學階段的普通教育教師對課程調整策略的接受度較低，以及教師對在隔離情境實施於重度障礙學生有明顯效果之教學策略的接受度低。在可行性方面，普通教育教師

認為對全班實施，而且準備時間較少的策略是最為可行的；而針對個別學生，需要花費額外時間準備和實施的策略是最不可行的。在有效性方面，研究顯示只要有使用策略，皆能產生效果，其中一般（例行性）的調整被認為是較有效的策略。教師喜愛和認為有效、可行的策略，他們實施的意願也會較高，研究中教師使用頻率一致較高的策略有**合作學習**和**同儕教導**。Vlachou 和 Voudouri（2009）的研究發現，普通班教師表示使用分組、調整課程內容難度、各種教學活動和電腦輔助教學等調整課程與教學策略；但是他們也指出受制於教學進度和時間，以及教科書，能採用的課程與教學調整策略有限。Makhalemele 和 Payne-Van Staden（2020）訪談 12 位融合班教師對課程與教學調整的觀感，他們表示有課程與教學調整的意願，但是需要學校本位支持團隊提供策略和因應困難的建議。

貳、臺灣的研究

我將臺灣有關融合教育課程與教學調整的研究分成兩方面來探討，一為普通教育教師課程與教學調整策略使用狀況之研究，另一為普通班課程與教學調整策略的實施與成效研究。

一、普通教育教師課程與教學調整策略使用狀況之研究

臺灣 2000 至 2020 年間，關於普通教育教師課程與教學調整策略使用狀況之研究，我從多數普通班教師及特定學校或被推薦之普通班教師兩方面，呈現其所使用的課程與教學調整策略。

（一）多數普通班教師使用的課程與教學調整策略研究

臺灣有五篇普通教育教師使用課程與教學調整策略的狀況研究，呈現如下。鈕文英（2001）的研究在檢討補救教育方案的功能與成效，分成兩階段進行，第一階段以 840 名任教國中小之普通班教師為問卷調查參與者，之後研究者從中進一步篩選 26 位願意接受訪談，且回答內容較為豐富者，另外加上 10 位身心障礙學生之家長，和 5 位教育行政人員為第二階段訪談的參與者，以蒐集更深入的資料。結果顯示，臺灣對身心障礙學生實施的縣市學校層級補救教育措施並不多，其中以對學習能力顯著落後同班同學之學生實施的補救措施較多，但實施最多的補救措施（課後補救教學）也只占了四成多，對於其他學生實施的補救教育措施則在三成以下。教師對這些措施效果的評鑑，認為有幫助的比例皆在六成以下，且變異量也頗大。而對身心障礙學生實施的

班級補救教育措施，相對比例較高，皆在五成以上。在較多教師使用的策略中，一般傾向較易實施，無需較大變動與調整，或花費太多的時間與精力，以及偏重情意層面為主的策略，例如：座位調整，給予適應困難學生鼓勵支持。課程、教材、教法、作業及評量方式的調整，因為使用的困難度較大且較為費時，故較少教師使用。

邱上真（2000）問卷調查 278 位國中小普通班教師，他們在協助身心障礙學生最感困難的項目，有較多比例的教師在多個項目上表示有困難，大都集中在與學生個人有關的問題，例如：學生程度落後太多、沒有學習動機、能力太差、行為有偏差和個別差異太大等因素；而班級人數太多、上課時數太多亦是重要因素。另有相當高比例的教師認為教材太多、太難，課程不易變動，需要趕進度、教學時間不夠，不了解特殊需求學生的特質，以及學生家長不配合或不在乎，這些項目均有六成以上的教師表示有困難。至於教師協助身心障礙學生的方法，以尋求校內相關專業人員的諮詢協助，以及自己想辦法處理為主，有六成以上的教師如此做，而尋求教育局行政支援者最少。在協助身心障礙學生的實質內涵上，於認知學習環境方面，有較高比例的教師利用同儕助教，以及個別輔導的方式，協助班上的身心障礙學生。上述策略在實施之後，均有高比例的教師認為有效，皆在五成以上。

另有三篇研究（王淑惠，2011；朱坤昱，2010；魏嘉俊，2011）分別分析 96 學年度特殊教育長期追蹤資料庫，及調查全臺灣和臺東國小普通班教師針對特殊需求學生進行課程與教學調整的實施狀況，結果一致發現實施率不高，朱坤昱和魏嘉俊兩篇一致呈現實施程度由高至低依序為調整「教學情境、教學策略、教學評量和課程內容」；而王淑惠發現普通班教師最常調整「教室環境（例如：安排座位）、教學策略與作業內容、分量或完成時間」。三篇研究共同提及調整教學策略，而王淑惠所指調整教室環境即另兩篇研究的調整教學情境。

（二）特定學校或被推薦之普通班教師使用的課程與教學調整策略研究

吳淑美（2002）以新竹師院附屬實驗小學之學前和國小融合班，以及新竹市育賢國中融合班的教師為主要參與者，採問卷調查、觀察和深度訪談，蒐集教師之教育理念和教學調整的策略，結果顯示學前、國小及國中融合班都使用教學調整的策略，以因應學生的個別差異；隨著教學對象之不同，學前、國小及國中融合班採用的教學調整策略也有不同，國小融合班較其他兩階段常觀察到調整教學、合作教學、同儕協助，以及針對個人之教學。吳筱蒨（2003）以就讀於竹師實小融合班各一名之輕、中、重度自閉症學生為參與者，了解他們的學習經驗，以及接受的教學調整方式，結果發現在上課時，無論輕、中或重度自閉症學生皆能獲得教學調整，主要的策略有同儕協助、改變教學策略和內容，以及物理環境等。在作業單的調整方面，輕、中度自閉症學生的數學作業單沒有調整；但國語作業單則以一般學生的課程為範圍改編，或教師自編；至於重度者的國語和數學作業單皆為教師自編，國語作業單結合圖片與生活經驗，加強其認字能力；而數學作業單則是以數數、加法、認識錢幣等基礎數學概念為主。

鈕文英（2006）探究被推薦的 32 位國小融合班教師之班級經營作法，於課程與教學的規畫方面，歸納研究參與者所提的策略包括：設定適合與漸進的目標和期待、配合學生的注意力狀況設計教學活動、因應學生的障礙狀況調整教學方法和策略、提供參與課堂活動和表現的機會、利用額外時間個別指導，以及因應學生的困難狀況調整家庭作業六方面，詳細呈現如下。

1.設定適合與漸進的目標和期待

參與教師表示，會視身心障礙學生的能力和特質，設定適合的目標和期待，像是 NT5 指出：「他（智障學生）學得很慢，……我不能用一般孩子的標準來看他。」（I1NT5-6B）MT4 表示班上中度智障學生的學習能力有限，設定與一般同儕相同的目標對他不適合，於是安排較實用性的目標，他說：「讓他有機會送東西到三年級各班那裡，教他看班級名稱，他第一次沒有喊報告，我在遠遠的地方看他，則偷偷告訴他到下一班要喊報告。」（I1MT4-2D）此外，教師表示會設定漸進的目標，像是 ST14 說：「一次只要求一件事，而且要絕對地執行，這件事情做好了再要求其他事情，一次一次慢慢來，不要一次給太多。」（I2ST14-4D）部分參與教師提及，若身心障礙學生認知學習上有困難，會在課堂中調整對他們的目標，例如：NT4 在上數學課「分分看」此項主題時，準備了四種不同的食物，一般學生的教學目標是「能平均分配食物給班上的同學」，而智障學生的教學目標為「能拿出正確顏色的食物」。另外，ET2 和 NT5 在其他學生做國語習作或習寫生字時，個別教導智障學生寫自己的名字，和認讀注音符號（O1ET2-2A、O1NT5-2B）。

2.配合學生的注意力狀況設計教學活動

參與教師表示，會配合身心障礙學生的注意力狀況設計教學活動，例如：ST4 指出，班上的AD/HD學生，注意力有困難持續很長的時間，所以會在他無法維持注意力時，給予一些正當理由活動的機會。另外，還有一些教師表示，在上靜態的課程時，都會在講解過後，安排一些動態活動和搶答問題，以維持學生的專注力。

> 如果看他（AD/HD 學生）動得停不了的話，我就會請他擦黑板，幫我把作業簿搬到後面，或是撿垃圾，就是給他一個合理化的活動叫他去幫忙，而我會跟小朋友說他在幫忙，而不是隨意走動。（I1ST4-6B）

在講解完課文後，安排「大富翁」的活動，讓各組輪流回答問題，回答正確之後，可以丟骰子（用紙箱做的大骰子），看可以走幾步。（O1ST4-2A）
在教「上氣不接下氣」這個詞時，讓學生上臺表演，○○（聽障學生的名字）還特別跑了一大圈，表現很累、很喘的樣子。（O1ST13-1G）

3.因應學生的障礙狀況調整教學方法和策略

參與教師表示會因應身心障礙學生的狀況，調整教學方法和策略，例如：對聽障學生，教師會盡量面向他說話，給予視覺線索，如手勢、肢體語言、圖片等，並且隨時以板書呈現主題內容或關鍵字等，像觀察ST13教學時發現：「會一邊說，一邊寫板書，並用紅筆在黑板所貼的課文上標新詞。」（O1ST13-1C）對視障學生，ET4會多使用口頭說明和實際操作，以幫助學生接收訊息，並且會時常提問以確定他懂不懂（O1ET4-2B）。對於語障學生，ST12提供鷹架以協助他口語表達。另外，NT4在教生字時，會編故事加深學生的印象，此策略對班上智障學生記憶字的部件也有幫助。

像上學期有介紹自己的玩具，他沒有辦法自己把話組織起來描述這樣東西，可是你一句一句帶他，他就可以講，例如問他這是什麼顏色呢？他就會回答是什麼的顏色，對他，需要和他對話。（I1ST12-5C）
教「聽」這個字，就告訴學生「14人一條心」，之後提示學生「用什麼聽」，用「耳朵」聽呀！另外，我會引導學生針對易寫錯的字編故事；另外，○○（智障學生的名字）常寫錯的字，我也會叫其他學生編成故事，講給他聽，以加深他的印象。（I1NT4-21B）

4.提供參與課堂活動和表現的機會

參與教師表示，會提供身心障礙學生參與課堂活動和表現的機會，以增加其自信心和成就感。

他（AD/HD學生）其實是一個滿喜歡表現的孩子，可是如果他有挫折感，他就不願意表現；所以我會挑一些他有能力做到的事情讓他做，比如說念一小段課文或是認讀生字；像「社會」的話，比如說我們教一些節慶。……我就會問他：「吃

粽子是哪一個節日呢？」讓他去回答，我主要目的是在讓他能夠融入班上的學習。（I1NT8-8B）

因為◯◯（聽障學生的名字）愛看連續劇和電影，……有一天他看了貝多芬的故事，主動告訴我，他喜歡這個故事，因為貝多芬和他一樣耳朵聽不到，我接著先講貝多芬的故事，再讓◯◯報告這個故事給全班聽，小朋友給他很多的回饋和鼓勵。（I1ST13-3B）

5. 利用額外時間個別指導

部分參與教師表示，若身心障礙學生有學習困難，而在正規上課時間無法兼顧他時，則會利用額外時間個別指導，例如：部分下課、午休、下午沒課的時間。然而也有部分參與教師表示能利用的額外時間有限，尤其是高年級的學生，加上學生下課時間又想出去玩，能夠用來個別指導的時間實在不夠。

我利用午休時間，從 12:40 到 13:30 的 50 分鐘，其實小孩子不需要這麼久的睡眠時間，我大概就是會留 20 分鐘給他們睡覺，之前那段時間就來補救教學。（I1ST4-9B）

上課能協助他（智障學生）的時間真的很有限，我會利用下課教他；但我又不能每節下課給他個別指導，因為他也好想跟同學出去玩，我頂多能用兩節下課時間教他，真的很不夠。（I1ET1-6D）

6. 因應學生的困難狀況調整家庭作業

參與教師表示如果身心障礙學生在完成家庭作業上有困難，則會考慮做調整，調整的方向包括以下四方面：一是**調整作業的內容**，是指因應學生的狀況，給予適合的作業內容，像是 ST4 表示：「有一些東西我會刪除，像解釋詞語的意義，因為那只是用更多的字去解釋那個詞而已，對他來講不是很有意義，所以我給他出的是用這些詞去造句。」（I1ST4-9E）二是**調整作業的難度**，例如：提供解題範例以降低作業的難度。三是**調整作業分量**，像是減少作業的字數，例如：ST14 考慮黏多醣學生寫字較為吃力，於是減少國語作業抄寫圈詞的次數（寫一遍）；或是改成念課文三遍，這是屬於調整作業的內容。四是**調整撰寫作業的方式**，像是以錄音的方式做作業，例如：ET4 要視障學生用錄音的方式造詞。

二、普通班課程與教學調整策略的實施與成效研究

臺灣 1990 至 2021 年間，有關課程與教學調整策略的實施與成效研究，我從針對一般學生、普通班的特殊需求學生和部分回歸普通班之特殊需求學生所做的課程與教學調整研究，以及全方位課程研究四方面來探討。

（一）針對一般學生所做的課程與教學調整研究

有三篇針對一般學生所做的課程與教學調整研究，主要是做**文本的調整**（柯華葳、范信賢，1990；郭人仲，1993；黃秀英，1999）。柯華葳和范信賢根據造成學生閱讀理解困難的原因，進行該單元內容的調整，增加文本的一致性與連貫性後發現，閱讀改寫過文本的學生理解成績顯著優於閱讀原文者。郭人仲利用「類比學習」的方式，讓國中一年級一般學生學習細胞和減數分裂，結果發現能增進他們的理解和學習成效。黃秀英根據學生閱讀理解困難的原因，參考生物教師之建議，進行文本調整工作；在顧及學生先前知識之前提下，改善文本內容、結構及組織，以提高文本內容的連貫性與一致性，並提供理解和記憶的策略，結果發現實驗組學生閱讀調整之文本後，在「細胞和減數分裂的目的、染色體特性、同源染色體」等概念的表現有顯著改善；不過實驗組學生對於分裂過程中的染色體變化，仍有閱讀理解上的困難。

（二）針對普通班之特殊需求學生所做的課程與教學調整研究

臺灣以普通班為研究場域，特殊需求學生為研究參與者，進行課程與教學調整的研究，有部分是由普通班教師針對班級中特殊需求學生之問題做介入，例如：劉麗琴（2002）運用**概念構圖**融入國語科教學的策略，介入一位國小普通班植入人工電子耳的聽障學生，以改善其學習態度和閱讀理解能力。沈麗慧（2002）以自己任教普通班級的一位學障學生為研究參與者，採用**國語科作業調整**、**變通的考試方式**及**識字教學法的調整**，結果有效改善學障學生之學習適應、識字和書寫能力。有部分研究藉由特殊教育和普通教育教師，或是普通教育教師和特教助理員合作，共同發展和實施課程與教學調整方案，這些研究呈現於第 14 章第 3 節。

（三）針對部分回歸普通班之特殊需求學生所做的課程與教學調整研究

林美修（2005）以兩位國小一年級特教班的重度與多重障礙學生為參與者，探究他們在融合式適應體育教學（我認為這不是融合，而是回歸主流）中的社會互動情形，以及影響社會互動的因素後發現，國小重度與多重障礙學生在融合式適應體育教學中

參與團體活動的時間長度，以及與一般同儕產生互動的行為，受身心障礙學生的障礙程度、一般同儕對身心障礙學生的接納度、教學策略的調整及課程設計等四項因素的影響；障礙程度較輕者，被普通班同儕接納度較高者，能接受教學策略之調整者，以及參與團體活動、與一般同儕產生互動行為的時間較長者，他們的互動狀況較佳。

汪宜霈和鈕文英（2005a、2005b）以三名部分回歸普通班之國小腦性麻痺學生為研究參與者，配合普通班進行「肩下滾球」、「肩下擲球」、「肩上擲球」之課程主題，設計適應體育教學模式和探討其教學成效，其中使用的適應體育教學策略包括：第一，合併使用擺位和適應性的設備，幫助研究參與者在進行適應體育活動時維持正常的擺位，減少和避免不正常的動作與姿勢，並且在適當的支持下，可以獨立自主的運動。第二，做個別化的調整，例如：針對研究參與者不同的動作功能限制，修改課程內容，包含調整活動的難度，一開始以提高他們動作的成功經驗為主，例如：縮短丟擲的距離；擴大目標點的範圍；並且在目標範圍處加上醒目的裝飾品，以提醒他們注意投擲的目標點；以及修改教具，例如：針對研究參與者不同的抓握力量，給予不同材質或重量的球，像是摩擦力較大、易於抓握的球；或是在他們的手腕上施加重量，以黏扣帶將球固定在他們的手上，在肩關節處提供穩定性的支持，以提高手部動作的穩定度。另外，其中一位研究參與者嚴重發展遲緩，因此在適應體育課程進行時，盡量給予他各方面之感官刺激，包括使用較大的聲音提醒他，或是增加和他的肢體接觸。第三，在教學的過程中，盡量將動作分解成較細的步驟，並且隨時提供協助，以維持他們的軀幹穩定度。結果發現三名研究參與者在參與度、動作功能表現，與體能活動相關的學校表現均有進步；其中以動作功能較佳之兩位進步較明顯。至於在肩下滾球，和肩下、肩上擲球三項目標上，兩名研究參與者均通過，且顯示維持效果，而另一名未通過肩上擲球的目標。

（四）全方位課程的研究

臺灣針對特殊需求學生的全方位課程研究，六篇是針對國小特殊需求學生（林佳靜，2008；陳佳賓，2005；張小萍，2004；賴芳玉，2008；蕭芳宜，2009；盧台華，2004），一篇針對學前特殊需求幼兒（卓容安，2021）。其中林佳靜、蕭芳宜及張小萍三篇是針對數學，盧台華是由九年一貫課程分段指標設計數學全方位課程，賴芳玉和陳佳賓兩篇分別做社會及國語的全方位課程，卓容安做認知學習的全方位課程。這些做全方位課程的研究中，除了卓容安、蕭芳宜、林佳靜和盧台華是針對包含特殊需求學生的普通班全體學生進行全方位課程外，其他研究皆將特殊需求學生從普通班抽離出來，在資源班進行個別或小組教學。我認為這樣的方式不符合全方位課程針對全體學生設計，以及融合教學的理念。由此可知，全方位課程的研究仍然有限，值得探究。

總括本節文獻歸納出，國外自 1990 年以後，有愈來愈多研究在訓練特殊和普通教育教師如何合作，進行融合教育課程與教學的調整；以及透過特殊與普通教育教師的合作，介入普通班中的特殊需求學生。而臺灣對普通班中特殊需求學生學習的輔導，大多採取抽離方案的方式，造成普通班教師未學習到教導特殊需求學生的知能，加上沒有充分的時間，以至於實施的課程與教學調整策略非常有限；因此需要藉著特殊和普通教育教師的合作，進行融合教育課程與教學的調整，進而增長普通教育教師因應個別差異的技能。

總結

課程與教學是否能因應個別差異，關乎融合教育的實施成效。融合教育課程與教學設計的基本理念如 Spady 所云：「所有的學生都能學習和成功；但不是在相同的時間，以相同的方式」（引自 Switlick, 1997a, p. 235）。綜合文獻，我整合出融合教育課程與教學調整模式，此模式是以融合的學校文化（即認識、接納和因應個別差異）、共享的領導權，以及合作的文化為基礎；包括三層，第一層是全校實施全方位課程，第二層是全班實施基本的課程與教學調整策略，第三層是針對個別學生實施課程與教學調整策略。這三層融合教育課程與教學調整，具有層次性，優先選擇全校實施全方位課程，或全班實施基本的課程與教學調整策略；如果有必要，再針對個別學生實施課程與教學調整策略。至於針對個別學生實施的課程與教學調整策略，有三種選擇：第一種選擇是支持服務的介入，包括提供 AT 及給予其他相關支持服務兩方面。第二種選擇是課程與教學的調整，分成內在調整策略（調整學生的學習行為和策略）和外在調整策略（調整課程和教學成分）。第三種選擇是支持服務的介入及課程與教學的調整。選擇課程與教學調整策略時，宜先了解學生學習問題的根源，考慮學生的喜好和想法，採取最能符合學生需求、適齡、優勢本位、在學生「近側發展區」內、最大融合和最少干預，在教學過程中最為可行、能夠長期使用的調整策略，以及持續評鑑調整策略的效果。導讀案例中吳老師對大雄採取的調整策略，則沒有考慮其想法（可能他會感到困窘），而且是最少融合的策略，故大雄會抗拒。

第 12 章

普通教育教師如何經營融合班（八）：教學評量的實施

第 1 節　融合教育教學評量的方法

第 2 節　融合教育評量調整的意義與作法

第 3 節　融合教育評量調整作法的相關研究

評量學生的學習成果時，最重要的是讓評量結果能反映出他們已習得的知識和技能，而不是顯現他們的缺陷。

導讀案例和本章目標

小彬是一位有注意力不足的國小四年級學生，第一次期中考小彬在其拿手的數學只得到30分，小彬的媽媽檢查他的考卷發現，小彬完全沒寫後面兩大題，媽媽之後考他這些題目他都會，問他為什麼考試時沒寫，他表示看到許多同學還沒打下課鐘就已寫完繳卷，眼見同學玩得很開心，好想趕快出去跟他們玩，所以就交卷了。小彬的媽媽感到很無奈，考前她已再三告誡小彬要專心、認真寫完所有題目，這些話他全部都拋在腦後了。

小彬的案例令人們思考到：如何不讓小彬注意力不足的問題，影響到他接受評量的表現，如何使評量結果真正反映出小彬的能力？同樣地，如何因應特殊需求學生的困難，進行評量的調整？

從本章的內容讀者可以學習到：（1）融合教育教學評量的方法；（2）融合教育評量調整的意義與作法；（3）融合教育評量調整作法的實證研究。

第 1 節　融合教育教學評量的方法

評量是指運用正式或非正式評量方法，對個體特質和表現做了解、描述及評價的過程。Salvia等人（2017）指出，評量可以用來做下列四種決策：第一種是了解學生的起點狀況和學習需求，以決定教育計畫，例如：決定轉介前介入的內容和方法；第二種是篩選決定學生是否需要接受更深入的評量，是否具備特殊教育學生的資格，須接受特殊教育服務；第三種是透過評量決定學生的教育安置形態（例如：安置類型、班級、組別，或特別的教育計畫）；第四種是藉由評量了解學生的學習成果，以及決定教育計畫的執行成效。在這四種決策中，依評量的目的不同，分別為**診斷性的評量**、**篩選性的評量**、**鑑定性的評量**、**安置性的評量**和**教學評量**，本章著重在探討教學評量。

「教」的主體是教師，「學」的主體是學生，而「教學評量」是用來了解學生達到教學目標情形的方法。Heacox（2018）指出，評量、教學和學習是循環的過程，如圖 12-1。Salend和Garrick Duhaney（2002）表示，教學評量具有下列目的：（1）了解學生的成就、進步和努力；（2）決定學生是否達到晉級和畢業條件；（3）檢視教學方案效能和教育績效責任；（4）決定學生未來教育和生涯計畫；（5）界定學生的優勢和需求，以設計分組方式與教學計畫；（6）與學生、家長和其他教育人員溝通。

圖 12-1 評量、教學和學習的循環

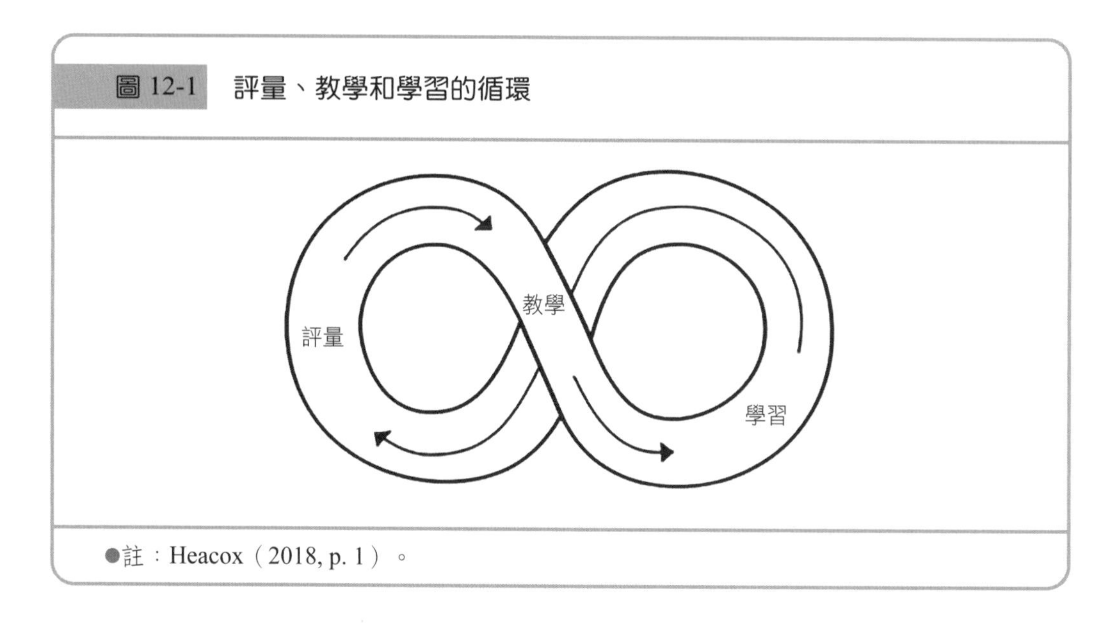

●註：Heacox（2018, p. 1）。

最好的融合教育實務之一為實施**真實而多元的評量**，Armstrong（2018）指出，真實評量是一種標準參照，以及自我比較的（亦即學生與他自己過去的表現相比）評量方式，它強調讓學生在實際的生活情境中表現出學習成果；此外，這種評量被視為教學過程中的一部分，它是另一個學習機會，而非可怕的審判日。學校通常使用的評量方法為紙筆的成就測驗，其實評量方法不止於一種；Salend（2016）表示，評量方法可以非常多元，包括實作評量、課程本位評量、觀察、訪談、學生中心的評量等，臺灣《高級中等學校學生學習評量辦法》（2014/2021）和《國民小學及國民中學學生成績評量準則》（2001/2019）亦指出，採取多元評量方法。課程本位評量已在第 7 章呈現，以下詳細介紹成就測驗、實作評量和學生中心的評量。

壹、成就測驗

在**編製成就測驗的試題**（包括：**題幹**和**選項**）上，有許多宜注意的原則，我綜合文獻（鈕文英，2021；Friend & Bursuck, 2019; J. W. Wood, 2006）整理如下。

1. 試題宜配合測試目標，均勻分布，可列出雙向細目表，作為選題及分配題數的架構。
2. 題幹宜限於提出「一個明確問題」，勿出現幾個問題。
3. 試題的題意宜明確，避免含糊的字詞（例如：很少、經常）。
4. 題幹宜力求淺顯簡短，但不可遺漏解題的必要條件。

5. 題幹宜用正面完整語句敘述，避免不完整和雙重否定的語句；如須以否定句陳述問題，則最好在「否定字詞」上加註底線。
6. 對於視覺或視動協調能力有困難的學生，宜避免出「連連看」的題型。
7. 當一個測驗包含兩種以上不同類型的試題時，則最好先提供一般的作答說明；而後在每一個類型的試題之前，再提供特殊的作答說明；不同題型間宜保持適當間距，並且提供作答範例。
8. 選項的敘述宜力求簡短，相同的字詞宜置於題幹，以避免試題冗長，對於閱讀和組織能力有困難的學生尤其需要注意。
9. 選項宜避免「以上皆是」或「以上皆非」。
10. 選項的內涵宜清楚明確，而且彼此之間是互斥的，避免含糊不清，衍生答案。
11. 各選項的字數宜相近，避免字數多寡造成解題暗示。
12. 正確選項須為非常確定，沒有爭議；而且位置之排列，宜均衡和隨機分布，以避免猜題得分。
13. 選項如有時間、數字等，宜依邏輯次序排列。
14. 若試題是複選題，須做說明。
15. 題幹與選項序號不宜相同，以避免學生的混淆。
16. 答案若是數字，宜具體指出要求之精確程度和單位名稱。
17. 選項和題幹間其性質必須相同，有邏輯關係，例如：配合題中題幹為下列是生活在一些地區的動物，則選項必須都是動物。
18. 如為配合題，配對的試題項以不超過 10 題為原則。每一道試題的題幹和選項，其性質必須相同，而且盡量簡短，題幹條列在左方，選項依邏輯次序（例如：年代的先後）條列在右方，選項的數目宜多於題幹的數目，並且不限制選項被選的次數，如此才能降低學生猜對的概率。

關於**成就測驗試題的順序安排**方面，宜考慮填答者的心態（例如：先問較容易回答的問題），並且具邏輯性和系統性（例如：相同性質或題型的問題放在一起；先問一般性問題，再問特定問題；鈕文英，2021）。關於**成就測驗試題的形式和長度**方面，試題的題數不宜過多，而且要視施測對象而定，年齡愈小的對象題數宜愈少；試題的形式宜吸引人，具可讀性，例如：（1）印刷清晰潔淨、層次分明；（2）字體大小適中；（3）用不同的字體來區別題幹和選項；（4）用不同字體、底線或顏色來提示重點；（5）兩個問題間要有適當的空間；（6）選項的字數如果較長，則一列呈現一個選項；（7）同一個試題的題幹和選項宜印在同一頁上，以免造成學生作答的困擾（鈕文英，2021；Friend & Bursuck, 2019; J. W. Wood, 2006）。

貳、實作評量

實作評量係要求學生，在真實情境中完成一個活動或製作一個作品，以了解其知識與技能，強調做而不僅是知道，兼顧過程與結果（李坤崇，1999）。實作評量可運用在評量溝通能力、動作技能、概念獲得和情意等方面，它有三種形式，即**實作任務**、**實作考試**和**檔案評量**，實作任務和實作考試是給學生一項任務，根據學生實際操作之過程與成果予以評量，兩者的差異在於，實作任務是日常教學活動的一部分，在實際教學情境中進行；實作考試比較偏向在特定時間和真實情境進行評量；檔案評量則是將學生平日代表性實作成品加以蒐集並整理（林月仙，2000），例如：讓學生做口頭報告，可以幫助教師了解學生的肢體表達、口語表達和文字表達能力等。讓學生完成實作作業或實作考試後，可進行**工作樣本分析**（work sample analysis），以了解學生的工作品質、工作速度等，進而做**錯誤分析**。Male（1994）主張教師可以有系統的建立學生的評量資料，以管理自己的教學和對學生的表現給予回饋。

參、學生中心的評量

Salend（2016）指出，可以採用**放聲思考**、**自我評量**的方式實施學生中心的評量；放聲思考是指教師在評量時，不僅看學生答題結果，還進一步讓學生表達得到此結果的思考過程。正如插畫 12-1：學生可能不是不會，而是有自己的想法；問題不在答案是什麼，而在於他們思考的過程。教師須側耳聽智慧，給孩子思考和表達的空間，因為傾聽是了解的開始。

此外，還可以採用「自我評量」的方式實施學生中心的評量，實施方式為教師和學生共同發展評量指標，讓學生自我評量其學習的結果；這是讓學生充權賦能的方式之一，如此可提升學生對自己學習的責任感（Salend, 2016）。學生中心的評量尚表現在，教師鼓勵學生自己跟自己比賽，欣賞他們細微的進步或成就，並且容忍他們在學習過程中的遲緩或疑惑，不要急於驗收成果（如插畫 12-2）。

盧蘇偉（1998）指出，每個孩子都應是自己生命中的天才，人們應放下一顆比較之心，因為一有「比」較，一支「匕首」會傷害別人，另一支則會傷害自己；讓孩子做自己生命中的主人，持續地和自己的過去比較，做個永遠進步、成功的快樂人。有一次我與一位普通班教師討論時，他分享道：

插畫 12-1 傾聽是了解的開始

學生可能不是不會，而是有自己的想法；問題不在答案是什麼，而在於他們思考的過程。教師須側耳聽智慧，給孩子思考和表達的空間，因為傾聽是了解的開始。

插畫 12-2 如何看待學生的學習結果

鼓勵學生自己跟自己比賽，欣賞他們細微的進步或成就，並且容忍他們在學習過程中的遲緩或疑惑，不要急於驗收成果。

以前我一直認為幫身心障礙學生改變考試內容，讓他們得高分，甚至比一般學生還要高，這對一般學生是不公平的；後來我才察覺到原來我陷入一種迷思：身心障礙學生的分數不可能高於一般學生，以及強調學生之間的比較。事實上，我應該強調的是學生和自己比較，是否多學了一些東西。

進行教學評量時，宜注意一些原則，King-Sears 等人（1994）提出六點檢核「評量有效性」的原則，他將這些原則的首字串聯成「**USEFUL**」如下：（1）是否為他人（例如：學生、家長和教師）所**了解**（understood）？（2）是否**整合**（synthesize）評量結果，以對學生的學習提供有意義的回饋？（3）是否**評鑑**（evlauate）課程中的重要目標？（4）是否能**填補**（fill）教師對學生目前需求了解不足之處？（5）能否經常**使用**（use）以擴大學生的參與？（6）評量結果能否與教學**連結**（link）在一起？我發現這六項原則反映出**評量學習表現、評量為了學習**，以及**評量就是學習**的三項要素。

此外，Salend 和 Garrick Duhaney（2002）提出宜在學期初，與學生和家長清楚地溝通教學評量的項目、標準和方法；並且經常告知他們評量的結果，進一步討論評量和教學的改進之道。他們還建議教學評量宜避免學生之間的競爭，加強他們之間的合作，例如：教師可以讓學生團隊合作完成一份作業，得到團體分數，之後再給每位學生類似的作業，計算其個人分數，最後總分可以採計兩個分數的平均，或是二者中較高者。

第 2 節　融合教育評量調整的意義與作法

本節首先探討融合教育評量調整的意義，接著呈現臺灣評量調整之法規，再來探究融合教育評量調整的作法，最後討論評量調整的決策流程。

壹、融合教育評量調整的意義

一般教學評量皆假定學生具有以下一些基本的先備能力或條件，例如：注意力和閱讀理解能力；然而，多數特殊需求學生可能因為缺乏上述一種或數種先備能力或條件，使得評量結果無法真實反映其能力，因此需要評量調整的服務。而教學評量應用的情境包括**學校定期評量（段考）**、**平時評量（平時考）**，以及**入學考試**，故評量調整又稱為**考試、測驗或測試調整**（**exam/test/testing accommodation**）；然而，教學評量的範圍是大於考試的，考試會運用正式的評量方法（例如：測驗），而教學評量還會運用非正式的評量方法（例如：實作）。

Wasburn-Moses（2003）指出，評量調整旨在評量學生的能力，而不是障礙。Byrnes（2005）表示評量調整宜注意：撤除學生因障礙所造成學習和接受評量的阻力，而不是改變評量活動的必要目的。換言之，藉由移除**與評量構念無關**的變項，增進學生對評量的「可及性」，提升評量的「公平和有效性」，讓學生獲得**有效**而非「理想」的成績；「有效」是指與一般學生在未調整下的得分具有相同意義（S. J. Thompson, Blount, & Thurlow, 2002; Tindal & Fuchs, 2000）。舉例來說，如果評量的目的在檢視學生沒戴眼鏡下視力的優劣狀況，則戴眼鏡就不是適當的調整；然而，如果評量的目的在檢視學生的閱讀能力，則戴眼鏡就是適當的調整。同樣地，對於閱讀能力受限的學生，若評量的目的並非評量其閱讀能力（例如：數學應用問題測驗），則可報讀。除了「不能改變評量活動的必要目的」外，J. F. Kearns 等人（1998）還提出另外兩項條件：一為此**評量調整已成為該身心障礙學生平常教學的一部分**；另一為此**評量調整已出現在其 IEP 中**。

障礙與社區融合中心（The Center on Disability and Community Inclusion, 2006）提出，適當的評量調整包括下列四項條件：（1）當學生的障礙導致其缺乏接受評量所需的技巧，而透過評量調整可以正確得知學生已學會的課程內容；（2）評量調整允許特殊需求學生參與評量活動；（3）可以精確地評量出學生真正習得的知識或會做的事情；（4）能夠每天在班級中使用。C. A. Tomlinson 等人（1997）也指出，適當的教學評量要能顯示學生個人的成長，讓評量結果能反映出他們的知識和技能，而不是顯現他們的缺陷。正如插畫 12-3，Katafiasz（1997/1998, Unit 34）表示：「孩子的聰明才智會在不同的地方表現出來。」教師可以透過適當的評量調整，讓學生充分展現不同的聰明才智，而不是一再看到自己失敗之處，例如：學生對神奇寶貝有極大的興趣，並且會寫很多神奇寶貝的名字；但考試考課本上的國字填充，常寫不出來；因應此問題，教師可以在試卷上，提示填空的某個國字即某個神奇寶貝的其中一個字，例如：試題為烏（　）ㄍㄨㄟ，教師可提示傑尼（　）ㄍㄨㄟ。

貳、臺灣評量調整之法規

《特殊教育法》（1984/2019）第 19 條指出：「特殊教育之課程、教材、教法及評量方式應保持彈性，適合特殊教育學生身心特性及需求。」《高級中等以下學校身心障礙學生就讀普通班之教學原則及輔導辦法》（2011/2020）第 8 條規定：「學校應提供教師輔導就讀普通班之身心礙礙學生有關教學、評量及行政等支援服務。」《特殊教育課程教材教法及評量方式實施辦法》（1986/2010）於第 8 條提出：

插畫 12-3 藉由評量調整讓學生不同的聰明才智充分展現

孩子的聰明才智會在不同的地方表現出來。（Katafiasz, 1997/1998, Unit 34）

> 學校實施多元評量，應考量科目或領域性質、教學目標與內容、學生學習優勢及特殊教育需求。
>
> 學校定期評量之調整措施，應參照個別化教育計畫，經學校特殊教育推行委員會審議通過後實施。

除了上述學校中實施的評量調整外，於入學考試中，《特殊教育法》（1984/2019）第 22 條提及：「各級學校及試務單位不得以身心障礙為由，拒絕學生入學或應試，並應提供考試適當服務措施。」《身心障礙學生考試服務辦法》（2012）第 4 條明示：「考試服務之提供，應以達成該項考試目的為原則。各級學校及試務單位應依身心障礙考生（以下簡稱考生）障礙類別、程度及需求，提供考試服務。」第 5 條進一步指出：「考試服務應衡酌考生之考試科目特性、學習優勢管道及個別需求，提供適當之試場服務、輔具服務、試題（卷）調整服務、作答方式調整服務及其他必要之服務。」於第 6 至 9 條具體界定**試場服務**、**輔具服務**、**試題（卷）調整服務**，以及**作答方式調整服務**之內容如下：

試場服務如下：一、調整考試時間，……二、提供無障礙試場環境，……三、提供提醒服務，……四、提供特殊試場，……專為身心障礙學生辦理之考試，於安排試場考生人數時，應考量考生所需之適當空間，一般試場考生人數不得超過30人。

輔具服務包括提供擴視機、放大鏡、點字機、盲用算盤、盲用電腦及印表機、檯燈、特殊桌椅或其他相關輔具等服務。

試題（卷）調整服務包括：調整試題與考生之適配性、題數或比例計分、提供放大試卷、……提供試卷並報讀等服務。前項調整試題與考生之適配性包括：試題之信度、效度、鑑別度，及命題後因應試題與身心障礙類別明顯衝突時所需之調整。

作答方式調整服務包括：提供電腦輸入法作答、盲用電腦作答、放大答案卡（卷）、電腦打字代謄、口語（錄音）作答及代謄答案卡等服務。

《身心障礙者權益保障法》（1980/2021）第16、30條指出各類考試中，身心障礙者的權益如下：

身心障礙者之人格及合法權益，應受尊重及保障，對其接受教育、應考、……等權益，不得有歧視之對待。……公、私立機關（構）、團體、學校與企業公開辦理各類考試，應依身心障礙應考人個別障礙需求，在考試公平原則下，提供多元化適性協助，以保障身心障礙者公平應考機會。

各級教育主管機關辦理身心障礙者教育及入學考試時，應依其障礙類別、程度、學習及生活需要，提供各項必需之專業人員、特殊教材與各種教育輔助器材、無障礙校園環境、點字讀物及相關教育資源，以符公平合理接受教育之機會與應考條件。

參、融合教育評量調整的作法

融合教育評量調整的模式如同第 11 章課程與教學調整般，像倒三角形，分成三層，如圖 12-2：第一層是**全校實施全方位設計評量**，如此全校所有學生都能獲益；第二層是**全班實施基本的評量調整策略**，如此班上所有學生都能獲益；第三層是**針對個別學生實施評量調整策略**；這三層融合教育評量調整，如同第 2 章所提 RTI 模式般，具有層次性，優先選擇全校實施全方位設計評量，或全班實施基本的評量調整策略；

圖 12-2 融合教育評量調整模式

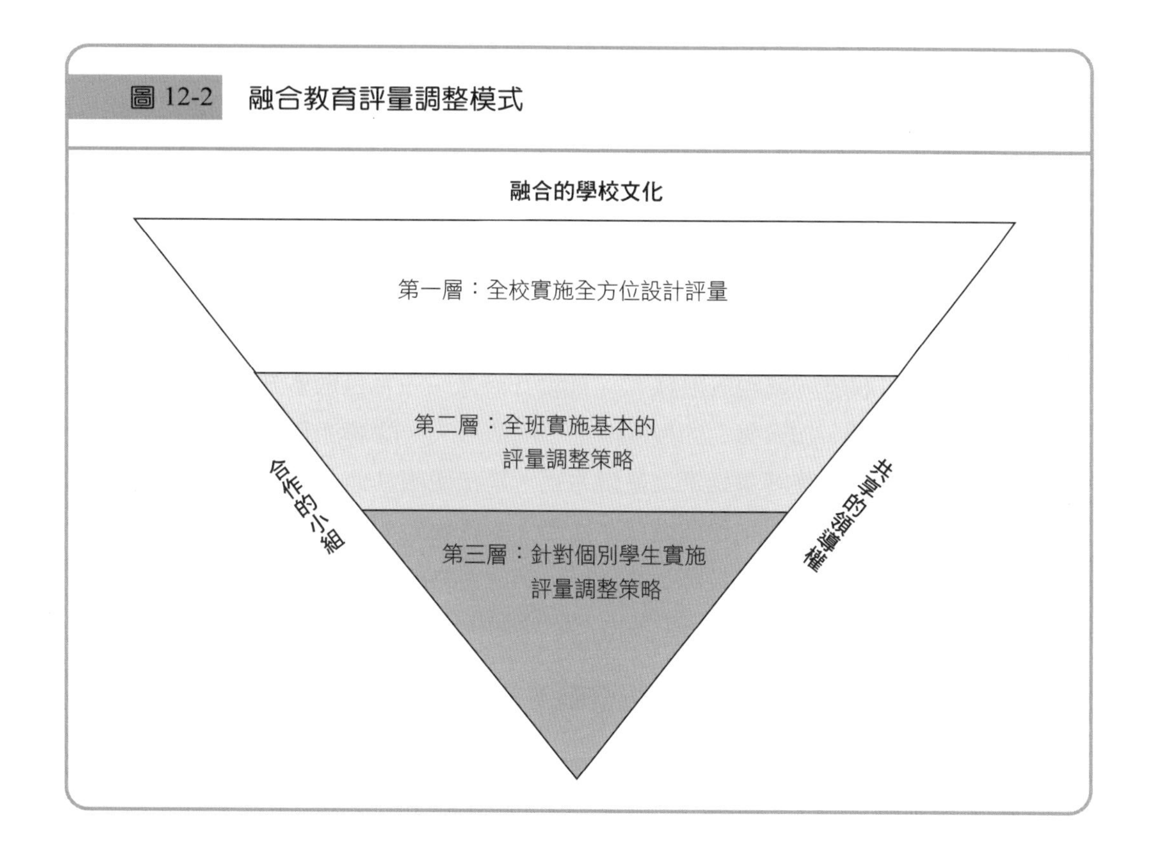

如果有必要，再針對個別學生實施評量調整策略。此融合教育評量調整模式如同第 11 章課程與教學調整般，以融合的學校文化、共享的領導權和合作的小組為基礎。以下分述三層教學評量調整的作法。

一、全校實施全方位設計評量

S. J. Thompson、Johnstone 和 Thurlow（2002）依據 UD 的概念，提出**全方位設計評量**，包含以下七個元素：（1）全體學生均可參與；（2）精確的評量構念；（3）試題是容易接近、沒有偏見的；（4）容易進行調整；（5）施測說明和實施程序簡單、清楚，並能憑直覺操作；（6）文字容易閱讀和理解；（7）印刷排版清楚易讀。其中試題是容易接近、沒有偏見是指，試題沒有性別、種族、文化偏見，考慮學生的生活經驗，描述的情境合理，沒有邏輯性的問題。**《身心障礙者權利公約》**（2006）強調資訊對身心障礙者而言是**易讀**的，不止於評量，教材設計和校園資訊提供皆要注意易讀，附錄 86 呈現「對身心障礙者『易讀』教材、評量工具或資訊之設計」。Acrey 等人（2005）做地理科全方位設計評量後發現，能提升教學評量對身心障礙學生的可及性。

二、全班實施基本的評量調整策略

全班實施基本的評量調整策略包括：一為**針對全班實施考前評量指導**，包含（1）在學習指引中，告知學生課程內容的重點，提供練習的題目；（2）提供練習考的機會，以提醒學生考試的重點，並且讓其熟悉考試的方式；（3）教導學生如何準備考試，包括複習考試的重點，再教導學生有困難的學習內容；（4）教導應試策略。二為**採用多元的評量方法**，即不同於紙筆考試的**另類評量**（或譯為「變通性評量」，alternative assessment）模式，呈現於附錄 87，如實作評量。三為**採取多元的評量項目**，提供經常和簡短的小考，加入努力的程度、進步的情形、上課專注和參與度、作業完成情形和品質等。四為**調整評量結果之呈現方式**，是指使用其他方式替代等級和數字來呈現學生的成績（例如：只呈現通過或不通過，或採用能力檢核表呈現達成狀況；補充質性的敘述，讓家長了解這是孩子在何種標準下得到的成績；由其他活動日誌、檔案或實作評量的資料，補充呈現學生其他活動或進步的表現）。

三、針對個別學生實施教學評量調整策略

《IDEIA 2004》主張所有的身心障礙學生，與一般學生一樣，都必須定期接受**全州或全學區的評量**，以了解他們的基本學力；它亦提到 IEP 必須描述，身心障礙學生在接受全州或全學區的評量時所需的**評量調整**；對於障礙程度較重度者，如果 IEP 決定他們須接受**替代評量**，則必須敘述做此決定的理由（Thurlow et al., 2005）。

關於評量調整策略的類型，我從**評量調整的管道**、**評量調整程度**、**學生受評歷程的需求**，以及**介入的時間點**四方面來分析。自評量調整的管道來看，如同課程與教學調整，亦有**內在**和**外在調整策略**。內在調整策略主要在調整學生的行為，教導學生「如何接受評量」，包括教導學生熟悉考試方式和題型、認識考試注意事項（例如：先寫姓名、檢視考卷的清晰度）、準備考試及使用應試策略，這些已於第 11 章「教導學習行為和策略」中詳述。外在調整策略則是從評量的試題或項目本身做調整。從「評量調整程度」觀之，依據 G. Tindal（1998），按調整程度由少至多，包含**評量調適**、**評量改變**與**評量替換**三種策略，評量調適只調整評量的呈現時間或情境，未調整到評量的內容；評量改變則改變評量內容的呈現形式、學生的反應方式；評量替換則替換成不同的評量內容，即**替代評量**。

依據 J. W. Wood（2006），從學生受評歷程的需求來看，則可分為：（1）**訊息輸入的評量調整策略**，例如：因應學生閱讀的困難，採取口述的形式呈現評量內容給學生；（2）**訊息處理或保留的評量調整策略**，例如：因應學生理解能力的限制，提供答

題的線索；（3）**訊息輸出的評量調整策略**，例如：因應學生書寫的困難，讓學生以選擇的方式來回答；（4）**學生內在條件的評量調整策略**，如同前述內在調整策略，主要在調整學生接受評量的態度和行為。

依據 Friend 和 Bursack（2019），評量調整從策略介入的時間點來看，有策略是在**評量前**實施，像是前述的考前評量指導。有策略是在**評量中**實施，例如：調整評量內容的呈現時間、情境和形式，以及調整學生反應的方式四項策略。有策略是在**評量後**實施，例如：調整評量結果的呈現方式，以及評量內容的給分比例和評分標準。另外，替代評量即調整評量的內容，乃針對認知障礙較重度之學生所設計，美國教育成果中心提出四種替代評量的方式：檔案評量、功能性技能檢核表（評分表）、IEP 分析與其他（採用其他量表、測驗取得評量資料；Browder et al., 2003）。插畫 12-4 即顯示，學校擬訂的絕對成就標準，讓許多學生摔落在絕對成就標準的縫隙裡，讓他們習得失敗的經驗（Wehmeyer, Sands, et al., 2002），調整評分標準是解套方式之一。

插畫 12-4　**什麼是適合的評量標準**

多少學生摔落在絕對成就標準的縫隙裡？（Wehmeyer, Sands, et al., 2002, p. 31）

詳細的評量調整管道和策略內涵整理在表 12-1，至於這些策略適用的對象，像是針對視覺（閱讀）、聽語、肢動、認知（理解）、認知（書寫）、注意（組織）能力有困難的學生，我於附錄 88 呈現「教學評量調整策略適用對象與檢核表」，供教師選用適合的評量調整策略。

表 12-1 評量的調整管道和策略內涵

向度	評量的調整管道和策略內涵
・內在調整策略 考前評量的指導	1. 在學習指引中，告知學生課程內容的重點，提供練習的題目。 2. 提供練習考的機會，以提醒學生評量的重點，並且讓學生熟悉評量的方式。 3. 個別教導學生如何準備考試，包括複習評量的重點，再教導學生有困難的學習內容等。 4. 個別教導學生應試策略。
・外在調整策略 1. 調整評量內容的呈現時間	1. 在一天中的特定時間（例如：考慮學生的注意力）評量學生。 2. 針對學生的狀況，在評量中間有小段的休息。 3. 針對學生的狀況，延長評量時間或提早進行評量。 4. 提供多次評量機會給學生，而且每一次評量內容的分量簡短。 5. 針對學生的狀況，彈性安排評量時間。
2. 調整評量內容的呈現情境〔含評量地點、環境布置、提供的輔助設備（器材）或協助等〕	1. 針對學生個別評量。 2. 在小組中評量學生。 3. 於小組但在個別學習桌內評量學生。 4. 在教室外的另一個地點（例如：資源教室、特殊試場）評量學生。 5. 在比較不受干擾的情境中評量學生。 6. 坐在靠近教師的位置上接受評量。 7. 給學生回家的評量，得以找資料回答問題。 8. 提供調整式或特殊的桌椅給學生。 9. 提供擴視鏡、放大鏡、點字機、盲用算盤、盲用電腦及印表機、檯燈或其他相關輔具給學生。 10. 提供助聽器或擴音的設計給學生。 11. 讓學生戴耳塞以隔絕噪音。 12. 提供遮板或直尺給學生，以減少閱讀範圍，避免跳字和跳行的情形。 13. 用物品（例如：膠帶）固定學生的評量試卷。 14. 提供握筆器、較粗的鉛筆，或是易於抓握的筆給學生。 15. 提供較黑的鉛筆給學生。 16. 提供計算機給學生。 17. 提供九九乘法表或解題的公式給學生。 18. 提供字典給學生。 19. 提供放大答案卡給學生。 20. 讓學生可以翻閱課本或筆記。 21. 教師解釋題意，讓學生複述題意，以確認其理解題意；或是允許學生發問以澄清題意。 22. 教師對學生的答案給予回饋，並允許其修改答案。 23. 允許學生用「拼字及文法檢查的工具」，檢查自己是否有書寫的錯誤。 24. 由教師或同儕檢查學生是否有書寫的錯誤。 25. 在評量過程中，教師或同儕協助學生翻頁。 26. 教師鼓勵學生努力作答。 27. 以學生可接收和理解的方式，提醒其應試注意事項，和適當的應試行為（例如：專注閱讀每一個題目）。 28. 以學生可接收和理解的方式，提醒其注意評量時間。

（續）

表 12-1（續）

向度	評量的調整管道和策略內涵
3. 調整評量內容的呈現形式	1. 以口述的形式（即報讀）呈現評量內容給學生。 2. 以錄音的形式呈現評量內容給學生。 3. 以點字的形式呈現評量內容給學生。 4. 以手語的形式呈現評量內容給學生。 5. 提供學生電子試題。 6. 提供學生觸摸圖形的試題。 7. 以書面文字的形式呈現評量內容給學生，並且單面印製評量題目。 8. 以書面文字的形式呈現評量內容，並且放大字體。 9. 將題目的字距（行距）拉大，或減少每頁的題數。 10. 另起一行或一列並排的形式呈現選擇題的所有選項。 11. 在不同題型間提供視覺提示，協助學生轉換。 12. 提供較大格子的答案卷，或是在問答題完全空白的作答處，保留較大空間，並且提供書寫格線。 13. 針對學生的狀況，調整評量題目的順序，由易而難，由簡而繁。 14. 針對學生的狀況，特別標示指導語或題目的關鍵字詞（例如：畫底線、反白、不同字體或顏色等）。 15. 針對學生的狀況，評量試卷中一行（或一列）只呈現一個完整的句子。 16. 針對學生的狀況，使用完整且簡明易懂的句子敘述指導語或試題（例如：聯姻改為結為親家；守寡改為丈夫死後，沒有改嫁）。 17. 針對學生的狀況，使用圖片或照片搭配簡易的文字敘述指導語或試題。 18. 提供答題的線索（例如：提示解題步驟、給予提取正確詞彙的視覺線索、將需計算的項目框起來）給學生。 19. 將原來問答題完全空白的作答處，改成撰寫大綱，以提示學生如何組織其答案。 20. 提供參考的作答範例給學生。 21. 減少選項的數量。
4. 調整學生的反應方式	1. 讓學生用點字或盲用電腦的方式回答。 2. 讓學生用錄音的方式回答。 3. 請人為學生代抄或重抄答案。 4. 讓學生用電腦來作答。 5. 讓學生用溝通板回答。 6. 讓學生以口頭方式回答。 7. 讓學生用手語的方式回答。 8. 讓學生用實作的方式回答（例如：剪貼、配對、製作或設計等）。 9. 讓學生用指認的方式回答（例如：讓學生翻閱課本找答案）。 10. 讓學生用大綱或圖表的方式來回應問答題。 11. 學生說出答案之後，教師再完整地重述或摘要其答案。 12. 允許學生直接在試卷上寫答案，而後請人代謄於答案卡上。 13. 將原來文字填空的應答方式，改成讓學生以替代的方式應答，例如：勾選、選擇、畫出、圈出、連連看等。 14. 提供反應方式的選擇機會給學生。

（續）

表 12-1（續）

向度	評量的調整管道和策略內涵
5. 調整評量的內容	1. 針對學生的狀況，調整評量題目的難度或層次（例如：計算題的數值改小一點；改考填寫常用字；將複選題的題目內容改成單選題的題目內容；將複句造句改成單句造句）。 2. 針對學生的狀況，減少評量試卷上的題目數（例如：國語改錯題中，一般學生要改 10 題，每題有兩個錯字；而學生只須改 10 題，每題僅有一個錯字）。 3. 替換不同的評量試卷，即替代評量。
6. 調整評量項目或內容的給分比例和評分標準	1. 根據學生較擅長的題目，調整評量題型或題目的給分比例。 2. 調整計分標準（例如：若目的並非評量學生之文字書寫能力，則學生之錯別字、字體潦草等書寫錯誤不予扣分；若解題程序正確，即使計算錯誤，或計算正確但答案寫錯等非關鍵性錯誤，仍予以部分計分；在語文改錯題中，若能圈出錯字，即使不能改成正確的字，仍予以部分計分）。 3. 針對學生的狀況，包含多元的評量項目，例如：加入以下幾個部分的評量：努力的程度、進步的情形、上課專注和參與度、作業完成情形和品質、其他符合其能力和需求之目標等，例如成績有進步則給予額外的加分。 4. 針對學生的狀況，調整不同評量項目的給分比例（例如：按照過程和結果分開計分，調整段考筆試、上課專注和參與度、作業完成情形和品質等項目所占的給分比例）。 5. 修改評分等第的範圍（例如：修改「A」或「優」的分數範圍，從 98-100 改成 88-100）。
7. 調整評量結果的呈現方式	使用其他方式替代「等第和數字」來呈現學生的成績（例如：只呈現通過或不通過、採用能力檢核表、依據 IEP 目標達成狀況；補充質性的敘述，讓家長了解這是在何種標準下孩子所得到的成績；由其他活動日誌、檔案或實作評量的資料，補充呈現孩子其他活動或進步的表現）。

●註：綜合整理自 J. Elliott 等人（1997）、S. N. Elliott 等人（1998）、Friend 和 Bursuck（2019）、Goh（2004）、Polloway 等人（2003）、Polloway、Bursuck 等人（1996）、T. E. C. Smith 等人（2016）、Thurlow 等人（1998）及 Ysseldyke 等人（1994）的文獻。

這些針對個別學生實施的評量調整的管道和策略需調整的程度不同，如圖 12-3。其中針對個別學生實施考前評量指導，調整的程度最低（0%）；調整評量內容的調整程度最高（100%），因為該位特殊需求學生所接受的評量內容與其他學生完全不同。值得注意的是，這些調整策略有些必須以「包裹」的方式呈現，例如：報讀可能需要延長評量時間、提供個別化的評量情境等配套措施；若為「包裹策略」，則以策略中最高調整程度者為判斷標準。我舉一例說明如何調整教學評量（如示例 12-1）。

圖 12-3 評量調整的管道和策略所需調整之程度圖

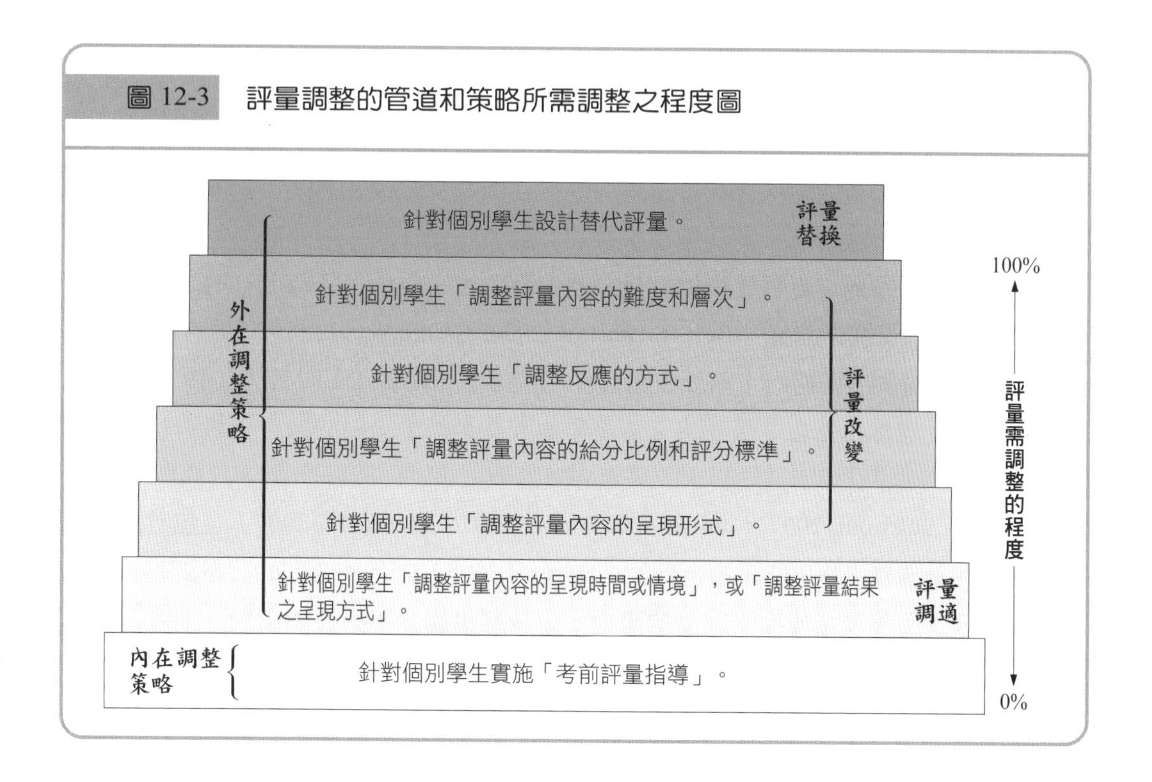

示例 12-1 調整評量

之前 SC1（學障學生）拿到考卷，會出現衝動作答的情形。後來 TC1 採取以下評量調整策略：提醒他適當的應試行為，監控其注意力；提供輔助工具（例如：時間線段尺、直尺），請他藉著直尺協助自己閱讀；若有不會念的地方，教師協助念題，他一邊念，教師一邊教導他圈關鍵字、畫底線（例如：阿玉在大明的什麼位置？將大明畫底線表示，以大明為中心點，再來判斷阿玉的位置）【調整評量內容的呈現情境】。另外若有需要，放大評量試題字體，和拉大文字的行距和字距，給生難字詞加註注音【調整評量內容的呈現形式】，刪除或簡化部分題目（例如：將複句造句改成單句造句）【調整評量內容】，以及延長評量時間【調整評量內容的呈現時間】。針對部分評量內容，調整學生的反應方式，從「書寫」改為「認讀、口頭、實作」等，將原來「文字填空」的回答方式，改成「替代的應答方式」（例如：圈選）【調整學生的反應方式】。除此，包含「多元的評量內容」，加入努力的程度、進步的情形、上課專注和參與的情形、完成和繳交回家功課等部分的評量【調整評量內容】，並且調整不同評量內容的給分比例【調整評量內容的給分比例】。（修改自鈕文英，2005，312–313 頁）

肆、評量調整的決策流程

儘管法規已揭示評量調整之必要；然而如何因應特殊需求學生的需求，決定合理的評量調整，如何有效地執行評量調整過程，目前的文獻較為有限。相關研究指出，學校不願意提供評量調整，尤其是當學校認為調整花費時間、經費和人力，又無法確切掌握成效時，因此，更需要提供評量調整對特殊需求學生是否有助益的證據，以增加學校實施評量調整的意願（Bolt & Thurlow, 2004; J. Elliott et al., 1997）。另外，教育人員在決定評量調整策略時，需要實證資料為依據；正如G. Tindal等人（1999, p. 12）所言：「評量調整應是基於學生個人需求而非盲目提供。」由於缺乏實證資料，學校可能基於學生的障礙或家長的訴求，決定評量調整策略（L. S. Fuchs et al., 2005; Hollenbeck, 2005; Lindstrom, 2007; Lindstrom & Gregg, 2007; Schnirman, 2005）。無實證資料為基礎的評量調整策略可能是不合理的，Byrne（2005）表示不合理的評量調整包括：**未能撤除學生因障礙造成接受評量的阻力**，以及**提供過多不必要的調整**，前者會減損特殊需求學生接受評量的公平性；後者會阻礙學生能力的開展，導致他們對調整的依賴，甚至會造成對一般學生的不公平。由此可知，決定特殊需求學生合理的評量調整流程，並且有效地執行它非常重要。

鈕文英（2009b）提出評量調整的決策流程，我做一些修改如圖 12-4。調整的對象為特殊需求學生；而決策者則依據Ketterlin-Geller、Alonzo等人（2007），由IEP團隊擔任，依據流程，填寫「教學評量調整策略決策計畫工具」（如附錄 89），最後記錄決策的內容於學生的 IEP 中。此決策流程包含計畫、實施和評鑑三個階段，包括以下九個步驟。

一、了解評量的特徵及所需具備之能力和條件

首先，了解教學評量的特徵，例如：科目（領域）；任課教師；評量的目的、呈現形式、題型、完成時間、實施地點（情境）；以及學生在教學評量中的反應方式。接著，界定學生接受評量所需具備之能力和內在條件，在能力上，學生接受評量類似課程學習般，在歷程中需要**訊息輸入能力**（感官和知覺能力、閱讀能力、注意力）、**訊息處理（保留）能力**〔理解能力、組織能力，與接受評量有關的背景知識、技能或經驗（例如：對評量題型的知識，是否有接受某種評量的經驗）〕，以及**訊息輸出能力**（粗大和精細動作的表達能力、書寫語言的能力、口語表達的能力、表達速度）。不同的評量特徵，所需具備之條件會有一些差異，例如：在訊息輸入能力上，英語聽力考試需要學生具備注意力、聽英文和指令，及視覺和閱讀等能力；而地理領域考試需要學生具備注意力、聽指令，及視覺和閱讀地理圖象等能力。

圖 12-4 教學評量調整的決策流程

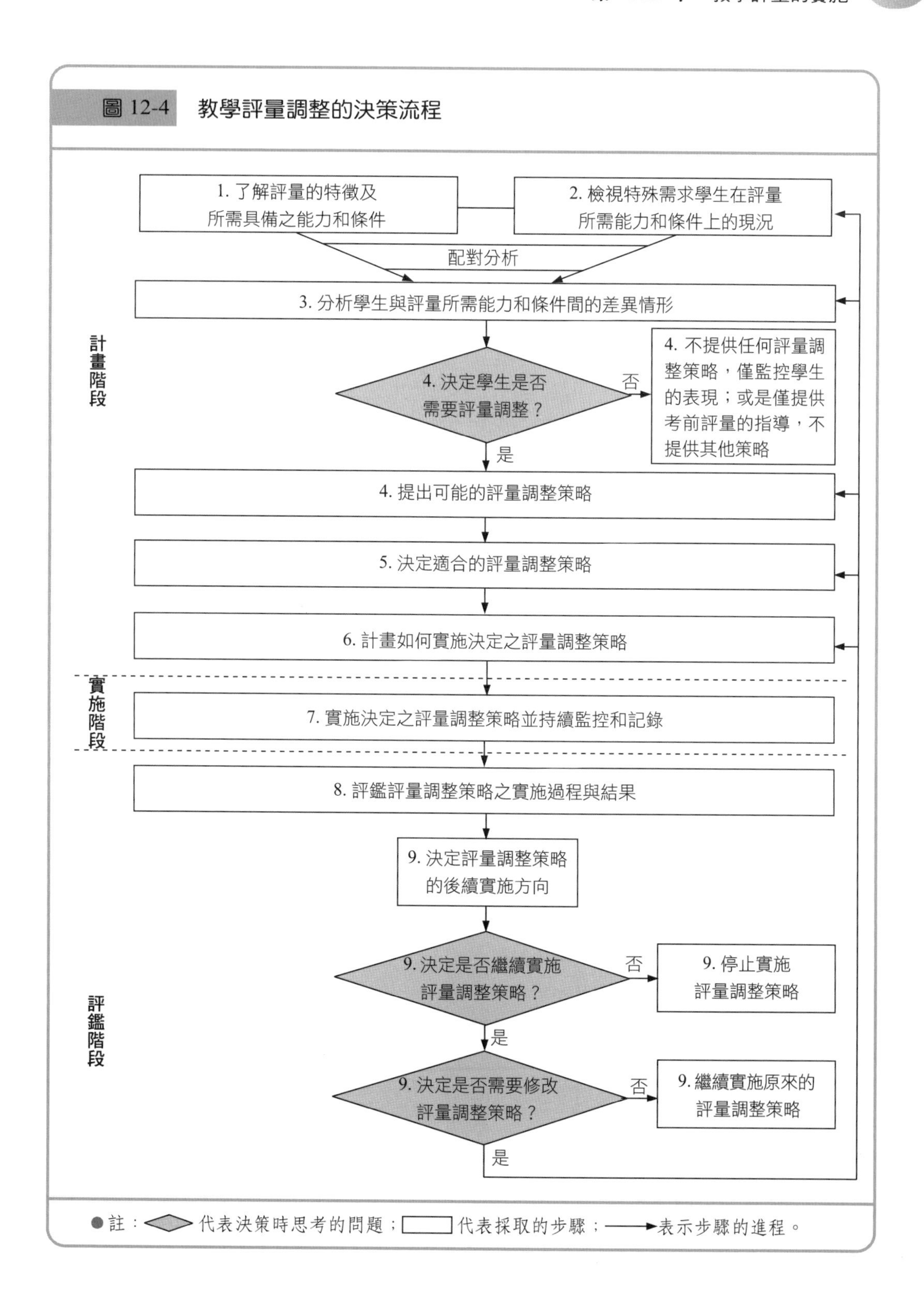

●註：◇代表決策時思考的問題；□代表採取的步驟；──►表示步驟的進程。

在內在條件上，學生接受評量需要有**參與評量的態度**（例如：知道評量的意義、有參與評量的意願、表現答題的行為），**具備參與評量所需行為**（例如：準時接受評量、準備評量所需材料、遵循教師指示、安靜參與評量活動、妥善安排應試時間、具備基本的應試策略）；以及**生理條件**（因應不同類型的評量，學生接受評量須具備的生理狀況不同，例如：紙筆考試，需要持續坐 40 分鐘）。

二、檢視特殊需求學生在評量所需能力和條件上的現況

了解特殊需求學生在評量所需能力和條件上的現況，文獻（Brinckerhoff & Banerjee, 2007; Salend, 2016）指出，可透過多元方法和來源來了解，包含回顧學生的評量資料、作業與測驗的紀錄、觀察、訪談學生與重要他人，以及運用工具評量學生能力等。

三、分析學生與評量所需能力和條件間的差異情形

在上述兩個步驟之後，接著進行配對分析，分析特殊需求學生與評量所需能力和條件間的差異情形，即圖 12-5 **差距模式**。

圖 12-5 差距模式

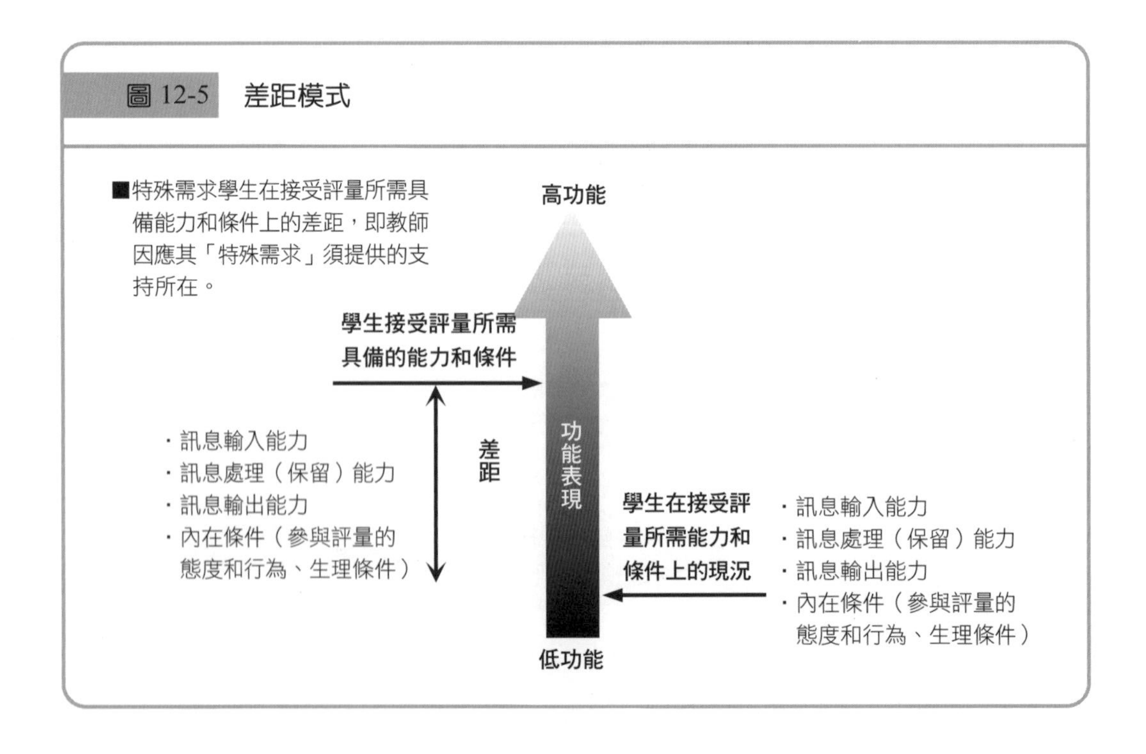

四、決定學生是否需要評量調整

決定學生是否需要評量調整時須考慮：學生在接受現有評量上是否有困難，若否，則不提供任何評量調整策略，僅監控學生的表現；或是僅提供考前評量的指導，不提供其他策略。若是，則使用「教學評量調整策略適用對象與檢核表」（如附錄 88），提出可能的策略，並且依前述圖 12-3 調整程度排序。描述可能的調整策略時，Byrnes（2008）建議宜具體，例如：「調整成較好的考試座位」就不明確，宜配合學生的需求，具體呈現何謂較好的考試座位。

五、決定適合的評量調整策略

在前一步驟決定學生需要評量調整策略後，則進一步提出可能的評量調整策略，可參考附錄 88「教學評量調整策略適用對象與檢核表」提出之。接著，採取「教學評量調整策略決策計畫工具」（如附錄 89），考慮一些原則決定適合學生個別需求的評量調整策略，而非籠統地以障礙類別作決策。舉例來說，若一位學障學生作答速度很慢，在規定的作答時間內僅能完成試題的二分之一，則教師可了解其原因是訊息處理速度慢或閱讀能力限制；若是前者，則延長評量時間是適合的策略，報讀則超過學生的需求；若是後者，報讀才是適合的策略。除此，不宜提供所有學障學生延長評量時間，因為即使大部分學障學生能從延長評量時間中獲益，但並不代表所有都能得利，因此 Fuchs 等人（2000）主張須做個別化的診斷。

綜合文獻（胡永崇，2003；Brinckerhoff & Banerjee, 2007; Edgemon et al., 2006; Ketterlin-Geller, Alonzo, et al., 2007; Lindstrom, 2007; Polloway et al., 2003; Thurlow et al., 2001），宜考慮該策略：**是否能撤除學生因特殊需求所造成受評的阻力、不會改變教學評量活動的必要目的、運用學生的優勢迂迴弱勢、考慮學生的需求在其「近側發展區」內發展、為相關人員（例如：家長、學生、任課教師、行政人員）接受、已成為學生平常學習和評量的一部分、具可行性、能融入班級中實施、能讓學生獲得有效的成績、不會損及對一般學生的公平性**等。在決策過程中，如果學生適合的話，亦可以協助其辨識干擾自己學習和表現的因素，了解評量調整的原由和策略，並且鼓勵其作決定，找到幫助自己成功的方法（Thurlow et al., 2001）。

在決定能讓特殊需求學生獲得有效成績，又不會損及對一般學生公平性的調整策略上，S. E. Philips（1994）提出可以分析是否有**差異促進效果**，亦即當實施評量調整後，特殊需求學生因調整而進步的分數，優於一般學生在相同調整下進步者，而此觀點也被後續研究者引用並驗證（Finch et al., 2009; L. S. Fuchs et al., 2005; Koenig & Bachman, 2004）。Zuriff（2000）亦提出**最大潛能論點**，說明評量調整須改善有調整需求者的成績，但對無此需求者，不會改善其成績。L. S. Fuchs 等人（2000）主張採取客觀的資料，亦即**考試調整的動態評量**決定適合的評量調整。其作法為，將特殊需求學生使用調整策略後所得的分數，減去標準化（未使用調整策略）施測的分數，而後與一般學生使用該策略測得的分數作比較，若增加的分數最多，即為最適合的調整策略；舉例來說，為視障學生提供放大字體的試卷，可因為它提高閱讀測驗的可及性而提升其分數；但對一般學生提供該項調整，則不會提升其分數，如此才是公平且有效的評量調整（L. S. Fuchs et al., 2005），如圖 12-6。

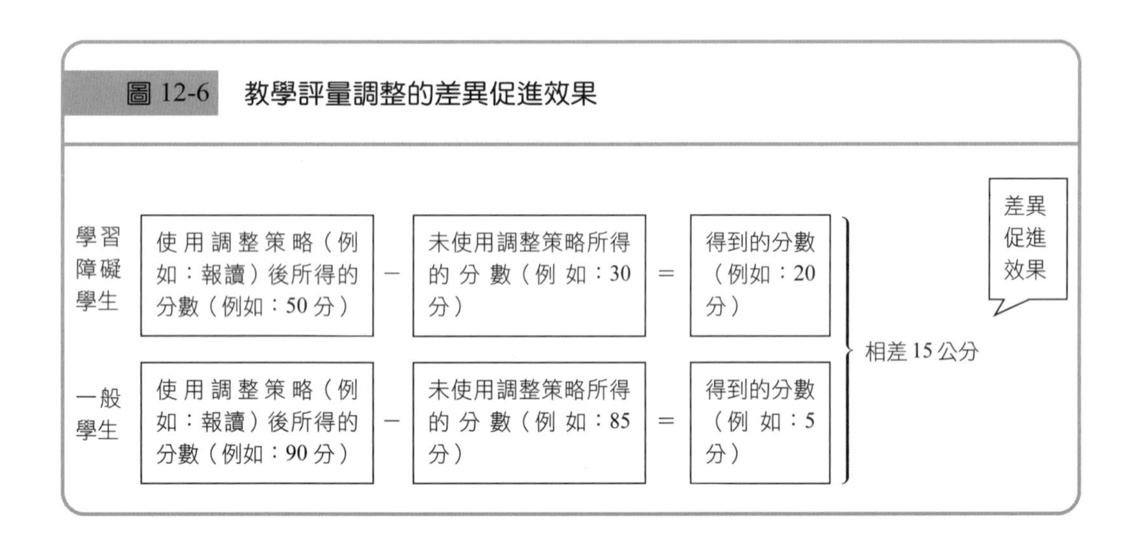

六、計畫如何實施決定之評量調整策略

計畫如何實施決定之評量調整策略，涵蓋**評量調整策略的執行人員**、**實施地點**、**準備和注意事項與負責人員**，像是安排和訓練報讀人員、提醒執行人員實施程序和注意事項（例如：報讀注意事項，包含音量適中、發音清楚，以及報讀速度適當，考慮學生是否能跟上或需要重複念題）、訓練學生接受評量調整所需的技能（例如：仔細聽報讀者念完題目才作答），以及預先準備報讀的錄音資料和調整所需輔助設備或器材、調整評量試卷、布置評量的環境（例如：人工語音報讀宜在沒有噪音干擾，且不會影響他人接受評量的情境中實施）。最後，在學生平常學習和評量中，就開始採用該調整策略，如此可使學生熟悉之，以充分展現自己的能力（Hehir & Katzman, 2012）。舉例來說，若學生平日沒有以口述方式寫作文的經驗，則他們可能無法有條理地表達想法。

依據上述步驟決定教學評量調整策略和實施計畫後，將決策結果記錄於學生的IEP中，如示例 12-2。

示例 12-2　適合學生的評量方式之撰寫

學生因特殊需求造成接受評量的阻力	適合學生的評量方式	評量方式的實施（包含負責人員、實施地點、準備和注意事項）
1. 注意力短暫，容易分心。 2. 可以閱讀具體的彩色圖片和照片，理解簡單的口語，但無法閱讀文字。 3. 沒有口語能力，透過溝通板或圖卡表達。 4. 無法握筆書寫。	1. 就評量內容的呈現時間來說，適合的評量方式為「在一天中的特定時間（例如：考慮該生的注意力）評量該生，以及在評量中間有小段的休息」。 2. 就評量內容的呈現情境而言，適合的評量方式為「在比較不受干擾的情境中」評量該生。 3. 就評量內容的呈現形式來說，適合的評量方式為，以「報讀、具體的彩色圖片和照片」的形式呈現評量內容給該生。 4. 就學生反應的方式而言，適合的評量方式為「指認、實作、利用溝通板或圖卡表達」等。	1. 由資源教師針對普通班的試題，預先做評量內容呈現形式的調整（即加上具體的彩色圖片和照片），並且安排在資源班做個別施測。 2. 報讀速度要考慮該生的聽覺接收速度，當他分心時，要提醒他注意聽。

七、實施決定之評量調整策略並持續監控和記錄

實施決定之評量調整策略，並且持續監控和記錄實施情形。

八、評鑑評量調整策略之實施過程與結果

評鑑評量調整策略之實施過程與結果，在結果評鑑方面，可以檢視評量調整是否能移除**與評量構念無關**的障礙因素、未改變教學評量活動的必要目的、能真正評量出學生已學會之知識與技能、能增加相關人員（例如：家長、學生、任課教師、行政人員）對評量調整的接受和滿意度。

九、決定評量調整策略的後續實施方向

在過程評鑑方面，可以檢視實施過程是否順利，有無遭遇困難或問題。根據上述評鑑資料，決定是否繼續實施評量調整策略？若否，則停止；若是，則繼續決定是否

需要修改策略？若需修改，則回到前面步驟，尋求修改的途徑；若不需修改，則繼續實施原來的策略。

第 3 節 融合教育評量調整作法的相關研究

關於融合教育評量調整作法的相關研究，我從國外和臺灣研究兩方面論述之。

壹、國外的研究

在融合教育評量調整作法的國外研究上，我整理文獻發現有兩方面：一為相關人員對評量調整觀感的研究；二為教學評量調整策略之成效研究，詳細討論如下。

一、相關人員對評量調整觀感的研究

我依年代先後，同一個年代者再依作者字母排序，將 1990 至 2021 年間，相關人員對評量調整觀感的國外研究整理於附錄 90。研究參與者包括普通教育教師和教導非母語學生英文的教師，以及普通班學生，各有三篇；調查的觀點包含教學評量調整策略的公平性、助益性、可行性和喜好度。

關於教師對教學評量調整的觀感，就**公平性**而言，研究結果呈現多數教師認為，只為顯示身心障礙學生實施評量調整是不公平的。L. S. Fuchs 等人（2005）認為，對於感官和肢體等顯性障礙，因其障礙特徵明確，評量調整策略較能獲得教師和同儕的接納，例如：較少人會質疑視障者接受放大字體或點字試卷之公平性；然而，對於學障這種隱性障礙者，較難具體呈現其障礙特徵，說服相關人員了解其評量調整需求，增加他們的接納度，而且學障學生的異質性更增加評量調整決策的難度。

至於教師對評量調整策略**助益和可行性**的觀點，由於兩篇研究（Bursuck et al., 1996; Jayanthi et al., 1996）之問卷列舉的評量調整策略很多不相同，故觀點交集者不多，交集者僅有：教師認為「讓學生考較少的學習內容」此策略助益性和可行性低。Bursuck 等人指出，普通教育教師認為最有助益的前五項評分調整策略為，**按照過程**（例如：學生的努力程度）和**結果分開給分、以學生的進步量來評分、依據學生達成 IEP 目標的狀況來評分、調整評分項目的比重、依據學生的能力調整分數**。除此，教師認為等第和分數的成績評比報告，對一般學生較為有利；而特定評比的調整策略，像是通過—不通過、多元和檔案的成績評比報告，以及評比學生的努力情形，則對身心障礙和一

般學生都有幫助（Bursuck et al., 1996）。Jayanthi 等人發現，普通教育教師認為最有幫助的前六項評量調整策略為：**在考試期間個別協助學生如何應試、為學生報讀考試題目、簡化考試題目的文字、在學習指引中提供練習題、協助學生做考前準備**，和**延長考試時間**。Gribble（2014）調查教導非母語學生英文的教師發現，在標準化測驗上，對非母語學生實施報讀和延長考試時間，是對他們有助益的評量調整策略。另外，Polloway、Bursuck 等人（1996）回顧評量調整策略的研究之後表示，選用調整策略時，宜了解教師和學生的觀點；而且實施策略之後，也須持續評鑑其成效。

關於學生對評量調整策略公平性的觀感，de Backer 等人（2019）訪談國小非母語和多種語言的學生，他們表示對有需要的人和在適合的情況做評量調整，這樣的考試對他們才公平，例如：學生表示對非母語的學生，非語文科目的考試其目的不在測試語文能力，則提供雙語字典是公平的評量調整策略；而語文科目的考試其目的在測試語文能力，提供雙語字典就是不公平的策略。另關於學生對評量調整策略**喜好度和公平性**的觀感，兩篇研究有不一致的情形，J. S. Nelson 等人（2000）發現，翻閱筆記和課本是學生較喜歡的評量調整策略；但 Bursuck 等人（1994）則顯示這兩項策略被學生認為不公平。僅在**考前評量指導**的兩項策略，即額外協助學生做考前準備、在學習指引中提供練習題上，學生均認為它們較公平，且較受喜愛。另外，「回家考試」是學生認為較不公平，教師也認為較無助益的評量調整策略。

Polloway 等人（2003）提出在決定評量調整策略時，須考量**介入的可接受度**，包括思考以下問題：（1）對特殊需求學生是否有幫助？（2）目前對一般學生有使用此策略嗎？（3）在融合班級中實施是否可行？（4）需要什麼樣的資源和時間以實施此策略？（5）它是受喜愛的策略嗎？（6）此策略對一般學生公平嗎？

二、教學評量調整策略之成效研究

現有教學評量調整策略之成效研究，有探討評量調整對身心障礙學生的成效、評量調整對身心障礙和一般學生成效之比較、在不同背景變項上評量調整策略對身心障礙學生之成效比較，以及評量調整策略之使用率和成效比較四方面，分述如下。

（一）評量調整對身心障礙學生的成效

關於評量調整身心障礙學生的成效，1990 至 2021 年的研究發現，評量調整策略對身心障礙學生多數有正面的效果，但亦有部分研究顯示效果有限（張萬烽、鈕文英，2010；Bolt & Thurlow, 2004; Bolt & Ysseldyke, 2008; Bozkurt & Izci, 2020; S. N. Elliott et al., 2001; L. S. Fuchs & Fuchs, 1999; Johnstone et al., 2006; Schnirman, 2005; Sireci et al.,

2005; S. J. Thompson, Blount, & Thurlow, 2002; Zenisky & Sireci, 2007）。S. N. Elliott 等人指出，超過 75% 的策略能增進身心障礙學生的分數，僅少數策略對學生幫助有限，效果有限的研究多以**學障學生**為研究參與者，例如：L. S. Fuchs 和 Fuchs 的研究指出，延長評量時間或允許學生直接在試卷上作答，無法補償學障學生的困難，不能使其在紙筆評量中獲益。然而，張萬烽和鈕文英的研究旨在後設分析美國 1999 到 2008 年間，38 篇評量調整策略對一般和全體身心障礙學生的成效，結果顯示評量調整對學障學生的效果，優於全體身心障礙學生。由此可知，評量調整策略對學障學生的效果不一致。Bozkurt 和 Izci 指出，造成評量調整策略不一致的因素在於，評量調整策略是否考慮學生的個別差異因素，包括：智力、文化、性別、社經地位、語言、學習風格、準備度和先備知識，以及特殊需求等。

（二）評量調整對身心障礙和一般學生成效之比較

關於評量調整對身心障礙和一般學生成效之比較，Chiu 和 Pearson（1999）後設分析 1986 至 1998 年間，美國 30 篇評量調整之研究發現，評量調整策略對身心障礙學生的效果，優於一般學生；其中對視障學生的效果最佳，可能與調整策略如報讀、放大字體等方式直接可協助視障學生有效作答所致，張萬烽和鈕文英（2010）的後設分析顯示，評量調整對一般學生為些微效果，對身心障礙學生為小效果。

（三）在不同背景變項上評量調整策略對身心障礙學生之成效比較

至於評量調整策略對身心障礙學生之成效，是否會因背景變項而有差異，有研究探討在**學科**、**教育階段**和**人數**上的差異。張萬烽和鈕文英（2010）發現，評量調整對身心障礙學生其他學科的效果最佳，其次分別為閱讀和數學；在評量調整實施的教育階段上，以國中最佳，國小次之，而高中效果最差。評量調整對 100 人以下身心障礙學生人數的效果最佳，人數愈多，效果愈差（張萬烽、鈕文英，2010）；此結果呼應 Ketterlin-Geller、Alonzo 等人（2007）所指，學生人數會影響評量調整的實施。

（四）評量調整策略之使用率和成效比較

在評量調整策略的使用率上，S. T. Thompson、Blount 和 Thurlow（2002）回顧為身心障礙學生進行評量調整的 46 篇研究後發現，使用的策略有電腦施測、報讀、簡化測驗中的語言、延長評量時間、學生掌控影片播放速度、由學生熟識的人施測、使用計算機和手語；這些評量調整策略中，又以**延長評量時間**和**報讀**居多。Ofiesh 等人（2004）指出延長評量時間是最常使用的一項調整策略。

在不同評量調整策略之成效比較上，哪些策略較具成效，研究結果不一致，尤其是對學障學生（Sireci et al., 2005）。L. S. Fuchs 等人（2000）的研究以 181 和 184 位學障和一般學生為研究參與者，比較延長評量時間、報讀、放大字體和標準化施測方式（即未調整）的效果後發現，學障學生從報讀中獲益的分數，明顯高於採用延長評量時間和放大字體者。然而，Helwig 等人（2002）的研究顯示報讀對於數學計算技能佳，但閱讀能力差的國小中高年級學障學生有顯著的效果；而對於數學計算技能差的學生，不論其閱讀能力高或低，皆無法從報讀中獲益。延長評量時間對學障學生在數學解題上有助益，特別是學障者本身閱讀能力愈佳者獲益愈大（L. S. Fuchs et al., 2000）。Elbaum（2007）分析過去的研究發現，報讀對國小學障學生數學的成效優於中學者，這可能是由於中學的課程難度提高，即使報讀後，學障學生還是不能理解題意，以至於無法達到效果。以延長評量時間的效果較佳，報讀較差。張萬烽和鈕文英（2010）後設分析美國 38 篇評量調整策略中，延長評量時間及報讀策略對身心障礙學生之成效後發現，延長評量時間的效果優於報讀。

L. S. Fuchs 和 Fuchs（2001）指出，學障學生在聽、說、讀、寫、算的限制，易與評量（尤其是紙筆考試）互相干擾，致使教師不容易反映其評量調整的需求；而評量調整確實對部分學障學生有幫助，但由於他們的異質性大，因此沒有任何單一策略對所有學障學生都有助益。Helwing 和 Tindal（2003）主張，在為學障學生選擇評量調整策略時，須考慮其個別的困難，例如：有些學障學生聽覺辨識能力有限制，若在有噪音的環境下報讀，其效果將會打折扣。

評量調整效果變異的原因包括研究方法和參與者不同，以往研究大多採團體比較研究，分析學障學生評量調整前後之表現，這其中包含不同類型的學障學生，此種方法不符合評量調整之**個別化**原則（Ketterlin-Geller, Yovanoff, & Tindal, 2007）。Sireci 等人（2003）指出，除了研究參與者具異質性外，部分研究分析不同的評量調整策略亦是原因；即使調整策略相同，執行過程有變異亦會影響成效。另外，部分研究採用問卷或訪談，探討評量調整執行的現況與困難；但此種方法蒐集的資料較為主觀，欠缺客觀證據的支持。

貳、臺灣的研究

在融合教育評量調整作法的臺灣研究上，我整理文獻發現有三方面：一為相關人員對評量調整觀感的調查研究；二為普通教育教師評量調整策略使用狀況之研究；三為評量調整策略之成效研究，詳細討論如下。

一、相關人員對評量調整觀感的研究

臺灣在1990至2021年間，關於相關人員對評量調整觀感的研究有12篇，整理於附錄90。這些研究探討的範圍包括實施現況（實施率和實施的評量調整策略）、決定評量調整策略的方法，以及遭遇的困難。在**實施現況**上，就**實施率**而言，這些研究均呈現特殊和普通教育教師對評量調整持正面態度，但是調查資源班教師和視覺障礙教育教師的四篇研究（莊虹姿，2008；黃鳳慈，2007；葉欣宜，2012；謝昕潔，2009），評量調整實施率高於調查普通班教師的研究（王淑惠，2011；李佩蓉，2007；邱憶茹，2013；洪靜怡，2008；顏品宜，2009；莊念慈，2019；莊詠涵，2021）。莊虹姿和莊念慈兩篇研究指出，近半數學校或資源班針對評量調整訂定辦法；陳明聰和張靖卿（2004）的研究顯示，特殊教育人員評量調整的專業素養不足。

而在**實施的評量調整策略**方面，資源教師於平常考時能視學生需求提供多樣的評量調整策略，但是段考時能實施的策略則有限。其中，**延長考試或繳交作業時間實施率最高**（王淑惠，2011；洪靜怡，2008；洪靖貴，2015；邱憶茹，2013；莊念慈，2019）；再者是特殊教育教師規畫及執行報讀部分科目；除此，亦有教師實施以下策略：將原班和資源班的考試成績分配比例進行計算、調整原班座位以減少干擾、放大試卷、提醒學生集中注意力作答、指導應試技巧、允許學生發問以澄清題意、視學生能力調整評量標準、調整試題的配分比率、解題程序正確即使計算錯誤仍予以部分計分，以及視學生需要複述指導語。實施率最低的策略則為：調整學生反應方式（例如：使用電腦代替紙筆評量）、預先錄製報讀錄音媒材或光碟、使用輔具（例如：提供遮板暫時遮住其他未作答的試題）、一次只呈現一題、將評量分成數日進行，以及在非原定時間進行評量。

就**決定評量調整策略的方法**來看，以「自行決定」及「和其他教師討論」最多；而在特殊教育相關會議（例如：IEP 計畫會議、特殊教育推行委員會、專業團隊會議），以及與專家學者討論的比例偏低。這顯示臺灣教師在決定適合學生的評量調整策略時，欠缺團隊的參與（莊念慈，2019；莊虹姿，2008；謝昕潔，2009）。

關於實施評量調整遭遇的困難，統整11篇研究的結果如表12-2，有四方面的困難：一為**教師**方面，包括特教專業知能不足；課務繁忙、時間和人力有限；以及對評量調整的擔憂（讓身心障礙學生產生依賴感、降低他們的學習動機、低估他們的實力；對身心障礙學生產生負面的標記；對其他一般學生的公平性）等三項。二為**學生**方面，包括學習程度、意願與態度不佳；普通班的班級人數過多；需要服務的人數過多；以及障礙特徵不明顯，難以決定合適的評量調整策略等五項。三為**學校和相關人員**方面，

表 12-2　臺灣實施評量調整遭遇的困難

遭遇的困難	研究											總計
	1	2	3	4	5	6	7	8	9	10	11	
1. 教師												
1-1.特教專業知能不足		◎	◎	◎							◎	4
1-2.課務繁忙、時間和人力有限		◎	◎	◎							◎	4
1-3.對評量調整的擔憂										◎		1
2. 學生												
2-1.學習程度不佳		◎	◎	◎	◎			◎				5
2-2.意願與態度不佳		◎	◎	◎	◎			◎				5
2-3.普通班的班級人數過多		◎	◎	◎					◎			4
2-4.需要服務的人數過多			◎		◎		◎					3
2-5.障礙特徵不明顯，難以決定合適的評量調整策略				◎								1
3. 學校和相關人員												
3-1.學校提供的支援不足			◎	◎	◎	◎		◎				5
3-2.相關人員對評量調整欠缺了解	◎		◎	◎	◎							4
3-3.學校相關設備缺乏			◎		◎							2
3-4.學校的課程安排方式不利於調整											◎	1
4. 成效和未來可行性												
4-1.評量調整成效有限		◎	◎	◎				◎				4
4-2.評量調整後的成績易引起同儕質疑，有公平性爭議							◎		◎			2
4-3.評量調整的成效不易檢視									◎			1
4-4.未來升學考試評量調整服務狀況									◎			1

●註：◎表示該研究有提出這項困難。1 是指陳明聰和張靖卿（2004）；2 是指李佩蓉（2007）；3 是指黃鳳慈（2007）；4 是指洪靜怡（2008）；5 是指莊虹姿（2008）；6 是指顏品宜（2009）；7 是指謝昕潔（2009）；8 是指邱憶茹（2013）；9 是指江雅惠（2015）；10 是指洪靖貴（2015）；11 是指莊詠涵（2021）。

包含學校提供的支援不足、相關設備缺乏、學校的課程安排方式不利於調整，以及相關人士對評量調整欠缺了解等四項。四為**成效和未來可行性**方面，涵蓋評量調整成效有限；評量調整後的成績易引起同儕質疑，有公平性爭議；評量調整的成效不易檢視；以及未來升學考試評量調整服務狀況等四項。其中，學生學習程度、意願與態度不佳，以及學校提供的支援不足是最多研究提及者。另有葉欣宜（2012）的研究調查，視覺障礙教育教師對視障學生實施評量調整策略的困難度，以調整「試題呈現方式」難度最高，調整「評量計分」最低。這些困難都是臺灣實施評量調整上須面對和克服者。

二、普通教育教師評量調整策略使用狀況之研究

鈕文英（2006）探究被推薦具成效的 32 位國小融合班教師，他們實施的評量調整策略包括：**調整評量方式**，以及**鼓勵學生跟自己比賽與其進步的表現**兩方面。在後者，參與教師表示，會鼓勵學生跟自己比賽，以及他們的進步表現。有教師（例如：ST4、MT4）會設「進步獎」嘉勉有進步的學生，此嘉獎是針對所有學生。而在調整評量方式上，參與教師表示，如果在未調整的情況下，身心障礙學生接受評量有困難，評量結果無法呈現其真實能力，或是評量內容對其意義不大，則會考慮做評量的調整。

調整向度包括以下五方面：一是**調整評量的內容**，評量的內容不是只有認知的部分，會因應學生的狀況，加入其他功能性技能的評量，甚至是多元的評量內容；除了考試成績外，還包括上課專心的程度、心得發表的情形、做事的表現等。二是**調整評量內容的呈現時間**，像是延長考試時間，例如 ST4 表示：「如果考試的時間他們（所有學生）沒考完，我會再給他們時間，因為我想要考的是他們會不會，而不是考他們的速度，所以我會讓他們寫完。」（I1ST4-13C）三是**調整評量內容的呈現情境**，像是拉回身心障礙學生的注意力，協助他們了解題意，例如 ST4 表示：「有時候他（學障學生）不願意看題目，我就會叫他念一次題目給我聽，念完我問他這是什麼意思，他會跟我講，我就說對呀，那你趕快寫上面的題目，他就會寫。」（I1ST4-13B）四是**調整評量內容的呈現方式**，例如：針對視障學生，以口述或點字的方式（I1ET4-4B）；針對聽障學生，會放大音量，並且提醒其注意教師的嘴型（O1NT4-6A）；針對多重障礙和智障學生，以口述的方式呈現評量內容（I1ST7-3B、I1ST4-13A、I1ST12-4A）。五是**調整學生的反應方式**，例如：讓視障學生以口頭的方式回答題目（I1ET4-8A）；允許智障學生翻閱課本找答案。

三、評量調整策略之成效研究

臺灣 1990 至 2021 年間，關於評量調整或全方位評量成效的研究有 12 篇（王淑瑩，2010；白孟巧，2010；李佳玲，2009；余思霈，2019；林筱汶、陳明聰，2006；張瑞娟，2012；陳琬潔，2012；黃巧雲等人，2007；陳蓓蓉，2003；楊為舒，2017；劉婷妤等人，2008；簡群恩，2014），其中僅李佳玲做自然與生活科技的全方位設計評量，楊為舒做評量調整決策流程之發展，其他皆探討評量調整策略的成效。從介入的科目或領域來看，大多為數學、自然領域及語文，僅王淑瑩和楊為舒針對社會科。自採用的評量調整策略觀之，大多為**報讀**策略，包括不同方式的報讀，有**電腦語音報讀**、**語音調整**、**語音合成**與**真人錄音**等策略，鮮少其他評量調整策略，僅陳蓓蓉以國

中基測試題的呈現形式和延長考試時間，分析對三位視障學生的成效。而關於報讀策略的研究多數建議，報讀宜盡量融入日常教學與平時考中，讓學生熟悉報讀的語音、速度和使用方式。

總結

評量學生的學習成果時，最重要的是讓評量結果能反映出他們已習得的知識和技能，而不是顯現其缺陷。融合教育評量調整的模式分成三層，第一層是全校實施全方位設計評量，如此全校所有學生都能獲益；第二層是全班實施基本的評量調整策略，如此班上所有學生都能獲益；第三層是針對個別學生實施評量調整策略；優先選擇全校實施全方位設計評量，或全班實施基本的評量調整策略；如果有必要，再針對個別學生實施評量調整策略。而針對個別學生實施評量調整策略，自評量調整的管道來看，有內在調整策略（調整學生的行為，教導學生熟悉考試方式和題型、準備考試及使用應試策略）和外在調整策略（調整評量的試題或項目）。從「評量調整程度」觀之，按調整程度由少至多，包含評量調適、評量改變與評量替換三種策略。評量調整從策略介入的時間點來看，有策略是在評量前實施，例如：提供考前評量的指導。有策略是在評量中實施，例如：調整評量內容的呈現時間、情境和形式，調整學生反應的方式以及調整評量的內容五項策略。有策略是在評量後實施，例如：調整評量結果的呈現方式，以及評量內容的給分比例和評分標準兩種。針對導讀案例中小彬的狀況，教師可以調整評量內容的呈現情境，例如：讓他在教室外的另一個地點（像是資源教室）、在比較不受干擾的情境中（例如：規定全班學生要在考試時間結束才能交卷、考試期間保持安靜），戴耳塞以隔絕噪音接受評量；或是提醒他應試注意事項，和適當的應試行為（例如：專注閱讀每一個題目）等。臺灣和國外研究均顯示，建構制度化、有客觀證據，且合理的評量調整決策流程實有必要。我建構的評量調整決策流程包含計畫、實施和評鑑三個階段，有九個步驟：（1）了解評量的特徵及所需具備之能力和條件；（2）檢視特殊需求學生在評量所需之能力和條件上的表現；（3）分析特殊需求學生與評量所需能力和條件間的差異情形；（4）決定是否需要評量調整；（5）決定適合的評量調整策略；（6）計畫如何實施決定之評量調整策略；（7）實施決定之評量調整策略並持續監控和記錄；（8）評鑑評量調整策略之實施過程與結果；（9）決定評量調整策略的後續實施方向。

第 13 章

普通教育教師如何經營融合班（九）：轉銜計畫的發展

第 1 節　轉銜的意涵與重要性

第 2 節　轉銜計畫的擬訂與實施

每個人的生涯歷經許多生活角色、形態及環境的轉銜，平穩的轉銜將降臨在素有準備的人身上。

導讀案例和本章目標

小英是一位就讀國小集中式特教班四年級的輕度智能障礙學生，為了讓她有更多與一般學生學習和互動的機會，她的家長計畫在小英五年級時，讓她轉安置到普通班。小英的特教班導師認為特教班和普通班的生態環境有很大的差異，小英以前從未在普通班上過課，加上她對新環境的適應度較低，正擔心她是否能適應普通班的課業學習、生活作息和人際互動？他心想該如何協助小英順利地轉銜至普通班？

由小英的案例可思考到：轉銜計畫的發展對實施融合教育扮演什麼樣的角色？擬訂轉銜計畫時宜考慮哪些要素？實施轉銜計畫時宜注意哪些原則？

本章的內容可以讓讀者學習到：（1）轉銜的意涵與重要性；（2）學校如何協助普通班教師，擬訂與實施同一個階段中不同年級間、不同教育階段間、不同安置形態間，以及成人生活的轉銜計畫？

第 1 節 轉銜的意涵與重要性

從生涯發展的觀點來看，轉銜有**轉換**和**銜接**的意思，亦即從一種狀態轉換並銜接到另一種狀態，這可能是**生活角色、形態及環境的轉銜**。每個人的一生經歷很多轉銜的階段，這可能是從國小到國中、從國中到高中，或是工作的轉換等。除了個人的轉銜外，Cimera（2003）指出，**家庭的轉銜**（例如：父親失業）和**社會的轉銜**（例如：就業市場的需求產生變化）均會與個人的轉銜產生互動；在此轉換過程中，會面臨許多議題，因此，教師須了解學生的轉銜需求，以為其擬訂轉銜計畫。

綜合文獻（Cimera, 2003; G. M. Clark & Patton, 1997; Patton & Dunn, 1998; Ysseldyke et al., 2000），整理出人生各階段的轉銜和面臨的議題如圖 13-1，這當中包括**垂直和水平的轉銜狀態**，這些轉銜狀態有些是在預期中，已做過詳盡計畫的；有些則超乎預期，無法控制，甚至還有其他無法預期的事件，造成生涯狀態的改變，例如：個體因車禍從就業轉換成被照顧的狀態。

圖 13-1 人生各階段的轉銜和面臨的議題

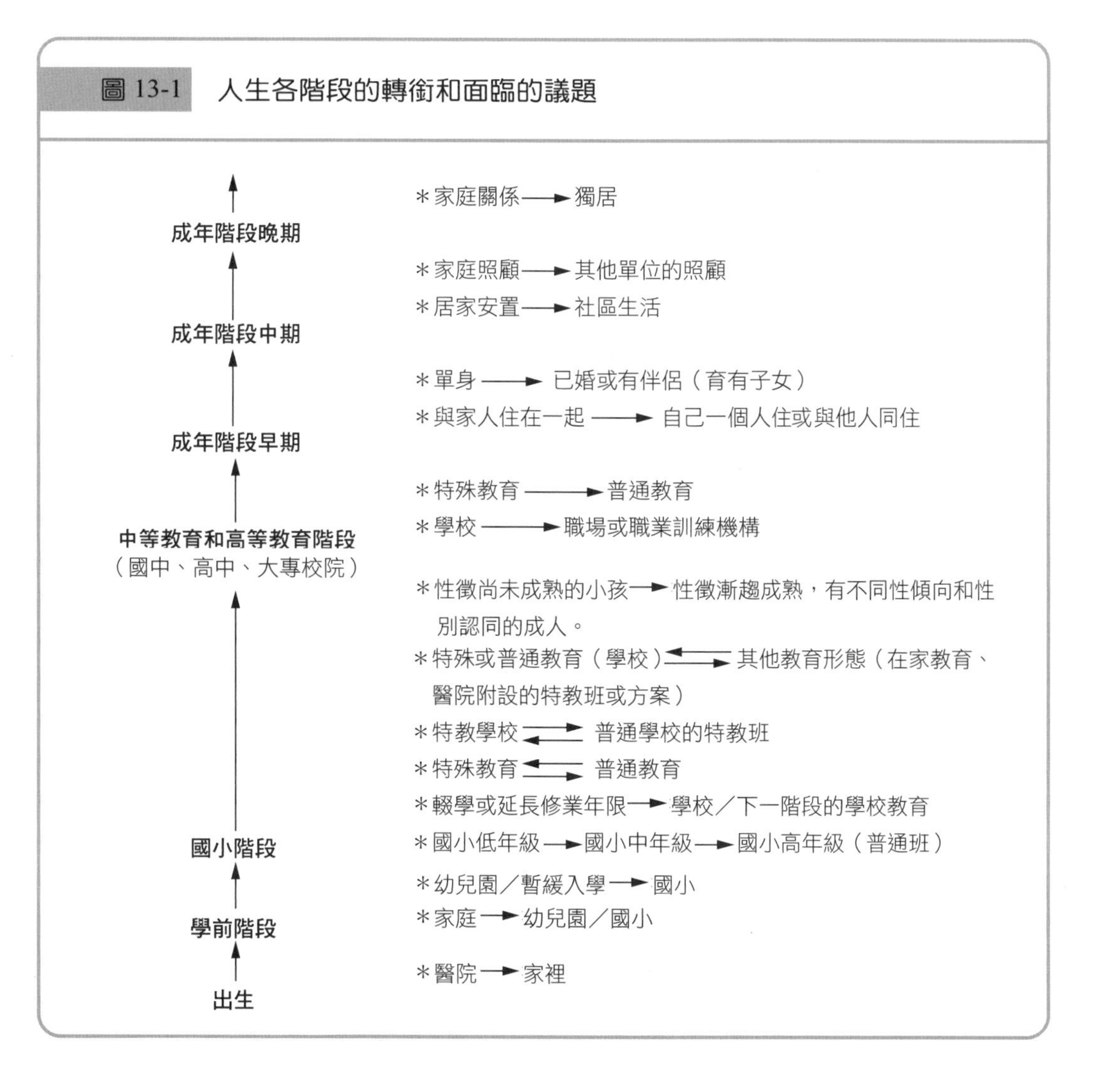

由圖 13-1 可發現，人生各階段的轉銜主要包括以下兩部分：第一是**學習形態或學習環境的轉換**，這當中可能包括不同教育階段的轉換（例如：從幼兒園轉換到國小）；從輟學（延遲）入學轉換到學校；不同學習環境（特殊和普通教育環境，國小普通班低、中、高三個年段班級）的轉換等。第二是**角色或生活形態的轉換**，一般人在生涯中可能扮演的角色有兒女、學生、就業者、男（女）性、婚姻伴侶、父母、公民等，這當中可能包括了從非學生的角色轉換到學生的角色；性徵尚未成熟的小孩轉換到性徵漸趨成熟，有不同性傾向和性別認同的成人；從學生轉換到就業者或公民的角色；從單身轉換到婚姻伴侶、為人父母的角色等，隨著這些角色的轉換，生活形態會跟著產生變化，其中生活形態最大的轉變是從兒童到成人的生活。

總括來說，轉銜不只是**就業的轉銜**，它更寬廣地包含**生活角色、形態及環境的轉銜**；它不只是不同階段間**垂直的轉銜**，也含括同一階段內**水平的轉銜**；它不只是轉銜至**單一狀態**，也可能是**多重狀態**，例如：從學生轉銜至就業者的角色，這當中不只角色轉換，生活形態和環境也有變化。另外，部分的轉銜是可以預期的，部分則無法預期。

由上述轉銜的意涵可以發現，每個人的生涯歷經許多生活角色、形態及環境的轉銜，平穩的轉銜將降臨在素有準備的人身上。對於特殊需求學生預期中的轉銜狀態，學校若能做詳盡的規畫與準備，則能減少他們適應上的問題，對於一些適應新環境有困難的學生尤其需要；正如導讀案例中，小英的家長計畫讓她轉安置到普通班，若學校能做從特殊教育至普通教育環境的轉銜規畫，則將促進小英順利地轉銜至普通班，減少她適應上的問題。另外，規畫融合教育方案時，界定學生下一個階段擬轉銜之環境的特性與要求，而後訂定轉銜計畫，讓學生有所準備，並且提供資料給他們擬轉銜之環境，它可以達到讓特殊需求學生**平穩地轉銜至下一個環境**的目標（Salisbury & Vincent, 1990; York, Vandercook, et al., 1992）。而對於超乎預期，無法控制的轉銜狀態，教師也可以提供特殊需求學生及其家庭「社會服務與資源」的相關資訊，在其遇到困難時，知道從哪裡獲得資源與協助；由此可知，轉銜計畫的發展對實施融合教育之重要性。

第 2 節　轉銜計畫的擬訂與實施

《特殊教育法施行細則》（1987/2020）第 24 條指出：結合衛生醫療、教育、社會工作、獨立生活、職業重建相關等專業人員，共同提供身心障礙學生包含「升學輔導、生活、就業、心理輔導、福利服務及其他相關專業服務」等項目。

本節探討在實施融合教育中，三個重要之轉銜計畫的擬訂與實施，包括特殊教育教師如何協助普通班教師，擬訂與實施從特殊教育至普通教育環境，同一個階段中不同年級間，以及不同教育階段間和成人生活的轉銜計畫。

壹、從特殊教育至普通教育環境的轉銜規畫與實施

Edgar 等人（1987）指出，不同班級間的轉銜有三個要素，即轉出班級、接收班級，和兩個班級間的交接程序，這其中有六個重要的議題宜考慮：（1）**覺知**，轉出和

接收班級之間要互相了解；（2）**入班標準**，轉出班級須了解進入接收班級的入班標準；（3）**交換訊息**，轉出班級須提供一些該生學習和行為表現的相關訊息給接收班級；（4）在轉銜前，轉出和接收班級**共同擬訂轉銜計畫**；（5）對整個轉銜過程**給予回饋**，以避免重蹈覆轍；（6）**載明交接程序**作為實施依據，這些是學校在決定和安排學生的安置時需要考慮的重要議題。普通教育生態環境和特殊教育有極大的差異，欲讓特殊需求學生平穩地從特殊教育轉換至普通教育環境，須妥善地規畫與實施轉銜計畫，而在規畫前須先進行轉銜評量。我將探討以下兩部分：一為規畫從特殊教育轉銜至普通教育環境之過程；二為學生適應普通教育環境所需能力與行為之相關研究。

一、規畫從特殊教育轉銜至普通教育環境之過程

完整的轉銜計畫始於**轉銜評量**，它具有下列六項功能：（1）決定安置；（2）擬訂 IEP 和轉銜服務；（3）撰寫課程計畫；（4）進行學生諮商和輔導；（5）與父母和家庭合作；（6）轉介以及與其他服務結合（G. M. Clark & Patton, 1997; Patton & Dunn, 1998）。由此可知，轉銜評量在轉銜計畫的發展和實施過程中扮演非常重要的角色，如圖 13-2，藉著轉銜評量分析個體的轉銜需求，進而擬訂適切的轉銜計畫，為身心障礙者之轉銜搭建「服務」的橋梁，形成無接縫的服務，使其能順利地轉銜。

圖 13-2　轉銜評量在轉銜計畫發展和實施過程中扮演的角色

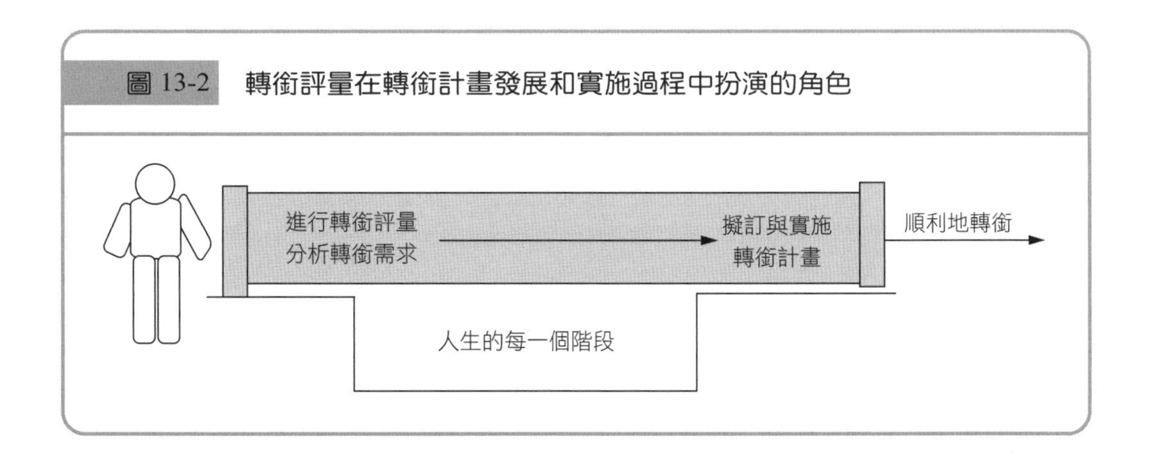

在進行轉銜評量時，教師可以詢問自己以下兩個問題：「首先，我想要知道什麼以發展轉銜計畫；接著，我從哪裡得到這些資料，以及得到這些資料的方法？」依據生態模式的觀點，參考 Schalock 和 Jensen（1986）及 Rimm-Kaufman 和 Pianta（2000）的文獻，我連結轉銜評量和轉銜計畫，其中轉銜評量的內容包括特殊需求學生及其重要他人的評量，潛在環境或角色的評量；接著將兩者配對，分析特殊需求學生與環境的

適配性和差異情形；再來按照上述轉銜評量的結果，計畫特殊需求學生的轉銜目標、需求和所需服務；最後實施和評鑑轉銜計畫的成效，如圖 13-3。依據圖 13-3，為學生規畫從特殊教育轉銜至普通教育環境的步驟如下。

圖 13-3 轉銜評量和轉銜計畫的內容

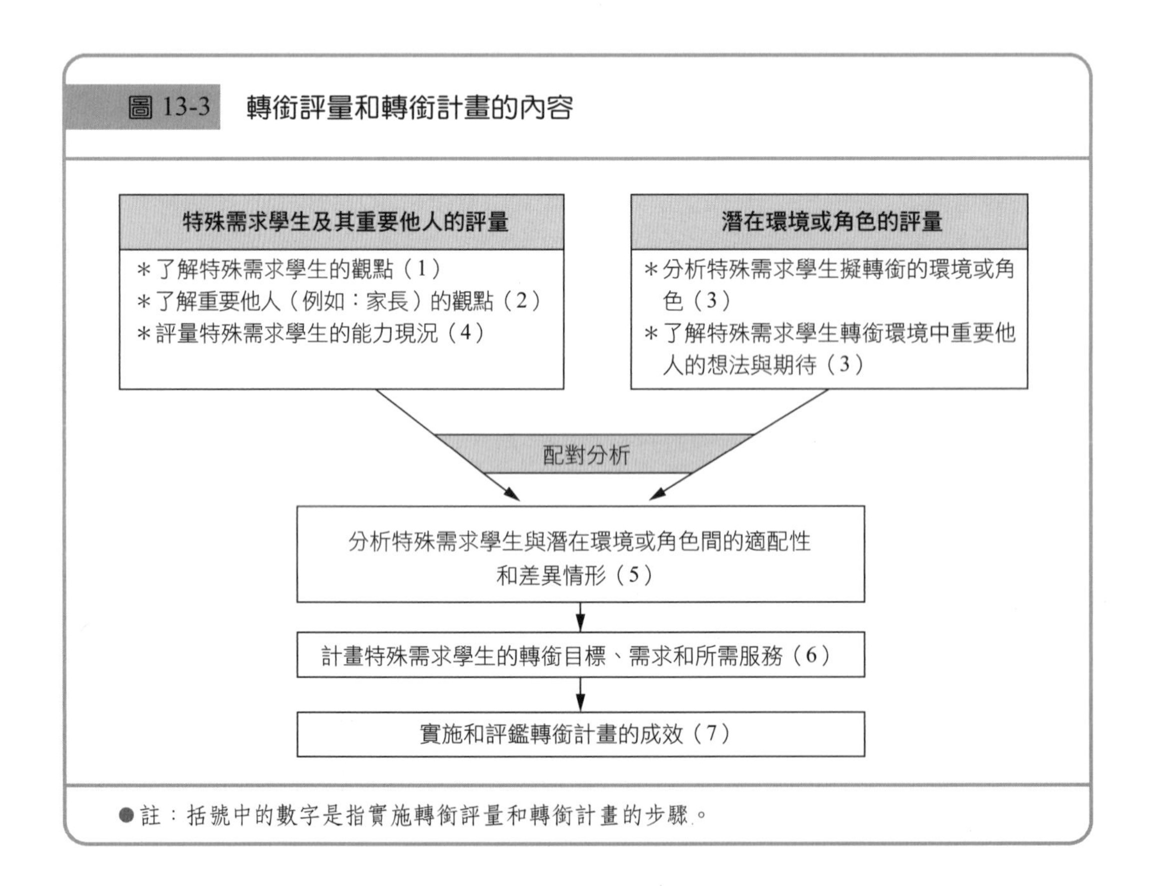

●註：括號中的數字是指實施轉銜評量和轉銜計畫的步驟。

（一）了解特殊需求學生的觀點

首先，特殊教育教師可以藉由訪談，了解特殊需求學生對自己從特殊教育轉銜至普通教育環境之意願、擔憂、想法與期待，希望獲得什麼樣的服務或協助。

（二）了解重要他人的觀點

接著，特殊教育教師可以藉由訪談，了解重要他人（例如：家長）對特殊需求學生從特教轉銜至普通班之想法與期待，希望獲得什麼樣的服務或協助。

（三）分析特殊需求學生擬轉銜的環境及其中重要他人的想法與期待

特殊教育教師可以了解學生未來擬轉銜之普通班的特徵，包含哪些次級環境、設備、材料、人員、生活作息、課程、活動、要求和期待，存在於環境中的助力與阻力，以及環境中重要他人的想法與期待等。

（四）評量特殊需求學生的能力現況

在評量特殊需求學生的能力現況和優弱勢方面，教師可以了解其身體健康狀況、感官與知覺動作能力、認知（功能性學業）能力、溝通能力、居家和社區生活的能力、休閒能力、職業能力、社會技能等的現況，進而分析出其優勢和需求。

（五）分析特殊需求學生與潛在環境間的適配性和差異情形

Huntze 和 Werner（1982）指出，在決定安置時，要考慮學生與學習環境的適配情形，考慮的向度包括物理環境、學科方案、師生互動、同儕態度和參與人員的態度。F. D. Taylor 和 Soloway（1973）界定不同安置形態（普通班、特教班和資源班）所需的學科前技能（例如：能依指令翻到課本第幾頁）、學科技能、情境所需的技能（例如：在普通班中所需要的技能，像是獨立工作、大團體或小組的工作等）、具備實施獎賞系統所需的技能（例如：了解積分制代表的意義等），而後藉此評量學生現階段的能力，與擬轉銜之潛在環境的要求和期待間存在著多大的差異，找出差異較小或較容易調整的環境，即最適配的環境，此環境對該生來說為較適合的教育安置；接著持續加強學生的能力，如果學生能力增進了，則可以轉銜至較少限制的安置。我認為 Huntze 和 Werner 以及 F. D. Taylor 和 Soloway 採用「準備模式」的觀點，主張身心障礙學生必須有足夠的準備度，才能轉銜至較少限制的安置；而我認為除了加強身心障礙學生的能力外，亦可調整普通教育環境，迎接身心障礙學生的進入。以下探討文獻中有關分析學生與潛在環境間適配性的工具，以及我發展的工具。

1. 文獻中有關分析學生與潛在環境間適配性的工具

Walker 和 Rankins（1980b）發展**教師社會行為期待標準清單**（**The SBS Inventory of Teacher Social Behavior Standards and Expectations**），共 107 題，包括三個部分：（1）56 個適應行為，讓普通教育教師評定在其班級的重要性；（2）51 個不良適應行為，讓普通教育教師評定在其班級的可接受度；（3）要普通教育教師再次評量，這些他們認為重要的適應行為及無法接受的不良適應行為，是否必須改善到正常範圍，才能接受有此行為的學生安置在其班級，以及如果接受該生安置在其班級，其所需的協助為何。接著他們發展**與兒童障礙狀況相關之社會行為檢核表**（**The SBS Checklist of Correlates of Child Handicapping Conditions**），描述 24 個與兒童障礙狀況相關之特徵，有這些特徵之學生通常會讓普通教育教師抵制其安置在他們的班級，以作為決定普通班安置的參考指標（Walker & Rankins, 1980a）。Walker（1986a）進一步發展 **Walker-Rankin 兒童行為評定量表**（**The Walker-Rankin Child Behavior Rating Scale**），以評量學生在上述「教師社會行為期待標準清單」上的表現情形。這三個評量工具總稱為**決定統合於主流安置的評量工具**（**The Assessment for Integrating into Mainstream Settings, AIMS**），可以協助比較學生擬轉銜之潛在班級中教師的期待，與學生行為現況之間的差異情形，以作為決定是否採取融合安置的參考指標，和發展融合教育準備措施的具體依據。

J. W. Wood 和 Miederhoff（1989）發展**轉銜檢核表**（**Transition Checklist**），以比較融合安置環境特徵和學生表現之間的差距情形，差距愈小，學生愈能在融合安置中適應良好；這個檢核表包括評量普通班課程內容、教材教法、評量方法、人際和社會關係，以及其他相關環境的特徵等。Wong 等人（1991）發展一個簡式的評量工具，以了解學生能力和行為，與主流學習環境期待者間之適配情形，及教師所需支持的內容和數量。這個評量工具包括兩個工具，一為**主流教室觀察表**（**A Mainstream Classroom Observation Form, MCO**），涵蓋教室時間的運用、教學、發問或回饋或學生參與、教室管理，和教室氣氛五個向度的觀察；另一為**學生－教師適配情形調查表**（**A Student/Teacher Match Form, STM**），用來選擇最能與某位情緒行為障礙學生能力和行為相適配的教師，以決定最適切的安置班級。這三個工具呈現於附錄 91「規畫從特殊教育轉銜至普通教育環境之評量工具文獻」。

另外，Hudson 和 Fradd（1990）發展**主流教室的要求檢核表**（**Mainstream Setting Demands**），包括教學安排和語言要求兩方面的評量，特殊教育教師藉此檢核表，首先對普通班環境進行生態評量，以了解主流學習環境期待的能力和行為；而後檢核學生在這些被期待之能力和行為上的表現，以檢視其間適配和差異的情形，最後界定出學生和普通班教師所需的支持的內容和程度，以擬訂出特殊教育的支持服務計畫。

總括來看，以上幾個評量工具均採取生態模式的觀點，設計工具進行生態評量。它可以協助特殊教育教師界定出特定班級生態環境的特徵，檢核出普通班教師和身心障礙學生所需的支持服務。

2. 我發展之分析學生與潛在環境間適配性的工具

至於從特殊教育轉換到普通教育環境方面，以國小階段為例，鈕文英、林月仙和黃慈愛（2002）採取生態評量的觀點，發展**規畫融合安置之評量工具**，包括：普通班生態環境調查問卷、國小教師對身心障礙學生安置於普通班之意見調查問卷，以及國小身心障礙學生在普通班適應表現量表三個部分。**普通班生態環境調查問卷**在了解普通班環境的特性，包括：（1）物理環境（地理位置、座位安排、空間配置）；（2）心理環境（班級氣氛、教師帶班特質）；（3）生活作息（生活作息安排、服裝儀容的要求）；（4）行為管理（班規、教師採取的行為管理策略）；（5）課程與教學（教學形態、教學方法、教材、作業形式、評量方式），如附錄 92 第一部分。「國小教師對身心障礙學生安置於普通班之意見調查問卷」乃從國小教師的觀點，了解哪些學習行為、學習能力、基本生活能力、社會行為，以及其他行為，在適應普通班是重要的；我修改其名稱為**適應國小普通班所需重要行為和能力量表**，並且稍微修改背景資料和填答說明，如附錄 92 第二部分。「國小身心障礙學生在普通班適應表現量表」旨在了解身心障礙學生，在上述「國小教師對身心障礙學生安置於普通班之意見調查問卷」中，四類行為與能力上的表現如何；我修改其名稱為「國小特殊需求學生在普通班適應狀況量表」（已於第 7 章呈現，如附錄 34），附錄 34 另有「幼兒學習適應量表」，可以了解幼兒學習適應狀況，作為規畫幼小轉銜計畫的依據。除外，我發展「普通班教師需求調查問卷」（如附錄 93），了解普通教育教師的背景資料、曾教過特殊需求學生的經驗與感受和再教導他們的意願，以及實施融合教育的支持需求，作為特殊教育教師和學校行政人員擬訂支持計畫的基礎。這四項工具可作為在國小階段，決定和規畫融合安置的參考指標。其他階段則可參考這些工具做調整。

鈕文英、林月仙和黃慈愛（2002）特別強調，上述評量工具中，那些特殊需求學生適應普通班所需的行為與能力，基本上會隨著生態環境而有所不同，是相當個別化的；因此在運用時，不宜受限於原有的題目，最好能進一步詢問普通班教師是否還有其他重要的行為與能力。此外，這個評量工具並不是判斷特殊需求學生是否適合安置在普通班的標準，也不可用於拒絕他們在融合安置中的受教權利，它只能了解目前學生和普通班是否準備好實施融合安置，以作為規畫支援或準備措施的依據。

（六）計畫特殊需求學生的轉銜目標、需求和所需服務

上述分析學生與潛在環境間適配性工具，均能作為決定融合安置的參考指標，安排最適配該特殊需求學生的班級，以及發展融合教育準備措施的具體依據。在規畫從特教轉銜至普通班之準備措施方面，Kerr 和 Nelson（2009）指出宜採取以下步驟：首先須評量普通班的生態環境，以及學生適應普通班須具備的能力與行為；之後擬訂學生的準備計畫，根據前面的評量，了解學生尚欠缺哪些能力與行為，再為其設計課程計畫以做準備；接著實施轉銜策略，包括特殊教育教師和普通班教師合作，一方面提供普通班教師心理準備和在職訓練，另一方面教導學生所需的能力與行為；最後監控和追蹤評量準備計畫和轉銜策略的實施情形。

對於目前安置於特教班或特教學校的特殊需求學生，「普通班教師需求調查問卷」、「普通班生態環境調查問卷」、「適應國小普通班所需重要行為和能力量表」，和「國小特殊需求學生在普通班適應狀況量表」四項工具，可以作為需求分析的工具，以了解特殊需求學生和普通班生態環境；而後再依據此分析的結果，由特殊教育教師與行政人員、普通班教師和家長合作，規畫融合安置之準備措施，以教導特殊需求學生及安排和準備較適合的普通班級，期待學生能有所進步，進而平穩地轉銜至普通班，詳細的評量內容和可能規畫的準備措施則如圖 13-4。

在規畫融合安置之準備措施方面，Anderson-Inman 等人（1984）提出**貫環境的方案（trans-environmental programming）**，包括主流環境評量、介入和準備、實施轉銜策略增進跨情境的類化，以及評鑑學生轉銜至普通班後的表現四個步驟。D. Fuchs、Roberta 等人（1995）的研究運用「貫環境的方案」，再統合學障學生進入普通班。Salend（2016）舉一例說明貫環境方案的設計如表 13-1。

另外，Salend（2016）指出，規畫學生從特教班轉銜至普通班的過程中，學生於特教班中習得的技能，在轉移至普通班級中使用時，宜注意採取「能促進技能類化的技術」；S. Vaughn 等人（1986）舉例說明，在協助學生從特教班轉銜至普通班的過程中，如何促進其技能的類化，我加以修改整理如表 13-2。

圖 13-4　規畫特殊需求學生轉銜至普通班所需準備措施

需求分析	
了解特殊需求學生和普通班生態環境	1.特殊教育教師使用「普通班生態環境調查問卷」，了解擬轉銜之普通班環境的特性。 2.特殊教育教師和行政人員使用「適應國小普通班所需重要行為和能力量表」，了解擬轉銜之普通班教師對適應普通班所需行為和能力之觀點。 3.特殊教育教師和行政人員使用「普通班教師需求調查問卷」，了解擬轉銜之普通班教師的背景資料、曾教過特殊需求學生的經驗與感受和再教導他們的意願，以及實施融合教育的支持需求。 4.由特殊教育教師（如為將入班的新生，則由學前班教師）填寫「國小特殊需求學生在普通班適應狀況量表」，以了解特殊需求學生之表現與普通教育教師期待間的差距。

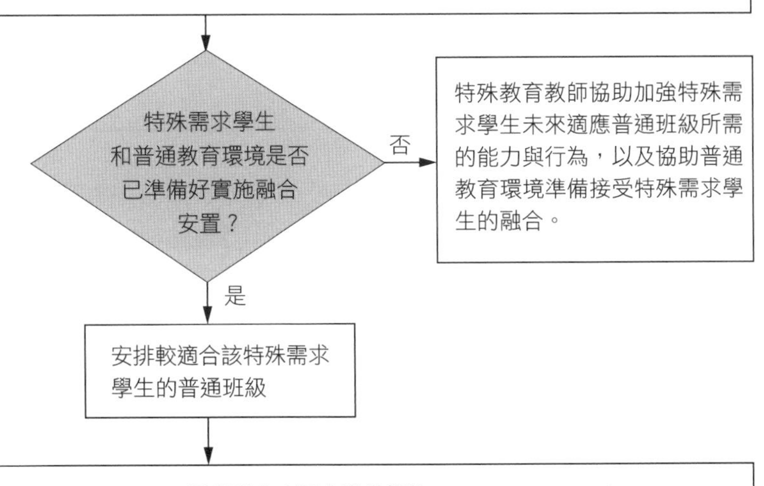

規畫融合安置之準備措施	
教導特殊需求學生及安排和準備較適合的普通班級	1.特殊教育教師和行政人員協助規畫教師研習活動及成長團體，讓普通教育教師有所準備。 2.特殊教育教師和行政人員協助規畫同儕介入課程，讓普通班一般同儕有所準備。 3.特殊教育教師和行政人員協助規畫家庭支持課程，以調整特殊需求學生家長的態度與作法。 4.特殊教育教師和行政人員協助澄清一般學生和其家長，對實施融合教育的疑懼。 5.特殊教育教師和行政人員協助規畫普通教育的環境（例如：調整物理環境、生活作息、課程、教學、評量與行為輔導等向度），以準備特殊需求學生的融合。 6.特殊教育教師協助加強特殊需求學生未來適應普通班級所需的能力與行為。 7.特殊教育教師和行政人員提供普通教育教師，在教導特殊需求學生時需要的協助。

● 註：□代表實施步驟，◇代表決策步驟。

表 13-1 貫環境方案的設計示例

普通班	特教班
1. 王老師使用教科書、電腦和其他教學媒體。	1. 林老師可以教學生使用教科書、電腦和其他教學媒體。
2. 在休息時間學生彼此有互動。	2. 林老師可以指導學生加入其他同學的遊戲，而且和同學一起玩遊戲。
3. 王老師要求學生先舉手後發言。	3. 林老師可以教導學生遵守普通班的常規。
4. 王老師每週給三次要做 1 小時的作業。	4. 林老師可以仿照王老師給學生每週三次要做 1 個小時的作業。
5. 王老師使用口頭講授的方式呈現學習材料，並且要求學生做筆記。	5. 林老師可以教學生聽和做筆記的技巧。

●註：依據 Salend（2016）的概念重新舉例。

表 13-2 促進技能類化的方法

類型	方法	範例
變化增強策略的使用：變化增強物的數量、效力和形態	1. 減少增強的數量。	* 減少每日完成作業的增強次數。
	2. 減少使用原級增強物，改為次級增強物或社會性增強。	* 限制使用實物的增強，多使用口頭讚美（例如：你的數學作業做得很好）。
	3. 當要轉換到普通班使用時，提高增強物的效力。	* 當學生在普通班表現好的行為時，給他額外加分。
	4. 在不同情境使用相同的增強物。	* 鼓勵所有的教師對學生使用相同增強方案。
改變提示：有系統地變化教學	1. 使用替代（平行）的指導方式。	* 使用不同的提示（例如：找出……、給我……、指出……）。
	2. 改變指導語。	* 改變指導語的長度和詞彙（例如：打開書本第 42 頁，做問題 A）。
	3. 使用小型的物品模型。	* 使用小型的物品模型來代替實物或情境。
	4. 使用照片。	* 使用實物或情境的照片來代替實物或情境。
	5. 使用圖片。	* 使用圖片來代替實物或照片。
	6. 使用線條或符號來呈現。	* 使用抽象的線條或符號來代表實物或情境。
	7. 變化字體。	* 在英文的教材中，改變字體的大小寫、字型（例如：將印刷體轉變成書寫體）。 * 在中文的教材中，改變字型。
改變教學材料	1. 改變作業材料的形式。	* 使用空白或有格線的作業紙，改變紙張的大小或顏色。 * 使用不同的書寫工具，例如：畫筆、鉛筆、原子筆、電腦。
	2. 改變教學媒體。	* 使用影片、電腦等教學媒體呈現欲教導的技能或概念。

（續）

表 13-2（續）

類型	方法	範例
改變應答方式	1. 改變學生反應的方式。	* 要求學生使用書寫的方式來回答，而不是採取慣用的口頭回答方式。 * 教導學生回答不同種類的問題，例如：選擇題、是非題和簡答題。
	2. 改變學生反應的時間。	* 縮短學生答題時間。
變化刺激的向度：有系統地變化刺激	1. 使用單一刺激，但是變化刺激的大小、顏色和形狀。	* 藉著改變物品（例如：橘子）的大小、形狀和陰影來教顏色（例如：橙色）。
	2. 在刺激中增加干擾變項。	* 藉著增加回答題目的選項數，教導學生從中辨識出目標字。
變化教學情境	從較有結構的教學情境轉變到較無結構的教學情境。	* 在教室中的不同區域進行一對一的教學。 * 提供獨立工作的機會。 * 由一對一教學轉變成小組教學。 * 提供學生在大團體中有互動的機會。
改變教師	安排學生向不同的教師學習。	* 讓學生有機會和不同的教師（例如：同儕助教、志工、普通班教師和家長）學習。

● 註：修改自 S. Vaughn 等人（1986, pp. 177–178），修改的部分為「變化字體」方法中加入中文教材的示例。

（七）實施和評鑑轉銜計畫的成效

最後，教師實施轉銜計畫，並且可以從特殊需求學生的表現、相關重要他人的觀感，評鑑協助特殊需求學生從特殊教育轉銜至普通教育環境，規畫之轉銜計畫的成效。

在規畫從特殊教育轉銜至普通教育環境之研究方面，張翠娥（2007）發展與實施學前轉銜課程之行動研究，目的在透過與治療師的跨專業合作，設計課程協助早療中心的特殊需求幼兒，平穩地轉銜至普通幼兒園或國小普通班，並且有良好的適應。另外，張桂楨（2006）身為特教班教師的研究者，透過合作諮詢與四位普通班教師合作，為兩位學前自閉症幼兒建構和實施轉銜方案。介入策略包括對一般幼兒進行特教宣導，教導他們帶領自閉症同儕的技巧；評量自閉症幼兒需求和特質，調整普通班環境結構和班級經營、課程內容和教學方法，將特教支援服務帶進普通班，以協助自閉症幼兒由特教班轉銜至普通班學習。實施轉銜方案之後，一般幼兒對自閉症幼兒的接納度高，而同儕的協助程度也因自閉症幼兒的特質而有所不同；自閉症幼兒上課參與度，以及與同儕、老師間的正向互動比例介於五成至八成間，社會能力較佳之自閉症幼兒在這兩方面的表現，皆優於社會能力較弱者。

二、學生適應普通教育環境所需能力與行為之相關研究

如何幫助特殊需求學生順利轉銜至普通教育環境，文獻指出他們需要**基本能力**，稱之為**學校準備度**（school readiness; Carlton & Martha, 1999）、**準備能力**（readiness）（林月仙，2006；林秀錦、王天苗，2004；May & Kundert, 1997; Wolery, 1999）、**生存技能**（survival skills; Carta et al., 1990），或**關鍵技能**（critical skills; L. I. Johnson et al., 1995）。有六篇研究調查學齡階段普通和特殊教育教師（洪儷瑜，1997；鈕文英等人，2003；Fad, 1990; Kauffman et al., 1989; Walker & Lamon, 1987; Walker & Rankins, 1983），四篇研究調查學前階段普通和特殊教育教師（林宏熾、黃湘儀，2009；林秀錦、王天苗，2004；鄒啟蓉，2001；C. Kemp & Carter, 2005），探討特殊需求學生適應普通教育環境所需能力與行為，我彙整於附錄 94。

我從**須具備的適應行為**，以及**須避免的不適應行為**兩大方面探討。在須具備的適應行為方面，包括**基本生活能力**、**社會行為**、**學習行為**和**學業技能**四個向度，最多研究評比**社會行為**是特殊需求學生適應普通教育環境所需能力與行為，**遵守教室常規**、**遵循教師指示**和**具備因應技能**是評比最需要者；**基本生活能力**次之，**飲食**和**如廁**是評比是需要者；**學習行為**再次之，**能參與和專注於團體和個人的學習活動**是評比是需要者；而**學業技能**是最少研究評比為需要者。而在須避免的不適應行為方面，洪儷瑜（1997）的研究發現，教師對不適應行為的重要性評量高於適應行為，其中**干擾**、**攻擊與破壞行為**是最多研究評比為較無法接受者，**不適當社會行為**次之，教師較能接受內向性不適應行為（例如：退縮）。

上述研究採用**準備模式**的觀點，主張特殊需求學生必須有足夠的準備度，才能轉銜至普通教育環境；而我認為除了加強特殊需求學生的能力外，亦可調整普通教育環境，迎接特殊需求學生的進入。鑑於當前特殊教育已走向以**支持**觀點看待特殊需求學生的轉銜需求；因此，我認為特殊需求學生適應普通班所需能力與行為的轉銜評量，主要是針對其**基本能力**進行評量，並可依普通教育教師重視度與可接受調整與支持程度區分為以下三種，如圖 13-5：（1）**基本技能**，適應環境所需程度普通，入學前最好能具備的技能，學生若有困難，教師還能接受並願意提供調整與支持服務以協助其適應，例如：能抄寫聯絡簿；（2）**重要技能**，教師由基本能力中界定出特殊需求學生適應環境所需程度高，入學前須具備的技能，學生若有困難，教師提供調整與支持以協

圖 13-5 轉銜至普通教育環境所需準備能力的類型

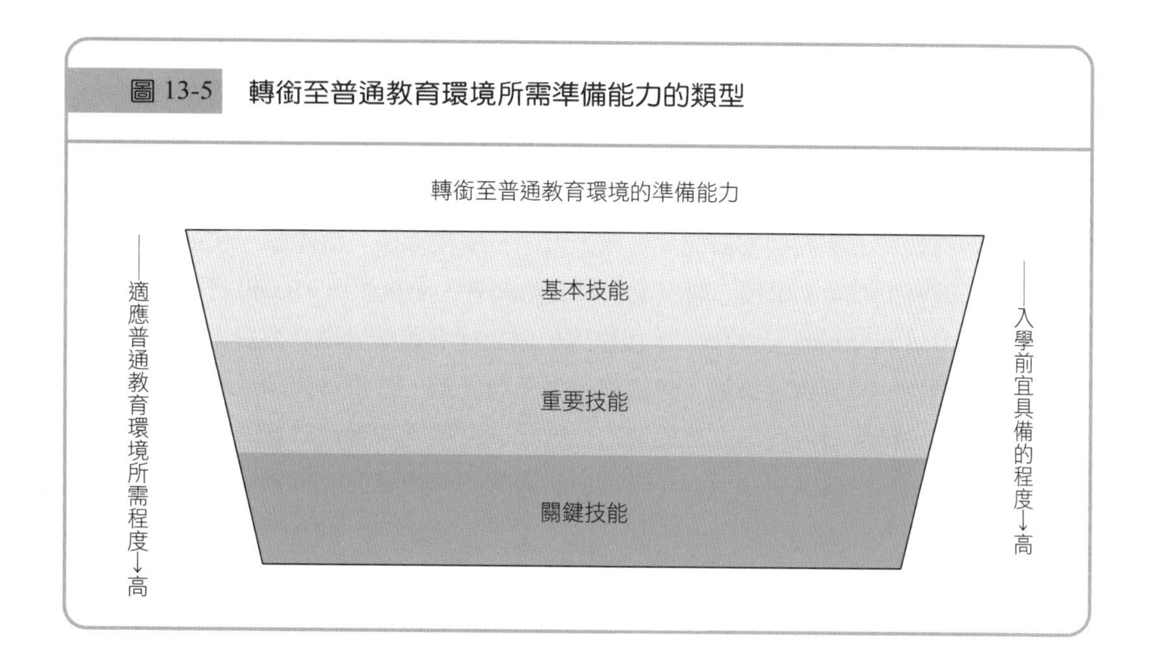

助其適應的難度較高，例如：能端坐聽講至少 10 分鐘；（3）**關鍵技能**，教師由重要能力中界定出特殊需求學生適應普通教育環境所需程度極高，入學前必備的技能，學生若有困難，教師提供調整與支持以協助其適應的難度很高，例如：遵循教師指示。林桂如（2019）以此觀點發展「學前身心障礙幼兒國小入學轉銜宜備能力之評量表」，包含「生活自理技能」、「學習行為」、「學業技能」與「社會互動技能」四個分量表，作為幼小轉銜提升學前身心障礙幼兒進入國小普通班學校準備度的規畫基礎。

貳、同一個階段中不同年級間的轉銜規畫與實施

在同一個階段中不同年級間的轉銜規畫與實施上，臺灣在國小階段，低、中、高三個年段會重新編班，學校可以規畫轉銜計畫，讓身心障礙學生平穩地轉銜至新班級。Demchak 和 Greenfield（2000）提出，為學生建立**轉銜檔案**，提供下一個接手的班級教師或學校人員，有關此學生的關鍵資料，例如：教育方案的建議、表達性和接受性溝通的方法等。鈕文英（2006）彙整出 32 位國小融合班教師之班級經營模式後發現，參與教師表示身心障礙學生在不同年級間的轉銜，或是六年級即將離校，準備進入新學校或班級之前，為了達到「讓身心障礙學生平穩地轉銜至新環境」的目標，他們依據過去的經驗或現在的想法，計畫將實施「身心障礙學生做轉銜至新環境的準備」，以及「新環境的準備」兩項策略，像是邀請其家長，共同為孩子做轉銜新環境的準備，

例如：協助他們認識新學校（班級），包括認識環境、教師、生活作息等；以及轉銜身心障礙學生的資料和輔導經驗，給新學校（班級）的教師，讓他們能夠參考，不至於從頭開始。

Gawne 和 Brothers（1995）針對一位唐氏症女孩，從幼兒園到國小四年級這段期間，進行融合教育方案的個案研究；在此方案中，學校形成一個團隊，包括家長、校長、教師、社會工作師、學校心理學家和接受諮詢者，而後使用**McGill 行動計畫系統**（**McGill action planning system**），規畫這位唐氏症女孩接受融合教育方案的願景，接著依據此願景，設計實施策略，包括調整課程與評量，計畫幼兒園至國小階段與年級間的轉銜等，結果發現此方案能促使這位唐氏症女孩成功融合於普通班級中。他們的研究結果顯示，計畫幼兒園至國小階段與年級間的轉銜是促成有效經營融合班級的要素之一。

參、不同教育階段和成人生活的轉銜規畫與實施

在不同教育階段的轉銜規畫與實施上，包括從幼兒園轉換到國小，從國小轉換到國中，從國中轉換到高中，從高中轉換到大專校院；在成人生活的轉銜規畫與實施上，主要是從學生轉換到就業者或公民的角色；S. Wagner（2002）指出，轉銜不是等到學生即將畢業或已經離校才開始，而是要及早。以下探討這兩部分的轉銜規畫與實施，教師亦可採用前述圖 13-3 的步驟來執行。

一、了解特殊需求學生的觀點

教師可以了解特殊需求學生在不同教育階段的轉銜上，想要進入什麼樣的學校？而在成人生活的轉銜上，教師可以了解他們對於成人生活的願景、想法和期待，例如：考慮做什麼樣的工作？期待過什麼樣的生活？

二、了解重要他人的想法與期待

教師可以了解重要他人（例如：家長）對特殊需求學生在不同教育階段的轉銜上，期待他們進入什麼樣的學校？希望獲得什麼樣的服務或協助？而在成人生活的轉銜上，教師可以了解家長對孩子離開學校生活之後的想法與期待，以下的問題可供參考：在您的孩子高中或大學畢業後，您希望他做些什麼？如果您計畫讓您的孩子就業，您會考慮讓他做什麼樣的工作？您希望他住在哪裡？您希望他從事什麼樣的休閒活動？您希望他參與什麼樣的社區活動？您對您孩子婚姻和組成家庭的期待為何？您的孩子需

要什麼樣的支持或服務以協助他順利就業，或是生活得更獨立而快樂（G. M. Clark & Patton, 1997; Wehman, 2001）？

三、分析特殊需求學生擬轉銜的環境或角色及其中重要他人的想法與期待

綜合文獻（Akos et al., 2005; Wolery, 2005），教師可以了解：在不同教育階段的轉銜規畫與實施上，學生未來擬轉銜的學習環境包含哪些次級環境、設備、材料、人員、生活作息、課程、活動、要求和期待，存在於環境中的助力與阻力，以及環境中重要他人的想法與期待等，並且分析此學習環境和現階段學習環境的差異，例如：一位國中智障學生在畢業後擬轉銜到技術型高中，教師則須了解技術型高中有哪些科系，以及其入學條件、課程內容等。

如果特殊需求學生將從學生轉換到就業者的角色，教師可以了解其未來擬轉銜的就業環境之基本資料、工作環境、工作性質、工作條件、環境中的設備、材料與人員、職場的作息表、所需技能與行為評量、存在於環境中的助力與阻力、環境的可調整性，以及環境中重要他人（例如：雇主）的想法與期待等。

四、評量特殊需求學生的能力現況

在了解特殊需求學生的能力現況方面，教師可以了解其身體健康狀況等的能力現況，進而分析其優勢和需求。以職業能力為例，Wircenski（1988）認為重要的職業能力包括：（1）**雇用前的技能**，例如：閱讀、書寫、溝通等一般能力，和職業知識；（2）**尋求雇用的技能**，如找工作、晤談的技能等；以及（3）**雇用後的技能**，包括與工作有關的技能，例如：使用交通工具、穿著工作服、用餐、行動能力、認識職業工會、財務與安全技能（像是薪資的管理與運用、安全使用機具之技能）、職業態度和工作社會技能，以及特定的工作技能等。臺灣評量職業能力的工具有：身心障礙者社區化就業服務案主—工作配對檢核表、工作人格側面圖（陳靜江等人，1996）、智障者職業適應能力檢核手冊（楊元享等人，1995）、智障者一般就業技能評量表（張萬烽，2002）、個人技能與工作要求對照量表（何華國，1991）、職場溝通技能檢核表（辛宜倩，2001）、本土化工作樣本評量工具（陳靜江等人，2003）等。

另外，有評量工具在了解身心障礙者整體的轉銜技能，以界定其轉銜需求，作為擬訂轉銜計畫的基礎，例如：陳靜江和鈕文英（2008）發展「高中身心障礙學生轉銜能力量表」，作為了解學生轉銜需求與轉銜目標之工具，包括學生、家庭和教師三種格式，有自我照顧、心理健康、功能性學科、人際互動、居家生活、社區或休閒生活、升學、職業訓練或就業、婚姻和家庭計畫九個分量表，共 99 題，其中前六項分量表屬

獨立生活和社區參與重要能力的評量，後三項屬下一階段轉銜規畫上所需重要能力的評量，如附錄 95 第一部分。

五、分析特殊需求學生與潛在環境或角色間的適配性和差異情形

這個步驟在分析特殊需求學生目前的能力，與潛在環境或角色的要求和期待間的適配性和差異情形。上述分析學生與潛在環境間適配性工具，均能在不同教育階段的轉銜上，界定出學生與擬轉銜之學習環境間的差異部分。同樣地，在從學生轉換到就業者的角色上，教師亦可以分析學生與擬轉銜之就業環境間的適配性，找出差異較小或較容易調整的就業環境做媒合，而後界定出其間差異的部分。

六、計畫特殊需求學生的轉銜目標、需求和所需服務

在不同教育階段的轉銜上，前一步驟界定出學生與擬轉銜之學習環境間的差異處後，接著教師可以擬訂轉銜計畫，教導特殊需求學生所需的轉銜技能，並且提供支持服務之建議給學生下一階段擬轉銜之學校，例如：E. W. Carter、Clark 等人（2005）建議國中在編班時，安排至少一位身心障礙學生熟識的國小同學在其班上。而在成人生活的轉銜上，前一步驟界定出學生與擬轉銜之就業環境間的差異部分，接著教師可以擬訂轉銜計畫，教導身心障礙學生所需的轉銜技能，並且提供支持服務之建議給就業輔導機構。

臺灣 2000 年後，針對普通班特殊需求學生不同階段轉銜服務介入的研究，以幼兒園至國小（簡稱幼小）轉銜的研究最多，其他教育階段及成人轉銜的研究則相當有限。我彙整 2000 至 2021 年幼小轉銜的研究共九篇（林秀錦，2006；林貞姬，2021；許雯鈞，2010；曾馨瑩，2008；黃柑，2009；黃美娥，2013；張翠娥，2007；楊純華，2006；簡伶寧，2009）。其中，轉銜服務由幼兒園規畫的居多，僅黃美娥的研究是由國小實施，規畫的內容包括：讓特殊需求幼兒熟悉即將進入的國小生活和學校環境、適應國小的常規和課業學習方式等，以降低特殊需求幼兒對新環境的焦慮感，增進適應能力；部分研究還讓家長準備如何協助孩子轉銜，與國小教師溝通和互動。結果發現幼小轉銜服務能讓特殊需求幼兒家長安心且更有能力，促進家長與國小老師的正向互動；提升特殊需求幼兒的課業和生活適應。然而，這些研究多數是讓特殊需求幼兒做準備，較少讓相關人員（特殊需求幼兒家長、國小普通班教師）做準備；另有許雯鈞的研究指出，宜加強特殊需求幼兒人際互動能力的培養，以提升在國小的人際適應。

國外一些研究探討不同教育階段和成人轉銜的最好實務指標，包括轉銜計畫、轉銜評量、家庭參與、學生參與、以轉銜為焦點的課程與教學、跨單位（機構）的合作

和社區服務，以及系統層次的基本支持措施七大向度，向度內的詳細指標和研究來源，我整理於附錄 96「最佳轉銜實務的品質指標」。

七、實施和評鑑轉銜計畫的成效

最後，教師實施轉銜計畫，並且可以從特殊需求學生的表現，相關重要他人的觀感，了解特殊需求學生轉銜計畫的實施成效，作為改進轉銜計畫的參考。

我將上述轉銜評量和轉銜計畫的內容設計成記錄工具，並舉例說明（如附錄 95 第二部分），包括受評者和其重要他人基本資料，實施轉銜評量的內容，蒐集資料的方法、來源與時間，以及評量結果四個部分。其中蒐集資料的方法除了生態評量外，還可包括標準化測驗、訪談、觀察、檢核表、量表、問卷、蒐集過去的文件與紀錄資料（例如：就醫紀錄）、工作樣本分析等。資料蒐集的來源則說明從哪些人（例如：家長、雇主、教師、醫生），或在哪些環境或地點得到這些資料；資料蒐集的時間則描述何時獲得這些資料。最後彙整上述轉銜評量的資料，分析特殊需求學生與潛在環境或角色間的適配性和差異情形；之後計畫個體的轉銜目標、需求和所需服務。因應特殊需求學生轉銜需求所提供的服務，可包括教導學生轉銜技能，例如：教導不同教育階段所需的轉銜技能；教導同一個教育階段，不同學校、班級或安置形態所需的轉銜技能；教導每日不同服務情境（例如：從普通班至資源班）所需的轉銜技能；教導成人角色所需的轉銜技能等；以及調整環境來因應學生的需求。

總結

每個人的生涯歷經許多生活角色、形態及環境的轉銜，平穩的轉銜將降臨在素有準備的人身上。本章探討轉銜的意涵與重要性，以及學校如何協助普通班教師，擬訂與實施同一個階段中不同年級間、不同教育階段間、不同安置形態間，和成人生活的轉銜計畫。此轉銜計畫乃依據轉銜評量的結果來擬訂，而轉銜評量是採用生態模式的觀點，包括了特殊需求學生及其重要他人的評量，潛在環境或角色的評量，接著配對兩者，分析特殊需求學生與環境的適配性和差異情形，最後計畫特殊需求學生的轉銜目標、需求和所需服務。導讀案例中小英的狀況，教師可以運用本章介紹的評量工具，來了解她的需求，而後擬訂轉銜計畫，協助她平穩地從特殊教育轉銜至普通教育環境。

第 14 章

學校如何實施融合教育（一）：特殊教育服務的介入

第 1 節　特殊教育教師在實施融合教育上扮演的角色

第 2 節　特殊與普通教育教師合作實施融合教育的模式

第 3 節　特殊與普通教育教師合作實施融合教育的作法

普通教育教師就像左手，特殊教育教師就像右手，唯有雙手齊心協力，才能拉起一張協助學生的支持網，達成更多的教育任務。

導讀案例和本章目標

一位普通班教師表示：「特殊教育我完全不懂，都是向資源教師請教，我們互動非常地密切，就好像拉起一張網，一個前面拉，一個後面推，慢慢地把學生推上去。」一位資源教師指出：「資源教師與普通班教師更多的合作與溝通，對特殊需求學生的能力及進步情形掌控得更好。」

由兩位教師的分享可以發現，特教與普教教師溝通合作的重要性；然而二者間要如何溝通合作呢？有何具體的作法？從本章的內容讀者可以學習到：（1）特殊教育教師在實施融合教育上扮演的角色；（2）特殊與普通教育教師合作實施融合教育的模式，包括以共同計畫為基礎進行抽離方案、諮詢方案和合作教學等；以及（3）特殊與普通教育教師合作實施融合教育的作法。

第 1 節　特殊教育教師在實施融合教育上扮演的角色

因應融合教育，特殊和普通教育教師必須從分立的關係，轉變為合作的關係，他們扮演的角色也產生變化，特殊和普通教育教師的合作是實施融合教育的關鍵要素（Wallace et al., 2002）。普通教育教師從教導一般學生，到教導所有學生（含特殊需求學生）；特殊教育教師則從提供抽離服務的資源教室教師角色，轉型為提供支持服務給普通教育教師，以及所有特殊需求學生（King-Sears et al., 2015）。K. A. Waldron（1996）則指出，普通教育教師是實施融合教育的第一層人員，特殊教育教師和特教助理員是第二層人員；除外，尚有學區的提供諮詢者（consultant）、大專校院的師資培訓人員，以及研究計畫的執行人員，如表 14-1。

Ferguson 等人（2002）調查發現，美國某些地區將特殊教育教師的職稱轉變成**融合專家（inclusion specialists）**、**支持專家**、**融合教師**、**支持的促進者（support facilitators）**、**教師的提供諮詢者（teacher consultant）**等；Schuh 和 Jorgensen（2006）稱之為**融合的促進者（inclusion facilitators）**，由此看出特殊教育教師角色的轉變。York-Barr 和 Kronberg（2002）從意義和目的，角色與貢獻，以及結構、時間表和技能三個層面，比較隔離與融合和合作的實務，由此可看出，特殊教育教師從隔離到融合和合作實務經歷的轉變，如表 14-2。

表 14-1 實施融合教育的人員和扮演的角色

層次	實施融合教育的人員和扮演的角色
第一層	普通教育教師：教導所有學生。
第二層	特殊教育教師和特教助理員：與普通教育教師合作，提供支持服務給所有學生。
第三層	學區的提供諮詢者（例如：身心障礙專業團隊、種子教師）：支持普通和特殊教育教師。
第四層	大專校院的師資培訓人員：實施融合教育人員的準備和訓練。
第五層	研究計畫的執行人員：研究融合教育的實施現況、模式和策略。

●註：修改自 K. A. Waldron（1996, p. 61），修改的部分為舉臺灣相關人員為例，像是種子教師等。

表 14-2 特殊教育教師從隔離到融合和合作實務所經歷的轉變

層面	隔離的實務	融合和合作的實務
意義和目的（為什麼）	• 教導特殊教育學生。 • 為學生在普通班級和學校的學習，以及社區生活做準備。 • 重視學業技能。	• 支持有特殊需求的學生。 • 擴展學生在普通班級的參與度，而且這樣的參與對這位學生來說是有意義的，以及可以為學生在統合的世界生活做準備。 • 重視學業技能、學習策略、社會能力和自尊。
角色與貢獻（什麼）	• 透過 IEP 提供特殊教育學生服務。 • 提供類別的特殊教育服務。 • 單獨教。 • 自己做課程與教學的決策。 • 強調補救缺陷。	• 提供服務和支持給所有學生。 • 提供跨類別的特殊教育服務。 • 與普通教育教師一起教，重視團隊合作。 • 與普通教育教師合作做課程與教學的決策。 • 以學生的優勢能力協助其弱處，促進其在班級中的參與度，以及提升其成就感。
結構、時間表和技能（如何）	• 在隔離的空間中工作，與普通教育教師沒有聯繫。 • 安排抽離的時間教導特殊教育學生。 • 依照預先安排的課程進行教學。 • 對一組同質性高的學生提供小組或個別的教學。	• 在與普通教育教師共用的教室中，以教學團隊的方式一起工作。 • 安排時間教導教室中的所有學生。 • 彈性地調整普通教育課程。 • 對各種不同需求的學生，提供全班、小組或個別的教學。 • 發展作為一位協同合作者所需的能力。

●註：修改自 York-Barr 和 Kronberg（2002, p. 179），修改的部分為整合文字說明。

第 3 章的研究回顧顯示，普通班教師是否獲得特殊教育教師的支持和合作，攸關其對融合教育的接受度，與對本身教學效能的自信心（Bennett et al., 1997; Bunch et al.,

1997; Giangreco, Dennis, et al., 1993; King-Sears & Cummings, 1996; Minke et al., 1996; Salend et al., 1997; Soodak et al., 1998; Villa et al., 1996）。Walther-Thomas 等人（2000）指出，成功的融合教育方案必須透過全校人員的合作，這樣的合作必須具備下列七項要素：合作的文化、共享的領導權、共同的願景、完整的計畫、充足的資源、持續的實施，以及持續的評鑑和改進（如圖 14-1）；而價值和信念、法規基礎和學校改革是形成融合教育的基礎。Rainforth 和 Kugelmass（2003）補充指出，合作的文化不只是特殊和普通教育教師的合作，也包括普通教育教師間的合作，例如：資深的普通教育教師願意分享自己的經驗與作法給資淺者，並且協助他們。

圖 14-1　成功的融合教育方案必備之要素

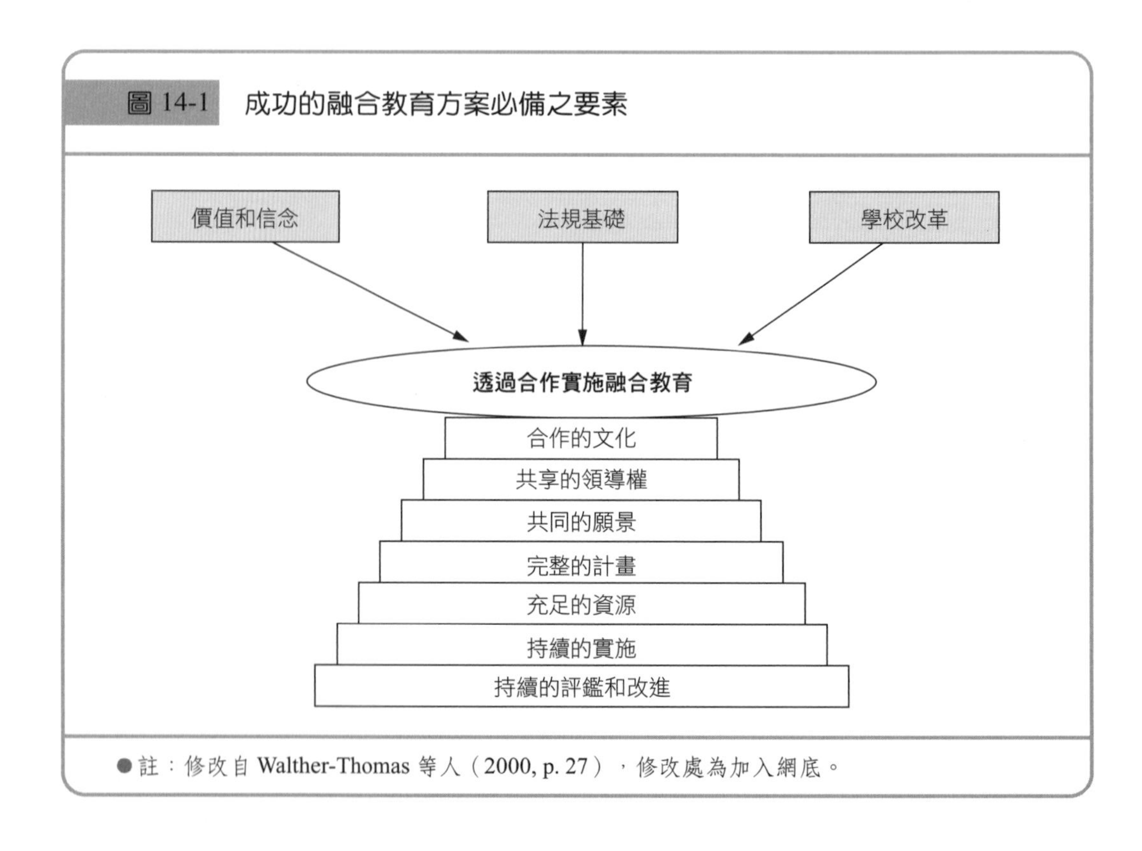

●註：修改自 Walther-Thomas 等人（2000, p. 27），修改處為加入網底。

上述 Walther-Thomas 等人（2000）提出的完整計畫，在計畫特殊教育教師如何與普通教育教師合作，提供支持服務。Gersten 和 Woodward（1990）主張，可提供具體可行的教育模式、證據本位的運作實務、行政支持、對教學實務的回饋與協助，以及教學策略對學生學習影響的回饋這五方面，這些支持服務可以維持和促進普通教育教師的轉變，如圖 14-2。

圖 14-2 提供普通教育教師的支持服務內涵

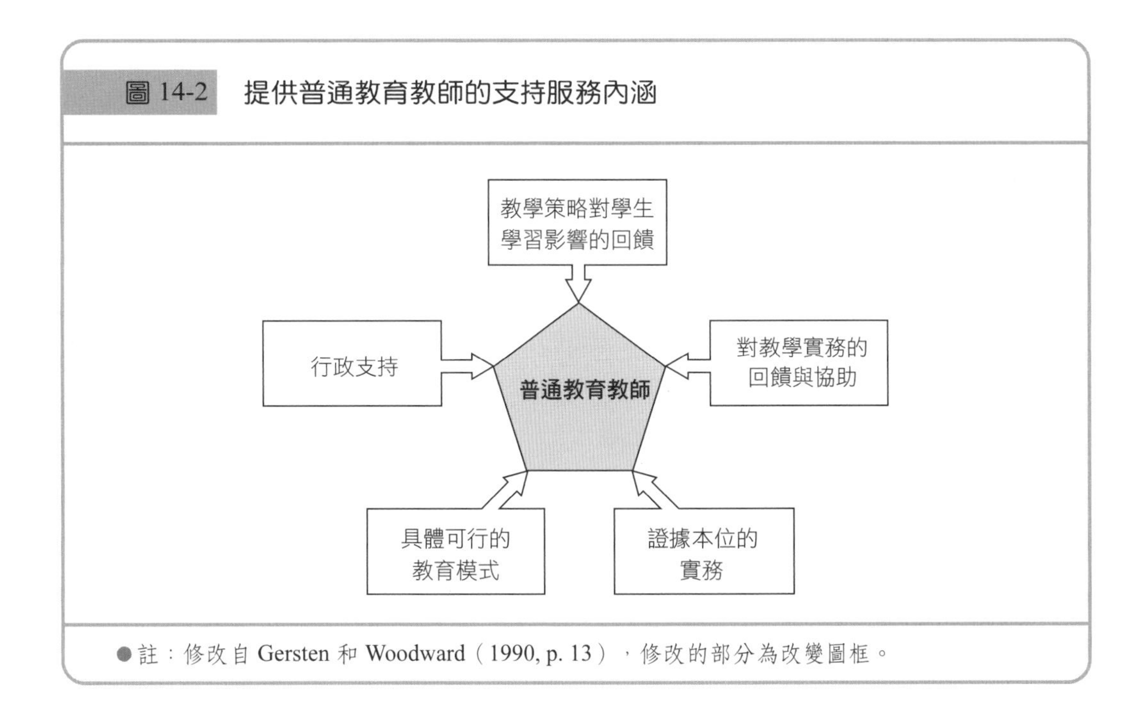

●註：修改自 Gersten 和 Woodward（1990, p. 13），修改的部分為改變圖框。

第 2 節 特殊與普通教育教師合作實施融合教育的模式

本節探討特殊教育和普通教育教師合作的優點，以及合作的模式兩部分。

壹、特殊教育和普通教育教師合作的優點

我從比較隔離與融合和合作服務模式成效，以及特殊和普通教育教師對於融合教育觀點兩方面的研究，探討特殊教育和普通教育教師合作的優點。前面第 3 章已說明一些研究比較隔離與融合和合作服務模式的成效，結果發現融合和合作服務模式對學生有較多的助益。接著從特殊和普通教育教師對於融合教育觀點的研究來看，也發現特殊教育與普通教育教師的合作，攸關融合教育的實施成效；另外，普通教育教師自覺這樣的合作增進其專業知能和自信心，也較喜歡此合作模式，例如：Bulgren 等人（2002）調查 70 位任教融合學校的中學教師，對於實施融合教育的觀感後發現，他們認為縮減班級人數，以及與特殊教育教師的合作，是協助身心障礙學生達到教育目標的兩個關鍵要素。Meyers 等人（1991）的研究發現，相對於抽離的服務模式，普通教育教師比較喜歡在班級內的服務模式。

融合教育的實施並不是要普通教育教師獨立執行，而是要特殊和普通教育教師合作，藉著擬訂完整的計畫共同運作；此合作不只支持教師，也支持所有學生（Graden & Bauer, 1992; Ripley, 1997; Switlick & Stone, 1997）。正如 Mundschenk 和 Foley（1997）所云，融合教育並不是要普通班教師成為特殊教育專家，而是要特殊教育教師和相關專業人員，與普通教育教師合作，分擔教學責任，共同指導安置於普通班的特殊教育需求學生。Draft（2001）強調要提升普通教育的效能，須將職業教育、教學支持服務、雙語教育，以及特殊教育納進來，運用團隊的合作方式，使普通教育教師更有能力回應班級中所有學生的需求。由此可知，特殊教育須成為普通教育的支持方案之一，透過特殊與普通教育教師的合作，以因應融合安置下所有學生的需求。

貳、特殊教育和普通教育教師合作的模式

至於特殊和普通教育教師合作的模式，依照 A. de Boer 和 Fister（1995）有三種，它們均建立在**共同計畫**（**collaborative planning**）的基礎上：第一種是**抽離方案**，由特殊教育教師執行；第二種是**諮詢方案**，由普通教育教師在特殊教育教師提供諮詢服務下執行，Idol（2002）稱呼特殊教育教師扮演的角色為諮詢教師；第三種是**合作教學**，特殊和普通教育教師共同執行，Idol 表示，特殊教育教師扮演的角色為合作教師。D. Elliott 和 McKenney（1998）還提出第四種模式，即**輔助服務**（aided services），如圖 14-3，並詳述如下。除此，我於附錄 97 增加**教練模式**（coaching model）。

圖 14-3 特殊教育與普通教育教師合作的模式

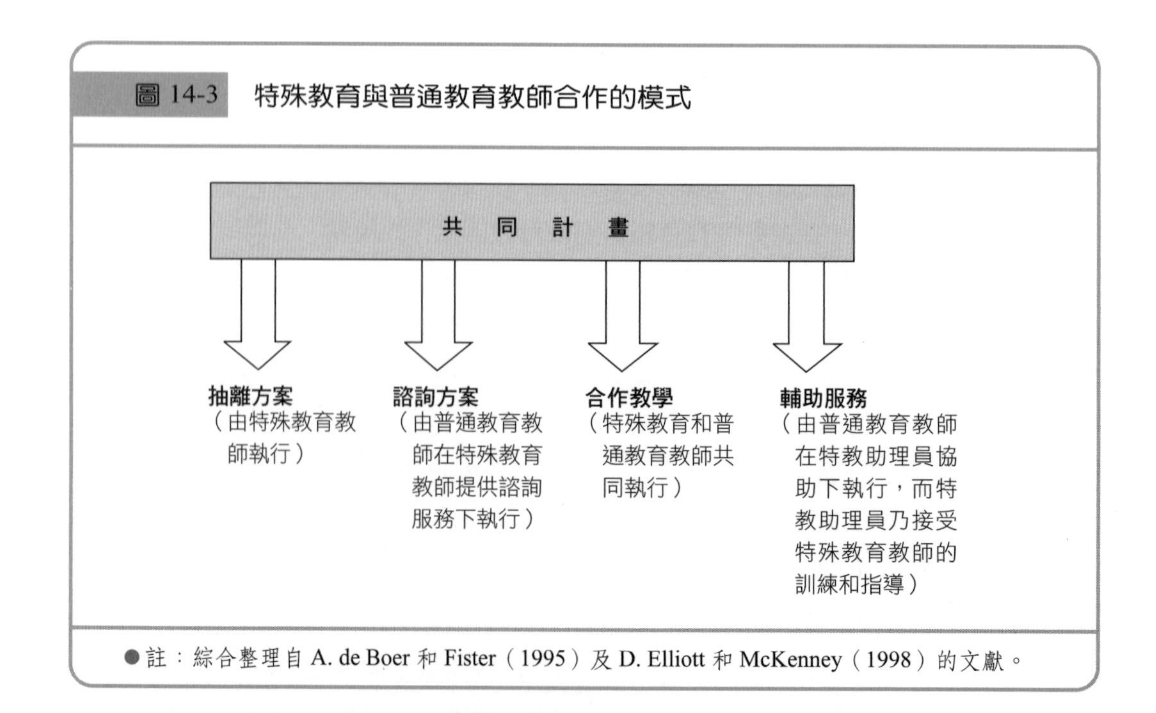

●註：綜合整理自 A. de Boer 和 Fister（1995）及 D. Elliott 和 McKenney（1998）的文獻。

一、以共同計畫為基礎進行抽離方案

以共同計畫為基礎進行的抽離方案並不是各做各的，而是在特殊和普通教育教師共同計畫下，覺得有必要抽離部分時間，對特殊需求學生進行個別教學；之後兩位教師還須討論，接著如何協助特殊需求學生將在抽離時間內所學的技能，融入在普通教育的課程與教學中，持續有練習的機會，以遷移應用至融合教育情境中（A. de Boer & Fister, 1995）。

二、以共同計畫為基礎進行諮詢方案

我先探討諮詢方案的意義與類型，而後引導出在融合教育情境中，最常使用的合作諮詢模式，再呈現合作諮詢所需的重要技能。

（一）諮詢方案的意義與類型

諮詢被定義為：「一種和不同專家互動的過程，進而產生有效解決問題的方法。」（Idol et al., 2000, p. 1）典型的諮詢架構為一位普通教育教師和一位專家（例如：特殊教育教師、特殊教育相關專業人員），其中普通教育教師為**尋求諮詢者**（**consultee**），專家為**提供諮詢者**（**consultant**），如圖 14-4，有時普通教育教師也會尋求別的教師之意見。它是一種直接服務普通教育教師，間接服務學生的模式。綜合文獻（Kampwirth & Powers, 2016; C. C. Thomas et al., 1995），諮詢方案有以下助益：（1）降低特殊需

圖 14-4 諮詢模式

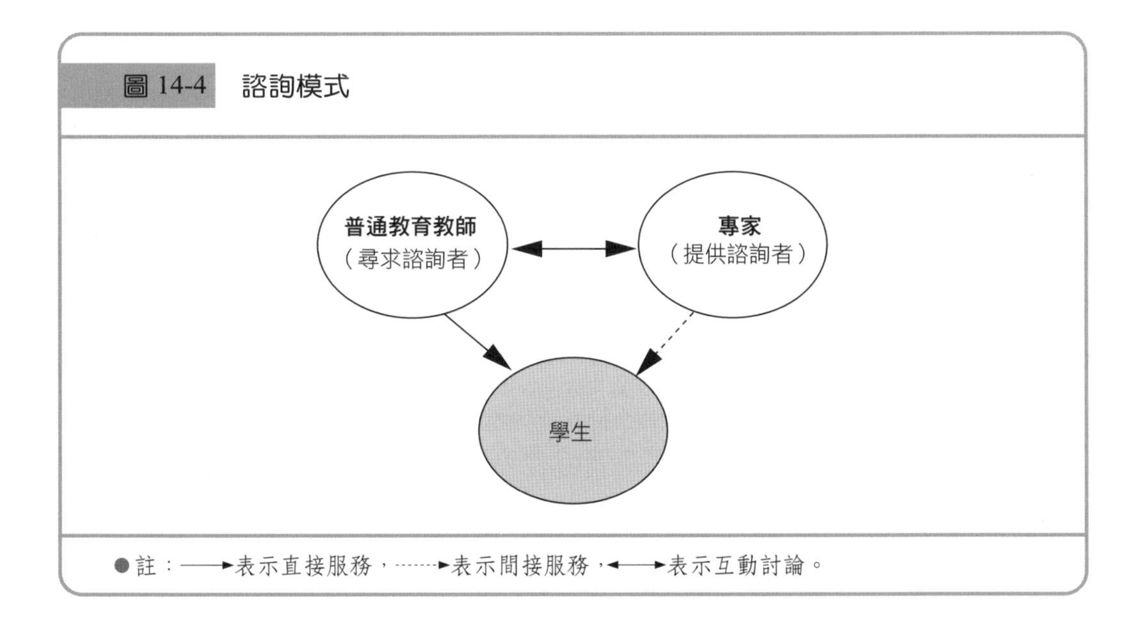

●註：——►表示直接服務，┈┈►表示間接服務，◄——►表示互動討論。

求學生的轉介需求，減少特殊教育學生的標記；（2）提供教師心理支持，提升教師的知識和技能，協助教師處理學生的特殊需求，和嘗試改變學校的現況；（3）早期介入特殊需求學生的問題，讓他們獲得良好的適應。

Idol和West（1987）提出10種諮詢方案的類型，其中有三個特別適合用在融合教育情境中，即心理健康諮詢、行為諮詢和過程諮詢；而學校的諮詢方案傾向於結合這三種，以及更強調人員間合作的**合作諮詢**。心理健康諮詢、行為諮詢和過程諮詢模式之比較如表14-3。合作具有自願性、逐步漸進，以及成員間地位平等、能彼此分享資源、共同擬訂目標、分擔做關鍵決定的責任、共同為執行的結果負責等特徵（Friend &

表14-3 心理健康諮詢、行為諮詢和過程諮詢模式之比較

比較向度	心理健康諮詢	行為諮詢	過程諮詢
代表人物	Caplan	Bergan	Schein
目標	增進尋求諮詢者處理個案心理健康需求的知能。	增進尋求諮詢者分析個案行為問題原因和功能，以及改變個案行為的知能。	增進尋求諮詢者分析造成個案問題之人際關係和團體運作歷程因素，以及提升個案改進人際關係和團體運作歷程的知能。
理論基礎	精神分析理論。	應用行為分析、社會學習理論。	人際互動和團體諮商理論。
諮詢關係	提供諮詢者扮演合作夥伴的角色，他們和尋求諮詢者二者間呈現平等與合作的諮詢關係。	提供諮詢者扮演專家指導者的角色，他們和尋求諮詢者二者間呈現上對下的諮詢關係。	提供諮詢者扮演合作夥伴的角色，他們和尋求諮詢者二者間呈現平等與合作的諮詢關係。
接受諮詢者的角色	示範者、支持者、資源提供者、共同合作者、鼓勵者。	專家、教導者、分析者、監控者、評鑑者。	協助分析者、啟發者、催化互動者、支持者、資源提供者、共同合作者、鼓勵者。
諮詢策略	建立關係、同理心、支持鼓勵、面質。	教導尋求諮詢者界定與分析個案行為問題、設計個案行為介入計畫，以及評鑑個案行為介入計畫成效的過程和方法。在這個過程中，提供諮詢者會教導尋求諮詢者透過應用行為分析的策略（例如：增強、忽略、角色扮演、回饋等）改變個案的行為。	協助尋求諮詢者分析造成個案問題之人際關係和團體運作歷程的因素，例如：團體成員間如何溝通？溝通的頻率如何？遭遇哪些問題？已採取哪些策略解決這些問題？獲得解決的情形如何？等。接著，提供諮詢者協助尋求諮詢者運用合作問題解決的歷程，提升個案改進人際關係和團體運作的歷程。

● 註：綜合整理自戴嘉南和連廷嘉（2001）、鄔佩麗和黃兆慧（2006）、Idol和West（1987）及Walther-Thomas等人（2000）的文獻。

Bursuck, 2019）。合作諮詢強調尋求諮詢者與提供諮詢者之間，地位平等且協同合作的關係，它常用於學校本身有資源教師的情況，原本資源方案是於特定時段，抽離特殊需求學生至資源教室進行個別學習；而合作諮詢則主張讓資源教師入班觀察，與普通教育教師一起討論教學計畫，而後由普通教育教師來執行，如此可避免普通班和資源方案兩套計畫無法銜接的問題，協助普通教育教師更了解特殊需求學生的需求與處理策略，資源教師也可以了解特殊需求學生在普通班級裡的狀況，彼此互補與成長。Dettmer 等人（2012）提出 10 個合作諮詢的步驟，我加入其他文獻詳細討論如下。

1. 準備諮詢

當尋求諮詢者前來求助時，提供諮詢者開始聚焦於他們的關注點，而後請他們準備相關資料；提供諮詢者也宜預先準備可能的策略，最後安排適切的會面時間和地點。

2. 開始諮詢

在開始諮詢時，提供諮詢者首先與尋求諮詢者建立關係，並且保持傾聽、接納、關注和尊重的態度，聚焦於他們暫定的關注點，並且創造合作的氣氛。

3. 蒐集資料

尋求諮詢者剛開始在表達問題時，可能會比較模糊；提供諮詢者可以使用「WH」問題，蒐集更多元而明確的資料。如果發現某些資料欠缺或不夠完整，則須再蒐集。

4. 界定問題

界定問題經常是諮詢過程中最困難的部分，但也是設計有效介入計畫的基礎。在界定問題時，提供諮詢者宜著重於尋求諮詢者的需求，辨識什麼是問題、什麼不是問題，以及他們期待的結果。假如尋求諮詢者表達出很多的需求，提供諮詢者可以協助他們聚焦於需優先解決的問題，逐步進行，其他問題則留待未來再討論。提供諮詢者協助尋求諮詢者檢視期待的結果是否合理，在預定的時間內是否可行。

5. 陳述目標

在界定問題之後，接著要陳述目標，可以設定短期、中期和長期漸進的目標。提供諮詢者可以鼓勵尋求諮詢者，以具體明確的方式表達他們希望看到的結果為何，最後雙方確認已經對目標達到共識。在此，可採用修改自 Konrad 等人（2019, p. 158）所提的**實現度**（ACCOMPLISH），檢視陳述之目標的適切性，包括：A——**前事條件**

（即此目標是在什麼樣的前事條件下出現）、C——**明顯的行為**（即此目標要表現的明顯行為是什麼）、C——**清楚的標準**（即此目標要達到的標準是清楚的）、O——**可觀察的**（目標是具體、可觀察的）、M——**可測量的**（目標是可測量的）、P——**正向的**（目標是以正向語言敘述）、L——**與問題相連結**（我將 Konrad 等人所提的「與普通教育課程相連結」，修改為「與問題相連結」）、I——**個別化的**（目標是考量尋求諮詢者的個別需求）、S——**具社會效度**（對尋求諮詢者而言，目標是重要、具有意義的）、H——**高度達成的**（即此目標是可行、達成度高）。

6.產生解決方案

在陳述目標之後，接著合作產生解決方案。在產生解決方案的過程中，提供諮詢者切忌以專家的姿態片面地提供建議，最好是引發尋求諮詢者的參與。正如美國第 28 任總統 Wilson 所云：「我既要充分運用自己的大腦，還要借重別人的聰明才智。」若尋求諮詢者在提供解決方案上有困難，提供諮詢者可以採取三種方式：一是分析問題的成因，由成因產生解決方案；二是要尋求諮詢者敘述對遭遇的該項問題，曾經採取什麼策略去因應，結果如何，並且協助他們分析哪些是有效的策略、哪些是無效的策略、有效和無效的原因是什麼；三是回想過去在處理其他學生類似問題的成功經驗，引發有效策略的出現。

剛開始盡量提出可能的解決方案和例子，而後一一回顧這些解決方案和其可能的後果，並且進行**優勢、弱勢、機會和威脅（strengths, weaknesses, opportunities, threats，簡稱 SWOT）的分析**，最後選擇最合適的解決方法，進一步針對弱勢和威脅處，提出因應策略。

7. 形成計畫

接下來要為解決方案設計具體的工作項目，並且確認由誰來負責。在形成計畫的過程中，亦可以參考 Tague（2005）所建議的，小規模執行計畫的部分內容，以檢視計畫的適切性，確認採行的策略是可行的，並且探究適切的執行程序。之後，產生評鑑此計畫效能的方法和指標，以及協商何時檢核計畫的進展情形。

8.評鑑計畫的進展情形與實施過程

形成計畫並不是合作諮詢方案的終點，提供諮詢者還須持續蒐集和分析資料，而後在特定的時間評鑑計畫的進展情形，以及合作的過程；評鑑之後，形成建設和支持性的建議。

9.追蹤

在上一個步驟之後，還須定期評鑑計畫進展的情形，支持尋求諮詢者所做的努力，並且給予正向的回饋；若有必要，調整和改進此計畫。最後當目標達成時，則結束整個諮詢過程。

10.若有需要再諮詢

在評鑑和追蹤計畫的成效之後，如果目標已達成，則結束整個諮詢過程；如果目標未達成，可以再諮詢，這時若發現某些領域專家或家庭成員的參與有其必要，則再結合他們共同執行。

Bradley 和 Switlick（1997）提出，除了普通教育教師和一位專家（通常是特殊教育教師）的合作外，也可以加入其他成員（例如：特殊教育相關專業人員），形成 Walther-Thomas 等人（2000）所稱的**教師輔助團隊**；介入的對象不只學生，還可包括家長，如圖 14-5。這種團隊的合作過程包括五個階段：階段 1 為形成合作小組，確立團體目標；階段 2 為分享觀點和界定問題；階段 3 為發展計畫和策略；階段 4 為開始行動；階段 5 為評鑑與追蹤（Key & Bemark, 1998）。

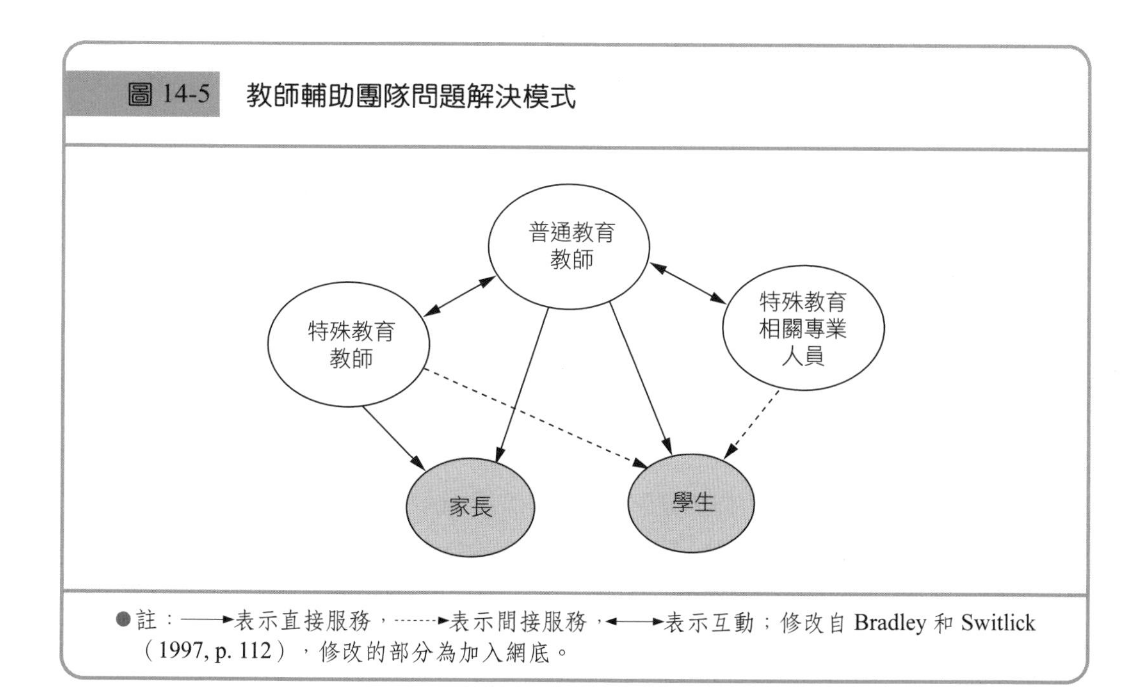

圖 14-5　教師輔助團隊問題解決模式

●註：──►表示直接服務，┄┄►表示間接服務，◄──►表示互動；修改自 Bradley 和 Switlick（1997, p. 112），修改的部分為加入網底。

從上述討論可以發現「諮詢」、「合作」和「團隊」三個重要名詞，J. W. Wood（2002）以圖 14-6 呈現三者間的關係。

圖 14-6 諮詢、合作和團隊三者間的關係

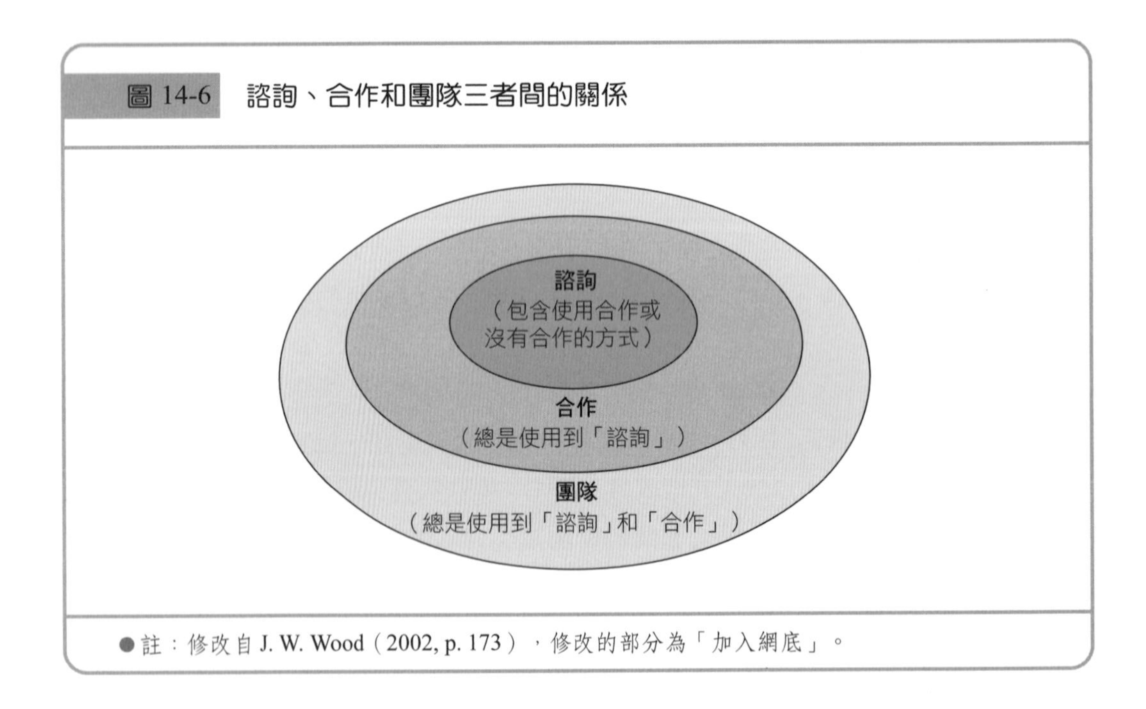

●註：修改自 J. W. Wood（2002, p. 173），修改的部分為「加入網底」。

（二）合作諮詢所需的重要技能

Walther-Thomas 等人（2000）指出，合作諮詢是一種需要高度專業的工作，也是一項結合科學與藝術的工作，包含內容專業和過程專業。Idol 等人（2000）指出，合作諮詢需要三項重要技能：**知識基礎，人際間的溝通、互動和問題解決技巧**，以及**個人態度**，如圖 14-7。

圖 14-7 中，「知識基礎」即 Walther-Thomas 等人（2000）所指的「內容專業」，人際間的溝通、互動和問題解決技巧，以及個人態度即其所指的「過程專業」。合作諮詢是一種問題解決的過程，須有基本的知識為基礎，包含實施合作諮詢所需的知能，例如：評量方法和原則、課程設計，以及教學方法和策略等（Idol et al., 2000）。個人態度反映出個人的信念、價值觀和經驗，提供諮詢者需要的個人態度包括：（1）展現關懷、尊重、樂觀、開放的心胸；（2）保有正向的自我概念和積極態度；（3）樂意從別人身上學習；（4）能有效地管理壓力，在危機狀況時能保持冷靜，並且具有彈性和迅速復原的能力；（5）能尊重尋求諮詢者與自己有差異的觀點（A. de Boer, 1995;

圖 14-7 合作諮詢的基礎

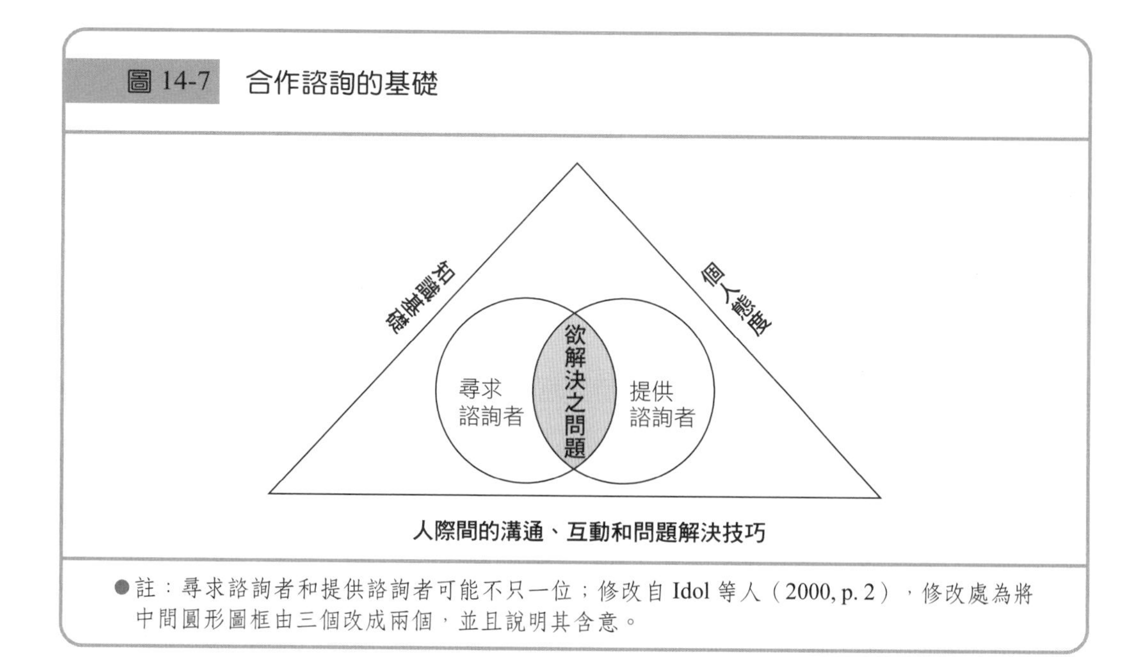

●註：尋求諮詢者和提供諮詢者可能不只一位；修改自 Idol 等人（2000, p. 2），修改處為將中間圓形圖框由三個改成兩個，並且說明其含意。

Givner & Haager, 1995; Idol et al., 2000）。除此，Kampwirth 和 Powers（2016）指出提供諮詢者必須符合五項倫理原則：提供諮詢者必須具備專業能力、維護學生的福祉、注意隱私和保密的原則、善盡社會和道德責任，以及確保提供和尋求諮詢者間的專業關係。

人際間的溝通、互動和問題解決技巧，亦即如何有效地做決定、解決問題、與他人互動和溝通，包括以下八項技巧（Fiedler, 2000; Idol et al., 2000; Pugach & Johnson, 1995a; Thousand & Villa, 1992）：（1）與他人建立相互了解和信任關係的能力（如插畫 14-1）；（2）具備時間管理的能力，進行有效率的訪談和觀察以蒐集資料、分享訊息、探索問題、設定目標，以及設計方便記錄的表格以供使用；（3）善用傾聽、情緒反映的技巧，回應尋求諮詢者表達的看法和情緒，並且給予關懷；（4）能敏銳洞察溝通隱含的潛在意義；（5）能適當解釋溝通時使用的非口語行為；（6）能適當給予回饋；（7）運用諮詢、合作等技巧，共同解決問題；（8）具有適當處理衝突的能力。

Friend 和 Bursuck（2019）提醒提供諮詢者宜注意以下溝通阻礙的類型：（1）尋求諮詢者未徵詢意見時提供他們建議；（2）給予錯誤的保證；（3）出現離題的互動；（4）打斷尋求諮詢者的互動；（5）評價尋求諮詢者的互動；（6）在疲憊狀態下進行互動；（7）呈現單向的溝通形態；（8）使用敏感的字詞，例如：「你應該……」，以「與他人做比較」的語言評論尋求諮詢者的表現。而在有關適當處理衝突的能力，

插畫 14-1 特殊與普通教育教師間關係的建立

如果要我歸納出什麼是人際關係的重要原則時，我會表示：首先是了解別人，而後是讓自己被別人所了解。（Covey, 1989；引自 Fiedler, 2000, p. 130）

特殊教育教師在與普通班教師合作時，可能會遭遇幾種不易合作的人，他們之所以不易合作，有其原因與功能，需要特殊教育教師的同理了解。我整理他們的特徵，以及因應的策略如表 14-4。

表 14-4 不易合作的人之特徵和因應策略

類型	特徵	因應策略
攻擊者（attackers）	敵對、攻擊、辱罵、威脅。	• 讓他們有發洩憤怒的管道。 • 不要讓他們喋喋不休，對他們說：「我聽到你說的了，讓我們坐下來談一談。」 • 認真聽他們說，並讓他們知道你在聽，然後清楚陳述你的立場。 • 避免引發爭辯。
唯我中心者（egotists）	專家，經常顯現比他人知道更多；愛表現；容易對其他人不如其意的表現感到挫敗。	• 讓他們先說，允許他們有段時間「沉浸」在自己的知識中。 • 預先準備事實資料，因為你無法對唯我中心者「造假」。
偷襲者（sneaks）	肆意抨擊，使用迂迴的方式（例如：用笑話掩飾諷刺）削弱主事者的權威。	• 別忽略他們的評論，反而要正視它們。 • 當他們誹謗時，要直接問他們的觀點和解決策略。 • 迫使他們公開面對大眾，削弱他們製造問題的能力。

（續）

表 14-4（續）

類型	特徵	因應策略
受害者（victims）	消極地看待一切，抱怨、發牢騷，似乎感到無力、挫敗。	・當他們認為沒人看重他們時，要認真看待他們。 ・以傾聽其意見的方式開啟與他們的互動。 ・引導他們面對事實，事實通常不像他們所說的這麼消極。 ・控制場面，不要被他們的負面看法所影響，而後邏輯地面質他們。 ・引導他們注意事情的積極面。
否定者（negators）	不僅否定，而且他們不相信任何一位掌權者。他們相信其採用的方法是唯一正確者，他們最喜歡說的一句話是：「我早就告訴過你了。」	・保持正面但實際的思考。 ・當別人提出解決方案，他們就開始否定時，則延後與他們討論。 ・等待直到他們開始提出解決方案。 ・切勿與他們爭論，但堅守事實。 ・預料他們可能提出的反對意見，準備事實資料和客觀訊息面質他們。
附和者（super-agreeable people）	好交際和友善；有強烈獲得他人喜愛的需求；迎合他人需求而貶低自己；怕犯錯；不會拒絕而且容易使自己過度負荷；難以從他們身上發現真相，因為他們只說他們認為他人想	・當他們的戒心降低時，仔細聽他們說什麼。 ・傾聽他們話中的幽默，這些通常隱含他們真實的價值觀。 ・謹慎地限制你對他們的要求，以消除他們對自己錯過和延遲完成之任務的失望。 ・教導他們辨識何謂實際可行的工作量。 ・幫助他們以中肯的觀點看事物。
沉默者（unresponsive people）	沉默寡言，不顯露他們真正的動機；難以了解他們的想法，以及引導他們表達其觀感。	・最有效的策略是漸進地引導他們表達其觀感，先從容易回答的問題開始，並且重視和肯定他們的表達。 ・總是詢問他們開放式的問題，讓他們不只回答「是或否」的答案。 ・即使他們長時間沉默，也要等待他們回應。 ・若他們拒絕反應，則同意給他們思考的時間，下次再討論這項主題。

●註：綜合整理自 Alexander（2012）、Idol（2002）及 Manning 和 Haddock（1989）的文獻。

三、以共同計畫為基礎進行合作教學

特殊和普通教育教師可以透過合作教學的方式設計課程和教學，以下探討合作教學的意義和優點、實施步驟與模式，以及與合作教學成效有關的因素。

（一）合作教學的意義和優點

合作教學是在 1980 年以後，美國特殊教育界特別用來指稱普通與特殊教育教師之間跨領域的協同合作；合作教學是由兩位或兩位以上的普通與特殊教育教師組成的小組，分別應用各自的專長，一起設計課程計畫、分工合作進行教學，並且共同評量學生的學習或整體的教學成效（Kunkel, 2012），如圖 14-8。合作教學不等於「分組教學」或「分科教學」，它具有三個基本要素，亦即兩個或兩個以上的教學人員：（1）共同策畫全部或部分教學內容（包括：擬訂 IEP 及設計課程計畫等）；（2）分工合作執行全部或部分教學活動；（3）共同就全部或部分教學相關事宜進行檢討或評量（包括：學生學習及教學成效；Price et al., 2000）。

圖 14-8 合作教學模式

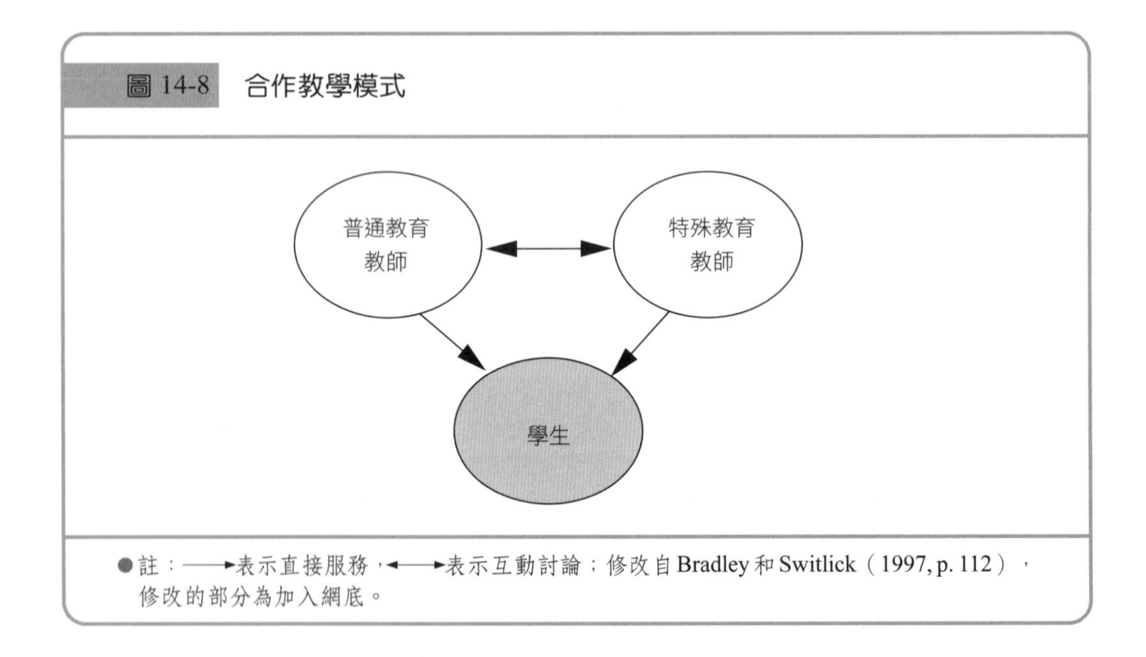

●註：──►表示直接服務，◄──►表示互動討論；修改自 Bradley 和 Switlick（1997, p. 112），修改的部分為加入網底。

White 和 White（1996）指出，在融合情境中，透過合作教學可以促成特殊和普通教育教師的互動，例如：普通教育教師有學科或課程領域的知識，較為了解課程目標、課程材料等，而特殊教育教師具備各類特殊需求學生的知識、調整課程的知能，較為了解個別學生的學習風格等；他們之間的合作教學，可以促使他們分享教學，共同進行班級經營等，進而增進彼此專業上的成長，如圖 14-9。

圖 14-9 透過合作教學促成普通和特殊教育教師的互動

普通教育教師	合作教學	特殊教育教師
・學科或課程領域的知識 ・課程目標 ・課程材料 ・學科或課程領域的相關資源 ・課程發展 ・課程順序 ・學習環境	・分享教學 ・班級經營 ・溝通技能 ・滿足社會和情緒的需求 ・監控學生的學習和進步情形 ・評鑑成效 ・團隊問題解決 ・共同因應教育政策的改變 ・專業成長	・各類特殊需求學生的知識 ・個別學生的學習風格 ・調整課程的知能 ・學習策略 ・調整學習環境的知能 ・法律議題 ・提升學生學習動機的技術

●註：修改自 White 和 White（1996, p. 429），修改的部分為加入網底和文字的整合說明。

（二）合作教學的實施步驟與模式

合作教學進行的步驟可能是由合而分，再由分而合，或是由合而分，再由分而分得更細的個別學習；亦即開始教學時，先由一位協同成員引發動機，進行整體概念的團體教學；另外一位協同成員則視狀況給予學生提示或協助，來回走動以拉回學生的注意力，和圈住其活動範圍，或是帶動上課氣氛；然後可再依學生的能力、需求進行小組的教學或討論，抑或進行個別教學、獨立學習的活動；最後可能再合在一起，進行經驗分享或總結的活動（Bauwens & Hourcade, 2003）。教學結束後，協同成員須共同評量學生的學習成效，並檢討整個教學過程，商討下次進行的方式及內容。

至於合作教學的模式，依據 Gargiulo 和 Bouck（2021），有**一主教一觀察**（**one teach, one observe**）、**一主教一協助模式**（**one teach, one support**）、**分站教學模式**（**station teaching**）、**平行教學模式**（**parallel teaching**）、**選擇式教學**（**alternative teaching**），以及**團隊教學模式**（**team teaching**）六種。Walther-Thomas 等人（2000）則提出**互動教學**（**interactive teaching**）、分站、平行、選擇式教學四種合作教學的模式，比較兩篇文獻所提的模式會發現，互動教學模式類似於團隊教學模式。綜合文獻，於表 14-5 呈現這些合作教學模式的意義，並且比較其優點和限制。我舉一例說明兩位協同成員在一節課中，角色和責任分配情形如表 14-6。

表 14-5　六種合作教學模式的意義、優點和限制

類型	意義	優點	限制
一主教一觀察模式（全班）	一位協同成員進行教學；另一位協同成員觀察學生的學習狀況。 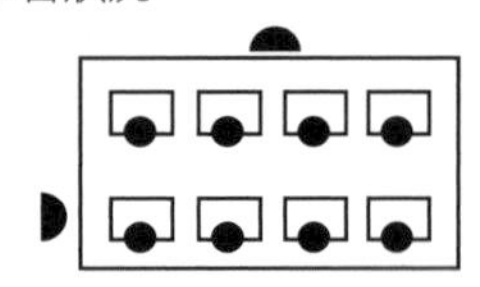	• 能夠進行系統性的觀察，蒐集學生的學習資料，以做教學決定。	• 如果一位協同成員一直扮演觀察的角色，他可能會覺得自己失去了教室的領導權。 • 無法分擔班級教學的工作。
一主教一協助模式（全班）	一位協同成員教導主要概念；另一位協同成員則來回走動，協助有困難的學生。 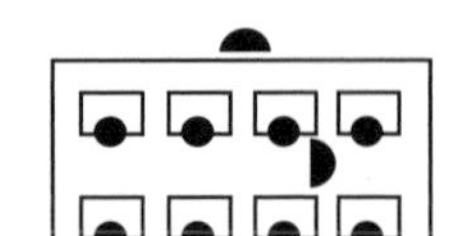	• 能協助有困難的學生，使他們能參與教學活動中。 • 能兼顧個別與全班學生的學習步調。	• 過度使用此種模式時，學生可能依賴教師給予的額外協助。 • 如果一位協同成員一直扮演協助的角色，他可能會覺得自己失去了教室的領導權。
互動或團隊教學模式（全班）	在呈現新概念、複習學過的內容、舉例說明、角色扮演和監控學生學習表現上，協同成員輪流或共同主導，他們平等地參與教學活動，分享教室的領導權。 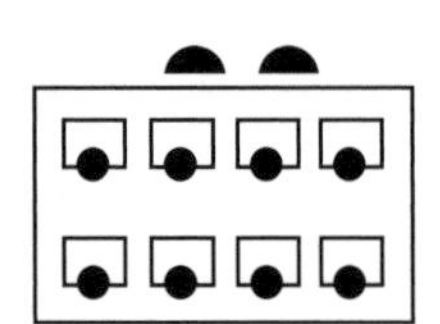	• 提供系統性觀察和資料的蒐集。 • 促進協同成員分享教學角色和內容。 • 增進個別化協助。 • 示範適當的學業、社會和求助行為。 • 教導如何問問題。 • 提供概念、規則及字彙等的澄清。	• 可能僅止於分擔工作，而無法豐富學習內容。 • 需要周全的計畫與準備。 • 協同成員須具備示範與角色扮演的技能。 • 協同成員容易變成只扮演自己擅長的角色。
分站教學模式（小團體）	協同成員在固定地點，以輪盤方式指導每位經過的學生。 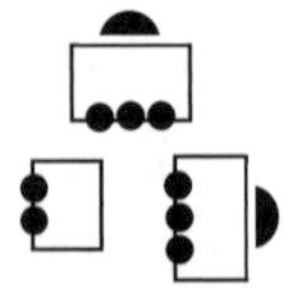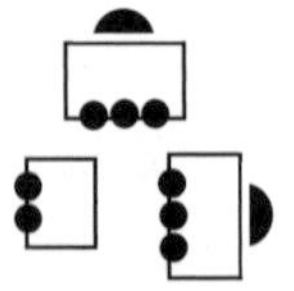	• 提供主動的學習形式。 • 增進小組的注意力。 • 增進學生合作與獨立學習的機會。 • 允許策略性小組的形成。 • 增進學生反應的機會。	• 需要周全的計畫與準備。 • 增加噪音的干擾。 • 學生須同時具備獨立工作與小組合作的技能。 • 難以監控班級秩序。
平行教學模式（小團體）	協同成員視課程實際進行情形將學生分組，可能每次上課的分組皆不同，而採同時平行的教學。 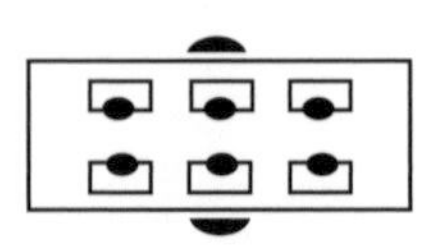	• 提供有效的複習形式。 • 鼓勵學生的反應。 • 降低師生比，以便於小組教學與複習。	• 難以達成相同深度課程內容的教學。 • 不容易協調。 • 需要監控協同成員的步調。 • 增加噪音的干擾。 • 容易造成一些師生間的競爭心態。

（續）

表 14-5（續）

類型	意義	優點	限制
選擇式教學模式（大團體、小團體）	一位協同成員教學時，其他協同成員視學生學習狀況予以個別或小組輔導。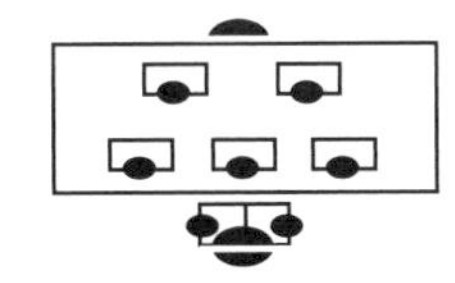	• 促進充實學習的機會。 • 提供缺席學生補課的機會。 • 兼顧個別與全班學生的學習步調。 • 提供補救欠缺技能的機會。	• 容易針對相同低成就的學生進行教學。 • 容易造成隔離的學習環境。 • 不容易協調。 • 可能會有孤立一些學生的情形。

●註：▲為教師，● 為學生，▭ 為書桌；綜合整理自 Walther-Thomas 等人（2000）、Friend 和 Bursuck（2019）及 Gargiulo 和 Bouck（2021）的文獻。

表 14-6　兩位協同教師在一節課中角色和責任分配情形舉例

第一位協同教師的角色和責任	第二位協同教師的角色和責任
上課前	
• 當王老師站在講臺引領學生進入這門課。	• 李老師準備今天指派的回家作業。
• 設定學習站的活動。	• 準備暖身活動。
上課中	
• 當王老師和兩位昨天缺席的學生討論課程和主要的字彙。	• 李老師帶領學生複習昨天晚上的回家功課。
• 當以演戲的方式扮演作文題目的情境，王老師扮演學生的角色。	• 李老師扮演教師的角色。
• 當在第二站教「寫作過程」的課程 15 分鐘。	• 在第一站監督學生從事「編輯作文」的活動。
上課後	
• 當王老師在本週一和三晚上，評比學生回家作業的成績。	• 李老師在本週二和四的晚上，評比學生回家作業的成績。
• 追蹤三位學生的行為紀錄。	• 計畫明天的暖身活動。

●註：修改自 Walther-Thomas 等人（2000, p. 206），修改處為將英文人名改中文，以及潤飾教學情境。

（三）與合作教學成效有關的因素

與合作教學成效有關的因素中，因素一為**協同成員的特質與能力**，以及**是否有實施合作教學的意願與觀念**（Nochajski, 1996; Switlick & Bradley, 1997）。Walther-Thomas 等人（2000, p. 198）整理出 13 項良好協同成員的特質與能力：（1）具備專業的能力；（2）具備良好的組織能力；（3）有自信心；（4）有合作教學的經驗；（5）能尊重協同成員；（6）在合作教學的過程中，只要有需要，即願意投注額外的時間；（7）具有專業的熱誠；（8）能尊重協同成員的能力和貢獻；（9）能每週和協同成員進行計畫和討論；（10）具備良好的溝通和問題解決的能力；（11）有參與合作教學的意願；（12）能不斷地在專業上尋求成長和進步；（13）對於新的觀念與事物能夠保持彈性而開放的態度。至於在實施合作教學的意願與觀念上，學校可以藉由職前養成和在職訓練，來加強教師的觀念和作法。

因素二為**協同成員間的溝通合作**，雖然合作教學有很多優點；但是如果協同成員之間未充分討論和合作，甚至產生指導方式不一的情形，如此不但沒有發揮應有的功能，還會造成學生無可適從的情況（Mastropieri et al, 2005）。至於如何促進協同成員的溝通合作，綜合文獻（D. W. Johnson & Johnson, 2012; G. L. Wilson & Bledniok, 2011），整理出以下六項：（1）協同成員互相支持，維持正向的依存關係；（2）經常面對面的互動；（3）發展協同成員人際溝通技能，例如：建立信心、傾聽、溝通、提供和接受回饋、領導、創造性的問題解決、做決定和解決衝突的技能等；（4）經常地評量合作教學功能發揮的情形；（5）協同成員貢獻個人的專業知能，並且不計較自己付出的多寡；（6）協同成員承諾彼此跨越專業界限，相互教導、學習及共同合作，發展、分享和實施介入計畫。正如插畫 14-2，Henry Ford 所云：「願意在一起只是開始，可以持續互動是一種進步，能夠一起工作才是成功。」（引自 D. W. Johnson & Johnson, 1994, p. 65）這段話亦可以形容特殊和普通教育教師的合作。

Walther-Thomas 等人（2000）建議，可能成為協同教學夥伴關係的人，可以先行相互了解和討論彼此在教學上的觀念和作法，檢核彼此觀點的一致性；如此較能避免或解決未來在合作上可能產生的衝突。綜合文獻（A. de Boer & Fister, 1995; Friend, 2020; Walther-Thomas et al., 2000），形成「協同成員間對課程與教學觀點一致性量表」（如附錄 98），以供檢核。

四、以共同計畫為基礎進行輔助服務

除了抽離方案、諮詢方案，以及合作教學三種特殊和普通教育教師合作的模式外，

插畫 14-2 特殊與普通教育教師間的合作

願意在一起只是開始，可以持續互動是一種進步，能夠一起工作才是成功。（Henry Ford；引自 D. W. Johnson & Johnson, 1994, p. 65）

D. Elliott 和 McKenney（1998）還提出第四種模式——輔助服務，由特教助理員在特殊教育教師的訓練和指導下，提供普通班教師教學上的協助。國際間與特教助理員相關的名詞包括：教學助理（teaching assistant）、學習支持助理（learning support assistant）、教師助理（teacher aide）、特殊需求助理（special needs assistant）、半專業教育工作者（paraeducator）、半專業人員（paraprofessional）等（Giangreco et al., 2014）；而 Giangreco 等人採用「教師助理」一詞，因為教師助理的角色在協助「教師」，不受限於協助「教學」。

雖然特教助理員能協助普通教育教師介入身心障礙學生，但是他們若僅局限於服務身心障礙學生，則會造成標記學生和過度依賴特教助理員的現象，進而阻礙融合教育的實施，此阻力呈現在以下兩方面：第一，普通班教師因有特教助理員的協助而免除了教學的責任；第二，減少了身心障礙學生與一般學生的互動（Giangreco, 2010, 2013; Giangreco et al., 1997; Giangreco et al., 2012; McGrath et al., 2010; Minondo et al., 2001）。依據這些文獻，特教助理員宜減少坐在身心障礙學生旁邊，提供一對一的服務，其服務方式可朝以下三個方向發展：一是為身心障礙學生**建立自然支持來源**，安排同儕支持的介入；二是提供身心障礙學生**自我決策的機會**，增進他們自我決策的技能，以決定他們所需的支持服務內容和方式；三是**漸進地褪除支持服務**，讓身心障礙學生邁向獨立自主。總之，服務目標在於，提升身心障礙學生的獨立程度，促進他們參與班級學習活動，以及增加他們與一般學生互動的機會，例如：表 14-7 呈現特教助理員合作支持的策略。

表 14-7 特殊教育助理員合作支持的策略

如果普通班教師從事以下活動	特教助理員可以做以下事情
• 點名	• 收集和檢查回家作業。
• 教導新概念	• 提供視覺線索或教具，以加強學生的理解。
• 講述	• 將講述重點寫在白板上。
• 進行大團體教學	• 蒐集學生上課行為和課堂參與度的資料，抑或調整接下來的課程。
• 分站或小組教學	• 加入分站或小組教學。
• 分組討論或配對學習	• 安排同儕協助學生或配對學習。
• 讓學生默讀	• 帶領小組學生小聲讀出內容。
• 寫作業單	• 調整作業單，讓學生能獨立完成之。除此，協助教師巡視全班學生寫作業單的情況。
• 指示	• 將指示重點寫在白板上。
• 課間測驗	• 若有必要，讀題給學生聽；或是提供其他學生所需的支持。
• 對小組學生重教或預教課程內容	• 監控大組學生。

●註：綜合整理自 Causton-Theoharis（2009）、Causton-Theoharis 和 Kluth（2009）、Doyle（2009）及 Hammeken（2008）的文獻。

特殊教育教師剛開始亦須作為特教助理員和普通班教師溝通與合作之橋梁，協助普通班教師歡迎特教助理員，並且讓他們融入班級中，協助他們做入班服務的準備，計畫他們的工作內容和方式，以及建立與他們的溝通方式，如表 14-8，讓他們充分發揮其角色功能。

此外，在特教助理員進入普通班提供輔助服務之前，特殊教育教師宜提供他們系統的訓練，並且持續監控他們服務的執行狀況，和他們討論遭遇的問題，必要時再安排訓練課程（Giangreco et al., 2003; Trautman, 2004）。Causton-Theoharis 和 Kluth（2009）、Doyle（2009）及 Hammeken（2008）則有專書介紹在融合情境中，特教助理員如何與普通教育教師合作，協助特殊需求學生。

除了特殊和普通教育教師合作外，Bauwens 和 Hourcade（1995）提出**同儕支持系統**，它是由兩位普通教育教師一起合作，共同解決班級中的問題。Robbins（1991）提出**同儕教練**（**peer coaching**）方案，它是一種教師自發且基於互助互信的專業研習活動，透過觀摩、分享、研究和討論，以增進教師專業發展的一種合作模式。Bradley 和 Switlick（1997）呈現同儕教練模式如圖 14-10。W. K. Frank 等人（1999）的研究顯示，

表 14-8 與特殊教育助理員合作之方式

類型	與特殊教育助理員合作之方式
歡迎特教助理員融入	1. 安排特教助理員的座位和提供他專屬的杯子。 2. 在班級中呈現特教助理員的名字。 3. 介紹特教助理員為教學團隊的一員，而不是特定學生的助理。 4. 告知班級學生特教助理員負責的例行事務，以建立他的權威。 5. 定期感謝特教助理員。
協助特教助理員做準備	1. 引領特教助理員參觀校園，告知器材存放的位置，以及學校的重要人物。 2. 讓特教助理員了解校規、班規和學生作息安排。 3. 引導特教助理員認識和解讀 IEP。
計畫特教助理員的工作	1. 提供每日和每週作息表，說明他要支持誰、他的現況與需求、做些什麼和何時做。 2. 提供包含活動目標，以及特教助理員之角色和任務、給予學生之支持程度和調整作法的每日計畫。 3. 複審每個計畫。 4. 教導、示範和支持特教助理員執行每個計畫，並且提供他們回饋。 5. 引導特教助理員與支持之學生家長分享有關學生的訊息。
建立與特教助理員的溝通方式	1. 澄清特教助理員的角色與責任。 2. 發展分享期待和溝通作法的方式（例如：每日聯絡簿、每週計畫和溝通時間）。 3. 對特教助理員的觀感保持開放。 4. 使用積極聆聽的技巧。

●註：綜合整理自 Causton-Theoharis 等人（2007）、Causton-Theoharis 和 Kluth（2009）、Doyle（2009）及 Friend 和 Bursuck（2019）的文獻。

圖 14-10 同儕教練模式

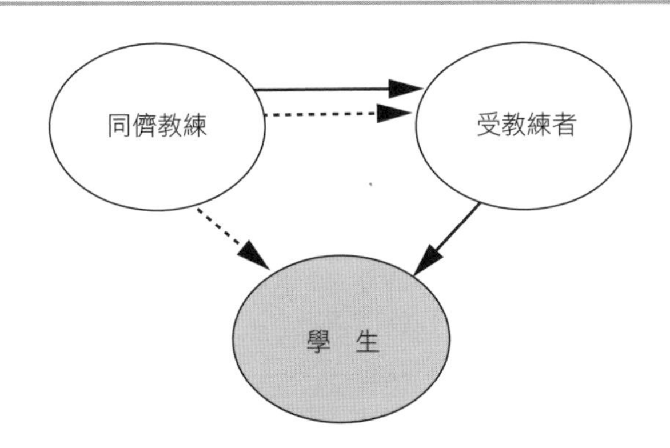

●註：──►表示直接服務，┈┈►表示間接服務；修改自 Bradley 和 Switlick（1997, p. 112），修改處為將學生的圖框加網底。

兩位幼兒園教師透過**交互的同儕教練**，提升彼此的專業知能，增進學生間的互動。Nowacek（1992）訪談五位合作之教師團隊的研究發現，在部分課程中，教師們一起計畫、共同教學，這些教師表示因此提升了彼此的專業知能，並且滿足了學生的個別需要。

另外，還可以合併使用上述這些模式，例如：兼採諮詢方案和合作教學模式，或抽離方案和合作教學模式等。至於要採取上述哪一種模式，以及特殊教育教師要提供多少支持和協助，端視普通教育教師的需求程度為何。Peterson 和 Hittie（2003）提出融合情境中的連續性服務模式，從最少量的支持和服務，到最多量的支持和服務，它是相對於 Deno 於 1970 年所提的「連續性安置模式」，Peterson 和 Hittie 認為，Deno 的模式假定要得到更深入的服務，就必須到愈隔離的安置中；他們認為不見得要如此，而是可以把特殊教育服務納入融合情境中，形成**連續性的服務模式**。我依據 Peterson 和 Hittie 的說法，稍微修正服務的內容如圖 14-11。

圖 14-11 融合情境中的連續性服務模式

最多量的支持和服務 ↑	除了以下所列的服務，另外增加額外的諮詢服務，或是實施抽離方案，提供特殊需求學生直接服務。
	特殊教育教師提供超過半數到全時的合作教學，並且為特殊需求學生建立朋友圈。
	另外加入特教助理員部分到全時的教室內協助。
	另外加入特殊教育相關專業人員（例如：語言治療師、物理治療師）部分時間的協助。
	特殊教育教師提供合作諮詢。
	特殊教育教師提供部分時間的教室內協助，例如調整課程內容、教導特殊需求學生、教導全班同學如何協助特殊同儕等。
最少量的支持和服務	特殊教育教師和普通班教師、家長，以及特殊教育相關專業人員共同計畫。

●註：修改自 Peterson 和 Hittie（2003, p. 131），修改部分的服務內容。

Nolet 和 Tindal（1996）提出**課程本位的合作**，Warger 和 Pugach（1996）提出**以課程為核心的問題解決過程**，作為特殊教育與普通教育教師合作的模式，共同發展預防性的課程計畫，以及為班上有特殊需求的學生調整課程，其過程分成四個階段：第一階段是**定向**，特殊教育教師與普通教育教師先建立關係，溝通信念，共同檢查教材，了解學生特質；第二階段是**界定問題**，兩位教師共同分析課程，討論課程目標與策略，並找出學生學習此課程可能產生的困難；第三階段是**介入**，兩位教師腦力激盪，發展介入和調整課程的策略，設計服務計畫，而後執行之；最後階段是**結束**，兩位教師共同決定評量學生學習結果和進步情形的方法，並且實施之。至於特殊教育與普通教育教師合作的方式，則可選擇上述介紹的抽離方案、諮詢方案、合作教學、輔助服務，或是結合其中的幾種方法。

第 3 節 特殊與普通教育教師合作實施融合教育的作法

我從作法芻議和實證研究兩方面，探討特殊與普通教育教師合作實施融合教育的作法。

壹、特殊與普通教育教師合作實施融合教育的作法芻議

我從針對特殊需求學生和相關人員的需求設計與實施介入或支持計畫、設計改變特殊需求學生安置環境之轉銜計畫，以及協助普通班教師和特殊需求學生做好轉銜的準備三方面，討論特教與普教教師合作實施融合教育的作法。

一、針對特殊需求學生和相關人員的需求設計與實施介入或支持計畫

特殊教育教師協助普通班教師實施融合教育時，除了特殊需求學生為服務的目標對象外，還須注意班級中相關人員（例如：普通班教師、家長和一般學生）的需求，他們都攸關融合教育的實施成效。我依據第 7 章功能—生態取向和課程本位評量的文獻，整理出了解相關人員的需求，設計與實施介入或支持計畫的過程如圖 14-12，包括了五個步驟，詳細討論如下。

圖 14-12 設計與實施介入或支持計畫的過程

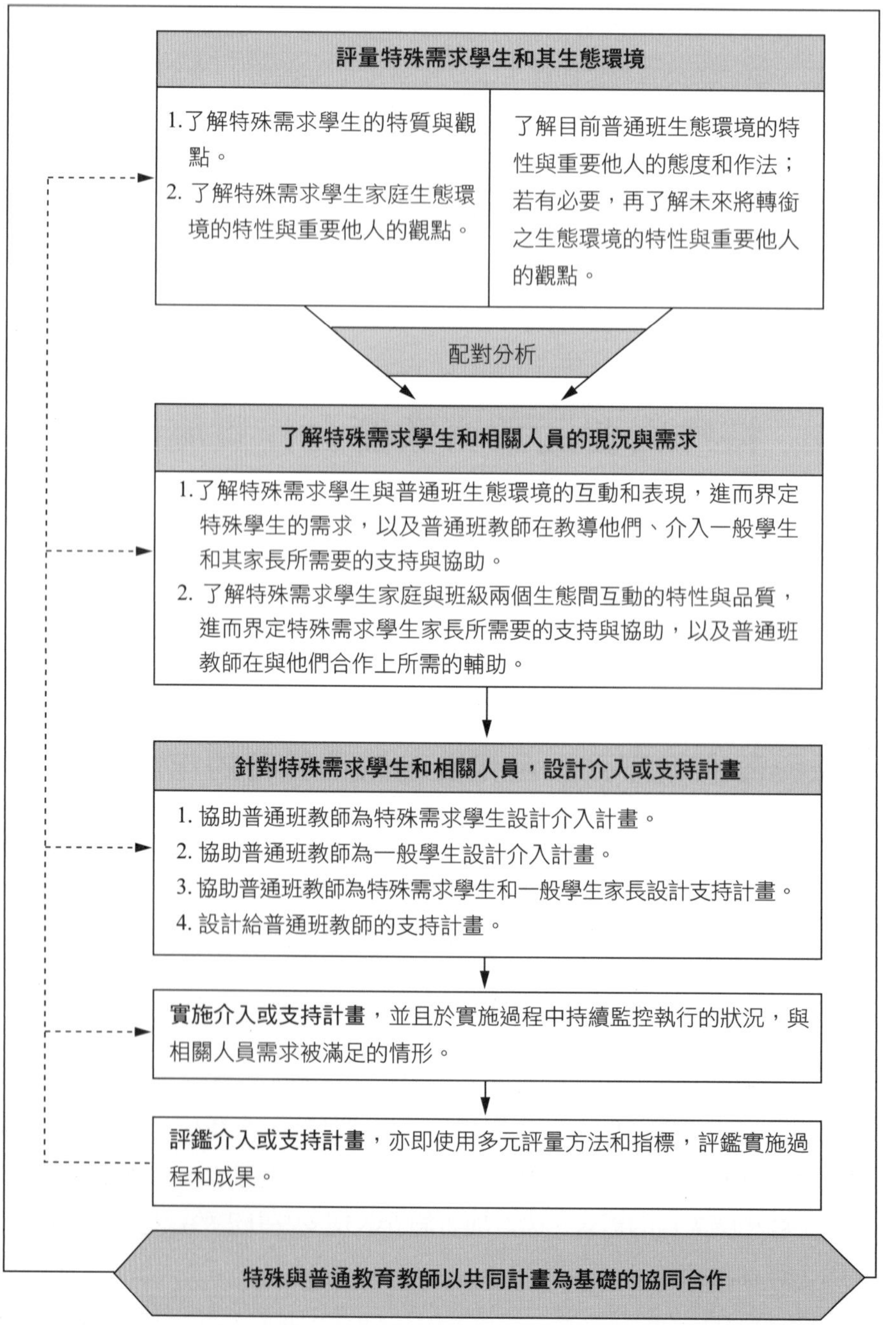

評量特殊需求學生和其生態環境

1. 了解特殊需求學生的特質與觀點。
2. 了解特殊需求學生家庭生態環境的特性與重要他人的觀點。

了解目前普通班生態環境的特性與重要他人的態度和作法；若有必要，再了解未來將轉銜之生態環境的特性與重要他人的觀點。

配對分析

了解特殊需求學生和相關人員的現況與需求

1. 了解特殊需求學生與普通班生態環境的互動和表現，進而界定特殊學生的需求，以及普通班教師在教導他們、介入一般學生和其家長所需要的支持與協助。
2. 了解特殊需求學生家庭與班級兩個生態間互動的特性與品質，進而界定特殊需求學生家長所需要的支持與協助，以及普通班教師在與他們合作上所需的輔助。

針對特殊需求學生和相關人員，設計介入或支持計畫

1. 協助普通班教師為特殊需求學生設計介入計畫。
2. 協助普通班教師為一般學生設計介入計畫。
3. 協助普通班教師為特殊需求學生和一般學生家長設計支持計畫。
4. 設計給普通班教師的支持計畫。

實施介入或支持計畫，並且於實施過程中持續監控執行的狀況，與相關人員需求被滿足的情形。

評鑑介入或支持計畫，亦即使用多元評量方法和指標，評鑑實施過程和成果。

特殊與普通教育教師以共同計畫為基礎的協同合作

●註：——►表示步驟的進程；┈┈►表示評鑑後檢核之前的步驟，再重新開始。

（一）評量特殊需求學生和其生態環境

特殊教育教師欲針對相關人員的需求設計和實施介入或支持計畫，要知道特殊需求學生最重要的生態環境為普通班級；依據**功能—生態取向的評量**，在此步驟須先了解生態體系四個重要向度中的前兩個，一為特殊需求學生的特質與觀點，此部分已於第 7 章討論過；另一為特殊需求學生所處的生態環境。普通班級和其家庭為特殊需求學生重要的微視體系，因此須了解特殊需求學生家庭生態環境的特性與重要他人的觀點，亦即蒐集特殊需求學生的家庭生態環境資料，檢視其家長對他們的教養態度和作法，特殊教育教師可以協同普通教育教師進行家庭訪問。另外，特殊教育教師了解目前普通班生態環境的特性，與重要他人的態度和作法，亦即蒐集普通班生態環境特性和要求的資料，包括普通班的心理環境（普通班教師、一般學生和其家長對該位特殊需求學生的觀感），以及物理環境、生活作息、行為管理、課程和教學等方面的特性，與普通班教師的要求和作法。以國小階段為例，特殊教育教師可以運用「適應國小普通班所需重要行為和能力量表」（如附錄 92），和「國小特殊需求學生在普通班適應狀況量表」（如附錄 34），了解普通班教師對適應國小普通班所需行為和能力之觀點，接著檢視特殊需求學生之表現與教師期待間的差距。特殊教育教師還可以使用「普通班生態環境調查問卷」（如附錄 92），了解普通班環境的特性，以及特殊需求學生與環境的互動情形；如果特殊需求學生即將轉銜下一個生態環境，可再了解未來將轉銜之生態環境的特性與重要他人的觀點（如第 13 章）。除此，特殊教育教師可以採取「普通班教師需求調查問卷」（如附錄 93），了解普通教育教師的背景資料、曾教過特殊需求學生的經驗與感受和再教導他們的意願，以及實施融合教育的支持需求；並且採用「融合教育知識與態度問卷」（如附錄 99），「普通教育教師課程與教學規畫實施現況問卷」（如附錄 100），以了解普通班教師對融合教育之知識與態度，及課程與教學規畫實施的現況，作為擬訂支持計畫的基礎。

（二）了解特殊需求學生和相關人員的現況與需求

在獲得特殊需求學生和其生態環境的評量資料後，接著特殊教育教師了解生態體系四個重要向度中的後兩個，一為了解特殊需求學生與普通班生態環境間的互動，包含採取「功能－生態取向評量」，了解特殊需求學生與普通班環境間的互動特性和表現；若特殊需求學生有學業學習的問題，可進一步採取**課程本位評量**，分析特殊需求學生在特定課程單元上的前測結果，以及該單元所需先備能力和行為上的表現，以分析特殊需求學生與普通班生態環境間的適配性和差異情形，與造成其適應困難的個體和環境因素，進而界定特殊需求學生的需求，以及普通班教師在教導他們需要的支持與協助。另外，如果一般學生和其家長對特殊需求學生的接納度低，還須界定普通班教師介入一般學生和其家長的需求。另一為了解特殊需求學生家庭與班級兩個生態間互動的特性與品質，亦即了解家長能否配合班級教學，家長在教養其特殊需求孩子是否有困難，以及親師互動是否順暢，進而界定普通班教師和家長的需求。

（三）為特殊需求學生和相關人員設計介入或支持計畫

彙整前兩部分資料，特殊教育教師即可針對特殊需求學生和相關人員的需求，與普通教育教師合作設計介入或支持計畫，包含為特殊和一般學生設計介入計畫，以及設計給學生家長和普通班教師的支持計畫。特殊需求學生的介入計畫已於第 7 章呈現（如附錄 42「普通班特殊需求學生個別化教育（支持）計畫及教師促進學生融合的策略芻議」），我舉一例說明如附錄 101。我另外設計了「普通班相關人員的介入或支持計畫」（如附錄 102），包含協助普通班教師為一般學生和家長設計的介入計畫，以及設計給普通班教師的支持計畫，期待特殊需求學生能融合於普通班，進而獲得良好的適應。

（四）實施介入或支持計畫

依據設計的介入或支持計畫，之後便可付諸實施，實施過程中還須持續監控相關人員需求被滿足的情形。

（五）評鑑介入或支持計畫

最後評鑑介入或支持計畫，特殊教育教師宜使用多元評量方法和指標，評鑑實施過程和結果，過程的指標有課程與教學、團隊合作等；結果的指標有特殊和一般學生的學習成效、普通和特殊教育教師的專業成長和滿意度等。

我曾與一所國小資源班教師合作，提供特殊教育的支持服務於普通班級中，合作協助融合於普通班中的泛自閉症學生；實施過程即採取上述步驟，根據需求分析的結果擬訂「介入或支持計畫」，包括四方面：一是給泛自閉症學生的介入計畫，涵蓋在開學前，資源教師針對新生實施兩週的學前準備班課程，讓他們對國小的學校生活有所準備（例如：教導他們能學會坐好三步驟、能注意看、能注意聽、能適當發問、能安靜欣賞文章、能和老師參觀校園不脫隊、能回應教師問的問題）；資源教師提供學業輔導、社交技巧訓練，並將目標擬訂於 IEP 中；對於有行為問題的學生，資源教師與普通班教師共同設計PBS計畫。二是給普通班教師的支持計畫，內容有：（1）在開學前，資源教師提供「特教知能研習」（例如：泛自閉症學生的特徵、醫藥的介入、有效教學策略，以及班級經營和行為問題的介入、親師溝通、壓力調適）；（2）資源教師每週主動至班上關心普通班教師帶班的情形，並提供諮詢服務；（3）資源教師每月發行特教月報，提供普通班教師融合的教學技巧，並且報導融合班級經營卓越的教師，一方面鼓勵這些教師，另一方面提供典範讓其他教師學習；（4）資源教師協助普通班教師處理學生行為問題和給予人力支援；（5）資源教師請校長鼓勵面臨困境和挫折的普通班教師。

三是給家長的支持服務計畫，內容包括：（1）對於新入班的泛自閉症學生家長，資源教師在開學前實施家庭支持方案（例如：認識學校融合教育相關的支援與服務，學習如何有效地與孩子、學校教師和行政人員溝通、時間規畫和心理調適），而且此課程會持續在學期中進行，教導家長如何與教師溝通，如何配合學校在家指導孩子；（2）對於已入班的泛自閉症學生家長，持續針對他們的需求，提供家庭支持方案（例如：教導家長如何陪孩子閱讀、和孩子溝通、調整孩子在普通班的課程內容、處理孩子的問題行為、學習肯定自己和別人）；（3）安排校內特教諮詢時間，提供全校教師和家長諮詢服務；（4）透過班親會，資源教師協同行政人員和班級導師，向一般學生的家長說明該班泛自閉症學生的情形，讓他們了解其孩子和泛自閉症同學同一班會有的好處（例如：免費學習到EQ課程）。四是給一般學生的介入計畫，內容包括：（1）資源教師至融合班中協助普通班教師進行同儕介入課程，並協助他們持續營造接納和協助的班級氣氛；（2）在學校製作「助人小天使」步道，供全校學生認識和學習如何幫助身心障礙同學；（3）邀請同儕助教來資源班當志工等，讓更多一般學生有機會認識資源班。

二、設計改變特殊需求學生安置環境之轉銜計畫

對於某些欲從特殊教育轉銜至普通教育環境的特殊需求學生，特殊教育教師可以與行政人員、普通教育教師合作，設計特殊需求學生改變安置環境之轉銜計畫，為他們規畫融合安置之準備措施，以教導身心障礙學生及安排和準備較適合的普通班級，期待學生能有所進步，進而平穩地轉銜至普通班，這部分已於第 13 章討論過。

三、協助普通班教師和特殊需求學生做好轉銜的準備

第 13 章已討論到轉銜對特殊需求學生的重要性，因此在開學前，特殊教育教師可以協助普通班教師讓特殊需求學生在入班和離班前，做轉銜新環境的準備，包括認識新學校和班級的位置、生活作息，以及班級老師。除了幫特殊需求學生做好轉銜的準備外，也須協助家長對於其孩子的轉銜有心理準備，並且引導他們與教師合作，共同

幫助其孩子平穩地轉銜至新環境。黃雅君和張雯婷（2005）以資源教師及自閉症巡迴輔導教師的角色，協助輔導一位國中普通班自閉症學生行為問題的案例顯示，教師在該生進入國中前，便已從其國小教師處得知該生大部分時間在校內遊走，鮮少進教室上課；他們為了因應該生的問題，便在該生入國中前，反覆與其家長溝通，請家長為他做「進入國中後要進教室上課」的心理準備，我認為這就是在做「轉銜」。

另外，普通班教師接手一個新班級也是一種轉銜，特殊教育教師亦可以協助普通班教師做好轉銜的準備，包括針對舊生，在開學前，安排曾經帶過該位特殊需求學生的校內普通班教師（例如：帶過該生的國小低年級教師），分享教導經驗給新接手的普通班教師；針對新生，在開學前藉著訪談之前教導過該生的教師和家長，了解該生在過去學校（例如：幼兒園、國小）之表現情形，以及教師和家長的教導經驗，並且整理這些資料給新接手的教師。最後，當特殊需求學生即將離校，特殊教育教師可以轉銜他們的資料，以及輔導他們的經驗給新學校參考，不至於從頭摸索。

貳、特殊與普通教育教師合作實施融合教育的實證研究

關於特殊與普通教育教師合作實施融合教育的實證研究上，有兩方面：一為相關人員對特殊與普通教育教師合作實施融合教育觀感的調查研究；另一為特殊與普通教育教師合作介入普通班中特殊教育需求學生之研究。前者已在第 3 章第 1 節從普通和特殊教育教師的角度，討論他們對合作實施融合教育的觀感；另外，Gerber 和 Popp（1999）還從學生和其家長的角度，調查 70 位身心障礙和 53 位一般學生，以及 32 位和 37 位一般學生和身心障礙家長，對合作教學的觀感，結果顯示，他們對合作教學有高的滿意度；家長認為它能增進孩子的自尊和學習理解，並且關注的是對合作教學的溝通不足，如果孩子沒有進步的話，是否有配套措施，以及缺乏跨年級的持續實施。以下詳細討論特殊與普通教育教師合作介入普通班中特殊需求學生之研究，分成國外和臺灣兩部分呈現。

一、國外的研究

國外在 1990 年以後，有愈來愈多透過特殊與普通教育教師的合作，介入普通班中特殊需求學生學習需求之研究，我彙整 1990 至 2021 年的 26 篇研究，依照年代先後，相同年代者再依字母排序，將之呈現於附錄 103 第一部分。

這些研究中，特殊與普通教育教師合作的模式有合作諮詢和合作教學兩種，研究參與者從幼兒園到高中階段的特殊需求和一般學生都有，其中特殊需求學生以學障學

生居多，結果顯示，特殊需求和一般學生的學業表現、學習行為和社會能力均有提升；僅 Klingner、Vaughn、 Hughes 等人（1998）的研究指出，少數未具備基本閱讀能力的學障學生沒有進步，研究者指出僅採合作教學模式協助學生是不夠的，他們建議還需要抽離出來，提供個別化的教學。Schulte 等人（1990）的研究亦顯示，接受有提供直接教學（即抽離方案）之合作諮詢服務，相較於接受抽離式資源方案，沒有提供直接教學的合作諮詢服務來得好。還有研究比較不同合作模式的成效，例如：S. Vaughn、Elbaum 等人表示，接受合作諮詢的學障和高成就學生，在自我概念以及同儕接納度和友誼關係上，比接受合作教學者，有較多的進步；然而我認為這方面的研究尚不夠多，還無法下定論。從一般學生的學習未受減損來看，正呼應 Peterson 和 Hittie（2003）所云：「在融合班級裡，雖然一開始我們是為了某些特殊需求的學生做調整和改變，但後來會發現很多學生也都因此而受益。」（p. 172）

除了學生的表現多有提升外，這些研究中的特殊與普通教育教師都表示透過合作，感受到自己的教學知能有所成長。不過一些研究指出：教師表達採用最多的合作教學模式為一主教一協助，較欠缺其他合作教學模式的知能與經驗（Pancsofar & Petroff, 2016）；缺乏有效實施合作計畫、合作教導和合作評量等合作教學經驗（Brendle et al., 2017），這兩篇研究皆提及教師需要更多合作教學的專業知能訓練。有研究（Compton et al., 1998）還指出：教師於合作教學中遭遇到合作計畫和教室掌控的問題，需要行政支持。

Murawski 和 Swanson（2001）後設分析 89 篇特殊與普通教育教師合作教學的研究，其中僅六篇提供充分的量化資料，結果顯示屬中等程度的效果；他們也指出，這些研究沒有提供**介入完整度**（treatment integrity）的資料（亦即是否按照預期計畫實施介入方案），無從得知這些研究是否確實進行了合作教學。另外，Murawski 和 Swanson 進一步表示，這些研究未提供充分的資料，以說明合作教學是否會受到年級、性別、障礙類別和程度、研究時間長短等因素的影響。Scruggs 和 Mastropieri（2007）系統回顧 32 篇合作教學的研究發現，採用最多的合作教學模式為**一主教一協助**，特殊教育教師經常扮演協助者的角色，一些常受推薦的教學策略，例如：同儕中介、策略教學等，很少在合作教學中被運用。由此可知，教師在合作教學的運用上尚需更多的在職訓練。

二、臺灣的研究

臺灣 1990 至 2021 年間，探究藉由特殊和普通教育教師，或普通教育教師和特教助理員、普通教育教師彼此間合作，共同介入普通班中特殊需求學生學習問題、發展和實施課程與教學調整方案者有 21 篇；我依照年代先後，將此部分的研究整理在附錄 103 第二部分。

綜合這些研究發現，從研究參與者來看，其中有四篇是幼兒園的特殊需求幼兒（李惠藺，2001；吳曉婷，2018；柯雅齡，2018；陳宜伶，2006），兩篇是國中特殊需求學生（黃薷平，2014；龔雅芬，2005），其他 15 篇則是國小特殊需求學生（王櫻瑾，2007；吳淑美，1996；林坤燦、郭又方，2004；林惠芳，2005；柯懿真，2004；柳健玫，2006；秦麗花、顏瑩玫，2004；曾于真，2002；黃亞瀅，2004；黃慧貞，2005；鈕文英，2005；陳淑芬，2003；蔣明珊，2002；蕭忠輝，2004；蘇文利，2004）；除了吳淑美的研究較特殊，是在竹師實小特教實驗班外，其餘研究都以普通國小特殊需求學生為參與者，包括智障、學障、聽障、肢障、泛自閉症、AD/HD、多重障礙、重度器官缺損、資優，以及其他學習困難（包含臨界智障、疑似學障、識字閱讀困難）者；其中以智障、學障和其他學習困難者占多數，而且場域在普通國小的研究中，障礙程度則輕、中、重度均有，輕度較多。在年齡上較偏向學前和國小低、中年級，國小高年級和國中僅四篇，高中以上的研究則無。由此可知，針對國小高年級以上、中重度障礙，以及與一般同儕間學業成就差距大之學生，所做的課程調整研究較為有限，值得繼續探究。

從介入的課程來看，除了學前的四篇，以及吳淑美（1996）的研究涵蓋所有課程和活動外，其他研究介入的有語文、數學、社會技能，其中以數學居多；只有兩篇（曾于真，2002；鈕文英，2005）同時介入國語和數學兩個學習領域。從介入課程的模式來看，這些研究對特殊需求學生所做的課程與教學調整，除了吳淑美的研究是普通教育教師和特教助理員合作教學，柯雅齡（2018）的研究是兩位普通教育教師合作教學，林惠芳（2005）的研究是特殊教育教師和學校提供支援，加上請家長配合外，其他研究均採特殊與普通教育教師合作計畫的方式進行，而後在實施上部分研究採取合作教學模式（吳曉婷，2018；柯懿真，2004；陳淑芬，2003；黃慧貞，2005；黃薷平，2014；蔣明珊，2002；蕭忠輝，2004；龔雅芬，2005）；部分研究採取合作諮詢模式（王櫻瑾，2007；李惠藺，2001；林坤燦、郭又方，2004；柳健玫，2006；秦麗花、顏瑩玫，2004；曾于真，2002；陳宜伶，2006；黃亞瀅，2004；蘇文利，2004）；部分研究兼採合作諮詢和抽離方案（鈕文英，2005）。

至於課程介入策略的發展過程，這 21 篇研究中除蕭忠輝（2004）提及以**課程本位評量**為依據；鈕文英（2005）採取**功能－生態取向**和**課程本位評量**，並且設計評量工具和具體的步驟；秦麗花和顏瑩玫（2004）採用以課程為核心的合作模式；曾于真（2002）藉由了解學生之班級生態環境；蔣明珊（2002）透過發現普通班教師教導特殊需求學生的狀況和需求，以及評量學生的需求和特徵，發展課程與教學調整方案外，其他研究並未明確說明依據何種理論模式，採取哪些具體的步驟來發展課程與教學調整方案。

而在課程介入策略上，部分研究介入IEP的擬訂和其融入教學（柳健玫，2006）；部分研究的介入策略是以特定的評量模式為依據，例如：蕭忠輝（2004）以課程本位評量作為介入策略，藉由課程本位評量找出每位學生的學習問題，進而針對問題提供回饋和補救；部分研究沒有明顯的介入策略，僅提及合作教學模式；部分研究尚提出廣泛的介入策略，如同前一節所提各種課程與教學調整策略。另外，這 18 項研究中，除蔣明珊（2002）及鈕文英（2005）有提及考量某些原則發展課程與教學調整方案外，其他研究均未具體闡述，例如：蘇文利（2004）的研究即指出，有同儕助教模仿特殊需求學生不適當情緒表達的情形，以及介入策略過於凸顯差異，而造成一般學生對特殊需求學生略有負面印象，由此可知，發展和實施調整策略時宜注意一些原則。蔣明珊提及適合大班教學使用；能融入教學活動中；符合實際教學情境；適合多數學生學習；考慮特殊需求學生的年齡、身心發展和特質；根據相關研究和文獻，以及研究者的教學經驗等原則。鈕文英則考慮針對學生的問題和符合其需求，適合其生理年齡，在其「近側發展區」內發展，並且注意此策略是最少干預和最大融合，以及是可行的（亦即適合大班教學和多數學生使用，能融入教學情境和活動中）等原則。

從研究結果來看，主要由特殊需求學生、一般學生、普通教育教師和資源教師四方面的改變情形，檢視課程與教學調整方案的成效。從特殊需求學生的學習成效來說，成效指標包括了國語和數學學業成就、學習態度和行為、完成作業、自我概念、情緒管理和人際互動技巧等方面。上述 17 項研究均顯示某些身心障礙和其他學習困難學生在這些指標上有一些進步；而蔣明珊（2002）的研究指出，資優學生的專心度視其特質和活動內容而定，且大部分資優學生的國語學習適應狀況、國語態度和學業成就沒有明顯變化。從一般學生的學習成效來說，11 篇有探討的研究均顯示一般學生能從調整方案獲益；僅秦麗花和顏瑩玫（2004）的研究進一步指出，學生因程度和不同單元而有不同的受益量；以鈕文英（2005）的研究為例，參與普通班導師有如下的回應。由此可知，普通班教師的教學更加活潑且具體化，不只讓特殊需求學生獲益，同時也造福一般學生。

> 高年級數學較抽象，這次考慮到 SA1（智障學生）的理解問題，所以課堂上全班都增加實物操作，發現整體效果都提升，日後可以盡量朝這方向教學。學生透過實際操作，學習興趣濃厚，參與度、師生互動提升了，學習成效比以往講述、示範更好。學生喜歡上這個單元，概念清楚，作答有信心，這單元〔分類整理〕全班評量結果最好。（B 資普討論 940114-1）

> 因為討論 SA2（智障學生）圈圈詞的問題，後來採用將圈詞卡貼在黑板上增加視覺線索，沒想到班上另外一位注意力不足的孩子也獲益；過去老師念圈詞，他常因跟不上而哭，自從貼在黑板上後他就不哭了。（A 資普討論 930106-1）

從普通教育教師的專業成長來說，上述 20 篇研究中的普通教育教師均肯定合作的效果，同時也增進他們對特殊需求學生的了解與接納，所使用的調整策略均有明顯增加，對課程與教學調整持正向的看法，而且認為自己的專業能力有成長。從資源教師的專業成長來說，九篇有探討的研究均顯示資源教師重新定位其角色，並且更加了解普通班的課程和教學，增進了溝通能力和合作諮詢技巧。綜論上述這些研究發現，在普通學校中藉由特殊和普通教育教師合作，共同發展和實施課程與教學調整方案，對特殊需求和一般學生、普通和特殊教育教師均有助益，值得繼續推展。

以鈕文英（2005）的研究為例，乃由資源教師與普通班導師合作發展和實施課程與教學調整方案，在合作計畫的基礎上，採抽離和諮詢兩種方案，介入國語和數學課程；課程與教學調整方案主要依據功能－生態取向和課程本位評量發展而成，其發展和實施過程大致可分成**教學前**、**教學中**和**教學後**三個階段，教學前階段主要在評量認知障礙學生和其目前所處的生態環境，之後做配對分析，找出學生與環境，以及特定課程單元間的差異或不適配處，並且了解家庭與班級兩個生態間互動的特性與品質，再整合界定出學生和普通班導師需要的支持與協助，發展課程與教學調整方案。課程與教學調整方案的內容則是因應學生的個別差異和需求，設計內在調整策略（教導學生學習行為和策略），和外在調整策略（調整課程和教學成分）；在設計調整策略時，盡可能考量認知障礙學生的需求，針對全班實施，成為基本的調整策略；如果不適合，而認知障礙學生又有需要的話，則再採取針對個別學生的調整策略。基本的調整策略是由普通班導師實施；針對個別學生的調整策略又可分為一般的調整和特定的調整兩種，乃視狀況由普通班導師，或（和）資源教師實施，而資源教師是於普通班該課程單元教學時間的前、中，或（和）後，安排抽離時間的教學。

資源班的教學時間點安排在普通班該單元教學之前，主要目的是由資源教師先教導認知障礙學生學習該單元的先備概念或經驗，來因應其學習該單元遭遇的困難；協助他們預習該單元的內容，提供有助於理解課程內容和跟上課程進度的輔助工具（例如：文本結構圖、圈詞卡）；完成能促進其課堂參與的活動（例如：將不會的字詞圈出並注音，標示文本的段落）；以及引起其學習動機。安排在普通班該單元教學之中，其角色乃複習和練習正學得的概念；澄清迷思概念，因應解題錯誤；教導學習策略，功能性的活動或技能，和使用調整型學習用具（例如：調整型的量角器）或新的教具來學習；以及協助完成課堂上未做完的作業，和進行課堂中導師來不及完成的重要教學活動。安排在普通班該單元教學之後，其功能在針對認知障礙學生未達到之學習目標進行補救教學，以及做後續的評量。接著教學中階段主要在實施課程與教學調整方案，於實施過程中仍持續監控學生和教師需求被滿足的情形；教學後階段則採用「課程本位評量」和其他方法，檢視課程與教學調整方案的成效。

鈕文英（2005）的研究結果發現，多數普通班導師於實施課程與教學調整方案之後，在使用調整策略的內涵和數量上皆有提升；還有他們更加了解認知障礙學生，改變認知障礙學生無法在普通班級中學習的觀念，修正對課程與教學調整的錯誤觀念，並且對認知障礙學生的教學與輔導更積極、更有參與感，主動與資源教師聯繫和合作，學習到一些教學態度和方法、班級經營策略，以協助認知障礙學生。以下是部分普通班導師的回饋：

> 我會覺得說他（SB1，智障學生）的智力只有 3、4 歲，來上普通班的課好像在浪費時間。可是後來我覺得其實他還是可以學，而且班上的同學還可以幫助他，我的觀念就扭轉過來，他跟程度比較好的同學在一起的時候，可以把他慢慢的帶上來。所以最大的改變就是發現他可以學習。（TB1 正訪後-8）
> 我們沒有障礙的人不會去想到小細節，因為他們的障礙，我們就要去想怎麼樣對他們會比較好。……我們步驟要切得比較細一點，講得比較明白，他學起來的障礙就會減少；而且我覺得不只是對 SA2（智障學生），對其他的小孩也幫助到了。（TA2 正訪後-5）
> 我們一直忽略掉該給他（SC2，智障學生）什麼樣的幫助，而且會有一種我不是這樣教，我希望你能學多少算多少，忽略到說其實我們換另一種方式，解釋本不要讓他用抄的，那大家在抄的時候他可以念，他可以節省這個時間去念，那練習度愈高，他可能學習到的東西更多。……我就學到這不只是他需要，更多的孩子也需要，有些程度也是跟不上，其實這個方面，我就可以讓他們用這種方式，他們可能比較不會學習得那麼困難。（TC2 正訪後-20）

從資源教師教學態度和知能的成長來看，於實施課程與教學調整方案之後，資源教師表示，在身心障礙學生和普通班教師的困難和需求，普通班的生態、課程、教材教具和教學有更進一步的了解；在與普通班教師合作、分析教材、評量學生能力、發展教學計畫、改進和研發教具，以及給予學生和教師學習成效具體回饋等方面，均有所成長。以下是部分資源教師的回饋：

會去思考過去孩子只在資源班接受教學，對他的幫助其實不如走到他的教室看看他是怎麼學習的。自己也會覺得這樣才像個專業的特教老師。這是一場和普通班教師的教學合作，非常難得，對我的特教生涯是跨出了一大步，也擴展了教學視野，我希望特教老師應該也要多聽聽普通班教師的心聲，才能為學生做最適合的教學。（RB 正訪後-10）

在觀念上，以前學的融合教育，是訓練我們如何使普通班的學生和特殊教育需求學生相處，或是教導資源班學生該做什麼事會變得更正常，才能和同學融合，從來沒人想過為什麼資源班老師不先跟普通班老師融合呢？這次正好有機會讓我和兩位老師有長達一年的研究。……教學上，以往在開 IEP 會議時，大都是資源班老師主導，較少有這樣的機會和老師合作，才發現原來在教學上我們是可以合作的。（RC 正訪後-6）

這個方案的最大優點就是：讓普通班老師知道課程調整不是他們原先所想的，要做全面修改，把五年級調整成一、二年級程度的，全班來做。以前老師聽到課程調整就會有很激烈的反應說：「不可能」；透過這樣的研究，改變了原先的觀念，而且親身做過，他們就知道效果有多好。……這是這個方案最值得我們認同的地方。……這樣的過程可以讓普通班老師共同成長，體認特殊需求學生是普通和特殊教育教師的共同學生，普通班老師也可以提供特殊需求學生一些學習上的協助，特殊需求學生在普通班也可以有適當的學習表現；所以該方案是可以繼續推展的。（RD 正訪後-25、27）

總結

綜合本章的討論可以歸納出，因應融合教育，特殊和普通教育教師必須從分立的關係，轉變為合作的關係。正如本章的章頭語和導讀案例所言：普通教育教師就像左手，特殊教育教師就像右手，唯有雙手齊心協力，才能拉起一張協助學生的支持網，達成更多的教育任務。特殊教育教師可以協助普通班教師和特殊需求學生做好轉銜的準備；針對特殊需求學生和相關人員的需求，與普通教育教師合作設計與實施介入或支持計畫；以及與行政人員、普通教育教師合作，設計特殊需求學生改變安置環境之轉銜計畫。至於特殊和普通教育教師合作的模式，有抽離方案、諮詢方案、合作教學、輔助服務和教練模式五種，它們均建立在共同計畫的基礎上。

第 15 章

學校如何實施融合教育（二）：學校行政支援的提供

第 1 節　學校在實施融合教育上的角色和作法

第 2 節　學校行政支援融合教育實施之研究

在開始改變一種狀況之前，人們必須相信改變的可能性。改變是一種過程，每一次偉大的改變都是因為人們在過程中點點滴滴做了許多小事情。

導讀案例和本章目標

一位普通班教師表示：「我們學校有時候活動多，那我們課就會趕嘛！比較沒有辦法說今天換這個，明天換那個，就沒有辦法變化很多，因為趕課。如果每個活動都進行的話，就會花比較多的時間。」一位資源教師提及：「我想要與普通班教師討論他們班特殊需求學生的問題；但他們的課務繁重，加上學校活動多，幾乎沒有空與我討論。」

兩位教師表達的心聲，是否反映臺灣在實施融合教育上遭遇到的問題？學校可以如何因應此問題呢？

從本章的內容，讀者可以學習到：學校在實施融合教育上扮演什麼角色、可採取的作法，以及學校行政支援融合教育實施之研究。

第 1 節 學校在實施融合教育上的角色和作法

以下呈現學校在實施融合教育上扮演的角色，以及可採取的作法。

壹、學校在實施融合教育上扮演的角色

第 3 章的研究回顧顯示，接受愈多訓練、特教和行政支持之教師，對於實施融合教育的效能感受愈高，教學生態環境和成效的滿意度愈佳，以及對特殊需求學生和融合教育的態度也愈趨正向（洪雪玲，2003；鄭佩玲，2003；蘇昭昇，2003；Avramidis et al., 2000; E. W. Carter & Hughes, 2006; Engelbrecht et al., 2003; Gemmel-Crosby & Hanzlik, 1994）。Thousand 和 Villa（1995b）指出，過去普通教育行政人員僅經營普通教育方案，而將經營特殊教育方案的責任加諸於特教行政人員身上；實施融合教育之後，普通教育行政人員的角色轉變成**為所有學生經營教育方案**，提出融合教育的願景，提供資源支持全校教職員以因應所有學生的需求，充當合作問題解決團隊的一員以化解阻力。由此可知，學校在實施融合教育上扮演提供訓練、支持和協助的角色。

貳、學校在實施融合教育上可採取的作法

關於學校在實施融合教育上可採取的作法，我先呈現文獻，而後整理出建議。Knoster 等人（2000）提到，學校系統因應融合教育做的改變可包括**起始**、**實施**、**維持**與**開展**四個階段；而改變過程中有五個要素，乃**願景**、**動機**、**資源**、**專業能力**和**行動計畫**，行動計畫即包含願景、動機、資源、專業能力四方面，以及考量四個階段需求所做的規畫，在此計畫中要分析阻力和助力因素，進而去除阻力和增加助力；而且他們建議行動計畫宜邀請教師參與，如此方能獲得接納與認同，整個改變過程的架構如圖 15-1。

圖 15-1 學校系統因應融合教育所做改變之過程與內涵

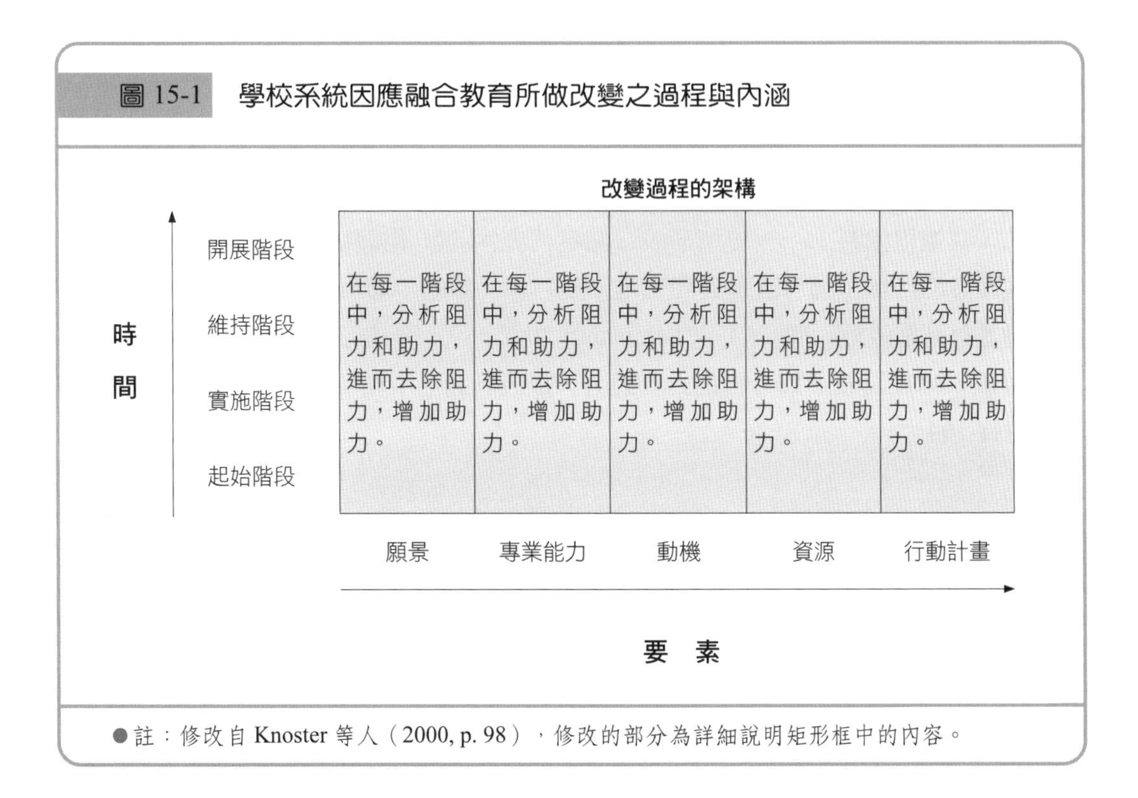

●註：修改自 Knoster 等人（2000, p. 98），修改的部分為詳細說明矩形框中的內容。

Knoster 等人（2000）延續 Thousand 和 Villa（1995b）進一步指出，若缺乏上述五項要素會產生的結果：（1）讓學校教職員擁有共同的願景，若少了它，則會迷失方向（如插畫 15-1）；（2）建立教師在融合學校中教育所有學生的專業能力，若沒有它，則會導致焦慮；（3）提升所有教職員參與融合教育的動機，若欠缺它，則會形成抗拒；（4）提供教職員經營融合教育所需資源，若失去它，則會產生挫折感；（5）計畫和採取行動，若漏掉它，則只是反覆從事例行工作，最後無法獲致什麼效果。

插畫 15-1　願景在實施融合教育的重要性

沒有願景，我們對於未來的方向將感到迷惘。（Wehmeyer, Sands, et al., 2002, p. 95）

Schmidt 和 Harriman（1998）指出，實施融合教育的行動計畫是透過團隊合作設計完成的，其過程如圖 15-2，包括形成一個具代表性的計畫團隊、發展共同的願景、界定實現願景的目標、腦力激盪共同思考達到目標的策略、發展一個工作計畫，以及實施計畫並且評鑑成效六個步驟。Cheminais（2002）進一步表示，針對融合教育方案的實施可做 SWOT 分析，即分析助力和阻力，以設計適合所屬環境的解決策略，分析工具如附錄 104。

圖 15-2　合作計畫的過程

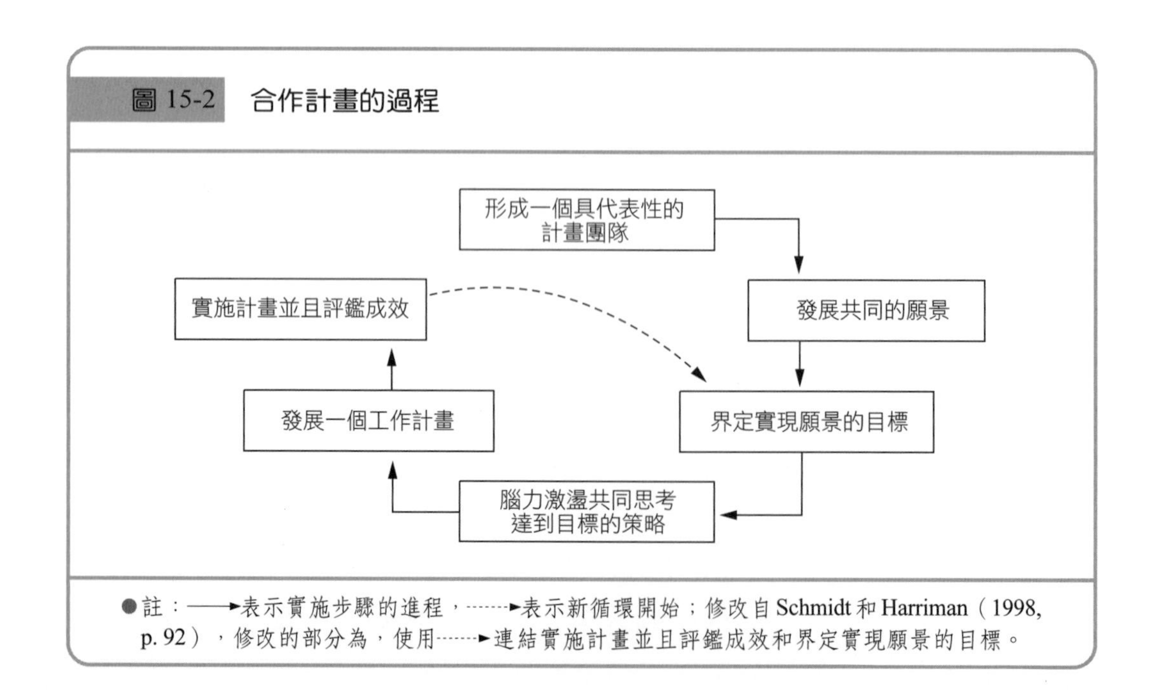

●註：——►表示實施步驟的進程，-------►表示新循環開始；修改自 Schmidt 和 Harriman（1998, p. 92），修改的部分為，使用-------►連結實施計畫並且評鑑成效和界定實現願景的目標。

Janney等人（1995）提供校長以下七點實施融合教育的建議：（1）表現積極正向的態度和行為；（2）一開始即徵求教師的意願；（3）讓每位教職員參與在實施融合教育的準備和計畫中；（4）提供資訊、方向和訓練；（5）提供資源和準備措施；（6）剛開始小範圍地實施融合教育，並且建立制度；（7）賦予教師提出實施融合教育作法的機會。

我認為Knoster等人（2000）所謂的起始融合教育方案需要準備和規畫，而如何維持與開展融合教育方案，是否需要修正方案內容，則仰賴方案的評鑑，最後，分享實施融合教育方案的經驗亦很重要，它能讓習得的實務知識傳承下去。因此，我將學校系統因應融合教育所做的改變分成，準備、規畫、執行，以及評鑑與分享四個階段；而後綜合文獻（鈕文英，2002b；J. G. Bailey, 1995; B. V. Cline et al., 1993; J. Evans et al., 1999; Grenot-Scheyer, Staub, & Fisher, 2001; Keenan, 1997; Schrag, 1993; Van Dyke et al., 1996; S. Vaughn, Elbaum, et al., 1998; Willis, 1994），加上自己的看法，整理出學校在實施融合教育上可採取的作法，依此四階段闡述如下。

一、準備融合教育方案階段

在準備融合教育方案階段，我提出以下八點建議，供學校行政人員實施。

1. 採取**合作協調的（adhocratic）領導形態**，加強**學校本位的校務經營**。依據文獻（D. D. Sage & Burrello, 1994; Skrtic, 1992; B. A. Wilson, 1999），學校行政要支持融合教育的實施，首先須改變學校結構成為**合作協調的**組織，這樣的組織是一個解決問題的組織，它具有彈性和自主性；在合作協調的原則下，以團隊的方式共同做決策，並且讓教師在課程的決定上有充權賦能的感覺，以及鼓勵家長參與學校事務的決策。Soodak和Erwin（1995）特別強調，教師鼓勵家長參與學校事務的決策，不是僅讓他們被動地行使同意權，而是主動提供他們參與決策的過程。
2. B. A. Wilson（1999）指出，**教師的態度**是實施融合教育的成功要素，忽視教師的聲音，將導致融合的失敗，在執行前必須傾聽教師的聲音。而教師的態度受其本身的信念所影響，Seligman（2006）即表示，信念是一切改變的根本。由此可知，向全校教職員溝通融合教育的價值和信念，以及實施理由和願景，是實施融合教育的第一步；另外，還須了解教職員對實施融合教育的關注焦點，藉由溝通實施融合教育的好處，與化解教職員的疑慮，來增加教職員參與融合教育的動機。G. E. Hall和Hord（2020）提出**關注本位採用模式（concerns-based adoption model）**，了解教師對融合教育的關注類型、階段和焦點，並進一步根據他們的關注提出因應策略，我整理於表 15-1，這不只拿來分析教師對融合教育的關注，亦可以應用在其他融合教育實施人員上。

表 15-1 教師對融合教育的關注類型、階段和焦點及因應策略

關注類型	關注階段	關注焦點	因應策略
影響關注（impact concerns）	6 再聚焦（refocusing）	關注焦點為調整融合教育的作法，以擴大融合教育效益。	促使教師分享實施融合教育的經驗，並進一步鼓勵他們提出和運用更多的作法，因應實施融合教育面臨的問題或困難，以擴大融合教育效益。
	5 合作（collaboration）	關注焦點為實施融合教育時，該如何與其他人員協調合作。	協助普通和特殊教育教師、其他人員合作實施融合教育，並且提供他們協調合作所需的策略和支援。
	4 結果（consequence）	關注焦點為融合教育對學生的影響。	協助教師蒐集並分析融合教育對學生影響的資料，且讓他們了解此結果和其採取之作法的關聯性，進一步鼓勵他們提出和運用更多的策略，以對學生產生更佳的影響。
任務關注（task concerns）	3 管理（management）	關注焦點在推動融合教育的目標與歷程，例如：學校實施融合教育的目標、單位、實施行程及完成期限等。	給予教師融合教育實施目標與歷程的具體作法和範例，並且提供他們所需的支持服務。
自我關注（self concerns）	2 個人（personal）	關心融合教育對個人有哪些影響。	焦點在降低教師的焦慮或排斥，同時提供具體、快速而直接的協助。
	1 資訊（informational）	有興趣知道更多有關融合教育或教育改革的資訊。	提供融合教育的資訊，進一步了解融合教育的內涵和助益。
	0 覺知（awareness）	對融合教育很少關注或參與。	目標側重在「引起教師的興趣」，並且讓教師了解教育特殊需求學生亦是他們的責任。

● 註：整理自 G. E. Hall 和 Hord（2020）。

3. 引導家長認識融合教育的理念與作法。
4. 加強普通教育教師實施融合教育的態度、知識和技能；特殊教育教師「如何與普通教育教師合作」、「諮詢技巧」等技能；以及行政人員如何實施融合教育、提供行政支援、協調溝通等能力。
5. 規畫與改進學校環境，朝向無障礙環境的目標邁進。
6. 發掘人力和物力資源，並且調查與建立社區資源庫，引進社區資源進入學校。

7. 設計「認識與接納個別差異」的輔導活動課程給全校學生。
8. 建立每位教師的檔案資料，掌握教師的任教經驗、專業訓練、教學風格和班級經營方法等，作為安置特殊需求學生和提供支持計畫、進修課程內容的參考。

二、規畫融合教育方案階段

在規畫融合教育方案階段，我提出以下 11 點建議，供學校行政人員參考。

1. 了解校內特殊需求學生的人數、類型、程度、能力、優勢和需求等。
2. 建議由學校「特殊教育推行委員會」採團隊的方式訂定「融合教育推動計畫」，形成計畫的過程中徵詢全體教職員和家長代表的意見，期待它是在全校共識下產生的，如此才不會造成推動上的困難；此計畫的內容可包括時間表、經費、空間、資源、人員等的安排，以及評鑑的方式和內容。
3. 安排適當的特殊需求學生數融入普通班，一個班級中不同類型特殊需求的學生不宜過多，在安排時也要考慮班級的條件及設備、教師的專業訓練和任教經驗，與特殊需求學生和其家長的看法等，最好能與全體教師討論合理、明確和有共識之安排特殊需求學生的機制，並且依據辦法酌減班級人數。
4. 讓教師在接手特殊需求學生之前，對該位特殊需求學生有所認識，並且協助他們做好心態和作法的準備。
5. 規畫空間的配置，規畫時須考慮學生的不同需求，例如：肢體障礙學生的教室宜在一樓等。
6. 加強學校的設備與資源，首先須調查學生和教師所需的設備及資源，而後有系統地購置或租借。
7. 課程進度壓力會影響普通班教師調整課程與教學的意願，以及教學品質。《十二年國民基本教育課程綱要總綱》（2014/2021）強調**彈性**，以及給予教師**專業自主**編選和增刪教材；然而多數普通班教師還是囿限於如下的想法：課本所有內容都要教，否則對家長難以交代，他們會擔心調整之後將面臨來自統一評量，以及同儕教師和家長質疑進度不一的壓力；即使部分學生已有學習困難，還是拚命趕課，學生和教師本身都承受著莫大的課程壓力。因此，建議學校給予普通班教師調整課程與教學（含評量）的專業自主權，讓他們能夠依照班級學生的需要編選教材，彈性調整評量的內容和方式，如此才能提升他們調整課程與教學的意願。此外，普通班教師在調整課程與教學時，他們還擔憂家長對課程與教學調整的質疑，這部分需要學校行政人員協助教師跟家長溝通調整的理念和作法，爭取家長的認同。

8. 鈕文英（2005）的研究發現，學校課程空白時間太少和活動過多，壓縮了普通班教師的教學時間，進而影響普通班教師調整課程與教學的意願和教學品質。因此，我建議學校保留部分彈性學習節數給普通班教師，讓他們能夠和特殊教育教師規畫及實施課程與教學調整方案，而不宜用學校活動或選修課程填滿彈性學習節數，如此才能提供普通班教師更多空白時間，進行補救教學和班級輔導。
9. 鈕文英（2005）的研究呈現，學校在規畫課程時，較少考慮特殊需求學生的需要，加入特殊教育教師的意見，例如：學校較少邀請特殊教育教師參與「學校課程發展委員會」，如此會阻礙融合教育課程與教學的實施。因此，我建議，學校能主動邀請特殊教育教師，參與「學校課程發展委員會」或「各學習領域課程小組」，規畫課程時能考慮特殊需求學生的需要，加入特殊教育教師的意見，使得課程與教學調整的理念與作法能融入普通教育課程中。
10. 規畫人員的安排，釐清普通與特殊教育教師的角色與職責，以及合作方式，並且支持普通教育教師之間，以及他們與特殊教育教師的協同合作，共同訂定 IEP；此外，還須安排教師的討論時間，將之規畫進日課表中，此討論不一定是一對一，也可以是小組，例如：特殊教育教師與同年級的普通班教師共同討論；在此討論中，不僅合作計畫課程與教學調整方案，由特殊教育教師分享特教教學知能，也可以促成普通班教師彼此間分享教學的心得。G. R. Taylor 和 Harrington（2003）即表示，學校宜建立一種**鼓勵合作和專業探究的文化**。
11. 在規畫運用特教助理員協助普通班教師時，Giangreco 等人（2004）提出三個要素，即**支持**、**決定**和**選擇**，如圖 15-3。支持意味，明確釐清特教助理員之職責，提供訓練和督導。據此，學校宜明定特教助理員乃配合教師教學需求，專用於教師教學及特教學生學習與輔導之需，例如：《臺北市 110 學年度補助各校特殊教育助理員實施計畫》（2021）即明定，特教助理員應專用於特教學生教學與輔導之需，嚴禁調用學校行政工作；學校應有效規畫特教師資人力等各項資源，妥適安排特教助理員工作內容。決定意指，學校宜先審慎考量，是否有必要藉由增聘特教助理員來因應學生特殊需求，以避免浮濫任用他們，掩飾學校內部根本問題的現象；選擇指陳，特教助理員一對一協助身心障礙學生，被視為最限制的服務模式，學校宜先審慎選擇其他策略（例如：AT、課程調整），以因應學生的特殊需求（Giangreco et al., 2004）。

圖 15-3 有效運用特殊教育助理員的三項要素

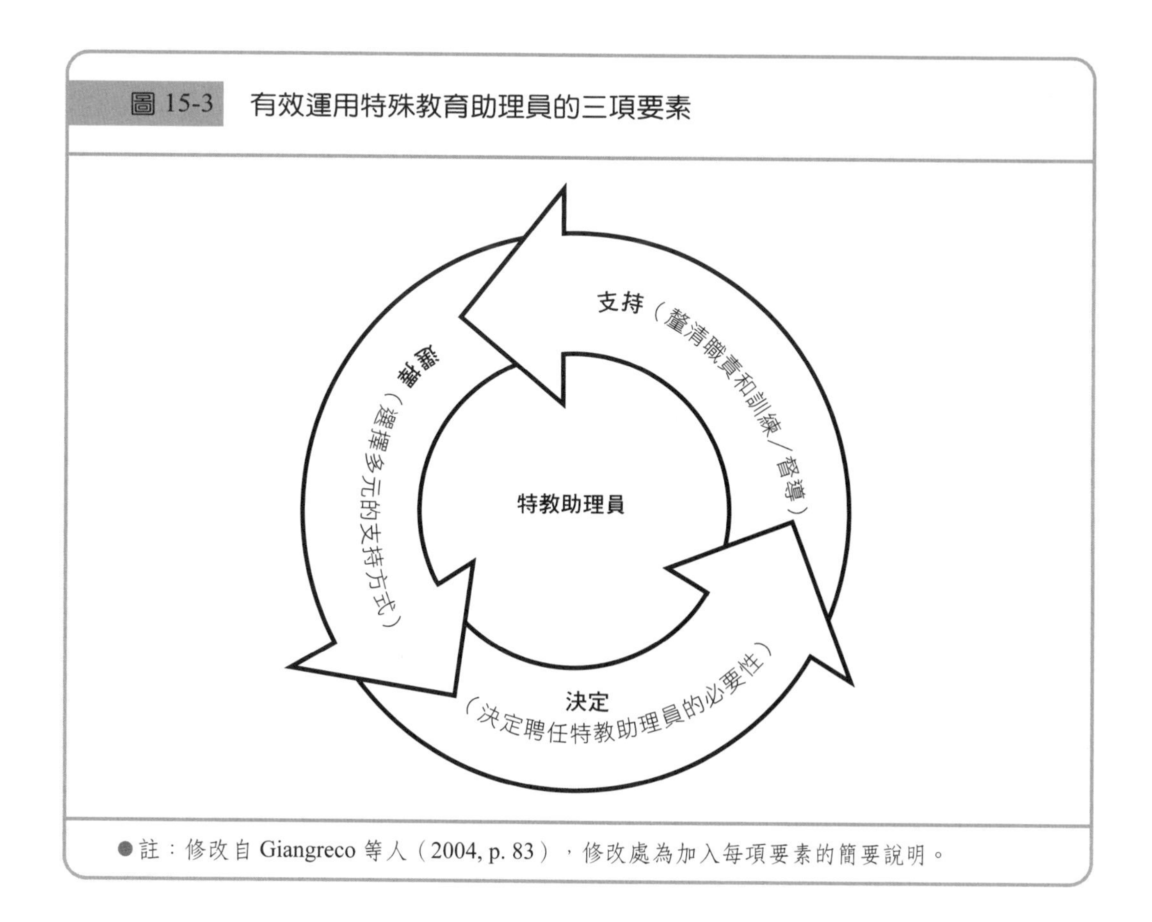

●註：修改自 Giangreco 等人（2004, p. 83），修改處為加入每項要素的簡要說明。

三、執行融合教育方案階段

在執行融合教育方案階段，我提出以下 11 點建議，供學校行政人員參考。

1. 提供一些成功的案例和融合教育的實施模式給老師，以給予他們依循的參考，和增加執行的信心。
2. 安排特殊與普通教育教師共同擬訂 IEP，提供教學支援與特教諮詢服務。
3. 安排特殊教育教師協助普通班教師，設計「認識與接納個別差異」和「如何與特殊需求學生相處」的課程給一般學生，並且協助特殊需求學生適應普通班級，教導他們所需的技能，如人際互動技能等。
4. 鼓勵普通班教師因應特殊需求學生的需求，進行課程與教學調整，並且分享其作法給別的教師，形成一種願意學習、嘗試和改變的校園氣氛。
5. 引進社區資源、校外特教資源和特教相關專業服務進入學校。

6. 建議學校行政人員宜主動了解普通班教師的困難，持續提供他們所需要的訓練和支持。York、Giangreco 等人（1992）表示支持服務包括**資源**、**心靈**、**工具**（提供具體的策略、方法和觀念），以及**評鑑的支持**（協助教師了解他們的教學對學生和其家庭的影響）；至於提供的支持形式、內容和深度，則須透過教師需求的評估才能明確得知，例如：它可能包括：（1）建立諮詢管道，讓普通班教師知道當他們遇到疑惑或困難時，可以從哪些地方獲得協助；（2）透過特殊教育教師的協助，與校內教學研究會、教學研討會、教師讀書會或教師成長團體等活動，提供普通班教師課程和教學、教材教具和 AT 的支援，以及教學實務的回饋，以因應各種不同學生的需求；（3）經由需求的評估，普通班教師可獲得其所需的進修機會，以增進處理班級學生各項學習與行為問題的能力。
7. 對於有嚴重健康和行為問題的學生，協助教師設計危機處理計畫，提供行政支援，例如：安排輔導室人員的輪值表，任何時間都有輔導人員值班，只要學生有危機狀況，教師需要人手協助時，馬上就可以得到支援。
8. 提供特殊需求學生家長諮詢和支持服務，協助他們教養特殊需求孩子的方法，與教師溝通合作的方式等。
9. 提供家長了解和參與學校教育的機會，例如：安排他們到校參觀和座談，讓其了解孩子的學習計畫，鼓勵其協助教學與輔導，並且給予回饋。
10. 組成家長成長團體，融合一般學生與特殊需求學生家長。
11. 給予一般和特殊需求學生家長其孩子成長與進步的具體資料，以減少他們的疑慮。

四、評鑑與分享融合教育方案階段

在評鑑與分享融合教育方案階段，我建議持續評鑑融合教育方案，包括過程和成果的評鑑，而後再依據評鑑結果做修正，我設計「學校融合教育方案評鑑量表」如附錄 105；以及報導融合教育方案的實施經驗與有成效的作法，以傳承習得的實務知識，和擴大學校人員及社區人士的支持度。

第 2 節　學校行政支援融合教育實施之研究

臺灣 2000 至 2021 年間，有關學校行政支援融合教育實施之研究，共七篇，我依年代先後，同一個年代者再依作者筆畫由少至多排列，整理於附錄 106。其中除了鍾美英（2005）是探討一所特教評鑑績優的國小在實施融合教育上，提供的行政支持策略及實施成效，梁玉玲（2014）是探究一所資深私立幼兒園實施融合教育的歷程外，其他四篇研究（林亮伯，2003；胡金枝，2006；塗淑玫，2005；甄炳炫，2004）均以研究者任教學校實施融合教育的問題和需求，建構學校行政支援融合教育之行動方案，而後探究其實施過程和成效。結果發現學校提供的行政支援策略有特教諮詢服務、特教宣導與研習活動、教育安置與輔導、親職教育、社會資源的引進、無障礙校園環境的規畫等；實施支援策略之後對特殊需求學生和其家長、普通班教師均有助益；林亮伯的研究進一步指出，若能提供學校行政支援，大部分教師願意接納特殊需求學生再度安置在班級中。

此外，尚有一篇研究探討體制外實驗學校實施融合教育之狀況，鈕文英（2002a）研究大津融合中小學實驗班之發展與成效後發現，實驗班的行政人員一直以「創造並努力維護一個開放參與的空間」，作為班務經營的重要目標，班主任表示：

> 融合可以在開始的時候表現得不怎麼樣，經常跌跌撞撞、滿頭包；但我們這種「學習型組織」的最大優點就是彈性，見到問題馬上就可以調整。……融合最大的優點在於，我們創造並努力維護一個開放參與的空間，好讓各種能量可以匯聚；我們努力打破權威，我們重視每一個人的貢獻。看這學期的家長成長班，為了回應實際需求，兩個禮拜內立刻調整課程、師資，甚至家長自己擔綱演出，也成效不凡。再請看融合的校規，已經第 14 次修訂了，這當中有大人的智慧，更有小孩的智慧。正因為，融合相信每一個人的能力，所以每個人的能力有機會充分發揮。（D31-88/1/15-4B）

總結

學校在實施融合教育上扮演提供訓練、支持和協助的角色。學校行政人員要帶動全校教職員實施融合教育，首先要展現改變的動力，相信改變的可能性，而且擬訂行動計畫，逐步實施。改變是一種過程，每一次偉大的改變都是因為我們在過程中點點滴滴做了許多小事情。本章從準備、規畫、執行，以及評鑑與分享融合教育方案四個階段，整理出學校在實施融合教育上可採取的作法；以導讀案例中兩位教師的心聲為例，學校可以給予教師編選教材的「專業自主權」，以及支持普通教育教師之間、他們與特殊教育教師的協同合作，並且安排教師們的討論時間，將之規畫進日課表中。

第 16 章
主管教育行政機關
如何推展融合教育

第 1 節 主管教育行政機關在推展融合教育上的角色和作法

第 2 節 主管教育行政機關推展融合教育的相關研究

改變包含認知、情意和精神三個層面（Knoster et al., 2000, p. 94），融合教育的成功實施需要整個教育體系的重建和教育行政的支持。

導讀案例和本章目標

一位資源教師表示：「普通班教師課務繁重，又常受校內活動影響，常呈備戰狀態，常常趕課，這對程度中下的孩子影響很大。更遑論運用多感官的刺激及多元評量方式進行教學活動，連廠商配發的教具有時幾乎都沒時間搭配使用，只能制式化地將課程上完。」另一位資源教師指出：「臺灣多數資源班強調直接服務的功能，規定資源教師每週的授課節數，因此一定要提供資源班學生抽離或外加的教學；而忽略了間接服務，例如：提供普通教育教師諮詢、訓練等功能。」

兩位資源教師提到的觀點，是否反映臺灣在實施融合教育上遭遇到的問題呢？教育主管機關可以如何因應此問題呢？

從本章的內容讀者可以學習到：主管教育行政機關在推展融合教育上扮演什麼角色、可採取的作法，以及相關研究。

第 1 節 主管教育行政機關在推展融合教育上的角色和作法

國際間在推展身心障礙者的教育和服務政策上，有三種類型（European Agency for Development in Special Needs Education, 2003）：（1）**單軌取向**，教育政策與實務的實施對象為大多數學生，並在普通教育系統中提供多元化的服務；（2）**雙軌取向**，設置兩個獨立且以不同法源為運作依據的普通和特殊教育系統，身心障礙學生通常安置在特殊教育學校（班）；（3）**多軌取向**，採取多元管道實施融合教育，以及在普通和特殊教育系統中提供多元化的服務。既然融合不是地點，而是「服務」；因此，我建議主管教育行政機關採取多軌取向實施融合教育。以下呈現主管教育行政機關在推展融合教育上扮演的角色，以及可採取的作法。

壹、主管教育行政機關在推展融合教育上扮演的角色

主管教育行政機關從上對下的推動與協助，能夠作為學校和教師實施融合教育的支柱。附錄 23 分析歸納「美國部分州、學區和學校採取的融合教育方案實例」後發

現，**立法和政策的配合、調整經費補助方式、持續評鑑實施情況**是促進融合教育實施的動力；由此可知，主管教育行政機關在推展融合教育上扮演立法奠基、理念和政策引導、經費補助、支持協助，以及監督評鑑的角色。Janney 等人（1995）即指出，主管教育行政機關宜給予學校實施融合教育的**清楚指引**。正如插畫 16-1，主管教育行政機關像是燈塔，指引學校實施融合教育的方向，而其中融合教育理念的確立很重要，它是法規和政策的基礎；Giangreco 等人（1995, p. 275）即指出：「融合教育不只是安置地點，更重要的是它代表著一種價值觀。……它指引我們所做的教育決策。」

插畫 16-1　融合教育代表著一種價值觀

融合教育不只是安置地點，更重要的是它代表著一種價值觀。……它指引我們所做的教育決策。（Giangreco et al., 1995, p. 275）

貳、主管教育行政機關在推展融合教育上可採取的作法

在主管教育行政機關推展融合教育上，我綜合文獻（李麗娟，2004；胡永崇，2001；劉博允，2000；蔡實，2002；Havelock & Hamilton, 2004; Parrish, 1995; D. D. Sage, 1996; Sailor, 2002; Sands et al., 2000），從理念和政策、法規、經費補助，以及支持、監督和評鑑學校實施融合教育四方面，提出可採取的作法。

一、在理念和政策上

在理念和政策上，我提出以下 12 點建議。

1. 融合教育不宜僅由特殊教育界來倡議，而是由特殊和普通教育界共同推動，確立融

合教育的理念、願景和實施進程，並且加強宣導融合教育的政策，提供完整的計畫和充足的時間，讓學校人員做好準備。

2. 主管教育行政機關中負責特殊教育和普通教育行政的人員，宜合作擬訂特殊教育政策來配合普通教育改革，改善普通教育環境，促進融合教育的實現。
3. 給學校有更多的自主權實施融合教育，例如：賦予學校和教師更多編選課程、調整進度、實施評量的自主權，形成**學校本位的管理**。
4. 鼓勵學校發展、實驗和分享融合教育方案。
5. 建立**學區的支持服務網絡**，例如：於學區設置巡迴輔導學校實施融合教育的專業團隊，團隊成員可包括特殊教育學者、資深優良的特殊教育教師、曾教過特殊需求學生的資深優良普通教育教師、特殊教育相關專業人員（例如：語言治療師、物理治療師、職能治療師、社會工作師）、特殊需求學生家長團體代表等，支持學校實施融合教育。
6. 與師資培育或學術研究單位合作，探究如何推行融合教育，輔導並協助學校建立以學校為本位的支援服務系統，強化普通教育與特殊教育的合作基礎。
7. 增加普通教育教師參與融合教育的動機，例如：提供獎勵、減少授課時數與行政工作等。
8. 規畫班上有特殊需求學生之普通班教師參加相關特殊教育知能研習，而且此研習是有層次的；以及加強各級主管教育行政機關中，普通和特殊教育行政人員規畫與實施融合教育之態度、知識和技能養成的在職訓練。
9. 臺灣過於強調資源教師將特殊教育學生抽離出來，提供直接服務，前面的章節已討論抽離式資源方案的問題，而融合教育著重在特殊與普通教育教師的共同計畫下，提供**融入式的服務**；因此，建議主管教育行政機關支持資源教師的角色，從僅直接服務特殊教育學生轉變成**支援普通班教師的角色**，突破「每週固定授課節數」的舊思維，讓資源教師能彈性安排服務形態，增加**諮詢**、**溝通**、**計畫**、**評鑑**等角色功能，而且服務的對象不僅限於《特殊教育法》（1984/2019）中規定的特殊教育學生，一般學生中有特殊需求者亦可以成為服務的對象，以預防學生問題的擴大。
10. 將**支援和推動融合教育**列入師資培育政策。
11. 推動**社區總體營造活動**，安排社會教育課程或活動，向社區民眾宣導特殊教育理念，釐清一般大眾對於身心障礙者的迷思，並教導一般大眾以適當的方式對待他們。
12. 至 2021 年為止，大學入學考試中心（簡稱大考中心）在考量公平原則下，提供之應考服務少於身心障礙學生在校接受之評量調整項目，較為受限，例如：學障學生申請使用電腦寫作文，可能會因為公平性及舉證不易而受挫。因此，我建議大考中心宜評鑑應考服務項目的充分和適切性，規畫其他身心障礙學生所需的應考服務，並且針對這些應考服務及早做好器具和地點之準備、人員之培訓（例如：成立「報讀人才庫」，培養更多專業報讀人才），有審查小組針對考前突發傷病考生進行機動審查作業，讓在考試上有特殊需求的考生有機會展現其真實能力。

二、在法規上

臺灣融合教育僅由特殊教育界來倡議，普通教育法規未配合共同推動之。在法規上，我建議特殊教育立法宜從普通教育的視框，全面規畫融合教育的實施，而非單從特殊教育的角度來思考，且普通教育法規亦須配合融合教育的推展訂定和增修。另外，我從實施原則、實施單位和人員、服務對象的範圍和鑑定、特殊教育服務的提供、家庭支持服務的提供，以及特殊教育評鑑六方面，針對法規在實施融合教育上不足或待努力之處，提出修法的建議如下。

（一）實施原則方面

雖然《特殊教育法》（1984/2019）於第 18 條明確指出，特殊教育與相關服務措施之提供及設施之設置，應符合適性化、個別化、社區化、無障礙及融合之精神；但未於該法或《特殊教育法施行細則》（1987/2020）具體說明何謂「融合」精神，我建議說明之。

（二）實施單位和人員方面

在實施單位和人員方面，我從人員任用條件、編制、職責和獎勵四方面，針對法規不足或待努力之處，提出修法的建議如下。

1.在人員任用條件上

在人員任用條件上，我提出修法的建議如下。

（1）《特殊教育法》（1984/2019）第 7 條僅規定，特教學校及設有特教班之各級學校，其承辦特殊教育業務人員及特殊教育學校之主管人員，應進用具特殊教育相關專業（即修習特殊教育學分 3 學分以上，或 54 小時特教知能研習）者。我建議加入，班上有特殊學生的普通班教師、有特殊學生的普通學校之主管人員，以及直轄市、縣（市）及中央主管機關承辦特殊教育業務的主要和相關人員，宜進用具特殊教育相關專業（即修習特殊教育學分 3 學分以上）者。

（2）在特教助理員的任用條件上，臺灣《高級中等以下學校特殊教育班班級及專責單位設置與人員進用辦法》（2012/2020）僅要求高級中等以上學校畢業或具同等學力之資格；雖然部分縣市甄選簡章明列，相關經驗或科系者得予以加分或優先錄取，但未反映服務對象的特殊需求，設定相對應的科系專長或經驗。衡量臺灣已邁入「12 年國民基本教育」，特教助理員僅要求高中學歷，能否提供高中身心障礙學生高品質的服務有待商榷。美國特殊教育方案辦公室（US Office of Special Education Programs, 2001）的研究發現，擁有大專學歷者自評在工作效能上，顯著優於大專以下學歷者。除此，研究（石典玉，2005；陳鳳儀，2010；黃靜怡，2010）顯示，臺灣特教助理員畢業科系多為非相關科系，且沒有相關經驗，我認為人員素質參差恐會影響服務品質。針對此問題，我建議在近期目標上，依據學校身心障礙學生的特徵，需要特教助理員提供的服務內容，於甄選簡章上明列，能反映身心障礙學生所需服務內容之相關經驗或專長者，得予以加分或優先錄取，以找到真正適任的人員。若無法如願招攬到完全符合需求的人員，則提供他們欠缺的培訓課程。在遠期目標方面，有鑑於教育部統計處（2020）所指，高中畢業生的升學率達 84.2%，顯示大學的學歷已普及；因此我提議，提升特教助理員的學歷至大學，以提高服務品質。

2.在人員編制上

雖然《高級中等以下學校辦理特殊教育方案及補助獎勵辦法》（2012）規定，對於未安置於特教班，且就讀於普通班接受特殊教育服務之學生，學校可以辦理**特殊教育方案**，提出所需師資和人力資源，但是未明確訂定，多少學生人數可以有一位特殊教育教師的編制。我建議明確訂定多少於普通班接受特殊教育方案之學生，可以有一位特殊教育教師的編制。

3.在人員職責上

在人員職責上，現有法規對特教助理員（含教師助理員和特教學生助理人員）的服務對象和職責的擬訂有待釐清。《高級中等以下學校特殊教育班班級及專責單位設置與人員進用辦法》（2012/2020）規定，特教助理員的服務對象為學習生活上有特殊需求之身心障礙學生，共同職責為，協助學生上下學、其他校園生活服務和在教師監督下執行服務；其中教師助理員服務中度以上障礙學生，另有職責為，配合教師教學需求，協助學生在校學習、評量；特教學生助理人員服務重度以上障礙學生，另有職責為，協助個別或少數學生的生活自理。以臺北市教育局（2021）的《臺北市 110 學年度補助各校特殊教育助理員實施計畫》為例，其教師助理員設定的是特教教師助理員，申請條件為，特教學校及集中式特教班中重度以上身心障礙學生人數多、嚴重情緒行為問題出現頻繁，致學校現有教師與助理員人力不足者；特教學生助理人員的申請條件為，安置於普通班就讀之身心障礙學生，經資源班與普通班教師合作輔導後，障礙狀況仍嚴重影響其普通班生活適應或學習者。此申請條件似乎局限教師助理員只服務特教學校及集中式特教班之學生和教師；而特教學生助理人員只服務就讀普通班之有特殊需求的身心障礙學生。

除此，法規對特教助理員服務的對象和職責尚有一些待釐清之處，包括：第一，是否所有身心障礙類別中度以上程度的學生，不管學習生活上是否有特殊需求都可以申請特教助理員？如果學生學習生活上有特殊需求，但障礙程度未達中度以上是否可以申請？何謂學習生活上有特殊需求？第二，依據臺北市教育局（2021）的《臺北市 110 學年度補助各校特殊教育助理員實施計畫》，安置於普通班就讀之身心障礙學生，只能申請特教學生助理人員，特教學生助理人員扮演的角色只在協助身心障礙學生生活自理，未包含配合教師教學需求，協助學生在校學習、評量，如此限制了普通班身心障礙學生接受特教助理員的服務模式。Giangreco（2010）以及 Giangreco 等人（2012）即指出，特教助理員一對一協助身心障礙學生被視為最限制的服務模式，第三，特教助理員職責之一為，其他校園生活服務，其內容是什麼。由於未明示特教助理員的職責，所以造成被調用支援學校行政工作的現象。

針對上述問題，在特教助理員服務對象上，我認為特教助理員服務對象的先決條件為學習生活上有特殊需求，並明確界定學習生活有特殊需求的意義，例如：上下學、生活自理、健康安全上有特殊需求。即使是中度以上障礙程度的學生，如果無特殊需求，則不需特教助理員；而學習生活上有特殊需求的學生，即使未達中度以上障礙程度，亦可提出申請。除此，申請條件再加上，學校師生比過高，人力不足以符應學生的特殊需求，以避免浮濫申請特教助理員的狀況。此外，我建議，教師助理員協助的教師可包含普通班教師，在普通班師生比過高，人力不足以符應學生特殊需求的情況下，可以安排教師助理員，在特教教師的指導下，採取輔助服務模式，協助普通班教師。

在特教助理員的職責上，我建議敘明其他校園生活服務為，用於身心障礙學生教學與輔導之需的校園生活支持服務（例如：上下學交通、午休協助、按課表和作息轉換學習場所、錄音與報讀、掃描校對、提醒、手語翻譯、同步聽打、代抄筆記）；教學協助為，協助教師進行教學準備、教學、評量與觀察紀錄，促進身心障礙學生專注，以及指導他們完成作業。除此，宜明定特教助理員乃配合教師教學需求，專用於教師教學及身心障礙學生學習與輔導之需，例如：臺北市教育局（2021）的《臺北市 110 學年度補助各校特殊教育助理員實施計畫》即有此規定。

4. 在人員獎勵上

在人員獎勵上，我建議修訂《教育部表揚優良特殊教育人員實施要點》（2006/2017），以包含高中以下輔導特殊學生之普通教育教師。

（三）服務對象的範圍和鑑定方面

在服務對象的範圍和鑑定方面，針對法規不足或待努力之處，我提出修法的建議如下。

1. 《特殊教育法》（1984/2019）中身心障礙學生的類別，與《身心障礙者權益保障法》（1980/2021）規定者不一致，建議宜整合兩個法規之類別，使其一致。
2. 建議修訂《身心障礙及資賦優異學生鑑定辦法》（2012/2013），以加入「身心障礙及社經文化地位不利之資賦優異學生」之鑑定。
3. 建議於《身心障礙及資賦優異學生鑑定辦法》（2012/2013）中，加入介入反應（RTI）之規定，讓未鑑定但有特殊需求的學生能夠獲得證據本位的介入，促使學生接受特殊教育服務更具及時而彈性。

（四）特殊教育服務的提供方面

在特殊教育服務的提供方面，針對法規不足或待努力之處，我提出修法的建議如下。

1. 雖然《發展遲緩兒童早期療育服務實施方案》（1997/2019）已指出，進行兒童及家庭需求評估及擬訂社工服務計畫或家庭服務計畫，但是未具體指出家庭服務計畫的內容和作法；而 1990 年代之後強調家庭中心取向的個別化家庭服務計畫，建議未來在法規中可加入。
2. 《特殊教育法》（1984/2019）和其相關子法皆未說明，資優學生的「個別輔導計畫」應包含的內容、參與人員，以及擬訂和檢核時間；我建議於《特殊教育法施行細則》中納入。另外，《特殊教育法施行細則》僅說明「個別支持計畫」的內容，未敘明參與人員，以及擬訂和檢核時間，我建議納入。

3. 雖然《高級中等以下學校身心障礙學生就讀普通班減少班級人數或提供人力資源與協助辦法》（2011/2015）已規定，安置身心障礙學生的普通班應酌減班級人數；但是此規定未考慮到「現有班級人數」。某些市區的學校每班學生人數原本就很多，酌減班級學生人數對教師的幫助不大，而且減出去的學生到別班，就會增加其他班級的人數；而某些偏遠地區的學校每班學生人數原本就很少（甚至少於 10 人），酌減班級學生人數似乎並不十分必要。因此，建議酌減班級人數的法規還須考慮「現有班級人數」，以維持適當的身心障礙學生與一般學生的比例，而非固定的減少額度，並且必要時得「增班」。
4. 修訂《高級中等以下學校身心障礙學生就讀普通班減少班級人數或提供人力資源與協助辦法》（2011/2015），以及《身心障礙學生支持服務辦法》（1999/2013），加入適用於「經主管機關許可在家或機構實施非學校形態實驗教育之身心障礙學生」。
5. 修訂《特殊教育支援服務與專業團隊設置及實施辦法》（2012/2015）中「專業團隊」的成員，以包含特教助理員。

（五）家庭支持服務的提供方面

修改《特殊教育法》（1984/2019）第 46 條規定，各級學校應提供特殊教育學生家庭諮詢、輔導、親職教育及轉介等支持服務，身心障礙學生家長至少應有一人為該校家長會常務委員或委員，我建議增加，適用於「經主管機關許可在家或機構實施非學校形態實驗教育之身心障礙學生家長」。

（六）特殊教育評鑑方面

在特殊教育評鑑方面，針對法規不足或待努力之處，我提出修法的建議如下。

1. 既然於《特殊教育法》（1984/2019）第 30-1 條已載明，高等教育階段學校應訂定特殊教育方案，那麼高等教育階段學校辦理特殊教育方案之成效也得接受評鑑。因此，建議修改《特殊教育法》第 47 條有關「評鑑」的條文，增加「高等教育階段學校辦理特殊教育方案之成效，中央主管機關得至少每四年辦理一次評鑑」。
2. 降低評鑑過程中，學校對書面資料之準備或對教師教學造成之干擾，例如：改採網路評鑑。

三、在經費補助上

在經費補助上，我提出以下兩點建議。

1. 以融合於普通班級的特殊需求學生數來提撥特殊教育經費，而不限於有特教班才有經費；並且經費提撥方式宜以所有學生之教育需求為前提，例如：學生有生活輔具需求、學習器材需求等，而不限於以特殊教育標記作為學生獲得必要資源的依據。
2. 從各縣市招聘簡章發現，2021 年檢視臺灣特教助理員的時薪是 168 至 176 元，僅略高於最低時薪 168 元，其薪資偏低。再者，約雇和臨時特教助理員以一年一聘為限，即使其通過考核得優先獲得續聘，但是薪資低和工作不穩定會減低他們應聘和留任的意願。針對此問題，我建議採取「能力－薪資」制度，學歷高者，以及修習專業知能學分和通過檢定者，擁有較高的薪資，以吸引高學歷和知能的人應聘及留任，例如：美國紐約州教育局將教師助理分成六種資格，包含短期證照、續換證照、層級 1 至 3 的教學助理、預科專業教學助理（R. Campbell, 2005），並依檢定的證照類別調整薪資。

四、在支持、監督和評鑑學校實施融合教育上

在支持、監督和評鑑學校實施融合教育上，我提出以下兩點建議：第一，了解學校在融合教育相關政策和法規上的執行情形如何，例如：學校是否訂定和落實《高級中等以下學校身心障礙學生就讀普通班之教學原則及輔導辦法》（2011/2020）、《高級中等以下學校身心障礙學生就讀普通班減少班級人數或提供人力資源與協助辦法》（2011/2015），以及《身心障礙學生支持服務辦法》（1999/2013），並且針對學校執行上的困難和問題提供協助。第二，配合特殊教育評鑑，檢視及輔導學校推展融合教育的實質成效。

在融合教育的評鑑上，我參考 Stufflebeam 和 Zhang（2017, p. 39）的 **CIPP**〔包含**背景**（**context**）、**輸入**（**input**）、**過程**（**process**）和**成果**（**product**）〕評鑑模式，設計圖 16-1 的融合教育評鑑模式。

總之，要實施高品質的融合教育，主管教育行政機關扮演龍頭的角色；Foster 表示：「品質絕不是偶發的結果，它是在崇高意圖、真誠努力、明智方向和熟練執行下所產生的結果。」（引自 S. P. Miller, 2000, p. 137）

圖 16-1　融合教育評鑑模式

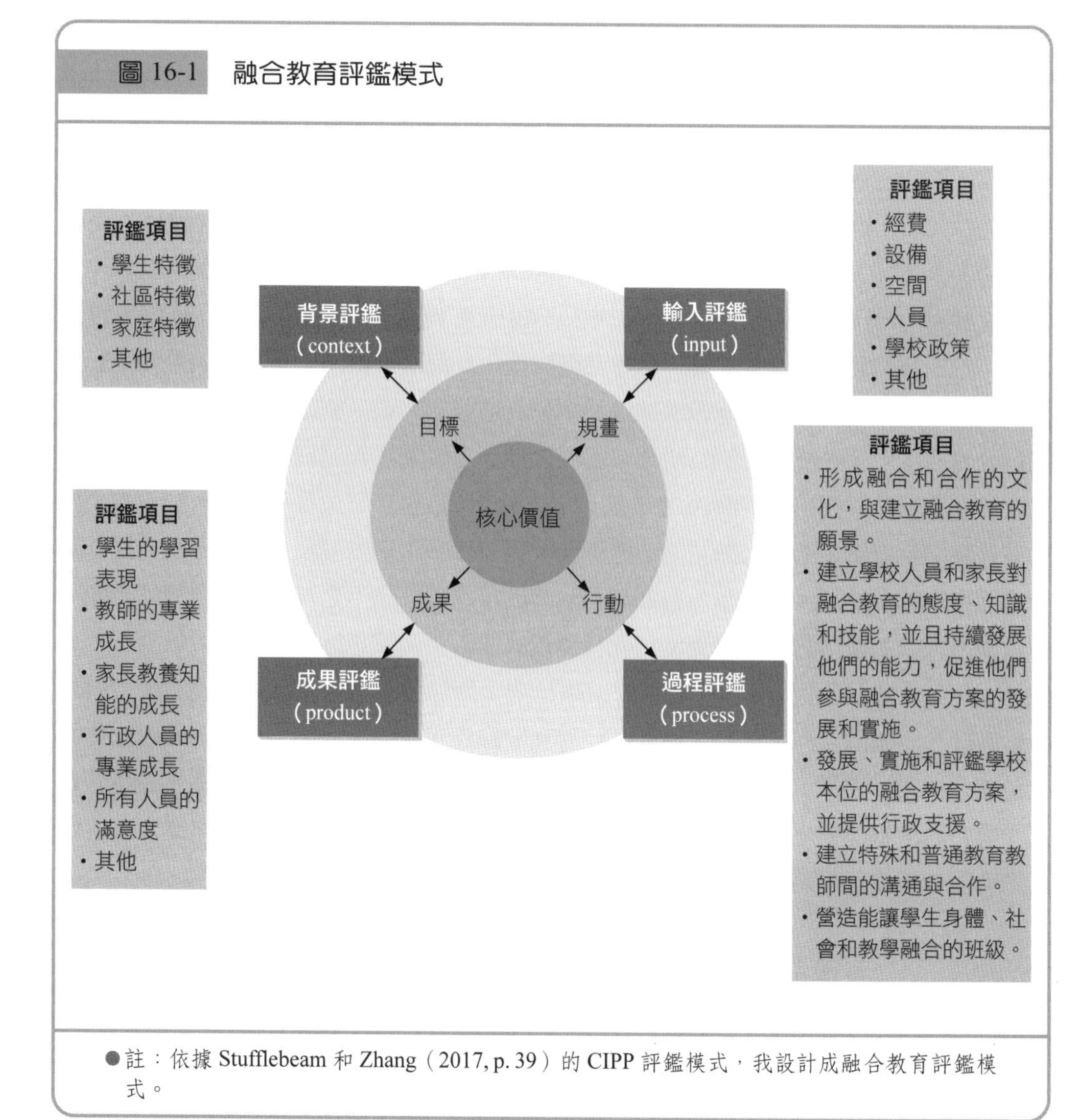

●註：依據 Stufflebeam 和 Zhang（2017, p. 39）的 CIPP 評鑑模式，我設計成融合教育評鑑模式。

第 2 節　主管教育行政機關推展融合教育的相關研究

在主管教育行政機關推展融合教育的相關研究方面，臺灣在學前教育階段，部分縣市主管教育行政機關贊助實施專業團隊巡迴輔導模式，以支援融合教育，例如：王天苗（2001、2002）以臺北市一所公立幼兒園中 10 名特殊需求幼兒為研究參與者，由專業團隊建立教學支援系統，即特殊教育和復健治療等專業人員提供個案評量、教學諮詢服務，以及志工協助班級教學，以介入所有課程。研究結果發現：此教學支援系統能讓特殊需求幼兒融入班級內，與一般幼兒一起學習，他們在各項發展能力上均有明顯的進步，尤其是語言和社會互動能力增長更多；一般幼兒也能接納特殊需求幼兒，更富有同情心、同理心與愛心，學會主動協助、關懷或教導特殊需求幼兒。就班級教師而言，會因了解而「不怕」特殊需求幼兒，逐漸有較正向的態度，並且隨著專業輔導、特教知能的增加，愈來愈能具體掌握特殊需求幼兒的學習起點而設計課程，逐漸能引導特殊需求幼兒融入班級活動中，給一般幼兒正確對待特殊需求幼兒的榜樣。

又例如：張翠娥等人（2003）發表「高雄市實施專業諮詢支援學前融合教育研究」，針對無特教資源之幼兒園，由專業團隊進入幼兒園提供諮詢服務；結果發現它能提升人員特殊教育知能，因應教導特殊需求幼兒遭遇的問題。劉蔚萍等人（2003）的研究以高雄旗山六家私立幼兒園為研究參與者，探討專業團隊巡迴輔導模式於幼兒園實施之成效與困難，並提出可能解決之方案，專業團隊成員包括三位特殊教育教師，各一位物理兼職能治療師、心理師兼語言治療師與社會工作師；研究發現：此輔導模式提升園長學前特教相關知能、增進學前普通教育教師與特殊需求學生之互動、促進親師溝通、促進園方人員對融合教育之接受度。此輔導模式面臨之困難包括：學前普教教師特教專業能力不足；無法擬訂 IEP，落實教學策略建議；須加強親職教育，對一般家長宣導融合教育理念；團隊合作之問題（例如：輔導員間缺乏正式個案討論的機制、社會工作師角色與功能未能發揮）。可能解決上述問題的方案包括以課程提升園方相關人員特教知能、培育具篩檢能力之學前普教教師、調整輔導時數與次數、對家長宣導早期介入與融合教育理念、定期召開團隊會議。

總結

融合教育的成功實施需要整個教育體系的重建和教育行政的支持。主管教育行政機關在推展融合教育上扮演立法奠基、理念和政策引導、經費補助、支持協助，以及監督評鑑的角色。因應融合教育所做的改變包含認知、情意和精神三個層面（Knoster et al., 2000, p. 94），主管教育行政機關宜給予學校實施融合教育「清楚的指引」，引導學校如何因應融合教育的趨勢改變學校運作方式。本章從理念和政策、法規、經費補助，以及支持、監督和評鑑學校實施融合教育四方面，提出主管教育行政機關在推展融合教育上可採取的作法；以導讀案例中兩位教師的心聲為例，主管教育行政機關可以賦予學校和教師更多編選課程、調整進度、實施評量的自主權，形成學校本位的管理；支持資源教師的角色從僅直接服務特殊需求學生，轉變成支援普通班教師的角色，突破「每週固定授課節數」的舊思維，讓資源教師能彈性安排服務形態，增加諮詢、溝通、計畫、評鑑等角色功能，與普通教育教師共同計畫和合作，提供融入式的服務。

第 17 章

師資培育單位如何因應融合教育趨勢培育師資

第 1 節　人員準備對實施融合教育之重要性

第 2 節　融合教育人員準備課程的規畫

第 3 節　融合教育師資培育與在職進修課程之研究

一位能關愛每個孩子，有專業能力和合格的教師，是教育改革的關鍵要素（National Council on Teaching and America's Future, 1996, p. 3）。融合理念下的師資培育在培養教師運用多元方法，因應學生個別差異；並且協助他們願意接納自己的限制，與他人合作或尋找資源以尋求突破。

導讀案例和本章目標

一位任教國小五年級的普通班教師表示：「對於資源班的學生，我不知道我能做什麼，他完全跟不上班級的進度，他只是陪別人來上課；那是資源班老師的專業，我不懂。」另一位任教國中二年級的普通班教師，對於資源教師提供的教學建議有如下的敘述：「資源班老師教的學生那麼少，他又沒教過普通班，根本不了解普通班的生態，他給的教學建議只適合在小班級中實施，拿到大班級中來做，一點都行不通……。」

兩位普通班教師的說法反映出什麼樣的問題？臺灣的教育人員準備課程是否欠缺了什麼？

從本章的內容，讀者可以學習到：人員準備對實施融合教育之重要性、融合教育人員準備課程的規畫，以及融合教育人員準備課程之研究。

第 1 節　人員準備對實施融合教育之重要性

Bradley 和 King-Sears（1997）陳述：最重要的改革是**信念和行動的轉變**，要達到它，須從**人員準備**著手。文獻（Hadadian & Chiang, 2007; Hobbs & Westling, 1998; Lieber et al., 2000）表示，人員準備以培訓高品質的專業人員，是成功實施融合教育的關鍵要素。第 3 章回顧融合教育的研究時已提及，當普通教育教師自覺專業訓練不足，不能滿足特殊學生的殊異需求時，自我效能的預期和自信心便會降低，甚至容易產生高度的壓力感，對於融合教育就傾向於拒絕；反之，當教師自覺專業訓練足夠時，對於融合教育的態度就會更正向，對自己的教學便會產生較高的自信心；在能力上，會使用適異性教學的普通教育教師，對於融合教育有較高的接受度。K. S. Brown 等人（2008）指出，如果在普通教育師資職前培育課程中，能加入相關特殊教育課程，師資生未來在面對特殊需求學生時的自信程度，比未曾接受過特殊教育課程者高出 60%。

McGregor和Vogelsberg（1998）綜合研究發現：大部分教師在職前師資培育階段，似乎沒有面對大幅差異班級的準備，而有下列傾向：（1）為所有學生設計相同的課程，而未考慮個別學生的需求；（2）過度依賴大班教學，未因應學生的個別需求，設計適合的教學活動；（3）認定課程調整只是美麗而無法實現的理想。J. E. Cooper 等人

（2008）整合文獻指出，非特殊教育系的師資培育學生或普通教育的在職教師，均不認為自身已具備因應身心障礙學生多元教育需求的專業知能。而一些研究在調查教師面對融合教育時，期望成長和進修的專業能力：Idol（2006）訪談四所中學教師發現，在面對融合教育時，他們須加強三大範疇的能力——**課程設計**、**教學調整**及**班級管理**。鍾梅菁（2000）調查收托特殊需求幼兒之一般幼兒園教保人員，了解他們對於專業知能的需求後發現，希望進修的內涵以學前階段為主，期望進修的方式以實務經驗為主。鄭雅莉和何東墀（2010）的研究指出，學齡前階段的教師在面對融合教育時，期望專業成長和進修的內涵包括：**融合教育理念**、**課程與教學**、**環境規畫與課室管理**、**家庭合作**、**社會資源**等。由此可知，人員準備是實施融合教育的長期扎根工作。

第 2 節 融合教育人員準備課程的規畫

以下從融合教育趨勢下人員準備觀念和作法的轉變，以及課程內容兩方面，討論融合教育人員準備課程的規畫。

壹、融合教育趨勢下人員準備觀念和作法的轉變

以下探討融合教育趨勢下，人員準備觀念、層面、內容、作法和課程規畫方式的改變五方面。從**人員準備觀念**觀之，第 4 章已提到在實施融合教育的基本信念上，教育人員首先宜了解、尊重與欣賞學生的個別差異，表 4-1 也比較符合和不符合融合教育的信念；既然融合教育和隔離式教育有很大的不同，那麼在融合教育趨勢下，Thousand 和 Villa（1995b）表示在教師專業準備上，融合教育主張的觀念與過去有很大的差異，他們於表 17-1 比較其間的差異。

由表 17-1 可知，因應融合教育趨勢下，師資培育觀念有如下的轉變：給教師的專業準備課程重視**差異性**，讓所有學生都隸屬於普通教育環境；並且邀請專業人員、學生和其家人參與學校教育，共同合作為每一位學生發展個別化的教育。經濟合作與發展組織（Organization for Economic Cooperation and Development, 2010）亦指出要培育教師因應**多樣性**，其中一項因應作法就是**跨專業合作**。正如插畫 17-1，Proust 表示：「真實的發現之旅不在於找尋到新的景觀，而在於擁有新的眼光。」（引自 Switlick, 1997a, p. 229）我期待融合教育的師資培訓能培養教師擁有新的視框，看待學生的個別差異，改變過去單打獨鬥的教育方式，能透過專業合作實施融合教育。

表 17-1　對於「教師專業準備」的舊觀念和新觀念

舊觀念（傳統的教師專業準備）	新觀念（融合教育所主張的教師專業準備）
・重視「能力分組」和「同質分組」。	・重視「差異性」。
・某些學生不隸屬於普通教育環境。	・所有學生都隸屬於普通教育環境。
・準備度是獲得學習機會的基礎。	・學習是演進和持續發展的過程，不需要準備度。
・專業人員、學生和其家人三者間有階層關係存在。	・專業人員、學生和其家人三者間沒有階層關係存在，所有的人都被重視。
・給教師的專業準備課程強調，如何教導學生達到共同的標準。	・給教師的專業準備課程強調，如何為每一位學生發展個別化的教育。
・部分學生會失敗。	・「失敗」意味目前使用的教育方法沒有產生效果，有需要改變。

●註：修改自 Thousand 和 Villa（1995b, p. 54），修改處為整合內容的說明。

插畫 17-1　培育教師擁有新的視框來實施融合教育

真實的發現之旅不在於找尋到新的景觀，而在於擁有新的眼光。（Proust；引自 Switlick, 1997a, p. 229）

就**人員準備的層面**而言，除了培訓**能力**（competence，包括知識、技能和態度）和**行為**（behavior，例如：有效的教學行為）外，還可包含**使命**（mission，例如：支持所有學生）、**信念**（belief，例如：珍視學生的多樣性），以及**認同**（identity，例如：教學倫理）等（Korthagen, 2004）。Korthagen 提出**洋蔥圈模式**（onion model，如圖 17-1），培訓師資產生改變的五個層次，由內而外含括使命、認同、信念、能力和行為，它們和**環境**產生互動，而創造出一個適合的學習環境培訓師資，可以促使改變。

圖 17-1　洋蔥圈——改變層次的模式

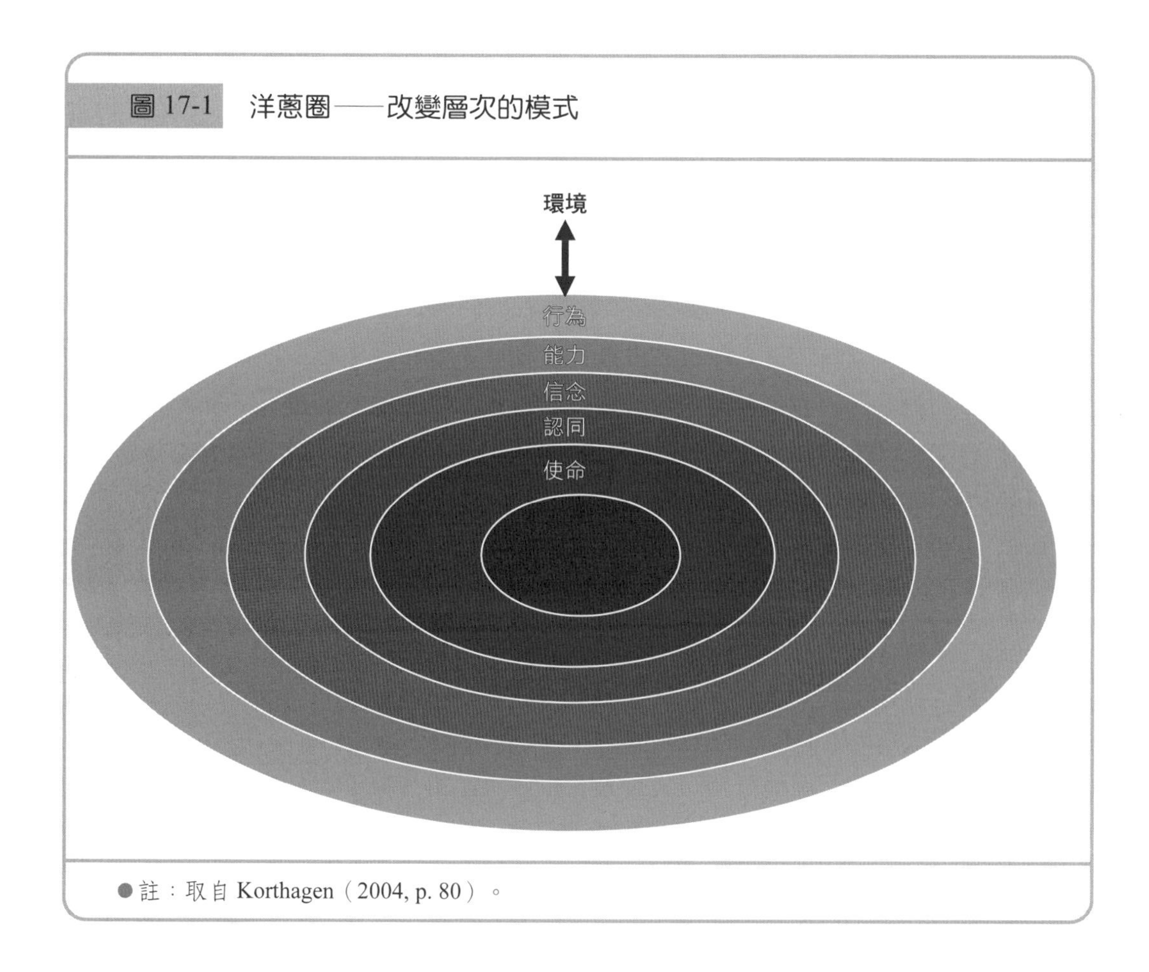

●註：取自 Korthagen（2004, p. 80）。

在**人員準備的內容**上，我認為不能僅限於介紹特殊需求學生的類別和成因，而宜將重點放在**了解他們的特殊需求**；以及**如何經營融合班級**，針對學生的特殊需求做調整和因應，讓所有學生皆獲益。而在經營融合班級上，可依據 Danielson（2007, 2013）的「教學架構」，涵蓋**平等**、**文化能力**、**高期望**、**適齡發展**、**關注個別（含特殊需求）學生**、**學生對學習的自我責任**等七項共同主題。

而在**人員準備的作法**上，關於普通和特殊教育師資的培訓方式，Pugach 和 Blanton（2007）指出有三種模式：（1）**分立方案**，普通和特殊教育師資分開培訓，沒有交流；（2）**統整方案**，普通和特殊教育師資培訓課程有部分課程重疊，重疊的課程主要是融合班級的經營方式；（3）**合併方案**，普通和特殊教育師資培訓課程完全合併，所有學生都修習相同的課程，在統整和合併模式中，培訓單位會採取不同程度的合作，培訓普通和特殊教育師資。因應融合教育的趨勢，會傾向採取統整和合併模式；Booth 等人（2003）即主張**融合的師資培育**。

臺灣採取分立方案培育師資，原因有二：（1）融合教育發展源自於特殊教育；（2）實施特殊教育的基本假設是，身心障礙學生某些特殊需求不能從普通教育課程獲益，以及主張他們需要特殊化的教學才能學習。

而為了確保普通教育師資的特教知能，臺灣在《中等學校教師師資職前教育課程教育專業課程科目及學分對照表》（2013）中，將「特殊教育導論」3學分列為選修課程；雖為選修課程，但因為教育部頒布特教字第89043417號函明定：「高級中等以下學校普通班教師甄選時，優先錄用已修畢特殊教育3學分以上的合格教師。」因此，促使特殊教育導論課程成為普通教育師資接受特教知能的重要基礎。然而，臺灣普通和特殊教育師資培訓尚未做到整合模式，培訓課程未共同聚焦在「融合班級經營」上，培育科系的教授亦未交流和合作培訓，這是未來尚需努力之處。

至於**人員準備的課程規畫方式**，文獻（鄒啟蓉，2004b；Knoster et al., 2000; G. R. Taylor & Harrington, 2003）指出，師資培訓是實施融合教育的長期扎根工作，過去的師資培訓課程是由上而下決定的，無法充分反映教育現場的需求；主張由下而上，了解第一線學校和教師的需求，讓他們參與師資培訓課程的規畫，擬訂與融合教育願景相關的課程。Ferguson和Meyer（1996）也主張：大學師資培訓單位宜和中小學合作，發展適合的融合教育模式，並且進行融合教育相關議題的行動研究，之後再將研究成果納入師資培訓課程中。除了讓學校和教師參與師資培訓課程的規畫外，Grisham-Brown等人（2005）還表示，宜邀請不同領域專業人員和家長的參與。

貳、融合教育趨勢下人員準備課程的內容與實施

實施融合教育的主要人員包括普通教育教師、特殊教育教師、特教助理員、特教相關專業人員，以及學校行政人員，以下討論這五類人員培訓課程的內容與實施。

一、普通教育教師培訓的課程內容與實施方式

為了實施融合教育，在普通教育師資培訓的課程內容方面，文獻（Florian & Linklater, 2010; A. Lewis & Norwich, 2005; McLeskey & Waldron, 2002a）建議，宜教導教師**採取能融入普通班級中，符合多數學生需求的課程和教學方法**，而非高度特殊化的教學策略；另外，也宜教導與他人有效合作的技能。Grisham-Brown等人（2005）主張，宜教導教師**認識和因應學生的個別差異**；而此個別差異的認識不只在特殊需求學生，還須增加對文化和語言差異學生的了解。綜合文獻，整理出普通教育教師宜具備之專業知能，包括**認識融合教育、認識特殊需求學生和其家庭、了解融合的課程與教學設計、了解融合班級的經營策略**，以及**具備資源運用和溝通調適知能**五方面，如表17-2。

表 17-2　普通教育教師宜具備之專業知能

項目	內涵
認識融合教育	1. 了解融合教育的理念和作法。 2. 認識融合教育的相關法規。 3. 了解和恪遵教育專業倫理規範。
認識特殊需求學生和其家庭	1. 認識特殊需求學生的個別差異（例如：有認知、感官、動作、社會或行為等不同特殊需求，文化和語言差異之學生的特質與發展）[a]。 2. 具備教育特殊需求學生的基礎知識[a]。 3. 認識特殊需求學生家庭的特徵與需求[a]。
了解融合的課程與教學設計	1. 了解和使用評量方法（包含使用正式和非正式的評量方法，進行評量調整，以界定學生的特殊需求、發展課程計畫、評量學生的學習結果）[a]。 2. 認識 IESP、IEP 和 ITP 的意涵與發展[a]。 3. 因應個別差異的課程與教學（例如：合作發展、實施和評鑑 IFSP、IEP 及 ITP；符合多數學生需求的課程和教學方法，像是促進學生專注和參與度、教導學習策略、實施大團體或小組教學；教學效能原則和應用的知識；多元智力的教學；課程及教學調整的理念和實務等）[a]。
了解融合班級的經營策略	1. 設計安全、正向和支持的學習環境（物理環境的安排、促進師生和學生間正向的互動、促進特殊需求學生融入於班級）[a]。 2. 具備提升特殊需求學生社會技巧的知能[a]。 3. 具備提升特殊需求學生溝通技巧的知能[a]。 4. 具備運用同儕協助特殊需求學生的知能[a]。 5. 具備以 PBS 實施個別和團體行為管理的能力[a]。 6. 協助特殊需求學生使用和維護 AT（例如：輪椅）。 7. 具備預防特殊需求學生疾病和促進其健康的知能（例如：了解用藥知識）。 8. 具備預防與處理危機狀況（例如：癲癇發作、休克）的知能。
具備資源運用和溝通調適知能	1. 認識特殊教育相關資源。 2. 具備與家長溝通及合作的知能。 3. 具備與特教教師和其他教師溝通及合作的知能。 4. 了解特教助理員之角色和職責、服務方式，以及與他們溝通與合作的策略。 5. 具備與特殊教育相關專業人員合作的知能。 6. 具備與學校行政人員溝通及合作的知能。 7. 具備提高工作效率和自我調適的知能（例如：妥善運用時間、調適情緒）。

● 註：參考吳清基等人（2006）、Buell 等人（1999）、Davern（1999）、Emporia State University（1994）、Florian 和 Linklater（2010）、Grisham-Brown 等人（2005）、Jordan 等人（2009）、McLeskey 和 Waldron（2002a）、Ramirez-Smith（1997）、UNESCO（2013）及 York-Barr（1996）的文獻，並加入我的觀點整理而成。[a] 是指普通教育教師在該項專業知能上，會依學生的教育階段而有些許不同。

至於培訓課程的作法，Stayton 和 McCollun（2002）提出三種方式：（1）**外加**，普通教育師資培訓課程中額外加入涵蓋融合教育理念與作法的課程；（2）**注入**，某些課程包含普通和特殊教育的內容；（3）**統一**，普通和特殊教育師資培訓課程完全統一。臺灣是採**外加**的作法，我建議未來可朝向**注入**的作法，在學科教材教法（像是數學教材教法）中包含一般和特殊需求學生學科的教材教法，例如：設計適異性課程，這需要普通和特殊教育培育科系間的合作，進行合作計畫和教學。

而關於培訓課程的實施方式，我建議，依教導之**學生的教育階段和需求**實施培訓課程；並且以**系統性**、**多元化**和**知行並重**的方式實施培訓課程，其中「系統性」反映在，職前和在職培訓課程的規畫要有層次性，從初級至進階課程，具聯繫性，又不重疊，螺旋式地擴展普通教育教師的專業知能。「多元化」呈現於，培訓課程的開設形態可以多元，在職訓練課程不局限於面授，對於某些偏知識性的課程（例如：認識特殊教育相關資源），亦可採網路授課。獲得專業知能的管道亦不受限於教育局或學校主辦的研習，亦可以修習大專校院所認可的學分課程，或是其他公私立機構辦理的訓練活動，取得學分或課程證明。「知行並重」落實在，培訓課程宜理論與實務兼具，避免停留在「知識的傳授」，藉由「角色扮演、案例教學、問題導向教學」等方式，增加實務演練和案例討論的機會；並且追蹤普通教育教師在應用所學於實務工作上的情形，若有困難或問題，則輔導他們因應之，例如：H. M. Weiner（2003）主張宜在實際的教室情境中，培育學習者思考和處理融合班級經營會遭遇的問題，從中提供他們有效教學技巧觀摩、演練與實作，以及做個案研究的機會。

二、特殊教育教師培訓的課程內容與實施方式

為了實施融合教育，在特殊教育教師培訓的課程內容方面，Sindelar（1995）認為，宜強調**如何與普通教育教師合作**、**諮詢技巧訓練**、**認識普通教育環境和課程**、**大班級和一般學生的教學技能**等。Sileo 和 Prater（2000）主張，宜教導教師**認識和因應學生的個別差異**；而此個別差異的認識不只在特殊需求學生，還須增加**文化和語言差異學生的了解**。Fisher 等人（2003）則表示，特殊教育教師的培訓重點宜放在**合作團隊和教學**、**課程與教學的調整**、**AT 的使用**、**PBS**、**個人的支持**（運用同儕和特教助理員，提供有意義且不會干擾身心障礙和一般學生友誼發展與社會關係的支持策略）、**讀寫和學業內容的教學**。美國特殊兒童學會（CEC, 2015）除了提出所有特殊教育教師的共同專業標準外，還有針對進階的專家，例如：特殊教育融合專家、行為介入專家等，規畫專業標準。融合專家的專業標準包括**評量**，**課程內容知識**，**方案、服務和成果**，**研究和探詢**，**領導和政策**，**專業和倫理實務**，以及**協同合作**七大方面。詳細的 CEC 特殊教育教師專業能力標準呈現於附錄 107。

綜合文獻，我整理出特殊教育教師宜具備之專業知能，強調如何與普通教育教師合作實施融合教育，包括認識特殊和融合教育、認識特殊需求學生和其家庭、了解融合的課程與教學設計、了解融合班級的班級經營策略，以及具備資源運用和溝通調適知能五方面，如表 17-3。

至於培訓課程的實施方式，亦如同為普通教育教師設計者，依教導之學生的教育階段和需求實施培訓課程；並且以系統性、多元化和知行並重的方式實施培訓課程。

三、特殊教育助理員培訓的課程內容與實施方式

我搜尋特殊教育通報網（2021）的「特教助理員研習」後發現，就培訓課程內容而言，側重「職前教育」，並趨向系統化，但在職訓練課程則較無層次性；依實施方式觀之，採跨教育階段、安置類型，以及兩類特教助理員合併培訓，較不能因應特教助理員服務學前至高中學生身心發展不同，隔離或融合安置形態帶來的服務內涵不同，以及兩類特教助理員服務項目不同的差異需求。再者，未依特教助理員的學歷、經驗和知能的起點狀況，分開設計培訓課程，較不能因應他們在專業知能上的差異需求。除此，培訓方式偏向知識的教導，實務操作和追蹤輔導上較不足，特教助理員恐有困難應用所學至實務工作上。

針對上述問題，我主張系統化設計特教助理員所需的職前和在職訓練課程，並提出培訓課程內容和實施方式的建議。

（一）培訓課程的內容

我綜合文獻，整理出特教助理員宜具備之專業知能，包括**認識融合教育**、**認識特殊需求學生和其家庭**、**認識特教助理員的職務和分際**、**具備協助特殊需求學生融入融合班的知能**、**具備支援教師經營融合班的策略**，以及**具備資源運用和溝通調適知能**六方面，如表 17-4，以作為設計培訓課程的重點。

（二）培訓課程的實施方式

因應上述問題，我提出以下三項培訓課程實施方式的建議：一為**依服務對象的教育階段和需求實施培訓課程**。就教育階段而言，我搜尋「美國求職網」的甄選簡章可知，不同教育階段特教助理員的職責確實存在一些相異處：（1）學前階段的特教助理員著重在與家庭的互動、協助幼兒的生活自理；（2）國中階段的特教助理員宜具備基本學業能力，以及促進學生自主學習的能力；（3）高中職階段的特教助理員宜具備發展學生職業、社區或生活技能的專業知能。另外，依據學校身心障礙學生的特徵，需要特教助理員提供的服務內容，從表 17-4 中選擇能因應學生需求的專業知能優先培訓。

表 17-3　特殊教育教師宜具備之專業知能

項目	內涵
認識特殊和融合教育	1. 了解特殊教育演進、特教原理及特教方案設計基本模式，並具備正確的特殊教育理念。 2. 了解特殊教育和融合教育的理念和作法。 3. 認識特殊教育和融合教育的相關法規。 4. 了解和恪遵特殊教育專業倫理規範。
認識特殊需求學生和其家庭	1. 認識特殊需求學生的個別差異（例如：有認知、感官、動作、社會或行為等不同特殊需求、文化和語言差異之學生的定義、特質與發展）及其鑑定[a]。 2. 具備教育特殊需求學生的基礎知識[a]。 3. 認識特殊需求學生家庭的特徵與需求[a]。
了解融合的課程與教學設計	1. 了解和使用評量方法（包含使用正式和非正式的評量方法，進行評量調整，以界定學生的特殊需求、發展課程計畫、評量學生的學習結果）[a]。 2. 認識 IFSP、IEP 和 ITP 的意涵與發展[a]。 3. 認識普通教育環境和課程，大班級和一般學生的教學技能。 4. 具備特殊教育課程設計的知能[a]。 5. 擁有任教科目的學科知識[a]。 6. 因應個別差異的課程與教學（例如：符合多數學生需求的課程和教學方法，像是促進學生專注和參與度、教導學習策略、實施大團體或小組教學；教學效能原則和應用的知識；多元智力的教學；課程及教學調整的理念和實務等）[a]。 7. 具備特殊化教學策略的知能[a]。
了解融合班級的經營策略	1. 設計安全、正向和支持的學習環境（物理環境的安排、促進師生和學生間正向的互動、促進特殊需求學生融入於班級）[a]。 2. 具備提升特殊需求學生社會技巧的知能[a]。 3. 具備提升特殊需求學生溝通技巧的知能[a]。 4. 具備運用同儕協助特殊需求學生的知能[a]。 5. 具備以 PBS 實施個別和團體行為管理的能力[a]。 6. 協助特殊需求學生使用和維護 AT（例如：輪椅）。 7. 具備預防特殊需求學生疾病和促進其健康的知能（例如：口腔保健、了解用藥知識和監督服藥）。 8. 具備預防與處理危機狀況（例如：癲癇發作、休克）的知能。
具備資源運用和溝通調適知能	1. 認識特殊教育相關資源。 2. 具備與家長溝通及合作的知能。 3. 具備與普通教育教師合作和諮詢的技巧（例如：合作教學、合作諮詢）。 4. 具備與特教助理員合作，引進支持服務於普通班中的知能。 5. 具備與特殊教育相關專業人員合作，引進支持服務於普通班中的知能。 6. 具備與學校行政人員溝通及合作的知能。 7. 具備提高工作效率和自我調適的知能（例如：妥善運用時間、調適情緒）。

● 註：參考吳清基等人（2006）、CEC（2015）、Fisher 等人（2003）、Sileo 和 Prater（2000）及 Sindelar（1995）的文獻，並加入我的觀點整理而成。
[a] 是指特殊教育教師在該項專業知能上，會依學生的教育階段而有些許不同。

表 17-4 特殊教育助理員宜具備之專業知能

項目	內涵
認識融合教育	1. 了解融合教育的理念和作法。 2. 認識融合教育的相關法規。
認識特殊需求學生和其家庭	1. 認識學生的個別差異（例如：有認知、感官、動作、社會／行為等不同特殊需求，文化和語言差異之學生的特質與發展）[a]。 2. 具備教育特殊需求學生的基礎知識[a]。 3. 認識特殊需求學生家庭的特徵與需求[a]。
認識特教助理員的職務和分際	1. 認識特教助理員的角色和職責（亦包含不屬於職責範疇內工作的認識，例如：代替教師進行教學）[a]。 2. 認識特教助理員的工作倫理（例如：準時、保護學生和家庭隱私資料、接受教師的監督）。
具備協助特殊需求學生融入融合班的知能	1. 促進特殊需求學生融入於班級的知能[a]。 2. 具備提升特殊需求學生社會技能的知能[a]。 3. 具備提升特殊需求學生溝通技能的知能。 4. 具備運用同儕協助特殊需求學生的知能[a]。 5. 具備增進特殊需求學生自我決策技巧的知能[a]。 6. 協助特殊需求學生使用和維護 AT（例如：輪椅）。 7. 具備預防特殊需求學生疾病和促進其健康的知能（例如：口腔保健、了解用藥知識和監督服藥）。 8. 具備提供特殊需求學生學習及生活支持服務的知能（例如：上下學交通、午休協助、按課表和作息轉換學習場所、錄音與報讀、掃描校對、提醒、手語翻譯、同步聽打、代抄筆記）。 9. 教導特殊需求學生生活自理技能或協助他們處理（例如：如廁、餵食、用餐與膳後清潔處理）。 10. 具備在特教相關專業人員的指導和諮詢下，對特殊需求學生進行簡易治療活動的知能。 11. 具備在醫護人員的指導和監督下，對特殊需求學生進行基礎護理照顧（例如：導尿）。 12. 具備安全照護特殊需求學生的知能（例如：安全移位與擺位）。 13. 具備在教師指導和監督下，教導特殊需求學生居家和社區生活，及職業技能（例如：居家清潔、搭車、購物）[a]。 14. 指導特殊需求學生完成作業的知能[a]。 15. 具備促進特殊需求學生專注的知能。
具備支援教師經營融合班的策略	1. 具備班級經營與行為管理技能[a]。 2. 認識 IFSP、IEP 和 ITP 的意涵與發展。 3. 具備協助教師進行教學準備（例如：協助製作教材教具）、教學、評量與觀察紀錄、教學設備及環境維護的知能[a]。 4. 協助教師進行校外教學、處理班級事務。 5. 具備預防與處理危機狀況（例如：癲癇發作、休克）的知能。

（續）

表 17-4（續）

項目	內涵
具備資源運用和溝通調適知能	1. 認識特殊教育相關資源。 2. 具備與教師、家長溝通及合作的知能。 3. 具備提高工作效率和自我調適的知能（例如：妥善運用時間、以最省力的方式執行極需體能的工作、調適情緒）。

● 註：參考 Carroll（2001）、Connecticut State Department of Education（2012）、CEC（2015）、Giangreco（2013）、National Education Association（2005）及 Salend（2016）的文獻，並加入我的觀點整理而成。[a] 是指特教助理員在該項專業知能上，會依服務對象的教育階段而有些許不同。

二為**考量特教助理員的學歷、經驗和知能的起點狀況，分開實施培訓課程**，可參考美國《身心障礙教師專業標準》，依據教師須具備的能力，分成「**初任、精熟和師傅**」三個層級的培訓內容，例如：康乃狄克州教育局（Connecticut State Department of Education, 2012）編製《教師助理的訓練與支持手冊》，從「建立並維持有效的教學團隊；維持以學生為主體的支持環境；計畫和組織學習的經驗；鼓勵學生學習並協助教學；評量學生的需求、進步和成就；符合專業人員的倫理規範」六類項目中，再分成「初任、精熟和師傅」三個層級的能力指標，設計培訓課程。三為**以系統性、多元化和知行並重的方式實施培訓課程**。

四、特殊教育相關專業人員培訓的課程內容與實施方式

為了實施融合教育，在特殊教育相關專業人員培訓的課程內容方面，我綜合文獻，整理出他們宜具備之專業知能，強調**協助教師、特教助理員或家長配合自然情境進行相關專業服務**（例如：物理治療），以及**提供諮詢服務**，包含**認識融合教育**、**認識特殊需求學生**，以及**提供相關專業服務**三方面，如表 17-5。

至於培訓課程的實施方式，建議**依特殊教育相關專業人員的類型**（例如：物理治療師、語言治療師）**實施培訓課程**；並且**以系統性**、**多元化和知行並重的方式實施培訓課程**。

五、學校行政人員培訓的課程內容與實施方式

為了實施融合教育，在學校行政人員培訓的課程內容方面，我綜合文獻，整理出他們宜具備之專業知能，強調**如何支援學校教職員實施融合教育**，包含**認識融合教育**、

表 17-5 特殊教育相關專業人員宜具備之專業知能

項目	內涵
認識融合教育	1. 了解融合教育的理念和作法。 2. 認識融合教育的相關法規。 3. 認識特殊教育相關專業人員在實施融合教育上扮演的角色。 4. 了解和恪遵特殊教育專業倫理規範。
認識特殊需求學生和其家庭	1. 認識特殊需求學生的鑑定、安置及個別差異（例如：有認知、感官、動作、社會或行為等不同特殊需求，文化和語言差異之學生的特質）[a]。 2. 具備教育特殊需求學生的基礎知識[a]。 3. 認識特殊需求學生家庭的特徵與需求[a]。
提供相關專業服務	1. 認識 IFSP、IEP 和 ITP 的意涵與發展[a]。 2. 了解專業團隊運作模式和特教通報網的操作。 3. 規畫適合特殊需求學生的 AT。 4. 指導相關人員配合自然情境進行相關專業服務，以及提供諮詢服務。 5. 指導相關人員安全照護特殊需求學生，以及提供諮詢服務。

●註：[a] 是指特殊教育相關專業人員在該項專業知能上，會依學生的教育階段而有些許不同。

認識特殊需求學生和其家庭，以及**了解實施融合教育所需的行政支援**三方面，如表 17-6。至於培訓課程的實施方式，建議**依學校的教育階段實施培訓課程**；並且**以系統性、多元化和知行並重的方式實施培訓課程**。

第 3 節 融合教育師資培育與在職進修課程之研究

國外自 1990 年以後，有愈來愈多師資培育與在職進修課程的研究，訓練特殊和普通教育教師如何合作實施融合教育，並分析其成效。在**職前師資培育**方面，Heller 等人（1992）設計職前培育方案，名為**普通教育教師為身心障礙學生調整方案**（Regular Educators Accommodating Children With Handicaps, REACH），教導 19 位大學部學生如何為輕度障礙學生進行課程與教學的調整；結果發現：此方案能增進學生對融合教育的態度和知能。另外，有三篇研究（Carey, 1997; Demchak, 1999; Gao & Mager, 2011）分別探究大學如何和學區合作，設計特殊和普通教育師資生的職前培育方案，教導他們合作進行融合教育課程與教學的方法，而且分析他們對此方案的觀感，結果發現：

表 17-6 學校行政人員宜具備之專業知能

項目	內涵
認識融合教育	1. 了解融合教育的理念。 2. 認識融合教育的相關法規。 3. 了解行政人員在實施融合教育上扮演的角色。 4. 了解和恪遵學校行政的專業倫理規範。
認識特殊需求學生和其家庭	1. 認識特殊需求學生的個別差異（例如：有認知、感官、動作、社會或行為等不同特殊需求，文化和語言差異之學生的特質）[a]。 2. 認識特殊需求學生家庭的特徵與需求 [a]。
了解實施融合教育所需的行政支援	1. 了解融合教育的實施模式，以及實施上所需的行政支援。 2. 認識和運作特殊教育推行委員會。 3. 設計和評鑑學校融合教育方案的知能。 4. 認識 IFSP、IEP 和 ITP 的意涵，以及發展上所需的行政支援。 5. 認識因應個別差異之課程與教學的意涵，以及實施上所需的行政支援。 6. 認識評量調整的意涵，以及實施上所需的行政支援。 7. 認識 PBS 的意涵，以及實施上所需的行政支援。 8. 設計安全、正向和支持的校園環境。 9. 具備預防與處理危機狀況的知能。 10. 具備與教職員溝通及合作，提供他們支持服務的知能。 11. 具備與家長溝通及合作，提供他們支持服務的知能。 12. 擁有處理家長申訴事務和調解人際衝突的知能。 13. 具備與各級主管教育行政機關溝通及協調的能力。 14. 認識特殊教育相關資源，以及具備資源開發和引進的知能。 15. 使用和掌控經費的知能。 16. 建立和管理學校行政檔案和器具的知能。 17. 具備提高工作效率和自我調適的知能。

● 註：參考 Bateman 和 Bateman（2002）、Thousand 和 Villa（1995b）等文獻，並加入我的觀點整理而成。[a] 是指學校行政人員在該項專業知能上，會依學生的教育階段而有些許不同。

師資生表示此方案對其在協助特殊需求學生上具有價值。European Agency for Development in Special Needs Education（2012）提出**為融合準備的師資培育計畫**（The Teacher Education for Inclusion），發展**融合教育教師的能力側面圖**（Profile of Inclusive Teachers），這個計畫的參與者包含歐洲 25 個國家的政策制訂者、普通和特殊教育教師；此能力側面圖呈現融合教育教師的能力架構，包含四個核心價值和八個能力領域，總計 124 個能力。

張素貞和吳俊憲（2011）指出，非特殊教育系「特殊教育導論」課程以身心障礙類別為主、鮮少觸及融合教育議題，以及與特殊教育教師和相關專業人員的合作；因此，他們以師資養成核心能力的觀點，對特殊教育導論課程採取行動研究，包含：正式課程（含認知、情意和技能三個層面）、非正式課程（即安排實際參訪活動），以及潛在課程（強調「境教」和「身教」）等三方面，以及旨在建立師資生具有融合教育的精神理念，以及接納身心障礙學生的態度及基本能力。

於**在職進修**方面，Burrello和Wright（1993）設計在職訓練方案，教導威斯康辛州一所國小的特殊和普通教育教師如何合作推行融合教育，以及課程與教學調整知能；結果發現：此訓練方案促進全校教師對於融合哲學的認同感，並且提升教師間的合作知能。兩篇研究（K. S. Bull et al., 2000; Friedland & Walz, 2001）設計在職訓練方案，教導普通教育教師如何規畫課程與教學，而且分析他們對此訓練方案的觀感，結果發現：教師表示此方案對其在協助特殊需求學生參與課程上具有效益。Crispel和Kasperski（2019）的訪問調查研究發現，10 位接受融合教育課程與教學在職訓練的以色列學前至中學普通教育教師，可以基於個別學生能力水準採用教學方法和策略，因應學生的特殊需求。

總結

人員準備是實施融合教育的關鍵要素，以導讀案例中兩位教師的心聲為例，顯現出普通和特殊教育的師資培育缺乏互動。因應融合教育趨勢下，以教師為例，人員準備觀念有如下的轉變：給教師的專業準備課程重視「差異性」，讓所有學生都隸屬於普通教育環境；培養教師運用多元方法，因應學生個別差異；並且邀請專業人員、學生和其家人共同參與學校教育。而在人員準備的作法上，宜朝普通和特殊教育交流的方向進行，設計系統和系列的培訓課程，並且邀請實務工作者和家長參與規畫，提供有效教學技巧觀摩、演練與實作，以及做個案研究的機會。至於師資培訓課程內容，對於普通教育教師，宜強調實施融合教育信念、態度、知識和技能的養成；而對於特殊教育教師，宜強調如何與普通教育教師合作實施融合教育。

第 18 章
融合社會的營造

第 1 節　社會文化的重建對營造融合社會之重要性

第 2 節　營造融合社會可採取的作法

融合教育的最終目標在建立一個尊重多元價值、相互學習與支持的社群。

導讀案例和本章目標

在我研究大津融合中小學實驗班之發展和成效的過程中，辦學者表示：「融合教育主張尊重多元價值、相互學習和支持的理念，其長遠的目標不僅期待能達成特殊需求學生與普通學生的融合，更進一步能達成不同種族、文化之人們的融合，融合教育的理念有待持續地發現和擴展。」

由大津融合中小學實驗班辦學者的談話裡，人們可以思考以下問題：融合教育的持續推展是否能促進融合社會的營造？除了在學校中推展融合教育外，人們可以如何在社區，或甚至更大的社會中，採取一些作法促成融合社會的營造？

從本章中，讀者可以學習到：社會文化的重建對營造融合社會之重要性，以及營造融合社會可採取的作法。

第 1 節　社會文化的重建對營造融合社會之重要性

特殊需求學生除了生存於微視體系、外圍體系中，甚至生存於更大的鉅視體系中，它是社會和交織於其中的制度、文化、價值、信念等，它會直接影響微視和外圍體系中的人，進一步影響對特殊需求學生的態度。融合教育短程的目標是讓特殊需求學生融合於學校，長程的目標是讓他們融合於社區中生活。Hughes 和 Carter（2000）指出**融合於社區中生活**是轉銜的最主要目標；而要達成此目標，還須透過「重建社會文化」，營造一個接納和支持的社會環境。欲重建社會文化，我認為可以推廣「融合」的理念。

Goleman（2006）超越過去揭櫫的「情緒智力」，進一步提出**社會智力**，他表示智力代表一個人的「學習能力」，情緒智力則是「自我情緒管理的能力」，而社會智力主張**人是相互影響的社會動物**，它將情緒智力的「單人心理學」，轉變成社會智力的**雙人心理學**，不僅要明智地理解人際關係，更必須在生活中身體力行，讓同理心發揮作用，轉變為關懷他人的行為。我認為融合教育的精神強調社會智力的培養，它的實施有助於改變學生對待他人的態度，以增進人我之間的和諧與社會的融合。正如插畫 18-1，Hanline（1993, p. 33）指出：「完全融合所創造的共享經驗，提供更多社會統合的機會。」由此可知，融合理念的提倡，有助於融合社會的營造。

插畫 18-1　融合教育促成社會統合

完全融合所創造的共享經驗，提供更多社會統合的機會。（Hanline, 1993, p. 33）

第 2 節　營造融合社會可採取的作法

至於如何推廣「融合」的理念，營造融合的社會，我提出以下三項作法。

壹、將融合的理念帶進社會生活中

Renzaglia 等人（2003）指出，融合是一種哲學，在一開始就必須帶進社會生活的任何活動中，賦權身心障礙者，並且讓他們能全面參與社區生活。Early Childhood Research Institute on Inclusion（1998, p. 1）表示：「融合是一種隸屬感和提供參與多樣化社會的機會。」舉例來說，政府機關和社會團體不因個體的障礙、性別、語言、種族、文化等的差異，而剝奪他們法律上賦予的權利，和做決定、參與社會活動的機會；以及提供全人生的成人教育，和安排社區休閒活動，讓身心障礙者與一般人有機會一起接受成人教育，參加社區休閒活動，促進彼此的關係和互動。而在開拓機會讓身心障礙者全面參與社區生活的同時，亦要留意身心障礙者的喜好、興趣、價值觀等，讓他們有參與和決定的機會，例如：Fennick 和 Royle（2003）即指出，在為發展障礙學生設計社區融合的休閒方案時，宜考量發展障礙學生的家庭文化，而在為不同文化的家庭設計休閒方案時，且注意他們的價值觀。

另外，行政院文化建設委員會（2012 年升格為文化部）於 1998 年推動**社區總體營造**政策。林振春（1998）指出，社區總體營造的目標除了「造景」（建立一個適合人類生存、成長與學習的活動空間）、「造產」（活化社區的經濟活動）外，最重要的是「造人」，這也是終身教育的目標，它主張個體在任何生涯階段皆要不斷地學習，才能適應社會的需要。Barros（2012）表示終身學習的目標在於：幫助個人發展，強化民主素養，開展社區生活，促進社會融合，達成發展、創新、增進生產力以促進經濟成長。在臺灣社區總體營造邁入第三個十年時，文化部（2021）出版《社區營造政策白皮書》，形塑「公共治理」、「世代前進」、「多元平權」、「社會共創」四大政策面向，政策的核心即「社會改造」，社會改造的主體是人民；其中，多元平權即傳達「融合社會」的理念，認識社區中的身心障礙者和多元文化，讓社區大眾學習如何與其他人建立正向的連結，形成相互學習與支持的社群。由此可知，融合理念有助於達成社區總體營造的願景，建立終身學習的社會。正如本章的章頭語：「融合教育的最終目標在建立一個尊重多元價值、相互學習與支持的社群。」其長遠的目標不僅期待能達成特殊需求學生與一般學生的融合，更進一步能促成不同種族、文化、語言……之人們的融合。

貳、大眾傳播媒體發揮社會教育的力量

Dasgupta 和 Greenwald 於 2001 年進行一項**降低刻板印象**的實驗，他們讓對黑人抱持內隱偏見的研究參與者，觀看 Bill Cosby 和 Martin Luther King 等廣受社會尊重的黑人名人照片，以及連續殺人犯 Jeffrey Dahmer 等惡名昭彰的白人照片，只有 15 分鐘的實驗和 40 張的人物照片，結果顯示研究參與者對黑人的內隱偏見已明顯降低，24 小時後再施測，此效果依然存在（引自 Goleman, 2006/2007）。由此可知，藉由某種「形象改善」的方案，讓受各界尊重的身心障礙者經常出現在大眾傳播媒體中；或是大眾傳播媒體可以透過視聽媒介，釐清一般大眾對於身心障礙者，語言、種族和文化差異者的迷思，報導他們奮發向上的生命故事，以及他們對社會的重要性和貢獻，並且教導

一般大眾以適當的方式對待他們；總之，讓一般大眾了解差異是相對的概念，是正常的，學習接納和欣賞差異，並且相互支持與協助。

另外，大眾傳播媒體在報導身心障礙者或疑似身心障礙者，不得使用歧視性之稱呼或描述，並不得有與事實不符，或誤導閱聽人對身心障礙者產生歧視或偏見之報導。身心障礙者涉及相關法律事件，未經法院判決確定其發生原因之前，大眾傳播媒體不得將事件發生原因歸因於其身心障礙狀況。

參、建立多元文化的社會

Popper（1990/1992）推崇**開放的社會**，認為一個開放的社會一定是**多元文化**的社會，多元文化不僅是開放社會的特點，也是開放社會不斷改善、進化的活力源泉。而強調**尊重、接納和欣賞差異**的融合社會，其實與「文化多元社會」幾乎是同義詞。於是，與「多元文化」觀點完全對立的「族群偏見」或「我族中心主義」，就成為融合社會的最大敵人；因此，如何破除社會上的「族群偏見」，應是建立融合、多元文化和開放社會的重要工作。

Sherif的「強盜洞研究」闡述一個事實：「團體意識」是人類的天性，甚至不須認識團體中的成員，只要有一個「團體標籤」，人們就會自動產生「族群偏見」或「我族中心主義」（引自 J. R. Harris, 1998/2000）。Hommond 和 Axelord 利用電腦模擬也發現，當只有「標籤」（這個模擬使用的標籤是顏色），而沒有其他參考資訊時，「族群隔離」是最容易成功的人際互動策略（引自 Buchanan, 2007/2007）。由此可知，在人類社會，啟動「族群偏見」是多麼輕而易舉。因此，為了消弭「族群偏見」，必須減弱「標籤作用」；為了減弱「標籤作用」和建立融合的社會，則有必要禁止族群隔離，增進不同族群間的互動，以提供真實而豐富的個人資訊；以及讓不同族群的人可以共同學習、工作或共同生活。Pettigrew 指出，不同族群間友善而長期的密切接觸，形成強烈的情緒連結，能夠化解彼此的偏見；他與德國學者的合作研究即發現，過去東德共產黨統治時代，政府雖然引進大批古巴人與非洲人，但是將他們與德國人隔離；而在西德地區，跨族群的友誼已經發展了幾十年，由此可知，德國人與少數族群的接觸愈密切，對待整體族群的態度也就愈友善（引自 Goleman, 2007/2007）。

另外，Popper（1990/1992）指出，開放的社會有兩大基礎：一是**政治的民主**，讓人民有表達意見和監督政府施政的機制，以防範有權力者濫權；二是**保障弱勢權益的社會制度**，它是維護多元文化的關鍵作為，使弱勢者可以免於經濟權力的壓迫，我認為這也是建立融合社會的基本作法。Popper 進一步表示，「族群偏見」與「利益不均的結構」是相互關聯，甚至是互為因果的兩個現象，弱勢族群之所以被歧視，除了因為「優勢族群」對弱勢者有刻板印象外，更因為「優勢族群」在經濟或政治上擁有相對於弱勢族群的既得利益或特權；於是，「對弱勢族群的歧視」（常常不自覺）是「優勢族群」維護其既得利益的一種合理化機轉，而其結果是：「對弱勢族群的偏見」又進一步增長（至少是鞏固）「優勢族群」的既得利益；如此因果交替，循環不已。由此可知，破除此循環的作法除了在教育上去除偏見外，也要在社會結構上，消弭**貧富差距**及**權利差距**，促進弱勢族群經濟和政治權利上的均等。

我認為開放的社會亦是**共善的社會**，Sandel（1982, 2009, 2012）主張建立共善社會，具有以下四個樣貌：一是**政府宜培養公民關切社群、奉獻共善的精神**；二為**透過公共論辯，決定保護哪些非市場規範不該讓自由市場入侵**。當金錢交易的市場機制已滲透到日常生活的各面向，大舉侵入原本非屬市場的領域，從醫療、教育、政治到人際關係，整個社會面對的不只是財富分配不公的問題；更甚的是，一旦事物變成「商品」，就會失去一些核心「價值」；大眾宜自問：要以什麼價值管理社會生活的各領域？它是無論如何都不該用錢買的？民主並不需要完全的均等，卻需要不同背景的國民能分享共同的生活，如此才能學習接納彼此的差異，才會在乎共同的利益。三是**社會須關注貧富差距的問題**，在貧富益發不均的時代，將愈來愈多的東西商品化，只是讓富裕者和收入較少者過著愈來愈隔離的生活，他們住不同的區域、上不同的餐廳、搭乘不同的交通工具、在不同的地點看球賽，成為不平等的兩個或多個社會，如此不但會造成彼此愈來愈隔閡，也會破壞政治參與的平等及影響社會團結。四為**建立一個開放、多元、互相尊重的公眾平臺進行道德對話**；有了理性思辯，民主對話才能向上提升，也才能解答正義的議題。

最後，以「兩隻青蛙的故事」作結語：

> 有兩隻青蛙不小心掉到一桶奶油罐中，其中一隻認為沒有生路了，沒掙扎多久，就放棄希望，沉到罐底溺斃了。另一隻青蛙不甘心就此罷休，繼續踢動雙腳，踢啊踢，踢、踢、踢，奶油經牠一再地攪拌，居然變硬；之後，青蛙雙腳一躍，輕易地就跳出奶油罐。（Ysseldyke et al., 2000, p. 395）

要達到融合教育的最佳理念和實務，臺灣還有很長的一段路要走，可以學習那隻不放棄踢動雙腳的青蛙，面對困境，堅持理念，持續採取行動，有行動才有希望，如此才能逐步接近實施融合教育預期的成果。

融合教育短程的目標是讓特殊需求學生融合於學校，長程的目標是讓他們融合於社區中生活。為達成此目標，還須透過「融合」理念的推廣，來重建社會文化，營造一個接納和支持的社會環境；可以採取的作法包含：將融合的理念帶進社會生活中、大眾傳播媒體發揮社會教育的力量，以及建立多元文化的社會。

NOTE

ink
NOTE

國家圖書館出版品預行編目（CIP）資料

擁抱個別差異的新典範——融合教育 / 鈕文英著. – 三版. –新北市：心理出版社股份有限公司, 2022.04
面； 公分. --（障礙教育系列；63172）
ISBN 978-986-0744-72-9（平裝）

1.CST: 融合教育

529.5 111002670

障礙教育系列 63172

擁抱個別差異的新典範——融合教育（第 3 版）

作　　者：鈕文英
總 編 輯：林敬堯
發 行 人：洪有義
出 版 者：心理出版社股份有限公司
地　　址：231026 新北市新店區光明街 288 號 7 樓
電　　話：(02)29150566
傳　　真：(02)29152928
郵撥帳號：19293172　心理出版社股份有限公司
網　　址：https://www.psy.com.tw
電子信箱：psychoco@ms15.hinet.net
排 版 者：辰皓國際出版製作有限公司
印 刷 者：辰皓國際出版製作有限公司
初版一刷：2008 年 3 月
二版一刷：2015 年 7 月
三版一刷：2022 年 4 月
I S B N：978-986-0744-72-9
定　　價：新台幣 750 元